Coleção

# Leis (CÓDIGOS) *para* **concursos**

Dicas para realização de provas com questões de concursos e jurisprudência do STF e STJ inseridas artigo por artigo

*Coordenação:* **LEONARDO GARCIA**

# CÓDIGO PENAL

*Coleção*

**Leis (CÓDIGOS)**

*para* **concursos**

Dicas para realização de provas com questões de concursos e jurisprudência do STF e STJ inseridas artigo por artigo

*Coordenação:* **LEONARDO GARCIA**

**Sandro Caldeira**

# CÓDIGO PENAL

2ª edição | revista atualizada ampliada

**2020**

EDITORA JusPODIVM

www.editorajuspodivm.com.br

Material complementar sobre análise de possíveis Infrações Penais previstas no CP durante a Pandemia/COVID-19 disponível em nosso site.

EDITORA JusPODIVM
www.editorajuspodivm.com.br

Rua Território Rio Branco, 87 – Pituba – CEP: 41830-530 – Salvador – Bahia
Tel: (71) 3045.9051
• Contato: https://www.editorajuspodivm.com.br/sac





**Capa:** Ana Caquetti

**Diagramação:** Cendi Coelho *(cendicoelho@gmail.com)*

**ISBN:** 978-85-442-3498-3

***Agradecimentos***

*Agradeço primeiramente a Deus*
*que sempre esteve ao meu lado.*

*Meus pais, Fernando Marron e Sandra Caldeira*
*e meu irmão Felipe, obrigado por serem minha base.*

*Aos meus monitores Rodrigo Silva Jordão, Fabrícia da Silva,*
*e minha parceira de trabalho e excelente profissional,*
*Priscila Souto pelo apoio na elaboração desta obra.*

1. **Favorecimento real.**

- Bem jurídico: o andamento da administração da justiça.
- Núcleo do tipo: prestar.
- Objeto material: o proveito do crime.
- [illegible] (excluindo-se o produto de furto ou receptação contra crime) [illegible]
- [illegible]
- Elemento subjetivo: dolo. Exige-se elemento subjetivo [illegible] consiste na vontade de tornar seguro o proveito do crime.
- Consumação: o crime se consuma com o efetivo [illegible] criminoso, ainda que o agente não [illegible] dispor de como [illegible].
- Tentativa: é admitida.
- Ação Penal: pública incondicionada.
- Lei 9.099/95: é infração de menor potencial ofensivo [illegible] a Lei 9.099/95.

**Aplicação em concurso**

- Ano: 2016 Banca: FUNCAB Órgão: PC/PA Prova: Delegado de Polícia

Assinale no que concerne aos crimes contra a administração pública [illegible] consignadas [illegible] correta [illegible]

[illegible]

CLASSIFICAÇÃO

[illegible]

# Proposta da Coleção *Leis (CÓDIGOS) para Concursos*

**Coloque a tela do celular com leitor de QrCode e veja a apresentação da Coleção pelo Prof. Leonardo Garcia**

Os livros da coleção *Leis (CÓDIGOS) para Concursos* segue o mesmo padrão de formatação e metodologia da renomada Coleção Leis Especiais para Concursos que, há mais de 10 anos, vem ajudando candidatos a se prepararem de maneira mais direcionada e efetiva para os concursos.

Nesta "nova" fase, com a inclusão dos Códigos e a Constituição, a ideia é propiciar ao leitor um estudo destas normas de acordo com o que vem sendo cobrado. Ao invés do leitor ler e estudar o código e CF de maneira aleatória, a coleção visa direcionar o estudo, mostrando o que cai, como cai e o que deve ser priorizado e estudado em cada artigo (e até mesmo se não é para estudar determinado artigo!)

Assim, nos mesmos moldes da Coleção Leis Especiais, o candidato terá dicas específicas de concursos em cada artigo (ou capítulo ou título da lei), questões de concursos mostrando o que os examinadores estão exigindo sobre cada tema e, sobretudo, os posicionamentos dos tribunais superiores. As instituições que organizam os principais concursos estão utilizando cada vez mais os entendimentos jurisprudenciais para elaborar as questões de concursos. Por isso, a necessidade de se conhecer (e bem!) a jurisprudência dos tribunais superiores.

Assim, o que se pretende com a presente coleção é preparar o leitor, de modo rápido, prático e objetivo, para enfrentar as questões de prova envolvendo as principais matérias dos concursos, através da leitura direcionada dos Códigos e da Constituição Federal.

O meu compromisso e dos autores com esta coleção é fazer com que você gabarite (acerte) as questões na prova que irá realizar.

Boa sorte e conte comigo em sua jornada de estudos!

* siga o Prof. Leonardo Garcia nas redes sociais e fique por dentro das novidades em preparação para concursos públicos **(Instagram:@ leomgarcia)**.

**Leonardo Garcia**
Instagram:@leomgarcia
*Coordenador da coleção*

# Apresentação

Como o Código Penal é cobrado nos concursos? O Direito Penal é cobrado em diversos concursos públicos, tais como Magistratura federal e estadual, Ministérios Públicos federais e estaduais, Defensorias Públicas federais e estaduais, Delegado de Polícia federal e estadual, Procuradorias, além de concursos de Tribunais, entre outros.

Os temas mais cobrados variam de acordo com cada prova, devendo o candidato atentar para o conteúdo previsto no edital para evitar estudo de temas desnecessários. Entre os assuntos com maior incidência, temos na Parte Geral do Código Penal, os artigos: 1º (anterioridade da lei penal); 2º (lei penal no tempo); 13 (relação de causalidade) a 17 (crime impossível); 20 (erro sobre elementos do tipo) a 23 (excludentes de ilicitude); 26 (inimputabilidade); 33 (das penas privativas de liberdade) a 75; 96 (das medidas de segurança) à 99; 107 (das causas de extinção da punibilidade); 109 (Prescrição) a 120 (perdão judicial). Na parte Especial os artigos mais cobrados são os artigos: 121 a 128 (crimes contra a vida); 138 a 145 (dos crimes contra a honra); 155 a 159 (dos crimes contra o patrimônio); 213 a 226 (dos crimes contra a dignidade sexual) e 312 a 334-A (dos crimes contra a Administração Pública).

Os concursos em sua maioria mesclam cobrança de letra seca de lei, exigindo simples conhecimento literal dos dispositivos penais, com interpretação, normalmente através de um caso prático. Concursos como Magistratura, Ministério Público, Defensoria e Delegado de Polícia, também cobram além do texto da lei, conhecimento doutrinário e jurisprudencial dos Tribunais Superiores.

Importante lembrar que cada banca examinadora tem um estilo de prova diferente, o que muda o perfil do concurso público, por isso, conhecer as particularidades da banca examinadora contará muitos pontos a seu favor. Como exemplo, podemos citar algumas bancas: Fundação Carlos Chagas (FCC), que realiza concursos federais, estaduais e também municipais. As questões abordadas geralmente são objetivas, cobrando texto seco da lei, e apesar de algumas vezes as questões serem extensas, você não encontrará grandes mistérios. Leia e releia o texto da lei e faça questões anteriores.

A Fundação Getúlio Vargas (FGV) traz textos longos nas questões com casos práticos e questões multidisciplinares envolvendo também texto de lei.

Já o Centro de Seleção e de Promoção de Eventos da Universidade de Brasília (CESPE/CEBRASPE) trabalha com questões multidisciplinares e complexas, gerando necessidade de maior atenção dos candidatos. Além disso, costuma cobrar atualização jurisprudencial dos tribunais Superiores.

# Sumário

## CÓDIGO PENAL

**Decreto-lei nº 2.848, de 7 de dezembro de 1940**

### PARTE GERAL

## PARTE ESPECIAL

CÓDIGO PENAL

# Decreto-lei nº 2.848, de 7 de dezembro de 1940

**O PRESIDENTE DA REPÚBLICA**, usando da atribuição que lhe confere o art. 180 da Constituição, decreta a seguinte Lei:

## PARTE GERAL
## TÍTULO I
## DA APLICAÇÃO DA LEI PENAL
(Redação dada pela Lei nº 7.209, de 11.7.1984)

**Anterioridade da Lei**

**Art. 1º** - Não há crime sem lei anterior que o defina. Não há pena sem prévia cominação legal. (Redação dada pela Lei nº 7.209, de 11.7.1984).

1. **Legalidade/Reserva legal** – Somente lei (em sentido estrito) pode definir condutas criminosas e estabelecer sanções penais (penas e medidas de segurança).

► **Aplicação pelo STF:**

**STF:** "(...) **não se pode, mediante ato do intérprete, criar figura típica, sob pena de grave e ostensiva violação ao princípio da legalidade penal.** (...)Habeas Corpus HC 95.078, voto do rel. min. Cezar Peluso, 2ª T, DJE de 15-5-2009.);

**1.1. Medida Provisória pode dispor sobre Direito Penal?** Nos termos do art. 62 CRFB/88, em caso de relevância e urgência, o Presidente da República poderá adotar medidas provisórias, com força de lei, e deve submetê-las de imediato ao Congresso Nacional. Ocorre, entretanto, que no §1º, I, "b" do citado artigo, o legislador vedou a utilização de Medida Provisória para dispor sobre matéria de Direito Penal.

*§ 1º **É vedada a edição de medidas provisórias sobre matéria:***

*I – relativa a:*

*b)* direito penal, *processual penal e processual civil;*

► **Atenção!** Importante ressaltar que apesar da vedação constitucional de edição de MP sobre matéria relativa a Direito penal, há posição que defende sua aplicação, desde que seja favorável ao réu.

► **Aplicação pelo STF:**

**STF: RE254818-PR – informativo 209** – discutiu efeitos benéficos introduzidos em nosso ordenamento jurídico pela MP 1571/97 (permitiu parcelamento de débitos tributários e previdenciários com efeitos de extinção da punibilidade.

► **Medidas Provisórias editadas em função do Estatuto do Desarmamento** (Lei nº 10.826/03) onde a posse irregular de arma de fogo entre 2003 e 2008 foi considerada fato atípico (última MP foi a 417/08, convertida em Lei nº 11.706/08).

---

► **Importante: Funções fundamentais da Legalidade**

- Proibir a retroatividade da lei maléfica (*nullum crimen nulla poena sine lege praevia*);
- Proibir a criação de crimes e penas pelos costumes (*nullum crimen nulla poena sine lege scripta*);
- Proibir o emprego de analogia para criar crimes, fundamentar ou agravar penas (*nullum crimen nulla poena sine lege stricta*);
- Proibir incriminações vagas e indeterminadas (*nullum crimen nulla poena sine lege certa*).

---

► **Aplicação pelo STF:**

**STF:** Não é possível abranger como criminosas condutas que não tenham pertinência em relação à conformação estrita do enunciado penal. **Não se pode pretender a aplicação da analogia para abarcar hipótese não mencionada no dispositivo legal (é vedada a analogia in malam partem).** (Inq 1.145, rel. p/ o ac. min. Gilmar Mendes, P, DJE de 4-4-2008.)

2. **Anterioridade** – o princípio da anterioridade determina que somente é possível a aplicação da lei penal aos fatos praticados após sua vigência, não podendo alcançar fatos anteriores. Assim, fatos definidos como crime só incidirão sobre os comportamentos praticados após a entrada em vigor da lei penal que definiu aquele fato como delituoso.

**Aplicação em concurso:**

- ***Ano: 2011 – Órgão: DPE-AM – Prova: Defensor Público***

Sobre os princípios da legalidade e da anterioridade (artigo 1º do Código Penal) é correto afirmar:

B) Os princípios da legalidade e da anterioridade pressupõem a existência de lei anterior à prática de uma determinada conduta para que esta possa ser considerada como crime;

*Gabarito: b*

*Resposta de acordo com o disposto no artigo 1º do CP*

- **Previsão constitucional:**

- Art. 5º, XXXIX da CF/88: XXXIX – não há crime sem lei anterior que o defina, nem pena sem prévia cominação legal;

- **Súmulas relevantes:**

**Súmula 722 STF:** São da competência legislativa da União a definição dos crimes de responsabilidade e o estabelecimento das respectivas normas de processo e julgamento.

**Lei penal no tempo**

**Art. 2º - Ninguém pode ser punido por fato que lei posterior deixa de considerar crime**, cessando em virtude dela a execução e os efeitos penais da sentença condenatória. (Redação dada pela Lei nº 7.209, de 11.7.1984)

Parágrafo único - A **lei posterior, que de qualquer modo favorecer o agente, aplica-se aos fatos anteriores**, ainda que decididos por sentença condenatória transitada em julgado. (Redação dada pela Lei nº 7.209, de 11.7.1984)

1. **Lei penal no tempo:** Em regra, aplica-se a lei penal vigente ao tempo da prática do fato criminoso, de acordo com o princípio do "tempus regit actum". Entretanto, nos casos de sucessão de leis no tempo, será aplicada a lei mais benéfica ao réu, que poderá retroagir ou ultra-agir.

**1.1. Princípio da irretroatividade da Lei Penal:** está descrito no art. 5º, XL da CRFB/88, dispõe que a lei penal não retroagirá, salvo para beneficiar o réu, impõe-se, assim, como regra a irretroatividade da lei penal, permitindo-se a retroatividade somente quando a lei nova for benéfica ao acusado.

**1.2. Aplicação da lei mais favorável:** Para aplicação da lei mais benéfica deve-se investigar qual se apresenta mais favorável ao indivíduo considerado como infrator. A lei anterior, quando for mais favorável, possuirá ultratividade e prevalecerá mesmo ao tempo de vigência da lei nova (mais grave), apesar de já estar revogada. O inverso também é verdadeiro, ou seja, quando a lei posterior foi mais benéfica, retroagirá para alcançar fatos cometidos antes de sua entrada em vigor.

**Aplicação em concurso:**

- ***IBEG/ 2016: – ES/ Prova: Procurador Municipal***
Sobre a Aplicação da Lei Penal no tempo e no espaço, analise as assertivas e assinale a alternativa correta:

II. A lei posterior, que de qualquer modo favorecer o agente, aplica-se aos fatos anteriores, ainda que decididos por sentença condenatória transitada em julgado.

III. A exceção ao princípio de que a lei não pode retroagir, salvo para beneficiar o acusado, restringe-se às normas de caráter penal, não se estendendo às normas processuais penais.

D) Apenas as alternativas II, III são verdadeiras.

*Gabarito: d*

*(artigo 2º, parágrafo único CP e artigo 5º, XL da CRFB/88)*

► **IMPORTANTE: Sucessão de leis penais no tempo**

Quadro resumo:

| ***Abolitio Criminis*** Art. 2º, *caput* do CP | ***Novatio legis in mellius*** Art. 2º, parágrafo único do CP | ***Novatio legis in pejus*** | ***Novatio legis* incriminadora** |
|---|---|---|---|
| Uma nova lei descriminaliza a conduta que ocorreu na vigência de lei que antes a considerava criminosa | Nova lei não descriminaliza, mas é mais benéfica do que a lei vigente na época da conduta criminosa | A nova lei é mais severa do que a lei vigente na época da conduta. Não irá retroagir pois não beneficia o réu. | Uma lei nova incrimina uma conduta que antes não era tipificada, ou seja, era irrelevante para a norma penal. Não atinge fatos passados. |

2. **Norma Penal x Norma Processual:** Lembre-se que a retroatividade da lei penal quando benéfica não se aplica às normas de caráter processual penal, vigorando em relação à elas o princípio da aplicação imediata das normas processuais, sem efeito retroativo.

**2.1.** Norma Processual: As normas processuais têm **aplicação imediata**, regulado o desenrolar do processo de sua entrada em vigor em diante, respeitados, entretanto, o ato jurídico perfeito, o direito adquirido e a coisa julgada (art. 5º, XXXVI, CRFB/88; LINDB art. 6º, CPP, art. 2º), bem como os atos realizados sob a vigência da lei anterior serão considerados válidos.

**2.2.** Normas Mistas: são aquelas que possuem caráter processual e material, conjuntamente – também denominadas Normas Heterotópicas. Nestes casos, deve prevalecer a norma de caráter material, aplicando-se o art. 2º e parágrafo único do CP: se beneficiar o acusado, retroage. Se não beneficiar, não retroage.

► **Previsão constitucional e legal:**

- Art. 5º, XL CRFB/88 – **a lei penal não retroagirá, salvo** para **beneficiar o réu**;
- Art. 2º, Parágrafo único CP – A **lei posterior, que de qualquer modo favorecer o agente, aplica-se aos fatos anteriores**, ainda que decididos por sentença condenatória transitada em julgado.

► **Importante**: Cabe aqui ressaltar a aplicação da lei penal mais grave ao crime permanente ou continuado quando a cessação da permanência ou da continuidade for posterior à entrada em vigor da nova lei mais grave.

▶ **Súmulas relevantes:**

**Súmula 711 STF:** A lei penal mais grave aplica-se ao crime continuado ou ao crime permanente, se sua vigência é anterior à cessação da continuidade ou da permanência.

**Aplicação em concurso:**

- *CESPE/ CEBRASPE – 2012 TJ*

Assinale a opção correta com base no entendimento dos tribunais superiores acerca de cominações legais.

A) Aplica-se ao crime continuado a lei penal mais grave caso a sua vigência seja anterior à cessação da continuidade.

*Gabarito: a*

*Resposta em consonância com a Súmula 711 STF.*

▶ **Outros diplomas legais relevantes:**

- Art. 9º da Convenção Americana de Direitos Humanos:

*Artigo 9º – Princípio da legalidade e da retroatividade*

*Ninguém poderá ser condenado por atos ou omissões que, no momento em que foram cometidos, não constituam delito, de acordo com o direito aplicável. Tampouco poder-se-á impor pena mais grave do que a aplicável no momento da ocorrência do delito. Se, depois de perpetrado o delito, a lei estipular a imposição de pena mais leve, o delinquente deverá dela beneficiar-se.*

3. **Lei mais benéfica após o trânsito em julgado de sentença condenatória:** Quando a lei penal mais benéfica surgir após o trânsito e julgado da sentença penal condenatória caberá ao juízo da VEP a aplicação da lei mais favorável.

▶ **Súmulas relevantes:**

**Súmula 611 STF:** *"transitada em julgado a sentença condenatória, compete ao juízo das execuções a aplicação de lei mais benigna".*

4. **Lei penal no tempo e crime hediondo**: Em se tratando de Crimes hediondos (Lei nº 8.072/90) praticados antes do advento da Lei nº 11.464/2007, que estabeleceu no artigo 2º, §§ 1º e 2º da Lei nº 8.072/90 a progressão de regime para crimes hediondos em 2/5 de pena se o apenado for primário, e 3/5 se reincidente, a progressão irá se operar com 1/6 de cumprimento de pena, com base no artigo 112 da Lei 7.210/84, de acordo com o HC 82.959-7 (STF), haja vista que a alteração trazida pela Lei nº 11.464/2007 configura-se como *novatio legis in Pejus (Lex gravior)* e, portanto, não retroage para abranger crimes anteriores.

Cabe ainda ressaltar a alteração trazida pela Lei nº 13.964, de 24 de dezembro de 2019(Pacote Anticrime) que revogou expressamente o § 2º do art. 2º da Lei nº 8.072/90, não havendo mais que se falar, a partir do advento da retrocitada legislação, em aplicação de 2/5 ou 3/5. Na esteira da alteração legislativa, a lei

13.964/2019, modificou a Lei nº 7.210/84(lei de Execuções Penais), passando a prever em seu artigo 112, percentuais para progressão de regime, inclusive em relação aos crimes hediondos. Assim a nova redação dada ao artigo 112 prevê cumprimento de 40% (quarenta por cento) da pena, se o apenado for condenado pela prática de crime hediondo ou equiparado, se for primário; cumprimento de 50% (cinquenta por cento) da pena, se o apenado for condenado pela prática de crime hediondo ou equiparado, com resultado morte, se for primário, vedado o livramento condicional; e cumprimento de 60% (sessenta por cento) da pena, se o apenado for reincidente na prática de crime hediondo ou equiparado. Por fim, em se tratando de apenado reincidente em crime hediondo ou equiparado com resultado morte, deverá cumprir 70% (setenta por cento) da pena, vedado também o livramento condicional.

Verifica-se que a nova previsão também se apresenta como lei nova mais gravosa, não retroagindo, portanto, para crimes cometidos antes de sua entrada em vigor.

- **Aplicação pelo STF:**

> **STF: O STF possui posicionamento no sentido de que a imposição, mediante norma, do cumprimento da pena em regime integralmente fechado previsto no artigo 2º, § 1º, da lei nº 8.072/90 (crimes hediondos), conflita com a garantia constitucional da individualização da pena previsto no artigo 5º, inciso XLVI, da Constituição Federal**, sendo, portanto, inconstitucional-HC: 82959 SP, Relator: MARCO AURÉLIO – 23/02/2006.

- **Aplicação pelo STJ:**

> **STJ: O STF entende que a vedação à execução progressiva da pena, nos moldes no que dispõe a Lei 8.072 /90, é discriminatória e, por isso, violadora dos princípios constitucionais da legalidade, da individualização, da isonomia e da humanidade da pena**. HC 48472 SP 2005/0162583-2 (STJ)

- **Resumo – Quadro do tempo – Crimes hediondos e assemelhados:**

(STF – HC: 82959 SP, Relator: MARCO AURÉLIO: 23/02/2006, Tribunal Pleno)

| | |
|---|---|
| **CRIMES OCORRIDOS ATÉ O DIA 28/03/07** | reina a **regra geral** do art. 112 da LEP- Lei nº 7.210/84 (exigência de apenas **um sexto da pena**, para o efeito da progressão de regime. |
| **CRIMES OCORRIDOS A PARTIR DO DIA 29/03/07** | vigora a **regra do artigo 2º, §§1º e 2º da Lei nº8.072/90**, alterada pela lei nº 11.464/2007, ou seja, Apenado **primário 2/5 e reincidente 3/5.** |

- **Aplicação pelo STF:**

> **STF:** Reconhecida a inconstitucionalidade do art. 2º, § 1º da Lei n.º 8.072/90, na sua antiga redação, o STF entende que não pode o magistrado exigir lapso

distinto do previsto na legislação pátria para a progressão de regime, **sob pena de ferir-se o princípio da legalidade**. Assim, **com o advento da Lei n.º 11.464/07, a progressão de regime prisional aos condenados pela prática de crimes hediondos passou a ser permitida após o cumprimento de 2/5 da pena, em se tratando de réu primário, ou 3/5, nos casos de reincidência, lapsos aplicáveis somente aos casos supervenientes à sua vigência, em razão do maior rigor**. Portanto, **em relação aos crimes ocorridos até o dia 28/3/07** será aplicada a **regra geral** do art. 112 da LEP- Lei nº 7.210/84 (exigência de apenas **um sexto da pena**, para o efeito da progressão de regime, independente de se tratar de réu primário ou reincidente. RHC Nº. 21.055 – 6ª TURMA – REL. MARIA THEREZA DE ASSIS MOURA – J. 17.05.07 – PUBL. 04.06.07

► **Súmulas relevantes:**

**Súmula 471 STJ:** Os condenados por crimes hediondos ou assemelhados cometidos antes da vigência da Lei n. 11.464/2007 sujeitam-se ao disposto no art. 112 da Lei n. 7.210/1984 (Lei de Execução Penal) para a progressão de regime prisional. "

5. **Combinação de leis penais no tempo:** A doutrina e os tribunais são divididos nesse tema, alguns admitindo a combinação para, se preciso for utilizar partes de leis diferentes, aplicando-se ao caso concreto, enquanto outros vedam a combinação sob pena de criação de uma terceira lei, sem atuação do legislativo, optando, assim, por uma das leis mais favoráveis ao réu.

**1º Segmento doutrinário** — **impossibilidade** — Fernando Capez; Aníbal Bruno. Heleno Cláudio Fragoso; STF (HC68416/DF); AI 729498 ED / SC em 01/02/2011, no HC n. 84.037 (1ª Turma); HC 103833/SP em 23/11/2010 (2ª Turma); RHC 101278/RJ (1ª Turma). STJ- HC220.589/SP

**2º Segmento doutrinário** — **possibilidade** — se for para beneficiar o réu – Basileu Garcia, Rogério Greco; Damásio E. de Jesus; José Frederico Marques; STF (HC 95435) em 07/11/2008 (1ª Turma), RE 596152 STF.

O **STJ vedou a combinação de leis penais** no tempo com o advento de sua nova Súmula 501. Corroborando esse entendimento, o Supremo Tribunal Federal no julgamento do Recurso Extraordinário nº 600817 asseverou não ser possível a aplicação da causa de diminuição do artigo 33, parágrafo 4º, da Lei 11.343, combinada com pena prevista na Lei 6.368.

**Aplicação em concurso:**

- ***CESPE- 2012- Órgão: TJ-PI-Prova: Juiz***

  Marque a alternativa incorreta:

  D) Desde que em benefício do réu, a jurisprudência dos tribunais superiores admite a combinação de leis penais, a fim de atender aos princípios da ultratividade e da retroatividade *in mellius*.

  *Gabarito: afirmativa acima está incorreta, pois a jurisprudência majoritária dos Tribunais Superiores não admite a combinação de leis.*

▶ **Súmulas relevantes:**

**Súmula 501 STJ:** "É cabível a aplicação retroativa da Lei n. 11.343/2006, desde que o resultado da incidência das suas disposições, na íntegra, seja mais favorável ao réu do que o advindo da aplicação da Lei n. 6.368/1976, sendo vedada a combinação de leis.".

6. ***Abolitio Criminis* X Continuidade Normativo-típica:**

**6.1. *Abolitio Criminis*:** A "Abolitio Criminis" se configura quando uma lei penal nova descriminaliza certo fato anteriormente definido como crime, apagando-se os efeitos penais, permanecendo, entretanto, os efeitos civis. Como se trata de lei penal benéfica para o réu, ela poderá retroagir para alcançar os fatos anteriores, mesmo que já transitados em julgado, com o intuito de favorecer o réu.

**6.2. Continuidade Normativo:** a "Continuidade Normativo – típica", ocorre quando uma lei revoga certo dispositivo penal, mas a conduta descrita na norma penal revogada passa a ter tipificação em outro diploma legal, não havendo que se falar em descriminalização do comportamento.

**Lei excepcional ou temporária** (Incluído pela Lei nº 7.209, de 11.7.1984)

**Art. 3º** – A **lei excepcional ou temporária**, embora decorrido o período de sua duração ou cessadas as circunstâncias que a determinaram, **aplica-se ao fato praticado durante sua vigência.** (Redação dada pela Lei nº 7.209, de 1984)

1. **Da ultra-atividade da lei excepcional ou temporária:** Ao atribuir ultra-atividade à lei excepcional ou temporária, o legislador reserva ao Estado o direito de punir fatos que, já se sabe de antemão, deixarão de ser considerados crime, quando cessadas as circunstâncias excepcionais ou temporárias que determinaram a incidência da norma, mantendo, assim, seu poder coercitivo.

**1.1. Lei temporária-** traz em seu bojo tempo de vigência prefixado – **Possui ultra-atividade-** possui efeitos mesmo depois de cessada sua vigência para manter a eficácia preventiva da norma.

**1.2. Lei excepcional-** tem por finalidade atender necessidades estatais transitórias, tais como guerra ou calamidade, permanecendo em vigor por todo o período considerado excepcional – **Possui ultra-atividade** – possui efeitos mesmo depois de cessada sua vigência para manter a eficácia preventiva da norma.

**Aplicação em concurso:**

- ***Banca: CESPE/ Órgão: TJ-RN/ 2013- Prova: Juiz***

  No que se refere à aplicação da lei penal, assinale a opção correta.

  A) De acordo com entendimento doutrinário dominante, a lei excepcional ou temporária aplica-se ao fato praticado durante sua vigência, ainda que, no momento da condenação do réu, não mais vija, ou ainda, que tenham cessado as condições que determinaram sua aplicação.

  *Gabarito: a*

  *Trata-se de previsão contida no artigo 3º do CP e sustentada pela doutrina majoritária.*

**Tempo do crime**

**Art. 4º** - Considera-se **praticado o crime no momento da ação ou omissão**, ainda que outro seja o momento do resultado. (Redação dada pela Lei nº 7.209, de 1984)

1. **Tempo do crime:** Entende-se por tempo do crime como o marco adotado para se estabelecer o momento (tempo) do cometimento de um crime.

**1.1. Teoria da atividade:** também pode ser chamada de teoria da ação. De acordo com o disposto no artigo 4º do CP a teoria adotada para se estabelecer o momento da prática do crime é a **Teoria da Atividade**, segundo a qual considera praticado o crime no momento da ação ou omissão, ainda que outro seja o momento do resultado. Todos os elementos do crime, no caso tipicidade, ilicitude e culpabilidade, devem estar presentes no momento da conduta.

**1.2. Sucessão de leis penais no tempo:** a teoria da atividade também é importante para determinação de qual legislação irá ser utilizada no caso concreto, tendo em vista a possibilidade de ocorrer sucessão de leis no tempo, conforme exposto nos tópicos do art. 2º desta obra.

**TEMPO DO CRIME** — **Artigo 4º do CP** — **Teoria da atividade**

► **Súmulas relevantes:**

**Súmula 711 STF:** A lei penal mais grave aplica-se ao crime continuado ao crime permanente, se a sua vigência é anterior à cessação da continuidade ou da permanência.

**Aplicação em concurso:**

- ***Instituto Acesso – 2019 – PC-ES – Delegado de Polícia***

Tício, morador do Rio de Janeiro, começou a namorar Gabriela, uma jovem moradora da cidade de São Paulo. Com o passar do tempo e os efeitos da distância, Tício, motivado por ciúmes, resolveu tirar a vida de Gabriela. Pôs-se então a planejar a prática do crime em sua casa, no Rio de Janeiro, tendo adquirido uma faca, instrumento com o qual planejou executar o crime. No dia em que seguiu para São Paulo para encontrar Gabriela, que lhe o esperava na rodoviária, Tício combinou com a jovem uma viagem a passeio para o Espírito Santo. Ao ingressarem no ônibus que os levaria de São Paulo para o Espírito Santo, Tício afirmou para Gabriela que iria matá-la. Todavia, dada a calma de Tício, a jovem achou que se tratava de uma brincadeira. Durante o trajeto, Tício, ofereceu a ela uma bebida contendo substância que causava a perda dos sentidos. Após Gabriela beber e dormir, sob efeito da substância, enquanto passavam pela BR-101, no Rio de Janeiro, Tício passou a desferir golpes com a faca no peito da jovem. Quando chegou ao destino, Tício se entregou para polícia, e Gabriela, embora tenha sido socorrida, veio a óbito ao chegar ao Hospital.

O crime descrito no texto foi praticado, de acordo com a lei penal, no momento

A) da ação ou omissão, ainda que outro seja o momento do resultado. Trata-se, portanto, do momento em que Tício desferiu os golpes em Gabriela.

*Gabarito: a*

*Resposta de acordo com o disposto no artigo 4º CP.*

- ***CESPE- 2012- Órgão: TJ-PI-Prova: Juiz***

No que se refere à aplicação da lei penal, assinale a opção correta.

E) Em relação ao tempo do crime, o legislador adotou, no CP, a teoria da atividade, considerando-o praticado no momento da ação ou omissão.

*Gabarito: e*

*Resposta de acordo com o disposto no artigo 4º CP.*

**Territorialidade**

**Art. 5º** – Aplica-se a **lei brasileira, sem prejuízo** de convenções, tratados e regras de direito internacional, ao **crime cometido no território nacional**. (Redação dada pela Lei nº 7.209, de 1984)

§ 1º – Para os efeitos penais, consideram-se como **extensão do território nacional** as embarcações e aeronaves brasileiras, de natureza pública ou a serviço do governo brasileiro onde quer que se encontrem, bem como as aeronaves e as embarcações brasileiras, mercantes ou de propriedade privada, que se achem, respectivamente, no espaço aéreo correspondente ou em alto-mar. (Redação dada pela Lei nº 7.209, de 1984)

§ 2º – É também **aplicável a lei brasileira aos crimes praticados a bordo de aeronaves ou embarcações estrangeiras de propriedade privada**, achando-se aquelas em **pouso no território nacional ou em vôo no espaço aéreo correspondente, e estas em porto ou mar territorial do Brasil**. (Redação dada pela Lei nº 7.209, de 1984)

1. **Princípio da territorialidade:** O artigo 5º, caput do CP adotou o Princípio da Territorialidade Temperada, pois apesar da soberania do território nacional, em determinadas situações, o Estado pode abrir mão a incidência da sua legislação, aplicando-se convenções, tratados e regras de direito internacional, ao crime cometido no território nacional.

2. **Extensão do território nacional – §1º e §2º:** de acordo com o dispositivo percebe-se que o território nacional não é apenas o espaço terrestre, marítimo ou aéreo. Existem outras áreas que estão sujeitos à soberania Estatal e são como extensão do território nacional.

   **2.1. Navios ou aeronaves brasileiras, de natureza pública ou a serviço do governo brasileiro:** são os navios de guerra, em serviço militar ou em serviço oficial, considerados parte do território nacional onde quer que estejam.

   **2.2. Navios ou aeronaves privadas:** são os navios mercantes ou de propriedade privada, que em mar territorial ou espaço aéreo brasileiro aplica-se a lei brasileira.

   **2.3. Aeronave estrangeira privada em território nacional:** Crime cometido a bordo de aeronave estrangeira de propriedade privada em território nacional (em pouso ou em voo) – aplica-se a lei penal nacional.

   **2.4. Crime cometido a bordo de navio estrangeiro de propriedade privada em mar territorial nacional (brasileiro):** aplica-se a lei penal nacional.

3. **Direito de passagem inocente – art. 3º da Lei 8.617/93:** o citado dispositivo será aplicado somente quando o mar territorial brasileiro for usado como passagem para o seu destino final, ou seja, não pode atracar e nem ter a pretensão de atracar em território brasileiro. Dessa forma, se estiver diante do direito de passagem inocente, não se aplicará a lei brasileira, mas precisa ainda ser observado o disposto nos parágrafos 1º, 2º e 3º.

   > *"Art. 3º É reconhecido aos navios de todas as nacionalidades o direito de passagem inocente no mar territorial brasileiro.*
   >
   > *§ 1º A passagem será considerada inocente **desde que não seja prejudicial à paz, à boa ordem ou à segurança do Brasil**, devendo ser contínua e rápida.*
   >
   > *§ 2º A passagem inocente poderá compreender o parar e o fundear, mas apenas na medida em que tais procedimentos constituam incidentes comuns de navegação ou sejam impostos por motivos de força ou por dificuldade grave, ou tenham por fim prestar auxílio a pessoas a navios ou aeronaves em perigo ou em dificuldade grave.*
   >
   > *§ 3º Os navios estrangeiros no mar territorial brasileiro estarão sujeitos aos regulamentos estabelecidos pelo Governo brasileiro".*

   **3.1. Passagem inocente para aeronaves:** não há previsão legal na Convenção de Aviação Civil Internacional (Decreto nº 21.713/49) nem no Código Brasileiro de Aeronáutica (Lei 7.565/86), no entanto, entende a doutrina majoritária a possibilidade de aplicação da passagem inocente para aeronaves.

**Aplicação em concurso:**

- ***CESPE / Promotor – MPE-SE / 2010***

  De acordo com a lei penal brasileira, o território nacional estende-se a embarcações e aeronaves brasileiras de natureza pública, desde que se encontrem no espaço aéreo brasileiro ou em alto-mar.

  *Gabarito: ERRADO.*

  *De acordo com o artigo 5º, § 1º Navios ou aeronaves brasileiras, de natureza pública ou a serviço do governo brasileiro são considerados parte do território nacional onde quer que estejam, e não somente quando estiverem no espaço aéreo brasileiro ou em alto-mar.*

**Lugar do crime** (Redação dada pela Lei nº 7.209, de 1984)

**Art. 6º – Considera-se praticado o crime no lugar em que ocorreu a ação ou omissão,** no todo ou em parte, **bem como onde se produziu ou deveria produzir-se o resultado.** (Redação dada pela Lei nº 7.209, de 1984).

1. **Lugar do crime:** entende-se por lugar do crime como o local (localização geográfica) onde o crime é considerado praticado. Importante a legislação fazer tal determinação, visto que podem ocorrer situações em que o crime se desenvolva em diversos lugares, acarretando conflito internacional de jurisdição.
2. **Teoria da ubiquidade ou mista:** De acordo com o disposto no artigo 6º do CP a teoria adotada para se estabelecer o lugar da prática do crime é a **Teoria da Ubiquidade ou Mista**, segundo a qual, considera –se praticado o crime tanto no lugar da ação ou omissão, como no local onde ocorreu o resultado.

**LUGAR DO CRIME** → **Artigo 6º do CP** → **Teoria da ubiquidade ou mista**

▶ **Aplicação pelo STJ:**

**STJ:** Ao crime iniciado em território nacional com condução da vítima para território estrangeiro em aeronave, aplica-se a lei brasileira ao caso, tendo em vista o princípio da territorialidade e a teoria da ubiquidade consagrados na lei penal. HABEAS CORPUS HC 41892 SP 2005/0024758-9 – 22/08/2005.

**Aplicação em concurso:**

- ***Ano: 2014 Banca: FCC – Órgão: DPE-RS Prova: Defensor Público***

  Sobre o tempo e o lugar do crime, o Código Penal para estabelecer:

  A) o tempo do crime, adotou, como regra, a teoria da ubiquidade, e, para estabelecer o lugar do crime, a teoria da ação.

B) o tempo e o lugar do crime, adotou, como regra, a teoria da ação.

C) o tempo e o lugar do crime, adotou, como regra, a teoria do resultado.

D) o tempo e o lugar do crime, adotou, como regra, a teoria da ubiquidade.

E) o tempo do crime, adotou, como regra, a teoria da ação, e, para estabelecer o lugar do crime, a teoria da ubiquidade.

*Gabarito: e*

*Resposta com fulcro nos artigos 4º e 6º do CP.*

**Extraterritorialidade** (Redação dada pela Lei nº 7.209, de 1984)

**Art. 7º – Ficam sujeitos à lei brasileira, embora cometidos no estrangeiro**: (Redação dada pela Lei nº 7.209, de 1984)

I – **os crimes**: (Redação dada pela Lei nº 7.209, de 11.7.1984)

a) **contra a vida ou a liberdade do Presidente da República**; (Incluído pela Lei nº 7.209, de 1984)

b) contra **o patrimônio ou a fé pública da União**, do Distrito Federal, de Estado, de Território, de Município, de empresa pública, sociedade de economia mista, autarquia ou fundação instituída pelo Poder Público; (Incluído pela Lei nº 7.209, de 1984)

c) contra a administração pública, por quem está a seu serviço; (Incluído pela Lei nº 7.209, de 1984)

d) **de genocídio, quando o agente for brasileiro ou domiciliado no Brasil**; (Incluído pela Lei nº 7.209, de 1984)

II – **os crimes**: (Redação dada pela Lei nº 7.209, de 11.7.1984)

a) que, por tratado ou convenção, o Brasil se obrigou a reprimir; (Incluído pela Lei nº 7.209, de 1984) praticados por brasileiro; (Incluído pela Lei nº 7.209, de 1984)

c) praticados em aeronaves ou embarcações brasileiras, mercantes ou de propriedade privada, quando em território estrangeiro e aí não sejam julgados. (Incluído pela Lei nº 7.209, de 1984)

§ 1º – Nos casos do inciso I, o agente é punido segundo a lei brasileira, ainda que absolvido ou condenado no estrangeiro. (Incluído pela Lei nº 7.209, de 1984)

§ 2º – **Nos casos do inciso II, a aplicação da lei brasileira depende do concurso das seguintes condições**: (Incluído pela Lei nº 7.209, de 1984)

a) entrar o agente no território nacional; (Incluído pela Lei nº 7.209, de 1984)

b) ser o fato punível também no país em que foi praticado; (Incluído pela Lei nº 7.209, de 1984)

c) estar o crime incluído entre aqueles pelos quais a lei brasileira autoriza a extradição; (Incluído pela Lei nº 7.209, de 1984)

d) não ter sido o agente absolvido no estrangeiro ou não ter aí cumprido a pena; (Incluído pela Lei nº 7.209, de 1984)

e) não ter sido o agente perdoado no estrangeiro ou, por outro motivo, não estar extinta a punibilidade, segundo a lei mais favorável. (Incluído pela Lei nº 7.209, de 1984)

§ 3º – **A lei brasileira aplica-se também ao crime cometido por estrangeiro contra brasileiro fora do Brasil, se, reunidas as condições previstas no parágrafo anterior:** (Incluído pela Lei nº 7.209, de 1984)

a) não foi pedida ou foi negada a extradição; (Incluído pela Lei nº 7.209, de 1984)

b) houve requisição do Ministro da Justiça. (Incluído pela Lei nº 7.209, de 1984)

Pena cumprida no estrangeiro (Redação dada pela Lei nº 7.209, de 11.7.1984)

1. **Territorialidade e extraterritorialidade:** Como sabemos, a regra geral é a territorialidade da lei penal brasileira, ou seja, será aplicada a lei brasileira, sem prejuízo de convenções, tratados e regras de direito internacional, ao crime cometido no território nacional. Quando falamos em extraterritorialidade referimo-nos a aplicação da lei penal brasileira aos crimes praticados no exterior.

► **Aplicação pelo STF:**

> **STF:** Ao **tráfico internacional de armas e munições aplica-se o princípio da territorialidade**, incidindo o disposto no artigo 5º do Código Penal, do artigo 18 da Lei nº 10.826/2003 e artigo 7º, inciso II, alínea a, do Código Penal, este por força da Convenção Interamericana contra a Produção Ilegal e Tráfico de Armas, Munição, Explosivos e outros Materiais Relacionados, adotada pela OEA em novembro de 1997. **Portanto, será aplicada a lei penal brasileira no caso de tráfico internacional de armas e munições. (...)** HC nº 89.491-7, 1ª Turma, Rel. Min. Cármen Lúcia, j. em 26/09/2006.

2. **Extraterritorialidade:** a lei define dois tipos de extraterritorialidade para que possa ocorrer a aplicação da lei brasileira em crimes praticados no exterior, vejamos:

**2.1. Incondicionada**: Neste caso não há necessidade do preenchimento de qualquer condição para a aplicação da lei penal brasileira aos crimes cometidos no exterior (Art. 7º, I do CP).

**2.2. Condicionada:** nesta hipótese faz-se necessário o preenchimento de certas condições para a aplicação da lei penal brasileira aos crimes cometidos no exterior (Art. 7º, II e §3º do CP – condições: §2ª e alíneas "a" e "b" do §3º do art. 7º CP). As condições são: entrar o agente no território nacional, ser o fato punível também no país que foi praticado, estar o crime incluído entre os que a lei brasileira autoriza a extradição, não ter sido o agente absolvido no estrangeiro, não ter cumprido pena no estrangeiro, não ter sido perdoado no estrangeiro, ou por algum outro motivo não estar extinta a punibilidade pela lei mais favorável.

3. **Princípios para aplicação da extraterritorialidade:** alguns princípios são utilizados para **a aplicação da lei brasileira aos crimes praticados em território estrangeiro. São eles:**

**3.1. Nacionalidade ou personalidade ativa:** trata-se da hipótese de crime praticado por brasileiro fora do Brasil. Neste caso o agente é punido de acordo com a lei penal brasileira, independentemente da nacionalidade do sujeito passivo e do bem jurídico violado (art. 7, II, "b" CP).

**3.2. Nacionalidade ou personalidade passiva:** trata-se da hipótese de crime cometido por estrangeiro contra vítima brasileira fora do Brasil (art. 7º, §3º CP).

**3.3. Real, da defesa ou proteção**: segundo esse princípio será permitida a aplicação da lei penal brasileira aos crimes praticados no exterior caso ofendam bens jurídicos pertencentes ao Brasil, independentemente da nacionalidade do agente ou o lugar do crime (art. 7º, I, "a", "b" e "c" do CP);

**3.4. Justiça Universal, Universalidade ou Justiça Cosmopolita, Jurisdição universal, Jurisdição mundial, repressão universal ou universalidade do direito de punir:** de acordo com esse princípio, em razão do dever de solidariedade no combate ao crime, que interessa a todos os povos, os estados podem punir os autores de determinados crimes que se encontrem em seus territórios, em observância das convenções ou tratados internacionais, independentemente da nacionalidade do agente, do local do crime ou do bem jurídico violado, (art.7º, I, "d" CP);

**3.5. Princípio da Representação, pavilhão, bandeira, subsidiário ou da substituição:** segundo este princípio será aplicada a lei brasileira aos crimes praticados em aeronaves e embarcações brasileiras, mercantes ou de propriedade privada, quando estiverem em território estrangeiro e aí não forem julgados (art. 7º, II, "c" do CP).

4. **Crime de tortura – Lei 9.455/97 –** (hipótese de extraterritorialidade incondicionada): de acordo com o artigo. 2º da lei de tortura haverá sua aplicação ainda quando o crime não tenha sido cometido em território nacional, sendo a vítima brasileira ou encontrando-se o agente em local sob jurisdição brasileira.

5. **Contravenções penais:** Em se tratando de contravenção penal, somente será possível a aplicação da Lei Penal Brasileira, quando sua prática ocorrer no território nacional, de acordo com a previsão contida no artigo 2º do DL nº3688/41. Vejamos: Art. 2º – "A lei brasileira só é aplicável à contravenção praticada no território nacional".

6. **Crime de genocídio:** Importante lembrar que em relação ao crime de Genocídio, conforme previsão contida no artigo 5º, §4º da CRFB/88 e sua combinação com artigo 5º, alínea "a" do Decreto 4.388/2002 fica estabelecida a jurisdição do Tribunal Penal Internacional para julgamento dos crimes de Genocídio, previstos na lei nº2889/56.

**Aplicação em concurso:**

- ***2019 – Banca Instituto Acesso – PC-ES – Delegado de Polícia***

  João Carlos, 30 anos, brasileiro, com residência transitória na Argentina, aproveitando-se da aquisição de material descartado por uma indústria gráfica falida, passou a fabricar moeda brasileira em território argentino. Para garantir a diversidade da moeda falsificada, João imprimia notas de 50 e de 100 reais. Ao entrar em território brasileiro João foi revistado por policiais que encontraram as notas falsificadas em meio a sua bagagem. João foi acusado da prática do crime previsto no artigo 289 do Código Penal.

De acordo com as teorias que informam a aplicação da lei penal brasileira no espaço, é correto dizer que, nesse caso, cabe a aplicação:

A) incondicionada da lei brasileira, uma vez que o crime cometido atenta contra a fé pública.

*Gabarito: a*

*Gabarito de acordo com o artigo 7º, inciso I, "b" do CP*

- ***Ano: 2012 – Banca: FEPESE – Órgão: DPE-SC Prova: Defensor Público***

A aplicação da lei penal no tempo e no espaço é tratada nas partes gerais do Código Penal e na Lei de Contravenções Penais. Sobre a aplicação da lei penal, é correto afirmar:

E) As leis penais brasileiras podem ser aplicadas tanto aos crimes cometidos no território nacional quanto àqueles praticados no estrangeiro, nas hipóteses previstas, mas elas somente podem ser aplicadas às contravenções penais que forem cometidas no território nacional.

*Gabarito: e*

*Resposta com base no artigo 2º do DL nº3688/41.*

Art. 8º – **A pena cumprida no estrangeiro atenua a pena imposta no Brasil pelo mesmo crime,** quando diversas, ou nela é computada, quando idênticas. (Redação dada pela Lei nº 7.209, de 11.7.1984)

1. **Atenuação de pena cumprida no estrangeiro:** Em razão da extraterritorialidade da lei penal brasileira, existe a possibilidade de um agente ser processado e condenado tanto pela lei brasileira, quanto pela estrangeira. Entretanto, a pena cumprida no estrangeiro atenua a pena imposta no Brasil pelo mesmo crime, quando diversas, ou nela é computada, quando idênticas, tratando- se de exceção ao princípio do *ne bis in idem,* segundo o qual, ninguém pode ser condenado duas vezes pelo mesmo crime.

**Aplicação em concurso:**

- ***Ano: 2018 – Banca: VUNESP – órgão: PC/SP – Delegado***

João comete um crime no estrangeiro e lá é condenado a 4 anos de prisão, integralmente cumpridos. Pelo mesmo crime, João é condenado no Brasil à pena de 8 anos de prisão. João

A) cumprirá 8 anos de prisão no Brasil, uma vez que para essa quantidade de pena não se reconhece o cumprimento no estrangeiro.

B) não cumprirá pena alguma no Brasil caso de trate de país com o qual o Brasil tem acordo bilateral para reconhecer cumprimento de pena.

C) não cumprirá pena alguma no Brasil, uma vez já punido no país em que o crime foi cometido.

D) cumprirá 8 anos de prisão no Brasil, uma vez que o Brasil não reconhece pena cumprida no estrangeiro.

E) ainda deverá cumprir 4 anos de prisão no Brasil.

*Gabarito: e*

*Resposta do enunciado de acordo com o disposto no art. 8º do CP.*

**1.1. Aplicação da mesma pena**: No caso de ser aplicada a mesma qualidade de pena no Brasil e no exterior, a pena aplicada no Brasil será abatida da pena cumprida no estrangeiro.

**1.2. Aplicação de pena diversa**: No caso de ser aplicada qualidade diversa da pena no Brasil e no exterior, a pena a ser cumprida no Brasil será atenuada, considerando a pena cumprida no estrangeiro.

2. **Casos de extraterritorialidade condicionada** (Art. 7º, II e §3º do CP): a pena cumprida no estrangeiro faz desaparecer o interesse do Brasil em punir o criminoso. Entretanto, nas hipóteses de extraterritorialidade incondicionada (Art. 7º, I e §1º do CP), caso o infrator, ingresse no Brasil, estará sujeito à punição pela lei nacional, pouco importando já ter sido condenado ou absolvido no exterior.

3. **Casos de extraterritorialidade incondicionada:** Se o crime praticado no exterior não estiver sujeito à aplicação do princípio da extraterritorialidade incondicionada, nem da extraterritorialidade condicionada, por falta de preenchimento dos requisitos legais, como por exemplo, um crime de tráfico internacional de drogas onde o criminoso já tenha sido punido no estrangeiro, não há que se falar em uma nova condenação no Brasil pelo mesmo crime, sob pena de configuração do " bis in idem".

**Aplicação em concurso:**

- ***Ano: 2013 – Banca: CESPE – Órgão: PC-DF***

Julgue os itens seguintes, relativos à teoria da norma penal, sua aplicação temporal e espacial, ao conflito aparente de normas e à pena cumprida no estrangeiro. Considere a seguinte situação hipotética.

– Jurandir, cidadão brasileiro, foi processado e condenado no exterior por ter praticado tráfico internacional de drogas, e ali cumpriu seis anos de pena privativa de liberdade. Pelo mesmo crime, também foi condenado, no Brasil, a pena privativa de liberdade igual a dez anos e dois meses.

Nessa situação hipotética, de acordo com o Código Penal, a pena privativa de liberdade a ser cumprida por Jurandir, no Brasil, não poderá ser maior que quatro anos e dois meses.

*Gabarito: ERRADO.*

*Jurandir praticou o crime de tráfico internacional de drogas, não sujeito à aplicação do princípio da extraterritorialidade incondicionada (artigo 7º, §1º, do Código Penal) nem da extraterritorialidade condicionada (artigo 7º, §2º, alínea "d" e §3º do Código Penal).*

*Podemos verificar que Jurandir já foi condenado e cumpriu sua pena no exterior, assim, não há que se falar em uma nova condenação no Brasil pelo mesmo crime, sob pena de configuração de "bis in idem". Dessa forma, Jurandir não cumprirá qualquer pena no Brasil.*

**Eficácia de sentença estrangeira** (Redação dada pela Lei nº 7.209, de 11.7.1984)

**Art. 9º** - A **sentença estrangeira**, quando a aplicação da lei brasileira produz na espécie as mesmas consequências, **pode ser homologada no Brasil para**: (Redação dada pela Lei nº 7.209, de 11.7.1984)

I - obrigar o condenado à reparação do dano, a restituições e a outros efeitos civis; (Incluído pela Lei nº 7.209, de 11.7.1984)

II - sujeitá-lo a medida de segurança. (Incluído pela Lei nº 7.209, de 11.7.1984)

Parágrafo único - **A homologação depende**: (Incluído pela Lei nº 7.209, de 11.7.1984)

a) para os efeitos previstos no inciso I, de pedido da parte interessada; (Incluído pela Lei nº 7.209, de 11.7.1984)

b) **para os outros efeitos, da existência de tratado de extradição com o país de cuja autoridade judiciária emanou a sentença, ou, na falta de tratado, de requisição do Ministro da Justiça**. (Incluído pela Lei nº 7.209, de 11.7.1984)

1. **Sentença penal estrangeira no Brasil:** Em se tratando de sentença criminal proveniente de órgão jurisdicional estrangeiro para que possa ser cumprida em território nacional, deverá ser **homologada** no Brasil, devendo ser provado o seu trânsito em julgado, conforme estabelece a Súmula 420 STF.

**1.1. Competência para homologação da sentença estrangeira no Brasil:** Compete ao **STJ a referida homologação**, conforme dispõe o artigo 105, I, "i" da CRFB/88, devendo ser realizada uma releitura do artigo 788 do Código de Processo Penal, que ao STF a referida competência.

**1.2. Procedimento para homologação:** deverá ser analisado o disposto nos arts. 787 a 790 do Código de Processo Penal.

**1.3. Conteúdo da homologação da sentença estrangeira:** A decisão de homologação da sentença estrangeira realizada pelo STJ **não abarca o seu mérito**, sendo feito somente um exame acerca das formalidades elencadas no artigo 788 do Código de Processo Penal.

**1.4. Alcance para dos efeitos da sentença após homologação:** Importante ressaltar, que para obrigar o condenado à **reparação do dano, restituições e a outros efeitos civis previstos no inciso I do artigo 9º do CP**, será necessário pedido da parte interessada, conforme prevê a alínea "a" do parágrafo único do artigo 9º do Código Penal. Já para **outros efeitos** (sujeição à medida de segurança), para que haja homologação será necessário a existência de tratado de extradição com o país de cuja autoridade judiciária emanou a sentença, ou, na falta de tratado, de requisição do Ministro da Justiça (Artigo 9º, parágrafo único, alínea "b" do CP).

▶ **Previsão constitucional e legal:**

- Artigo 105, I, "i "da CRFB/88;
- Artigo 787 a 790 do CPP.

▶ **Súmulas relevantes:**

**Súmula 420 STF:** Não se homologa sentença proferida no estrangeiro sem prova do trânsito em julgado.

**Aplicação em concurso:**

- ***Ano: 2016 Banca: CESPE Órgão: TJ-AM Prova: Juiz Substituto***

*Sentença penal estrangeira pode ter eficácia no Brasil, possibilitando, inclusive, a reparação civil ex delicto. A sua eficácia depende de homologação pelo*

A) *STJ, desde que haja comprovação da ocorrência do seu trânsito em julgado no país de origem.*

*Gabarito: a*

*Resposta de acordo com o disposto no artigo 105, I, "i" da CRFB/88 e Súmula 420 STF.*

**Contagem de prazo (Redação dada pela Lei nº 7.209, de 11.7.1984)**

**Art. 10 - O dia do começo inclui-se no cômputo do prazo. Contam-se os dias, os meses e os anos pelo calendário comum. (Redação dada pela Lei nº 7.209, de 11.7.1984)**

1. **Prazos penais:** os prazos penais são contados incluindo-se na contagem o dia do começo. Essa forma de contagem se aplica a todos os prazos de direito material, tais como prazo da prescrição, decadência, livramento condicional, *sursis*.

   **1.1. Cômputo do prazo penal:** Lembre-se que na contagem de prazo no Direito penal **o dia do começo ou fração deste inclui-se no cômputo do PRAZO**.

   **1.2. Calendário a ser utilizado:** Contam-se os dias, os meses e os anos pelo calendário comum **(gregoriano),** isto é, mês a mês, dia a dia, tudo pelo fundamento de beneficiar o réu.

2. **Prazo processual:** o art. 10 do Código Penal não será utilizado para contagem dos prazos processuais, que são regulados pelo art. 798, §1º do Código de Processo Penal.

**Aplicação em concurso:**

- ***Ano: 2007 – Banca: FCC – Órgão: MPU – Prova: Analista Administrativo***

A respeito da aplicação da lei penal, no que concerne à contagem dos prazos, de acordo com o Código Penal, é correto afirmar que

A) o dia do começo não se inclui no cômputo do prazo, mas inclui-se fração deste.

B) o dia do começo inclui-se no cômputo do prazo, mas não se inclui fração deste.

C) o dia do começo ou fração deste não se inclui no cômputo do prazo.

D) o dia do começo ou fração deste inclui-se no cômputo do prazo.

E) os prazos em meses são contados pelo número real de dias e não pelo calendário comum.

*Gabarito: d*

*Resposta de acordo com o disposto no artigo 10 do Código Penal.*

**Frações não computáveis da pena** (Redação dada pela Lei nº 7.209, de 11.7.1984)

**Art. 11** – **Desprezam-se, nas penas privativas de liberdade e nas restritivas de direitos, as frações de dia**, e, na pena de multa, as frações de cruzeiro. (Redação dada pela Lei nº 7.209, de 11.7.1984)

1. **Frações não computáveis da pena:** O montante final da pena, após seu cálculo, não for um número inteiro, deve o juiz desprezar as frações de dia, em relação as penas privativas de liberdade e restritiva de direitos, e, na pena de multa, as frações de moeda corrente, ou seja, centavos.

**Legislação especial** (Incluída pela Lei nº 7.209, de 11.7.1984)

**Art. 12** – As regras gerais deste Código **aplicam-se aos fatos incriminados por lei especial**, se esta **não dispuser de modo diverso**. (Redação dada pela Lei nº 7.209, de 11.7.1984)

1. **Conflito aparente de normas: Configura-se quando existem duas ou mais normas incriminadoras descrevendo o mesmo fato. Assim, existe um conflito, pois mais de uma norma pretende regular a mesma situação fática, mas tal conflito é meramente aparente, pois, apenas uma norma é aplicável à hipótese.** Para resolver o referido conflito existem alguns princípios que devem ser observados: princípio da especialidade *(Lex specialis derogat generali),* segundo o qual, a norma especial prevalece sobre a geral; princípio da subsidiariedade *(Lex primaria derogat subsidiariae),* que ocorre quando a norma principal for mais grave que a subsidiária, prevalecendo a norma primaria em detrimento da subsidiária; e princípio da consunção ou absorção *(Lex consumens derogat consumptae),* segundo o qual o fato mais amplo e mais grave absorve outros menos amplos e graves, que funcionam como fase normal de preparação ou execução ou mero exaurimento do mais grave.

2. **Aplicação das regras gerais de Direito Penal:** A falta de regulamentação específica em relação aos fatos previstos em legislação especial faz com que apliquemos as regras gerais do Código Penal. Entretanto, caso haja previsão sobre o tema em legislação especial, esta é a que será aplicada.

▶ **Aplicação pelo STF:**

**STF:** O STF entende que se o Código Eleitoral é omisso a respeito da disciplina jurídica da prescrição penal, aplicando-se assim, o disposto no Código Penal (HC 84554 MC, Relator (a): Min. CELSO DE MELLO, julgado em 08/10/2004)

**STF:** Lei de drogas e princípio da consunção – A Segunda Turma reconheceu a possibilidade de **aplicação do princípio da consunção, que se consubstanciaria pela absorção dos delitos tipificados nos artigos 33, § 1º, I, e 34 da Lei 11.343/2006, pelo delito previsto no art. 33, "caput", do mesmo diploma legal. Ambos os preceitos buscariam proteger a saúde pública e tipificariam condutas que — no mesmo contexto fático, evidenciam o intento de traficância do agente e a utilização dos aparelhos e insumos para essa mesma finalidade — poderiam ser consideradas meros atos preparatórios do delito de tráfico previsto no art. 33, "caput", da Lei 11.343/2006. (Informativo 791)**

▶ **Súmulas relevantes:**

**Súmula 171 STJ:** Cominadas cumulativamente, em lei especial, penas privativas de liberdade e pecuniária, é defeso a substituição da prisão por multa.

## TÍTULO II
## DO CRIME

**Relação de causalidade** (Redação dada pela Lei nº 7.209, de 11.7.1984)

Art. 13 - **O resultado, de que depende a existência do crime, somente é imputável a quem lhe deu causa.** Considera-se causa a ação ou omissão sem a qual o resultado não teria ocorrido. (Redação dada pela Lei nº 7.209, de 11.7.1984)

**Superveniência de causa independente** (Incluído pela Lei nº 7.209, de 11.7.1984)

§ 1º - **A superveniência de causa relativamente independente exclui a imputação quando, por si só, produziu o resultado**; os fatos anteriores, entretanto, imputam-se a quem os praticou. (Incluído pela Lei nº 7.209, de 11.7.1984)

**Relevância da omissão** (Incluído pela Lei nº 7.209, de 11.7.1984)

§ 2º - **A omissão é penalmente relevante** quando o **omitente devia e podia agir para evitar o resultado.** O dever de agir incumbe a quem:(Incluído pela Lei nº 7.209, de 11.7.1984)

a) **tenha por lei obrigação de cuidado**, proteção ou vigilância; (Incluído pela Lei nº 7.209, de 11.7.1984)

b) **de outra forma, assumiu a responsabilidade de impedir o resultado**; (Incluído pela Lei nº 7.209, de 11.7.1984)

c) com seu comportamento anterior, **criou o risco da ocorrência do resultado**. (Incluído pela Lei nº 7.209, de 11.7.1984)

1. **Conceito de nexo causal:** O Nexo causal consiste na relação de causa e efeito, ou seja, o vínculo entre conduta e resultado.

**1.1. Teoria da equivalência dos antecedentes causais:** A teoria adotada em nosso ordenamento jurídico é a **teoria da equivalência dos antecedentes causais, também chamada de Teoria da causalidade simples**, ou Teoria da *conditio sine qua non*, segundo a qual se considera causa toda ação ou omissão sem a qual o resultado não teria ocorrido, conforme *caput* do art. 13 do CP.

**1.2. Determinação da causa do resultado:** Para se saber se uma conduta é causa do resultado, deve-se somar à teoria da *conditio sine qua non* o chamado **processo hipotético de eliminação** (teoria da eliminação hipotética dos antecedentes causais). Assim, causa do resultado será tudo aquilo que, ao se operar uma supressão mental, o resultado não teria ocorrido como ocorreu, da forma que ocorreu ou no momento em que ocorreu.

**1.2.1.** Aplicação do Processo hipotético de eliminação de Thyrén:

a) Preliminarmente deve-se pensar no fato que queremos saber se é causa do resultado;

b) Em seguida suprime-se esse fato mentalmente como se ele não tivesse existido naquela situação;

c) Se em razão dessa supressão mental, o resultado for modificado, significa que o fato suprimido mentalmente é considerado causa do resultado.

**1.3. Relação de causalidade:** a relação de causalidade pode se apresentar das seguintes formas, baseadas no fato de que o resultado não é feito de somente um comportamento, mas sim, de uma associação de fatores. Vejamos:

**1.3.1.** Causas (concausas) absolutamente independentes:

a) **Preexistente** – é a causa que existe anteriormente à conduta do agente e que por si só causa o resultado.

b) **Concomitante** – é a causa que surge no mesmo instante em que o agente realiza a conduta, causando por si só o resultado.

c) **Superveniente** – é a causa que atua após a conduta do agente e que por si só causa o resultado.

---

▶ Em todas as causas absolutamente independentes, por não haver relação de causalidade (nexo causal) entre resultado e conduta do agente, este responde apenas pelos atos já praticados, caso haja previsão típica.

---

**1.3.2.** Causas (concausas) relativamente independentes:

a) **Preexistentes –** a causa existe antes da prática da conduta, embora seja dela dependente, contribuindo para a ocorrência do resultado. Aqui, por expressa previsão legal (art. 13, *caput*, CP), aplica-se a teoria da equivalência dos antecedentes causais, fazendo com que o agente responda pelo resultado naturalístico, já que se suprimindo mentalmente sua conduta, o crime não teria ocorrido como e quando ocorreu.

b) **Concomitantes –** ocorre simultaneamente à conduta do agente, contribuindo para a ocorrência do resultado. Nessa hipótese também, por expressa previsão legal (art. 13, *caput*, CP), aplica-se a teoria da equivalência dos antecedentes causais, fazendo com que o agente responda pelo resultado naturalístico, já que se suprimindo mentalmente sua conduta, o crime não teria ocorrido como e quando ocorreu.

c) **Supervenientes –** aquela que ocorre posteriormente à conduta do agente. Aqui, faz-se necessário analisar o artigo 13, §1º, CP: A superveniência de causa relativamente independente exclui a imputação quando, por si só, produziu o resultado; os fatos anteriores, entretanto, imputam-se a quem os praticou. Assim, **na causa superveniente relativamente independente**, somente aqueles resultados que se encontram na chamada linha de desdobramento natural ou anatomopatológico (linha de previsibilidade) da conduta praticada pelo agente é que podem ser imputados a ele. Se não houver essa linha de previsibilidade o agente não responderá, ficando incurso somente pelos fatos anteriores.

**Aplicação em concurso:**

- ***Ano: 2016 – Banca: MPE-SC -Prova: Promotor de Justiça***

  O Código Penal, ao tratar da relação de causalidade, consignou que a superveniência de causa relativamente independente somente afasta a imputação quando, por si só, produziu o resultado, excluindo outras considerações quanto aos fatos anteriores ocorridos.

  *Gabarito: Errado*

  *(O Código Penal, ao tratar da relação de causalidade, consignou no artigo 13, §1º do CP "A superveniência de causa relativamente independente exclui a imputação quando, por si só, produziu o resultado; os fatos anteriores, entretanto, imputam-se a quem os praticou.")*

**Art. 14 - Diz-se o crime**: (Redação dada pela Lei nº 7.209, de 11.7.1984)

Crime consumado (Incluído pela Lei nº 7.209, de 11.7.1984)

I - **consumado**, quando nele se **reúnem todos os elementos de sua definição legal**; (Incluído pela Lei nº 7.209, de 11.7.1984)

Tentativa (Incluído pela Lei nº 7.209, de 11.7.1984)

II - **tentado**, quando, **iniciada a execução, não se consuma por circunstâncias alheias à vontade do agente**. (Incluído pela Lei nº 7.209, de 11.7.1984)

Pena de tentativa (Incluído pela Lei nº 7.209, de 11.7.1984)

Parágrafo único - Salvo disposição em contrário, **pune-se a tentativa com a pena correspondente ao crime consumado, diminuída de um a dois terços.(Incluído pela Lei nº 7.209, de 11.7.1984)**

1. ***Iter criminis:*** o caminho percorrido pelo crime é chamado de "iter criminis", nada mais é do que as fases que ocorrem para e execução da conduta ilícita. São fases do crime a cogitação, os atos preparatórios, os atos executórios e a sua consumação.

2. **Consumação:** o crime estará consumado quando estiver completa a realização do tipo penal, ou seja, o agente realizou todos os elementos que compõe a definição do tipo penal.

**2.1. Momento da consumação:** o momento da consumação do crime pode variar de acordo com a natureza do crime.

► **Aplicação pelo STJ:**

**STJ:** "Consuma-se o crime de roubo com a inversão da posse do bem, mediante emprego de violência ou grave ameaça, ainda que por breve tempo e em seguida a perseguição imediata ao agente e recuperação da coisa roubada, sendo prescindível a posse mansa e pacífica ou desvigiada." REsp 1499050 (2014/0319516-0 de 09/11/2015).

► **Aplicação pelo STF:**

**STF:** Segundo o STF, a consumação do crime de roubo, em regra, independe da posse mansa da coisa, bastando que, cessada a violência ou grave ameaça, ocorra a inversão da posse. Entretanto, nas hipóteses em que a ação é monitorada pela Polícia, o que vem a obstar a possibilidade de fuga dos agentes criminosos, resta frustrada a consumação por circunstâncias alheias à vontade dos agentes, nos termos do art. 14 do Código Penal, ficando configurada a forma tentada do referido delito. HABEAS CORPUS 104.593 – 08.11.2001.

3. **Tentativa:** conforme o próprio legislador dispõe, ocorre a tentativa quando por circunstâncias alheias a vontade do agente o crime não se consuma, ou seja, iniciou-se a fase de execução, mas não se consumou por razões que fogem a esfera de vontade do agente.

**3.1. Nomenclatura e espécies de tentativa**: Tentativa também chamada de **conatus** podem ser das seguintes espécies:

a) **Tentativa Imperfeita (inacabada):** ocorre quando o agente inicia os atos executórios, mas é interrompido, existindo ainda atos a serem praticados, não se consumando o crime por circunstâncias alheias à vontade do agente;

b) **Tentativa Perfeita (acabada, crime falho):** ocorre quando o agente, segundo seu entendimento realiza todos os atos executórios necessários à consumação do crime, mas mesmo assim o crime não se consuma por circunstâncias alheias à vontade do agente.

c) **Tentativa Branca (incruenta):** ocorre quando o bem jurídico tutelado não chega a ser atingindo, apesar dos atos executórios praticados pelo agente, não se consumando o crime por circunstâncias alheias à vontade do agente.

d) **Tentativa Vermelha (cruenta):** ocorre quando o bem tutelado é atingido pelos atos perpetrados pelo agente, mas o crime não se consuma por circunstâncias alheias à vontade do agente.

**Aplicação em concurso:**

- ***Ano: 2018 – Banca: FCC – Órgão: Prefeitura de São Luís – MA – Prova: Auditor Tributário***

  Diz-se crime tentado quando

  A) ele não se consuma por circunstâncias alheias à vontade do agente, após iniciada a execução.

  B) impossível de se consumar em razão da ineficácia absoluta do meio ou da absoluta impropriedade do objeto.

  C) o agente, por ato voluntário, até o recebimento da denúncia ou da queixa, repara o dano ou restitui a coisa.

  D) o agente desiste, de forma voluntária, de prosseguir na execução ou impede que o resultado se produza.

  E) o agente dá causa ao resultado por imprudência, negligência ou imperícia.

  *Gabarito: a*

  *Trata-se de resposta em consonância com o texto de lei.*

▶ **Quadro explicativo:**

| | |
|---|---|
| CRIME TENTADO | após o início dos atos executórios o crime não se consumou por circunstâncias alheias a vontade do agente |
| CRIME CONSUMADO | realizou todos os elementos que compõe a definição do tipo penal |

### 3.2. Infrações penais que não admitem tentativa:

- Contravenções penais: art. 4º DL 3688/41;(segundo a LCP, não se pune a tentativa de contravenção penal);
- Crimes culposos;
- Crimes habituais;
- Crimes condicionados; Ex: art.122 CP
- Crimes preterdolosos;
- Crimes unissubsistentes;
- Crimes omissivos próprios;
- Crime de atentado; Ex: art.352 CP

**Aplicação em concurso:**

- ***Ano: 2015 -Banca: FCC – Órgão: TJ-RR – Prova: Juiz Substituto***

  *Em relação às fases de execução do crime, pode-se assegurar que:*

  C) não se admite tentativa de crime culposo.

  *Gabarito: c*

  *O crime culposo é aquele em que o agente não age com vontade de provocar o resultado, mas sim por falta de um dever de cuidado, sendo assim, não há meios de se pensar que alguém poderia tentar agir sem querer agir, sendo assim, não há tentativa em nenhum crime culposo).*

► **Súmulas relevantes:**

**Súmula Vinculante 24 STF:** Não se tipifica crime material contra a ordem tributária, previsto no art. 1º, incisos I a IV, da Lei nº 8.137/90, antes do lançamento definitivo do tributo.

**Súmula 610 STF** – "Há crime de latrocínio, quando o homicídio se consuma, ainda que não realize o agente a subtração de bens da vítima."

**Súmula 582 STJ:** Consuma-se o crime de roubo com a inversão da posse do bem mediante emprego de violência ou grave ameaça, ainda que por breve tempo e em seguida à perseguição imediata ao agente e recuperação da coisa roubada, sendo prescindível a posse mansa e pacífica ou desvigiada.

**Desistência voluntária e arrependimento eficaz** (Redação dada pela Lei nº 7.209, de 11.7.1984)

**Art. 15** – O **agente que, voluntariamente, desiste de prosseguir na execução** ou **impede que o resultado se produza, só responde pelos atos já praticados.** (Redação dada pela Lei nº 7.209, de 11.7.1984)

1. **Desistência Voluntária:** ocorre quando o agente após iniciar a prática dos atos executórios desiste voluntariamente de prosseguir com os mesmos, não se consumando o crime pela própria vontade do agente. (Aqui, o agente pode prosseguir nos atos executórios, mas não quer)

**1.1. Voluntariedade X Espontaneidade**: A desistência deve ser voluntária, não precisando ser espontânea, ou seja, não há necessidade de que a ideia de desistir do prosseguimento da execução do crime tenha partido do agente. Assim, o agente responderá somente pelos atos praticados até o momento da desistência, se houver previsão típica em relação aos mesmos.

► **DICA:** na desistência voluntária o agente pode **prosseguir nos atos executórios, mas não quer**, ao passo que na tentativa ele **quer prosseguir, mas não pode.**

2. **Arrependimento eficaz**: o agente realiza todos os atos executórios necessários à consumação do crime, e após, arrepende-se, agindo de forma eficaz para impedir a consumação. Dessa forma, o agente responderá somente pelos atos praticados até o momento do arrependimento, se houver previsão típica em relação aos mesmos.

▶ **ATENÇÃO:** Se mesmo com a atuação do agente para impedir a consumação, o resultado vier a ocorrer, responderá pelo crime consumado.

**Aplicação em concurso:**

- ***Ano: 2016 Banca: MPE-GO Órgão: MPE-GO Prova: Promotor de Justiça Substituto***

  *Sobre a etapas de realização da infração penal, marque a alternativa correta:*

  D) O arrependimento eficaz é incompatível com crimes formais ou de mera conduta.

  *Gabarito: d*

  *O arrependimento eficaz, também chamado de ponte de ouro, consiste no impedimento do resultado pelo agente, após este ter completado todos os atos executórios do crime. Ocorre que os crimes formais e de mera conduta se consumam mesmo que não haja resultado naturalístico. Logo, o arrependimento eficaz seria inócuo do ponto de vista da consumação, pois o crime formal e de mera conduta não exigem o resultado naturalístico.*

▶ **Aplicação pelo STJ:**

**STJ:** Os quesitos a serem submetidos à apreciação do Conselho de Sentença devem ser formulados de forma a facilitar a compreensão dos jurados, sob pena de nulidade. **Apesar de possível a elaboração sucessiva dos quesitos atinentes à tentativa de homicídio e arrependimento eficaz, já que a quesitação deve guardar correlação com as teses de acusação e de defesa, o resultado afirmativo quanto a um deles torna prejudicado a análise do outro, eis que institutos completamente diversos entre si, sob pena de nulidade absoluta.** Assim, tendo o Tribunal Popular reconhecido o homicídio tentado e, posteriormente, o arrependimento eficaz, deve-se anular a sessão plenária, por ter referida operação gerado perplexidade nos jurados. AGRAVO REGIMENTAL NO RECURSO ESPECIAL AgRg no REsp 1162334 SC 2009/0208082-5 (STJ) 05/12/2011

**Arrependimento posterior** (Redação dada pela Lei nº 7.209, de 11.7.1984)

**Art. 16** – Nos **crimes** cometidos **sem violência ou grave ameaça à pessoa, reparado o dano ou restituída a coisa, até o recebimento da denúncia ou da queixa**, por **ato voluntário do agente**, a pena será reduzida de um a dois terços. (Redação dada pela Lei nº 7.209, de 11.7.1984)

1. **Configuração do instituto:** para configurar o arrependimento posterior, é preciso que o resultado esteja consumado.

2. **Natureza jurídica:** O arrependimento posterior tem natureza jurídica de causa obrigatória de diminuição de pena (de um a dois terços), sendo analisado na terceira fase do cálculo da pena.

**2.1. Requisitos para configuração do arrependimento posterior:** que o crime seja cometido sem violência ou grave ameaça à pessoa; reparação total do dano ou restituição integral da coisa até o recebimento da denúncia ou da queixa; ato voluntário do agente.

**2.1.1.** Que o crime seja cometido sem violência ou grave ameaça à pessoa.

- Importante salientar que a violência contra a coisa não exclui o referido instituto.
- Cabe destacar que a violência mencionada, segundo entendimento doutrinário, é apenas a dolosa. Assim, o fato de ocorrer violência culposa, não inviabilizada a aplicação do arrependimento posterior.
- O arrependimento posterior pressupõe que o crime praticado seja patrimonial ou possua efeitos patrimoniais. Considerando que o crime do art. 302 do CTB tem como bem jurídico a vida, não haveria de se falar em efeitos patrimoniais, tornando inviável a aplicação do arrependimento posterior.

► **Aplicação pelo STJ:**

**STJ:** O STJ entende pela inaplicabilidade do **ARREPENDIMENTO POSTERIOR EM HOMICÍDIO CULPOSO** NA DIREÇÃO DE VEÍCULO. (REsp 1.561.276-BA, Rel. Min. Sebastião Reis Júnior, julgado em 28/6/2016, DJe 15/9/2016).

**2.1.2. Reparação total do dano ou restituição integral da coisa até o recebimento da denúncia ou da queixa:** Se a reparação do dano ou restituição da coisa for realizada após o recebimento teremos presente a circunstância atenuante prevista no artigo 65, III, b, CP.

► **Aplicação pelo STF:**

**STF: Quando a restituição do bem à vítima ocorrer após o recebimento da denúncia ou queixa, não se aplica a causa de diminuição do arrependimento posterior.** No caso em tela, a quantia apropriada indevidamente foi restituída após o recebimento da denúncia, não sendo cabível a configuração do arrependimento posterior, mas sim da atenuante da reparação do dano prevista no artigo 65, inciso III, "b" do CP. (HC 99803/RJ – 22/06/2010).

**2.1.3. Ato voluntário do agente:** O ato não precisa ser espontâneo, basta ser voluntário.

► **Súmulas relevantes:**

**Súmula 554 STF:** O pagamento de cheque emitido sem provisão de fundos, após o recebimento da denúncia, não obsta ao prosseguimento da ação penal.

**Aplicação em concurso:**

- ***Ano: 2017 Banca: CESPE Órgão: DPE-AC Prova: Defensor Público***

  Com referência ao arrependimento posterior, assinale a opção correta.

  B) O autor da infração, ao arrepender-se, deverá, para que sua pena seja reduzida, reparar voluntariamente danos ou restituir a coisa subtraída, até o recebimento da queixa ou da denúncia.

  *Gabarito: b*

  *Resposta de acordo com o disposto no artigo 16 do Código Penal.*

**Crime impossível** (Redação dada pela Lei nº 7.209, de 11.7.1984)

**Art. 17 - Não se pune a tentativa** quando, **por ineficácia absoluta do meio ou por absoluta impropriedade do objeto**, é impossível consumar-se o crime. (Redação dada pela Lei nº 7.209, de 11.7.1984)

1. **Conceito de crime impossível:** o Crime Impossível, também denominado de **quase crime, tentativa inidônea, crime oco, crime de ensaio**, tem o condão de gerar a atipicidade do comportamento do agente, em razão do meio empregado ser **absolutamente ineficaz** para alcançar o resultado desejado, ou em razão da **absoluta impropriedade do objeto material do crime.**

**Aplicação em concurso:**

- ***Ano: 2017 Banca: FCC Órgão: TJ-SC Prova: Juiz Substituto***

  Conforme a redação do Código Penal,

  B) o crime impossível é tentativa impunível.

  *Gabarito: b*

  *Resposta com base no artigo 17 do CP.*

2. **Hipóteses legais de configuração do crime impossível:** conforme redação do art. 17 do CP, o crime impossível estará presente em duas situações: por absoluta ineficácia do meio empregado ou por impropriedade absoluta do objeto material do crime.

   **2.1. Ineficácia absoluta do meio empregado**: o meio empregado pelo agente é absolutamente ineficaz para atingir a finalidade por ele desejada. Assim temos hipóteses de crime impossível, gerando a atipicidade da conduta

► **Aplicação pelo STF:**

> **STF: O STF entendeu no caso** Furto qualificado tentado praticado em supermercado, onde o **estabelecimento vítima exerceu vigilância direta sobre a conduta dos autores da subtração**, havendo um acompanhamento ininterrupto de todo o iter criminis, trata-se de hipótese de crime impossível, por **Ineficácia absoluta do meio empregado para a consecução do delito, dadas as circunstâncias do**

**caso concreto.** Artigo 17 do Código Penal. **Atipicidade da conduta. (HC 144851/ 2017 SÃO PAULO).**

**2.2. Impropriedade absoluta do objeto material do crime:** o objeto material do crime é absolutamente impróprio para a finalidade pretendida pelo agente. Aqui também teremos hipótese de crime impossível, gerando a atipicidade da conduta.

► **Súmulas relevantes:**

**Súmula 145 STF:** Não há crime, quando a preparação do flagrante pela polícia torna impossível a sua consumação. **(Flagrante preparado/provocado/ crime de ensaio/delito de laboratório/crime putativo por obra do agente provocador)**

**Súmula 567 STJ:** Sistema de vigilância realizado por monitoramento eletrônico ou por existência de segurança no interior de estabelecimento comercial, por si só, não torna impossível a configuração do crime de furto.

**Art. 18** – Diz-se o crime: (Redação dada pela Lei nº 7.209, de 11.7.1984)

**Crime doloso** (Incluído pela Lei nº 7.209, de 11.7.1984)

I – doloso, quando **o agente quis o resultado ou assumiu o risco de produzi-lo**; (Incluído pela Lei nº 7.209, de 11.7.1984)

**Crime culposo** (Incluído pela Lei nº 7.209, de 11.7.1984)

II – culposo, quando **o agente deu causa ao resultado por imprudência, negligência ou imperícia**. (Incluído pela Lei nº 7.209, de 11.7.1984)

Parágrafo único – Salvo os casos expressos em lei, ninguém pode ser punido por fato previsto como crime, senão quando o pratica dolosamente. (Incluído pela Lei nº 7.209, de 11.7.1984)

1. **Conceito de dolo:** é a vontade livre e consciente direcionada à realização da conduta prevista no tipo penal incriminador.
2. **Elementos do dolo:** Verifica-se que o dolo é formado por dois elementos: intelectivo (consciência do ato que está realizando) e volitivo (vontade de realização do tipo penal).
3. **Espécies de dolo:**

**3.1. Dolo direto/ determinado:**

a) **Dolo direto de 1º grau** – o agente quer realizar o tipo penal.

b) **Dolo direto de 2º grau (dolo de consequências necessárias)** – o agente não quer realizar o tipo, mas sabe que o resultado será uma consequência necessária e inevitável de seu comportamento.

**3.2. Dolo indireto/ indeterminado:**

a) **Dolo alternativo:** o agente prevê uma pluralidade de resultados possíveis e dirige sua conduta na realização de qualquer um deles indistintamente.

b) **Dolo eventual:** o agente não quer o resultado criminoso, porém assume o risco de produzi-lo.

▶ **Aplicação pelo STJ:**

**STJ:** O STJ hodiernamente confeccionou o entendimento de que **o instituto da tentativa é incompatível com o dolo eventual. E assim, inexistindo qualquer possibilidade de configuração de *animus necandi* (intenção de matar) na conduta denunciada, seja dolo eventual ou direto, não é o Tribunal Popular competente para julgar crime**. (RECURSO ESPECIAL Nº 1.176.324 – RS (2010/0007845-4)

**3.3. Dolo geral, erro sucessivo ou "aberratio causae":** ocorre quando o agente, supondo já ter alcançado um resultado por ele pretendido, pratica nova ação que efetivamente provoca o resultado inicialmente almejado

▶ **Aplicação pelo STF:**

**STF: Apresentada denúncia por homicídio na condução de veículo automotor, na modalidade de dolo eventual, havendo indícios mínimos que apontem para o referido dolo, não há que se falar em imediata desclassificação para crime culposo** antes da análise a ser perquirida pelo Conselho de Sentença do Tribunal do Júri. (HABEAS CORPUS 121.654)

**4. Conceito de culpa**: verifica quando o agente deixa de observar o dever de cuidado objetivo, atua com imprudência, negligência ou imperícia, produz um resultado naturalístico não previsto nem querido, mas objetivamente previsível.

**5. Espécies de culpa:**

**5.1. Culpa própria** –ocorre quando o agente não quer e não assume o risco de produzir o resultado. Ela se subdivide em:

a) **Culpa consciente/com previsão/*ex lascivia*** – o agente prevê o resultado, mas, acredita sinceramente em sua não ocorrência, por confiar em suas habilidades.

b) **Culpa inconsciente/sem previsão/*ex ignorantia*** – o agente não prevê um resultado por descuido, desatenção, que seria previsível por qualquer pessoa.

**5.2. Culpa imprópria ou culpa por extensão, assimilação ou equiparação** – configura-se quando o agente, por erro evitável (vencível), imagina certa situação de fato, supondo estar agindo acobertado por uma causa de exclusão de ilicitude, conferindo, assim, um tratamento culposo a um crime doloso.

6. **Exclusão da culpa:** existem algumas situações em que a culpa poderá ser afastada: caso fortuito e força maior; princípio da confiança; erro profissional; risco tolerado.

**Aplicação em concurso:**

- ***Ano: 2016 Banca: UFMT Órgão: DPE-MT Prova: Defensor Público***

  Existe algum ponto de semelhança entre as condutas praticadas com culpa consciente e com dolo eventual?

  A) Sim, pois, tanto na culpa consciente quanto no dolo eventual, há aceitação do resultado.

  B) Não, pois não há ponto de semelhança nas condutas em questão.

  C) Sim, pois em ambas o elemento subjetivo da conduta é o dolo.

  D) Não, pois a aceitação do resultado na culpa consciente é elemento normativo da conduta.

  E) Sim, pois, tanto na culpa consciente quanto no dolo eventual, o agente prevê o resultado.

  *Gabarito: e*

  *Tanto na culpa consciente quanto no dolo eventual existe previsibilidade do resultado.*

- ***Ano: 2018 Banca: VUNESP Órgão: PC-SP – Prova: Delegado de Polícia***

  "Existe__________ quando o agente prevê o resultado, mas espera, sinceramente, que não ocorrerá; configura- se __________ quando a vontade do agente não está dirigida para a obtenção do resultado, pois ele quer algo diverso, mas, prevendo que o evento possa ocorrer, assume assim mesmo a possibilidade de sua produção."

  Assinale a alternativa que correta e respectivamente completa as lacunas.

  A) dolo indireto... dolo alternativo

  B) dolo eventual... culpa consciente

  C) culpa inconsciente... culpa consciente

  D) culpa consciente... dolo eventual

  E) culpa inconsciente... dolo eventual

  *Gabarito: d – o próprio enunciado da questão já acarreta na explicação de cada instituto.*

**Art. 19** – Pelo resultado que agrava especialmente a pena, **só responde o agente que o houver causado ao menos culposamente**. (Redação dada pela Lei nº 7.209, de 11.7.1984)

1. **Responsabilidade dos danos além da vontade do agente:** De acordo com o artigo em análise, os atos cujo resultado extrapole a vontade do agente só acarretarão sua responsabilização penal quando forem praticados ao menos culposamente

pelo mesmo, sob pena de configuração de responsabilidade objetiva. Como exemplo podemos trazer a lesão corporal seguida de morte (art. 129, §.3.º, do Código Penal), na qual temos dolo na lesão corporal e culpa no evento morte (resultado que agrava especialmente a pena), razão pela qual incide responsabilidade penal sobre ele.

**1.1. Crime preterdoloso:** o agente acaba praticando uma conduta além do pretendido inicialmente. Há uma conduta dolosa com um resultado culposo, ou seja, a conduta foi dolosa, mas o resultado atingido, no caso, mais grave, é involuntário. Exemplo: lesão corporal seguida de morte – art. 129, §3º do CP. Considera-se como um crime agravado ou qualificado pelo seu resultado.

**1.1.1. Elementos do crime preterdoloso**: conduta dolosa com a finalidade de se atingir um determinado resultado, provocação de um resultado culposo mais grave do que o inicialmente desejado, nexo causal entre conduta e resultado, tipicidade (deve ter expressa previsão legal).

**Erro sobre elementos do tipo** (Redação dada pela Lei nº 7.209, de 11.7.1984)

**Art. 20 – O erro sobre elemento constitutivo do tipo legal de crime exclui o dolo, mas permite a punição por crime culposo, se previsto em lei.** (Redação dada pela Lei nº 7.209, de 11.7.1984)

**Descriminantes putativas** (Incluído pela Lei nº 7.209, de 11.7.1984)

§ 1º – É **isento de pena** quem, por erro plenamente justificado pelas circunstâncias, supõe situação de fato que, se existisse, tornaria a ação legítima. **Não há isenção de pena** quando o erro deriva de culpa e o fato é punível como crime culposo. (Redação dada pela Lei nº 7.209, de 11.7.1984)

**Erro determinado por terceiro** (Incluído pela Lei nº 7.209, de 11.7.1984)

§ 2º – **Responde pelo crime o terceiro que determina o erro.** (Redação dada pela Lei nº 7.209, de 11.7.1984)

**Erro sobre a pessoa** (Incluído pela Lei nº 7.209, de 11.7.1984)

§ 3º – O **erro quanto à pessoa** contra a qual o crime é praticado **não isenta de pena**. Não se consideram, neste caso, as **condições ou qualidades da vítima, senão as da pessoa contra quem o agente queria praticar o crime**. (Incluído pela Lei nº 7.209, de 11.7.1984)

1. **Erro de Tipo** – Artigo 20, *caput* CP: trata-se de erro que incide sobre elemento constitutivo do tipo legal, ou seja, quando há uma falsa percepção da realidade, podendo ser:

**1.1. Erro de tipo inevitável/escusável:** exclui o dolo e culpa – torna a conduta atípica.

**1.2. Erro de tipo evitável/inescusável:** exclui o dolo, mas pune à título de culpa, se prevista em lei.

**Aplicação em concurso:**

- ***Ano: 2015 Banca: MPE-SP Órgão: MPE-SP Prova: Promotor de Justiça***

  *O erro de tipo:*

  D) exclui o dolo, tendo em vista que o autor da conduta desconhece ou se engana em relação a um dos componentes da descrição legal do crime, seja ele descritivo ou normativo.

  *Gabarito: d*

  *Resposta de acordo com o artigo 20, caput CP.*

2. **O erro sobre as descriminantes putativas – artigo 20, §1º CP:** também chamado de erro de tipo permissivo ou erro sobre as justificantes. Nessa modalidade o erro irá recair sobre uma excludente de ilicitude.

   **2.1. Erro de tipo permissivo inevitável (invencível ou escusável):** configura-se quando o erro é inevitável, ou seja, qualquer pessoa incidiria em erro, independentemente do cuidado e atenção do agente ao agir, e portanto, é desculpável- **isenta o agente de pena.**

   **2.2. Erro de tipo permissivo evitável (vencível e inescusável):** Neste caso, o agente não teria incidido em erro se tivesse agido com mais cuidado e atenção, motivo pelo fato será punível como crime culposo, se houver previsão legal à título de culpa (é o que a doutrina chamada culpa imprópria).

► **Aplicação pelo STJ:**

> **STJ: A absolvição pelo crime de estupro de vulnerável sob o manto do erro quanto à idade da vítima (erro de tipo) deve estar amparada em provas isentas de dúvidas, porquanto apenas o erro de tipo inevitável ou invencível exclui o dolo.** (RECURSO ESPECIAL – REsp 1709700 MG 2017/0292882-0 (STJ): 01/12/2017).

> Art. 21 – O desconhecimento da lei é inescusável. **O erro sobre a ilicitude do fato, se inevitável, isenta de pena; se evitável, poderá diminuí-la de um sexto a um terço.** (Redação dada pela Lei nº 7.209, de 11.7.1984)
>
> Parágrafo único – Considera-se **evitável o erro** se o agente **atua ou se omite sem a consciência da ilicitude do fato, quando lhe era possível, nas circunstâncias, ter ou atingir essa consciência.** (Redação dada pela Lei nº 7.209, de 11.7.1984)

1. **Erro de proibição/erro sobre a ilicitude do fato:** O agente por erro, pensa que sua conduta é lícita, quando, na verdade, é proibida.

2. **Hipóteses:**

   **2.1. Erro inevitável (escusável)**: isenta de pena; pois afasta a POTENCIAL CONSCIÊNCIA DA ILICITUDE, (requisito da culpabilidade).

   **2.2. Erro evitável (inescusável)**: diminui a pena de um sexto a um terço.

**3. Espécies de erro de proibição:**

**3.1. Direto ou propriamente dito**: O agente, por erro, supõe que sua conduta é licita, quando na realidade não o é.

**3.2. Indireto**: O agente tem consciência que a conduta é típica, porém, supõe existir norma permissiva, que exclui a ilicitude de seu comportamento (descriminante putativa (imaginária) por erro de proibição).

**Aplicação em concurso:**

- ***Ano: 2017 Banca: FCC Órgão: TJ-SC Prova: Juiz Substituto***

  Um cidadão americano residente no Estado da Califórnia, onde o uso medicinal de Cannabis é permitido, vem ao Brasil para um período de férias em Santa Catarina e traz em sua bagagem uma certa quantidade da substância, conforme sua receita médica. Ao ser revistado no aeroporto é preso pelo delito de tráfico internacional de drogas. Neste caso, considerando-se que seja possível a não imputação do crime, seria possível alegar erro de

  A) proibição indireto.

  B) tipo permissivo.

  C) proibição direto.

  D) tipo.

  E) subsunção

  *Gabarito: a*

  *No caso em tela temos configurado o erro de proibição indireto, haja vista que o cidadão americano ao viajar para o Brasil, trouxe a receita médica que erroneamente achou que permitiria a utilização medicinal da droga "Cannabis" em solo brasileiro. Assim, o agente sabia que a utilização de droga era ilícita no Brasil, mas supôs, por erro que diante de sua utilização medicinal, com receita médica, estaria autorizado a utilizá-la.*

**3.3. Mandamental**: O agente acredita erroneamente possuir autorização para a livrar-se do dever de agir.

► **Aplicação pelo STF:**

> **STF: O STF entendeu que no caso de** propaganda eleitoral consubstanciada através de pintura de propaganda de candidatura na pista asfáltica, restou **caracterizado o erro sobre a ilicitude do fato, em face da generalização da conduta entre os demais candidatos a cargos eletivos, sendo o mesmo escusável.** (INQUÉRITO Inq 321 PR (STF) 09/10/1987)

► **Aplicação pelo STF:**

> **STJ:** Erro sobre a ilicitude do fato. Características. CP, art. 21. **O erro sobre a ilicitude do fato, se inevitável, retira a potencial consciência da ilicitude, excluindo a culpabilidade, isentando de pena o agente que se encontra em erro.** O Erro de proibição não se confunde com o desconhecimento da lei. Este é irrelevante. A consciência da ilicitude resulta compreensão das normas de cultura, independentemente de leitura do texto legal (Rec. em HC 4.772/1996 – SP).

**Coação irresistível e obediência hierárquica** (Redação dada pela Lei nº 7.209, de 11.7.1984)

**Art. 22** - Se o fato é cometido **sob coação irresistível ou em estrita obediência a ordem, não manifestamente ilegal, de superior hierárquico**, só é **punível o autor da coação ou da ordem**. (Redação dada pela Lei nº 7.209, de 11.7.1984)

1. **Inexigibilidade de conduta diversa:** Preliminarmente, é importante destacar que a **exigibilidade** de conduta diversa apresenta-se como pressuposto necessário para a caracterização da culpabilidade (são pressupostos para a configuração da culpabilidade: imputabilidade, potencial consciência da ilicitude e exigibilidade de conduta diversa). Entretanto, a exigibilidade de conduta diversa pode ser descaracterizada diante de certas situações que geram a **inexigibilidade de conduta conforme o direito**. O artigo em análise trata de duas hipóteses de inexigibilidade de conduta diversa, que acarretarão a exclusão da culpabilidade, isentando o agente de pena. São elas: **coação irresistível** e **estrita obediência a ordem, não manifestamente ilegal, de superior hierárquico.**

**Aplicação em concurso:**

- ***Ano: 2013 Banca: FCC Órgão: DPE-AM Prova: Defensor Público***

  No que se refere aos elementos do crime, é correto afirmar que

  D) a exigibilidade de conduta diversa é pressuposto da culpabilidade.

  *Gabarito: d*

  *Verifica-se que a exigibilidade de conduta diversa é pressuposto necessário para a configuração da culpabilidade. Assim, sem exigibilidade de conduta diversa não há que se falar em culpabilidade.*

2. **Hipóteses legais de inexigibilidade de conduta diversa:**

   **2.1. Coação Irresistível:** A coação tratada no artigo 22 do CP é a coação moral irresistível, haja vista que se estivermos diante de coação física irresistível, haverá a exclusão da conduta e consequentemente da tipicidade.

   **2.1.1. Espécies de coação:**

   a) **Coação moral irresistível**: configura hipótese de inexigibilidade de conduta diversa – exclui culpabilidade – **Obs.:** Coação moral resistível –configura somente circunstância atenuante genérica – art. 65, III, "c" do CP.

   b) **Coação física irresistível**: exclui a conduta- torna o fato atípico.

► **Aplicação pelo STF:**

**STF:** O STF entende que a **coação moral irresistível poderá ser demonstrada no curso da instrução processual, de maneira a retirar a culpabilidade da conduta do agente.** (2ª T – Inq. 3204 – SE – 23/06/2015).

► **Aplicação pelo STJ:**

**STJ: A coação (...) moral, para ser aceita como excludente de culpabilidade, há de ser irresistível,** inevitável e insuperável, devendo ficar substancialmente comprovada por elementos concretos existentes dentro do processo (...). – HABEAS CORPUS HC 34912 SP 2004/0053672-0 (STJ) – 28/06/2004)

**2.2. Obediência hierárquica a ordem não manifestamente ilegal**

**2.2.1. São requisitos para sua configuração:**

a) Ordem emanada de superior hierárquico: relação de hierárquica proveniente de direito público;

b) Ordem não manifestamente ilegal: é a ordem ilegal, mas de aparente legalidade.

**Exclusão de ilicitude** (Redação dada pela Lei nº 7.209, de 11.7.1984)

**Art. 23 - Não há crime** quando o agente pratica o fato: (Redação dada pela Lei nº 7.209, de 11.7.1984)

I - **em estado de necessidade**; (Incluído pela Lei nº 7.209, de 11.7.1984)

II - **em legítima defesa**;(Incluído pela Lei nº 7.209, de 11.7.1984)

III - **em estrito cumprimento de dever legal ou no exercício regular de direito**. (Incluído pela Lei nº 7.209, de 11.7.1984)

**Excesso punível** (Incluído pela Lei nº 7.209, de 11.7.1984)

Parágrafo único - O agente, em qualquer das hipóteses deste artigo, **responderá pelo excesso doloso ou culposo**. (Incluído pela Lei nº 7.209, de 11.7.1984)

1. **Causas de exclusão da ilicitude**: As causas de exclusão de ilicitude estão elencadas no artigo 23 do Código Penal.

**1.1. Estado de necessidade** – artigo 23 I e artigo 24 do CP – **exclui a ilicitude do comportamento do agente** – não há crime – **absolve;**

**1.2. Legítima defesa** – artigo 23, II e artigo 25 do CP – **exclui a ilicitude do comportamento** – não há crime – **absolve;**

**1.3. Estrito cumprimento de dever legal** – artigo 23, III – **exclui a ilicitude do comportamento** – não há crime – **absolve;**

**1.4. Exercício regular de direito** –artigo 23, III parte final – **exclui a ilicitude do comportamento** – não há crime – **absolve.**

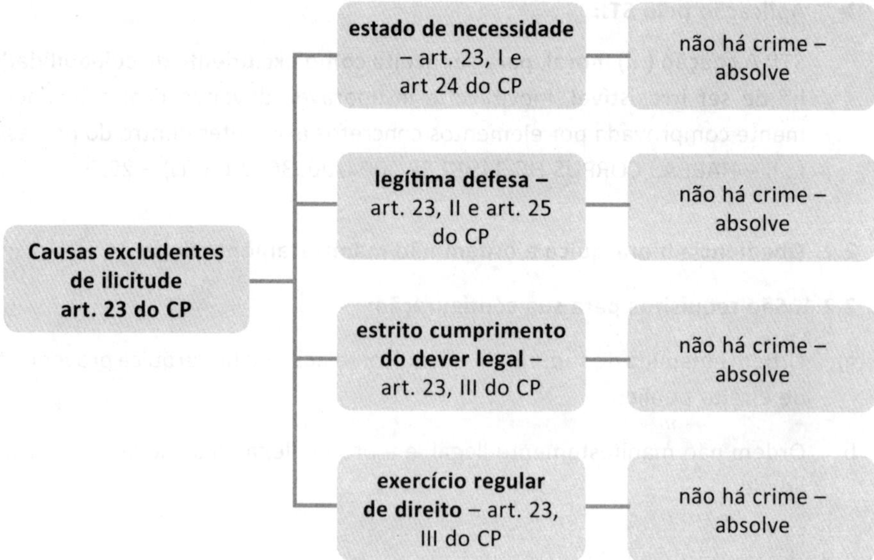


2. **Rol das causas excludentes de ilicitude**: importante ressaltar que o rol do artigo 23 não é taxativo, existindo causas de exclusão da ilicitude também na parte especial do Código Penal, como no artigo 128. Existem ainda outras causas que, embora não constem no rol do artigo 23, nem estejam expressamente previstas na lei penal, constituem causas de exclusão da ilicitude. São as chamadas causas supralegais de exclusão da ilicitude, tendo como exemplo o consentimento do ofendido.

3. **Excesso punível:** de acordo com o parágrafo único do artigo 23, caso haja excesso doloso ou culposo na conduta do agente este responderá pelo excesso.

► **Aplicação pelo STF:**

> **STF:** Júri. Quesitos. **Homicídio. Legítima defesa. Excessos culposo e doloso**. A simples resposta negativa ao quesito referente ao excesso culposo não torna dispensável a quesitação em relação ao doloso. **Cabe indagar se o réu excedera dolosamente os limites da legítima defesa (HC 72.341/1/1998 – RS – em 13/06/1995).**

**Aplicação em concurso:**

- ***Ano: 2017 Banca: CESPE Órgão: DPE-AL Prova: Defensor Público***

  Com relação à ilicitude e às causas de exclusão, julgue os itens a seguir.

I. As causas de exclusão de antijuridicidade previstas no CP são taxativas.

II. As fontes das causas de justificação são a lei, a necessidade e a falta de interesse.

III. Os efeitos das causas excludentes de antijuridicidade se estendem à esfera extrapenal.

IV. O consentimento do ofendido é causa de exclusão de ilicitude expressa no CP.

Estão certos apenas os itens

A) I e III.

B) I e IV

C) II e III.

D) II e IV.

E) III e IV.

*Gabarito: c*

*O Item II – As fontes das causas de justificação são: a lei (estrito cumprimento de dever legal e exercício regular de direito), a necessidade (estado de necessidade e legítima defesa) e a falta de interesse (consentimento do ofendido). fonte: (PRADO, 2008, p. 345). Já o item III, realmente os efeitos das causas excludentes de antijuridicidade se estendem à esfera extrapenal. Entretanto, em certos casos resta observar quanto ao terceiro que sofre a ofensa. Vejamos: quando bem jurídico de terceiro que não está envolvido na situação é atingido. Nesse caso mesmo sendo o agente absolvido na esfera penal, ainda sim persistirá a obrigação de reparar o dano na esfera cível. Já quando o bem lesado é aquele pertencente ao agente que deu início à agressão injusta (ou ao causador do perigo), nessa situação a absolvição penal possui o condão de inviabilizar indenização na esfera cível).*

**Estado de necessidade**

Art. 24 - Considera-se em **estado de necessidade** quem **pratica o fato para salvar de perigo atual**, que **não provocou por sua vontade, nem podia de outro modo evitar, direito próprio ou alheio, cujo sacrifício, nas circunstâncias, não era razoável exigir-se.** (Redação dada pela Lei nº 7.209, de 11.7.1984)

§ 1º - **Não pode alegar estado de necessidade** quem tinha o **dever legal de enfrentar o perigo**. (Redação dada pela Lei nº 7.209, de 11.7.1984)

§ 2º - Embora **seja razoável exigir-se o sacrifício do direito ameaçado**, a pena poderá ser **reduzida de um a dois terços**. (Redação dada pela Lei nº 7.209, de 11.7.1984)

1. **Estado de necessidade:** O estado de necessidade possui como fundamento jurídico o surgimento de um conflito de interesses diante de situação de perigo, onde o agente atua movido pelo espírito de proteção do seu bem jurídico.

2. **Requisitos do estado de necessidade:** são requisitos do estado de necessidade:

   **2.1. Prática de fato para salvar de perigo atual** – perigo atual quer dizer presente, que está acontecendo. **Obs.:** Doutrina e jurisprudência entendem que o perigo iminente apesar de não estar previsto no artigo também, devendo ser realizada uma interpretação extensiva.

**2.2. Perigo não provocado voluntariamente pelo agente** – o perigo não pode ter sido causado de forma voluntária pelo agente. **Obs.**: Posicionamento majoritário da jurisprudência sustenta que causador voluntário aquele que atua de forma dolosa na provocação do perigo.

**2.3. Inevitabilidade do dano**: o comportamento lesivo imputado deve ser o único meio seguro para poder salvar direito próprio ou de outrem.

**2.4. Não razoabilidade de sacrifício do bem ameaçado**: aqui entra a regra da proporcionalidade, a conduta lesiva ocorre para evitar um mal maior.

**2.5. Direito próprio ou de terceiros** – estado de necessidade pode se configurar quando é o próprio agente que se encontra diante da situação de perigo, bem como quando ele age para ajudar terceiro que esteja em tal situação.

**2.6. Não possuir o agente o dever legal de enfrentar o perigo:** o §1º do artigo em análise indica que não poderá alegar estado de necessidade quem tiver o dever legal de enfrentar o perigo.

3. **Espécies de estado de necessidade: a doutrina classifica o** estado de necessidade em alguns tipos, a saber:

**3.1. Real:** configura-se quando a situação de perigo existe efetivamente e acarretará a exclusão da ilicitude.

**3.2. Putativo:** ocorre quando a situação de perigo é imaginária. Nesse caso não se exclui a ilicitude, sendo aplicada a regra da descriminante putativa prevista no §1º do artigo 20 do Código Penal.

**3.3. Defensivo:** configura-se quando o bem jurídico sacrificado é do próprio causador do perigo. Exclui efeitos penais e civis.

**3.4. Agressivo:** ocorre quando o bem jurídico sacrificado pertence à terceiro alheio ao causador do perigo. Nesses casos existe a obrigação de reparar o dano, assim como haverá também ação regressiva.

▶ **Aplicação pelo STJ:**

> **STJ: No caso de acidente de trânsito causado para evitar atropelamento, ainda que o agente tenha agido em estado de necessidade, vindo entretanto a causar dano em outro veículo, a exclusão da ilicitude não retira a obrigação civil de ressarcir os danos através de direito de regresso.** A empresa cujo preposto, buscando evitar atropelamento, procede a manobra evasiva que culmina no abalroamento de outro veículo pertencente a terceiro, causando danos, responde civilmente pela sua reparação, ainda que não se configure, na espécie, a ilicitude do ato, praticado em estado de necessidade. II. Direito de regresso assegurado contra o terceiro culpado pelo sinistro, nos termos do art. 1.520 c/c o art. 160, II, do Código Civil. (STJ RECURSO ESPECIAL REsp. 124527 SP 1997/0019630-5 (STJ) – 05/06/2000).

**Aplicação em concurso:**

- ***Ano: 2014 Banca: FUNDEP (Gestão de Concursos) Órgão: DPE-MG Prova: Defensor Público***

  Analise o caso a seguir.

  Ao passar próximo ao estoque de uma loja de roupas, um dos vendedores viu que havia ali um incêndio de grandes proporções. Naquela situação, correu em direção à porta do estabelecimento que, por ser estreita, estava totalmente obstruída por um cliente que entrava no local. Desconhecendo o incêndio e achando que estava sofrendo uma agressão, o cliente reagiu empurrando o vendedor, que lhe desferiu um soco. Os empurrões do cliente, assim como a agressão do vendedor produziram recíprocas lesões corporais de natureza leve.

  Na hipótese, é CORRETO afirmar.

  A) que o vendedor agiu em estado de necessidade e o cliente, em legítima defesa putativa.

  B) que o vendedor agiu em estado de necessidade putativo e o cliente, em legítima defesa.

  C) que o vendedor agiu em legítima defesa e o cliente, em estado de necessidade.

  D) que o vendedor agiu em legítima defesa putativa e o cliente, em estado de necessidade putativo.

  *Gabarito: a*

  *O vendedor agiu acobertado pelo estado de necessidade, diante da situação de perigo atual que se encontrava. Já o cliente que estava obstruindo a porta e de nada sabia agiu em legítima defesa putativa, pois supôs por erro plenamente justificado pelas circunstâncias que estava sendo vítima de uma agressão injusta.*

**Legítima defesa**

**Art. 25** – Entende-se em **legítima defesa** quem, **usando moderadamente dos meios necessários, repele injusta agressão, atual ou iminente, a direito seu ou de outrem.** (Redação dada pela Lei nº 7.209, de 11.7.1984)

**Parágrafo único.** Observados os requisitos previstos no caput deste artigo, considera-se também em legítima defesa o agente de segurança pública que repele agressão ou risco de agressão a vítima mantida refém durante a prática de crimes. (Incluído pela Lei nº 13.964, de 2019).

1. **Legítima defesa:** A legítima defesa configura-se quando o agente (vítima) sofre agressão injusta, atual ou iminente a direito seu ou de outrem, e repele essa injusta agressão usando moderadamente os meios necessários.

2. **Requisitos para configuração da legítima defesa**:

**2.1. Repulsa a agressão injusta atual ou iminente**; – Agressão injusta consiste em **conduta humana violenta** contrária ao direito, que ataca ou coloca em perigo bens jurídicos pertencentes a alguém. Assim, o ataque de um animal configura-se, em tese, estado de necessidade, salvo se o animal atacar mediante comando humano, hipótese esta em que haverá agressão consubstanciada pela ação humana. Quanto ao momento, é preciso que seja atual ou iminente, atual é presente, já iminente é aquela que está para acontecer.

**Aplicação em concurso:**

- ***Ano: 2014 Banca: FUNDEP (Gestão de Concursos) Órgão: DPE-MG Prova: Defensor Público***

  Analise o caso a seguir.

– Para repelir a arremetida de um cão feroz, o agente usa uma arma de fogo matando o animal. O animal tinha sido instado ao ataque pelo seu dono, o que era do conhecimento do agente.

O agente praticou o fato

A) em estado de necessidade.

B) em legítima defesa.

C) em exercício regular de direito.

D) em inexigibilidade de outra conduta.

*Gabarito: b*

*No caso em análise estamos diante de hipótese de agressão perpetrada por ser humano, que se utilizou de um animal como instrumento de seu ataque, configurando dessa forma a injusta agressão.*

**2.2. Utilização dos meios necessários de forma moderada:** considera-se como meio necessário como sendo aquele menos lesivo e eficiente que esteja à disposição do agente para fazer cessar a agressão. O moderado significa utilizar-se do suficiente para cessar a agressão, sem exageros, sem excesso.

**2.3. Direito próprio ou alheio:** a legítima defesa pode se configurar diante da repulsa à agressão direcionada contra o próprio agente que se defende ou em favor de terceira pessoa que sofre a agressão.

3. **Legítima defesa putativa:** estará em legítima defesa putativa o agente que imaginava que estava agindo em legítima defesa, ou seja, houve uma errada percepção da realidade. Não será excluída a ilicitude, mas se o erro for inevitável excluirá o agente de pena, já se for evitável, poderá responder por crime culposo caso tenha previsão legal.

4. **Legítima defesa de agente de segurança pública**: o pacote anticrime inseriu o parágrafo único no art. 25 do CP para abranger a legítima defesa nos casos em que o agente de segurança pública repele agressão ou risco de agressão à vítima mantida refém durante a prática de crimes. Sendo assim, caso o agente de segurança pública, para salvar vítima refém, lesione ou mate criminosos, após as conclusões da investigação, caso fique demonstrado que o policial utilizou de forma moderada os meios necessários para repelir a injusta agressão naquela situação, estará abarcado pela legítima defesa. Importante ressaltar, que não se trata de absolvição automática, haverá as investigações e será necessário demonstrar que não houve excesso, como sempre aconteceu na prática.

## TÍTULO III
## DA IMPUTABILIDADE PENAL

### Inimputáveis

Art. 26 – **É isento de pena o agente que**, por **doença mental ou desenvolvimento mental incompleto ou retardado**, era, **ao tempo da ação ou da omissão**, inteiramente **incapaz de entender o caráter ilícito do fato ou de determinar-se de acordo com esse entendimento**. (Redação dada pela Lei nº 7.209, de 11.7.1984)

### Redução de pena

Parágrafo único – A **pena pode ser reduzida de um a dois terços**, se o agente, **em virtude de perturbação de saúde mental ou por desenvolvimento mental incompleto ou retardado não era inteiramente capaz de entender o caráter ilícito do fato ou de determinar-se de acordo com esse entendimento**. (Redação dada pela Lei nº 7.209, de 11.7.1984)

1. **Causas excludentes de culpabilidade:** estão nos arts. 26, 27 e 28 do Código Penal e podem ser conceituadas como o juízo de reprovação que recai na conduta ilícita que o agente praticou ou tentou praticar. Dentro do conceito analítico de crime, a culpabilidade se apresenta em local diferente, dependendo da doutrina. Para a teoria bipartite a culpabilidade não é elemento do crime, ficando apenas a tipicidade e a ilicitude. Já para a teoria tripartite a culpabilidade é considerada como terceiro substrato do crime.

2. **Inimputabilidade penal:** A imputabilidade penal consiste na aptidão para ser responsabilizado pelos atos praticados. Assim, a pessoa considerada imputável poderá ser responsabilizada criminalmente caso pratique alguma infração penal. Essa imputabilidade pode ser excluída em razão de algumas circunstâncias, entre elas a doença mental.

   **2.1. Critério Biopsicológico:** O artigo 26, *caput* nos traz a abordagem sobre a Inimputabilidade penal por doença mental, sendo certo que o legislador adotou o Critério Biopsicológico para sua aferição, sendo levado em consideração para a configuração da referida inimputabilidade dois fatores: deficiência mental, + completa incapacidade de entendimento e autodeterminação.

**2.2. Consequência da configuração da inimputabilidade:** Uma vez configurada a inimputabilidade por doença mental, com a presença de ambos os requisitos, teremos a exclusão da culpabilidade e absolvição (absolvição imprópria) do agente e aplicação de medida de segurança.

► **Aplicação pelo STJ:**

**STJ:** Em observância ao art. 411 do Código de Processo penal e ao art. 26 do Código Penal, **cabe ao Juízo Singular, na fase da pronúncia, a apreciação de causa que exclua o crime ou isente de pena o réu para o fim de absolvê-lo sumariamente, aplicando medida de segurança**. Assim, a inimputabilidade inserindo-se no juízo da pronúncia, deve ser analisada pelo Juiz da causa e, não, pelo Tribunal Popular. **Restando constatada a doença mental ou a insanidade do acusado, impõe-se a absolvição sumária do agente e a aplicação da medida de segurança cabível, com base no art. 97 do Código Penal e art. 386, parágrafo único, do Código de Processo Penal**. (HABEAS CORPUS HC 34369 RJ 2004/0037263-4 (STJ) – 18/10/2004).

**STJ:** Ao inimputável por doença mental cabe **imposição de medida de segurança** Conforme precedentes do STJ, o tempo de cumprimento da medida de segurança, consistente em internação em hospital psiquiátrico, **deve ser limitado ao prazo máximo da pena abstratamente cominada ao crime**, ainda que não cessada a periculosidade do agente (REsp 1169919 (STJ) – 07/10/2010).

3. **Comprovação da inimputabilidade:** A prova da inimputabilidade se fará mediante perícia médica. A sentença de interdição civil e a inspeção judicial não provam a inimputabilidade. Importante ressaltar que o laudo pericial não vincula o juiz. Essa perícia é chamada de incidente de insanidade mental.

4. **Semi-imputabilidade:** O parágrafo único do artigo 26 regulamenta sobre a chamada semi-imputabilidade/imputabilidade diminuída/imputabilidade restrita, onde o agente possui a deficiência mental + relativa incapacidade de entendimento e autodeterminação no momento da ação ou omissão, o que acarretará somente a redução de sua pena de um a dois terços conforme o grau de perturbação ou substituir por medida de segurança conforme entenda mais adequado baseado em laudo de insanidade mental indique como recomendável essa opção.

**Aplicação em concurso:**

- ***Ano: 2015 Banca: FCC Órgão: TJ-RR Prova: Juiz Substituto***

  Se o agente, em virtude de perturbação de saúde mental ou por desenvolvimento mental incompleto ou retardado, não era inteiramente incapaz de entender o caráter criminoso do fato ou de determinar-se de acordo com esse entendimento, a

  A) circunstância atuará como atenuante, a ser considerada na segunda etapa do cálculo da pena.

  B) pena poderá ser substituída por tratamento ambulatorial, mas não por internação.

  C) pena será reduzida de um a dois terços, podendo-se considerar, na escolha do redutor, o grau de perturbação da saúde mental.

D) hipótese será de absolvição imprópria, com imposição necessária de medida de segurança.

E) pena será reduzida de um a dois terços, não se admitindo, porém, a substituição por medida de segurança.

*Gabarito: c (trata-se de previsão contida no parágrafo único do artigo 26 do Código Penal, ressaltando-se que o quantum de redução observará o grau de perturbação da saúde mental do agente).*

**Menores de dezoito anos**

**Art. 27 - Os menores de 18 (dezoito) anos são penalmente inimputáveis,** ficando sujeitos às normas estabelecidas na legislação especial. (Redação dada pela Lei nº 7.209, de 11.7.1984).

1. **Maioridade penal:** De acordo com o previsto no presente artigo os menores de 18 anos são penalmente inimputáveis, tendo sido adotado pelo legislador o Critério Biológico (Cronológico), segundo o qual, basta que o agente seja menor de 18 anos para que fique configurada sua inimputabilidade penal.

► **Aplicação pelo STF:**

> **STF: Ocorrido o fato delituoso quando o paciente já havia completado 18 anos de idade, improcede a alegação de inimputabilidade, que deve ser aferida quando da prática da ação ou omissão do agente** (art. 27 do Código Penal). "H. C." indeferido. (HABEAS CORPUS HC 72837 SP (STF) – 27/10/1995).

**Aplicação em concurso:**

- ***Ano: 2015 Banca: CEFET-BA Órgão: MPE-BA Prova: Promotor de Justiça Substituto***

Analise as seguintes assertivas acerca da culpabilidade e punibilidade:

I. O Código Penal Brasileiro adotou o critério biológico em relação à inimputabilidade em razão da idade e o critério biopsicológico em relação à inimputabilidade em razão de doença mental.

Está correta a assertiva:

A) I

*Gabarito: a*

*O Código Penal Brasileiro adotou em seu artigo 27 o critério biológico em relação à inimputabilidade pautada na idade, e em seu artigo 26 o critério biopsicológico no que se refere à inimputabilidade em razão de doença mental.*

2. **Aplicação de legislação especial** – Lei nº 8.069/90 – Estatuto da Criança e do Adolescente. A regra é a aplicação do Estatuto da Criança e do adolescente para os menores de 18 anos, excepcionalmente o ECA será aplicado para os maiores de 18 anos, conforme determina parágrafo único do art. 2º do Estatuto. *Art. 2º Considera-se criança, para os efeitos desta Lei, a pessoa até doze anos de idade incompletos, e adolescente aquela entre doze e dezoito anos de idade. Parágrafo*

*único*. Nos casos expressos em lei, aplica-se excepcionalmente este Estatuto às pessoas entre dezoito e vinte e um anos de idade.

► **Previsão constitucional e legal:**

– **Art. 228 CRFB/88- São penalmente inimputáveis os menores de dezoito anos, sujeitos às normas da legislação especial.**

► **Súmulas relevantes:**

– **Súmula 74 STJ:** Para efeitos penais, o reconhecimento da menoridade do réu requer prova por documento hábil.

– **Súmula 605 STJ:** A superveniência da maioridade penal não interfere na apuração de ato infracional nem na aplicabilidade de medida socioeducativa em curso, inclusive na liberdade assistida, enquanto não atingida a idade de 21 anos.

**Emoção e paixão**

**Art. 28 - Não excluem a imputabilidade penal**: (Redação dada pela Lei nº 7.209, de 11.7.1984)

I - **a emoção ou a paixão**; (Redação dada pela Lei nº 7.209, de 11.7.1984)

**Embriaguez**

II - **a embriaguez, voluntária ou culposa, pelo álcool ou substância de efeitos análogos**. (Redação dada pela Lei nº 7.209, de 11.7.1984)

§ 1º - É isento de pena o agente que, por embriaguez completa, proveniente de caso fortuito ou força maior, era, ao tempo da ação ou da omissão, inteiramente incapaz de entender o caráter ilícito do fato ou de determinar-se de acordo com esse entendimento. (Redação dada pela Lei nº 7.209, de 11.7.1984)

§ 2º - A pena pode ser reduzida de um a dois terços, se o agente, por embriaguez, proveniente de caso fortuito ou força maior, não possuía, ao tempo da ação ou da omissão, a plena capacidade de entender o caráter ilícito do fato ou de determinar-se de acordo com esse entendimento. (Redação dada pela Lei nº 7.209, de 11.7.1984)

1. **Exclusão da imputabilidade:** De acordo com o artigo em análise, não excluem a imputabilidade penal a emoção ou a paixão, bem como a embriaguez voluntária ou culposa.

2. A embriaguez consiste na **intoxicação aguda do organismo humano por meio da ingestão de álcool ou por substância de efeitos análogos. São espécies de embriaguez:**

   **2.1. Voluntária (dolosa)** – ocorre quando o agente ingere bebidas alcoólicas a fim de atingir o estado de ebriedade. O simples fato de querer se embriagar não configura ilícito penal, sendo atípico o referido comportamento.

**Aplicação em concurso:**

- ***Ano: 2014 Banca: MPE-MA Órgão: MPE-MA Prova: Promotor de Justiça***

  Sobre embriaguez é correto afirmar:

  C) Ao contrário da embriaguez preordenada, na embriaguez voluntária a conduta de ingerir a bebida alcoólica não configura ato inicial do comportamento típico;

  *Gabarito: c*

  *Verifica-se que no caso de embriaguez voluntária ou dolosa do agente a conduta de ingerir bebida alcoólica não possui relevância penal, sendo tal fato atípico.*

**2.2. Culposa** – configura-se quando o sujeito, imprudentemente, atinge o estado de ebriedade, mas sem a intenção de atingir tal estado.

**2.3. Embriaguez preordenada** – o agente pretende atingir o estado de ebriedade com a finalidade de perder seus freios inibitórios, e assim, melhor cometer o crime. Trata-se de hipóteses onde a pena é agravada – artigo 61, II, "l" do CP.

► **Aplicação pelo STF:**

> **STF:** A embriaguez alcoólica que conduz à responsabilização a título doloso é apenas a **preordenada,** comprovando-se que o agente se embebedou para praticar o ilícito ou assumir o risco de produzi-lo. Não restando isso comprovado cabe desclassificação para homicídio culposo. (HABEAS CORPUS 107.801-31/05/2011).

**2.4. Embriaguez crônica ou patológica –** é aplicado o mesmo tratamento do inimputável ou semi-imputável por doença mental, previsto no artigo 26 do CP.

**2.5. Embriaguez acidental** (completa ou incompleta):

**2.5.1. Embriaguez acidental completa – §1º- artigo 28 CP**

Trata-se de hipótese de embriaguez proveniente de caso fortuito ou força maior sendo que ao tempo da ação ou da omissão o agente deve estar inteiramente incapaz de entender o caráter ilícito do fato ou de determinar-se de acordo com esse entendimento – **exclui a imputabilidade – isenta de pena.**

**2.5.2. Embriaguez acidental incompleta- §2º- artigo 28 CP**

Trata-se de hipótese de embriaguez proveniente de caso fortuito ou força maior sendo que o agente não possuía, ao tempo da ação ou da omissão, a plena capacidade de entender o caráter ilícito do fato ou de determinar-se de acordo com esse entendimento – **a pena será reduzida de um a dois terços.**

► **Aplicação pelo STJ:**

> **STJ:** Embriaguez acidental – **Não se pode absolver o agente com fundamento no art. 28, II, § 2º, do Código Penal, se a sua embriaguez não foi completa,** ou seja, se a sua capacidade de entender o caráter ilícito da sua conduta e de

determinar-se de acordo com esse entendimento não foi inteiramente comprometida pela ingestão de bebidas alcoólicas. No caso de embriaguez acidental incompleta, a pena será somente reduzida. (RECURSO ESPECIAL REsp 1367276 MG 2013/0051356-5 (STJ) – 27/03/2018).

3. **Teoria da *actio libera in causa* (Ação livre da causa):** Essa teoria antecipa o momento da análise da imputabilidade para o momento anterior àquele em que o agente livremente se colocou no estado de embriaguez, fazendo com que o mesmo seja responsabilizado.

## TÍTULO IV
## DO CONCURSO DE PESSOAS

**Art. 29** – Quem, de qualquer modo, **concorre para o crime incide nas penas a este cominadas, na medida de sua culpabilidade**. (Redação dada pela Lei nº 7.209, de 11.7.1984)

§ 1º – Se a **participação for de menor importância, a pena pode ser diminuída de um sexto a um terço**. (Redação dada pela Lei nº 7.209, de 11.7.1984)

§ 2º – Se algum dos concorrentes quis **participar de crime menos grave, ser-lhe-á aplicada a pena deste; essa pena será aumentada até metade, na hipótese de ter sido previsível o resultado mais grave**. (Redação dada pela Lei nº 7.209, de 11.7.1984)

1. **Conceito de concurso de pessoas**: Entende-se por concurso de pessoas (codeliquência) como sendo o instituto jurídico penal em que duas ou mais pessoas com identidade de propósitos colaboram de forma relevante para a prática de um crime ou de uma contravenção penal. Segundo o artigo 29 do CP que consagra a teoria unitária ou monista, todos os envolvidos no concurso de pessoas responderão pela mesma infração penal.

**Aplicação em concurso:**

- ***Ano: 2017 Banca: CESPE Órgão: DPE-AC Prova: Defensor Público***

  A codelinquência será configurada quando houver

  A) reconhecimento da prática da mesma infração por todos os agentes.

  B) ajuste prévio, na fase preparatória do crime, entre todos os agentes em concurso.

  C) concurso necessário, nas infrações penais, de agentes capazes.

  D) exteriorização da vontade de fazer parte da conduta e consciência da ação de outrem.

  E) prática dos mesmos atos executivos por todos os agentes.

  *Gabarito: a*

  *De acordo com o disposto no artigo 29 do CP, quem, de qualquer modo, concorre para o crime incide nas penas a este cominadas, na medida de sua culpabilidade, adotando-se assim, a teoria monista.*

2. **Requisitos configuradores do concurso de pessoas:** alguns requisitos devem estar presentes para a configuração do concurso de pessoas

   **2.1.** Pluralidade de agentes;

   **2.2.** Pluralidade de condutas;

   **2.3.** Relevância causal de cada conduta;

   **2.4.** Liame subjetivo entres os agentes- vinculo psicológico que une os agentes na prática da infração penal. É necessário que os agentes atuem de forma consciente de que estão agindo na prática da mesma infração penal. Não há necessidade de acordo prévio para a configuração do concurso de pessoas, bastando a presença do liame subjetivo;

   **2.5.** Identidade de infração penal:

3. **Teoria adotada pelo Código Penal:** Existem algumas teorias para determinar se todos os concorrentes irão responder pela mesma infração penal: (i) teoria monista; (ii) teoria pluralista; (iii) teoria dualista. O Código Penal adotou a teoria monista, em que determina a existência de apenas um crime com responsabilidade de todos que concorreram para a sua prática, havendo, no entanto, a ressalva de que incidem na mesma pena "na medida de sua culpabilidade".

| MODALIDADES DE CONCURSO PESSOAS: |
|---|
| **Coautoria (coautores):** dois ou mais autores agindo conjuntamente na prática da mesma infração penal.<br>**Obs: Autoria:**<br>• **Teoria restritiva objetivo-formal: Autor é** quem executa o verbo núcleo do tipo. **Partícipe é** aquele que concorre de qualquer modo para o crime sem realizar o verbo núcleo do tipo.<br>• **Teoria do domínio do fato –** criada na Alemanha por Hans Welzel (teoria finalista). É autor quem possui o controle final do fato, sendo detentor do poder de interromper ou prosseguir a ação na ação criminosa. A teoria do domínio do fato amplia o conceito de autor. |

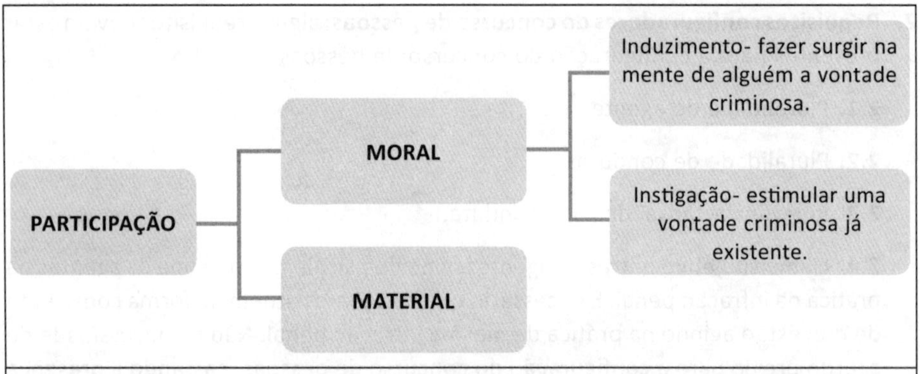


**Autor mediato:** também chamado de "autor de trás" é aquele que não realiza diretamente a conduta descrita no tipo penal, pois comete o crime por meio de outra pessoa. Não se confunde com a figura do partícipe, pois o autor mediato possui comportamento principal. O nosso diploma legal prevê algumas situações onde temos presente a figura do autor mediato: (i) erro determinado por terceiro – art. 20, §2º do CP; (ii) coação moral irresistível – art. 22, primeira parte do CP; (iii) obediência hierárquica à ordem não manifestamente ilegal – art. 22, segunda parte CP; (iv) caso de instrumento impunível – art. 62, III do CP.

- **Aplicação pelo STJ:**

**STJ:** Em princípio, a incidência da agravante do art. 62, I, do Código Penal é compatível com a autoria intelectual do delito (mandante). (STJ. 5ª Turma. REsp 1.563.169-DF, Rel. Min. Reynaldo Soares da Fonseca, julgado em 10/3/2016 – Info 580).

- **Súmulas relevantes**:

**Súmula 442 STJ –** É inadmissível aplicar, no furto qualificado, pelo concurso de agentes, a majorante do roubo.

- **Aplicação pelo STF:**

**STF: Tratando-se de crime em que resta verificado o concurso de agentes, visando a facilitar a fuga de preso, incide o disposto no § 1º do artigo 351** do Código Penal "§ 1º – Se o crime é praticado a mão armada, ou por mais de uma pessoa, ou mediante arrombamento, a pena é de reclusão, de dois a seis anos". HABEAS CORPUS HC 99003 AL (STF) – 30/09/2010.

- **Aplicação pelo STJ:**

**STJ:** A jurisprudência do STJ entende ser **inaplicável o princípio da insignificância quando ocorrer furto qualificado pelo concurso de pessoas**, pois denota maior reprovabilidade da conduta e evidencia a efetiva periculosidade do agente, afastando o reconhecimento da atipicidade material da conduta pela aplicação do princípio da insignificância. (HABEAS CORPUS HC 267024 SP 2013/0083381-2 (STJ) Data de publicação: 02/09/2013).

4. **Cooperação dolosamente distinta (desvio subjetivo de conduta – § 2º)** – De acordo com o referido parágrafo, se algum dos concorrentes quis participar de crime menos grave, ser-lhe-á aplicada a pena deste; essa pena será aumentada até metade, na hipótese de ter sido previsível o resultado mais grave.

**Aplicação em concurso:**

- ***Ano: 2014 Banca: UNEB Órgão: DPE-BA Prova: Estágio Jurídico – Defensoria Pública***

  Sobre o concurso de pessoas no Código Penal Brasileiro, se algum dos concorrentes quis participar de crime menos grave, ser-lhe-á aplicada a pena deste; essa pena será aumentada até metade, na hipótese de ter sido previsível o resultado mais grave.

  A hipótese em comento trata

  C) do desvio subjetivo de conduta.

  *Gabarito: c*

  *Trata-se de situação prevista no §2º do artigo 29 consistente na denominada cooperação dolosamente distinta ou desvio subjetivo de conduta, segundo o qual, se algum dos concorrentes quis participar de crime menos grave, ser-lhe-á aplicada a pena deste; essa pena será aumentada até metade, na hipótese de ter sido previsível o resultado mais grave.*

**Circunstâncias incomunicáveis**

**Art. 30 – Não se comunicam** as circunstâncias e as **condições de caráter pessoal, salvo quando elementares do crime**. (Redação dada pela Lei nº 7.209, de 11.7.1984)

1. **Circunstâncias elementares:** As circunstâncias elementares são aquelas que fazem parte do próprio tipo penal e sempre se comunicam, mesmo se forem de caráter pessoal, desde que sejam do conhecimento de todos os agentes. Faz-se necessário que sejam do conhecimento do agente, sob pena de configuração de responsabilidade penal objetiva.

► **Súmulas relevantes**:

**Súmula 245 STF:** A imunidade parlamentar não se estende ao corréu sem essa prerrogativa.

► **Aplicação pelo STJ:**

**STJ:** De acordo com **art. 30 do Código Penal não se comunicam as circunstâncias e as condições de caráter pessoal, salvo quando elementares do crime. Já as circunstâncias de caráter objetivo, por sua vez, não são, em princípio, incomunicáveis, a menos que fique comprovado que o coautor não tenha a elas anuído, nem mesmo assumido o risco de sua produção.** A qualificadora do motivo torpe constitui circunstância de caráter pessoal, que não se comunica automaticamente aos participantes do delito. (HABEAS CORPUS HC 101219 RJ 2008/0046427-8 (STJ) – 08/11/2010).

**STJ:** Peculato. **Funcionário público. Concurso de pessoas com outro agente não funcionário. Circunstâncias incomunicáveis.** CP, arts. 29, 30 e 312. O peculato é crime próprio, no tocante ao sujeito ativo; indispensável a qualificação – funcionário público. **Admissível, contudo, o concurso de pessoas, inclusive quanto ao estranho ao serviço público.** Não se comunicam as circunstâncias e condições de caráter pessoal, salvo quando elementares do crime **(CP, art. 30)**. (Habeas Corpus 2.863/5/1994).

**Aplicação em concurso:**

- ***Ano: 2014 Banca: FCC Órgão: DPE-PB Prova: Defensor Público***

Mediante promessa de pagamento de cem reais, a intrometida vizinha Florisbela participa dolosamente do infanticídio executado pela jovem mãe Aldegunda que, em desespero, se encontrava então sob forte influência do estado puerperal. Sobre Florisbela, à vista do entendimento hoje dominante na doutrina, com esses dados em princípio pode-se afirmar que

A) responderia por homicídio doloso qualificado, caso a lei brasileira classificasse o infanticídio como modalidade privilegiada de homicídio.

B) responderia por homicídio privilegiado, com Aldegunda, caso a lei brasileira classificasse o infanticídio como modalidade privilegiada de homicídio.

C) responde por homicídio qualificado.

D) responde por infanticídio qualificado.

E) responde por infanticídio privilegiado, com Aldegunda.

*Gabarito: a*

*O enunciado da questão exige o conhecimento sobre o artigo 30 do CP. De acordo com a questão, em observância do artigo 123 do CP, verifica-se que o estado puerperal é circunstância de caráter pessoal, que em regra não se comunica, entretanto, nessa situação se comunicará por ser elementar do crime. Como pode ser visto a alternativa A traz uma situação hipotética ao afirmar que "caso a lei brasileira classificasse o infanticídio como modalidade privilegiada de homicídio", a coautora teria respondido por homicídio qualificado pela paga. A afirmação está certa, pois se a lei brasileira classificasse o infanticídio como modalidade de homicídio privilegiado, o estado puerperal deixaria de ser uma elementar do crime, pois o infanticídio não teria mais previsão autônoma e se tornaria circunstância de caráter puramente pessoal, passando a não se comunicar ao coautor).*

**Casos de impunibilidade**

Art. 31 – **O ajuste, a determinação ou instigação e o auxílio, salvo disposição expressa em contrário, não são puníveis, se o crime não chega, pelo menos, a ser tentado.** (Redação dada pela Lei nº 7.209, de 11.7.1984)

1. **Fatos puníveis:** Somente é possível a punição de um fato típico que tenha sido ao menos iniciado seus atos executórios. Antes disso, não há como se cogitar lesão aos bens jurídicos tutelados em lei. Assim, a cogitação e atos preparatórios são, em regra impuníveis, salvo expressa disposição em contrário.

**Aplicação em concurso:**

- ***Ano: 2014 Banca: FCC Órgão: DPE-RS Prova: Defensor Público***

  Marcos e Rodrigo instigaram Juarez, que sofria de depressão, a cometer suicídio, pois, na condição de herdeiros do último, pretendiam a morte do mesmo por interesses econômicos. Ainda que Juarez tenha admitido firmemente a possibilidade de eliminar a própria vida, não praticou qualquer ato executório. Diante desse contexto, Marcos e Rodrigo

  A) poderiam ter a pena reduzida de 1/3 a 1/2, se a pretensão tivesse caráter humanitário, de piedade, e a morte tivesse se consumado.

  B) deverão responder por tentativa de homicídio, visto que a ideia de ambos era eliminar a vida de Juarez para posterior enriquecimento.

  C) serão responsabilizados pelo crime previsto no art. 122 do Código Penal, com redução da pena pelo fato de a vítima não ter atentado contra a própria vida, já que para a consumação do delito basta a mera conduta de instigar.

  D) não responderão pelo crime de instigação ao suicídio, pois não houve morte ou lesão corporal de natureza grave na vítima.

  E) responderiam por instigação ao suicídio, caso, no mínimo, Juarez atentasse contra a própria vida e tivesse ocasionado lesões corporais leves em seu corpo.

  *Gabarito: d*

  *Nesse caso a conduta de Marcos e Rodrigo Serpa atípica, haja vista não ter ocorrido lesão corporal de natureza grave ou resultado morte exigido para a configuração do artigo 122 do Código Penal.*

2. **Conceitos:** ajuste é o acordo feito entre duas ou mais pessoas; determinação é a ordem dada por alguém determinado; instigação é um reforço de uma ideia já existente; auxílio consiste na ajuda material.

3. **Hipóteses excepcionais: "Salvo Expressa disposição em contrário" – art. 31 do CP:** Importante ressaltar que existem situações que fogem à regra, onde o próprio tipo penal se perfaz com a simples prática do ajuste, determinação ou instigação ou auxílio, como por exemplo no caso da associação criminosa, prevista no artigo 288 do CP, que se configura com a reunião de 3 ou mais pessoas com o intuito específico de cometimento de crimes, constituindo-se em verdadeiro crime autônomo, possuindo previsão típica independente, com o mero ajuste entre os agentes, sem que haja necessidade de início de prática de atos executórios.

# TÍTULO V
# DAS PENAS

## CAPÍTULO I
## DAS ESPÉCIES DE PENA

**Art. 32 – As penas são**: (Redação dada pela Lei nº 7.209, de 11.7.1984)

I – privativas de liberdade;

II – restritivas de direitos;

III – de multa.

1. **Finalidade das penas:** As penas têm por finalidade a reprovação ou compensação do mal praticado pelo agente (teoria absoluta) bem como a prevenção, no sentido de servir como exemplo, inibindo a prática de infrações penais pela coletividade (prevenção geral), assim como segregando o autor do crime do convívio social (prevenção especial). O Código Penal adotou a teoria mista ou unificadora da pena, haja vista que de acordo com o artigo 59 do CP conjuga a necessidade de reprovação com prevenção das infrações penais. Sendo assim, a pena teria uma tríplice finalidade: retributiva, preventiva e reeducativa.

2. **Classificação das penas:** a Constituição Federal em seu art. 5º, XLVI indica de forma expressa 05 penas permitidas: (i) privação ou restrição de liberdade, (ii) perda de bens; (iii) multa; (iv) prestação alternativa; (v) suspensão ou interdição de direitos. Já o Código Penal, elenca 03 espécies de pena, vejamos:

2.1. **Privativas de liberdade** – artigo 33 a 42 CP – **Reclusão** (deve ser iniciada em regime fechado, semiaberto ou aberto) e **Detenção** (inicia-se em regime semiaberto, ou aberto, salvo necessidade de transferência a regime fechado).

2.2. **Restritivas de direitos – artigo 43 a 48 CP**

I – Prestação pecuniária;

II – Perda de bens e valores;

III – limitação de fim de semana;

IV – Prestação de serviço à comunidade ou a entidades públicas;

V – Interdição temporária de direitos;

VI – Limitação de fim de semana.

2.3. **Multa- artigos 49 a 52 CP**

3. **Penas proibidas:** O artigo 5º, XLVII, CRFB/88 trata da proibição de penas, sustentando que não haverá penas de morte, salvo em caso de guerra declarada, nos termos do art. 84, XIX, CRFB/88; de caráter perpétuo; de trabalhos forçados; de banimento e cruéis.

► **Súmulas relevantes:**

**Súmula 719 STF:** A imposição do regime de cumprimento mais severo do que a pena aplicada permitir exige motivação idônea.

**Aplicação em concurso:**

- ***Ano: 2017 Banca: MPE-SP Órgão: MPE-SP Prova: Promotor de Justiça Substituto***

A prática de lesão corporal de natureza leve por condutor de veículo automotor, reincidente por crime doloso, pode gerar condenação, cuja pena deverá ser:

B) privativa de liberdade e de suspensão da habilitação para a condução de veículo automotor.

*Gabarito: b*

*A lei nº 9.503/97 – CTB trata da lesão corporal culposa na direção de veículo automotor – Art. 303. Praticar lesão corporal culposa na direção de veículo automotor: Penas – detenção, de seis meses a dois anos e suspensão ou proibição de se obter a permissão ou a habilitação para dirigir veículo automotor. O caso em tela, entretanto, trata de lesão corporal dolosa de natureza leve por condutor reincidente por crime doloso, aplicando-se, dessa forma, os artigos 129, caput e 92, ambos do Código penal. O artigo 92 CP dispõe que: São também efeitos da condenação: III – a inabilitação para dirigir veículo, quando utilizado como meio para a prática de crime doloso. Portanto, além da pena privativa de liberdade prevista no artigo 129, o artigo 92 traz a inabilitação para dirigir veículo, quando utilizado como meio para a prática de crime doloso.*

*Assim, o Código de Trânsito Brasileiro – CTB – só se aplica para o crime de lesão corporal na modalidade culposa; crime de trânsito na modalidade dolosa aplica-se o CP).*

## *SEÇÃO I*
## *DAS PENAS PRIVATIVAS DE LIBERDADE*

**Reclusão e detenção**

**Art. 33** – A pena de **reclusão** deve ser cumprida em **regime fechado, semi-aberto ou aberto**. A de **detenção**, em regime **semi-aberto, ou aberto, salvo necessidade de transferência a regime fechado**. (Redação dada pela Lei nº 7.209, de 11.7.1984)

§ 1º – Considera-se: (Redação dada pela Lei nº 7.209, de 11.7.1984)

a) **regime fechado** a execução da pena em **estabelecimento de segurança máxima ou média**;

b) **regime semi-aberto** a execução da pena em **colônia agrícola, industrial ou estabelecimento similar**;

c) **regime aberto** a execução da pena em **casa de albergado ou estabelecimento adequado**.

§ 2º – As penas privativas de liberdade deverão ser **executadas em forma progressiva, segundo** o mérito do condenado, observados os seguintes critérios e ressalvadas as hipóteses de transferência a regime mais rigoroso: (Redação dada pela Lei nº 7.209, de 11.7.1984)

a) o condenado a **pena superior a 8 (oito) anos deverá começar a cumpri-la em regime fechado**;

b) o condenado **não reincidente**, cuja pena seja **superior a 4 (quatro) anos e não exceda a 8 (oito), poderá, desde o princípio, cumpri-la em regime semi-aberto**;

c) o condenado **não reincidente**, cuja **pena seja igual ou inferior a 4 (quatro) anos, poderá, desde o início, cumpri-la em regime aberto**.

§ 3º – A determinação do **regime inicial de cumprimento da pena far-se-á com observância dos critérios previstos no art. 59 deste Código**. (Redação dada pela Lei nº 7.209, de 11.7.1984)

§ 4º O condenado **por crime contra a administração pública terá a progressão** de regime do cumprimento da pena condicionada **à reparação do dano que causou, ou à devolução do produto do ilícito praticado, com os acréscimos legais**. (Incluído pela Lei nº 10.763, de 12.11.2003)

1. **Penas privativas de liberdade:** as penas **privativas de liberdade** devem ser executadas em forma progressiva, segundo o mérito do condenado e podem ser de **Reclusão** ou **Detenção.** Saliente-se que de acordo com o artigo 112 da LEP (lei nº7.210/84) com nova redação dada pela lei nº 13.964, de 24 de dezembro de 2019, a progressão consiste em medida de política criminal que tem por finalidade estimular o condenado durante o período de cárcere em que cumpre sua pena, havendo a transferência para regime menos rigoroso, determinado pelo juízo quando o agente houver cumprido ao menos os percentuais previstos em seus incisos (requisito objetivo – art. 112, incisos I a VIII) e em seguida o bom comportamento carcerário (requisito subjetivo – §1º art. 112).

**1.1. Progressão por saltos:** Importante salientar que a progressão não **poderá ser realizada "por saltos",** ou seja, deverá obedecer necessariamente a ordem do regime imediatamente seguinte ao qual o condenado vem cumprindo sua pena. Sendo assim, se o condenado se encontra no regime fechado, não poderá progredir imediatamente para o aberto, devendo passar antes pelo semiaberto.

► **Aplicação pelo STF:**

> **STF: Em consonância com a Súmula 715 do Supremo Tribunal Federal, é inaplicável, no cômputo para a concessão de regime mais benéfico, em relação a penas unificadas, o limite imposto pelo art. 75 do CP (30 anos), devendo ser considerada o somatório total das penas.** (HC 112182/RJ, rel. Min. Marco Aurélio, julgamento 3.4.2018. (HC-112182) (Informativo 896).

**1.2. Progressão em crimes hediondos**: A progressão de regime em se tratando de crime hediondo, com a alteração trazida pela Lei nº 13.964, de 24 de dezembro de 2019(Pacote Anticrime) que revogou expressamente o § 2º do art. 2º da Lei nº 8.072/90, passou a ter previsão diferenciada, não havendo mais que se falar, a partir do advento da retrocitada legislação, em cumprimento de 2/5 ou 3/5 de pena para progressão em crime hediondo. Na esteira da alteração legislativa, a lei 13.964/2019, modificou a Lei nº 7.210/84 (Lei de Execuções Penais), passando a prever em seu artigo 112, percentuais para progressão de regime, inclusive em relação aos crimes hediondos. Assim a nova redação dada ao artigo 112 prevê:

- Cumprimento de 40% (quarenta por cento) da pena, se o apenado for condenado pela prática de crime hediondo ou equiparado, se for primário;
- Cumprimento de 50% (cinquenta por cento) da pena, se o apenado for condenado pela prática de crime hediondo ou equiparado, com resultado morte, se for primário, vedado o livramento condicional;
- cumprimento de 60% (sessenta por cento) da pena, se o apenado for reincidente na prática de crime hediondo ou equiparado.
- Cumprimento de 70% (setenta por cento) da pen, em se tratando de apenado reincidente em crime hediondo ou equiparado com resultado morte, vedado também o livramento condicional.

Verifica-se que a nova previsão também se apresenta como lei nova mais gravosa, não retroagindo, portanto, para crimes cometidos antes de sua entrada em vigor.

**1.3. Progressão nos crimes contra a administração pública**: O condenado por crime contra a administração pública terá a progressão de regime do cumprimento de pena condicionado a reparação do dano causado ou à devolução do produto do ilícito praticado, acréscimos legais (artigo 33, §4º CP).

**1.4. Reclusão X Detenção**: A pena **de Reclusão** deve ser iniciada em regime fechado, semiaberto ou aberto, ao passo que a de **Detenção**, inicia-se em regime semiaberto, ou aberto, salvo necessidade de transferência a regime fechado.

**1.5. Regime fechado:** O **regime fechado** a execução da pena se dará em estabelecimento de segurança máxima ou média, ao passo que **o regime semiaberto** a execução da pena se dará em colônia agrícola, industrial ou estabelecimento similar, e por fim, no **regime aberto** a execução da pena se dará em casa de albergado ou estabelecimento adequado.

▶ **REGIMES INICIAIS DE CUMPRIMENTO DE PENA:**

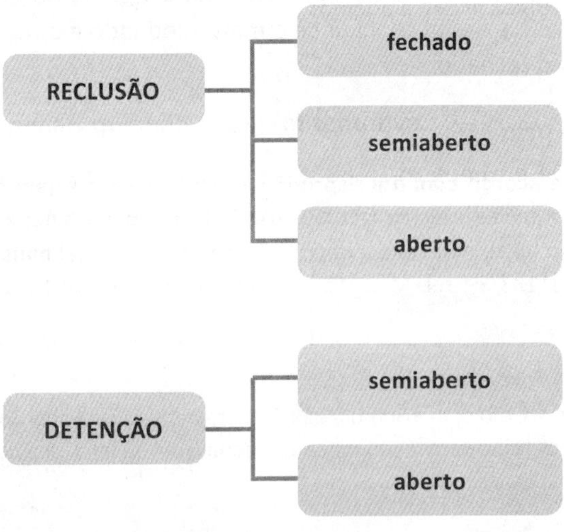

2. **Fixação do regime inicial de pena:** a lei determina critérios que devem ser observados para a determinação do regime inicial de cumprimento de pena;

**2.1. Regime fechado:** condenado a pena superior a 8 (oito) anos deverá começar a cumpri-la em regime fechado;

**2.2. Regime semiaberto:** Condenado **não reincidente**, cuja pena seja superior a 4 (quatro) anos e não exceda a 8 (oito), **poderá,** desde o princípio, cumpri-la em regime semiaberto. Aqui para a fixação do regime inicial de cumprimento de pena em que o condenado não seja reincidente e a pena seja maior que 04 anos e não exceda 08 anos, caberá ao julgado analisar as circunstâncias judiciais previstas no artigo 59 do CP, conforme prevê o §3º do artigo 33 para verificar se o mais adequado é o regime inicial semiaberto ou o fechado.

► **Aplicação pelo STF:**

**STF:** O STF deliberou no sentido de serem aceitáveis estabelecimentos não qualificados como colônia agrícola ou industrial (regime semiaberto) ou casa de albergado ou estabelecimento adequado (regime aberto) para o cumprimento de pena. Entretanto, não é permitido o alojamento conjunto de presos dos regimes semiaberto e aberto com presos do regime fechado. (Rcl 25123/SC, rel. Min. Ricardo Lewandowski, julgamento em 18.4.2017).( Informativo 861).

**STF:** É cabível a fixação do **regime de cumprimento de pena semiaberto a condenado reincidente por crime de furto simples** [CP, art. 155, "caput" ao invés do regime inicial

**2.3. Regime aberto:** Condenado **não reincidente**, cuja pena seja igual ou inferior a 4 (quatro) anos, **poderá**, desde o início, cumpri-la em regime aberto. Aqui para a fixação do regime inicial de cumprimento de pena em que o condenado não seja reincidente e a pena seja igual ou menor que 04 anos, caberá ao julgado analisar as circunstâncias judiciais previstas no artigo 59 do CP, conforme prevê o §3º do artigo 33, e assim concluir se o mais adequado é o regime inicial aberto, semiaberto ou o fechado.

► **Aplicação pelo STF:**

**STF: de acordo com a jurisprudência do STF, caso sejam favoráveis todas as circunstâncias judiciais (art. 59 do CP), de modo que a pena-base seja fixada no mínimo legal, não cabe a imposição de regime inicial mais gravoso (fechado).** RHC 131133/SP, rel. Min. Dias Toffoli, julgamento em 10.10.2017. (Informativo 881)

---

► **ATENÇÃO:** de acordo com a Súmula 269 STJ será admissível a adoção do regime prisional semiaberto aos reincidentes condenados a pena igual ou inferior a quatro anos se favoráveis as circunstâncias judiciais.

---

**Aplicação em concurso:**

- ***Ano: 2013 Banca: UEG Órgão: PC-GO Prova: Delegado de Polícia – 1ª prova***

*Sobre a fixação da pena, tem-se o seguinte:*

A) a existência de circunstância atenuante pode conduzir à redução da pena abaixo do mínimo legal.

B) pelo critério trifásico, adotado pelo Código Penal, o juiz, na segunda fase, deverá apreciar as causas de aumento e de diminuição da parte geral e especial.

C) o estabelecimento do valor de dias-multa independe da condição econômica do condenado.

D) em caso de reincidência, fixada a pena em patamar inferior a 4 (quatro) anos, o condenado poderá iniciar o cumprimento da pena em regime semiaberto, desde que as circunstâncias judiciais o recomendem. O item IV está incorreto, pois não está de acordo com o art. 33, "caput" do Código Penal, tendo em vista que não é vedado o regime aberto para a aplicação de pena de reclusão.

*Gabarito: d*

*A questão cobra conhecimento acerca da Súmula 269 STJ: É admissível a adoção do regime prisional semiaberto aos reincidentes condenados a pena igual ou inferior a quatro anos se favoráveis as circunstâncias judiciais.*

**► Súmulas relevantes:**

**Súmula Vinculante 9 STF:** O disposto no artigo 127 da Lei nº 7.210/1984 (Lei de Execução Penal) foi recebido pela ordem constitucional vigente, e não se lhe aplica o limite temporal previsto no caput do artigo 58.

**Súmula Vinculante 26 STF:** Para efeito de progressão de regime no cumprimento de pena por crime hediondo, ou equiparado, o juízo da execução observará a inconstitucionalidade do art. 2º da Lei nº 8.072, de 25 de julho de 1990, sem prejuízo de avaliar se o condenado preenche, ou não, os requisitos objetivos e subjetivos do benefício, podendo determinar, para tal fim, de modo fundamentado, a realização de exame criminológico.

**Súmula Vinculante 56 STF:** A falta de estabelecimento penal adequado não autoriza a manutenção do condenado em regime prisional mais gravoso, devendo-se observar, nessa hipótese, os parâmetros fixados no RE 641.320/RS.

**Súmula 611 STF:** Transitada em julgado a sentença condenatória, compete ao juízo das execuções a aplicação de lei mais benigna.

**Súmula 715 STF:** A pena unificada para atender ao limite de trinta anos de cumprimento, determinado pelo art. 75 do código penal, não é considerada para a concessão de outros benefícios, como o livramento condicional ou regime mais favorável de execução.

**Súmula 716 STF:** Admite-se a progressão de regime de cumprimento da pena ou a aplicação imediata de regime menos severo nela determinada, antes do trânsito em julgado da sentença condenatória.

**Súmula 718 STF:** A opinião do julgador sobre a gravidade em abstrato do crime não constitui motivação idônea para a imposição de regime mais severo do que o permitido segundo a pena aplicada.

**Súmula 40 STJ:** Para obtenção dos benefícios de saída temporária e trabalho externo, considera-se o tempo de cumprimento da pena no regime fechado.

**Súmula 192 STJ:** Compete ao juízo das execuções penais do estado a execução das penas impostas a sentenciados pela justiça federal, militar ou eleitoral, quando recolhidos a estabelecimentos sujeitos a administração estadual.

**Súmula 269 STJ:** É admissível a adoção do regime prisional semi-aberto aos reincidentes condenados a pena igual ou inferior a quatro anos se favoráveis as circunstâncias judiciais.

**Súmula 341 STJ:** A frequência a curso de ensino formal é causa de remição de parte do tempo de execução de pena sob regime fechado ou semi-aberto. Súmula 439: Admite-se o exame criminológico pelas peculiaridades do caso, desde que em decisão motivada.

**Súmula 439 STJ:** Admite-se o exame criminológico pelas peculiaridades do caso, desde que em decisão motivada.

**Súmula 440 STJ**: Fixada a pena-base no mínimo legal, é vedado o estabelecimento de regime prisional mais gravoso do que o cabível em razão da sanção imposta, com base apenas na gravidade abstrata do delito

**Súmula 441 STJ:** A falta grave não interrompe o prazo para obtenção de livramento condicional

**Súmula 269 STJ-** É admissível a adoção do regime prisional semi-aberto aos reincidentes condenados a pena igual ou inferior a quatro anos se favoráveis as circunstâncias judiciais.

**Súmula 491 STJ-** É inadmissível a chamada progressão *per saltum* de regime prisional.

**Súmula 471 STJ** – Os condenados por crimes hediondos ou assemelhados cometidos antes da vigência da Lei n. 11.464/2007 sujeitam-se ao disposto no art. 112 da Lei n. 7.210/1984 (Lei de Execução Penal) para a progressão de regime prisional.

**Regras do regime fechado**

**Art. 34** – O condenado será submetido, no início do cumprimento da pena, a exame criminológico de classificação para individualização da execução. (Redação dada pela Lei nº 7.209, de 11.7.1984)

§ 1º – **O condenado fica sujeito a trabalho no período diurno e a isolamento durante o repouso noturno.** (Redação dada pela Lei nº 7.209, de 11.7.1984)

**§ 2º - O trabalho será em comum dentro do estabelecimento, na conformidade das aptidões ou ocupações anteriores do condenado, desde que compatíveis com a execução da pena.** (Redação dada pela Lei nº 7.209, de 11.7.1984)

§ 3º - O trabalho externo é admissível, no regime fechado, em serviços ou obras públicas. (Redação dada pela Lei nº 7.209, de 11.7.1984)

1. **Regras do regime fechado:** No regime fechado de cumprimento de pena o trabalho externo será admissível para os presos, somente em serviços ou obras públicas realizadas por órgãos da Administração Direta ou Indireta, ou entidades privadas, desde que tomadas as cautelas contra a fuga e em favor da disciplina (artigo 36 Lei nº7210/84).

**Aplicação em concurso:**

- ***Ano: 2014 Banca: FCC Órgão: TJ-AP Prova: Juiz***

Desde o advento da Lei nº 8.072/1990, a vedação absoluta de progressão de regime prisional, originalmente instituída para os crimes hediondos ou assemelhados, comportou intenso debate acadêmico e jurisprudencial. Importantes vozes na doutrina desde logo repudiaram o regime integralmente fechado. Mas o Pleno do Supremo Tribunal Federal, então, em dois julgados antológicos, afastou a pecha da inconstitucionalidade (HC 69.603/SP e HC 69.657/SP), posicionamento que se irradiou para as outras Cortes e, desse modo, ditou a jurisprudência do país por mais de 13 anos. Somente em 2006 o STF rediscutiu a matéria, agora para dizer inconstitucional aquela vedação (HC 82.959-7/SP). A histórica reversão da juris- prudência, afinal, fez com que se reparasse o sistema normativo. Editou-se a Lei nº 11.464/2007 que, pese admitindo a progressividade na execução correspondente, todavia lhe estipulou lapsos diferenciados. Todo esse demorado debate mais diretamente fundou-se especialmente em um dado postulado de direito penal que, portanto, hoje mais que nunca estrutura o direito brasileiro no tópico respectivo. Precipuamente, trata-se do postulado da

A) pessoalidade
B) legalidade
C) proporcionalidade
D) individualização
E) culpabilidade

*Gabarito: d*

*O enunciado se refere ao princípio constitucional da individualização da pena, previsto no artigo. 05º, XLVI da CRFB/88, que se apresenta como garantia de que o Estado reconhecerá e dará sua resposta punitiva de maneira proporcional e correspondente ao ilícito praticado, em todas as suas particularidades.*

*Evidente, assim, que, perante a Constituição, o princípio da individualização da pena compreende: a) proporcionalidade entre o crime praticado e a sanção abstratamente cominada no preceito secundário da norma penal; b) individualização da pena aplicada em conformidade com o ato singular praticado por agente em concreto (dosimetria da pena); c) individualização da sua execução, segundo a dignidade humana (art. 1º,*

*III), o comportamento do condenado no cumprimento da pena (no cárcere ou fora dele, no caso das demais penas que não a privativa de liberdade) e à vista do delito cometido (art. 5º, XLVIII)(HC 82959, Voto do Ministro Cezar Peluso, Tribunal Pleno, julgamento em 23.2.2006, DJ de 1.9.2006).*

2. **Preso provisório e condenado por crime político:** o preso provisório não está obrigado a trabalhar, conforme art. 31, parágrafo único da LEP, da mesma forma o condenado por crime político, art. 200 da LEP.

3. **Benefícios decorrentes do trabalho do preso:** o trabalho do preso não se submete ao regime da Consolidação das Leis do Trabalho, conforme dispõe art. 28, §2º da Lei de Execução Penal. Entretanto, será garantido ao mesmo a previdência social, bem como a remuneração. O Código Penal em seu art. 39 também coloca tais garantias.

► **Súmulas relevantes:**

**Súmula Vinculante nº 26 STF**: para efeito de progressão de regime no cumprimento de pena por crime hediondo, ou equiparado, o juízo da execução observará a inconstitucionalidade do art. 2º da Lei nº 8.072, de 25 de julho de 1990, sem prejuízo de avaliar se o condenado preenche, ou não, os requisitos objetivos e subjetivos do benefício, podendo determinar, para tal fim, de modo fundamentado, a realização de exame criminológico.

**Súmula 40 STJ:** Para obtenção dos benefícios de saída temporária e trabalho externo, considera-se o tempo de cumprimento da pena no regime fechado.

**Súmula 341 STJ:** A frequência a curso de ensino formal é causa de remição de parte do tempo de execução de pena sob regime fechado ou semiaberto.

**Súmula 439 STJ:** Admite-se o exame criminológico pelas peculiaridades do caso, desde que em decisão motivada.

**Súmula 520 STJ:** O benefício de saída temporária no âmbito da execução penal é ato jurisdicional e insuscetível de delegação à autoridade administrativa do estabelecimento prisional.

► **Aplicação pelo STF:**

**STF: É inconstitucional a fixação ex lege**, com base no art. 2º, § 1º, da Lei 8.072/1990, **do regime inicial fechado,** devendo o julgador, quando da condenação, ater-se aos parâmetros previstos no artigo 33 do Código Penal. (ARE 1052700 RG – 02/11/2017 Publicação 01-02-2018)

► **Aplicação pelo STJ:**

**STJ: Afirmadas favoráveis as circunstâncias judiciais do art. 59 do CP, incabível a imposição de regime inicial fechado, quando a lei permite regime mais**

**favorável**, sem fundamentação objetivamente motivada. A gravidade do crime de roubo (artigo 157 do CP), em si mesma, não é capaz de determinar a imposição do regime inicial fechado, posto que ínsita ao tipo penal. **(HC 33.278/2005 – SP – 28/02/2005)**

**Regras do regime semiaberto**

**Art. 35** - Aplica-se a norma do art. 34 deste Código, caput, ao condenado que inicie o cumprimento da pena em regime semi-aberto. (Redação dada pela Lei nº 7.209, de 11.7.1984)

§ 1º - O **condenado fica sujeito a trabalho em comum durante o período diurno, em colônia agrícola, industrial ou estabelecimento similar**. (Redação dada pela Lei nº 7.209, de 11.7.1984)

§ 2º - O **trabalho externo é admissível**, bem como a frequência a cursos supletivos profissionalizantes, de instrução de segundo grau ou superior. (Redação dada pela Lei nº 7.209, de 11.7.1984)

1. **Regra do regime semiaberto:** Em relação ao regime semiaberto o condenado ficará sujeito a trabalho em comum durante o período diurno, em colônia agrícola, industrial ou estabelecimento similar.

► **Aplicação pelo STF:**

**STF:** Crime de roubo. Fundamentação idônea para a fixação do regime prisional semiaberto. Conquanto a pena de quatro anos de reclusão e dez dias-multa imposta permitisse, em tese, a fixação do regime aberto para o início do cumprimento da pena, as **circunstâncias judiciais desfavoráveis conduziram à fixação do regime inicial semiaberto**, o que se harmoniza com a jurisprudência consolidada no Brasil. (HC 120.775/2014 – SP -02/04/2014)

► **Aplicação pelo STJ:**

**STJ: Regime semiaberto. Falta de vaga. Prisão domiciliar**. Possibilidade. A jurisprudência deste Superior Tribunal possui entendimento consolidado de que, **quando o apenado submetido a regime semiaberto estiver cumprindo pena em estabelecimento prisional em regime mais gravoso, por inexistência de vaga em local próprio, é permitida, excepcionalmente, a concessão de prisão em regime aberto ou domiciliar**. A ineficiência do Estado em disponibilizar vagas ou assegurar instituições adequadas ao cumprimento da pena em regime semiaberto autoriza, ainda que em caráter excepcional, o cumprimento da reprimenda em regime aberto ou em prisão domiciliar. (AgRg no Rec. Esp. 1505698 – RS – 02/06/2015)

**Aplicação em concurso:**

- ***Ano: 2016 Banca: FCC Órgão: DPE-BA Prova: Defensor Público***

Sobre a determinação do regime inicial de cumprimento de pena, é correto afirmar que

D) em caso de condenação por crime de extorsão mediante sequestro consumado, é possível a aplicação do regime semiaberto.

*Gabarito: d*

*Apesar do crime de extorsão mediante sequestro, previsto no artigo 159 do CP ter uma pena de reclusão de oito a quinze anos, verifica-se que a pena mínima cominada ao delito em comento é de 8 anos. Portanto, se aplicável a pena mínima em razão das circunstâncias judiciais favoráveis ao acusado, e o agente for primário, será plenamente possível aplicação do regime semiaberto. Quanto ao fato do crime em comento ser hediondo, a lei de crimes hediondos determina que a pena será cumprida inicialmente em regime fechado, contudo, o STF considera tal previsão inconstitucional por violar o princípio da individualização da pena, ao considerar a gravidade em abstrato para determinar regime inicial.*

2. **Trabalho em regime semiaberto:** durante o dia o trabalho será comum dentro do estabelecimento, mas pode ser externo.
3. **Cursos profissionalizantes:** é admitido a frequência em cursos supletivos, profissionalizantes, de instrução de segundo grau, os quais podem ser feitos fora do estabelecimento, conforme art. 35, §2º da LEP.

► **Súmulas relevantes:**

**Súmula 269 STJ:** É admissível a adoção do regime prisional semi-aberto aos reincidentes condenados a pena igual ou inferior a quatro anos se favoráveis as circunstâncias judiciais.

**Súmula 341 STJ:** A frequência a curso de ensino formal é causa de remição de parte do tempo de execução de pena sob regime fechado ou semi-aberto.

**Súmula 40 STJ:** Para obtenção dos benefícios de saída temporária e trabalho externo, considera-se o tempo de cumprimento da pena no regime fechado.

**Regras do regime aberto**

**Art. 36** – O regime **aberto baseia-se na autodisciplina e senso de responsabilidade do condenado**. (Redação dada pela Lei nº 7.209, de 11.7.1984)

§ 1º – O **condenado** deverá, **fora do estabelecimento e sem vigilância, trabalhar, freqüentar curso ou exercer outra atividade autorizada**, permanecendo recolhido durante o período noturno e nos dias de folga. (Redação dada pela Lei nº 7.209, de 11.7.1984)

§ 2º – O condenado **será transferido do regime aberto, se praticar fato definido como crime doloso, se frustrar os fins da execução ou se, podendo, não pagar a multa cumulativamente aplicada**. (Redação dada pela Lei nº 7.209, de 11.7.1984)

1. **Regras do regime aberto:** O regime aberto baseia-se na autodisciplina e senso de responsabilidade do condenado, devendo o condenado fora do estabelecimento e sem vigilância, trabalhar, frequentar curso ou exercer outra atividade autorizada,

permanecendo recolhido durante o período noturno e nos dias de folga em estabelecimento conhecido como casa do albergado ou estabelecimento adequado.

2. **Remição no regime aberto:** Não há possibilidade de remição de pena pelo trabalho, podendo, entretanto, haver a remição em razão da frequência a curso de ensino regular ou de educação profissional, conforme prevê o artigo 126, §6º da Lei nº 7.210/84- LEP.

► **Aplicação pelo STF:**

**STF:** Execução penal. **Remição pelo trabalho.** Art. 126 da LEP. **Inviabilidade de concessão do benefício aos condenados que cumprem pena em regime aberto.** A jurisprudência desta Corte é firme quanto à inviabilidade de concessão do benefício da remição pelo trabalho aos condenados que cumprem regime aberto (art. 126 da LEP). (2ª T.) – Rec. Ord. em HC 117.496/2014).

**Aplicação em concurso:**

- ***Ano: 2014 Banca: TRF – 2ª Região Órgão: TRF – 2ª REGIÃO Prova: Juiz Federal***

A pessoa condenada em regime aberto e que exerce atividade em trabalho externo:

D) Não pode obter a remição da pena pelos dias de trabalho.

*Gabarito: d*

*O artigo 126 da Lei nº 7.210/84 prevê que o condenado que cumpre a pena em regime fechado ou semiaberto poderá remir, por trabalho ou por estudo, parte do tempo de execução da pena, não prevendo a remição pelo trabalho no caso do regime aberto.*

3. **Prisão domiciliar:** na falta de estabelecimento adequado, poderá a pena ser cumprida em outro estabelecimento adequado ou prisão domiciliar, conforme art. 33, §1º e art. 117 da LEP. Sendo assim a prisão domiciliar é espécie do gênero regime aberto, e poderá ser utilizada nos casos de ter o condenado (a) mais que 70 (setenta) anos, portador de doença grave, ter filho deficiente físico ou mental que dele dependa, ou ainda, no caso de ser gestante.

► **Aplicação pelo STJ:**

**STJ:** No caso de Progressão ao regime aberto, ante a ausência de estabelecimento compatível será cabível a determinação de Prisão domiciliar. (6ª T.) – HC 288026 – RS – em 23/09/2014 – Habeas corpus)

**STJ:** A inexistência de casa de albergado na localidade da execução da pena não gera o reconhecimento de direito ao benefício da prisão domiciliar quando o paciente estiver cumprindo a reprimenda em local compatível com as regras do regime aberto. HC 299.315-RS, Rel. Min. Gurgel de Faria, julgado em 18/12/2014, DJe 2/2/2015. (Informativo 554)

► **Súmulas relevantes**:

**Súmula 493 STJ:** É inadmissível a fixação de pena substitutiva (art. 44 do CP) como condição especial ao regime aberto

**Regime especial**

**Art. 37 – As mulheres cumprem pena em estabelecimento próprio, observando-se os deveres e direitos inerentes à sua condição pessoal**, bem como, no que couber, o disposto neste Capítulo. (Redação dada pela Lei nº 7.209, de 11.7.1984).

1. **Regime especial:** As mulheres têm direito a regime especial, cumprindo assim a pena em estabelecimento próprio, observando os deveres e direitos inerentes à sua condição pessoal. Assim, conforme prevê o artigo 88 da Lei de Execução Penal (Lei nº 7.210/84) Além dos requisitos referidos no art. 88, a penitenciária de mulheres será dotada de seção para gestante e parturiente e de creche para abrigar crianças maiores de 6 (seis) meses e menores de 7 (sete) anos, com a finalidade de assistir a criança desamparada cuja responsável estiver presa.

2. **Fundamento constitucional:** art. 5º, XLVIII "A pena será cumprida em estabelecimentos distintos, de acordo com a natureza do delito, a idade e o sexo do apenado". Art. 5º, L "às presidiárias serão asseguradas condições para que possam permanecer com seus filhos durante o período de amamentação".

► **Aplicação pelo STJ:**

**STJ:** O Superior Tribunal de Justiça tem decidido que é possível a concessão de prisão domiciliar ao sentenciado, em cumprimento de pena em regime fechado ou semiaberto, quando comprovada sua debilidade extrema por doença grave e a impossibilidade de recebimento do tratamento adequado no estabelecimento prisional. **A Lei de Execução Penal prevê que os estabelecimentos penais destinados a mulheres serão dotados de berçário, onde as condenadas possam cuidar de seus filhos, inclusive amamentá-los, no mínimo, até 6 (seis) meses de idade (art. 83, § 2º). 4. O simples fato de a apenada encontrar-se na condição de lactante, não havendo nenhuma excepcionalidade, não autoriza a concessão de prisão domiciliar**, sobretudo se o estabelecimento prisional possui local reservado aos cuidados do recém-nascido. (5ª T – HC 365633 – SP – 18/05/2017).

**Direitos do preso**

**Art. 38** – O preso **conserva todos os direitos não atingidos pela perda da liberdade**, impondo-se a todas as autoridades o respeito à sua integridade física e moral. (Redação dada pela Lei nº 7.209, de 11.7.1984)

1. **Direitos do preso:** O preso mantém todos os direitos que não forem limitados pela perda da liberdade. Assim, são garantidos ao detento todos os direitos não atingidos pela pena imposta, notadamente suas garantias fundamentais: integridade física, imagem, segurança etc., conforme dispõe art. 5º, XLIX da CF. Conforme o artigo 41 da Lei nº 7.210.84 o preso possui direito a alimentação suficiente e

vestuário; proporcionalidade na distribuição do tempo para o trabalho, o descanso e a recreação, entro outros.

2. **Direitos do preso na Lei de Execução Penal:** a LEP regula os direitos e deveres do preso definitivo e provisório nos art. 38 a 43.

**Trabalho do preso**

**Art. 39** – O trabalho do preso **será sempre remunerado**, sendo-lhe **garantidos os benefícios da Previdência Social**. (Redação dada pela Lei nº 7.209, de 11.7.1984)

1. **Trabalho do preso:** o trabalho do preso é um direito estabelecido no art. 41 da LEP, mas também é um dever, conforme art. 39 da LEP. Sendo um dever, o seu não cumprimento injustificado é considerado falta grave, e pode ser revogado pelo juiz da execução até 1/3 do tempo remido (art. 57 da LEP).

► **Aplicação pelo STJ:**

**STJ: Constitui falta grave na execução penal a recusa injustificada do condenado ao exercício de trabalho interno.** O art. 31 da Lei 7.210/1984 (LEP) determina a obrigatoriedade do trabalho ao apenado condenado à pena privativa de liberdade, na medida de suas aptidões e capacidades, sendo sua execução, nos termos do art. 39, V, da referida Lei, um dever do apenado. O art. 50, VI, da LEP, por sua vez, classifica como falta grave a inobservância do dever de execução do trabalho. (...). (HC 264.989-SP, STJ – 6ª TURMA – Rel. Min. Ericson Maranho, julgado em 4/8/2015, DJe 19/8/2015).

(Informativo 567)

2. **Remição:** Importante ressaltar que de acordo com o disposto no art. 126 da Lei nº 7.210/84 (LEP), o condenado que cumpre a pena em regime fechado ou semiaberto poderá remir, por trabalho ou por estudo, parte do tempo de execução da pena. Trata-se do instituto da remição, onde haverá a dedução de 1 (um) dia de pena a cada 12 (doze) horas de frequência escolar – atividade de ensino fundamental, médio, inclusive profissionalizante, ou superior, ou ainda de requalificação profissional – divididas, no mínimo, em 3 (três) dias ou 01 (um) dia de pena para cada 3 (três) dias de trabalho.

► **Aplicação pelo STF:**

**STF:** O direito à **remição pressupõe o efetivo exercício de atividades laborais ou estudantis** por parte do preso, o qual deve comprovar, de modo inequívoco, seu real envolvimento no processo ressocializador, razão por que **não existe a denominada remição ficta ou virtual**. (1ª T.) – RO em HC 124775 – RO – em 11/11/2014).

**STF: "Lex mitior" e dias remidos.** O STF entendeu que o magistrado **deverá atentar para os novos parâmetros promovidos pela Lei 12.433/2011, de modo**

**a aplicar aos condenados a fração cabível para a perda dos dias remidos dentro do patamar máximo permitido de 1/3, conforme as circunstâncias do caso concreto.** HC 109034/SP, rel. Min. Dias Toffoli, 29.11.2011. (HC-109034). **(Informativo 650).**

3. **Jornada de trabalho e remuneração:** A jornada normal de trabalho não será inferior a 6 (seis) nem superior a 8 (oito) horas, com descanso nos domingos e feriados (art. 33 lei nº 7.210/84) e a remuneração não pode ser inferior a ¾ do salário mínimo, e o destino do salário será para: (i) indenização dos danos causados pela conduta praticada; (ii) assistência para a família; (iii) despesas pessoais; (iv) ressarcimento do Estado pelas despesas com a execução (art. 29 Lei nº7.210/84).

► **Aplicação pelo STJ:**

**STJ:** A recusa injustificada ao trabalho pelo detento configura falta disciplinar de natureza grave. **O dever de trabalho imposto ao apenado não se confunde com a pena de trabalho forçado.** O art. 50, inciso VI, da Leinº7.210/84 (LEP) prevê a classificação de **falta grave quando o apenado incorrer na inobservância do dever** previsto no inciso V do art. 39 da mesma lei. Dessa forma, constitui falta disciplinar de natureza grave a recusa injustificada à execução do trabalho, tarefas e ordens recebidas no estabelecimento prisional. HABEAS CORPUS Nº 264.989 – SP – 2013).

► **Súmulas relevantes:**

**Súmula Vinculante 9 STF:** O disposto no art. 127 da Lei nº 7.210/1984 (lei de execução penal) foi recebido pela ordem constitucional vigente, e não se lhe aplica o limite temporal previsto no caput do art. 68.

**Súmula 341 do STJ:** A frequência a custo de ensino formal é causa de remição de parte do tempo de execução de pena sob regime fechado ou semi-aberto.

**Legislação especial**

**Art. 40** – A legislação especial regulará a matéria prevista nos arts. 38 e 39 deste Código, bem como especificará os deveres e direitos do preso, os critérios para revogação e transferência dos regimes e estabelecerá as infrações disciplinares e correspondentes sanções. (Redação dada pela Lei nº 7.209, de 11.7.1984)

1. **Legislação especial – Lei de Execução Penal:** Os artigos 38 e 39 do Código Penal tratam respectivamente dos direitos e do trabalho do preso, sendo que o artigo 40 dispõe que legislação especial regulará a matéria prevista em tais artigos. Assim, cerifica-se que a Lei nº 7.210/84 (LEP) irá regulamentar sobre direitos do preso entre outros assuntos afetos à execução da pena.

**Superveniência de doença mental**

**Art. 41 – O condenado a quem sobrevém doença mental deve ser recolhido a hospital de custódia e tratamento psiquiátrico ou, à falta, a outro estabelecimento adequado.** (Redação dada pela Lei nº 7.209, de 11.7.1984)

1. **Superveniência de doença mental:** O presente artigo trata da situação em que o agente se apresentava como imputável ao tempo da ação ou omissão, mas após a prática da infração penal, no curso do cumprimento da pena lhe sobrevém doença mental. Aqui a norma penal impede a permanência do condenado acometido de doença mental superveniente em estabelecimento penal comum, devendo ser encaminhado a hospital de custódia ou tratamento psiquiátrico, não podendo ele permanecer na companhia dos apenados comuns.

**1.1. Substituição da pena por medida de segurança:** Importante ressaltar que o art. 183 da LEP prevê a que se no curso da execução da pena privativa de liberdade, sobrevier doença mental ou perturbação da saúde mental, o Juiz, de ofício, a requerimento do Ministério Público, da Defensoria Pública ou da autoridade administrativa, poderá determinar a substituição da pena por medida de segurança.

► **Aplicação pelo STJ:**

**STJ:** Se no curso da execução da pena privativa de liberdade sobrevier doença mental ou perturbação da saúde mental do condenado, o juiz poderá determinar a substituição da pena por medida de segurança, a teor do disposto na Lei 7.210/1984, art. 183 (LEP). A duração dessa medida substitutiva não pode ser superior ao tempo restante para cumprimento da reprimenda. (CPP, art. 682, § 2º). (STJ – HC 31.702/2004 – SP – Rel.: Min. Laurita Vaz – J. em 09/03/2004)

**1.2. Suspensão da pena de multa:** De acordo com o artigo 52 do CP a execução da pena de multa será suspensa, se sobrevier ao condenado doença mental.

**Aplicação em concurso:**

- ***2008 Banca: CESPE Órgão: DPE-CE Prova: Defensor Público***

Em caso de superveniência de doença mental ao condenado, a execução da pena de multa não será suspensa.

( ) Certo ( ) Errado

*Gabarito: Errado*

*Conforme prevê o artigo 52 do Código Penal – É suspensa a execução da pena de multa, se sobrevém ao condenado doença mental).*

**Detração**

**Art. 42 – Computam-se**, na pena privativa de liberdade e na medida de segurança, o **tempo de prisão provisória, no Brasil ou no estrangeiro**, o de prisão administrativa e **o de internação em qualquer dos estabelecimentos referidos no artigo anterior**. (Redação dada pela Lei nº 7.209, de 11.7.1984)

1. **Detração penal:** Entende-se por detração penal como sendo o instituto através do qual será feito abatimento na pena privativa de liberdade ou na medida de segurança, do tempo de prisão provisória, no Brasil ou no exterior, o de prisão administrativa e o de internação em qualquer dos estabelecimentos referidos no artigo 41 do CP. Assim, Através da detração penal permite-se descontar, na pena ou na medida de segurança, o tempo de prisão ou de internação que o condenado cumpriu antes de iniciar efetivamente a condenação.

**1.1. Detração em processos distintos** – Réu preso por um processo pode aproveitar esse tempo de prisão em outro processo, segundo a orientação firmada pelo STJ. No julgamento do HC 178.894-RS (13/11/2012), relatado pela Min. Laurita Vaz, a Quinta Turma Do STJ restou fixado o entendimento de que "é cabível a aplicação do benefício da detração penal previsto no art. 42 do CP em processos distintos, desde que o delito pelo qual o sentenciado cumpre pena tenha sido cometido antes da segregação cautelar, evitando a criação de um crédito de pena" – Informativo de Jurisprudência 509.

Assim, se a pessoa, por exemplo, ficou presa cautelarmente durante 1 ano e posteriormente foi absolvida, não terá crédito de 1 ano em eventual delito que venha a cometer no futuro. Portanto, não existe uma "conta poupança penal" para se guardar o tempo indevidamente preso cautelarmente para se poder utilizar no futuro acometendo um delito.

► **Aplicação pelo STJ:**

**STJ – Inviável aplicar o instituto da detração penal nos processos relativos a crimes cometidos após a custódia cautelar**. HC 178.129-RS, Rei. Min. Og Fernandes, julgado em 7/6/2011. (Informativo 476).

► **Aplicação pelo STF:**

**STF: Vedação da conta corrente penal** – A detração pressupõe a custódia penal pelo mesmo crime ou por delito posterior onde reste o réu absolvido, viabilizando a aplicação de tal instituto. Assim, inadmissível empreender a operação do desconto em relação a delitos anteriores, como se lícito fosse instaurar uma "conta-corrente" delinquencial. In casu, o paciente cumpre pena de 6 (seis) anos e 4 (quatro) meses de reclusão, em regime fechado, por crime de tráfico de drogas praticado em 30/09/09, e requereu a detração dos períodos de 02/02/06 a 15/02/06 e 18/03/08 a 28/04/08, relativos à prisão provisória cumprida em outro processo, no qual restou absolvido, o que o STF não acolhe. (HABEAS CORPUS 111.081 RIO GRANDE DO SUL -28/02/2012).

**Aplicação em concurso:**

- ***Ano: 2008 Banca: FCC Órgão: MPE-PE Prova: Promotor de Justiça***

  Por detração penal compreende-se

  B) o cômputo no prazo da pena privativa de liberdade, do tempo de prisão provisória ou administrativa.

  *Gabarito: b*

  *De acordo com o artigo 42 do CP na detração penal computam-se, na pena privativa de liberdade e na medida de segurança, o tempo de prisão provisória, no Brasil ou no estrangeiro, o de prisão administrativa e o de internação.*

2. **Detração penal analógica virtual e reincidência:** trata-se de criação jurisprudencial, segundo a qual permite-se a detração por analogia para descontar uma situação que não estava prevista na lei, em relação ao tempo que o réu ficou preso cautelarmente mesmo sem restar condenado ao final.

► **Aplicação pelo STJ:**

**STJ:** Decisão que reconhece **detração penal analógica virtual não serve para fins de configuração de reincidência.** O magistrado desclassificou o delito de tráfico para porte de substância entorpecente para consumo próprio. Detração penal analógica virtual – foi assim chamada pelo magistrado, pois operou-se a detração penal, haja vista ter o juiz efetivado um abatimento de pena da posse para consumo pessoal pautando-se em uma prisão preventiva, foi chamada de analógica, pois o juiz se utilizou de analogia diante do caso concreto, haja vista que abateu pena de um fato que não possui pena e máxima em abstrato (posse de droga para consumo pessoal) e por fim, virtual, porque o juiz descontou o tempo que o réu ficou preso cautelarmente mesmo sem tê-lo condenado. **Nessa situação o STJ entendeu ser inviável o reconhecimento de reincidência com base em único processo anterior em desfavor do réu**, no qual, após desclassificar o delito de tráfico para porte de substância entorpecente para consumo próprio o juízo extinguiu a punibilidade por considerar que o tempo da prisão provisória seria mais que suficiente para compensar eventual condenação, não tendo a sentença natureza condenatória, demonstrando, na verdade, ainda que implicitamente, que houve desproporção na adoção da prisão preventiva. **Dessa forma se o agente cometer um segundo delito, esse primeiro processo não poderá ser considerado para caracterização de reincidência.** (STJ. 6ª Turma. HC 390.038-SP – 06/02/2018).

## *SEÇÃO II*
## *DAS PENAS RESTRITIVAS DE DIREITOS*

**Penas restritivas de direitos**

**Art. 43.** As **penas restritivas de direitos são**: (Redação dada pela Lei nº 9.714, de 1998)

I – **prestação pecuniária**; (Incluído pela Lei nº 9.714, de 1998)

II – **perda de bens e valores**; (Incluído pela Lei nº 9.714, de 1998)

III – **limitação de fim de semana**. (Incluído pela Lei nº 7.209, de 1984)

IV – **prestação de serviço à comunidade ou a entidades públicas**; (Incluído pela Lei nº 9.714, de 25.11.1998)

V – **interdição temporária de direitos**; (Incluído pela Lei nº 9.714, de 25.11.1998)

VI – **limitação de fim de semana**. (Incluído pela Lei nº 9.714, de 25.11.1998)

1. **Espécies de penas restritivas de direitos:** o art. 43 do Código Penal elenca as penas restritivas de direito, e podem ser classificadas em pessoais ou reais. No entanto, as penas restritivas de direito não são apenas as do rol do art. 43 do CP, existem outras que estão previstas na legislação extravagante, como por exemplo, na lei de drogas (Lei 11.343/06).

▶ **Aplicação pelo STJ:**

**STJ: Impossível a execução provisória das penas restritivas de direitos, devendo-se aguardar o trânsito em julgado da condenação, nos termos do art. 147 da LEP.** (6ª T.) – HC 396917 – SP – 26/09/2017).

2. **Penas restritivas de direito no Código Penal:** o CP elenca 06 (seis) penas restritivas de direito, vejamos:

**2.1. Prestação pecuniária –** consiste no pagamento em dinheiro à vítima, a seus dependentes ou a entidade pública ou privada com destinação social, de importância fixada pelo juiz, não inferior a 1 (um) salário mínimo nem superior a 360 (trezentos e sessenta) salários mínimos. O valor pago será deduzido do montante de eventual condenação em ação de reparação civil, se coincidentes os beneficiários, conforme prevê o artigo 45, §1º do CP.

**2.2. Perda de bens e valores –** dar-se-á, ressalvada a legislação especial, em favor do Fundo Penitenciário Nacional, e seu valor terá como teto – o que for maior – o montante do prejuízo causado ou do provento obtido pelo agente ou por terceiro, em consequência da prática do crime, de acordo com o artigo 45, §3º CP.

**2.3. Prestação de serviço à comunidade ou a entidades públicas –** é aplicável às condenações superiores a seis meses de privação da liberdade e consiste na atribuição de tarefas gratuitas ao condenado em entidades assistenciais, hospitais, escolas, orfanatos e outros estabelecimentos congêneres, em programas comunitários ou estatais, conforme dispõe o artigo 46 do CP.

**2.4. Interdição temporária de direitos – conforme estabelece o artigo 47 do CP, são espécies:** I – proibição do exercício de cargo, função ou atividade pública, bem como de mandato eletivo; II – proibição do exercício de profissão, atividade ou ofício que dependam de habilitação especial, de licença ou autorização do poder público; III – suspensão de autorização ou de habilitação para dirigir veículo; IV – proibição de frequentar determinados lugares; V – proibição de inscrever-se em concurso, avaliação ou exame públicos.

**Aplicação em concurso:**

- ***Ano: 2014 Banca: FCC Órgão: TJ- CE Prova: Juiz Substituto***

  No tocante às penas restritivas de direitos,

  B) é possível a imposição de interdição temporária de direitos consistente em proibição de inscrever-se em concurso, avaliação ou exames públicos.

  *Gabarito: b*

  *Resposta de acordo com o disposto no artigo 47, inciso V do CP.*

**2.5. Limitação de fim de semana** – consiste na obrigação de permanecer, aos sábados e domingos, por 5 (cinco) horas diárias, em casa de albergado ou outro estabelecimento adequado, segundo estatui o artigo 48 do CP.

3. **Penas restritivas de direito na Lei de Drogas:** na lei de drogas o art. 28 (posse de droga para consumo pessoal) apresenta um rol com 03 (três) penas restritivas de direito: (i) advertência sobre os efeitos da droga; (ii) prestação de serviços à comunidade; (iii) medida educativa de comparecimento à programa ou curso educativo.

► **Súmulas relevantes**:

**Súmula 588 STJ:** A prática de crime ou contravenção penal contra a mulher com violência ou grave ameaça no ambiente doméstico impossibilita a substituição da pena privativa de liberdade por restritiva de direitos.

**Art. 44.** As penas restritivas de direitos **são autônomas e substituem as privativas de liberdade**, quando: (Redação dada pela Lei nº 9.714, de 1998)

I – **aplicada pena privativa de liberdade não superior a quatro anos e o crime não for cometido com violência ou grave ameaça à pessoa ou, qualquer que seja a pena aplicada, se o crime for culposo**;(Redação dada pela Lei nº 9.714, de 1998)

II – **o réu não for reincidente em crime doloso**; (Redação dada pela Lei nº 9.714, de 1998)

III – **a culpabilidade, os antecedentes, a conduta social e a personalidade do condenado, bem como os motivos e as circunstâncias indicarem que essa substituição seja suficiente**. (Redação dada pela Lei nº 9.714, de 1998)

§ 1º (VETADO) (Incluído pela Lei nº 9.714, de 1998)

§ 2º **Na condenação igual ou inferior a um ano, a substituição pode ser feita por multa ou por uma pena restritiva de direitos**; se superior a um ano, a pena privativa de liberdade pode ser substituída por uma pena restritiva de direitos e multa ou por duas restritivas de direitos. (Incluído pela Lei nº 9.714, de 1998)

§ 3º Se o **condenado for reincidente**, o juiz **poderá aplicar a substituição, desde que, em face de condenação anterior, a medida seja socialmente recomendável e a reincidência não se tenha operado em virtude da prática do mesmo crime**. (Incluído pela Lei nº 9.714, de 1998)

§ 4º A **pena restritiva de direitos converte-se em privativa de liberdade** quando ocorrer o **descumprimento injustificado da restrição imposta**. No cálculo da pena privativa de liberdade a executar será **deduzido o tempo cumprido da pena restritiva de direitos, respeitado o saldo mínimo de trinta dias de detenção ou reclusão**. (Incluído pela Lei nº 9.714, de 1998)

§ 5º Sobrevindo condenação a pena privativa de liberdade, por outro crime, o juiz da execução penal decidirá sobre a conversão, podendo deixar de aplicá-la se for possível ao condenado cumprir a pena substitutiva anterior. (Incluído pela Lei nº 9.714, de 1998)

1. **Conceito:** A pena restritiva de direitos consiste em sanção penal imposta em substituição à pena privativa de liberdade, tratando-se de espécie de pena alternativa.

2. **Características:** as penas restritivas possuem as seguintes características:

   **2.1. Autonomia:** as penas restritivas de direitos possuem existência autônoma, independente das penas privativas de liberdade, não podendo ser cumuladas com as mesmas.

   **2.2. Substitutividade:** inicialmente o juiz deverá fixar a pena privativa de liberdade, bem como o regime inicial de cumprimento de pena e depois, na mesma sentença, substitui pela pena restritiva de direitos;

      **2.2.1. Requisitos para substituição:** São requisitos para a substituição da pena privativa de liberdade por restritivas de direitos em se tratando de crimes dolosos: que a pena aplicada não seja superior a 04 anos; que o crime seja praticado sem violência real ou grave ameaça à pessoa; que o condenado não seja reincidente em crime doloso e que seja indicada e suficiente a substituição da pena.

**Aplicação em concurso:**

- ***Ano: 2015 Banca: CESPE Órgão: TJ-DFT Prova: Juiz de Direito Substituto***

  Em cada uma das opções seguintes, é apresentada uma situação hipotética acerca de penas privativas de liberdade e de penas restritivas de direito, seguida de uma assertiva a ser julgada. Assinale a opção que apresenta a assertiva correta.

  A) Pedro, com vinte e oito anos de idade, capaz, primário, de corpo avantajado, desarmado, faixa preta em judô, trajando quimono, de forma intimidatória e exalando odor etílico, determinou que Ana, com dezessete anos de idade, capaz, entregasse a ele seu celular, sem que fosse possível a ela impor qualquer resistência. Por tais fatos, Pedro foi condenado, definitivamente, por crime de roubo simples, à pena de quatro anos de reclusão. Nessa situação, há vedação legal para que a pena de Pedro seja substituída por pena restritiva de direitos.

  *Gabarito: a*

  *Verifica-se que o artigo 44, inciso I do CP estabelece entre os requisitos para a substituição por restritiva de direitos que a pena privativa de liberdade aplicada não seja superior a quatro anos e o crime não seja cometido com violência ou grave ameaça à pessoa, sendo que na situação apresentada o crime foi praticado com grave ameaça à pessoa, o que inviabiliza a referida substituição.*

3. **Condenado reincidente:** Importante ressaltar que ainda que o condenado seja reincidente, o juiz poderá aplicar a substituição, desde que, em face de condenação anterior, a medida seja socialmente recomendável e a reincidência não seja específica.

4. **Crime culposo:** Em se tratando de qualquer crime culposo, independentemente da pena, permite-se a substituição da pena privativa de liberdade por restritiva de direitos.

5. **Substituição da pena no tráfico de drogas**: É possível a substituição da pena privativa de liberdade por restritiva de direito também no crime de tráfico de drogas, haja vista a declaração incidental de inconstitucionalidade proferida pelo STF no bojo do HC 97256, que teve posteriormente sua eficácia suspensa em razão da Resolução do Senado Federal nº 5 de 2012. Assim, caberá ao juízo ao analisar o caso concreto, verificar se estão presentes os requisitos do artigo 44 do Código Penal que viabilizam a suspensão pela pena restritiva de direitos.

► **Aplicação pelo STF:**

**STF: Admite-se a possibilidade de substituição da pena privativa de liberdade por pena restritiva de direitos, mesmo quando se trata do delito de tráfico ilícito de entorpecentes**, pois tal vedação **foi afastada pelo Plenário do STF** no HC 97.256/RS, com **declaração incidental de inconstitucionalidade da proibição de substituição da pena privativa de liberdade por restritiva de direitos**, com posterior publicação da Resolução nº 05/2012 do Senado Federal, no qual suspendeu a execução da expressão "vedada a conversão em penas restritivas de direitos" do § 4º do art. 33 da Lei nº 11.343, de 23 de agosto de 2006, (1ª T. – Rec. Ord. em HC 119.832/2014).

6. **Descumprimento da medida:** Cabe lembrar que a pena restritiva de direitos será convertida em privativa de liberdade quando ocorrer o descumprimento injustificado da restrição imposta ao condenado. No cálculo da pena privativa de liberdade a executar será deduzido o tempo cumprido da pena restritiva de direitos, respeitado o saldo mínimo de trinta dias de detenção ou reclusão.

► **Súmulas relevantes:**

**Súmula 493 STJ:** É inadmissível a fixação de pena substitutiva (art. 44 do CP) como condição especial ao regime aberto.

**Súmula 588 STJ-** A prática de crime ou contravenção penal contra a mulher com violência ou grave ameaça no ambiente doméstico impossibilita a substituição da pena privativa de liberdade por restritiva de direitos.

**Conversão das penas restritivas de direitos**

**Art. 45**. Na aplicação da substituição prevista no artigo anterior, proceder-se-á na forma deste e dos arts. 46, 47 e 48. (Redação dada pela Lei nº 9.714, de 1998).

§ 1º A **prestação pecuniária consiste no pagamento em dinheiro à vítima, a seus dependentes ou a entidade pública ou privada com destinação social, de importância fixada pelo juiz, não inferior a 1 (um) salário mínimo nem superior a 360 (trezentos e sessenta) salários mínimos.** O valor pago será **deduzido do montante de eventual condenação em ação de reparação civil, se coincidentes os beneficiários.** (Incluído pela Lei nº 9.714, de 1998).

§ 2º No caso do parágrafo anterior, **se houver aceitação do beneficiário**, a prestação pecuniária pode consistir em prestação de outra natureza. (Incluído pela Lei nº 9.714, de 1998).

§ 3º A **perda de bens e valores pertencentes aos condenados dar-se-á, ressalvada a legislação especial**, em favor do **Fundo Penitenciário Nacional**, e seu valor terá como **teto – o que for maior – o montante do prejuízo causado ou do provento obtido pelo agente ou por terceiro, em consequência da prática do crime.** (Incluído pela Lei nº 9.714, de 1998).

§ 4º (VETADO) (Incluído pela Lei nº 9.714, de 1998)

1. **Procedimento para substituição:** O artigo em comento inicia o regramento para as situações de substituição de pena por restritivas de direitos, referindo-se aos artigos 46, 47 e 48 do CP, que tratam respectivamente da prestação de serviços à comunidade ou a entidades públicas, Interdição temporária de direitos e limitação de fim de semana.

2. **Prestação pecuniária:** a pena restritiva de direitos, especificamente a prestação pecuniária, não pode ser confundida com a pena de multa.

**Aplicação em concurso:**

- ***Ano: 2017 Banca: FCC Órgão: DPE-PR Prova: Defensor Público***

  Lucila cumpria regularmente pena restritiva de direito, consistente em prestação pecuniária equivalente a dois salários mínimos, quando sobreveio, aos autos da execução penal, condenação definitiva à pena privativa de liberdade cujo regime inicial era fechado. Diante disso, o juízo da execução decidiu pela conversão da pena restritiva de direitos em privativa de liberdade.

  A decisão judicial

  B) merece reforma porque há compatibilidade de cumprimento simultâneo das penas restritiva de direitos e privativa de liberdade, sendo inválida a conversão da pena alternativa.

  *Gabarito: b*

  *O art. 44, §5º diz que "sobrevindo condenação a pena privativa de liberdade, por outro crime, o juiz da execução penal decidirá sobre a conversão, podendo deixar de aplicá-la se for possível ao condenado cumprir a pena substitutiva anterior". Dessa forma entende-se que é possível o cumprimento simultâneo de pena privativa de liberdade com restritiva de direito, conforme entendimento em vários julgados: "o cumprimento simultâneo de pena privativa com pena restritiva deve mostrar-se compatível, o que não se confirma quando o apenado encontra-se cumprindo pena em regime semiaberto ou fechado. Destarte, faz-se mister a unificação das penas, nos termos do art. 111 da LEP, não havendo se falar, portanto, em aplicação do art. 76 do CP.*

3. **Diferenças da prestação pecuniária com a multa:** O primeiro ponto a se ressaltar é o beneficiário, na prestação pecuniária será a vítima, dependentes ou entidade pública ou provada com destinação social, já a multa, será para o Fundo Penitenciário Nacional. O pagamento na prestação pecuniária será de 1 a 360 salários mínimos, na multa, de 10 a 360 dias-multa, sendo o dia-multa no valor de 1/30 a 5 salários mínimos. Se houver descumprimento injustificado da prestação pecuniária, a lei não proíbe a conversão em privativa de liberdade, já a multa, não pode ser convertida.

► **Súmulas relevantes:**

**Súmula 171 STJ:** Cominadas cumulativamente, em lei especial, penas privativas de liberdade e pecuniária, é defeso a substituição da prisão por multa.

**Prestação de serviços à comunidade ou a entidades públicas**

**Art. 46.** A **prestação de serviços à comunidade** ou a **entidades públicas** é aplicável às **condenações superiores a seis meses de privação da liberdade.** (Redação dada pela Lei nº 9.714, de 1998)

§ 1º A prestação de serviços à comunidade ou a entidades públicas consiste na **atribuição de tarefas gratuitas ao condenado.** (Incluído pela Lei nº 9.714, de 1998)

§ 2º A prestação de serviço à comunidade **dar-se-á em entidades assistenciais, hospitais, escolas, orfanatos e outros estabelecimentos congêneres, em programas comunitários ou estatais.** (Incluído pela Lei nº 9.714, de 1998)

§ 3º As tarefas a que se refere o § 1º **serão atribuídas conforme as aptidões do condenado,** devendo **ser cumpridas à razão de uma hora de tarefa por dia de condenação,** fixadas de modo a **não prejudicar a jornada normal de trabalho.** (Incluído pela Lei nº 9.714, de 1998)

§ 4º Se a **pena substituída for superior a um ano,** é **facultado ao condenado cumprir a pena substitutiva em menor tempo (art. 55), nunca inferior à metade da pena privativa de liberdade fixada.** (Incluído pela Lei nº 9.714, de 1998)

1. **Prestação de serviços à comunidade ou entidades públicas:** em linhas gerais será uma atividade não remunerada exercida pelo condenado, sem vínculo empregatício com o Estado, ver arts. 28, §2º e art. 30 da Lei de Execução Penal.
2. **Aplicação:** essa espécie de pena restritiva de direitos, será utilizada para os casos em que a condenação tenha pena privativa de liberdade não inferior a 06 meses, sem esquecer que o máximo será de 04 anos. Importante ressaltar que as tarefas devem ser determinadas de acordo com a aptidão do condenado, isso para evitar que a pena se torne uma medida humilhante ou cruel.

**Aplicação em concurso:**

- ***Ano: 2017 Banca: FCC Órgão: DPE-PR Prova: Defensor Público***

  A pena de prestação de serviços à comunidade

  A) deve ser cumprida à razão de duas horas de tarefa por dia de condenação, fixadas de modo a não prejudicar a jornada de trabalho.

  B) não é aplicável, em nenhuma hipótese, caso o condenado for reincidente.

  C) não pode ser cumprida em menor tempo pelo condenado, se a condenação for superior a um ano.

  D) aplica-se às condenações superiores a seis meses de privação de liberdade.

  E) não substitui a pena privativa de liberdade.

  *Gabarito: d*

  *Trata-se de questão que utiliza a letra da lei, a resposta correta está no caput do art. 46 e as demais alternativas também se encontram no mesmo artigo. " Art. 46. A prestação de serviços à comunidade ou a entidades públicas é aplicável às condenações superiores a seis meses de privação da liberdade."*

3. **Tempo de duração:** a razão a ser utilizada será de 01 hora de trabalho para cada dia de pena, e o tempo de duração poderá variar, sem esquecer que não poderá ser em menor tempo que a metade da privativa de liberdade que foi condenado.

**Interdição temporária de direitos (Redação dada pela Lei nº 7.209, de 11.7.1984)**

**Art. 47** – As **penas de interdição temporária de direitos são**: (Redação dada pela Lei nº 7.209, de 11.7.1984)

I – **proibição do exercício de cargo, função ou atividade pública, bem como de mandato eletivo**; (Redação dada pela Lei nº 7.209, de 11.7.1984)

II – **proibição do exercício de profissão, atividade ou ofício que dependam de habilitação especial, de licença ou autorização do poder público**;(Redação dada pela Lei nº 7.209, de 11.7.1984)

III – **suspensão de autorização ou de habilitação para dirigir veículo**. (Redação dada pela Lei nº 7.209, de 11.7.1984)

IV – **proibição de frequentar determinados lugares**. (Incluído pela Lei nº 9.714, de 1998)

V – **proibição de inscrever-se em concurso, avaliação ou exame públicos**. (Incluído pela Lei nº 12.550, de 2011)

1. **Pena de interdição de direitos:** o legislador prevê as penas de interdição temporária de direitos no artigo em comento.

   **1.1. Inciso I e II:** Os dois primeiros incisos somente serão utilizados em situações específicas, pois dependem de crimes cometidos no exercício de cargo, função, atividade, profissão ou ofício e que tenha violação a estes, ver art. 56 do Código Penal.

► **Aplicação pelo STJ:**

**STJ:** A **interdição temporária de direitos está expressamente prevista como pena alternativa**, na qual inclui a proibição do exercício da profissão, atividade ou ofício que dependam de habilitação especial, de licença ou autorização do poder público (art. 43, V, c/c o art. 47, II, do Código Penal). S**o crime foi praticado no exercício da atividade advocatícia, não constitui excessivo rigor substituir a pena privativa de liberdade pela suspensão da atividade profissional pelo mesmo prazo**. (HC 126.373-SP, 6.a T., rel. Og Fernandes, j. 11.12.2012, DJe 26.04.2013).

**Aplicação em concurso:**

- ***Ano: 2012 Banca: FCC Órgão: TJ-GO Prova: Juiz***

Em relação às penas restritivas de direitos, é correto afirmar que

D) é incabível a pena substitutiva de interdição temporária de direitos, na modalidade de suspensão da habilitação para dirigir veículo, no caso de homicídio culposo na direção de veículo automotor.

*Gabarito: d*

*Apresenta-se como incabível, pois a suspensão da habilitação para dirigir veículo automotor já é pena do crime de homicídio culposo na direção de veículo automotor, conforme art. 302 do Código de trânsito Brasileiro, não tendo sentido sua substituição por pena alternativa idêntica.*

**1.2. Inciso III:** será utilizado exclusivamente nos crimes culposos de trânsito, conforme preceitua o art. 57 do Código Penal, no entanto, o Código de Trânsito regulou completamente a pena de suspensão ou proibição de dirigir veículos, e o juiz somente poderá utilizar o dispositivo em comento quando não estiver a previsão na Lei de Trânsito.

**1.3. Inciso IV:** a proibição de frequentar determinados lugares também está prevista em outros dispositivos legais, como livramento condicional (art. 132, §2º, c da Lei de Execução Penal), suspensão condicional da pena (art. 78, §2º, a do Código Penal), regime aberto (art. 115 da Lei de Execução Penal), suspensão condicional do processo (art. 89, §1º, II da Lei 9.099/95).

**1.4. Inciso V:** somente terá eficácia quando o condenado tiver programado para ingressar em carreira pública ou prestar exame ou avaliação pública.

**Limitação de fim de semana**

Art. 48 - A limitação de fim de semana **consiste na obrigação de permanecer, aos sábados e domingos, por 5 (cinco) horas diárias, em casa de albergado ou outro estabelecimento adequado**. (Redação dada pela Lei nº 7.209, de 11.7.1984)

Parágrafo único - Durante a permanência **poderão ser ministrados ao condenado cursos e palestras ou atribuídas atividades educativas**. (Redação dada pela Lei nº 7.209, de 11.7.1984)

1. **Limitação de fim de semana:** essa modalidade de pena restritiva de direitos é pouco utilizada pelo fato de praticamente não existirem casas do albergado. Sendo assim, nas Comarcas em que existir a casa do albergado o cumprimento será de acordo com o caput do artigo em comento, ficando em outro estabelecimento adequado.

**Aplicação em concurso:**

- ***Ano: 2009 Banca: MPDFT Órgão: MPDFT Prova: Promotor de Justiça***

Analise os itens e assinale a quantidade de itens errados.

III. A prestação pecuniária e a limitação de fim de semana não se configuram como pena, mas como medidas alternativas à pena de prisão, concedidas em sentença penal condenatória.

*Gabarito: A assertiva III está errada, visto que tanto a prestação pecuniária como a limitação de final de semana são espécies de penas restritivas de direitos. Saliente-se que as penas privativas de liberdade podem sim, ser substituídas por essas quando quando preenchidos os requisitos para conversão, no entanto, são espécies de pena.*

2. **Falta de casa do albergado:** se não existir casa do albergado, não poderá o condenado ficar cumprindo a reprimenda em presídio, pois seria mais gravoso ao determinado em decreto condenatório. Portanto, entende a jurisprudência que o mais correto é não substituir a pena privativa de liberdade por esta modalidade de restritiva de direito, mas caso seja feito, deverá cumprir em seu domicílio.

► **Aplicação pelo STJ:**

**STJ:** Tendo o **paciente sido condenado à pena de limitação de final de semana, não pode ser compelido a permanecer em cadeia pública, local destinado aos presos provisórios e similar ao regime fechado**, sob pena de afronta aos arts. 48 do Código Penal e 93 e seguintes da Lei 7.210/84. Assim, deve cumprir **a limitação de final de semana em casa de albergado ou, não havendo estabelecimento congênere, em prisão domiciliar**" (RHC 26.714-MG, 5.a T., rel. Arnaldo Esteves Lima, j. 29.04.2010, DJe 17.05.2010).

## *SEÇÃO III*
## *DA PENA DE MULTA*

**Multa**

**Art. 49** – A pena de multa consiste no **pagamento ao fundo penitenciário da quantia fixada na sentença e calculada em dias-multa**. Será, no **mínimo, de 10 (dez)** e, no **máximo, de 360 (trezentos e sessenta) dias-multa**. (Redação dada pela Lei nº 7.209, de 11.7.1984)

§ 1º – O valor do dia-multa será fixado pelo juiz **não podendo ser inferior a um trigésimo do maior salário mínimo mensal vigente ao tempo do fato, nem superior a 5 (cinco) vezes esse salário**. (Redação dada pela Lei nº 7.209, de 11.7.1984)

§ 2º – O valor da multa será **atualizado, quando da execução, pelos índices de correção monetária**. (Redação dada pela Lei nº 7.209, de 11.7.1984)

1. **Conceito de multa:** a multa é uma das espécies de sanção penal e consiste no pagamento de um determinado valor pecuniário, arbitrado pelo juiz, a ser pago em favor do fundo penitenciário.

2. **Formas de aplicação:** a pena de multa pode será aplicada de forma isolada, cumulada ou alternada. Quando for cumulada será aplicada a pena de multa e a pena privativa de liberdade, já quando for alternada, será aplicada apenas uma delas.

3. **Quantidade de dias–multa:** mínimo, de 10 (dez) e, no máximo, de 360 (trezentos e sessenta) dias-multa.

4. **Valor do dia-multa:** o magistrado deverá fixar o valor do dia-multa dentro do mínimo e máximo indicado pelo legislador. Será fixado pelo juiz não podendo ser inferior a um trigésimo do maior salário mínimo mensal vigente ao tempo do fato, nem superior a 5 (cinco) vezes esse salário- artigo 49 CP.

5. **Situação econômica do réu:** o juiz também deverá observar a situação econômica do réu, conforme o art. 60 do Código Penal.

6. **Atualização do valor:** o §2º do artigo em análise indica que a multa deverá ser atualizada, pelos índices de correção monetária. Importante ressaltar o entendimento do STF acerca do termo inicial para atualização que deverá ser a partir da data do fato.

7. **Dicas pontuais:**

- Será paga dentro de 10 (dez) dias depois de transitada em julgado a sentença – artigo 50 CP
- O juiz pode permitir que o pagamento se realize em parcelas mensais – artigo 50 CP
- Suspende-se a execução da pena de multa, se sobrevém ao condenado doença mental – artigo 52 CP
- Na fixação da pena de multa o juiz deve atender, principalmente, à situação econômica do réu – artigo 60 CP
- A multa pode ser aumentada até o triplo, se o juiz considerar que, em virtude da situação econômica do réu, é ineficaz, embora aplicada no máximo – artigo 60, §1º CP
- Transitada em julgado a sentença condenatória, a multa será considerada dívida de valor.

► **Aplicação pelo STJ:**

**STJ:** Prescrição. **Pena de multa substitutiva de pena de reclusão aplica-se os mesmos prazos previstos para a detenção**. Já em relação às penas restritivas de direito, **aplicam-se os mesmos prazos previstos para as penas privativas de liberdade**. Rec. Esp. 307.415/2002 – SP – 03/10/2002

**STJ: As penas de multa, em caso de crime continuado, são calculadas sem a incidência do disposto no art. 72 do CP, o qual se aplica apenas aos concursos material e formal.** Rec. Esp. 905.854/2007 – SP – 25/10/2007

► **Súmulas relevantes:**

**Súmula 693 STF:** Não cabe *habeas corpus* contra decisão condenatória a pena de multa, ou relativo a processo em curso por infração penal a que a pena pecuniária seja a única cominada.

**Pagamento da multa**

**Art. 50 - A multa deve ser paga dentro de 10 (dez) dias depois de transitada em julgado a sentença**. A requerimento do condenado e conforme as circunstâncias, **o juiz pode permitir que o pagamento se realize em parcelas mensais.** (Redação dada pela Lei nº 7.209, de 11.7.1984)

§ 1º - A cobrança da multa **pode efetuar-se mediante desconto no vencimento ou salário do condenado quando**: (Incluído pela Lei nº 7.209, de 11.7.1984)

a) aplicada isoladamente; (Incluído pela Lei nº 7.209, de 11.7.1984)

b) aplicada cumulativamente com pena restritiva de direitos;(Incluído pela Lei nº 7.209, de 11.7.1984)

c) concedida a suspensão condicional da pena. (Incluído pela Lei nº 7.209, de 11.7.1984)

§ 2º - **O desconto não deve incidir sobre os recursos indispensáveis ao sustento do condenado e de sua família**. (Incluído pela Lei nº 7.209, de 11.7.1984)

1. **Momento do pagamento:** a multa deverá ser paga após 10 (dez) dias do trânsito em julgado da sentença condenatória.

**Aplicação em concurso:**

- ***Ano: 2005 Banca: MPE-SP Órgão: MPE-SP Prova: Promotor de Justiça***

Assinale a alternativa que está em desacordo com disposição do Código Penal relacionada com pena de multa.

A) Relativamente à multa, a prescrição da pretensão punitiva opera- se sempre em 2 anos, mesmo nos casos em que cominada ou aplicada cumulativamente com pena privativa de liberdade.

*Gabarito.: a*

*O primeiro ponto que se deve chamar atenção na questão é o enunciado, visto que, solicitada a indicação da alternativa que está em desacordo com o Código Penal, ou seja, você deveria indicar a alternativa errada. A prescrição da pena de multa é regulada no art. 114 do Código Penal, e ocorrerá em 02 anos quando a pena de multa for aplicada de forma isolada, no caso de ser cumulada ou alternada com pena privativa de liberdade, a prescrição será no mesmo prazo desta.*

2. **Parcelamento da multa:** a pena de multa poderá ser parcelada a requerimento do condenado. As parcelas poderão ser descontadas no vencimento ou salário do condenado, dentro do limite máximo de 1/4 da remuneração e mínimo de 1/10.

► **Súmulas relevantes:**

**Súmula 693 STF:** Não cabe habeas corpus contra decisão condenatória a pena de multa, ou relativo a processo em curso por infração penal a que a pena pecuniária seja a única cominada.

**Conversão da Multa e revogação** (Redação dada pela Lei nº 7.209, de 11.7.1984)

Modo de conversão.

**Art. 51 - Transitada em julgado a sentença condenatória, a multa será executada perante o juiz da execução penal e será considerada dívida de valor,** aplicáveis as normas relativas à dívida ativa da Fazenda Pública, inclusive no que concerne às causas interruptivas e suspensivas da prescrição. (Redação dada pela Lei nº 13.964, de 2019)

§ 1º - e § 2º -(Revogado pela Lei nº 9.268, de 1º.4.1996)

1. **Trânsito em julgado**: após ocorrer o trânsito em julgado da sentença condenatória, a pena de multa é considerada como dívida de valor. Não é mais possível a conversão da pena de multa em pena privativa de liberdade caso não ocorra o pagamento, mas sim sua execução.

► **Aplicação pelo STF:**

**STF: A condenação à pena de multa não enseja impugnação por meio de habeas corpus, uma vez que a Lei 9.268/96 afastou a sua conversão em prisão.** Rec. Ord. em HC 80.009/2/2000 – SP

**Aplicação em concurso:**

- ***Ano: 2015 Banca: FCC Órgão: DPE-SP Prova: Defensor Público***

  Sobre a pena de multa é correto afirmar:

  E) É possível a extinção da punibilidade independentemente do pagamento da multa aplicada cumulativamente à pena privativa de liberdade.

  *Gabarito: e*

  *A multa aplicada cumulativamente com a pena privativa de liberdade prescreve no mesmo prazo estabelecido para prescrição da pena privativa de liberdade, sendo possível, assim, a extinção da punibilidade independentemente do pagamento da multa aplicada cumulativamente à pena privativa de liberdade.*

*Importante ressaltar que com o advento da A Lei nº 13.964/19 6 alterou a redação do art. 51 do Código Penal e a pena de multa passou a ser considerada dívida de valor, e não é mais possível a conversão da pena de multa não paga em pena privativa de liberdade. Sendo assim, a multa quando não cumprida deverá ser executada perante o juiz da execução.*

2. **Competência para execução**: conforme o próprio artigo já indica será de competência do juiz da execução penal a execução da multa, no entanto, se a multa tiver sido aplicada pelo Juizado Especial Criminal, diante do que determina o art. 98, I da Constituição Federal, a competência para executar será do próprio Juizado.

► **Súmulas relevantes:**

**Súmula 499 STF:** Não obsta à concessão do "sursis" condenação anterior à pena de multa.

**Suspensão da execução da multa**

**Art. 52** – **É suspensa a execução da pena de multa, se sobrevém ao condenado doença mental**. (Redação dada pela Lei nº 7.209, de 11.7.1984)

1. **Suspensão da pena de multa:** caso sobrevenha doença mental ao condenado, a pena de multa ficará suspensa. O art. 167 da Lei de Execução Penal – Lei n. 7.210/84 também possui essa redação. Importante ressaltar, que a suspensão é da execução da pena de multa e não da prescrição que continuará a correr pelo art. 114 do Código Penal.

## CAPÍTULO II
## DA COMINAÇÃO DAS PENAS

**Penas privativas de liberdade**

**Art. 53** – As penas privativas de liberdade têm seus **limites estabelecidos na sanção correspondente a cada tipo legal de crime**. (Redação dada pela Lei nº 7.209, de 11.7.1984)

1. **Cominação das penas:** as penas terão seus limites estabelecidos no tipo penal pelo legislador, cabendo ao magistrado quando da aplicação da pena, individualizá-la, ou seja, o ordenamento jurídico brasileiro adotou o sistema das penas "relativamente indeterminadas". O magistrado irá de acordo com o caso concreto utilizando as regras fazer a dosimetria da pena.
2. **Penas privativas de liberdade:** as penas privativas de liberdade são a detenção, reclusão e prisão simples, e o parâmetro mínimo e máximo da pena estará descrito em cada tipo penal incriminador de forma abstrata.

**Penas restritivas de direitos**

**Art. 54** - As penas restritivas de direitos **são aplicáveis, independentemente de cominação na parte especial, em substituição à pena privativa de liberdade, fixada em quantidade inferior a 1 (um) ano, ou nos crimes culposos.** (Redação dada pela Lei nº 7.209, de 11.7.1984)

1. **Penas restritivas de direito:** as penas restritivas de direito, em sua maioria estão na Parte Geral do Código Penal, ou seja, não estão cominadas de forma abstrata no tipo penal. O art. 28 da Lei de Drogas (Lei 11.343/06) é uma exceção.
2. **Características:** possuem duas características importantes, a autonomia e a substitutividade. A autonomia se dá pelo fato de em regra, não serem cumuladas com penas privativas de liberdade, e a substitutividade, pelo fato de serem aplicadas para substituir penas privativas de liberdade.
3. **Derrogação do art. 54:** a Lei 9.714/98, trouxe redação ao art. 44, I do Código Penal, no sentido de ser possível a substituição da pena privativa de liberdade cominada em até 04 anos. Sendo assim, o artigo em comento acabou revogado em parte quando indica a substituição para penas inferiores a 1 (um) ano.

**Art. 55.** As penas restritivas de direitos referidas nos incisos III, IV, V e VI do art. 43 terão a **mesma duração da pena privativa de liberdade substituída, ressalvado o disposto no § 4º do art. 46.** (Redação dada pela Lei nº 9.714, de 1998)

1. **Tempo de duração das penas restritivas de direito:** a regra geral é que a pena restritiva de direito perdure pelo mesmo prazo que a privativa de liberdade que havia sido imposta na sentença condenatória antes da substituição. As exceções são: (i) prestação pecuniária e perda de bens e valores (ii) prestação de serviços à comunidade, pois esta poderá ser cumprida em menor tempo (art. 46, §4º do CP).

**Art. 56** - As **penas de interdição**, previstas nos **incisos I e II** do art. 47 deste Código, **aplicam-se para todo o crime cometido no exercício de profissão, atividade, ofício, cargo ou função, sempre que houver violação dos deveres que lhes são inerentes.** (Redação dada pela Lei nº 7.209, de 11.7.1984)

1. **Tipo de pena para determinados crimes**: o art. 56 vincula o tipo de pena restritiva de direito para determinada espécie de crime que tenha sido praticado. A intenção era tal aplicação para quando o exercício do direito que será privado pela sanção penal tivesse ligação com a conduta ilícita praticada.

> **ATENÇÃO:** não é preciso que o crime tenha sido cometido contra a Administração Pública, o que é necessário é a prática de crime vinculado com a atividade exercida pelo agente.

**Art. 57** – A pena de interdição, prevista no inciso III do art. 47 deste Código, aplica-se aos crimes culposos de trânsito. (Redação dada pela Lei nº 7.209, de 11.7.1984)

1. **Crimes culposos de trânsito**: a pena do art. 47, inciso III é a suspensão de autorização ou de habilitação para dirigir e será aplicada somente para os crimes culposos de trânsito. Ocorre que, o Código de Trânsito Nacional já prevê tal penalidade nos crimes de trânsito, portanto, só poderia ser utilizado quando essa sanção não fosse prevista como pena principal nesses crimes.
2. **Efeitos da condenação**: não se pode confundir a pena aqui prevista com os efeitos da condenação elencados no art. 92, III do Código Penal, pois lá estão como efeito extrapenais, e quando o veículo for utilizado como meio para prática de crime doloso.

**Pena de multa**

**Art. 58** – A multa, prevista em **cada tipo legal de crime, tem os limites fixados no art. 49 e seus parágrafos deste Código.** (Redação dada pela Lei nº 7.209, de 11.7.1984)

Parágrafo único – A multa prevista no parágrafo único do art. 44 e no § 2º do art. 60 deste Código aplica-se independentemente de cominação na parte especial. (Redação dada pela Lei nº 7.209, de 11.7.1984)

1. **Pena de multa:** a pena de multa não é estabelecida no preceito secundário do crime com um valor mínimo ou máximo para cada crime específico, mas apenas como "multa", estando os limites determinados no art. 49 do Código Penal.

## CAPÍTULO III
## DA APLICAÇÃO DA PENA

**Fixação da pena**

**Art. 59** – O juiz, atendendo **à culpabilidade, aos antecedentes, à conduta social, à personalidade do agente, aos motivos, às circunstâncias e consequências do crime, bem como ao comportamento da vítima, estabelecerá, conforme seja necessário e suficiente para reprovação e prevenção do crime**: (Redação dada pela Lei nº 7.209, de 11.7.1984)

I – as penas aplicáveis dentre as cominadas;(Redação dada pela Lei nº 7.209, de 11.7.1984)

II – a quantidade de pena aplicável, dentro dos limites previstos;(Redação dada pela Lei nº 7.209, de 11.7.1984)

III – o regime inicial de cumprimento da pena privativa de liberdade;(Redação dada pela Lei nº 7.209, de 11.7.1984)

IV – a substituição da pena privativa da liberdade aplicada, por outra espécie de pena, se cabível. (Redação dada pela Lei nº 7.209, de 11.7.1984)

1. **Fixação da pena:** o art. 59 trata das chamadas circunstâncias judiciais que serão utilizadas pelo magistrado para fixação da pena- base.
2. **Princípio da individualização da pena:** este princípio significa que a pena deve ser determinada de acordo com uma sanção penal justa, quanto ao montante, ao perfil e também aos efeitos que produzirão para o condenado, na sua individualidade. Ainda que existam coautores ou partícipes, a pena de cada um deverá ser analisada individualmente.
3. **Dosimetria da pena:** chama-se de dosimetria da pena o procedimento feito pelo juiz para indicar na condenação qual a pena a ser cumprida pelo condenado. O sistema de dosimetria das penas privativas de liberdade é o trifásico, levando-se em consideração três momentos: pena-base (art. 59 do CP); pena intermediária (art. 65 e 66 e 61 e 62 do CP- circunstâncias atenuantes e agravantes); e pena definitiva (causas de aumento e diminuição de pena). Já para a pena de multa, o sistema adotado é o bifásico, ou seja, leva em conta apenas as circunstâncias judiciais (art.59 do CP) e as possibilidades financeiras do acusado, não sofrendo influências de eventuais circunstâncias atenuantes/agravantes ou causa de aumento/diminuição de pena.

► **Aplicação pelo STJ:**

> **STJ:** Na Dosimetria de Pena, a **obtenção de lucro fácil e a cobiça constituem elementares dos tipos de concussão e corrupção passiva (arts. 316 e 317 do CP), sendo indevido utilizá-las, para exasperação da pena-base, no momento em que analisados os motivos do crime, considerados como circunstância judicial prevista no art. 59 do CP**. (...) (EDv nos EREsp 1.196.136-RO, Rel. Min. Reynaldo Soares da Fonseca, por unanimidade, julgado em 24/5/2017, DJe 1/8/2017). (**Informativo 608).**

4. **Circunstâncias judiciais (Art.59 do CP) – configuram a 1ª fase da dosimetria da pena:** nessa fase o juiz está adstrito ao mínimo e máximo da pena cominada abstratamente no tipo penal, ele deverá analisar as circunstâncias judiciais previstas no art. 59 para determinar a pena base. Caso encontre alguma circunstância judicial que deve ser considerada, irá indicar e fundamentar a sua decisão.
   - **Condenação anterior:** somente condenação transitada em julgado poderá ser indicada como maus antecedentes, atenção especial para a Súmula **444 STJ** que estabelece ser vedado a utilização de inquéritos policiais e ações penais em curso para agravar a pena-base.

► **Aplicação pelo STF:**

> **STF: A circunstância judicial "culpabilidade", disposta no art. 59 do CP, atende ao critério constitucional da individualização da pena.** (CP, art. 29). (...) HC 105674/RS, rei. Min. Marco Aurélio, 17.10.2013. (**Informativo 724).**
>
> **STF:** As **condenações transitadas em julgado há mais de cinco anos não poderão ser caracterizadas como maus antecedentes para efeito de fixação da pena**, conforme previsão do art. 64, I, do CP (...) A Turma afirmou que o **período depurador de cinco anos teria a aptidão de nulificar a reincidência**, de forma

que não poderia mais influenciar no "quantum" de pena do réu e em nenhum de seus desdobramentos. (...)HC 126315/SP, rei. Min. Gil mar Mendes, 15.9.2015. **(Informativo 799).**

▶ **Súmulas relevantes:**

**Súmula 718 STF:** A opinião do julgador sobre a gravidade em abstrato do crime não constitui motivação idônea para a imposição de regime mais severo do que o permitido segundo a pena aplicada.

**Súmula 719 STJ:** A imposição do regime de cumprimento mais severo do que a pena aplicada permitir exige motivação idônea.

**Súmula 440 STJ:** Fixada a pena-base no mínimo legal, é vedado o estabelecimento de regime prisional mais gravoso do que o cabível em razão da sanção imposta, com base apenas na gravidade abstrata do delito.

**Súmula 444 STJ:** É vedada a utilização de inquéritos policiais e ações penais em curso para agravar a pena-base.

**Súmula 241 STJ:** A reincidência penal não pode ser considerada como circunstância agravante e, simultaneamente como circunstância judicial.

**Critérios especiais da pena de multa**

**Art. 60** – Na **fixação da pena de multa** o juiz deve atender, principalmente, à **situação econômica do réu**. (Redação dada pela Lei nº 7.209, de 11.7.1984)

§ 1º – A **multa pode ser aumentada até o triplo**, se o juiz considerar que, **em virtude da situação econômica do réu, é ineficaz, embora aplicada no máximo**. (Redação dada pela Lei nº 7.209, de 11.7.1984)

**Multa substitutiva**

§ 2º – A **pena privativa de liberdade aplicada, não superior a 6 (seis) meses**, pode ser **substituída pela de multa**, observados os critérios dos incisos II e III do art. 44 deste Código. (Redação dada pela Lei nº 7.209, de 11.7.1984)

1. **Fixação da pena de multa**: diferente do que ocorre na fixação de uma pena privativa de liberdade, na pena de multa não será utilizado um sistema trifásico, mas sim, um sistema bifásico, ou seja, composto por duas fases.

**1.1. 1ª fase:** na primeira fase o juiz irá determinar o número de dias-multa que poderá variar entre o mínimo de 10 (dez) e o máximo 360 (trezentos e sessenta), conforme o art. 49 do Código Penal.

**1.2. 2ª fase:** após a primeira fase, será necessário o juiz fixar o valor de cada dia-multa, que não poderá ser inferior a um trigésimo do maior salário mínimo mensal vigente ao tempo do fato, nem superior a cinco vezes esse salário, conforme art. 49, §1º do Código Penal.

**Aplicação em concurso:**

- ***Ano: 2015 Banca: FCC Órgão: TJ-SC Prova: Juiz Substituto***

O critério judicial legalmente estabelecido para a fixação da pena pecuniária, na Parte Geral do Código Penal, vincula o juiz à observância, preponderantemente quanto:

A) aos danos sociais provocados pelo crime.

B) à situação econômica do réu.

C) à culpabilidade, aos antecedentes, à conduta social, à personalidade do agente e aos motivos, às circunstâncias e consequências do crime.

D) à culpabilidade, aos antecedentes, à conduta social, à personalidade do agente e ao prejuízo sofrido pela vítima.

E) às consequências do crime para a vítima.

*Gabarito.: b*

*A pena de multa não utiliza o critério trifásico para sua dosimetria, mas sim, um sistema bifásico, devendo o juiz se ater na situação econômica do réu, conforme determina o art. 60 do Código Penal*

2. **Situação econômica do condenado:** o juiz deve levar em conta a situação econômica do condenado para fixar a pena de multa. Sendo assim, mesmo aplicando a pena de multa no máximo legal, poderá o magistrado aumentar seu valor até o triplo se entender que a multa aplicada era ineficaz, conforme art. 60, §1º.
3. **Multa substitutiva:** dispõe o §2º do artigo em comento que a pena privativa de liberdade aplicada não for superior a 06 (seis) meses, ou seja, pena aplicada menor ou igual a 06 (seis) meses poderá ser substituída por pena de multa.

► **Súmulas relevantes:**

**Súmula 177 STJ:** Cominadas cumulativamente, em lei especial, penas privativas de liberdade e pecuniária, é defeso a substituição da prisão por multa.

**Circunstâncias agravantes**

**Art. 61** – São circunstâncias que **sempre agravam a pena, quando não constituem ou qualificam o crime:** (Redação dada pela Lei nº 7.209, de 11.7.1984)

I – a reincidência; (Redação dada pela Lei nº 7.209, de 11.7.1984)

II – ter o agente cometido o crime: (Redação dada pela Lei nº 7.209, de 11.7.1984)

a) por motivo fútil ou torpe;

b) para facilitar ou assegurar a execução, a ocultação, a impunidade ou vantagem de outro crime;

c) à traição, de emboscada, ou mediante dissimulação, ou outro recurso que dificultou ou tornou impossível a defesa do ofendido;

d) com emprego de veneno, fogo, explosivo, tortura ou outro meio insidioso ou cruel, ou de que podia resultar perigo comum;

e) contra ascendente, descendente, irmão ou cônjuge;

f) com abuso de autoridade ou prevalecendo-se de relações domésticas, de coabitação ou de hospitalidade, ou com violência contra a mulher na forma da lei específica; (Redação dada pela Lei nº 11.340, de 2006)

g) com abuso de poder ou violação de dever inerente a cargo, ofício, ministério ou profissão;

h) contra criança, maior de 60 (sessenta) anos, enfermo ou mulher grávida; (Redação dada pela Lei nº 10.741, de 2003)

i) quando o ofendido estava sob a imediata proteção da autoridade;

j) em ocasião de incêndio, naufrágio, inundação ou qualquer calamidade pública, ou de desgraça particular do ofendido;

l) em estado de embriaguez preordenada.

1. **Circunstâncias agravantes:** existem circunstâncias agravantes e atenuantes, que são determinadas pela lei, de natureza objetiva ou subjetiva e que possuem o condão de atenuar ou agravar a pena conforme o caso. O art. 61 que estamos analisando apresenta circunstâncias agravantes, deixando assim, a pena mais grave, sendo que o quantum de agravamento ficará à critério do magistrado, pautando-se sempre na razoabilidade. Importante lembrar que as agravantes sempre agravam a pena, quando não constituem ou qualificam o crime.

**Aplicação em concurso:**

- ***Ano: 2005 Banca: MPE-SP Órgão: MPE-SP Prova: Promotor de Justiça***

Assinale a alternativa que está em desacordo com disposição do Código Penal relacionada com circunstâncias agravantes.

A) A agravação da pena é obrigatória, ainda que a circunstância funcione, também, como elementar do crime.

B) A enumeração das agravantes é taxativa.

C) A incidência de uma agravante não pode conduzir a pena para além do patamar máximo cominado ao crime.

D) Descaracterizada a reincidência, pelo decurso do prazo de 5 anos, a condenação anterior pode ser considerada a título de maus antecedentes.

E) O Código Penal não estabelece limite máximo de idade quando se refere à "criança" como agravante.

*Gabarito: a*

*Neste tipo de questão a primeira coisa é prestar muita atenção no enunciado, pois ele está pedindo a alternativa que está em desacordo, ou seja, a errada. No caso a alternativa errada é a alternativa "a". As agravantes genéricas somente serão aplicadas quando não constituírem elementar do crime.*

1.1. **Circunstâncias agravantes genéricas e específicas:** As circunstâncias agravantes previstas neste artigo são chamadas de circunstâncias agravantes genéricas, pois são aplicáveis aos crimes de forma geral. No entanto, existem também as agravantes específicas que são utilizadas para determinados crimes. As agravantes genéricas estão previstas nos arts. 61 e 62 do Código Penal, tratando-se de rol taxativo.

2. **Agravantes genéricas:** os incisos do art. 61 trazem agravantes genéricas que serão brevemente explanadas a seguir:

**2.1. Reincidência:** ver comentários do art. 63.

▶ **Aplicação pelo STF:**

> **STF: A agravante da reincidência apresenta-se em harmonia com** a Constituição Federal. (...) Ao utilizar a agravante do artigo 61, I do CP, a **agente não está sendo punido pela reincidência, mas sim pela nova conduta delitiva praticada, objeto da nova condenação, sendo a reincidência apenas invocada como fator de exasperação a pena, não havendo que se falar em Bis in Idem.** (...) RECURSO EXTRAORDINÁRIO 453.000 RS – 04/04/2013

▶ **Aplicação pelo STF:**

> **STJ:** A reincidência é a prática de um novo delito após o agente já ter sido condenado definitivamente, no Brasil ou no exterior, por crime anterior. No entanto, para o seu reconhecimento, alguns **pré-requisitos** se fazem necessários: **a) a condenação, por crime, com trânsito em julgado anterior à prática do novo delito; b) não superação do prazo de cinco anos entre a data do cumprimento da pena relativa ao crime anterior, ou a declaração de extinção de sua punibilidade; e c) prática do novo delito.** (AgRg no REsp 1.567.351/RS – HABEAS CORPUS Nº 235.481 – SP- 2012

**2.2. Motivo fútil ou torpe:** fútil é aquele motivo insignificante, desproporcional. Já o motivo torpe é aquele repugnante, moralmente reprovável. Um motivo não será fútil e torpe ao mesmo tempo, por absoluta incompatibilidade.

---

▶ **ATENÇÃO:** falta de motivo, ciúme, embriaguez não podem ser considerados como motivo fútil ou torpe!

---

**2.3. Crime cometido para facilitar ou assegurar a execução ou ocultação, a impunidade ou a vantagem de outro crime:** quando essa situação estiver presente terá vínculo (conexão) do crime com outras condutas delituosas.

**2.4. À traição, de emboscada, ou mediante dissimulação, ou outro recurso que dificultou ou tornou impossível a defesa do ofendido:** quando o agente utiliza algum recurso que dificulte ou impossibilite a defesa da vítima.

**2.5. Com emprego de veneno, fogo, explosivo, tortura ou outro meio insidioso ou cruel, ou de que podia resultar perigo comum:** quando o crime é praticado com meios insidiosos ou cruéis, o sofrimento da vítima se torna muito maior, já o perigo comum estará presente quando a conduta for capaz de atingir várias pessoas em um número indeterminado.

**2.6. Contra ascendente, descendente, irmão ou cônjuge:** o agente se prevalece das relações familiares para praticar o crime. A agravante não será utilizada caso o parentesco seja por afinidade, como por exemplo: sogro, sogra, genro e cunhados. Deverá ser provada documentalmente a relação de parentesco.

**2.7. Com abuso de autoridade ou prevalecendo-se de relações domésticas, de coabitação ou de hospitalidade, ou com violência contra a mulher na forma da lei específica**: o abuso de autoridade aqui descrito está relacionado ao direito privado, não incide no caso relações de direito público. Essa agravante estará presente quando o agente viola sentimento **de solidariedade e apoio mútuo que se espera com as pessoas que convive.**

**2.8. Com abuso de poder ou violação de dever inerente a cargo, ofício, ministério ou profissão:** diferente do que ocorre na alínea "f", aqui se trata de condutas praticadas por servidores públicos, no entanto, a expressão "ofício, ministério, ou profissão" poderá ser utilizada para relações privadas.

**2.9. Contra criança, maior de 60 (sessenta) anos, enfermo ou mulher grávida**: são condições específicas da vítima, e para incidir deve o agente ter conhecimento dessas peculiaridades.

**2.10. Quando o ofendido estava sob a imediata proteção da autoridade**: neste caso a vítima estava sob proteção do Estado.

**2.11. Em ocasião de incêndio, naufrágio, inundação ou qualquer calamidade pública, ou de desgraça particular do ofendido:** o agente se aproveita de situações calamitosas ou de desastres e desgraças particulares da vítima para comer o crime.

**2.12. Em estado de embriaguez preordenada:** o agente criminoso se embriaga para ter coragem para praticar o crime.

3. **Quantum do aumento:** presente uma agravante, o juiz irá ponderar o quantum de aumento determinará, sem passar dos limites legais cominados.

▶ **Súmulas relevantes:**

**Súmula 718 STF:** A opinião do julgador sobre a gravidade em abstrato do crime não constitui motivação idônea para a imposição de regime mais severo do que o permitido segundo a pena aplicada.

**Súmula 269 STJ:** É admissível a adoção do regime prisional semiaberto aos reincidentes condenados a pena igual ou inferir a quatro anos se favoráveis as circunstâncias judiciais.

**Súmula 241 STJ:** A reincidência penal não pode ser considerada como circunstância agravante e, simultaneamente, como circunstância judicial.

**Agravantes no caso de concurso de pessoas**

**Art. 62** – A pena **será ainda agravada em relação ao agente que**: (Redação dada pela Lei nº 7.209, de 11.7.1984)

I – promove, ou organiza a cooperação no crime ou dirige a atividade dos demais agentes; (Redação dada pela Lei nº 7.209, de 11.7.1984)

II – coage ou induz outrem à execução material do crime; (Redação dada pela Lei nº 7.209, de 11.7.1984)

III – instiga ou determina a cometer o crime alguém sujeito à sua autoridade ou não-punível em virtude de condição ou qualidade pessoal; (Redação dada pela Lei nº 7.209, de 11.7.1984)

IV – executa o crime, ou nele participa, mediante paga ou promessa de recompensa. (Redação dada pela Lei nº 7.209, de 11.7.1984)

1. **Agravantes genéricas:** o art. 62 também coloca um rol de agravantes genéricas, assim como, o artigo analisado anteriormente. Ocorre que, as agravantes do art. 62 serão aplicadas quando o crime for praticado por duas ou mais pessoas.

► **Aplicação pelo STJ:**

> **STJ: A agravante genérica do artigo 62 do Código Penal tem aplicação** se reconhecido nas instâncias ordinárias que um dos participantes teve ascendência criminosa sobre o outro **bastando, para tanto, o concurso de duas ou mais pessoas**. (6ª T.) – Rec. Esp. 1589549 – SP – 03/05/2016

**Reincidência**

**Art. 63** – Verifica-se a reincidência quando o **agente comete novo crime, depois de transitar em julgado a sentença** que, no País ou no estrangeiro, **o tenha condenado por crime anterior**. (Redação dada pela Lei nº 7.209, de 11.7.1984)

1. **Conceito:** conforme se extrai do próprio art. 63, a reincidência opera-se quando o uma pessoa condenada com trânsito em julgado da sentença no país ou no estrangeiro, pratica um novo crime. A reincidência deverá ser comprovada por meio de certidão cartorária.
2. **Requisitos:** são três requisitos que devem ser observados (i) um crime cometido no Brasil ou em outro país; (ii) condenação definitiva pela prática desse crime (iii) prática de um novo crime.
3. **Espécies de reincidência:** a doutrina enaltece algumas espécies de reincidência:

   **3.1. Reincidência real:** também chamada de própria ou verdadeira acontece quando o agente comete um novo crime depois de já ter cumprido integralmente a pena imposta pela prática do crime anterior.

**3.2. Reincidência ficta:** o novo crime acontece após a condenação do crime anterior, mas antes de ter sido a pena cumprida na sua integralidade.

**3.3. Reincidência genérica:** o crime anterior e o novo crime são de espécies diferentes.

**3.4. Reincidência específica:** o crime anterior e o novo crime praticado são da mesma espécie.

| Sentença Condenatória | Nova infração | Configuração: |
|---|---|---|
| Contravenção praticada no Brasil | Contravenção | **Reincidente** – artigo 7º DL nº 3688/41 |
| Contravenção pratica no exterior | Contravenção | **Não –reincidente** – artigo 7º DL nº 3.688/41 é omisso. |
| Contravenção | Crime | **Não – reincidente** – artigo 63 do CP nada dispõe sobre o tema. |
| Crime praticado no Brasil ou no Exterior. | Crime | **Reincidente** – artigo 63 CP. |
| Crime praticado no exterior | Contravenção | **Reincidente** – artigo 7º DL nº 3688/41 |

**Aplicação em concurso:**

- ***Ano: 2018 Banca: FCC Órgão: DPE-AM Prova: Defensor Público***

  Acerca da reincidência, está incorreto afirmar

  C) se verifica quando o agente comete novo crime depois de condenação criminal definitiva por contravenção penal.

  *Gabarito: c*

  *De acordo com o art. 63 do CP- Art. 63 – Verifica-se a reincidência quando o agente comete novo crime, depois de transitar em julgado a sentença que, no País ou no estrangeiro, o tenha condenado por crime anterior.*

---

► **Atenção:**

- A reincidência irá desaparecer se a sentença condenatória definitiva for judicialmente desconstituída. Entretanto, em caso de extinção da punibilidade superveniente ao trânsito em julgado, a sentença penal condenatória continua apta a caracterizar a reincidência, salvo se a extinção da punibilidade decorrer de **anistia ou *abolitio criminis***.
- A sentença proferida no exterior não precisa ser homologada pelo STJ para gerar reincidência – artigo 9º CP.

---

► **Aplicação pelo STF:**

**STF:** Para o STF, a consideração da percentagem de 1/6 em virtude da reincidência atende ao critério da proporcionalidade. (1ª T.) – HC 120137 – RS – 12/09/2017

**STF:** Entende ser correta decisão na qual, ante a reincidência, afasta-se o regime aberto. (1ª T.) – HC 127071 – SP – 21/03/2017

**STF:** É constitucional a aplicação da reincidência como agravante da pena em processos criminais (CP, art. 61, 1). (RE 453000/RS, rei. Min. Marco Aurélio, 4.4.2013.)( Informativo 700).

► **Aplicação pelo STJ:**

**STJ: A condenação por porte de drogas para consumo próprio (art. 28 da Lei 11.343/2006) transitada em julgado gera reincidência.** Isso porque a referida conduta foi apenas despenalizada pela nova Lei de Drogas, mas não descriminalizada (abolitio criminis). Precedentes citados: (HC 275.126-SP, Rei. Min. Nefi Cordeiro, julgado em 18/9/2014). (Informativo 549).

**Art. 64** – Para **efeito de reincidência:** (Redação dada pela Lei nº 7.209, de 11.7.1984)

I – **não prevalece a condenação anterior,** se entre a **data do cumprimento ou extinção da pena e a infração posterior tiver decorrido período de tempo superior a 5 (cinco) anos,** computado o período de prova da suspensão ou do livramento condicional, se não ocorrer revogação; (Redação dada pela Lei nº 7.209, de 11.7.1984)

II – **não se consideram os crimes militares próprios e políticos.** (Redação dada pela Lei nº 7.209, de 11.7.1984)

1. **Validade da condenação anterior:** para a condenação anterior gerar reincidência é preciso observar o sistema da temporariedade, em que terá validade a reincidência pelo período de 05 anos. A doutrina chama lapso temporal de período depurador, ou caducidade da condenação anterior para fins de reincidência.
2. **Início da contagem do prazo:** a contagem do prazo de 05 anos será da data do efetivo cumprimento da pena ou da sua extinção até a data da prática da nova infração. Caso tenha revogação de sursis ou livramento condicional, a contagem será da data que o agente terminar de cumprir a pena.
3. **Crimes políticos e militares próprios:** crimes militares próprios são aqueles descritos apenas no Código Penal Militar. Nem os militares próprios nem os políticos serão considerados para efeitos de reincidência.

**Aplicação em concurso:**

- ***Ano: 2017 Banca: CESPE Órgão: DPE-AC Prova: Defensor Público***

São efeitos da reincidência

I. o aumento do prazo da prescrição executória.

II. o impedimento da concessão do livramento condicional em razão da prática de crime de qualquer natureza.

III. o impedimento do início de cumprimento da pena em regime aberto ou semiaberto para crimes de qualquer natureza.

IV. a interrupção do curso da prescrição.

Estão certos apenas os itens

A) I e II.

B) I e IV.

C) II e III.

D) I, III e IV.

E) II, III e IV.

*Gabarito: b*

*O item I está correto conforme prevê o art. 110, caput, parte final do CP e Súmula 220 do STJ. Já o item IV também está correto, pois de acordo com o artigo 117, inciso VI do CP a prescrição interrompe-se pela reincidência.*

**Circunstâncias atenuantes**

**Art. 65** – São circunstâncias **que sempre atenuam a pena:** (Redação dada pela Lei nº 7.209, de 11.7.1984)

I – ser o **agente menor de 21 (vinte e um), na data do fato, ou maior de 70 (setenta) anos, na data da sentença**; (Redação dada pela Lei nº 7.209, de 11.7.1984)

II – **o desconhecimento da lei**; (Redação dada pela Lei nº 7.209, de 11.7.1984)

III – ter o agente:(Redação dada pela Lei nº 7.209, de 11.7.1984)

a) cometido o **crime por motivo de relevante valor social ou moral**;

b) procurado, por sua espontânea vontade e com eficiência, logo após o crime, **evitar-lhe ou minorar-lhe as consequências, ou ter, antes do julgamento, reparado o dano;**

c) cometido o crime **sob coação a que podia resistir, ou em cumprimento de ordem de autoridade superior, ou sob a influência de violenta emoção, provocada por ato injusto da vítima**;

d) **confessado espontaneamente**, perante a autoridade, a autoria do crime;

e) cometido o crime sob **a influência de multidão em tumulto, se não o provocou.**

1. **Circunstância atenuantes**: As atenuantes previstas na Parte Geral do Código Penal são chamadas de atenuantes genéricas e estão nos arts. 65 e 66 do Estatuto Repressivo.

**1.1.** A circunstâncias atenuantes são aplicadas na segunda fase da dosimetria de pena (pena intermediária).

**Aplicação em concurso:**

- ***Ano: 2014 Banca: FCC Órgão: DPE-CE Prova: Defensor Público de Entrância Inicial***

As circunstâncias atenuantes

A) sempre preponderam sobre as circunstâncias agravantes, no caso de concurso entre umas e outras.

B) constituem fatores de redução da pena estabelecidos em quantidades fixas.

C) não devem ser consideradas na fixação da pena-base.

D) podem ser reconhecidas ainda que não previstas expressamente em lei, mas apenas se anteriores ao crime.

E) permitem a redução da pena abaixo do mínimo legal, segundo entendimento sumulado.

*Gabarito: c*

*Na dosimetria da pena privativa de liberdade utiliza-se o sistema trifásico, 1ª fase = pena base (circunstâncias judiciais), na 2ª fase = pena provisória (atenuantes e agravantes), e por fim, na 3ª fase = pena definitiva (causas de aumento e de diminuição.*

2. **Atenuação da pena:** a regra geral é que as circunstâncias atenuantes, atenuam a pena, mas existem algumas exceções: (i) quando a circunstância já constitui ou privilegia o crime; (ii) a pena intermediária não puder ficar além da sanção mínima cominada no tipo penal; (iii) no concurso de agravantes e atenuantes, as atenuantes não incidem quando as agravantes forem predominantes.

---

▶ Artigo 65 e 66 CP – traz rol exemplificativo e de aplicação compulsória, sendo possível a analogia, pois beneficiam o réu.

---

▶ **Aplicação pelo STJ:**

**STJ:** O fato de o denunciado por furto qualificado pelo rompimento de obstáculo ter confessado a subtração do bem, apesar de ter negado o arrombamento, é circunstância suficiente para a incidência da atenuante da confissão espontânea (art. 65, III, "d" do CP). Isso porque mesmo que o agente tenha confessado parcialmente os fatos narrados na denúncia, deve ser beneficiado com a atenuante genérica da confissão espontânea. (5ª Turma. HC 328.021-SC – 3/9/2015 1).

▶ **Súmulas relevantes:**

**Súmula 74 STJ:** Para efeitos penais, o reconhecimento da menoridade do réu requer prova por documento hábil.

**Súmula 231 STJ:** A incidência da circunstância atenuante não pode conduzir à redução da pena abaixo do mínimo legal.

**Súmula 545 STJ:** Quando a confissão for utilizada para a formação do convencimento do julgador, o réu fará jus à atenuante prevista no artigo 65, III, d, do Código Penal.

**Art. 66** – A pena poderá ser ainda atenuada em razão de circunstância relevante, anterior ou posterior ao crime, embora não prevista expressamente em lei. (Redação dada pela Lei nº 7.209, de 11.7.1984)

1. **Atenuantes inonimadas:** assim são chamadas as atenuantes previstas no art. 66 do Código Penal. Tais atenuantes permitem que o magistrado atenue a pena quando entender existir circunstância relevante, seja ela anterior ou posterior ao crime. Elas não estão descritas uma a uma na legislação, a doutrina também chama de atenuante de clemência.

► **Aplicação pelo STJ:**

**STJ:** A atenuante **inominada é entendida como uma circunstância relevante, anterior ou posterior ao delito, não disposta em lei, mas que influencia no juízo de reprovação do autor**. Excluem-se, portanto, os antecedentes criminais, que já são avaliados na fixação da pena-base e expressamente previstos como circunstância judicial do art. 59 do CP. REsp 1.405.989-SP, Rei. para o acórdão Min. Nefi Cordeiro, julgado em 18/8/2015, DJe 23/9/2015.(Informativo 569)

**Concurso de circunstâncias agravantes e atenuantes**

**Art. 67 – No concurso de agravantes e atenuantes**, a **pena deve aproximar-se do limite indicado pelas circunstâncias preponderantes,** entendendo-se como tais **as que resultam dos motivos determinantes do crime, da personalidade do agente e da reincidência.** (Redação dada pela Lei nº 7.209, de 11.7.1984)

1. **Concurso de circunstâncias agravantes e atenuantes:** ocorre quando estiverem presentes ao mesmo tempo circunstâncias agravantes e atenuantes genéricas. Em regra, deverá uma neutralizar a outra, configurando o que chamamos de equivalência das circunstâncias.
2. **Circunstâncias preponderantes:** circunstâncias preponderantes são aquelas consideradas "mais importantes", "mais valiosas" do que as demais. O posicionamento jurisprudencial entende como preponderante: (i) atenuantes da menoridade e da senilidade; (ii) agravante da reincidência; (iii) atenuantes e agravantes subjetivas; (iv) atenuantes e agravantes objetivas.

► **Aplicação pelo STF:**

**STF:** Pena. **Agravantes e atenuantes. Prepondera, no concurso de agravantes e atenuantes, a reincidência.** (1ª T.) – HC 93515 – PR – 09/06/2009

**STF: A agravante da reincidência prepondera sobre a atenuante da confissão espontânea,** (...) Com base nesse entendimento, a Turma **indeferiu habeas corpus em que a Defensoria Pública da União requeria a compensação da agravante da reincidência com a atenuante da confissão espontânea**, na 2ª fase da imposição de pena ao réu. HC 102486/MS, rei. Min. Cármen Lúcia, 6.4.2010. (Informativo 581).

► **Aplicação pelo STJ:**

**STJ: na jurisprudência do STJ, firmou-se o entendimento de que a circunstância agravante da reincidência, como preponderante, deve prevalecer sobre a atenuante da confissão espontânea a teor do art. 67 do CP.** (HC 152.085-DF, Rei. Min. Felix Fischer, julgado em 20/4/2010). (Informativo 431).

**Cálculo da pena**

**Art. 68 - A pena-base será fixada atendendo-se ao critério do art. 59 deste Código; em seguida serão consideradas as circunstâncias atenuantes e agravantes; por último, as causas de diminuição e de aumento.** (Redação dada pela Lei nº 7.209, de 11.7.1984)

Parágrafo único - No **concurso de causas de aumento ou de diminuição previstas na parte especial, pode o juiz limitar-se a um só aumento ou a uma só diminuição, prevalecendo**, todavia, **a causa que mais aumente ou diminua**. (Redação dada pela Lei nº 7.209, de 11.7.1984)

1. **Dosimetria da pena:** o cálculo da pena feito pelo magistrado deve utilizar o sistema trifásico, ou seja, três fases a serem observadas para a determinação da pena.

2. **Fases da dosimetria:** na 1ª fase será indicado a pena- base, para isso o juiz deve analisar as circunstâncias judiciais que estão no art. 59 do Código Penal; na 2ª fase será indicado a pena provisória e para isso o juiz irá observar as circunstâncias atenuantes e agravantes genéricas que estão nos arts. 61, 62, 65 e 66 do Código Penal, e por fim, na 3ª fase teremos a pena definitiva (causas de aumento e de diminuição).

► **Aplicação pelo STF:**

**STF: A natureza e a quantidade da droga não podem ser utilizadas, concomitantemente, na primeira e na terceira fase da dosimetria da pena, sob pena de bis in idem**. HABEAS CORPUS Nº 305.627 – SC (2014/0252000-7)

**Aplicação em concurso:**

- ***Ano: 2017 Banca: CESPE Órgão: MPE-RR Prova: Promotor de Justiça Substituto***

  Assinale a opção correta a respeito da dosimetria da pena segundo o entendimento do STJ.

  A) é possível a aplicação de pena inferior à mínima na segunda fase da dosimetria da pena.

  B) apenas à confissão qualificada se impõe a incidência de atenuante na segunda fase da dosimetria da pena.

  C) natureza e quantidade de droga não podem ser utilizadas, concomitantemente, na primeira e na terceira fase da dosimetria da pena, sob pena de bis in idem.

  D) não se admite compensação da atenuante da confissão espontânea com a agravante da reincidência.

  *Gabarito: c*

  *A natureza e a quantidade da droga não podem ser utilizadas, concomitantemente, na primeira e na terceira fase da dosimetria da pena, sob pena de bis in idem. HABEAS CORPUS Nº 305.627 – SC (2014/0252000-7).*

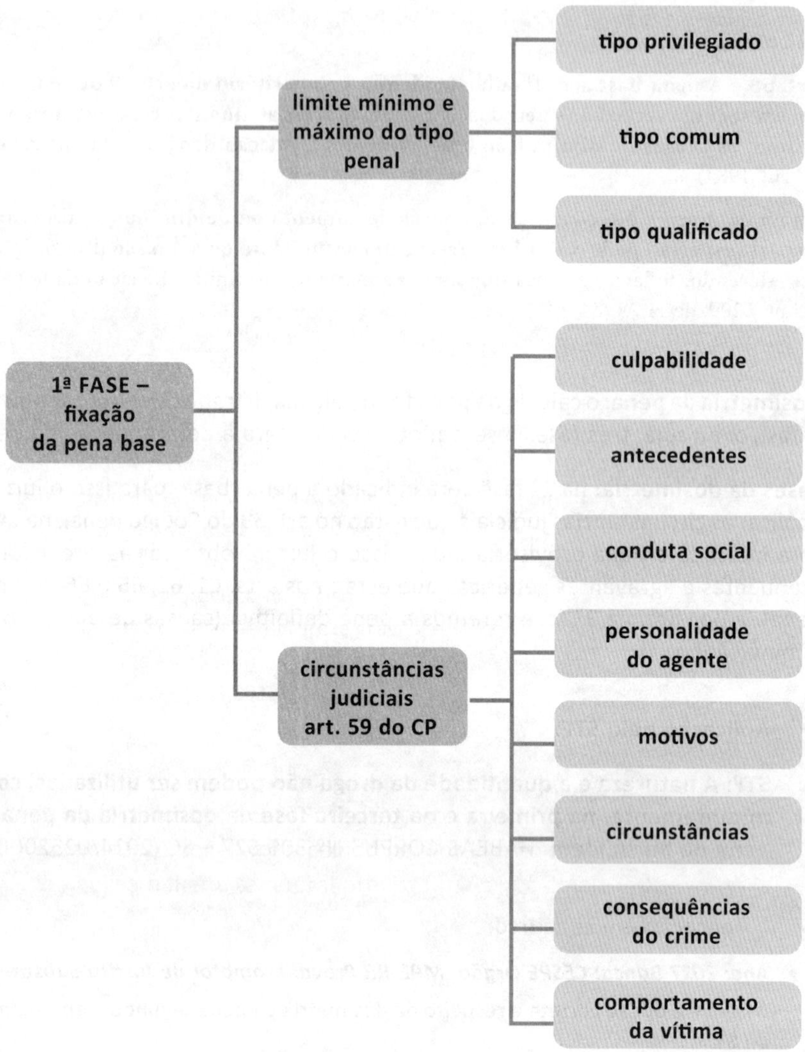
1ª FASE – fixação da pena base
limite mínimo e máximo do tipo penal
tipo privilegiado
tipo comum
tipo qualificado
circunstâncias judiciais art. 59 do CP
culpabilidade
antecedentes
conduta social
personalidade do agente
motivos
circunstâncias
consequências do crime
comportamento da vítima

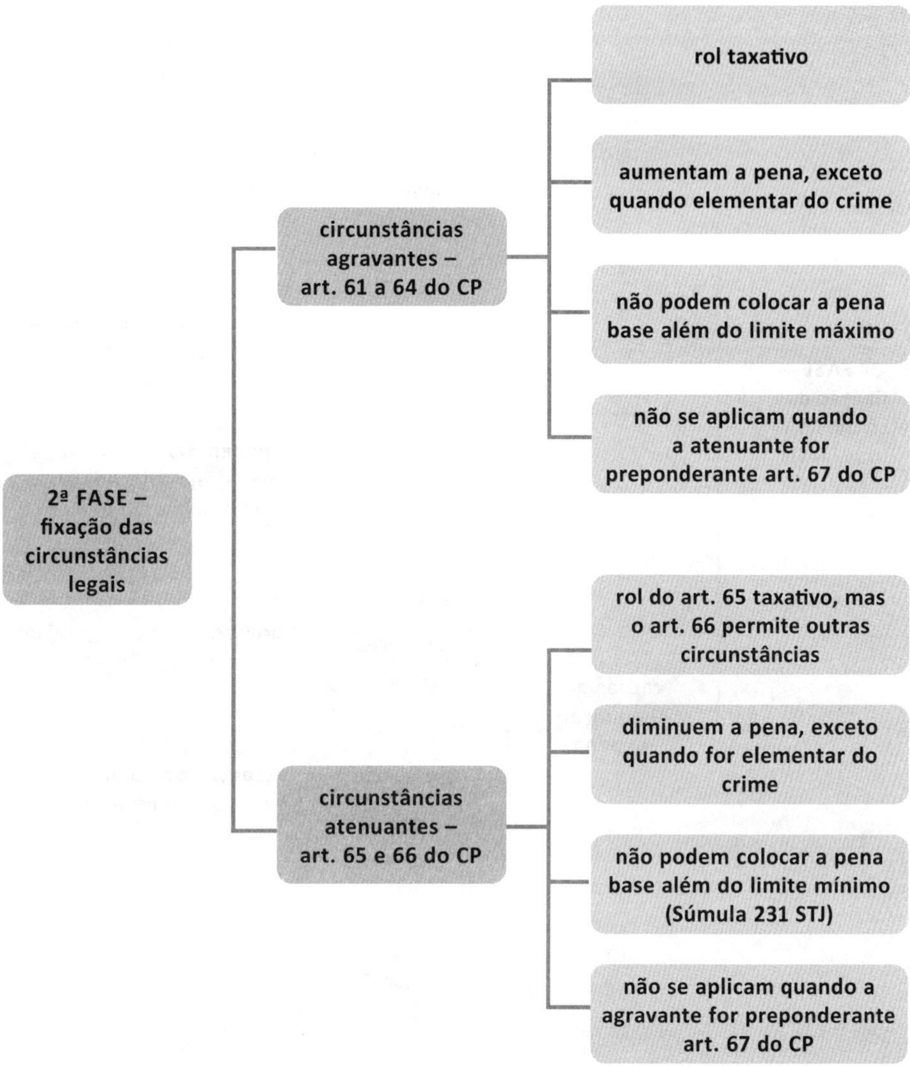
2ª FASE – fixação das circunstâncias legais
circunstâncias agravantes – art. 61 a 64 do CP
rol taxativo
aumentam a pena, exceto quando elementar do crime
não podem colocar a pena base além do limite máximo
não se aplicam quando a atenuante for preponderante art. 67 do CP
circunstâncias atenuantes – art. 65 e 66 do CP
rol do art. 65 taxativo, mas o art. 66 permite outras circunstâncias
diminuem a pena, exceto quando for elementar do crime
não podem colocar a pena base além do limite mínimo (Súmula 231 STJ)
não se aplicam quando a agravante for preponderante art. 67 do CP

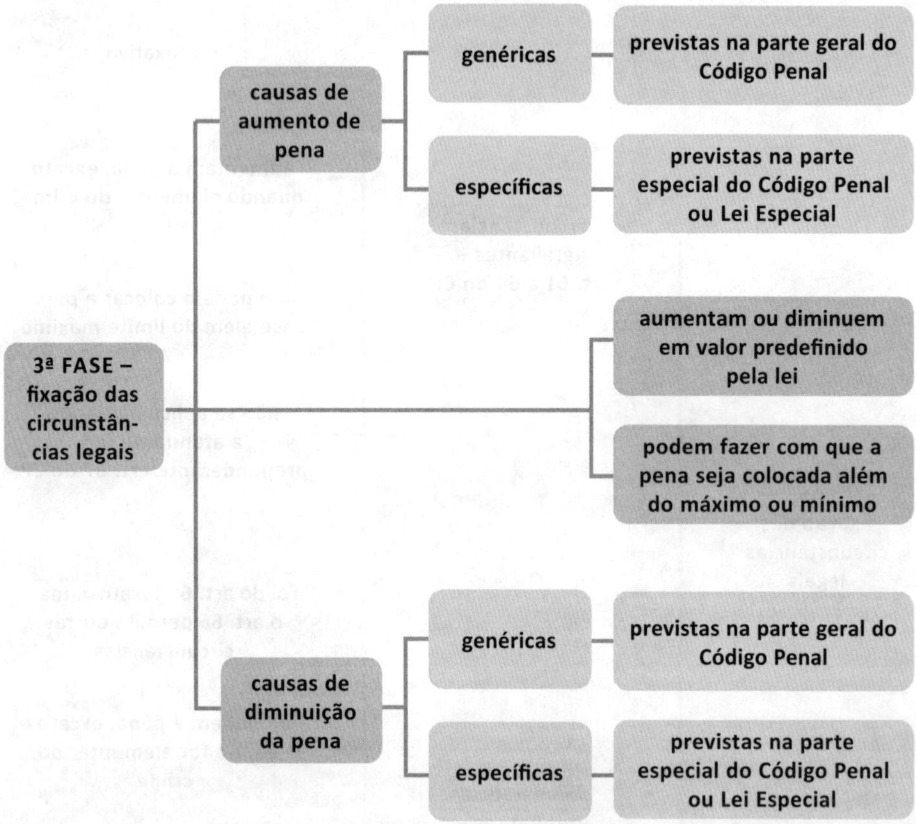
3ª FASE – fixação das circunstâncias legais
causas de aumento de pena
genéricas
previstas na parte geral do Código Penal
específicas
previstas na parte especial do Código Penal ou Lei Especial
aumentam ou diminuem em valor predefinido pela lei
podem fazer com que a pena seja colocada além do máximo ou mínimo
causas de diminuição da pena
genéricas
previstas na parte geral do Código Penal
específicas
previstas na parte especial do Código Penal ou Lei Especial

3. **Concurso de causas de aumento e diminuição:** regramento do parágrafo único do art. 68. Vejamos a consequência no quadro abaixo.

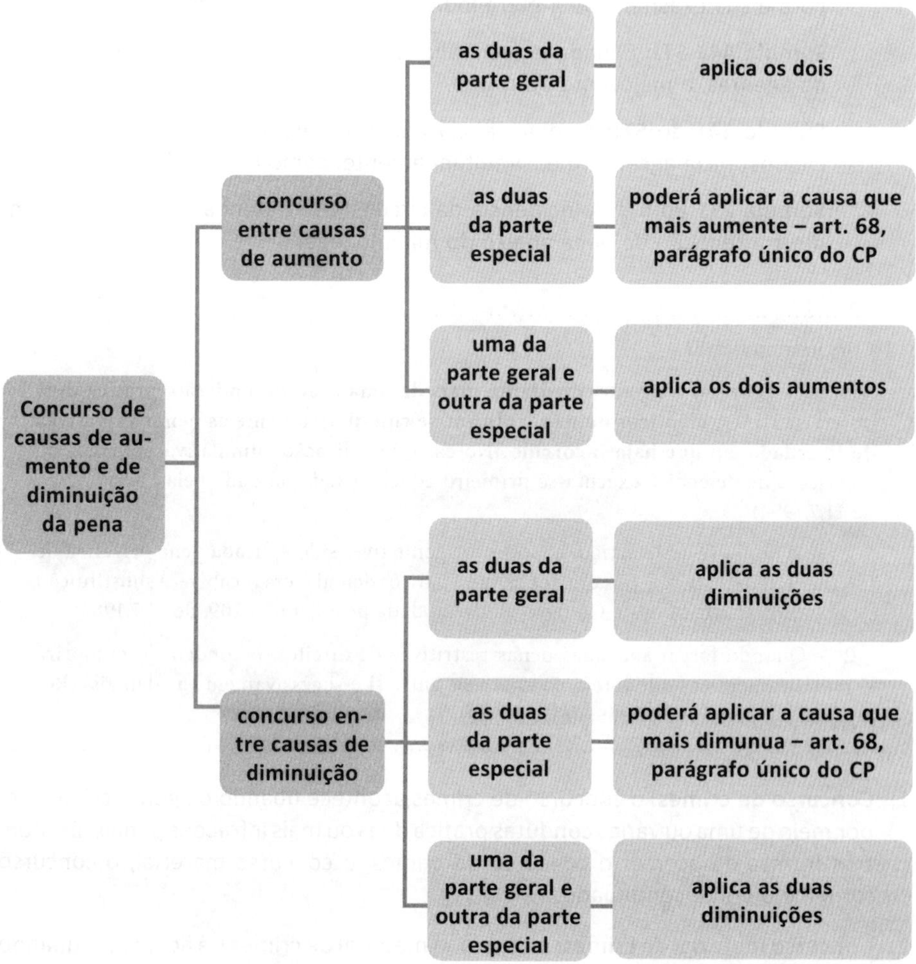

► **Súmulas relevantes:**

**Súmula 443 STJ:** O aumento na terceira fase de aplicação da pena no crime de roubo circunstanciado exige fundamentação concreta, não sendo suficiente para a sua exasperação a mera indicação do número de majorantes.

**Súmula 442 STJ:** É inadmissível aplicar, no furto qualificado, pelo concurso de agentes, a majorante do roubo.

**Súmula 241 do STJ:** A reincidência penal não pode ser considerada como circunstância agravante e, simultaneamente, como circunstância judicial.

**Súmula 231 do STJ**: A incidência da circunstância atenuante não pode conduzir à redução da pena abaixo do mínimo legal.

**Concurso material**

**Art. 69 - Quando o agente, mediante mais de uma ação ou omissão, pratica dois ou mais crimes, idênticos ou não, aplicam-se cumulativamente as penas privativas de liberdade em que haja incorrido.** No caso de aplicação cumulativa de penas de reclusão e de detenção, executa-se primeiro aquela. (Redação dada pela Lei nº 7.209, de 11.7.1984)

§ 1º - Na hipótese deste artigo, quando ao agente tiver sido aplicada pena privativa de liberdade, não suspensa, por um dos crimes, para os demais será incabível a substituição de que trata o art. 44 deste Código. (Redação dada pela Lei nº 7.209, de 11.7.1984)

§ 2º - Quando forem aplicadas penas restritivas de direitos, o condenado cumprirá simultaneamente as que forem compatíveis entre si e sucessivamente as demais. (Redação dada pela Lei nº 7.209, de 11.7.1984)

1. **Concurso de crimes:** o concurso de crimes acontece quando o agente criminoso, por meio de uma ou várias condutas pratica duas ou mais infrações penais. Existem três formas de ocorrer o concurso de crimes: o concurso material, o concurso formal e o crime continuado.
2. **Concurso material de crimes:** o concurso material de crimes irá acontecer quando houver pluralidade de condutas e pluralidade de crimes. Pode ser ainda classificado em homogêneo, quando os crimes forem da mesma espécie, ou heterogêneo, quando forem de espécies diferentes.
3. **Sistema de aplicação de pena:** utiliza-se neste caso o Sistema do cúmulo material, onde as penas para cada crime serão somadas para se chegar ao resultado de pena a ser cumprida pelo condenado.

► **ATENÇÃO:** esse sistema também será utilizado para concurso formal imperfeito ou impróprio disposto no *caput* do art. 70 do Código Penal, e para o concurso das penas de multa, conforme art. 72 também do Código Penal.

| Concurso material/real | **Requisitos**<br>- Mais de uma ação ou omissão;<br>- Prática de dois ou mais crimes; | **Regra adotada**: sistema do cúmulo material<br>**Consequência**: as penas serão somadas. |
|---|---|---|

4. **Contagem da prescrição:** para contagem de tempo da prescrição, deverá incidir sobre a pena de cada crime de forma isolada, conforme art. 119 do Código Penal.

► **Súmulas relevantes:**

**Súmula 243 STJ:** O benefício da suspensão do processo não é aplicável em relação às infrações penais cometidas em concurso material, concurso formal ou continuidade delitiva, quando a pena mínima cominada, seja pelo somatório, seja pela incidência da majorante, ultrapassar o limite de um (01) ano.

► **Aplicação pelo STF:**

**STF: De acordo com o STF o benefício da suspensão condicional do processo, previsto no art. 89 da Lei 9.099/1995, não é admitido nos delitos praticados em concurso material quando o somatório das penas mínimas cominadas for superior a 1 (um) ano**, assim como não é aplicável às infrações penais cometidas em concurso formal ou continuidade delitiva, quando a pena mínima cominada ao delito mais grave aumentada da majorante de 1/6 (um sexto), ultrapassar o limite de um (1) ano. HC 83.163/2009 – SP – 16/04/2009

**Concurso formal**

**Art. 70** – Quando o agente, mediante **uma só ação ou omissão, pratica dois ou mais crimes, idênticos ou não, aplica-se-lhe a mais grave das penas cabíveis ou, se iguais, somente uma delas, mas aumentada, em qualquer caso, de um sexto até metade**. As penas aplicam-se, entretanto, cumulativamente, se a ação ou omissão é dolosa e os crimes concorrentes resultam de desígnios autônomos, consoante o disposto no artigo anterior. (Redação dada pela Lei nº 7.209, de 11.7.1984)

Parágrafo único – **Não poderá a pena exceder a que seria cabível pela regra do art. 69 deste Código**. (Redação dada pela Lei nº 7.209, de 11.7.1984)

1. **Concurso formal de crimes:** também chamado de concurso ideal de crimes, ocorre quando o agente pratica dois ou mais crimes, valendo-se de uma única conduta. Será necessário para sua caracterização a unidade de condutas e a pluralidade de crimes.

► **Aplicação pelo STJ:**

**STJ: Nos casos em que o agente criminoso, mediante uma única ação, lesiona patrimônios pertencentes a mais de uma vítima, incide a regra do concurso formal, não havendo que se falar em crime único.** (5ª T.) – AgRg no HC 233.842/2014 – Agravo regimental. Habeas corpus

2. **Classificação do concurso formal de crimes:** Da mesma forma que ocorre no concurso material estudado anteriormente, o concurso formal poderá ser homogêneo ou heterogêneo. Homogêneo quando os crimes forem da mesma espécie e heterogêneo quando forem de espécies diferentes. Pode ainda ser classificado em perfeito, hipótese em que o agente irá realizar a sua conduta sem agir com desígnios autônomos, e imperfeito, quando existem desígnios autônomos.

3. **Sistema de aplicação de pena:** no concurso formal utiliza-se o sistema da exasperação, hipótese em que se utiliza somente a pena da infração mais grave aumentando-a, no caso, de um sexto até metade. Atenção para o concurso formal imperfeito, em que será utilizado o sistema do cúmulo material, somando-se as penas.

► **Atenção:**

| | | |
|---|---|---|
| **Concurso formal ou ideal de crimes:** | **Requisitos do concurso formal:**<br>Uma só ação ou omissão;<br>Realização de dois ou mais crimes; | **Regra adotada**: sistema da exasperação<br>**Consequência:** Aplicação da pena mais grave se distintas, aumentada de um sexto até a metade. |
| **Concurso formal próprio (perfeito) art. 70** ***initio*****;** | **O agente apesar de realizar dois ou mais resultados, não age com desígnios autônomos.** | **Regra adotada**: sistema da exasperação<br>**Consequência:** Aplicação da pena mais grave se distintas, aumentada de um sexto até a metade. |
| **Concurso formal impróprio (imperfeito) art. 70** ***in fine*****;** | **O agente age com desígnios autônomos** | **Regra adotada**: sistema do cúmulo material<br>**Consequência**: as penas serão somadas. |

► **Aplicação pelo STF:**

**STF: A pluralidade de vítimas em crime de latrocínio não enseja** a conclusão de ocorrência de **concurso formal impróprio**. (1ª T.) – RO em HC 133575 – PR – 21/02/2017

4. **Hipótese de concurso material benéfico:** De acordo com o Parágrafo único do artigo 70 do CP – Não poderá a pena exceder a que seria cabível pela regra do art. 69 deste Código.

   Assim, se quando da aplicação do sistema da exasperação restar constatado que a pena ficará mais grave do que ficaria se fosse aplicado o sistema do cúmulo material, as penas deverão ser somadas, aplicando-se a regra do artigo 69 do Código Penal.

### Aplicação em concurso:

- ***Ano: 2017 Banca: MPE-SP Órgão: MPE-SP Prova: Promotor de Justiça Substituto***

Entende-se por concurso material benéfico

A) o cometimento de dois crimes com uma única ação, cujas penas são somadas em favor do réu.

B) a soma da pena de dois crimes distintos que não impeçam a obtenção da suspensão condicional da pena.

C) o cometimento de mais de um crime, mediante mais de uma ação, cuja pena pode ser substituída.

D) o cometimento de dois crimes mediante mais de uma ação, porém nas mesmas condições de tempo, lugar e maneira de execução.

E) o cometimento de dois crimes idênticos, mediante a prática de duas ações distintas, porém em sequência imediata.

*Gabarito: a*

*Trata-se de uma exceção prevista no artigo 70 do CP, utilizada quando a pena encontrada pelo cálculo do concurso formal for superior a que seria utilizada se aplicássemos a regra do concurso material. Assim, Diante de tal situação deverá ser aplicada a regra do concurso material, somando-se as penas.*

### ▶ Aplicação pelo STJ:

**STJ:** (...)."Se num único contexto duas pessoas têm seu patrimônio ameaçado, sendo que uma delas foi efetivamente roubada, configura-se concurso formal de crimes em sua forma homogênea" (HC 100.848-MS, DJe 12/5/2008). (...) Em suma, como o roubo é um crime contra o patrimônio, deve-se concluir que, **se a intenção do agente é direcionada à subtração de um único patrimônio, estará configurado apenas um crime, ainda que, no modus operandi, seja utilizada violência ou grave ameaça contra mais de uma pessoa**. (AgRg no REsp 1.490.894-DF, Rei. Min. Sebastião Reis Júnior, julgado em 10/2/2015, DJe 23/2/2015).( **Informativo 556)**

**Crime continuado**

Art. 71 - Quando o **agente, mediante mais de uma ação ou omissão, pratica dois ou mais crimes da mesma espécie e, pelas condições de tempo, lugar, maneira de execução e outras semelhantes, devem os subsequentes ser havidos como continuação do primeiro, aplica-se-lhe a pena de um só dos crimes**, se idênticas, ou a mais grave, se diversas, **aumentada, em qualquer caso, de um sexto a dois terços**. (Redação dada pela Lei nº 7.209, de 11.7.1984)

Parágrafo único - Nos crimes dolosos, contra vítimas diferentes, cometidos com violência ou grave ameaça à pessoa, poderá o juiz, considerando a culpabilidade, os antecedentes, a conduta social e a personalidade do agente, bem como os motivos e as circunstâncias, aumentar a pena de um só dos crimes, se idênticas, ou a mais grave, se diversas, até o triplo, observadas as regras do parágrafo único do art. 70 e do art. 75 deste Código.(Redação dada pela Lei nº 7.209, de 11.7.1984)

1. **Crime continuado:** também chamado de continuidade delitiva, é um dos tipos de concurso de crimes, em que o agente por uma ou mais condutas, comete dois ou mais crimes da mesma espécie, nas mesmas condições de tempo, lugar, modo de execução e outras semelhantes.

2. **Espécies de crime continuado**: divide-se o crime continuado em genérico e específico. O crime continuado genérico está no *caput* do art. 71 do Código Penal e o crime continuado específico no parágrafo único do art. 71.

3. **Sistema de aplicação da pena:** no crime continuado, utiliza-se o sistema de exasperação.

► **Aplicação pelo STF:**

> **STF:** A Segunda Turma entendeu que **o "quantum" de exasperação da pena, por força do reconhecimento da continuidade delitiva, deve ser proporcional ao número de infrações cometidas**. (HC 127158/MG, rei. Min. Dias Toffoli, 23.6.2015.)( Informativo 791).

| | | |
|---|---|---|
| CRIME CONTINUADO (Simples ou genérico) Art. 71, *caput* | **Requisitos para configuração do crime continuado**:<br>• Mais de uma ação ou omissão;<br>• Prática de dois ou mais crimes da mesma espécie;<br>• Condições de tempo, lugar, maneira de execução e outras semelhantes;<br>• Os crimes subsequentes devem se havidos como continuação do primeiro.<br>► **OBS: Condições de tempo:**<br>**Tempo máximo:** 30 dias – HC nº 62.451 STF; HC nº 69.305 STF; HC 69.896-4.<br>**Lugar:** Mesma Região metropolitana;<br>**Maneira de execução:** modus operandi. | **Regra geral**: exasperação<br>**Consequência:** Aplicação da pena mais grave, se diversas, aumentada de um sexto a dois terços. |
| CRIME CONTINUADO (qualificado ou específico) Art. 71, parágrafo único CP | • crimes dolosos, contra vítimas diferentes,<br>• cometidos com violência ou grave ameaça à pessoa, | **Regra geral**: exasperação<br>**Consequência:** Aplicação da pena mais grave, se diversas, aumentada de um até o triplo. |

### Aplicação em concurso:

- ***Ano: 2017 Banca: VUNESP Órgão: TJ-SP Prova: Juiz Substituto***

  Quanto ao concurso de crimes, é correto afirmar:

  D) no crime continuado comum, aplica-se a pena de um só dos crimes, se idênticas, ou a mais grave, se diversas, aumentada, em qualquer caso, de um sexto a dois terços, considerado o número de infrações cometidas, incidindo a extinção da punibilidade sobre a pena de cada uma, isoladamente.

  *Gabarito: d*

  *A alternativa "d" descreve um breve resumo sobre o crime continuado, principalmente no que tange a aplicação da pena, com a letra da lei seria possível responder a questão.*

### ► Súmulas relevantes:

**Súmula 497 STF:** Quando se tratar de crime continuado, a prescrição regula-se pela pena imposta na sentença, não se computando o acréscimo decorrente da continuação.

**Súmula 711 STF:** A lei penal mais grave aplica-se ao crime continuado ou ao crime permanente, se a sua vigência é anterior à cessação da continuidade ou da permanência.

**Súmula 723 STF:** Não se admite a suspensão condicional do processo por crime continuado, se a soma da pena mínima da infração mais grave com o aumento mínimo de um sexto for superior a um ano.

**Multas no concurso de crimes**

**Art. 72** – No concurso de crimes, **as penas de multa são aplicadas distinta e integralmente. (Redação dada pela Lei nº 7.209, de 11.7.1984)**

1. **Multa no concurso de crimes:** a pena de multa no concurso de crimes será aplicada de forma distinta e integral.

### Aplicação em concurso:

- ***Ano: 2013 Banca: CESPE Órgão: TRF – 2ª REGIÃO Prova: Juiz Federal***

  A respeito de aspectos diversos relacionados às penas, assinale a opção correta.

  A) No concurso formal perfeito, ou próprio, de crimes, a pena de multa é *distinta e integralmente. (questão adaptada)*

  *Gabarito: a*

  *A alternativa "a" da questão está correta, pois a pena de multa será aplicada conforme o art. 72 do CP, que determina sua aplicação distinta e integralmente.*

**Erro na execução**

**Art. 73 – Quando, por acidente ou erro no uso dos meios de execução, o agente, ao invés de atingir a pessoa que pretendia ofender, atinge pessoa diversa, responde como se tivesse praticado o crime contra aquela, atendendo-se ao disposto no § 3º do art. 20 deste Código.** No caso de ser também atingida a pessoa que o agente pretendia ofender, aplica-se a regra do art. 70 deste Código. (Redação dada pela Lei nº 7.209, de 11.7.1984)

1. **Erro na execução:** também chamado pela doutrina de "aberratio ictus", é uma espécie de erro de tipo acidental. O agente pretendia acertar uma pessoa, e acaba acertando outra. Percebe-se que ele não confunde a pessoa (erro sobre a pessoa – art. 20, §3º do CP), mas sim, executa a conduta de forma errada, errando o alvo.

► **Aplicação pelo STJ:**

**STJ:** Na hipótese de ser atingida **não só a pessoa visada como também terceiro, por erro de execução** aplica-se a regra do concurso formal. "Se por erro de execução, o agente atingiu não só a pessoa visada, mas também terceira pessoa, **aplica-se o concurso formal** RECURSO ESPECIAL REsp 439058 DF 2002/0061420-0 – 09/06/2003.

2. **Espécies:** o erro na execução é classificado em duas espécies pela doutrina, a primeira chama de "com unidade simples" e a outra "com unidade complexa".

**2.1. Com unidade simples:** pode também ser chamada de "com resultado único" ou "*aberratio ictus* de resultado único". Nesse caso o agente atinge somente a pessoa diversa da desejada.

**2.2. Com unidade complexa:** chamada de "com resultado duplo" "*aberratio ictus* de resultado duplo". Nesse caso, o agente atinge a pessoa desejada e também pessoa ou pessoas diversas.

**Aplicação em concurso:**

- ***Ano: 2016 Banca: FAURGS Órgão: TJ-RS Prova: Juiz de Direito Substituto***

Sobre a aplicação dos elementos da teoria geral do delito, assinale a alternativa incorreta.

B) O erro quanto à pessoa e o erro na execução do crime fazem com que o agente responda pelos resultados típicos alcançados, não sendo levadas em consideração as condições e características das vítimas que efetivamente pretendia atingir.

*Gabarito: a alternativa "b" está incorreta. O erro de tipo acidental quanto à pessoa ("error in persona"), está previsto no art. 20, § 3º, CP. Há confusão do agente nas vítimas, não isenta o agente de dolo, não exclui a culpa e não o isenta de pena, no entanto, na sua punição deverá ser considerado as qualidades ou condições pessoais da vítima virtual, ou seja, da vítima que o agente pretendia atingir, teoria da equivalência. Por outro lado, no erro de tipo acidental na execução ("aberratio ictus"), previsto no art. 73, CP, o agente, por acidente ou erro no uso dos meios da execução, acaba atingindo pessoa diversa da pretendida, embora corretamente representada. Quando ocorrer essa situação, e o agente atingir somente a pessoa diversa da pretendida a punição será punido pelo crime considerando as qualidades ou condições da vítima desejada e não da vítima atingida. No caso de o agente atingir igualmente a pessoa diversa da pretendida, será punido pelos dois crimes em concurso formal.*

**Resultado diverso do pretendido**

**Art. 74 – Fora dos casos do artigo anterior**, quando, por **acidente ou erro na execução do crime**, sobrevém **resultado diverso do pretendido**, o agente responde **por culpa, se o fato é previsto como crime culposo; se ocorre também o resultado pretendido, aplica-se a regra do art. 70 deste Código**. (Redação dada pela Lei nº 7.209, de 11.7.1984)

1. **Resultado diverso do pretendido**: chamado também de *aberratio criminis/aberratio delicti*. Acontece quando o agente possui um determinado objetivo, mas atinge um resultado diverso do pretendido.

**Aplicação em concurso:**

- ***Ano: 2014 Banca: Vunesp Órgão: TJ/PA Priva: Juiz Substituto***

  A doutrina entende por *aberratio delicti*

  D) uma das hipóteses de resultado diverso do pretendido, no qual o agente por inabilidade ou acidente atinge bem jurídico diverso do pretendido.

  *Gabarito: d*

  *No resultado diverso do pretendido, o agente queria praticar um determinado crime, atingindo certo bem jurídico, mas por erro acaba atingindo outro bem jurídico, realizando resultado diverso do pretendido – art. 74 do Código Penal.*

2. **Consequências**: se o agente atingir somente o resultado diverso do pretendido, será punido por culpa, quando previsto como tipo penal culposo, se ocorrer os dois resultados, ou seja, o pretendido e o não pretendido, responderá aplicando a regra do concurso formal do art. 70 do Código Penal.

**Limite das penas**

**Art. 75. O tempo de cumprimento das penas privativas de liberdade não pode ser superior a 40 (quarenta) anos.** (Redação dada pela Lei nº 13.964, de 2019).

§ 1º Quando o agente for condenado a penas privativas de liberdade cuja **soma seja superior a 40 (quarenta) anos,** devem elas ser **unificadas** para atender ao **limite máximo deste artigo**. (Redação dada pela Lei nº 13.964, de 2019).

§ 2º – **Sobrevindo condenação por fato posterior** ao início do cumprimento da pena, **far-se-á nova unificação, desprezando-se, para esse fim, o período de pena já cumprido**. (Redação dada pela Lei nº 7.209, de 11.7.1984)

1. **Limite das penas:** A Constituição Federal disciplina em seu art. 5º, XLVII, "b" que são vedadas as penas de caráter perpétuo. Por outro lado, o Código Penal, no artigo em comento, com a redação atualizada pela Lei nº 13.964/19 (Pacote Anticrime), determina que o cumprimento de penas privativas de liberdade não podem ultrapassar 40 (quarenta) anos. Assim, se o agente for condenado a penas de privação de liberdade, cuja soma seja superior a 40 (quarenta) anos, devem essas penas ser unificadas para atender ao limite máximo de 40 (quarenta) anos.

---

► **Atenção:** antes da alteração legislativa, o tempo de cumprimento máximo da pena era de 30 (trinta) anos, ou seja, a nova legislação é mais gravosa (*novatio legis in pejus*) para o condenado. Sendo assim, a atual redação do art. 75 do Código Penal, somente será aplicada aos crimes praticados após a sua entrada em vigor.

---

| ANTES DA LEI Nº 13.964/19 | DEPOIS DA LEI Nº 13.964/19 |
|---|---|
| 30 anos | 40 anos<br>*(novatio legis in pejus)* – não retroage |

► **Aplicação pelo STF:**

**STF: O limite de 30 (trinta) anos,** a que alude o art. 75, «caput», do CP, **refere-se, unicamente, ao tempo máximo de efetivo cumprimento das penas privativas de liberdade, não podendo ser invocado como parâmetro de aferição dos requisitos temporais mínimos necessários à obtenção de determinados benefícios legais,** tais como a remição, o livramento condicional, o indulto, a comutação e a progressão de regime. HC 74.428/2003 – PR.

---

► **Obs.:** (Apesar da mudança de 30 anos para 40 anos, o raciocínio quanto à obtenção de benefícios continua sendo o mesmo).

---

2. **Reclusão e detenção:** o limite máximo de cumprimento de pena de 40 (quarenta) anos será para as penas de detenção e reclusão, caso a pena seja de prisão simples, o prazo é de 05 (cinco) anos, conforme determina o art. 10 da Lei de Contravenções Penais.

► **Aplicação pelo STJ:**

**STJ: Pela leitura** do disposto no parágrafo único do art. 111 da Lei de Execução Penal, é possível inferir que **o legislador condicionou a unificação de penas à superveniência de nova condenação durante a execução de reprimendas anteriores. Assim, se a nova condenação, posterior, sobrevier quando o apenado já estiver em liberdade, pelo integral cumprimento das penas anteriores, não há que falar em unificação de penas. (...)** (6ª T.) – Rec. Esp. 1464159 – DF – 30/06/2015 – Recurso especial.

► **Súmulas relevantes:**

**Súmula 715 STF:** A pena unificada para atender ao limite de trinta anos de cumprimento, determinado pelo art. 75 do Código Penal, não é considerada para a concessão de outros benefícios, como o livramento condicional ou regime mais favorável de execução.

**Concurso de infrações**

**Art. 76 - No concurso de infrações, executar-se-á primeiramente a pena mais grave. (Redação dada pela Lei nº 7.209, de 11.7.1984)**

1. **Concurso de infrações:** caso a condenação tenha sido em concurso material, a pena mais grave deverá ser cumprida primeiro. Exemplo clássico é a condenação ser em um crime cuja pena seja de reclusão, e no outro a detenção. Cumpre-se primeiro a reclusão para depois passar para detenção.

► **Aplicação pelo STJ:**

**STJ: O STJ** pacificou entendimento no sentido de que, **no caso de nova condenação a penas restritivas de direito a quem esteja cumprindo pena privativa de liberdade em regime fechado ou intermediário, é inviável a suspensão do cumprimento daquelas – ou a execução simultânea das penas.** Nesses casos, nos termos do art. 111 da LEP, **deve-se proceder à unificação das penas, não sendo aplicável o art. 76 do Código Penal** (HC 346.851-RS, 5. T., rel. Felix Fischer, 19.04.2016, DJe 05.05.2016).

## CAPÍTULO IV
## DA SUSPENSÃO CONDICIONAL DA PENA

**Requisitos da suspensão da pena**

**Art. 77** - A execução da **pena privativa de liberdade, não superior a 2 (dois) anos, poderá ser suspensa, por 2 (dois) a 4 (quatro) anos,** desde que: (Redação dada pela Lei nº 7.209, de 11.7.1984)

I - o **condenado não seja reincidente em crime doloso**; (Redação dada pela Lei nº 7.209, de 11.7.1984)

II - a **culpabilidade, os antecedentes, a conduta social e personalidade do agente, bem como os motivos e as circunstâncias autorizem a concessão do benefício**;(Redação dada pela Lei nº 7.209, de 11.7.1984)

III - Não **seja indicada ou cabível a substituição prevista no art. 44 deste Código.** (Redação dada pela Lei nº 7.209, de 11.7.1984)

§ 1º - A **condenação anterior a pena de multa não impede a concessão do benefício.** (Redação dada pela Lei nº 7.209, de 11.7.1984)

§ 2º A execução da pena privativa de liberdade, não superior a quatro anos, poderá ser suspensa, por quatro a seis anos, desde que o condenado seja maior de setenta anos de idade, ou razões de saúde justifiquem a suspensão. (Redação dada pela Lei nº 9.714, de 1998)

1. **Suspensão condicional da pena:** é um instituto de política criminal que visa suspender a execução de uma pena privativa de liberdade, se estiverem presentes alguns requisitos.

2. **Sistemas:** existem alguns sistemas que regem esse tipo de instituto (i) Sistema Franco Belga; (ii) Sistema Anglo Americano; (iii) Sistema Probation of first offenders". O **Brasil adotou o sistema franco belga**, também chamado de europeu continental. De acordo com o sistema adotado, o acusado será processado, haverá reconhecimento de culpa, será condenado com imposição de pena e regime inicial de cumprimento, mas a execução dessa pena ficará suspensa por um determinado tempo.

3. **Requisitos para o sursis:** o art. 77 elenca alguns requisitos a serem observados para a concessão do sursis: (i) condenado não reincidente em crime doloso; (ii) circunstâncias judiciais favoráveis; (iii) não indicada ou cabível pena restritiva de direitos.

► **Aplicação pelo STJ:**

**STJ:** Segundo dispõe o art. 77 do Código Penal, **são requisitos cumulativos para a obtenção da suspensão condicional da pena: I) que o condenado não seja reincidente em crime doloso; II) a culpabilidade, os antecedentes, a conduta social e a personalidade do agente, bem como os motivos e as circunstâncias autorizem a concessão do benefício; III) não seja indicada ou cabível a substituição prevista no art. 44 deste Código.** Evidenciada a presença de circunstâncias judiciais desfavoráveis, descabe falar em concessão do sursis, pois não resta preenchido o requisito do inciso II do art. 77 do CP. HC 401543 / DF HABEAS CORPUS 2017/0125440 – 20/02/2018

**Aplicação em concurso:**

- ***Ano: 2014 Banca: MPE-RS Órgão: MPE-RS Prova: Promotor de Justiça***

No dia 26 de janeiro de 2011, João Porto, 21 anos, ofendeu a integridade corporal de seu vizinho, Jorge Antônio, ao desferir- lhe um soco no olho esquerdo, causando-lhe a perda da visão. O Ministério Público ofereceu denúncia contra o acusado pelo crime de lesão corporal de natureza grave, art. 129, §1º, inciso III (debilidade permanente de sentido), do CP. A peça vestibular foi recebida no dia 14 de fevereiro de 2011. A ação penal foi julgada procedente, condenando João Porto à pena de um ano de reclusão, dada a sua condição de primário, de bons antecedentes e com circunstâncias judiciais favoráveis. A sentença condenatória foi publicada no dia 29 de março de 2014, que se tornou definitiva para as partes em abril do mesmo ano. Assim, na hipótese apresentada, e com base na pena aplicada, confere-se ao condenado o direito à

B) suspensão condicional da pena.

*Gabarito: b*

*Conforme o art. 77 do Código Penal, Pedro preenche todos os requisitos para a concessão do sursis penal.*

- ***Ano: 2014 Banca: FCC Órgão: TJ-AP Prova: Juiz***

  Com relação ao *sursis*, é correto afirmar:

  A) Pode ser concedido a réu reincidente.

  *Gabarito: a*

  *Não pode ser o condenado reincidente em crime doloso. Portanto, como a questão não especificou a reincidência, a afirmativa está correta.*

| **Suspensão condicional da Pena – SURSIS** |
|---|
| Evita o encarceramento de condenados a penas de curta duração – trata-se de direito subjetivo do condenado – artigo 157 Lei nº 7.210/84. |
| **Espécies:** |
| • Simples – artigo 78, §1º CP<br>• Especial – artigo 78, §2 CP<br>• Etário – artigo 77, §2º CP;<br>• Humanitário – artigo 77, §2º CP<br>**OBS**: Ambiental: artigos 16 e 17 da Lei nº 9.605/98 (Lei de crimes ambientais) |

► **Súmulas relevantes:**

**Súmula 499 STF:** Não obsta a concessão do sursis condenação anterior a pena de multa.

**Art. 78 – Durante o prazo da suspensão, o condenado ficará sujeito à observação e ao cumprimento das condições estabelecidas pelo juiz.** (Redação dada pela Lei nº 7.209, de 11.7.1984)

§ 1º – No **primeiro ano do prazo, deverá o condenado prestar serviços à comunidade (art. 46) ou submeter-se à limitação de fim de semana (art. 48).** (Redação dada pela Lei nº 7.209, de 11.7.1984)

§ 2º Se o **condenado houver reparado o dano, salvo impossibilidade de fazê-lo, e se as circunstâncias do art. 59 deste Código lhe forem inteiramente favoráveis, o juiz poderá substituir a exigência do parágrafo anterior pelas seguintes condições, aplicadas cumulativamente:** (Redação dada pela Lei nº 9.268, de 1º.4.1996)

a) **proibição de frequentar determinados lugares**; (Redação dada pela Lei nº 7.209, de 11.7.1984)

b) **proibição de ausentar-se da comarca onde reside, sem autorização do juiz**; (Redação dada pela Lei nº 7.209, de 11.7.1984)

c) **comparecimento pessoal e obrigatório a juízo, mensalmente, para informar e justificar suas atividades.** (Redação dada pela Lei nº 7.209, de 11.7.1984)

1. **Condições do *sursis*:** o art. 78 trata das condições a que ficará adstrito o benefício. O magistrado deverá indicar as condições, e caso não faça, poderão ser utilizados os embargos de declaração.

---

▶ **ATENÇÃO:** o *sursis* não é algo imposto, é um benefício dado ao condenado que poderá aceitar ou não. Caso aceite, ficará obrigado a cumprir as condições impostas pelo magistrado.

---

**Art. 79** - A **sentença poderá especificar outras condições a que fica subordinada a suspensão**, desde que adequadas ao fato e à situação pessoal do condenado. (Redação dada pela Lei nº 7.209, de 11.7.1984)

1. **Condições para o *sursis*:** no artigo anterior o legislador especificou algumas condições que o juiz deve observar para estabelecer ao condenado, no entanto, o art. 79 abre a possibilidade de serem ainda indicadas outras condições para subordinar a suspensão da pena.

**Art. 80** - A suspensão **não se estende às penas restritivas de direitos nem à multa**. (Redação dada pela Lei nº 7.209, de 11.7.1984)

1. ***Sursis* e pena restritiva de direitos e multa:** não será possível a concessão de suspensão da pena se esta for restritiva de direitos ou multa, ou seja, a suspensão da pena poderá ser concedida apenas para condenações a penas privativas de liberdade.

**Aplicação em concurso:**

- ***Ano: 2014 Banca: FCC Órgão: TJ-CE Prova: Juiz Substituto***

  A suspensão condicional da pena

  A) é incabível nos crimes cometidos com violência ou grave ameaça à pessoa.

  B) obriga, necessariamente, à prestação de serviços à comunidade ou à limitação de fim de semana no primeiro ano do prazo.

  C) é incabível para o condenado reincidente, independentemente da natureza do crime que originou a agravante.

  D) é estendida às penas restritivas de direitos e à multa.

  E) é subsidiária em relação à substituição por pena restritiva de direitos.

  *Gabarito: e*

  *Caso possa ocorrer substituição da pena privativa de liberdade por restritiva de direitos, assim deverá ser feito conforme art. 77, III do Código Penal, não sendo cabível a aplicação da Suspensão Condicional da pena.*

**Revogação obrigatória**

**Art. 81** - A **suspensão será revogada se**, no curso do prazo, o beneficiário: (Redação dada pela Lei nº 7.209, de 11.7.1984)

I - é **condenado, em sentença irrecorrível, por crime doloso**; (Redação dada pela Lei nº 7.209, de 11.7.1984)

II - **frustra, embora solvente, a execução de pena de multa ou não efetua, sem motivo justificado, a reparação do dano**; (Redação dada pela Lei nº 7.209, de 11.7.1984)

III - **descumpre a condição do § 1º do art. 78 deste Código**. (Redação dada pela Lei nº 7.209, de 11.7.1984)

**Revogação facultativa**

§ 1º - A suspensão **poderá ser revogada se o condenado descumpre qualquer outra condição imposta ou é irrecorrivelmente condenado, por crime culposo ou por contravenção, a pena privativa de liberdade ou restritiva de direitos.** (Redação dada pela Lei nº 7.209, de 11.7.1984)

**Prorrogação do período de prova**

§ 2º - **Se o beneficiário está sendo processado por outro crime ou contravenção,** considera-se prorrogado o prazo da suspensão até o julgamento definitivo. (Redação dada pela Lei nº 7.209, de 11.7.1984)

§ 3º - **Quando facultativa a revogação, o juiz pode, ao invés de decretá-la, prorrogar o período de prova até o máximo, se este não foi o fixado.** (Redação dada pela Lei nº 7.209, de 11.7.1984)

1. **Suspensão do *sursis*:** a suspensão condicional da pena poderá ser revogada, o legislador indica situações que terão a revogação obrigatória e outras, facultativa.

**1.1. Revogação obrigatória:** as hipóteses de revogação obrigatória estão nos incisos do art. 81 do Código Penal:

**1.1.1.** Beneficiário condenado em sentença transitada em julgado por crime doloso: pouco importa se a conduta foi praticada antes ou depois do início do período de provas.

**1.1.2. Beneficiário frustra a execução da pena de multa ou não efetua sem motivo justificado a reparação do dano:** não é mais possível a conversão da pena de multa em pena privativa de liberdade, hoje a pena de multa será executada como dívida pela Fazenda Pública.

**Aplicação em concurso:**

- ***Ano: 2017 Banca: FCC Órgão: TJ-SC Prova: Juiz Substituto***

Sobre a suspensão condicional da pena, é correto afirmar:

E) É causa de revogação obrigatória a frustração da execução de pena de multa, embora solvente.

*Gabarito: e*

*As causas de revogação obrigatória estão descritas nos incisos do art. 81 do Código Penal, sendo que o inciso II refere-se a alternativa trazida na questão.*

**1.1.3. Beneficiário descumpre as obrigações de prestação de serviços à comunidade ou limitação de fim de semana:** para ocorrer a revogação pautada neste motivo, será necessário a oitiva do beneficiário.

**1.2. Revogação facultativa:** prevista no art. 81, §1º do Código Penal. O juiz poderá escolher entre revogar o *sursis*, dar uma advertência, prorrogar o período de prova até o máximo, ou ainda, aumentar as condições impostas, quando ocorrer uma das seguintes situações:

**1.2.1. Condenado descumpre qualquer outra condição imposta por ocasião da concessão do benefício**

**1.2.2. Beneficiário é condenado, irrecorrivelmente, por crime culposo ou por contravenção penal, a pena privativa de liberdade ou restritiva de direitos.**

2. **Prorrogação do período de provas**: o §2º do artigo em análise trata da possibilidade de ocorrer a prorrogação do período de provas. Irá ocorrer quando houver processo instaurado, ou seja, ação penal. Se for apenas instauração de inquérito policial, não ocorrerá a prorrogação.

**Cumprimento das condições**

**Art. 82 - Expirado o prazo sem que tenha havido revogação, considera-se extinta a pena privativa de liberdade.** (Redação dada pela Lei nº 7.209, de 11.7.1984)

1. **Cumprimento das condições:** caso o condenado que tenha sido beneficiado com a suspensão da pena passe por todo período de provas sem que o *sursis* tenha sido revogado, a pena privativa de liberdade estará extinta.

## CAPÍTULO V
## DO LIVRAMENTO CONDICIONAL

**Requisitos do livramento condicional**

**Art. 83 - O juiz poderá conceder livramento condicional ao condenado a pena privativa de liberdade igual ou superior a 2 (dois) anos**, desde que: (Redação dada pela Lei nº 7.209, de 11.7.1984)

I - **cumprida mais de um terço da pena se o condenado não for reincidente em crime doloso e tiver bons antecedentes**; (Redação dada pela Lei nº 7.209, de 11.7.1984)

II - **cumprida mais da metade se o condenado for reincidente em crime doloso**; (Redação dada pela Lei nº 7.209, de 11.7.1984)

III - comprovado: (Redação dada pela Lei nº 13.964, de 2019)

a) bom comportamento durante a execução da pena; (Incluído pela Lei nº 13.964, de 2019)

b) não cometimento de falta grave nos últimos 12 (doze) meses; (Incluído pela Lei nº 13.964, de 2019)

c) bom desempenho no trabalho que lhe foi atribuído; e (Incluído pela Lei nº 13.964, de 2019)

d) aptidão para prover a própria subsistência mediante trabalho honesto; (Incluído pela Lei nº 13.964, de 2019)

IV - **tenha reparado, salvo efetiva impossibilidade de fazê-lo, o dano causado pela infração**; (Redação dada pela Lei nº 7.209, de 11.7.1984)

V - cumpridos **mais de dois terços da pena, nos casos de condenação por crime hediondo, prática de tortura, tráfico ilícito de entorpecentes e drogas afins, tráfico de pessoas e terrorismo, se o apenado não for reincidente específico em crimes dessa natureza.** (Incluído pela Lei nº 13.344, de 2016) (Vigência)

Parágrafo único - Para o condenado por crime doloso, cometido com violência ou grave ameaça à pessoa, a concessão do livramento ficará também subordinada à constatação de condições pessoais que façam presumir que o liberado não voltará a delinquir. (Redação dada pela Lei nº 7.209, de 11.7.1984)

1. **Livramento Condicional** – Trata-se de medida penal consistente em conceder liberdade antecipada do condenado. O livramento condicional é uma importante etapa de preparação para a soltura plena do mesmo.

**Aplicação em concurso:**

- ***Ano: 2018 Banca: IBADE Órgão: SEPLAG-SE Prova: Guarda de Segurança do Sistema Prisional***

  O instituto de política criminal, destinado a permitir a redução do tempo de prisão com a concessão antecipada e provisória da liberdade do condenado, quando é cumprida pena de liberdade, mediante o preenchimento de determinados requisitos e aceitação de certas condições é o (a):

  B) Livramento condicional

  *Gabarito: b*

  *A questão exigia conhecer a base do livramento condicional, saber qual a sua finalidade.*

2. **Requisitos:** para que ocorra a concessão do livramento condicional, deverão ser preenchidos alguns requisitos indicados pelo legislador.

   **2.1. Requisitos objetivos:** são 05 (cinco) requisitos objetivos a serem observados: (i) espécie da pena, que no caso precisa ser privativa de liberdade; (ii) quantidade da pena, que deve ser igual ou superior a 2 (dois) anos; (iii) reparação do dano, salvo impossibilidade de fazê-lo; (iv) não cometimento de falta grave nos últimos 12 meses, (v) quantidade da pena já cumprida, pois o condenado deve ter cumprido uma determinada parcela da pena, conforme quadro:

| | |
|---|---|
| mais de 1/3 da pena | se não for reincidente em crime doloso e portador de bons antecedentes |
| mais de 1/2 da pena | se for reincidente |
| mais de 2/3 da pena | em se tratando de crimes hediondos ou equiparados, desde que o agente não seja reincidente específico em crimes desta natureza |

**Aplicação em concurso:**

- ***Ano: 2018 Banca: CESPE Órgão: DPE-PE Prova: Defensor Público***

  André e Bruno, companheiros de cela em determinada penitenciária, são assistidos pela Defensoria Pública do Estado de Pernambuco. André cumpre pena de seis anos por furto qualificado e tem como antecedente criminal uma condenação de um ano e oito meses por crime culposo, já cumprida. Bruno, por sua vez, cumpre pena de nove anos por tráfico de drogas e não possui antecedentes criminais.

  Considerando essa situação hipotética, assinale a opção correta a respeito do livramento condicional de André e Bruno.

  C) A concessão do benefício do livramento condicional a André dependerá de ele cumprir um terço da pena e a Bruno de ele cumprir dois terços da pena.

  *Gabarito: c*

  *Trata-se de questão que cobrou a literalidade do artigo 83, incisos I e V do Código Penal.*

**Aplicação em concurso:**

- ***Ano: 2016 Banca: FCC Órgão: DPE-ES Prova: Defensor Público***

  Sobre o livramento condicional,

  E) é vedada a concessão de livramento condicional ao reincidente específico em crime hediondo.

  *Gabarito: e*

  *Trata- se de questão cuja resposta encontrava-se literalmente no artigo 83, inciso V do CP.*

**2.2. Requisitos subjetivos:** além dos requisitos objetivos, devem também ser analisados os subjetivos: (i) a) bom comportamento durante a execução da pena; (ii) b) não cometimento de falta grave nos últimos 12 (doze) meses; (iii) c) bom desempenho no trabalho que lhe foi atribuído; (iv) d) aptidão para prover a própria subsistência mediante trabalho honesto; (nova redação dada pela Lei nº 13.940/2019;

► **Aplicação pelo STF:**

**STF: Ante a exigência de ter-se comportamento satisfatório durante a execução da pena para chegar-se ao livramento condicional.**, III do CP, art. 83. CP **ocorre, como consequência do cometimento de falta grave, nova contagem do período de cumprimento da sanção** previsto no citado dispositivo. **(**1ª T.) – HC 126002 – SP – 18/04/2017.

**STF: A jurisprudência do STF já não exige o trânsito em julgado da condenação nem para a concessão** do indulto, nem para a progressão de regime de execução, nem para **o livramento condicional** (HC 76.524, DJ 29/08/83) Lei 7.210/84 (LEP), art. 112, «caput» e § 2º. CPP, art. 312. CP, art. 83. **No caso, o paciente – submetido à prisão processual, que perdura por mais de 2/3 da pena fixada na condenação, dada a demora do julgamento de recursos de apelação – tem direito a progressão de regime de execução ou a concessão de livramento condicional, exigindo-se, contudo, o preenchimento de requisitos subjetivos para a deferimento dos benefício**s. HC 87.801/2006 – São Paulo.

► **Súmulas relevantes:**

**Súmula 441 STJ: A** falta grave não interrompe o prazo para obtenção de livramento condicional.

Soma de penas

**Art. 84** - As penas que correspondem a infrações diversas devem somar-se para efeito do livramento. (Redação dada pela Lei nº 7.209, de 11.7.1984)

1. **Soma das penas:** um dos requisitos para concessão do livramento condicional é preciso que o condenado tenha uma pena privativa de liberdade igual ou superior a 2 (dois) anos, no entanto, é possível que se faça a soma das penas de infrações distintas, ainda que tenham sido determinadas em processos diferentes.

► **Aplicação pelo STJ:**

**STJ:** Havendo **pluralidade de condenações, as penas devem ser unificadas, realizando-se o cálculo do livramento condicional sobre o montante obtido, nos termos do art. 84 do CP.** (REsp 1492726-RS, 6.a T., rel. Nefi Cordeiro, 14.04.2015.)

**Aplicação em concurso:**

- ***Ano: 2017 Banca: CESPE Órgão: DPE-AL Prova: Defensor Público***

  Celso, réu primário, condenado definitivamente por homicídio qualificado, conseguiu livramento condicional. Durante o cumprimento do livramento condicional, ele foi condenado novamente pelo crime de roubo, o qual havia sido praticado antes da vigência do benefício.

  A respeito dessa situação hipotética, assinale a opção correta.

  C) As penas de Celso devem somar-se, para efeito do livramento, quando ocorrer o trânsito em julgado da sentença condenatória.

*Gabarito: c*

*A regra do art. 84 do CP que possibilita a soma das penas, mas o art. 141 da LEP era de suma importância também para a questão. Vejamos: Art. 141- Se a revogação for motivada por infração penal anterior à vigência do livramento, computar-se-á como tempo de cumprimento da pena o período de prova, sendo permitida, para a concessão de novo livramento, a soma do tempo das 2 (duas) penas.*

**Especificações das condições**

**Art. 85** – A sentença especificará as condições a que fica subordinado o livramento. (Redação dada pela Lei nº 7.209, de 11.7.1984)

1. **Condições para obtenção do livramento condicional:** para que a pessoa seja beneficiada pelo livramento condicional, é preciso que algumas condições sejam observadas, existem as condições obrigatórias e as condições facultativas.

**1.1. Condições obrigatórias:** (i) obter ocupação lícita, dentro de prazo razoável, quando for apto ao trabalho. (ii) comunicar ao juízo sua ocupação periodicamente; (iii) não mudar do território da comarca do Juízo da Execução, sem prévia autorização (art. 132, § 1.º, LEP)

**1.2. Condições facultativas:** (i) não mudar de residência sem comunicação ao juiz e à autoridade incumbida observação cautelar e de proteção; (ii) recolher-se à habitação em hora fixada; (iii) não frequentar determinados lugares.

**Revogação do livramento**

**Art. 86** – Revoga-se **o livramento, se o liberado vem a ser condenado a pena privativa de liberdade, em sentença irrecorrível:** (Redação dada pela Lei nº 7.209, de 11.7.1984)

I – **por crime cometido durante a vigência do benefício**; (Redação dada pela Lei nº 7.209, de 11.7.1984)

II – **por crime anterior, observado o disposto no art. 84 deste Código.** (Redação dada pela Lei nº 7.209, de 11.7.1984)

1. **Revogação do livramento condicional:** a lei indica as situações em que o livramento condicional deverá ser revogado. Assim, a revogação será obrigatória caso o liberado seja condenado a pena privativa de liberdade, por sentença irrecorrível a: (i) crime cometido durante a vigência do benefício; (ii) crime anterior à vigência do benefício. São chamadas de causas legais de revogação do livramento condicional.

---

▶ **ATENÇÃO:** se a condenação for à pena restritiva de direitos ou multa, não irá gerar a **revogação obrigatória** do livramento condicional.

---

► **Aplicação pelo STJ:**

**STJ:** O cometimento de crime durante o período de prova do livramento condicional não implica a perda dos dias remidos. Isso porque o livramento condicional possui regras distintas da execução penal dentro do sistema progressivo de penas. Assim, **no caso de revogação do livramento condicional que seja motivada por infração penal cometida na vigência do benefício, aplica-se o disposto nos arts. 142 da Lei 7.210/1984 (LEP) e 88 do CP**, os quais determinam que não se computará na pena o tempo em que esteve solto o liberado e não se concederá, em relação à mesma pena, novo livramento. (...). (HC 271.907-SP, Rei. Min. Rogerio Schietti Cruz, julgado em 27/3/2014). (Informativo 539).

Revogação facultativa

Art. 87 - **O juiz poderá**, também, **revogar o livramento, se o liberado deixar de cumprir qualquer das obrigações constantes da sentença, ou for irrecorrivelmente condenado, por crime ou contravenção, a pena que não seja privativa de liberdade.** (Redação dada pela Lei nº 7.209, de 11.7.1984)

1. **Revogação facultativa:** diferente do art. 86 do Código Penal, o artigo em análise indica hipóteses de revogação facultativa, ou seja, o juiz, de acordo com o caso concreto irá analisar se vai ocorrer a revogação ou não. São chamadas de causas judiciais de revogação do livramento condicional.

► **Aplicação pelo STJ:**

**STJ:** O livramento condicional deve ser revogado caso o apenado venha a praticar novo crime durante o período de prova (revogação obrigatória), hipótese em que se exige o trânsito em julgado da condenação (art. 86 do CP), ou caso descumpra injustificadamente as condições impostas (revogação facultativa) (art. 87 do CP). **Havendo descumprimento injustificado das condições impostas na sentença, não configura constrangimento ilegal a revogação facultativa do livramento condicional, na hipótese em que houve a intimação do paciente para apresentar suas justificativas, assegurando-lhe o exercício do contraditório e da ampla defesa**. 4. Habeas corpus não conhecido" (HC 197168-SP, 5.a T., rel. Gurgel de Faria, 05.03.2015, v.u.).

Efeitos da revogação

Art. 88 - **Revogado o livramento, não poderá ser novamente concedido, e, salvo quando a revogação resulta de condenação por outro crime anterior àquele benefício, não se desconta na pena o tempo em que esteve solto o condenado.** (Redação dada pela Lei nº 7.209, de 11.7.1984)

1. **Efeitos da condenação:** conforme estudado nos artigos anteriores, algumas situações ensejam a revogação obrigatória e outras, a revogação facultativa. Ocorrendo qualquer das possibilidades de revogação, o livramento condicional

não poderá em regra, ser concedido novamente. Mas os efeitos irão depender do que deu causa à revogação. Vejamos:

**1.1. Revogado em razão da condenação do réu por crime cometido antes da concessão do livramento:** deverá cumprir o que falta da pena e será descontado o tempo que esteve solto.

**1.2. Revogação por nova condenação:** a pena da nova condenação será somada ao tempo que falta da pena anterior, e poderá ser concedido novo benefício.

**1.3. Revogado em razão de condenação irrecorrível por conduta praticada durante o livramento condicional:** cumprirá o restante da pena anterior sem descontar o período que esteve solto, e ainda não poderá obter novo livramento condicional com base nesta pena.

► **Aplicação pelo STJ:**

> **STJ:** A condenação irrecorrível, por crime cometido na vigência do **livramento condicional**, é causa de revogação obrigatória do benefício (inciso I do artigo 86 do Código Penal). Revogado o livramento condicional pela prática delitiva durante o período de prova, **não se conta como tempo de pena cumprida o lapso temporal em que o condenado ficou em liberdade**" (STF: HC 90.449/RJ, rel. Min. Carlos Britto, 1ª Turma, j. 09.10.2007). No mesmo sentido: STJ – AgRg no REsp 897.696/RS, rel. Min. Jane Silva – Desembargadora convocada do TJ/MG, 6ª Turma, j. 29.04.2008)

**Aplicação em concurso:**

- ***Ano: 2015 Banca: FCC Órgão: DPE-MA Prova: Defensor Público***

Pedro, reincidente, foi condenado a cumprir pena de dois anos. No cumprimento de sua primeira condenação, teve um livramento condicional revogado, além da falta grave reconhecida judicialmente. Como defensor público, deve-se formular em seu favor

E) somente progressão de regime havendo lapso, uma vez que não há possibilidade de um novo pedido de livramento condicional, em razão de uma revogação anterior do mesmo pleito.

*Gabarito: e*

*Havendo revogação do livramento condicional, este não será mais concedido, conforme redação do artigo 88 do CP).*

**Extinção**

**Art. 89** – O juiz **não poderá declarar extinta a pena, enquanto não passar em julgado a sentença em processo a que responde o liberado, por crime cometido na vigência do livramento.** (Redação dada pela Lei nº 7.209, de 11.7.1984)

1. **Prorrogação do período de prova**: quando o condenado estiver respondendo a processo no decorrer da vigência do livramento condicional, será prorrogado

automaticamente o período de prova para que possa ser verificado se era caso de revogação obrigatória, conforme art. 86, I do Código Penal. Caso tenha condenação, o benefício será revogado e aplica-se a regra do art. 88 do Código Penal.

**Aplicação em concurso:**

- ***Ano: 2015 Banca: VUNESP Órgão: TJ-MS Prova: Juiz Substituto***

  Assinale a alternativa correta.

  B) O juiz não poderá declarar extinta a pena, enquanto não passar em julgado a sentença em processo a que responde o liberado, por crime cometido na vigência do livramento

  *Gabarito: b*

  *A alternativa "b" condiz com a literalidade do art. 89 do Código Penal, portanto é a correta.*

▶ **Aplicação pelo STJ:**

**STJ: A prática de crime durante o livramento condicional impõe ao magistrado das execuções penais a suspensão cautelar desse benefício dentro do período de prova.**(6ª T.) – HC 293454 – SP – 09/09/2014 – Habeas corpus

▶ **Aplicação pelo STF:**

**STF:** Livramento condicional e crime superveniente. **Cumprido o período de prova, a decisão de extinção da pena somente poderá ser proferida após o trânsito em julgado referente ao crime superveniente. (...)** (HC 105497/RJ. Rel. Gilmar Mendes, 15.2.2011.( **Informativo 616).**

**Art. 90 – Se até o seu término o livramento não é revogado, considera-se extinta a pena privativa de liberdade.** (Redação dada pela Lei nº 7.209, de 11.7.1984)

1. **Finalização do livramento condicional:** caso o livramento condicional chegue ao final do período de prova sem que tenha sido revogado, a pena será considerada como extinta. A extinção da pena será feita em sentença declaratória, com eficácia retroativa do encerramento do período de prova.

▶ **Súmula relevante:**

**Súmula 617 STJ:** A ausência de suspensão ou revogação do livramento condicional antes do término do período de prova enseja a extinção da punibilidade pelo integral cumprimento da pena

▶ **Aplicação pelo STJ:**

**STJ: Não ocorrendo o sobrestamento do livramento durante o período de prova, descabida é a sua revogação posterior, devendo ser declarada a extinção da pena, nos termos do art. 90 do Código Penal.** (...) (HC 290526-SP, 5.a T., rel. Jorge Mussi, 10.03.2015).

2. **Oitiva do Ministério Público:** o art. 67 da Lei de Execução Penal determina que antes de decretar a extinção da pena, deverá o magistrado ouvir o Ministério Público.

## CAPÍTULO VI
## DOS EFEITOS DA CONDENAÇÃO

**Efeitos genéricos e específicos**

**Art. 91 – São efeitos da condenação:** (Redação dada pela Lei nº 7.209, de 11.7.1984)

I – **tornar certa a obrigação de indenizar o dano causado pelo crime**; (Redação dada pela Lei nº 7.209, de 11.7.1984)

II – **a perda em favor da União, ressalvado o direito do lesado ou de terceiro de boa-fé**: (Redação dada pela Lei nº 7.209, de 11.7.1984)

a) **dos instrumentos do crime**, desde que consistam em coisas cujo fabrico, alienação, uso, porte ou detenção constitua fato ilícito;

b) do **produto do crime ou de qualquer bem ou valor que constitua proveito auferido pelo agente com a prática do fato criminoso.**

§ 1º Poderá ser decretada a perda de bens ou valores equivalentes ao produto ou proveito do crime quando estes não forem encontrados ou quando se localizarem no exterior. (Incluído pela Lei nº 12.694, de 2012)

§ 2º Na hipótese do § 1º, as medidas assecuratórias previstas na legislação processual poderão abranger bens ou valores equivalentes do investigado ou acusado para posterior decretação de perda. (Incluído pela Lei nº 12.694, de 2012)

1. **Efeitos da condenação**: a sentença penal condenatória, além de submeter o condenado ao seu cumprimento, gera outros efeitos, alguns penais e outros extrapenais, que podem ser genéricos (art. 91) e específicos (art. 92), ambos com previsão no Código Penal. A doutrina os chama de efeitos secundários da sentença condenatória.

**Aplicação em concurso:**

- ***Ano: 2014 Banca: PUC-PR Órgão: TJ-PR Prova: Juiz Substituto***

  Com observância das assertivas abaixo, responda:

  II. Quanto aos efeitos da condenação, poderá ser decretada a perda de bens ou valores equivalentes ao produto ou proveito do crime quando estes não forem encontrados ou quando se localizarem no exterior.

  *Gabarito: A assertiva II está correta, consoante regra do art. 91, §1º do Código Penal.*

► **Aplicação pelo STF:**

**STF: As consequências jurídicas extrapenais, previstas no art. 91 do CP, são decorrentes de sentença penal condenatória.** Isso **não ocorre, portanto, quando**

> **há transação penal,** cuja sentença tem natureza meramente homologatória, sem qualquer juízo sobre a responsabilidade criminal do aceitante. As **consequências geradas pela transação penal são essencialmente aquelas estipuladas por modo consensual no respectivo instrumento de acordo**. (...) (art. 76, § 62). (...). (RE 795567/PR, rei. Min. Teori Zavascki, 28.5.2015).

2. **Efeitos penais**: o principal efeito de uma condenação é a imposição de penas privativas de liberdade, restritivas de direitos, pecuniárias, e medidas de segurança, quando for o caso. Como efeitos secundários penais, podemos citar como exemplo, a reincidência, interrupção e aumento do prazo prescricional, revogação de sursis, revogação do livramento condicional, entre outros.

3. **Efeitos extrapenais genéricos**: os incisos do art. 91 do Código penal lista os efeitos genéricos, que em regra são automáticos. São denominados efeitos genéricos, pois recaem sobre todos os crimes, e são automáticos, ou seja, não precisam ser declarados.

- **OBS: outros efeitos da condenação:**

- Lei de tortura: §5º, artigo 1º da Lei nº 9.455/97
- Crimes contra a propriedade imaterial – artigo 530 –G do CP;
- Favorecimento à prostituição – §3º, artigo 218- B do CP

**Art. 91-A.** Na hipótese de condenação por infrações às quais a lei comine pena máxima superior a 6 (seis) anos de reclusão, poderá ser decretada a perda, como produto ou proveito do crime, dos bens correspondentes à diferença entre o valor do patrimônio do condenado e aquele que seja compatível com o seu rendimento lícito. (Incluído pela Lei nº 13.964, de 2019)

§ 1º Para efeito da perda prevista no **caput** deste artigo, entende-se por patrimônio do condenado todos os bens: (Incluído pela Lei nº 13.964, de 2019)

I – de sua titularidade, ou em relação aos quais ele tenha o domínio e o benefício direto ou indireto, na data da infração penal ou recebidos posteriormente; e (Incluído pela Lei nº 13.964, de 2019)

II – transferidos a terceiros a título gratuito ou mediante contraprestação irrisória, a partir do início da atividade criminal. (Incluído pela Lei nº 13.964, de 2019)

§ 2º O condenado poderá demonstrar a inexistência da incompatibilidade ou a procedência lícita do patrimônio. (Incluído pela Lei nº 13.964, de 2019)

§ 3º A perda prevista neste artigo deverá ser requerida expressamente pelo Ministério Público, por ocasião do oferecimento da denúncia, com indicação da diferença apurada. (Incluído pela Lei nº 13.964, de 2019)

§ 4º Na sentença condenatória, o juiz deve declarar o valor da diferença apurada e especificar os bens cuja perda for decretada. (Incluído pela Lei nº 13.964, de 2019)

§ 5º Os instrumentos utilizados para a prática de crimes por organizações criminosas e milícias deverão ser declarados perdidos em favor da União ou do Estado, dependendo da Justiça onde tramita a ação penal, ainda que não ponham em perigo a segurança das pessoas, a moral ou a ordem pública, nem ofereçam sério risco de ser utilizados para o cometimento de novos crimes.

1. **Efeito da condenação:** trata-se de novidade legislativa trazida pelo Pacote Anticrime. Neste caso, se a pessoa for condenada por um crime que tenha pena máxima cominada em abstrato, superior a 06 (seis) anos de reclusão, poderá ser decretada a perda dos bens correspondentes à diferença entre o valor do patrimônio do condenado e o que seja compatível com o seu rendimento lícito, ou seja, aquilo que restar demonstrado como sendo patrimônio oriundo de práticas ilícitas.

**BENS**
- de sua titularidade, ou em relação aos quais ele tenha o domínio e o benefício direto ou indireto, na data da infração penal ou recebidos posteriormente; e
- transferidos a terceiros a título gratuito ou mediante contraprestação irrisória, a partir do início da atividade criminal.

**1.1. Prova da ilicutude dos bens:** o condenado poderá provar que os bens são advindos de atividade lícita, ou ainda da inexistência de incompatibilidade apontada.

2. **Procedimento:** a perda dos bens na hipótese desse artigo, deverá ser requerida pelo Ministério Público, no oferecimento da denúncia, já devendo incluir a diferença entre o valor do patrimônio do condenado e aquele que seja compatível com o seu rendimento lícito. A perda dos bens, quando for o caso, será decretada na sentença pelo juiz, onde se estabelecerá quais bens terão a perda decretada.

**Art. 92 – São também efeitos da condenação**: (Redação dada pela Lei nº 7.209, de 11.7.1984)

I – **a perda de cargo, função pública ou mandato eletivo**: (Redação dada pela Lei nº 9.268, de 1º.4.1996)

a) **quando aplicada pena privativa de liberdade por tempo igual ou superior a um ano, nos crimes praticados com abuso de poder ou violação de dever para com a Administração Pública**; (Incluído pela Lei nº 9.268, de 1º.4.1996)

b) **quando for aplicada pena privativa de liberdade por tempo superior a 4 (quatro) anos nos demais casos.** (Incluído pela Lei nº 9.268, de 1º.4.1996)

II **a incapacidade para o exercício do poder familiar, da tutela ou da curatela nos crimes dolosos sujeitos à pena de reclusão cometidos contra outrem igualmente titular do mesmo poder familiar, contra filho, filha ou outro descendente ou contra tutelado ou curatelado**; (Redação dada pela Lei nº 13.715, de 2018)

III – **a inabilitação para dirigir veículo, quando utilizado como meio para a prática de crime doloso.** (Redação dada pela Lei nº 7.209, de 11.7.1984)

Parágrafo único – **Os efeitos de que trata este artigo não são automáticos**, devendo ser motivadamente declarados na sentença. (Redação dada pela Lei nº 7.209, de 11.7.1984)

1. **Efeitos extrapenais específicos:** o art. 92 do Código Penal elenca efeitos extrapenais específicos, ou seja, não estarão presentes em todas as condenações, somente na ocorrência de determinados crimes. Ao contrário dos genéricos, os efeitos específicos não são automáticos e precisam, portanto, estar de forma expressa e motivada na sentença condenatória.

**1.1. Efeitos da condenação fora do Código Penal:** alguns efeitos da condenação estão descritos em outras leis, como a suspensão dos direitos políticos (art. 15, III da CF) – efeito automático que não precisa de motivação na sentença; perda do mandato do Deputado Federal ou Senador (art. 55, VI da CF); Lei de Licitações (art. 83 da Lei 8.666/93); Lei de Falências (art. 181, I a III da Lei 11.101/05); Lei de Tortura (art. 1º, §5º da Lei 9.455/97), Lei de Drogas (art. 56, §1º da Lei 11.343/06); Crimes resultantes de preconceitos de raça e de cor (art. 16 da Lei 7.716/1989); Lei de lavagem de capitais (art. 7º da Lei 9.613/1998), entre outros.

► **Aplicação pelo STJ:**

**STJ:** Segundo a ótica majoritária do STJ, **é inviável ter-se como efeito da condenação penal a perda da aposentadoria, em razão de inexistente previsão legal**. Rec. Esp. 1.250.950/2012 – DF -19/06/2012

## CAPÍTULO VII
## DA REABILITAÇÃO

**Reabilitação**

**Art. 93 – A reabilitação alcança quaisquer penas aplicadas em sentença definitiva, assegurando ao condenado o sigilo dos registros sobre o seu processo e condenação.** (Redação dada pela Lei nº 7.209, de 11.7.1984)

Parágrafo único – A reabilitação **poderá, também, atingir os efeitos da condenação, previstos no art. 92 deste Código,** vedada reintegração na situação anterior, nos casos dos incisos I e II do mesmo artigo. (Redação dada pela Lei nº 7.209, de 11.7.1984).

1. **Conceito de reabilitação:** a reabilitação busca promover a reinserção social do condenado, no sentido de manter em segredo os seus antecedentes criminais, além de suspender alguns efeitos secundários de natureza extrapenal que surgem em decorrência da condenação.
2. **Objetivos da reabilitação:** dois pontos principais devem ser levantados como objetivos: (i) assegurar ao condenado o sigilo dos registros processuais e de sua condenação; (ii) suspender condicionalmente os efeitos do art. 92 do Código Penal.
3. **Competência:** será competente para receber e analisar o pedido de reabilitação o juiz da condenação, conforme Art. 743 do Código de Processo Penal. Se o pedido for negado, poderá ser interposta apelação nos termos do art. 593, II do mesmo diploma legal.

**Aplicação em concurso:**

- ***Ano: 2017 Banca: MPE-RS Órgão: MPE-RS Prova: Promotor de Justiça – Reaplicação***

  Assinale a alternativa INCORRETA.

  B) O juízo competente para processar a reabilitação é o juízo das execuções penais.

  *Gabarito: b*

  *Competência para julgamento da reabilitação, conforme Art. 743. A reabilitação **será requerida ao juiz da condenação**, após o decurso de quatro ou oito anos, pelo menos, conforme se trate de condenado ou reincidente, contados do dia em que houver terminado a execução da pena principal ou da medida de segurança detentiva, devendo o requerente indicar as comarcas em que haja residido durante aquele tempo.*

Art. 94 – A reabilitação **poderá ser requerida, decorridos 2 (dois) anos do dia em que for extinta, de qualquer modo, a pena ou terminar sua execução**, computando-se o período de prova da suspensão e o do livramento condicional, se não sobrevier revogação, desde que o condenado: (Redação dada pela Lei nº 7.209, de 11.7.1984)

I – tenha tido **domicílio no País no prazo acima referido**; (Redação dada pela Lei nº 7.209, de 11.7.1984)

II – tenha dado, **durante esse tempo, demonstração efetiva e constante de bom comportamento público e privado**; (Redação dada pela Lei nº 7.209, de 11.7.1984)

III – tenha **ressarcido o dano causado pelo crime ou demonstre a absoluta impossibilidade de o fazer**, até o dia do pedido, ou exiba documento que comprove a renúncia da vítima ou novação da dívida. (Redação dada pela Lei nº 7.209, de 11.7.1984)

Parágrafo único – Negada a reabilitação, **poderá ser requerida, a qualquer tempo, desde que o pedido seja instruído com novos elementos comprobatórios dos requisitos necessários.** (Redação dada pela Lei nº 7.209, de 11.7.1984)

1. **Requisitos para reabilitação:** para que a reabilitação seja conhecida pelo judiciário, é preciso que estejam presentes alguns requisitos. Importante ressaltar que os requisitos indicados pelo art. 94 são cumulativos.

   **1.1. Requisitos objetivos:** (i) transcorrido o prazo de 2 (dois) anos contados do dia em que estiver extinta a pena ou terminar a sua execução; (ii) reparação do dano ou demonstração da impossibilidade de fazê-lo.

   **1.2. Requisitos subjetivos:** (i) ter domicílio no país nos dois anos seguintes ao cumprimento ou extinção da pena; (ii) bom comportamento público e privado no decorrer desse período.

**Aplicação em concurso:**

- ***Ano: 2017 Banca: FCC Órgão: TJ-SC Prova: Juiz Substituto***

  Acerca da concessão da reabilitação, considere:

I. Ter domicílio no país pelo prazo de quatro anos.

II. No cômputo do prazo de sursis não ter havido revogação.

III. Ter demonstrado efetiva e constantemente bom comportamento público e privado.

IV. Condenação a pena superior a dois anos, no caso de pena privativa de liberdade.

V. Ter ressarcido o dano causado ou demonstrado a impossibilidade absoluta de fazê-lo.

Está correto o que se afirma APENAS em:

A) III e IV.

B) I, II, III e V.

C) II, III, IV e V.

D) II, III e V.

E) I, II e IV.

*Gabarito: d*

*Estão corretas as assertivas II (Artigo 94, caput do CP), III (Artigo 94, II do CP)e V (artigo 94, III do CP)*

2. **Pedido de reabilitação:** legitimidade para o pedido é do condenado, ou seja, não poderá ser feito por herdeiros ou sucessores. Assim sendo, não poderá ser feito pedido de reabilitação em memória de pessoa falecida.

   Caso seja negado, pode ser requerido novamente a qualquer tempo, quando estiver instruído com comprovação de cumprimento dos requisitos.

► **Aplicação pelo STJ:**

> **STJ:** O STJ tem entendido que, **por analogia ao que dispõe o art. 748 do CPP**, que assegura ao reabilitado o sigilo das condenações criminais anteriores na sua folha de antecedentes, **devem ser excluídos dos terminais dos Institutos de Identificação Criminal os dados relativos a inquéritos arquivados, a processos em que tenha ocorrido a reabilitação do condenado e a absolvições por sentença penal transitada em julgado, ou, ainda, que tenha sido reconhecida a extinção da punibilidade do acusado pela prescrição da pretensão punitiva do Estado.** HC 42.582/2005 – SP -

**Art. 95 – A reabilitação será revogada**, de ofício ou a requerimento do Ministério Público, se o reabilitado for condenado, como reincidente, por decisão definitiva, a pena que não seja de multa. (Redação dada pela Lei nº 7.209, de 11.7.1984)

1. **Revogação da reabilitação:** será revogada a reabilitação, de ofício pelo juiz ou a requerimento do Ministério Público, se o reabilitado for condenado, como reincidente, por decisão transitada em julgado, com condenação a pena que não seja multa.

2. **Prazo da reabilitação e da reincidência:** caso tenha ocorrido a reabilitação, mas o agente praticar novo delito, ele ainda será considerado reincidente. O art. 64, I do Código Penal determina que a condenação anterior não será considerada para fins de reincidência após transcorrido o prazo de 5 (cinco) anos.

3. **Competência:** o pedido de revogação da reabilitação deve ser feito para o juiz da condenação, conforme regra do art. 743 do Código de Processo Penal.

# TÍTULO VI
# DAS MEDIDAS DE SEGURANÇA

**Espécies de medidas de segurança**

**Art. 96.** As medidas de segurança são: (Redação dada pela Lei nº 7.209, de 11.7.1984)

I – **Internação em hospital de custódia e tratamento psiquiátrico ou, à falta, em outro estabelecimento adequado;** (Redação dada pela Lei nº 7.209, de 11.7.1984)

II – **sujeição a tratamento ambulatorial.** (Redação dada pela Lei nº 7.209, de 11.7.1984)

Parágrafo único – Extinta a punibilidade, não se impõe medida de segurança nem subsiste a que tenha sido imposta. (Redação dada pela Lei nº 7.209, de 11.7.1984)

1. **Medidas de segurança:** medida de segurança é uma das espécies de sanção penal com caráter preventivo e terapêutico aplicada aos inimputáveis e semi-imputáveis que demonstrem periculosidade e que tenham praticado conduta ilícita.

2. **Finalidade:** a finalidade é preventiva, visando com que a pessoa não venha praticar novamente injustos penais, bem como, terapêutico para buscar a cura ou quando não for possível, minimizar a doença. Diferente do que ocorre com as demais sanções que também possuem uma finalidade retributiva.

3. **Princípios das medidas de segurança:** as medidas de segurança se submetem a alguns princípios (i) legalidade – medida de segurança só pode ser criada pela lei; (ii) anterioridade – a previsão da medida de segurança imposta deve ser anterior a prática da conduta; (iii) jurisdicionalidade – somente o Poder Judiciário pode aplicar medida de segurança.

4. **Espécies de medida de segurança**: as medidas de segurança são divididas em detentiva e restritiva. A detentiva consiste em Internação em hospital de custódia e tratamento psiquiátrico ou, à falta, em outro estabelecimento adequado (artigo 96, I CP), já a restritiva, na sujeição a tratamento ambulatorial (art. 96, II CP).

5. **Extinção da punibilidade:** se ocorrer a extinção da punibilidade, não poderá ser aplicada medida de segurança, ou seja, é preciso que o Estado ainda detenha o *jus puniendi* para que possa aplicar medida de segurança.

   **5.1. Prescrição da medida de segurança:** a doutrina e jurisprudência majoritária entendem que é possível a prescrição da medida de segurança, que será calculada sobre o máximo da pena abstratamente cominada ao delito.

► **Súmulas relevantes:**

**Súmula 525 STF:** A medida de segurança não será aplicada em segunda instância, quando só o réu tenha recorrido.

**Imposição da medida de segurança para inimputável**

**Art. 97 - Se o agente for inimputável, o juiz determinará sua internação (art. 26). Se, todavia, o fato previsto como crime for punível com detenção, poderá o juiz submetê-lo a tratamento ambulatorial.** (Redação dada pela Lei nº 7.209, de 11.7.1984)

**Prazo**

**§ 1º - A internação, ou tratamento ambulatorial, será por tempo indeterminado, perdurando enquanto não for averiguada, mediante perícia médica, a cessação de periculosidade. O prazo mínimo deverá ser de 1 (um) a 3 (três) anos.** (Redação dada pela Lei nº 7.209, de 11.7.1984)

**Perícia médica**

§ 2º - A perícia médica realizar-se-á ao termo do prazo mínimo fixado e deverá ser repetida de ano em ano, ou a qualquer tempo, se o determinar o juiz da execução. (Redação dada pela Lei nº 7.209, de 11.7.1984)

Desinternação ou liberação condicional

§ 3º - A desinternação, ou a liberação, será sempre condicional devendo ser restabelecida a situação anterior se o agente, antes do decurso de 1 (um) ano, pratica fato indicativo de persistência de sua periculosidade. (Redação dada pela Lei nº 7.209, de 11.7.1984)

§ 4º - **Em qualquer fase do tratamento ambulatorial, poderá o juiz determinar a internação do agente, se essa providência for necessária para fins curativos.** (Redação dada pela Lei nº 7.209, de 11.7.1984)

1. **Requisitos para aplicação de medida de segurança:** para se aplicar uma medida de segurança devem ser observados alguns requisitos: (i) pratica de conduta típica e ilícita; (ii) periculosidade do agente; (iii) não tenha ocorrido extinção da punibilidade.

2. **Espécies de medida de segurança**: as medidas de segurança são divididas em detentiva e restritiva. Quando a pessoa se envolver em ilícito apenado com reclusão, a medida de segurança será detentiva, por outro lado, se a infração for apenada com detenção, a medida de segurança será restritiva.

**Aplicação em concurso:**

- ***Ano: 2013 Banca: VUNESP Órgão: TJ-RJ Prova: Juiz***

  Assinale a alternativa correta relativamente ao tratamento dado pela legislação penal brasileira à Medida de Segurança.

  A) Enquanto a detentiva é obrigatória para fatos punidos com reclusão, a restritiva pode ser aplicada em caso de fatos punidos com detenção.

  *Gabarito: letra a*

  *A alternativa está e acordo co o disposto no artigo 97, caput do CP.*

3. **Prazo:** a medida de segurança não possui um prazo determinado, como possuem as demais sanções, ela deverá perdurar pelo tempo que estiver presente a periculosidade do agente. A lei indica apenas um prazo mínimo de duração que varia de 1 (um) a 3 (três) anos. O prazo máximo não é indicado, no entanto, a jurisprudência entende que deve ser pelo prazo máximo de 30 (trinta) anos, e a Súmula 527 do STJ diz que deve ser o prazo máximo da pena privativa de liberdade cominada abstratamente.

▶ **Aplicação pelo STF:**

**STF:** O **prazo máximo de duração de medida de segurança é de 30 anos, nos termos do art. 75 do CP.** HC 107432/R5, rei. Min. Ricardo Lewandowski, 24.5.2011. (Informativo 628).

▶ **OBS:** Importante ressaltar que o prazo máximo de duração da medida de segurança passou a ser de 40 anos, considerando a mudança de redação do art. 75, "caput", do CP, dada pela Lei 13.964/19), aplicando -se, assim, o mesmo raciocínio

4. **Desinternação e liberação:** para que ocorra a desinternação e liberação, será preciso cumprir algumas condições, que são divididas em obrigatórias e facultativas. As condições obrigatórias são: (i) ter ocupação lícita quando estiver apto para o trabalho; (ii) fazer comunicação periódica ao juiz acerca das suas ocupações; (iii) não mudar de comarca sem prévia autorização. As facultativas podem ser de acordo com o entendimento do juiz: (i) recolhimento em horário determinado; (ii) não frequentar certos lugares, entre outros.

**Aplicação em concurso:**

- ***Ano: 2017 Banca: FCC Órgão: DPE-PR Prova: Defensor Público***

  Sobre as medidas de segurança e sua execução, é correto afirmar que

  A) as condições da liberação condicional são as mesmas da desinternação condicional.

*Gabarito: a*

*A assertiva está do acordo com o previsto no art. 97, § 3º do CP: A desinternação ou a liberação será sempre condicional devendo ser restabelecida a situação anterior se o agente, antes do decurso de 1 (um) ano, pratica fato indicativo de persistência de sua periculosidade.*

**4.1. Desinternação progressiva**: no decorrer da vigência da medida de segurança, se faz a conversão da internação para o tratamento ambulatorial a fim de iniciar a preparação do indivíduo ao retorno social.

| Espécies de medidas de segurança | Prazo – artigo 97, §1º CP |
|---|---|
| **Detentiva:** Internação em hospital de custódia e tratamento psiquiátrico ou, à falta, em outro estabelecimento adequado – artigo 96, I CP<br>**Restritiva:** sujeição a tratamento ambulatorial – artigo 96, II CP. | A internação, ou tratamento ambulatorial, **será por tempo indeterminado,** perdurando enquanto não for averiguada, mediante perícia médica, a cessação de periculosidade. **O prazo mínimo deverá ser de 1 (um) a 3 (três) anos** |

► **Súmulas relevantes**:

**Súmula 527 STJ:** O tempo de duração da medida de segurança não deve ultrapassar o limite máximo da pena abstratamente cominada ao delito praticado.

**Substituição da pena por medida de segurança para o semi-imputável**

**Art. 98 – Na hipótese do parágrafo único do art. 26 deste Código e necessitando o condenado de especial tratamento curativo, a pena privativa de liberdade pode ser substituída pela internação, ou tratamento ambulatorial, pelo prazo mínimo de 1 (um) a 3 (três) anos**, nos termos do artigo anterior e respectivos §§ 1º a 4º. (Redação dada pela Lei nº 7.209, de 11.7.1984)

1. **Conversão de pena privativa de liberdade por medida de segurança:** o art. 183 da Lei de Execução Penal possibilita o juiz da execução a converter a pena privativa de liberdade em medida de segurança quando sobrevier doença mental ou perturbação de saúde mental ao condenado. É necessário a perícia médica para constatação.

► **Aplicação pelo STJ:**

**STJ:** A medida de segurança prevista no art. 183 da Lei de Execução Penal é aplicada quando, **no curso da execução da pena privativa de liberdade, sobrevier doença mental ou perturbação da saúde mental**, ocasião em que a sanção é **substituída pela medida de segurança**, que deve **perdurar pelo período de cumprimento da reprimenda imposta na sentença penal condenatória, sob pena de ofensa à coisa julgada**" (HC 219.014, Sexta Turma, Rei. Min. Og Fernandes, DJe 28/05/2013).

**1.1. Doença mental ou perturbação permanente:** para que ocorra a conversão, necessário que seja de caráter permanente, se for transitório, será necessária transferência para hospital de custódia e tratamento psiquiátrico para, após, curado, retornar ao estabelecimento prisional.

**Direitos do internado**

**Art. 99** – O internado será recolhido a estabelecimento dotado de características hospitalares e será submetido a tratamento. (Redação dada pela Lei nº 7.209, de 11.7.1984)

1. **Direitos do internado:** a finalidade de tal dispositivo é para que o indivíduo que receba a aplicação de uma medida de segurança não fique recolhido em um estabelecimento prisional comum, visto que, precisa de tratamento adequado para sua melhora. Caso fique em estabelecimento comum, caracteriza-se constrangimento ilegal, e poderá ser combatido por meio de *Habeas Corpus*.

## TÍTULO VII
## DA AÇÃO PENAL

**Ação pública e de iniciativa privada**

**Art. 100 – A ação penal é pública, salvo quando a lei expressamente a declara privativa do ofendido.** (Redação dada pela Lei nº 7.209, de 11.7.1984)

§ 1º – **A ação pública é promovida pelo Ministério Público, dependendo, quando a lei o exige, de representação do ofendido ou de requisição do Ministro da Justiça.** (Redação dada pela Lei nº 7.209, de 11.7.1984)

§ 2º – A ação de **iniciativa privada** é promovida **mediante queixa do ofendido ou de quem tenha qualidade para representá-lo.** (Redação dada pela Lei nº 7.209, de 11.7.1984)

§ 3º – **A ação de iniciativa privada pode intentar-se nos crimes de ação pública, se o Ministério Público não oferece denúncia no prazo legal.** (Redação dada pela Lei nº 7.209, de 11.7.1984)

§ 4º – **No caso de morte do ofendido ou de ter sido declarado ausente por decisão judicial, o direito de oferecer queixa ou de prosseguir na ação passa ao cônjuge, ascendente, descendente ou irmão.** (Redação dada pela Lei nº 7.209, de 11.7.1984)

1. **Ação Penal:** é o meio utilizado para exigir do Estado a aplicação do direito penal ao caso concreto, para solucionar um conflito que iniciou pela suposta prática de um ilícito penal. A ação penal pode ser pública ou privada.

   **1.1. Ação Penal Pública:** a legitimidade da ação penal pública é do Ministério Público e esta será iniciada por meio de uma petição denominada "denúncia". A ação penal pode ser classificada em ação penal pública incondicionada, ação penal pública condicionada à representação do ofendido ou seu representante ou à requisição do Ministro da Justiça. Vejamos:

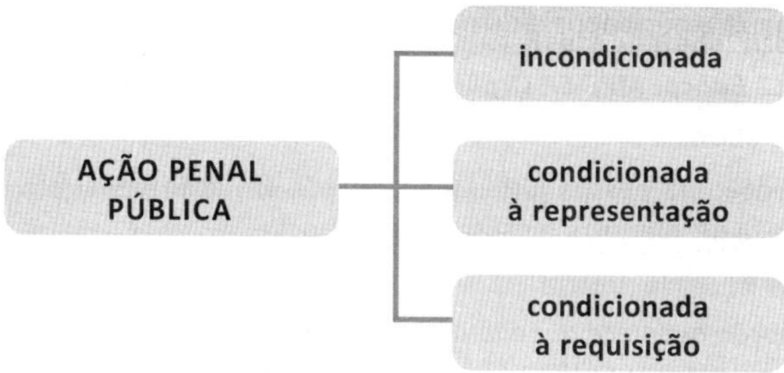


**Aplicação em concurso:**

- ***Ano: 2014 Banca: FCC Órgão: TJ-AP Prova: Juiz***

  Quanto à ação penal, é correto afirmar:

  D) A requisição do Ministro da Justiça não obriga o Ministério Público a promovê-la, ainda que assim condicionada.

  *Gabarito: d*

  *A alternativa d está correta, tendo em vista que vigora o princípio da independência funcional. Ainda que tenha requisição do Ministro da Justiça o Ministério Público deverá analisar se estão presentes as condições da ação e os pressupostos para propositura da mesma.*

**1.2. Ação Penal de iniciativa Privada:** a legitimidade da ação penal privada é do ofendido (vítima) ou o seu representante legal, e será iniciada por meio de uma queixa-crime. Pode ser classificada em: ação penal privada exclusiva ou propriamente dita; ação penal privada personalíssima e ação penal privada subsidiária da pública. Vejamos:

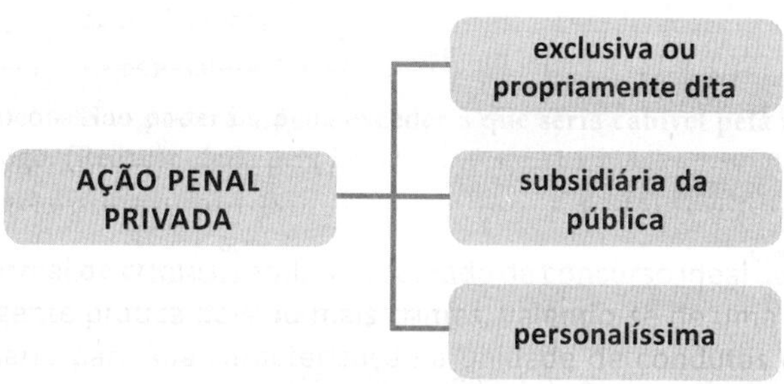


**2. Ação Penal Privada:** conforme já indicado é promovida por meio de queixa -crime da vítima ou o seu representante legal.

**2.1. Ação Penal privada exclusiva/propriamente dita:** admite sucessão em caso de morte ou declaração judicial de ausência, oportunidade em que poderá figurar no polo ativo o cônjuge, ascendente, descendente ou irmão.

**Aplicação em concurso:**

- ***Ano: 2012 Banca: MPE-SP Órgão: MPE-SP Prova: Promotor de Justiça***

  É correto afirmar:

  E) A extinção da pessoa jurídica querelante em ação penal privada exclusiva, na ausência de sucessor, é causa de perempção.

  *Gabarito: e*

  *A perempção acontece quando há inércia do querelante no decorrer da ação penal privada, e a consequência é a extinção da punibilidade do querelado. Para entender a assertiva correta também era necessário lembrar do art. 60, IV do CPP: Art. 60. Nos casos em que somente se procede mediante queixa, considerar-se-á perempta a ação penal: (...) IV – quando, sendo o querelante pessoa jurídica, esta se extinguir sem deixar sucessor.*

**2.2. Ação Penal privada personalíssima:** somente a própria vítima poderá figurar no polo ativo da ação, não admite sucessão em hipótese alguma.

**2.3. Ação Penal Privada subsidiária da pública:** pode também ser chamada de ação penal supletiva, em que o crime se processava por meio de ação penal pública, sendo cabível sua propositura no caso de inércia do Ministério Público, quando o meso deixa passar *in albis* o prazo legal para oferecimento da denúncia.

3. **Sucessão:** conforme determina art. 24, §1º e art. 31 todos do Código de Processo Penal, no caso de morte e declaração judicial de ausência, poderá promover a queixa ou prosseguir com o processo já instaurado, o cônjuge (companheiro), ascendente, descendente e irmão.

| AÇÃO PENAL PÚBLICA | |
|---|---|
| Promovida mediante denúncia do Ministério Público<br>**Princípios que regem a ação penal pública:**<br>**- Obrigatoriedade;**<br>**- Indisponibilidade;**<br>**- Oficialidade;**<br>**- Intranscendência** | **Espécies:**<br>**a) Incondicionada** – regra geral<br>**b) Condicionada**:<br>**1)** à representação do ofendido ou seu representante legal;<br>**2)** à requisição do Ministro das Justiça |
| **AÇÃO PENAL DE INICIATIVA PRIVADA** | |
| É promovida mediante queixa do ofendido ou de quem tenha qualidade para representá-lo.<br>**Princípios que regem a ação penal privada:**<br>**-Oportunidade e conveniência**<br>**- Disponibilidade**<br>**- Indivisibilidade**<br>**- Intranscendência;** | **Espécies:**<br>• **Propriamente dita** – artigo 100, §1º<br>• **Subsidiária da pública** –artigo 100, §3º e artigo 5º, LIX CRFB/88/<br>• **Personalíssima** – artigo 236CP |

► **Súmulas relevantes:**

**Súmula 714 STF:** É concorrente a legitimidade do ofendido, mediante queixa, e do ministério público, condicionada à representação do ofendido, para a ação penal por crime contra a honra de servidor público em razão do exercício de suas funções.

**Súmula 234 do STJ:** A participação de membro do Ministério Público na fase investigatória criminal não acarreta o seu impedimento ou suspeição para o oferecimento da denúncia.

**A ação penal no crime complexo**

**Art. 101** - Quando a **lei considera como elemento ou circunstâncias do tipo legal fatos** que, por si mesmos, **constituem crimes, cabe ação pública em relação àquele, desde que, em relação a qualquer destes, se deva proceder por iniciativa do Ministério Público.** (Redação dada pela Lei nº 7.209, de 11.7.1984)

1. **Crimes complexos:** são aqueles crimes que se formam pela fusão de dois ou mais crimes.

   **1.1. Ação penal nos crimes complexos:** a ação penal será pública quando um dos crimes se processar por meio de ação pública, ainda que os demais sejam de ação penal privada.

► **Súmulas relevantes:**

**Súmula 608 STF:** No crime de estupro, praticado mediante violência real, a ação penal é pública incondicionada.

**Irretratabilidade da representação**

**Art. 102** - A **representação será irretratável depois de oferecida a denúncia.** (Redação dada pela Lei nº 7.209, de 11.7.1984)

1. **Representação –** Consiste na manifestação positiva de vontade do ofendido ou seu representante legal, nos crimes de ação penal pública condicionados à representação, no sentido de autorizar que o Estado proceda a Persecução penal (investigue e processe o autor do fato).
2. **Natureza jurídica** – condição de procedibilidade

► **ATENÇÃO:** de acordo com o artigo 16 da Lei nº 11.340/06 (Lei Maria da Penha) **nas ações penais públicas condicionadas à representação** da ofendida que envolvam violência doméstica e familiar contra a mulher, **só será admitida a renúncia** (retratação) **à representação perante o juiz, em audiência especialmente designada com tal finalidade, antes do recebimento da denúncia e ouvido o Ministério Público,** não sendo, portanto, admitida em sede policial.

▶ **Súmulas relevantes:**

**Súmula 709 STF:** Salvo quando nula a decisão de primeiro grau, o acórdão que provê o recurso contra a rejeição da denúncia vale, desde logo, pelo recebimento dela.

**Decadência do direito de queixa ou de representação**

**Art. 103** – Salvo disposição expressa em contrário, o ofendido decai do direito de queixa ou de representação se não o exerce dentro do prazo de 6 (seis) meses, contado do dia em que veio a saber quem é o autor do crime, ou, no caso do § 3º do art. 100 deste Código, do dia em que se esgota o prazo para oferecimento da denúncia. (Redação dada pela Lei nº 7.209, de 11.7.1984)

1. **Decadência do Direito de Queixa ou de representação:** o direito de queixa ou de representação deverão ser exercidos no prazo de 06 meses contados do dia em que o ofendido vier a saber quem é o autor do crime, sob pela de decadência.

**Aplicação em concurso:**

- ***Ano: 2008 Banca: FGV Órgão: TJ-MS Prova: Juiz***

  O prazo para o ajuizamento da queixa-crime é:

  C) de seis meses, iniciando a fluência desse prazo no dia em que o ofendido vem a saber quem é o autor do crime.

  *Gabarito: c*

  *Resposta condizente com a letra da lei, alternativa "c" está correta (art. 103 do CP).*

▶ **Súmulas relevantes:**

**Súmula 594 STF:** Os direitos de queixa e de representação podem ser exercidos, independentemente, pelo ofendido ou por seu representante legal.

**1.1. Queixa-crime subsidiária: no caso de queixa-crime subsidiária o prazo de** 06 meses será contado do dia em que se esgota o prazo para oferecimento da denúncia.

**Renúncia expressa ou tácita do direito de queixa**

**Art. 104** – O direito de queixa **não pode ser exercido quando renunciado expressa ou tacitamente**. (Redação dada pela Lei nº 7.209, de 11.7.1984)

Parágrafo único – Importa renúncia tácita ao direito de queixa a prática de ato incompatível com a vontade de exercê-lo; não a implica, todavia, o fato de receber o ofendido a indenização do dano causado pelo crime. (Redação dada pela Lei nº 7.209, de 11.7.1984)

1. **Renúncia ao direito de queixa**: renúncia ao direito de queixa nada mais é do que o desejo da vítima em não oferecer queixa crime, ou seja, de não processar

criminalmente o autor da conduta ilícita. A renúncia é um ato unilateral do ofendido, não dependendo da aceitação do ofensor para produzir seus efeitos, e pode ser expressa ou tácita.

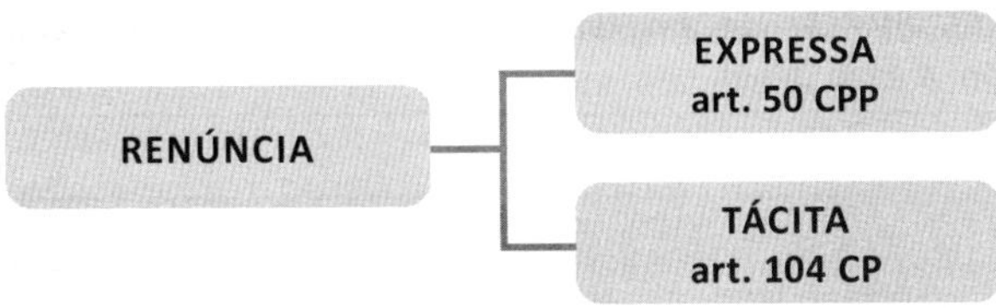


2. **Consequência**: se houver renúncia ao direito de queixa, ocorrerá a extinção da punibilidade.

   **2.1.** Recebimento de indenização não significa renúncia. (p.u artigo 104 do CP)

   **2.2. Renúncia extintiva de punibilidade na ação penal pública condicionada a representação**: se a infração penal for de menor potencial ofensivo, poderá ocorrer a renúncia extintiva de punibilidade, art. 74 da Lei 9.099/95. Caso ocorra a composição civil dos danos entre ofendido e ofensor.

**Perdão do ofendido**

**Art. 105** – O **perdão do ofendido**, nos crimes em que **somente se procede mediante queixa, obsta ao prosseguimento da ação**. (Redação dada pela Lei nº 7.209, de 11.7.1984)

1. **Perdão:** o perdão do ofendido é ato bilateral, ou seja, depende do oferecimento pelo ofendido e de aceitação do ofensor para que produza seus efeitos.

   **1.1. Consequência do perdão:** quando o ofensor aceita o perdão, estará extinta a sua punibilidade.

   **1.2. Momento do oferecimento do perdão:** poderá ocorrer em qualquer tempo após o início da ação penal, até o trânsito em julgado. Após o trânsito em julgado da sentença condenatória não será admitido o perdão.

2. O perdão concedido para um dos querelados será estendido aos demais, e produzirá seus efeitos somente para aqueles que o aceitarem. No entanto, se concedido por um dos ofendidos, não vinculará os demais.

► **PARA NÃO CONFUNDIR: renúncia X perdão**

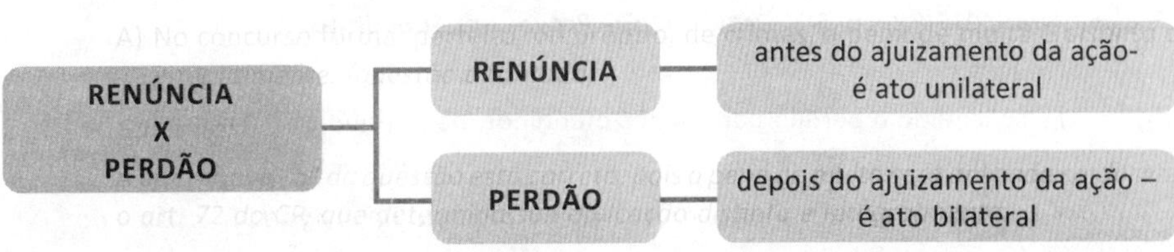

| PERDÃO DO OFENDIDO: É APLICÁVEL NAS AÇÕES DE INICIATIVA PRIVADA |
|---|
| **Espécies de Perdão:**<br>• Expresso: o ofendido verbaliza o intuito de perdoar o ofensor.<br>• Tácito (art. 106, §1º CP): decorre da prática de ato incompatível com a vontade de prosseguir com a ação penal. |

**Art. 106** – O perdão, no processo ou fora dele, expresso ou tácito: (Redação dada pela Lei nº 7.209, de 11.7.1984)

I – **se concedido a qualquer dos querelados, a todos aproveita**; (Redação dada pela Lei nº 7.209, de 11.7.1984)

II – se **concedido por um dos ofendidos, não prejudica o direito dos outros**; (Redação dada pela Lei nº 7.209, de 11.7.1984)

III – se o **querelado o recusa, não produz efeito**. (Redação dada pela Lei nº 7.209, de 11.7.1984)

§ 1º – Perdão tácito é o que resulta da **prática de ato incompatível com a vontade de prosseguir na ação**. (Redação dada pela Lei nº 7.209, de 11.7.1984)

§ 2º – **Não é admissível o perdão depois que passa em julgado a sentença condenatória**. (Redação dada pela Lei nº 7.209, de 11.7.1984)

1. **Perdão do ofendido:** como o próprio nome do instituto já diz, o perdão do ofendido é o ato pelo qual o ofendido (vítima) ou o seu representante legal desiste de continuar com o processo que já está em curso.

   **1.1. Ação Penal:** o perdão do ofendido somente pode ocorrer em ação penal privada, e pode ser processual ou extraprocessual.

   **1.2. Ato bilateral:** o perdão do ofendido é um ato bilateral, ou seja, depende de aceitação do agente, a aceitação pode ser expressa ou tácita.

2. **Aspectos relevantes:** (i) não pode o ofendido perdoar apenas um dos querelados, se perdoar um irá se aproveitar para todos que o aceitarem; (ii) caso tenha mais de um ofendido, o perdão oferecido por um deles não irá vincular os demais; (iii) se o querelado recusar, o perdão não surte efeito algum e o processo segue.

**Aplicação em concurso:**

- ***Ano: 2015 Banca: FCC Órgão: TJ-GO Prova: Juiz Substituto***

  No tocante à ação penal, é correto afirmar que

  E) concedido o perdão por um dos ofendidos, não prejudica o direito dos outros.

  *Gabarito: e*

  *A alternativa encontra-se de acordo com o disposto no artigo 106, inciso II do CP.*

## TÍTULO VIII
## DA EXTINÇÃO DA PUNIBILIDADE

**Extinção da punibilidade**

**Art. 107 - Extingue-se a punibilidade**: (Redação dada pela Lei nº 7.209, de 11.7.1984)

I - pela **morte do agente**;

II - pela **anistia, graça ou indulto**;

III - pela **retroatividade de lei que não mais considera o fato como criminoso**;

IV - pela **prescrição, decadência ou perempção**;

V - pela **renúncia do direito de queixa** ou pelo **perdão aceito**, nos crimes de ação privada;

VI - pela **retratação do agente**, nos casos em que a lei a admite;

VII - (Revogado pela Lei nº 11.106, de 2005)

VIII - (Revogado pela Lei nº 11.106, de 2005)

IX - pelo **perdão judicial**, nos casos previstos em lei.

1. **Extinção da punibilidade:** a extinção da punibilidade ocorre quando o Estado perde o direito de punir o transgressor da norma (pretensão punitiva) ou de executar a sanção imposta ao mesmo (pretensão executória).

**1.1. Causas extintivas de punibilidade:** o art. 107 do Código Penal coloca uma lista de situações que fazem surgir a extinção de punibilidade, no entanto, o rol não é taxativo, pois outras causas são encontradas no próprio Código Penal, bem como nas legislações extravagantes.

São hipóteses de extinção de punibilidades elencadas no artigo 107 do Código Penal:

2. **Morte do agente:** quando se diz agente, devemos pensar em indiciado, réu, sentenciado ou executado. Ocorrendo a morte, extingue-se todos os efeitos penais da sentença condenatória.

**2.1. Comprovação da morte:** a morte será comprovada pela certidão de óbito – art. 62 do Código de Processo Penal. Somente com a certidão de óbito poderá ser declarada extinta a punibilidade.

**2.1.1.** Certidão de óbito falsa: certidão de óbito for falsa e o juiz tiver declarado extinta a punibilidade e sua decisão transitado em julgado:

- ▶ **Dois segmentos**:

- Doutrina majoritária entende que transitado em julgado a decisão judicial, caberá somente o MP processar por falsidade;

- STF (HC60095-RJ) O desfazimento da decisão que, admitindo por equívoco a morte do agente, declarou extinta a punibilidade, não constitui ofensa à coisa julgada."

3. **Da anistia, graça e indulto:** quando o Estado utiliza qualquer desses 03 (três) institutos, ele está renunciado o seu direito de punir.

**3.1. Anistia:** refere-se ao perdão dado pelo Estado, normalmente a crimes de natureza política, podendo ser concedido a crimes comuns. É um ato legislativo federal.

▶ **Competência:** artigo 21, XVII, CRFB/88- União – Congresso Nacional (artigo 48, VIII da CRFB/88)

**3.2. Graça:** a graça será utilizada nos comuns que já tenham tido sentença condenatória transitado em julgado, portanto, é direcionado para uma pessoa determinada. A Lei de Execução Penal chama de indulto individual. Somente o Presidente da República pode conceder a graça.

▶ **Competência:** Presidente da República (artigo 84, XXII da CRFB/88)

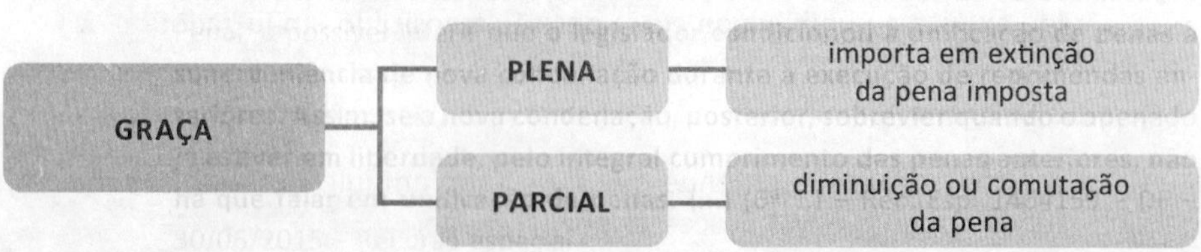

**3.3. Indulto**: também chamado de indulto coletivo, é concedido espontaneamente pelo Presidente da República para todo um grupo de condenados que preencham determinados requisitos que são indicados no decreto.

► **Competência:** Presidente da República (artigo 84, XXII da CRFB/88)

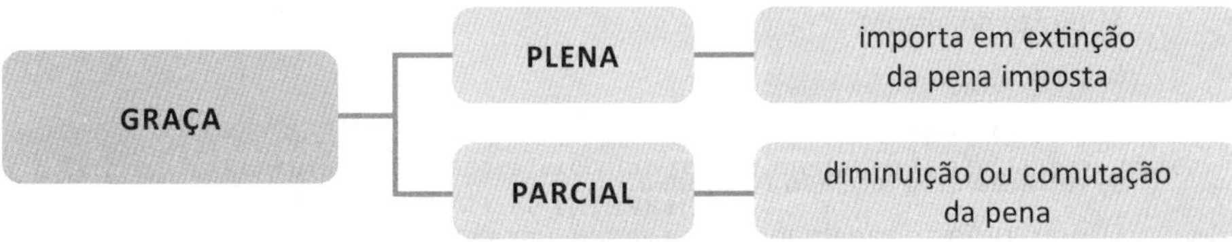


---

► **DICA:**

- **Graça (indulto individual):** concedida individualmente para pessoa determinada;
- **Indulto (indulto coletivo):** concedido de maneira coletiva a fatos determinados pelo Presidente da República anualmente, por meio de Decreto.

---

► **Aplicação pelo STF:**

> **STF:** Indulto e pena de multa **O indulto da pena privativa de liberdade não alcança a pena de multa que tenha sido objeto de parcelamento espontaneamente assumido pelo sentenciado.** (...) EP 11 IndCom-AgR/DF, rel. Min. Roberto Barroso, julgamento em 8.11.2017.( **Informativo 884).**

---

► **OBSERVAÇÃO RELEVANTE:** Não cabe graça ou indulto em se tratando de crimes hediondos – Artigo 2º, I da Lei 8072/90.

---

4. **Retroatividade de lei que não mais considera o fato como criminoso:** o inciso III coloca como causa de extinção da punibilidade a *abolitio criminis*, que ocorre quando uma lei nova deixa de considerar um fato que era prescrito como ilícito penal. Quando isso acontecer, alcançará os efeitos penais da sentença condenatória, e não será utilizado para fins de reincidência nem maus antecedentes.

► **Artigo 2º, *caput* e parágrafo único – *Abolitio criminis***

5. **Prescrição, decadência ou perempção**: vejamos o quadro seguinte:

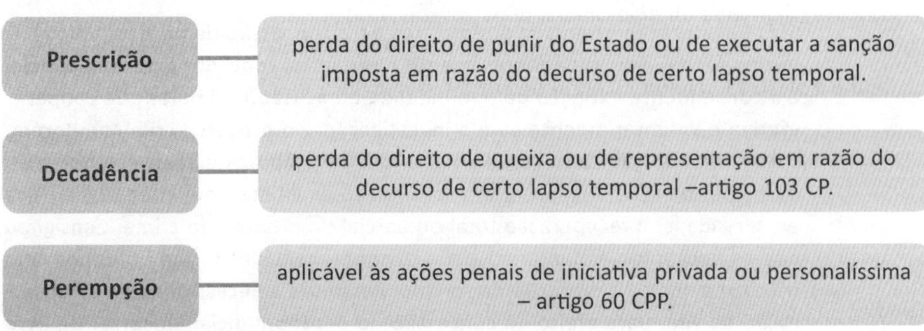

**Aplicação em concurso:**

- ***Ano: 2017 Banca: CESPE Órgão: DPE-AL Prova: Defensor Público***

  Assinale a opção que apresenta causa que acarreta a extinção da punibilidade, extensível aos coautores e partícipes.

  A) morte do agente

  B) perempção

  C) perdão judicial

  D) retração do querelado na calúnia

  E) prescrição ao agente menor de vinte e um anos

  *Gabarito: b*

  *A única causa de extinção de punibilidade entre as alternativas que trará consequências para todos os coautores ou partícipes é a perempção, todas as demais alternativas são de caráter individual.*

6. **Renúncia do direito de queixa ou pelo perdão aceito:** ver comentários dos artigos anteriores.

7. **Retratação do agente:** retratar-se é voltar atrás naquilo que foi dito, desdizer-se. A retratação somente extinguirá a punibilidade nas hipóteses que a lei a admitir.

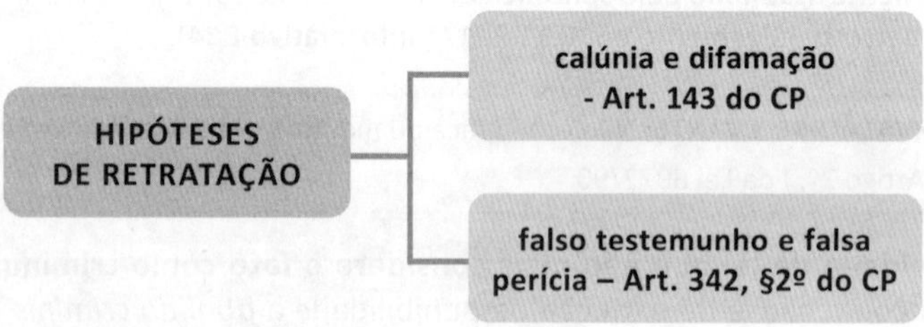


8. **Perdão judicial:** é dado pelo juiz na sentença, momento em que deixa de aplicar a pena ao réu diante da existência de alguns requisitos indicados pela lei. Somente pode ser utilizado quando estiver expresso em lei.

► **Aplicação pelo STF:**

**STF: Colaboração premiada e requisitos para concessão de perdão judicial.** O **juiz pode, de ofício ou a requerimento das partes, conceder o perdão judicial e a consequente extinção da punibilidade ao acusado primário que cooperar efetiva e voluntariamente com a investigação e o processo criminal. Porém, dessa colaboração deve resultar:** a) a identificação dos demais coautores ou partícipes da ação criminosa; b) a localização da vítima, com integridade física preservada; c) a recuperação total ou parcial do produto do crime. Consignou que os vocábulos "voluntariedade" e "espontaneidade" foram utilizados pelo tribunal a quo sem distinção de sentido. Ressaltou a **necessidade de a colaboração do réu, para efeito de concessão do perdão judicial, decorrer de livre**

**vontade, desprovida de qualquer tipo de constrangimento**. (HC 129877/RJ, rel. Min. Marco Aurélio, julgamento em 18.4.2017).( Informativo 861).

---

► **OBS: Hipóteses de causas de extinção de punibilidade não previstas no artigo 107 do CP**:

- Artigo 312, §3º, 1º parte do CP – Peculato culposo;
- Morte da vítima no delito do artigo 236 do CP;
- Composição civil nas infrações de menor potencial ofensivo, sendo a ação penal privada ou pública condicionada a representação (artigo 77, p.u da Lei 9099/95 – Cumprimento da suspensão condicional do processo (artigo 89, §5º da Lei nº 9099/95).

---

**Aplicação em concurso:**

- ***Ano: 2015 Banca: FCC Órgão: TJ-RR Prova: Juiz Substituto***

Constituem causas de extinção da punibilidade que se relacionam com a ação penal pública condicionada

A) a perempção e o perdão do ofendido.

B) a decadência e a perempção.

C) o perdão do ofendido e a composição homologada dos danos civis nos juizados especial criminal.

D) a decadência e o perdão do ofendido.

E) a composição homologada dos danos civis no juizado especial criminal e a decadência.

*Gabarito: e*

*A alternativa "e" na verdade é uma exceção, visto que em regra, o recebimento de indenização pela vítima paga pelo autor da conduta não acarreta renúncia tácita, no entanto, diante de expressa previsão legal na Lei 9.099/95, o acordo homologado entre as partes acarreta renúncia ao direito de queixa e representação. (artigo 74, Parágrafo único).*

## ► Aplicação pelo STJ:

**STJ:** Furto de energia elétrica. Extinção da punibilidade pelo pagamento do débito antes do recebimento da denúncia. Impossibilidade. Novo entendimento. **Não configura causa de extinção de punibilidade o pagamento de débito oriundo de furto de energia elétrica antes do oferecimento da denúncia** (...) (HC 412.208-SP, Rel. Min. Felix Fischer, por unanimidade, julgado em 20/03/2018, DJe 23/03/2018).(Informativo 622).

## ► Súmulas relevantes:

**Súmula 18 STJ:** A sentença concessiva do perdão judicial é declaratória da extinção da punibilidade, não subsistindo qualquer efeito condenatório.

**Súmula 106 STJ:** Proposta a ação no prazo fixado para o seu exercício, a demora na citação, por motivos inerentes ao mecanismo da justiça, não justifica o acolhimento da arguição de prescrição ou decadência.

**Súmula 438 STJ:** É inadmissível a extinção da punibilidade pela prescrição da pretensão punitiva com fundamento em pena hipotética, independentemente da existência ou sorte do processo penal.

**Art. 108** – A extinção da punibilidade de crime que é pressuposto, elemento constitutivo ou circunstância agravante de outro não se estende a este. Nos crimes conexos, a extinção da punibilidade de um deles não impede, quanto aos outros, a agravação da pena resultante da conexão. (Redação dada pela Lei nº 7.209, de 11.7.1984)

1. **Extinção da punibilidade em crimes acessórios, complexos e conexos:** o art. 108 estabelece diretrizes a serem observadas nesses tipos de crimes.

**1.1. Crimes acessórios:** para o crime acessório existir, é preciso que tenha prática de um crime principal, anterior. Quando ocorrer a extinção da punibilidade do principal, não se estenderá para o acessório.

**1.2. Crimes complexos:** crimes complexos se formam pela união de mais de um crime, a extinção da punibilidade de um dos crimes não atinge todo o crime complexo.

**1.3. Crime conexo:** ele é praticado para que outro crime tenha a sua prática assegurada, para ocultar, buscar impunidade ou vantagem no outro crime praticado. Extinguindo-se a punibilidade de um crime, não será impedido a utilização deste para agravar a pena do outro.

**Aplicação em concurso:**

- **Ano:** ***2017 Banca: CESPE Órgão: TRF – 5ª REGIÃO Prova: Juiz Federal Substituto***

  Acerca da extinção da punibilidade, assinale a opção correta.

  B) A extinção da punibilidade de crime que seja pressuposto, elemento constitutivo ou circunstância agravante de outro crime não se estende a este e, tratando-se de crimes conexos, a extinção da punibilidade de um deles não impede, quanto aos outros, a agravação da pena resultante da conexão.

  *Gabarito: b*

  *A alternativa em comento encontra respaldo no art. 108 do CP;*

**Prescrição antes de transitar em julgado a sentença**

**Art. 109**. A prescrição, **antes de transitar em julgado** a sentença final, salvo o disposto no § 1º do art. 110 deste Código, **regula-se pelo máximo da pena privativa de liberdade cominada ao crime**, verificando-se: (Redação dada pela Lei nº 12.234, de 2010).

I – em vinte anos, se o máximo da pena é superior a doze;

II – em dezesseis anos, se o máximo da pena é superior a oito anos e não excede a doze;

III – em doze anos, se o máximo da pena é superior a quatro anos e não excede a oito;

IV – em oito anos, se o máximo da pena é superior a dois anos e não excede a quatro;

V – em quatro anos, se o máximo da pena é igual a um ano ou, sendo superior, não excede a dois;

VI – em 3 (três) anos, se o máximo da pena é inferior a 1 (um) ano. (Redação dada pela Lei nº 12.234, de 2010).

Prescrição das penas restritivas de direito

Parágrafo único – Aplicam-se às penas restritivas de direito os mesmos prazos previstos para as privativas de liberdade. (Redação dada pela Lei nº 7.209, de 11.7.1984)

1. **Prescrição:** prescrição é a perda pelo Estado do direito de punir ou executar uma punição imposta. A prescrição será determinada pelo critério temporal, uma espécie de prazo que o Estado possui para exercer o seu *jus puniendi.*

### ▶ Aplicação pelo STF:

**STF:** A extinção da punibilidade motivada pela ocorrência da prescrição da pretensão punitiva do Estado prejudica o exame do mérito da causa penal, pois a **prescrição – que constitui instituto de direito material qualifica-se como questão preliminar de mérito.** O reconhecimento da prescrição da pretensão punitiva do Estado provoca inúmeras **consequências de ordem jurídica, destacando-se, entre outras, aquelas que importam em: (a) extinguir a punibilidade do agente** (CP, art. 107, IV); (b) **legitimar a absolvição sumária do imputado** (CPP, art. 397, IV); (c) **não permitir que se formule contra o acusado juízo de desvalor quanto à sua conduta pessoal e social;** (d) **assegurar ao réu a possibilidade de obtenção de certidão negativa de antecedentes penais, ressalvadas as exceções legais** (LEP, art. 202; Resolução STF 356/2008, v.g.); (e) **obstar o prosseguimento do processo penal de conhecimento em razão da perda de seu objeto;** (f) **manter íntegro o estado de primariedade do réu**; e (g) vedar a **instauração, contra o acusado, de novo processo penal pelo mesmo fato.** (2ª T.) – Ag. Reg. no Ag. de Inst. 859704 – PR – 07/10/2014

**STF: Não se admite a denominada prescrição em perspectiva, haja vista a inexistência de previsão legal do instituto.** (...)Inq 3574 AgR/MT, rei. Min. Marco Aurélio, 2.6.2015.( Informativo 788)

**1.1. Prescrição da pretensão punitiva em abstrato:** Trata-se de espécie de prescrição que ocorre antes do trânsito em julgado, também chamada de prescrição da pretensão punitiva propriamente dita. A referida prescrição é regulada pelo máximo da pena abstrata com apoio na tabela do art. 109 do Código Penal.

► **TABELA DOS PRAZOS PRESCRICIONAIS:**

| Pena | Prazo |
|---|---|
| Superior a 12 anos | **20 anos** |
| Superior a 8 e no máximo até 12 anos | **16 anos** |
| Superior a 4 e no máximo até 8 anos | **12 anos** |
| Superior a 2 e no máximo até 4 anos | **08 anos** |
| Igual ou superior a 1 e no máximo até 2 anos | **04 anos** |
| Inferior a 1 ano | **03 anos** |

**1.2. Busca da pena máxima**: para encontrar a pena máxima em abstrato, deverá se levar em conta as causas de aumento e diminuição, mas atenção, concurso formal e crime continuado não são levados em consideração, visto que, a prescrição será calculada sobre cada crime individualmente. Agravantes e atenuantes não são consideradas no cálculo prescricional.

| **Hipóteses de imprescritibilidade:** |
|---|
| • Art. 5º, XLII CRFB/88 – a prática do racismo constitui crime inafiançável e imprescritível, sujeito à pena de reclusão, nos termos da lei;(Lei 7.716/89). |
| • Art. 5º, XLIV CRFB/88- constitui crime inafiançável e imprescritível a ação de grupos armados, civis ou militares, contra a ordem constitucional e o Estado Democrático; |

**1.3. Espécies de prescrição:**

**1.3.1. Prescrição da Pretensão Punitiva** – Aqui está em jogo o direito de punir do Estado (*Jus Puniendi*), e se subdivide em:

**1)** Prescrição em abstrato – art. 109 do CP

**2)** Prescrição Retroativa – art. 110, §§1º e 2º, c/c art. 109, ambos do CP.

**3)** Prescrição Subsequente (Superveniente, intercorrente) – art. 110, §1º c/c art. 109, ambos do CP.

**1.3.2. Prescrição da Pretensão Executória** – art. 110, caput do CP. Aqui está em jogo o direito de executar a pena que foi imposta na condenação transitada em julgado.

► **Súmulas relevantes:**

**Súmula 497 STF:** Quando se tratar de crime continuado, a prescrição regula-se pela pena imposta na sentença, não se computando o acréscimo decorrente da continuação.

**Súmula 338 STJ:** A prescrição penal é aplicável nas medidas sócio-educativas

**Súmula 191 STJ:** A pronúncia é causa interruptiva da prescrição, ainda que o Tribunal do Júri venha a desclassificar o crime.

**Prescrição depois de transitar em julgado sentença final condenatória**

Art. 110 – A **prescrição depois de transitar em julgado a sentença condenatória regula-se pela pena aplicada e verifica-se nos prazos fixados no artigo anterior**, os quais se **aumentam de um terço**, se o condenado é **reincidente**. (Redação dada pela Lei nº 7.209, de 11.7.1984)

§ 1º A prescrição, depois da sentença condenatória **com trânsito em julgado para a acusação ou depois de improvido seu recurso**, regula-se pela pena aplicada, não podendo, em nenhuma hipótese, ter por termo inicial data anterior à da denúncia ou queixa. (Redação dada pela Lei nº 12.234, de 2010).

§ 2º (Revogado pela Lei nº 12.234, de 2010).

1. **Prescrição da pretensão punitiva retroativa**: esculpida no art. 110, §1º in fine. Neste caso irá utilizar também a pena aplicada, no entanto, a prescrição será calculada pelo lapso temporal entre a sentença condenatória e o recebimento da denúncia. A contagem é feita "para trás", ou seja, da publicação da sentença ou acórdão até o recebimento da denúncia.

**Aplicação em concurso:**

- ***Ano: 2017 Banca: VUNESP Órgão: TJ-SP Prova: Juiz Substituto***

  A chamada prescrição retroativa

  D) não marca os antecedentes do acusado, nem gera futura reincidência.

  *Gabarito: d*

  *A prescrição retroativa é forma de prescrição da pretensão punitiva e, por esse motivo, são afastados todos os efeitos, principais e secundários, penais e extrapenais, da condenação. Portanto, não marca os antecedentes do acusado, nem gera futura reincidência.*

► **Aplicação pelo STJ:**

**STJ:** Prescrição da pretensão punitiva na modalidade retroativa. **Por se tratar de matéria de ordem pública, a prescrição penal deve ser reconhecida a qualquer tempo e grau de jurisdição, podendo ser declarada de ofício ou a requerimento das partes. AgRg no** RE no Ag. em Rec. Esp. 757338 – RS – /05/2016 **– DJ 20/05/2016.**

2. **Prescrição da pretensão punitiva superveniente**: também chamada de intercorrente, disposta no art. 110, §1º do Código Penal. Neste caso, já houve condenação, e esta transitou em julgado para a acusação, ou o recurso da acusação foi improvido. Dessa forma, a situação do réu não poderá ficar mais grave do que a estabelecida na sentença, ainda que tenha recurso pendente para a defesa por conta da proibição da *reformatio in pejus*. Quando tal situação estiver presente, será calculada a prescrição utilizando a pena cominada na sentença condenatória, e o termo inicial para contagem é a publicação da sentença.

► **Aplicação pelo STF:**

> **STF:** A prescrição da pretensão punitiva é a causa temporal, legalmente fixada, que extingue o poder-dever estatal de aplicar a sanção penal em termos definitivos. Incide essa modalidade de prescrição, em outras palavras, até a formação do trânsito em julgado da sentença penal condenatória. 3. **Não há que se falar de prescrição retroativa ou intercorrente antes do trânsito em julgado para a acusação.** (1ª T.) – AgRg no HC 121967 – SP – 03/03/2015 – Agravo regimental.

3. **Prescrição da pretensão executória**: é a prescrição que pode ocorrer após o trânsito em julgado da sentença penal condenatória, ou seja, após a aplicação da sanção penal. A base de cálculo será a pena aplicada na sentença condenatória, a pena em concreto. Os prazos serão os mesmos do art. 109 do Código Penal, mas deverá ter um aumento de 1/3 se o condenado for reincidente.

**3.1. Consequências:** caso a prescrição fique demonstrada, extingue-se a pena, mas a sentença condenatória produzirá os efeitos penais e extrapenais.

**Aplicação em concurso:**

- ***Ano: 2016 Banca: FCC Órgão: DPE-BA Prova: Defensor Público***

Sobre a prescrição, é correto afirmar que

A) O prazo da prescrição da pretensão executória regula-se pela pena aplicada na sentença, aumentado de um terço, se o condenado for reincidente.

*Gabarito: a*

*O Art. 110 do CP prevê que "A prescrição depois de transitar em julgado a sentença condenatória regula-se pela pena aplicada e verifica-se nos prazos fixados no artigo anterior, os quais se aumentam de um terço, se o condenado é reincidente".*

► **Aplicação pelo STJ:**

> **STJ:** Medida de segurança. Prescrição. Segundo o STJ, **a prescrição da pretensão executória alcança não só os imputáveis, mas também aqueles submetidos ao regime de medida de segurança.** Isso porque essa última está inserida no gênero sanção penal, do qual figura, como espécie, ao lado

da pena. Por esse motivo, **o CP não precisa estabelecer, especificamente, a prescrição no caso de aplicação exclusiva de medida de segurança ao acusado inimputável, aplicando-se, nesses casos, a regra disposta no art. 109 do referido código.** (HC 59.764-SP, Rei Min. Og Fernandes, julgado em 25/5/2010).(Informativo 436).

---

▶ **ATENÇÃO:** A reincidência não se aplica à prescrição da pretensão punitiva. Dessa forma, o aumento previsto no final do art. 110, caput, do CP só é aplicado no caso de **prescrição da pretensão executória.**

---

***Verbete Sumular n.º 220, STJ:****A reincidência não influi no prazo da prescrição da pretensão punitiva*

---

▶ **OBS: A detração penal** – art. 42 do CP somente é aplicada no cálculo da prescrição da pretensão executória, não sendo computada na prescrição da pretensão punitiva, em qualquer de suas espécies.

---

### ▶ Aplicação pelo STF:

**STF:** O STF entendeu pela inaplicabilidade da detração penal para configuração da prescrição da pretensão punitiva, devendo ser observada a pena aplicada, concretizada no título executivo judicial, sem diminuir-se período em que o réu esteve, provisoriamente, sob a custódia do Estado (detração). HC 100001/RJ, rei. Min. Marco Aurélio, 11.5.2010. (HC-100001).(Informativo 586).

### ▶ Súmulas relevantes:

**Súmula 146 STF:** A prescrição da ação penal regula-se pela pena concretizada na sentença, quando não há recurso da acusação.

**Súmula 497 STF-** Quando se tratar de crime continuado, a prescrição regula-se pela pena imposta na sentença, não se computando o acréscimo decorrente da continuação.

**Súmula 438 STJ:** É inadmissível a extincão da punibilidade pela prescrição da pretensão punitiva com fundamento em pena hipotética, independentemente da existência ou sorte do processo penal.

**Súmula 338 STJ:** A prescrição penal é aplicável nas medidas sócio-educativas.

**Súmula 220 STJ:** A reincidência não influi no prazo da prescrição da pretensão punitiva.

**Súmula 186 STJ:** A prescrição que trata ·O art. 110, § 12, do CP é da pretensão punitiva.

**Termo inicial da prescrição antes de transitar em julgado a sentença final**

**Art. 111 – A prescrição, antes de transitar em julgado a sentença final, começa a correr:** (Redação dada pela Lei nº 7.209, de 11.7.1984)

I – **do dia em que o crime se consumou**; (Redação dada pela Lei nº 7.209, de 11.7.1984)

II – no caso de **tentativa, do dia em que cessou a atividade criminosa**; (Redação dada pela Lei nº 7.209, de 11.7.1984)

III – nos **crimes permanentes**, do dia em que **cessou a permanência**; (Redação dada pela Lei nº 7.209, de 11.7.1984)

IV – nos de **bigamia e nos de falsificação ou alteração de assentamento do registro civil, da data em que o fato se tornou conhecido**. (Redação dada pela Lei nº 7.209, de 11.7.1984)

V – nos **crimes contra a dignidade sexual de crianças e adolescentes**, previstos neste Código ou em legislação especial, **da data em que a vítima completar 18 (dezoito) anos, salvo se a esse tempo já houver sido proposta a ação penal**. (Redação dada pela Lei nº 12.650, de 2012)

1. **Termo inicial do prazo prescricional**: o art. 111 do CP coloca o início da contagem do prazo prescricional **antes** do trânsito em julgado da decisão final. Vejamos:

do dia que o crime se consumou;

no caso de tentativa, do dia em que cessou a atividade criminosa;

nos crimes permanentes, do dia em que cessou a permanência;

bigamia, e falsificação ou alteração de assentamento de registro civil, da data em que o fato tornou conhecido;

crimes contra a dignidade sexual de crianças e adolescentes, data que a vítima completar 18 (dezoito) anos, salvo se já tiver sido proposta ação penal.

▶ **ATENÇÃO:** crimes habituais, o prazo inicia da data da última das ações do fato típico (STF – HC 87.987/RS)

▶ **Súmulas relevantes:**

**Súmula 438 STJ:** É inadmissível a extinção da punibilidade pela prescrição da pretensão punitiva com fundamento em pena hipotética, independentemente da existência ou sorte do processo penal.

**Termo inicial da prescrição após a sentença condenatória irrecorrível**

**Art. 112** – No caso do **art. 110** deste Código, **a prescrição começa a correr**: (Redação dada pela Lei nº 7.209, de 11.7.1984)

I – do dia em que **transita em julgado a sentença condenatória, para a acusação**, ou a que **revoga a suspensão condicional da pena ou o livramento condicional**; (Redação dada pela Lei nº 7.209, de 11.7.1984)

II – do dia em que **se interrompe a execução**, salvo quando **o tempo da interrupção deva computar-se na pena**. (Redação dada pela Lei nº 7.209, de 11.7.1984)

1. **Termo inicial do prazo prescricional**: o art. 112 do CP coloca o início da contagem do prazo prescricional **depois** do trânsito em julgado da decisão final. Vejamos:

do dia em que transita em julgado a sentença condenatória, para acusação; ou

do dia que transita em julgado a sentença que determina a suspensão condicional da pena; ou

do dia que transita em julgado a sentença que determina o livramento condicional

do dia que se interrompe a execução, salvo quando o tempo de interrupção deva computar-se na pena.

▶ **Súmulas relevantes**

**Súmula 150 STJ:** Prescreve a execução no mesmo prazo de prescrição da ação.

**Prescrição no caso de evasão do condenado ou de revogação do livramento condicional**

**Art. 113** – No caso de evadir-se o condenado ou de revogar-se o livramento condicional, **a prescrição é regulada pelo tempo que resta da pena**. (Redação dada pela Lei nº 7.209, de 11.7.1984)

1. **Base para calcular a prescrição:** o artigo é simples e objetivo, se ocorrer a evasão, ou seja, caso o condenado fuja ou seja revogado o livramento condicional, deverá se calcular a prescrição pelo tempo restante da pena.

▶ **ATENÇÃO:** olhar os comentários do art. 83 a 90 do Código Penal (livramento condicional)

▶ **Aplicação pelo STJ:**

**STJ:** No caso de evasão **e recaptura do preso, a contagem da prescrição será regulada pelo que sobejar do tempo de pena a ser cumprido em cada uma das**

**execuções.** No caso de evasão do condenado, a prescrição começa a correr na data da fuga e é regulada pelo tempo que restar de pena a ser cumprida, nos termos do artigo 113, do Código Penal. Assim, quando existirem várias condenações, contra a mesma pessoa, em processos distintos, os prazos prescricionais de cada um dos delitos correrá simultânea e isoladamente, pelo que sobejar do tempo de pena a ser cumprido em cada um deles, considerando os prazos do artigo 109, do Código Penal, =(5ª T.) – HC 261.866/2014 – RJ – Habeas corpus substitutivo ao recurso ordinário

**STJ:** Prescrição. Pretensão executória. No caso de **abandono pelo sentenciado do cumprimento da pena restritiva de direitos** – prestação de serviços à comunidade, **a prescrição da pretensão executória será regulada pelo tempo restante do cumprimento da medida substitutiva imposta.** (HC 232.764-RS, rei. Min. Maria Thereza de Assis Moura, julgado em 25/6/2012).

**Prescrição da multa**

**Art. 114** – A prescrição da pena de multa ocorrerá: (Redação dada pela Lei nº 9.268, de 1º.4.1996)

I – **em 2 (dois) anos, quando a multa for a única cominada ou aplicada**; (Incluído pela Lei nº 9.268, de 1º.4.1996)

II – **no mesmo prazo estabelecido para prescrição da pena privativa de liberdade, quando a multa for alternativa ou cumulativamente cominada ou cumulativamente aplicada.** (Incluído pela Lei nº 9.268, de 1º.4.1996)

1. **Prescrição da pena de multa:** há um regramento específico para a pena de multa a ser observado, com diferença no fato de ser prescrição da pretensão punitiva, ou prescrição da pretensão executória.

**1.1. Prescrição da pretensão punitiva da pena de multa:** utiliza-se a regra do art. 114 do CP em conjunto com as causas impeditivas e interruptivas do art. 116 e 117 do Código Penal.

**1.2. Prescrição da pretensão executória da pena de multa:** a pena de multa será executada pela Fazenda Pública. Há duas correntes acerca do assunto:

a) Prescreve em 05 (cinco) anos, visto que a pena de multa é considerada dívida de valor.

b) Prescreve no mesmo prazo da pena privativa de liberdade, quando aplicada de forma cumulativa (art. 118 do CP), ou quando a única imposta, em 02 (dois) anos.

► **Aplicação pelo STJ:**

**STJ:** A prescrição da pena de multa ocorre no mesmo prazo da pena privativa de liberdade, quando tenha sido cumulativamente aplicada, conforme preceitua o art. 114, II, do Código Penal. EDcl nos EDcl no AgRg no Ag. de Inst. 1.324.312/2013

**Aplicação em concurso:**

- ***Ano: 2014 Banca: PUC-PR Órgão: TJ-PR Prova: Juiz Substituto*** *(adaptada)*

  Com observância das assertivas abaixo, marque a incorreta:

  C) A prescrição da pena de multa ocorrerá em 2 (dois) anos, quando a multa for alternativa ou cumulativamente cominada ou cumulativamente aplicada; e no mesmo prazo estabelecido para prescrição da pena privativa de liberdade, quando a multa for a única cominada ou aplicada.

  *Gabarito: c*

  *De acordo com o artigo 114 do CP incisos I e II, a multa prescreverá em 2 (dois) anos, quando for a única cominada ou aplicada; e no mesmo prazo estabelecido para prescrição da pena privativa de liberdade, quando a multa for alternativa ou cumulativamente cominada ou cumulativamente aplicada.*

**Redução dos prazos de prescrição**

**Art. 115** – São **reduzidos de metade** os prazos de prescrição quando o criminoso era, **ao tempo do crime, menor de 21 (vinte e um) anos, ou, na data da sentença, maior de 70** (setenta) **anos**. (Redação dada pela Lei nº 7.209, de 11.7.1984)

1. **Redução dos prazos de prescrição**: tratamento mais brando aos menores de 21 anos à época dos fatos ou maiores de 70 na época da sentença, com redução pela metade do prazo prescricional.

| | |
|---|---|
| **menor de 21 anos** | na época da CONDUTA – FATO |
| **maior de 70 anos** | na época da sentença |

**Aplicação em concurso:**

- ***Ano: 2013 Banca: MPE-MG Órgão: MPE-MG Prova: Promotor de Justiça***

  Considere a seguinte situação: Um jovem nascido em 1985, reincidente na prática delitiva, foi denunciado por furto, em sua figura básica, no dia 8 de outubro de 2007, por fato cometido em 15 de agosto de 2005. A denúncia foi recebida em 22 de outubro de 2007 e, em 18 de agosto de 2009, foi publicada decisão condenatória, que aplicou ao acusado a pena de 1 (um) ano de reclusão e 10 (dez) dias-multa, na fração diária mínima, sem que recurso houvesse por qualquer das partes.

  Levando-se em conta que, logo após a intimação da decisão condenatória, ocorrida em 20 de agosto de 2009, o sentenciado empreendeu fuga, assinale a ALTERNATIVA CORRETA. Para tanto, o candidato deverá levar em conta que o trânsito em julgado para a acusação ocorreu em 9 de setembro de 2009 e na data de 23 de abril de 2013 o acusado foi capturado em razão da existência de mandado de prisão em aberto.

A) Deverá ser reconhecida a prescrição retroativa, considerando-se o lapso temporal transcorrido entre a data do fato e a do recebimento da denúncia.

*Gabarito: a*

*A assertiva A está correta, pois o fato ocorreu em 2005, quando a prescrição retroativa ainda podia acontecer entre a data do fato e o recebimento da denúncia ou queixa ou entre o recebimento da denúncia ou queixa e a publicação da sentença condenatória. Com o advento da Lei 12.243/10, houve modificação no artigo 110, §1 do CP vedando-se que o termo inicial tenha por data período anterior à da denúncia ou queixa, inviabilizando a configuração da prescrição entre a data do fato e a do recebimento da denúncia. Importante frisar que o sujeito ativo do delito nasceu em 1985, e era reincidente da prática delitiva (aumenta em 1/3 os prazos prescricionais na PPE – art. 110) e contava com 20 anos quando praticou o crime da questão (diminui pela metade os prazos prescricionais – art. 115).*

- **Súmulas relevantes:**

**Súmula 74 STJ:** Para efeitos penais, o reconhecimento da menoridade do réu requer prova por documento hábil.

- **Aplicação pelo STJ:**

**STJ: O reconhecimento da redução do prazo prescricional pela metade, nos termos do art. 115 do Código Penal, requer a apresentação de documentos que atestem de forma segura a idade do agente.** 2. Agravo regimental desprovido. AgRg no Rec. Esp. 1.342.353/2013 – ES

- **Aplicação pelo STF:**

**STF:** A **redução do prazo prescricional prevista no art. 115 do Código Penal é aplicável ao agente maior de 70 anos na data da sentença, e não na data em que o título executivo penal condenatório se tornou imutável.** 2. Recurso ordinário improvido" (RHC 125565-DF, 2.a T., rel. Teori Zavascki, 05.05.2015, v.u.);

**Causas impeditivas da prescrição**

**Art. 116** – Antes de passar em julgado a sentença final, **a prescrição não corre**: (Redação dada pela Lei nº 7.209, de 11.7.1984)

I – enquanto **não resolvida, em outro processo, questão de que dependa o reconhecimento da existência do crime**; (Redação dada pela Lei nº 7.209, de 11.7.1984)

II – enquanto o agente cumpre pena no exterior. (Redação dada pela Lei nº 13.964, de 2019)

III – na pendência de embargos de declaração ou de recursos aos Tribunais Superiores, quando inadmissíveis; e (Incluído pela Lei nº 13.964, de 2019)

IV – enquanto não cumprido ou não rescindido o acordo de não persecução penal. (Incluído pela Lei nº 13.964, de 2019)

Parágrafo único – Depois de **passada em julgado a sentença condenatória, a prescrição não corre durante o tempo em que o condenado está preso por outro motivo.** (Redação dada pela Lei nº 7.209, de 11.7.1984)

1. **Causas impeditivas ou suspensivas da prescrição:** impedir ou suspender significa dar uma "pausa", para posteriormente continuar a contagem de onde parou. O artigo indicava 03 (três) causas de suspensão, no entanto, com o Pacote Anticrime (Lei nº 13.964/19) foram acrescentados os incisos III e IV ao dispositivo em comento:

- **Inciso I**: trata-se de questão prejudicial, quando a sua solução é imprescindível para o julgamento do mérito.
- **Inciso II**: em respeito à soberania do outro país, necessário aguardar o fim do cumprimento da pena para o agente poder ser punido no Brasil.
- **Inciso III**: atenção que se trata dos casos de recurso inadmissível.
- **Inciso IV**: o acordo de não persecução penal também foi novidade trazida pelo Pacote Anticrime, no art. 28-A do Código de Processo Penal. Sendo assim, enquanto não findar o acordo, a prescrição também não correrá.

**Aplicação em concurso:**

- ***Ano: 2018 Banca: VUNESP Órgão: TJ-SP Prova: TITULAR DE SERVIÇOS DE NOTAS E REGISTROS – PROVIMENTO***

  É causa impeditiva da prescrição

  A) o início ou continuação do cumprimento da pena.

  B) a reincidência

  C) o recebimento da denúncia ou da queixa.

  D) o cumprimento da pena, pelo agente, no estrangeiro.

  *Gabarito: d*

  *A questão buscava conhecimento sobre a diferença de quais são as causas impeditivas e suspensivas da prescrição. Dentre as listadas, a única é a alternativa "d", que descreve o cumprimento da pena, pelo agente, no estrangeiro, artigo 116, inciso II do CP. Todas as demais são causas interruptivas do artigo 117 do CP.*

- ***Ano: 2009 Banca: FUMARC Órgão: DPE-MG Prova: Defensor Público***

  Se a existência de crime depender de solução que o juiz criminal repute séria e fundada, relacionado ao estado civil das pessoas, ficará suspenso o curso do processo até que no juízo civil seja a questão resolvida por sentença transitada em julgado (artigo 92 do CPP). Ocorrendo a situação acima descrita, em relação à prescrição, é CORRETO afirmar:

  A) Não corre a contagem do prazo prescricional.

*Gabarito: a*

*Conforme disciplina o art. 116, inciso I do CP, trata-se de causa de suspensão do prazo prescricional.*

► **Súmulas relevantes:**

**Súmula 415 STJ:** O período de suspensão do prazo prescricional é regulado pelo máximo da pena cominada.

► **Aplicação pelo STF:**

> **STF: Enquanto não se constituir, definitivamente, em sede administrativa, o crédito tributário, não se terá por caracterizado, no plano da tipicidade penal, o crime contra a ordem tributária, tal como previsto no art. 1º da Lei 8.137/90. Em consequência, e por ainda não se achar configurada a própria criminalidade da conduta do agente, sequer é lícito cogitar-se da fluência da prescrição penal, que somente se iniciará com a consumação do delito** (CP, art. 111, I). HC 84.262/2005 – Distrito Federal.

**Causas interruptivas da prescrição**

**Art. 117** - O **curso da prescrição interrompe-se**: (Redação dada pela Lei nº 7.209, de 11.7.1984)

I - pelo **recebimento da denúncia ou da queixa**; (Redação dada pela Lei nº 7.209, de 11.7.1984)

II - **pela pronúncia**; (Redação dada pela Lei nº 7.209, de 11.7.1984)

III - pela **decisão confirmatória da pronúncia**; (Redação dada pela Lei nº 7.209, de 11.7.1984)

IV - pela **publicação da sentença ou acórdão condenatórios recorríveis**; (Redação dada pela Lei nº 11.596, de 2007).

V - pelo **início ou continuação do cumprimento da pena**; (Redação dada pela Lei nº 9.268, de 1º.4.1996)

VI - **pela reincidência**. (Redação dada pela Lei nº 9.268, de 1º.4.1996)

§ 1º - Excetuados os casos dos incisos V e VI deste artigo, a interrupção da prescrição produz efeitos relativamente a todos os autores do crime. Nos crimes conexos, que sejam objeto do mesmo processo, estende-se aos demais a interrupção relativa a qualquer deles. (Redação dada pela Lei nº 7.209, de 11.7.1984)

§ 2º - Interrompida a prescrição, salvo a hipótese do inciso V deste artigo, todo o prazo começa a correr, novamente, do dia da interrupção. (Redação dada pela Lei nº 7.209, de 11.7.1984)

1. **Causas interruptivas da prescrição:** ao contrário do artigo anterior, aqui se trata de causas interruptivas. Interromper significa parar e recomeçar a contagem do prazo do zero, por inteiro.

**CAUSAS INTERRUPTIVAS**

- I – pelo recebimento da denúncia ou da queixa;
- II – pela pronúncia;
- III – pela decisão confirmatória da pronúncia
- IV – pela publicação da sentença ou acórdão condenatórios recorríveis;
- V – pelo início ou continuação do cumprimento da pena;
- VI – pela reincidência.

## Aplicação em concurso:

- ***Ano: 2017 Banca: FCC Órgão: DPE-SC Prova: Defensor Público Substituto***

  Sobre a prescrição, é correto afirmar:

  D) A pronúncia e o acórdão confirmatório da pronúncia interrompem a prescrição.

  *Gabarito: d*

  *Resposta de acordo com o previsto no art. 117, II e III do Código Penal.*

- ***Ano: 2010 Banca: MPE-GO Órgão: MPE-GO Prova: Promotor de Justiça***

  No que pertine à prescrição, marque a alternativa incorreta.

  A) São causas que interrompem a prescrição: o recebimento da denúncia ou queixa; a publicação da sentença de pronúncia; e a publicação de sentença condenatória recorrível.

  *Gabarito.: a*

  *A alternativa encontra amparo no artigo 117 do CP.*

## ▶ Aplicação pelo STF:

**STF: A prescrição** da pretensão punitiva do Estado, **em segundo grau de jurisdição**, se **interrompe na data da sessão de julgamento do recurso** e não na data da publicação do acórdão. (RHC 125078/SP, rei. Min. Dias Toffoli, 3.3.2015). (Informativo 776)

---

▶ **Atenção:** Em caso de crimes conexos (concurso de crimes, objeto do mesmo processo, a interrupção da prescrição referente a qualquer deles se estende a todos. Na realidade, todas as causas interruptivas do prazo prescricional, salvo as previstas nos incisos V e VI (prisão e reincidência), comunicam-se a todos os participantes do crime (art. 117, §1º do CP).

---

► **Súmulas relevantes:**

**Súmula 776 STF:** A prescrição da pretensão punitiva do Estado, em segundo grau de jurisdição, interrompe-se na data da sessão de julgamento do recurso, e não na data da publicação do acórdão.

**Súmula 709 STF:** Salvo quando nula a decisão de primeiro grau, o acórdão que provê o recurso co:1tra a rejeição da denúncia vale, desde logo, pelo recebimento dela.

**Súmula 191 STJ:** A pronúncia é causa interruptiva da prescrição, ainda que o Tribunal do Júri venha a desclassificar o crime.

**Súmula 220 STJ:** A reincidência não influi no prazo da prescrição da pretensão punitiva.

**Art. 118 – As penas mais leves prescrevem com as mais graves.** (Redação dada pela Lei nº 7.209, de 11.7.1984)

1. **Absorção da pena:** O art. 118 do CP determina que a pena mais leve será absorvida pela mais grave para cálculo de prescrição. As penas privativas de liberdade são mais graves, ao passo que as penas restritivas de direitos e a multa são mais leves. As penas restritivas de direitos são substitutivas, portanto, prescrevem de qualquer forma no mesmo tempo da privativa de liberdade primeiramente aplicada.

**Art. 119** – No caso de **concurso de crimes, a extinção da punibilidade incidirá sobre a pena de cada um, isoladamente**. (Redação dada pela Lei nº 7.209, de 11.7.1984)

1. **Prescrição no concurso de crimes**: quando se fala em concurso de crimes, importante saber suas espécies: (i) concurso formal; (ii) concurso material; e (iii) crime continuado. A prescrição será calculada em cima de cada uma das penas aplicadas isoladamente, desconsiderando-se a aplicação de qualquer espécie de concurso de crimes.

► **ATENÇÃO:**

- No caso de concurso material (art. 69 do CP) as penas não devem ser somadas para se achar o prazo prescricional. Cada pena (referente a cada crime) deve ser analisada isoladamente para se obter o prazo prescricional.
- Deve-se computar toda a pena aplicada, com exceção da majoração (aumento) decorrente do concurso formal próprio (art. 70 do CP) e do crime continuado (art. 71 do CP), pois nesses casos deve-se verificar a prescrição de cada crime isoladamente.

### Aplicação em concurso:

- ***Ano: 2015 Banca: CESPE Órgão: DPE-PE Prova: Defensor Público***

  Com relação ao concurso de crimes, julgue o seguinte item.

  O cálculo da prescrição da pretensão punitiva no concurso de crimes é feito isoladamente para cada um dos crimes praticados, desconsiderando-se o acréscimo decorrente do concurso formal ou material ou da continuidade delitiva.

  *Gabarito.: Certo*

  *A assertiva está correta, de acordo como disposto no artigo 119 do CP.*

### ▶ Aplicação pelo STJ:

**STJ:** Enquanto forma especial de concurso material de crimes, para fins de contagem prescricional, **a continuidade delitiva se submete à incidência da regra do art. 119 do CP, que trata da contagem isolada das penas para efeito de prescrição, de modo que se desconsidera o acréscimo decorrente da continuação, devendo cada crime ser contado isoladamente sem a incidência do concurso de crimes.** (Intelecção da Súmula 497/STF) HC 18.917/2003 – DF.

### ▶ Súmulas relevantes:

**Súmula 497 STF:** Quando se tratar de crime continuado, a prescrição regula-se pela pena imposta na sentença, não se computando o acréscimo decorrente da continuação.

**Perdão judicial**

**Art. 120** – A sentença que **conceder perdão judicial não será considerada para efeitos de reincidência.** (Redação dada pela Lei nº 7.209, de 11.7.1984)

1. **Perdão judicial:** concedido pelo juiz, quando deixará de aplicar a pena ao réu, quando estiverem presentes os requisitos legais.

| Perdão Judicial | |
|---|---|
| **Hipóteses de cabimento:** | • homicídio culposo (art. 121, § 5º do CP);<br>• lesão corporal culposa (art. 129, § 8º do CP); |

▶ **OBS**: É possível a aplicação do perdão Judicial aos crimes previstos nos artigos 302 e 303 da Lei nº 9503/97 – Posição majoritária – artigo 291 lei nº9.503/97.

- Injúria – Art. 140, §1º, I e II do CP;
- Outras fraudes – Art. 176, parágrafo único do CP;
- Receptação culposa – Art.180, §5º do CP;
- Subtração de Incapazes – Art. 249, §2º do CP

- Art. 242, parágrafo único do CP
- Crimes ambientais – art. 29, §2º da Lei 9.605/98
- Lavagem de capitais – Art. 1º, §5º da Lei 9.613/98

**Aplicação em concurso:**

- **Ano: 2013 - Banca: MPE-MG Órgão: MPE-MG Prova: - MPE-MG - Promotor de Justiça**

  São situações especificamente previstas em lei que permitem o perdão judicial, EXCETO:

  A) "Lavagem" ou ocultação de bens, direitos e valores, caso o autor, coautor ou partícipe colaborar espontaneamente com as autoridades, prestando esclarecimentos que conduzam à apuração das infrações penais e de sua autoria ou à localização dos bens, direitos ou valores objeto do crime.

  B) Guarda doméstica de espécie silvestre não considerada ameaçada de extinção, considerando as circunstâncias do caso.

  C) Receptação imprópria, caso seja o autor primário e conforme as circunstâncias do caso.

  D) Injúria, quando o ofendido, de forma reprovável, provocou-a diretamente.

  *Gabarito: c*

  *No caso, admite-se o perdão judicial somente na receptação culposa (art. 180, parágrafo terceiro, CP) e não na imprópria (art. 180, caput, segunda parte, CP).*

**► Súmulas relevantes:**

**Súmula 18 STJ:** sentença concessiva do perdão judicial e declaratória da extinção da punibilidade, não subsistindo qualquer efeito condenatório.

## PARTE ESPECIAL

## TÍTULO I
## DOS CRIMES CONTRA A PESSOA

## CAPÍTULO I
## DOS CRIMES CONTRA A VIDA

**Homicídio simples**

**Art. 121. Matar** alguém:

Pena – reclusão, de seis a vinte anos.

**Caso de diminuição de pena**

§ 1º Se o agente **comete o crime impelido por motivo de relevante valor social ou moral, ou sob o domínio de violenta emoção, logo em seguida a injusta provocação da vítima**, o juiz pode **reduzir a pena de um sexto a um terço.**

**Homicídio qualificado**

§ 2° Se o homicídio é cometido:

I – mediante **paga ou promessa de recompensa**, ou por outro **motivo torpe**;

II – por **motivo fútil**;

III – com **emprego de veneno, fogo, explosivo, asfixia, tortura ou outro meio insidioso ou cruel, ou de que possa resultar perigo comum;**

IV – à traição, de emboscada, ou mediante dissimulação ou outro recurso que dificulte ou torne impossível a defesa do ofendido;

V – para assegurar a execução, a ocultação, a impunidade ou vantagem de outro crime:

Pena – reclusão, de doze a trinta anos.

**Feminicídio** (Incluído pela Lei nº 13.104, de 2015)

VI – **contra a mulher por razões da condição de sexo feminino**: (Incluído pela Lei nº 13.104, de 2015)

VII – contra autoridade ou agente descrito nos arts. 142 e 144 da Constituição Federal, integrantes do sistema prisional e da Força Nacional de Segurança Pública, no exercício da função ou em decorrência dela, ou contra seu cônjuge, companheiro ou parente consanguíneo até terceiro grau, em razão dessa condição: (Incluído pela Lei nº 13.142, de 2015)

Pena – reclusão, de doze a trinta anos.

**§ 2º-A Considera-se que há razões de condição de sexo feminino quando o crime envolve:** (Incluído pela Lei nº 13.104, de 2015)

I – **violência doméstica e familiar**; (Incluído pela Lei nº 13.104, de 2015)

II – **menosprezo ou discriminação à condição de mulher**. (Incluído pela Lei nº 13.104, de 2015)

**Homicídio culposo**

§ 3º Se o homicídio **é culposo**: (Vide Lei nº 4.611, de 1965)

Pena – detenção, de um a três anos.

**Aumento de pena**

§ 4º **No homicídio culposo, a pena é aumentada de 1/3 (um terço), se o crime resulta de inobservância de regra técnica de profissão, arte ou ofício, ou se o agente deixa de prestar imediato socorro à vítima, não procura diminuir as consequências do seu ato, ou foge para evitar prisão em flagrante.** Sendo doloso o homicídio, a pena é aumentada de 1/3 (um terço) se o crime é praticado contra pessoa menor de 14 (quatorze) ou maior de 60 (sessenta) anos. (Redação dada pela Lei nº 10.741, de 2003)

§ 5º – Na hipótese de homicídio culposo, o juiz poderá deixar de aplicar a pena, se as consequências da infração atingirem o próprio agente de forma tão grave que a sanção penal se torne desnecessária. (Incluído pela Lei nº 6.416, de 24.5.1977)

§ 6º A pena é **aumentada de 1/3 (um terço) até a metade se o crime for praticado por milícia privada, sob o pretexto de prestação de serviço de segurança, ou por grupo de extermínio.** (Incluído pela Lei nº 12.720, de 2012)

§ 7º A **pena do feminicídio é aumentada de 1/3 (um terço) até a metade se o crime for praticado**: (Incluído pela Lei nº 13.104, de 2015)

I – **durante a gestação ou nos 3 (três) meses posteriores ao parto**; (Incluído pela Lei nº 13.104, de 2015)

II – **contra pessoa menor de 14 (catorze) anos, maior de 60 (sessenta) anos, com deficiência ou portadora de doenças degenerativas que acarretem condição limitante ou de vulnerabilidade física ou mental**; (Redação dada pela Lei nº 13.771, de 2018)

III – **na presença física ou virtual de descendente ou de ascendente da vítima**; (Redação dada pela Lei nº 13.771, de 2018)

IV – **em descumprimento das medidas protetivas de urgência previstas nos incisos I, II e III do caput do art. 22 da Lei nº 11.340, de 7 de agosto de 2006**. (Incluído pela Lei nº 13.771, de 2018).

1. **Crimes contra a pessoa**:
2. **Dos crimes contra a vida:** os crimes contra a vida tutelam a vida humana, podendo ser a vida intrauterina ou a vida extrauterina. Tal proteção decorre do direito constitucional à vida, elencado no art. 5º, *caput* da nossa Carta Constitucional.
3. **Crime de homicídio**: o crime de homicídio tutela a vida extrauterina, ou seja, a vida que inicia com o parto. A conduta do crime de homicídio consiste na retirada da vida humana.

- Bem jurídico: *vida humana*
- Núcleo do tipo: *matar*
- Sujeito ativo: *qualquer pessoa, trata-se de crime comum*
- Sujeito passivo: *qualquer pessoa com vida extrauterina*
- Elemento subjetivo: *dolo. Admite-se, entretanto, também a forma culposa.*
- Consumação: *com a morte da vítima – cessação da atividade encefálica (art. 3º, caput da Lei 9.349/97)*
- Tentativa: *admite-se a tentativa*
- Ação Penal: *Pública incondicionada*
- Competência: *na modalidade dolosa será processado e julgado pelo Tribunal do Júri (art. 5º, XXXVIII, d da CF). Se for na modalidade culposa, Serpa observado o procedimento comum ordinário no juízo comum (vara criminal comum).*
- Suspensão Condicional do processo: *poderá ocorrer no homicídio culposo (art. 89 da Lei 9.099/95)*

## ► CLASSIFICAÇÃO:

SIMPLES → COMUM → MATERIAL → DE DANO → DE FORMA LIVRE → COMISSIVO (regra) ou OMISSIVO IMPRÓPRIO (exceção) → INSTANTÂNEO (ou instantâneo de efeitos permanentes) → UNISSUBJETIVO (regra) → PLURISSUBSISTENTE (regra) → PROGRESSIVO

## ► ESTRUTURA DO TIPO PENAL DE HOMICÍDIO:

**DOLOSO:**

- **Homicídio simples:** art. 121 *caput* CP
- **Homicídio privilegiado**: §1º
- **Homicídio qualificado:** § 2º
- **Circunstanciado:** §4º, segunda parte, e § 6º e § 7º – são causas de aumento da pena

**CULPOSO:**

- **Simples:** §3º
- **Circunstanciado:** §4º, primeira parte
- **Perdão judicial:** §5º

**3.1. Homicídio simples (art. 121, *caput*):** via de regra não é considerado. Entretanto, quando praticado em atividade típica de grupo de extermínio será hediondo – art. 1º, I da Lei 8.072/90).

**3.2. Homicídio privilegiado (art. 121, §1º):** causa de diminuição de pena, basta a presença de uma das hipóteses para que o juiz diminua a pena. O reconhecimento da causa de diminuição de pena será feito pelos jurados, não podendo o magistrado modificar tal entendimento, tendo em vista a soberania dos vereditos (art. 5º, XXXVIII, "c" da CF).

| | |
|---|---|
| **Relevante valor social** | A sociedade entende o delito como justificável, interesses da vida coletiva |
| | Ex: sujeito que mata criminoso da comunidade |
| **Relevante valor moral** | Questão moral e individual do agente, que age por compaixão, piedade |
| | Ex: eutanásia |
| **Sob violenta emoção logo em seguida da injusta provocação** | O agente está tomado por forte emoção, e ainda é preciso que seja IMEDIATAMENTE após injusta provocação da vítima |

**Aplicação em concurso:**

- ***Ano: 2017 Banca: FAPEMS Órgão: PC-MS / 2017 Prova: Delegado de Polícia***

  Segundo Busato (2014), "o homicídio é uma violação do bem jurídico vida como tal considerado a partir do nascimento". E para Hungria (1959), esse crime constitui "a mais chocante violação do senso moral médio da humanidade civilizada".

  *BUSATO. Paulo César. Direito Penal: parte especial, l.ed. São Paulo: Atlas, 2014, p. 19. HUNGRIA, Nelson. Comentários ao código penal. 4.ed. Rio de Janeiro: Forense, 1959, p. 25.*

  O Código Penal Brasileiro, em seu artigo 121, apresenta três modalidades de tipos penais de ação homicida, em que os elementos que o compõem podem ou não aparecer conjugados. Acerca das modalidades do crime de homicídio, variantes e caracterização, assinale a alternativa correta.

  D) A eutanásia, ou o homicídio piedoso, é reconhecida como conduta praticada por relevante valor moral, caracterizadora do homicídio privilegiado.

  *Gabarito: d*

  *Assim, o homicídio praticado com intuito de livrar o doente, irremediavelmente perdido, dos sofrimentos que o atormentam (eutanásia) goza de privilégio da redução da pena que o parágrafo consagra. O mesmo exemplo é lembrado pela Exposição de Motivos do Código Penal: "o projeto entende significar o motivo que, em si mesmo, é aprovado pela moral prática, como, por exemplo, a compaixão ante o irremediável sofrimento da vítima (caso do homicídio eutanásico)" SANCHES, Rogério. Manual de Direito Penal – Parte Especial, 2017, p. 56.*

- ***Ano: 2018 Banca: VUNESP Órgão: PC-SP Prova: Delegado de Polícia***

  Maria e Mariana, ambas nascidas com genitais femininos, auto-identificadas e socialmente reconhecidas como mulheres, convivem em união estável e monogâmica. Ocorre que Maria, às escondidas, passa a manter relações sexuais com José. Mariana flagra Maria em ato sexual com José e, nesse contexto, Maria provoca injustamente Mariana, dizendo a José, em tom de escárnio, que Mariana é "xucra, burra e ruim de cama", e que, além disso, Mariana "gosta de ser traída e não tomará qualquer atitude, por ser covarde e medrosa". Embora nunca tenha praticado ato de violência doméstica, Mariana é tomada por violenta emoção e dispara projétil de arma de fogo contra a cabeça de Maria, que morre imediatamente.

  É correto afirmar que Mariana praticou

  A) ato típico, mas amparado por causa excludente de ilicitude.

  B) homicídio qualificado, por meio insidioso.

  C) feminicídio.

  D) homicídio privilegiado.

  E) homicídio qualificado, por motivo torpe.

  *Gabarito: d*

  *O enunciado é bem claro ao relatar que Mariana foi tomada por violenta emoção, sendo, portanto, homicídio privilegiado, com previsão no artigo 121, §1º do CP.*

**3.3. Homicídio qualificado (art. 121, §2º):** o §2º coloca situações que irão qualificar o homicídio doloso. **O homicídio qualificado é considerado como crime hediondo, conforme art. 1º, I, da Lei 8.072/90.**

**3.3.1. Qualificadoras:**

a) **Inciso I:** Mediante paga ou promessa de recompensa, ou por outro motivo torpe – chamado pela doutrina de homicídio mercenário.

   - Trata-se de qualificadora de natureza subjetiva, relacionada com a motivação do crime.

| | |
|---|---|
| **paga** | Pessoa recebe antes de praticar o homicídio |
| **promessa** | Pessoa pratica o crime para depois receber. O crime se caracteriza ainda que a promessa não seja cumprida |
| **motivo torpe** | Repugnante, moralmente reprovável. |

► **Aplicação pelo STJ:**

**STJ: O reconhecimento da qualificadora da "paga ou promessa de recompensa" (inciso I do § 2º do art. 121) em relação ao executor do crime de homicídio mercenário não qualifica automaticamente o delito em relação ao mandante,** nada obstante este possa incidir no referido dispositivo caso o motivo que o tenha levado a empreitar o óbito alheio seja torpe. REsp 1.209.852-PR, Rel. Min. Rogerio Schietti Cruz, julgado em 15/12/2015, DJe 2/2/2016.

**STJ: Não caracteriza** bis in idem **o reconhecimento das qualificadoras de motivo torpe e de feminicídio no crime de homicídio praticado contra mulher em situação de violência doméstica e familiar.** (Ministro Felix Fischer, REsp 1.707.113-MG, publicado em 07/12/2017)(HC 433.898-RS, Rel. Min. Nefi Cordeiro, por unanimidade, julgado em 24/04/2018, DJe 11/05/2018)( Informativo 625).

b) **Inciso II:** Por motivo fútil – é aquele motivo sem significância, desproporcional ao crime praticado. **ATENÇÃO**: ausência de motivo não enseja essa qualificadora, ciúmes também não.

- Trata-se de qualificadora de natureza subjetiva, relacionada com a motivação do crime.
- **Atenção:** não ocorrerá enquadramento simultâneo de motivo torpe e motivo fútil

► **Aplicação pelo STJ:**

**STJ: Não incide a qualificadora de motivo fútil (art. 121, § 2°, II, do CP), na hipótese de homicídio supostamente praticado por agente que disputava "racha"**, quando o veículo por ele conduzido – em razão de choque com outro automóvel também participante do "racha" – tenha atingido o veículo da vítima, terceiro estranho à disputa automobilística. 6ªTurma. HC 307.617-SP – 19/4/2016 (Info 583)

**STJ: É incompatível com o dolo eventual a qualificadora de motivo fútil (art. 121, § 2°, II, do CP).** 6ª Turma. HC 307.617-SP, Rel. Min. Nefi Cordeiro, Rel. para acórdão Min. Sebastião Reis Júnior, julgado em 19/4/2016 (Info 583)

- **A qualificadora do motivo fútil (art. 121, § 2º, II, do CP) é compatível com o homicídio praticado com dolo eventual** –6ª Turma. REsp 1601276/RJ, Rel. Min. Rogerio Schietti Cruz, julgado em 13/06/2017.

c) **Inciso III**: Com emprego de veneno, fogo, explosivo, asfixia, tortura ou outro meio insidioso ou cruel, ou de que possa resultar perigo comum. Este inciso coloca várias situações distintas:

Trata-se de qualificadora de natureza objetiva, relacionada com a maneira, forma de execução do crime.

(i) veneno: (Venefício) pode ser químico ou biológico que seja capaz de causar a morte quando colocada no organismo humano;

---

▶ Para que o homicídio seja qualificado pelo emprego de veneno é essencial que a vítima não saiba que está sendo envenenada (trata-se do chamado de meio insidioso)

**OBS**: Se a vítima for obrigada a tomar o veneno termos a qualificadora do meio cruel e não do emprego de veneno.

---

(ii) fogo: o fogo é capaz de matar e resulta da combustão de produtos inflamáveis. Via de regra é enquadrado por meio cruel;

(iii) explosivo: destruição, detonação, em regra sua caracterização acaba sendo no meio que possa resultar perigo comum.

(iv) asfixia: não deixar a pessoa respirar. A asfixia mecânica é comum quando há estrangulamento, enforcamento, afogamento, entre outros. Há também a asfixia tóxica, que acontece por meio de inalação de determinado gás, por exemplo, ou confinamento em local sem ventilação.

(v) tortura: conceito de tortura pode ser retirado do art. 1º do Decreto 40/91 (Promulga a Convenção Contra a Tortura e Outros Tratamentos ou Penas Cruéis, Desumanos ou Degradantes)"...'tortura' designa qualquer ato pelo qual dores ou sofrimentos agudos, físicos ou mentais, são infligidos intencionalmente a uma pessoa a fim de obter, dela ou de uma terceira pessoa, informações ou confissões; de castigá-la por ato que ela ou uma terceira pessoa tenha cometido ou seja suspeita de ter cometido; de intimidar ou coagir esta pessoa ou outras pessoas; ou por qualquer motivo baseado em discriminação de qualquer natureza; quando tais dores ou sofrimentos são infligidos por um funcionário público ou outra pessoa no exercício de funções públicas, ou por sua instigação, ou com seu consentimento ou aquiescência..."

---

▶ **Atenção para a diferença entre Homicídio qualificado pela tortura (artigo 121, 2º, III CP) e crime de tortura qualificado pela morte (artigo 1º, §3º, Lei 9.455/97).**

- **No Homicídio qualificado pela tortura**: a tortura é a causa direta da morte. (Crime hediondo) – **(artigo 121, 2º, III CP)**
- **Na Tortura qualificada pela morte**: dolo de tortura e culpa na morte (preterdolo) – (Crime equiparado a hediondo) – **(artigo 1º, §3º, Lei 9.455/97).**

---

(vi) meio insidioso: há fraude para praticar o crime, fazendo com que a vítima não perceba a ação criminosa.

(vii) meio cruel: acarreta um sofrimento intenso e desnecessário na vítima.

(viii) meio que possa resultar perigo comum: possibilidade de dano além da vítima, dano para outras pessoas.

d) **Inciso IV**: À traição, de emboscada, ou mediante dissimulação ou outro recurso que dificulte ou torne impossível a defesa do ofendido

- Trata-se de qualificadora de natureza objetiva, relacionada com a maneira, forma de execução do crime.

(i) traição*:* física ou moral. O sujeito ativo irá usar da confiança que a vítima possui na sua pessoa para retirar a sua vida em um momento em que esteja desprevenida.

(ii) emboscada*:* tocaia, o agente fica escondido esperando o momento de surpreender a vítima.

(iii) dissimulação*:* disfarce, ocultação da realidade.

(iv) outro recurso que dificulte ou torne impossível a defesa da vítima: abre o leque para enquadramento da qualificadora quando demonstrado situações que cheguem a esta conclusão.

e) **Inciso V**: Para assegurar a execução, a ocultação, a impunidade ou vantagem de outro crime – Relacionado com a conexão de dois ou mais crimes, ou para assegurar a execução de outro crime, ou para assegurar a ocultação e impunidade ou a vantagem de outro crime.

- Trata-se de qualificadora de natureza subjetiva, pois relacionada com a motivação do crime.

f) **Inciso VI:** Contra a mulher por razões da condição de sexo feminino – inciso incluído pela Lei 13.104 de 2015, e ficou conhecido como feminicídio. O primeiro ponto que você não pode esquecer é que o feminicídio **não é um crime autônomo**, mas sim, é crime de homicídio qualificado. Estará caracterizado o homicídio qualificado no inciso V quando a morte for de mulher em razão da sua condição do gênero feminino. O legislador, precisamente no §2º, esclarece quando que será considerada essa razão de gênero: quando o crime for contra a mulher e envolver: (i) violência doméstica e familiar; (ii) menosprezo ou discriminação à condição de mulher. Sendo assim, não basta que a vítima seja mulher, é preciso que essas situações estejam presentes.

- Existe controvérsia acerca da natureza da qualificadora do feminicídio. Parte da doutrina entende ser de **natureza subjetiva**, pois é praticado "em razão de condição do sexo feminino", o que denotaria motivação para a prática do crime. Já outra parte da doutrina, bem como o STJ sustentam tratar-se de **qualificadora de natureza objetiva**, não sendo levada em consideração qualquer motivação, mas somente a situação de ser praticado contra mulher, amoldando-se às hipóteses objetivas que o legislador elencou no §2º. Há ainda quem sustente uma nova classificação de qualificadora, haja vista que a qualificadora em análise não se enquadraria em nenhuma das duas existentes, criando assim uma nova espécie: as chamadas qualificadoras "ontológicas".

- **Aumento de pena no crime de feminicídio:** a pena será elevada de 1/3 (um terço) até ½ (metade) se for praticado (art. 121, §7º do CP):

- *durante a gestação ou nos 3 (três) meses posteriores ao parto*
- *contra pessoa menor de 14 (catorze) anos, maior de 60 (sessenta) anos ou com deficiência* – atenção para não confundir com a majorante do §4º, pois lá o aumento é fixado em 1/3 (um terço), já nesta, poderá variar até a metade.
- *na presença de descendente ou de ascendente da vítima* – poderá também incidir a majorante se a "presença" se der por meio de videoconferência utilizando a tecnologia.

**Aplicação em concurso:**

- ***Ano: 2018 Banca: CESPE Órgão: DPE-PE/ 2018 Prova: Defensor púbico***

No que se refere aos crimes contra a pessoa, assinale a opção correta.

A) Ocorre o feminicídio quando o homicídio é praticado contra a mulher por razões da condição de sexo feminino, como quando o crime envolve a violência doméstica e familiar ou o menosprezo ou a discriminação à condição de mulher.

B) A pena pela prática do homicídio doloso simples será aumentada de um terço se o agente deixar de prestar imediato socorro à vítima, não procurar diminuir as consequências do seu ato ou fugir para evitar a prisão em flagrante.

C) Em se tratando de homicídio doloso simples, o juiz poderá deixar de aplicar a pena caso as consequências da infração atinjam o próprio agente de forma tão grave que a sanção penal se torne desnecessária.

D) A pena do feminicídio poderá ser aumentada se o crime for praticado durante a gestação ou nos seis meses posteriores ao parto.

E) Se o agente cometer o crime de homicídio qualificado sob violenta emoção, logo após injusta provocação da vítima, o juiz deve considerar essa circunstância como atenuante genérica na aplicação da pena.

*Gabarito: a*

*Letra de lei, art. 121, §2º, inciso e §2º -A, ambos do Código Penal.*

► **Aplicação pelo STJ:**

**STJ:** Segundo o STJ as qualificadoras do homicídio por motivo torpe e do feminicídio não possuem a mesma natureza, sendo certo que a primeira tem caráter subjetivo, ao passo que a segunda é objetiva, não havendo, assim, qualquer óbice à sua imputação simultânea de ambas. (6ª Turma) – AgInt no Rec. Esp. 1668017 – RS – 12/09/2017.

g) **Inciso VII:** Contra autoridade ou agente descrito nos arts. 142 e 144 da Constituição Federal, integrantes do sistema prisional e da Força Nacional de Segurança Pública, no exercício da função ou em decorrência dela, ou contra seu cônjuge, companheiro ou parente consanguíneo até terceiro grau, em razão dessa condição – trata-se do denominado "Homicídio Funcional".

- É considerado norma penal em branco, haja vista ser necessário a complementação pelos artigos 142 e 144 da Constituição para que possamos saber quem são os agentes de segurança pública, que, quando forem vítimas de homicídio em razão da função que exercem ou no exercício da sua função, possa incidir a mencionada qualificadora.

- Trata-se de qualificadora de natureza objetiva para grande parte da doutrina, sendo que para outra parte seria de natureza subjetiva, haja vista a necessidade de conhecer a qualidade de agente descrito nos artigos 142 e 144 da CRFB/88, devendo o homicídio ocorrer no exercício da função ou em razão dela. Há também quem sustente uma nova classificação, pois a qualificadora em análise não se enquadraria em nenhuma das duas já existentes, criando assim, uma nova espécie: as qualificadoras "ontológicas".

---

▶ **DICAS:**

É **possível homicídio híbrido (privilegiado e qualificado ao mesmo tempo):** Entende-se que é possível, desde que as qualificadoras tenham natureza objetiva. Assim, será possível que tenhamos privilégio (art. 121, §1º – possui natureza subjetiva) coexistindo com qualificadora( art.121, §2º, incisos III e IV).

Jurisprudência em sentido afirmativo: STJ -Resp. 68.037-0/SC; Resp 164.834/RS; e STF- HC 71.147-2/RS; HC 74.167

- O homicídio **privilegiado-qualificado NÃO** tem natureza hedionda. (STJ – HC 153728 SP, Rel. Min. FELIX FISCHER, 5ª turma, DJE 31/05/2010).
- **Premeditação não é qualificadora do crime;**
- **Homicídio com mais de uma qualificadora ao mesmo tempo:** no caso de "homicídio duplamente", "homicídio triplamente" qualificado, por exemplo, o juiz irá utilizar uma como qualificadora, e as demais situações presentes como agravantes genéricas nos termos do art. 61, II, a, b, c, e d do Código Penal.

---

**3.3.2. Causa de aumento de pena para o homicídio doloso (art. 121, §4º, 2ª parte, § 6º e § 7º):** aumenta a pena em 1/3 (um terço) se o crime for praticado nas situações abaixo descritas. Importante ressaltar que as causas de aumento de pena aqui analisadas serão aplicadas ao homicídio doloso simples ou qualificado:

a) **Contra menor de 14 (quatorze) anos ou maior de 60 (sessenta) anos** (art. 121, §4º, 2ª parte): Para que a causa de aumento possa ser aplicada o agente precisa conhecer essa circunstância, ou seja, deve saber da idade da vítima para que não reste presente a responsabilidade objetiva. Atenção, na dosimetria da pena, se a causa de aumento de pena for reconhecida não incidirá as agravantes genéricas do art. 61, II, h do Código Penal.

b) **Milícia privada e grupo de extermínio** (art. 121, §6º): milícia privada é o agrupamento armado e estruturado de civis, muitas vezes militares a compõe, mas agem fora de suas atribuições. Esses grupos possuem a finalidade de trazer segurança em locais com alto índice de criminalidade em que o Poder Público não está operando ou não está fazendo um trabalho satisfatório. Por outro lado, grupo de extermínio é a junção de matadores, conhecidos popularmente como "justiceiros" que matam pessoas indicadas como perigosas para a sociedade.

> **OBS:** Homicídio simples praticado em atividade típica de grupo de extermínio é crime hediondo (artigo 1º, I da Lei 8072/90).

c) **Aumento de pena no feminicídio** (art. 121, §7º CP)

- **durante a gestação ou nos 3 (três) meses posteriores ao parto; (Incluído pela Lei nº 13.104, de 2015)**

O presente inciso busca proteger a mulher que se encontra no período gestacional, bem como nos três meses após o parto, por se tratar de momento de maior fragilidade.

- **contra pessoa menor de 14 (catorze) anos, maior de 60 (sessenta) anos, com deficiência ou portadora de doenças degenerativas que acarretem condição limitante ou de vulnerabilidade física ou mental; (Redação dada pela Lei nº 13.771, de 2018)**

Aqui a referida causa de aumento de pena busca proteger também outro grupo de pessoas, que, em razão da idade apresentam alguma vulnerabilidade.

- **na presença física ou virtual de descendente ou de ascendente da vítima; (Redação dada pela Lei nº 13.771, de 2018)**

Trata-se de inovação no aumento de pena, passando a incidir também diante da configuração da presença virtual, além da física na prática do crime.

- **em descumprimento das medidas protetivas de urgência previstas nos incisos I, II e III do caput do art. 22 da Lei nº 11.340, de 7 de agosto de 2006. (Incluído pela Lei nº 13.771, de 2018).**

Trata-se de nova causa de aumento de pena no feminicídio, quando o mesmo ocorrer em descumprimento das medidas protetivas de urgência prevista no artigo 22, incisos, I, II e III da Lei Maria da Penha.

**3.4. Homicídio culposo (art. 121, §3º)**: a conduta foi praticada com violação do dever de cuidado, agindo com imprudência, negligência ou imperícia que resultou na morte de alguém. **Não se admite tentativa** na modalidade culposa.

**3.4.1. Homicídio culposo agravado ou circunstanciado** (art. 121, §4º, 1ª parte): trata-se de causas de aumento de pena para o homicídio culposo. O aumento será de 1/3 (um terço).

a) **Inobservância de regra técnica de profissão, arte ou ofício** – não confundir com a imperícia que já faz parte do crime culposo. Neste caso o agente possui a aptidão, mas provoca a morte pelo descaso, falta de atenção dos conhecimentos técnicos que possui e deveria empregar, desídia.

b) **Deixar de prestar imediato socorro à vítima** – omite de socorro imediato à vítima.

c) **Não procurar diminuir as consequências do seu ato**

d) **Fugir para evitar prisão em flagrante** – dificulta as investigações e o procedimento. Caso terceiros façam ameaças contra sua vida ou integridade física e o agente fuja por conta disso, não incidirá a causa de aumento.

---

▶ **Atenção**: No homicídio culposo, a **morte instantânea da vítima** não afasta a causa de aumento de pena prevista no art. 121, § 4º do CP(se o agente deixa de prestar imediato socorro à vítima, não procura diminuir as conseqüências do seu ato, ou foge para evitar prisão em flagrante)**, salvo se o óbito for evidente**, isto é, perceptível por qualquer pessoa. STJ. 5ª Turma. HC 269.038-RS, Rel. Min. Felix Fischer, julgado em 2/12/2014.

---

**3.4.2. Homicídio culposo na direção de veículo automotor** (art. 302 da Lei 9.503/97 – Código de Trânsito Brasileiro): quando o homicídio culposo for causado na direção de veículo automotor, o agente responde pelo art. 302 do CTB tendo em vista, o princípio da especialidade da norma.

- **No homicídio culposo do Código de Trânsito Brasileiro** – Lei nº 9.503/97, art. 302, não foi prevista a possibilidade de perdão judicial. Aplica-se ao CTB, por analogia, o perdão judicial previsto §5º do artigo 121 do CP, com base no artigo 291 do CTB.

▶ **Aplicação pelo STJ:**

**STJ: Homicídio culposo. CP, art. 121, §§ 3º e 4º. Negligência. Inobservância de regra técnica da profissão.** A causa de aumento de pena referente à inobservância de regra técnica de profissão se situa no campo da culpabilidade, demonstrando que o comportamento do agente merece uma maior censurabilidade. 5ª T.) – AgRg no Ag. em Rec. Esp. 1097076 – SP – Rel.: Reynaldo Soares da Fonseca – J. em 20/02/2018 – DJ 28/02/2018.

**STJ:** A embriaguez do agente condutor do automóvel, por si só, não pode servir de premissa bastante para a afirmação do dolo eventual em acidente de trânsito com resultado morte. (REsp 1.689.173-SC, Rel. Min. Rogério Schietti Cruz, por maioria, julgado em 21/11/2017, DJe 26/03/2018).( Informativo 623)

**3.5. Perdão judicial (art. 121, §5º):** o perdão judicial é causa de extinção de punibilidade, nos termos do art. 107, IX do Código Penal. Oferecido pelo juiz, não dependendo de aceitação do agente. Pode ser aplicado no caso de homicídio culposo, se as consequências da infração atingirem o próprio agente de forma tão grave que a sanção penal se torne desnecessária.

▶ **Súmulas relevantes:**

**Súmula 18 STJ:** A sentença concessiva do perdão judicial é declaratória da extinção da punibilidade, não subsistindo qualquer efeito condenatório.

---

▶ **Atenção:**

**A transmissão dolosa do vírus da AIDS pode ser um meio de execução do homicídio?**

Doutrina dominante sempre entende que SIM – pois não tem cura e pode acarretar a morte.

- STF no HC 98702/10 (Informativo 603) desclassificou de tentativa de homicídio, mas para o crime previsto no artigo 131 do CP – perigo de contágio de moléstia grave.
- STJ – lesão corporal gravíssima – HABEAS CORPUS STJ – HC 160982/2012- DF

**Induzimento, instigação ou auxílio a suicídio ou a automutilação** (Redação dada pela Lei nº 13.968, de 2019)

**Art. 122.** Induzir ou instigar alguém a suicidar-se ou a praticar automutilação ou prestar-lhe auxílio material para que o faça: (Redação dada pela Lei nº 13.968, de 2019)

Pena - reclusão, de 6 (seis) meses a 2 (dois) anos. (Redação dada pela Lei nº 13.968, de 2019)

§ 1º Se da automutilação ou da tentativa de suicídio resulta lesão corporal de natureza grave ou gravíssima, nos termos dos §§ 1º e 2º do art. 129 deste Código: (Incluído pela Lei nº 13.968, de 2019)

Pena - reclusão, de 1 (um) a 3 (três) anos. (Incluído pela Lei nº 13.968, de 2019)

§ 2º Se o suicídio se consuma ou se da automutilação resulta morte: (Incluído pela Lei nº 13.968, de 2019)

Pena - reclusão, de 2 (dois) a 6 (seis) anos. (Incluído pela Lei nº 13.968, de 2019)

§ 3º A pena é duplicada: (Incluído pela Lei nº 13.968, de 2019)

I - se o crime é praticado por motivo egoístico, torpe ou fútil; (Incluído pela Lei nº 13.968, de 2019)

II - se a vítima é menor ou tem diminuída, por qualquer causa, a capacidade de resistência. (Incluído pela Lei nº 13.968, de 2019)

§ 4º A pena é aumentada até o dobro se a conduta é realizada por meio da rede de computadores, de rede social ou transmitida em tempo real. (Incluído pela Lei nº 13.968, de 2019)

§ 5º Aumenta-se a pena em metade se o agente é líder ou coordenador de grupo ou de rede virtual. (Incluído pela Lei nº 13.968, de 2019)

§ 6º Se o crime de que trata o § 1º deste artigo resulta em lesão corporal de natureza gravíssima e é cometido contra menor de 14 (quatorze) anos ou contra quem, por enfermidade ou deficiência mental, não tem o necessário discernimento para a prática do ato, ou que, por qualquer outra causa, não pode oferecer resistência, responde o agente pelo crime descrito no § 2º do art. 129 deste Código. (Incluído pela Lei nº 13.968, de 2019)

§ 7º Se o crime de que trata o § 2º deste artigo é cometido contra menor de 14 (quatorze) anos ou contra quem não tem o necessário discernimento para a prática do ato, ou que, por qualquer outra causa, não pode oferecer resistência, responde o agente pelo crime de homicídio, nos termos do art. 121 deste Código. (Incluído pela Lei nº 13.968, de 2019)

1. **Crime de induzimento, instigação ou auxílio ao suicídio ou à automutilação:** o crime do art. 122 do CP sofreu alteração com o advento da Lei nº13.968, de 26

de dezembro de 2019. Para entender o crime em comento é preciso saber em um primeiro momento o que é suicídio. Suicídio é a destruição da própria vida, de forma direta, voluntária e consciente, e esta conduta não é tipificada como crime no Brasil, tendo em vista o princípio da alteridade. Ademais, seria difícil punir alguém que morreu, até pelo fato de a morte ser uma causa de extinção de punibilidade (art. 107, I do CP). Entretanto, responderá pelo crime previsto no artigo 122 do CP, aquele que induzir, instigar ou auxiliar alguém a suicidar-se. Outra conduta foi acrescentada no tipo, a do induzimento, instigação ou auxílio à automutilação. A automutilação consiste no ato de causar lesões em si mesmo, que pelo princípio da alteridade também não se pune aquele que se automutila, mas apenas aquele que induz, instiga ou auxilia alguém à automutilar-se.

► **Aplicação pelo STF:**

> **STF:** O crime previsto no artigo 122 do CP deve estar configurado em uma das três formas previstas na norma – o induzimento, a instigação ou o auxílio ao suicídio, exsurgindo daí o dolo específico de contribuir para que a vítima se suicide, sem o qual não haverá crime. (STF – (2ª T.) – HC 72049 – MG – Rel.: Min. Marco Aurélio – J. em 28/03/1995 – DJ 18/05/2001 – Doc. LEGJUR 160.2774.2000.2100)

- Bem jurídico: *a vida humana*
- Núcleo do tipo: *há mais de um núcleo do tipo – (i) induzir (ii) instigar (iii) auxiliar*
- Sujeito ativo: *qualquer pessoa. Trata-se de crime comum*
- Sujeito passivo: *qualquer pessoa capaz*
- Elemento subjetivo: *dolo, direto ou eventual de induzir, instigar ou auxiliar a vítima a suicidar-se.*
- Consumação: *com a morte da vítima ou lesão corporal grave ou grave*
- Tentativa: *não se admite a tentativa – o crime só será punido se ocorrer a morte ou lesão corporal grave (englobando a gravíssima).*
- Ação Penal: *Pública incondicionada*
- Competência: *processo e julgamento pelo Tribunal do Júri (art. 5º, XXXVIII, d da CF)*
- Suspensão Condicional do processo: *poderá ocorrer se ocorrer a produção de lesão corporal grave ou gravíssima (art. 89 da Lei 9.099/95)*

| **Induzir** | **Instigar** | **Auxiliar** |
| --- | --- | --- |
| colocar a ideia na cabeça da vítima; | estimular uma ideia já existente na cabeça da vítima; | prestar auxílio material, sem praticar ato executório. |

## ► CLASSIFICAÇÃO:

SIMPLES → COMUM → DE DANO → COMISSIVO ou OMISSIVO (há divergência) → MATERIAL → CONDICIONADO À PRODUÇÃO DE RESULTADO NATURALÍSTICO → DE FORMA LIVRE → INSTANTÂNEO → UNISSUBJETIVO → PLURISSUBSISTENTE

2. **Consumação e tentativa:** o crime estará consumado com o induzimento, auxílio, instigação ao suicídio ou à automutilação.

---

► **Atenção:** antes da Lei 13.968/2019, a punição do crime descrito no art. 122 do CP era condicionada ao resultado naturalístico. O agente somente respondia pelo crime, se o suicídio se consumasse, ou se da tentativa ocorresse lesão corporal de natureza grave. Tal condição não está mais presente no dispositivo.

---

► **Atenção**: se o agente agir com ânimo de brincadeira ao induzir, instigar ou auxiliar a vítima, não haverá crime caso a vítima venha a se suicidar, sendo seu comportamento atípico, haja vista a ausência de dolo, essencial na configurado do crime em análise.

---

3. **Pacto de morte:** situações diversas podem acontecer:
   - Sobrevivente que praticou atos de execução da morte do outro – responderá por homicídio
   - Sobrevivente auxiliou a morte do outro – responde pelo crime de participação em suicídio
   - Ambos sobrevivem e praticaram atos de execução um contra a vida do outro – os dois respondem por tentativa de homicídio
   - Ambos se auxiliaram, mas sobreviveram – os dois respondem por participação em suicídio, se tiverem lesões corporais graves ou gravíssimas
   - Um praticou atos da execução contra a vida de ambos – se os dois sobrevivem, o que praticou atos de execução responderá por tentativa de homicídio, e o outro por participação em suicídio se o executor tiver lesões de natureza grave ou gravíssima.
4. **Roleta russa:** os que sobreviverem responderão por participação em suicídio.

5. **Condutas qualificadas (art. 122, §§1º e 2º do CP)**: caso a automutilação ou a tentativa de suicídio resulte em lesão corporal de natureza grave ou gravíssima (art. 129, §§1º e 2º do CP), a pena será de reclusão de 01 (um) a 03 (três) anos. Neste caso a conduta é qualificada. Também será punida de forma qualificada caso o suicídio de consume ou a automutilação resulte em morte, sendo que, neste caso, o agente responderá pela pena de reclusão de 02 (dois) a 06 (seis) anos.

▶ **Atenção:** os resultados indicados no item 5, antes da Lei 13. 968/19 eram necessárias para que o agente respondesse pelo crime, no entanto, agora, são consideradas para qualificar o delito.

6. **Causas de aumento de pena (art. 122, I e II do CP):** os incisos I e II do art. 122 do Código Penal indicam causas de aumento de pena, as quais provocam a duplicação da pena:

**6.1. Crime praticado por motivo egoístico, torpe ou fútil** – o motivo egoístico refere-se ao interesse próprio do agente, no qual objetiva auferir vantagem pessoal, o agente visa tirar algum proveito do suicídio.

**Aplicação em concurso:**

- ***Ano: 2014 Banca: FUNCAB Órgão: PC/RO Prova: Delegado de Polícia***

  Em relação aos crimes contra a vida, dispostos no Código Penal, é correto afirmar:

  A) No crime de induzimento, instigação ou auxílio a suicídio ou automutilação, disposto no artigo 122 do CP, a pena é duplicada se o crime é praticado por motivo egoístico.

  *Gabarito: a*

  *A alternativa A está em consonância com o diploma legal (artigo 122, §3º, Inciso I do CP).*

**6.2. Vítima menor ou tem diminuída, por qualquer causa, a capacidade de resistência** – por falta de previsão legal, a doutrina entende que se trata do menor de 18 anos e maior de 14 anos, mas que tenha discernimento e não tenha suprimida por completo a capacidade de resistência, pois se não possuir discernimento ou não tiver capacidade de resistência, restará configurado o crime homicídio tentado ou consumado. Se a vítima for menor de 14 anos, teremos configurado o crime de homicídio, pois sua capacidade de resistência é nenhuma.

**6.3. Crime praticado pela rede de computadores:** o §4º do dispositivo, aumenta a pena em até o dobro se o crime for praticado por meio da rede de computadores, rede social ou transmitida em tempo real. Por fim, o §5º aumenta a pena em até metade, se o agente for líder ou coordenador de grupo de rede virtual.

7. **Configuração de crime mais grave (art. 122, §6º e §7º do CP):** se o crime de que trata o § 1º deste artigo resulta em lesão corporal de natureza gravíssima e é cometido contra menor de 14 (quatorze) anos ou contra quem, por enfermidade ou deficiência mental, não tem o necessário discernimento para a prática do ato, ou que, por qualquer outra causa, não pode oferecer resistência, o agente responderá pelo crime do art. 129, §2º do CP. Por outro lado, será enquadrado no crime de homicídio (art. 121 do CP) se o crime de que trata o § 2º deste artigo

é cometido contra menor de 14 (quatorze) anos ou contra quem não tem o necessário discernimento para a prática do ato, ou que, por qualquer outra causa, não pode oferecer resistência.

**Infanticídio**

**Art. 123** - Matar, **sob a influência do estado puerperal**, o **próprio filho**, durante o parto ou logo após:

Pena - detenção, de dois a seis anos.

1. **Crime de infanticídio.** O infanticídio é a conduta praticada pela genitora, que, sob influência do estado puerperal mata o seu filho, durante o parto ou logo após ele.
   - Bem jurídico: *a vida humana*
   - Núcleo do tipo: *matar*
   - Sujeito ativo: *crime próprio, que só pode ser praticado pela mãe da vítima (parturiente) que esteja em estado puerperal*
   - Sujeito passivo: *o nascente ou recém- nascido (neotato)*
   - Elemento subjetivo: *dolo – direto ou eventual*
   - Consumação: *com a morte da vítima – cessação da atividade encefálica (art. 3º, caput da Lei 9.349/97)*
   - Tentativa: *admite-se a tentativa*
   - Ação Penal: *Pública incondicionada*
   - Competência: *será processado e julgado pelo Tribunal do Júri (art. 5º, XXXVIII, d da CF).*

► **CLASSIFICAÇÃO:**

2. **Estado puerperal:** o parto pode trazer mudanças físicas e psíquicas que alteram a saúde mental da mulher. Para estar configurado o infanticídio, ou a sua tentativa, a mulher precisa necessariamente estar em estado puerperal, não se confundindo

com imputabilidade ou semi-imputabilidade. O critério caracterizador do "estado puerperal" é o critério Psicofisiológico.

**2.1. Elemento temporal:** o legislador utiliza a expressão "logo após", mas não há um tempo predeterminado, isso será analisado de acordo com o caso concreto, portanto, se a mulher estiver sob o estado puerperal, a sua conduta poderá ser tipificada no crime em comento.

**Aplicação em concurso:**

- ***Ano: 2013 Banca: Órgão: MP/DFT Prova: Promotor de Justiça***

  Assinale o item **CORRETO**:

  C) Verifica-se infanticídio putativo quando a mãe, sob influência de estado puerperal e logo após o parto, mata o neonato de outrem, supondo ser o próprio filho.

  *Gabarito: c*

  *A alternativa está correta, trata-se de erro sobre pessoa chamado pela doutrina como infanticídio putativo. (artigo 20,§3º do CP).*

► **Aplicação pelo STJ:**

**STJ:** No caso de presença das condições especiais do infanticídio, faz-se necessária a desclassificação do homicídio para o delito do artigo 123 do CP (infanticídio) pelo princípio da especialidade. (6ª T.) – AgRg no Ag. em Rec. Esp. 1018506 – ES – 30/03/2017

**Aborto provocado pela gestante ou com seu consentimento**

**Art. 124** – Provocar **aborto em si mesma ou consentir que outrem lho provoque**:

Pena – detenção, de um a três anos

1. **Aborto:** trata-se da interrupção artificial da gravidez, ocasionando a morte do produto da concepção – eliminação da vida intrauterina.

   - A lei não indica um tempo determinado para caracterização do aborto, pois em qualquer fase da gestação estará configurado o delito. A gestação se inicia com a Nidação (fixação do óvulo fecundado na parede uterina). Importante ressaltar que alguns doutrinadores sustentam que gestação se inicia com a fecundação do óvulo, mesmo que ainda não tenha ocorrido sua fixação na parede do útero.

| | |
|---|---|
| **óvulo fecundado** | 03 primeiras semanas de gestação |
| **embrião** | 03 primeiros meses de gestação |
| **feto** | a partir de 3 meses |

- Bem jurídico: *a vida humana intrauterina*
- Núcleo do tipo: *(i) provocar – dar causa ao aborto (ii) consentir que terceiro provoque o aborto do feto que está em seu ventre.*
- Sujeito ativo:
  (i) *Auto aborto – crime próprio, somente a gestante poderá pratica-lo.*
  (ii) *Aborto provocado por terceiro com o ou sem consentimento da gestante: crime comum, qualquer pessoa pode praticar.*
- Sujeito passivo: *o feto*
- Elemento subjetivo: *dolo – direto ou eventual*
- Consumação: *com a morte do feto*
- Tentativa: *admite-se a tentativa*
- Ação Penal: *Pública incondicionada*
- Competência: *será processado e julgado pelo Tribunal do Júri (art. 5º, XXXVIII, d da CF).*
- Suspensão condicional do processo: *admite-se – art. 89 da Lei 9.099/95*

**1.1. Autoaborto:** o crime do art. 124 pune a conduta da gestante que pratica o auto aborto, ou seja, ela própria pratica ato executório de aborto por algum dos meios de execução.

**1.2. Aborto provocado por terceiro com o consentimento da gestante:** neste caso um terceiro utilizará de um dos meios de execução para provocar o aborto, mas a gestante estará ciente e consentindo com a referida ação. O terceiro estará enquadrado no art. 126 do Código Penal.

---

▶ **ATENÇÃO: o crime do art. 124 do Código Penal é imputado para a gestante que provoca o autoaborto, ou a gestante que consente que terceiro realize o aborto.**

---

**1.3. Espécies de aborto:**

- **Aborto natural/espontâneo** – consiste na interrupção espontânea da gravidez – Não há crime.
- **Aborto acidental ou culposo** – decorre de um traumatismo/acidentes em geral – Não há crime de aborto culposo, por falta de previsão legal.
- **Aborto criminoso ou doloso**- consiste na interrupção intencional(dolosa) da gravidez – há crime. art. 124 à 127 CP.
- **Aborto legal-** consiste na interrupção voluntária da gravidez nas hipóteses previstas em lei – Art. 128 CP – funcionam como excludentes de ilicitude.
- **Aborto eugenésico ou eugênico –** consiste na interrupção de gestação de feto com grave enfermidade/deformidade genética – é crime.

- **Aborto econômico ou miserável –** trata-se do aborte realizado em razão de miserabilidade da mãe e da família – É crime.

---

► **Aborto de fetos anencefálicos:** O STF, na Arguição de Descumprimento de Preceito – Fundamental/ ADPF 54/2012 **decidiu por maioria pela inconstitucionalidade de interpretação segundo a qual a interrupção da gravidez de feto anencéfalo é conduta tipificada nos artigos 124, 126 e 128, incisos I e II, todos do Código Penal. Portanto, houve autorização para realização de aborto de fetos anencéfalos.**

---

**1.4. Meios de execução:** o aborto pode ser comprovado de diversas maneiras, sendo considerado, portanto, um crime livre, comissivo ou omissivo.

| | |
|---|---|
| meios físicos | mecânicos, térmicos, elétricos |
| meios químicos | substâncias químicas que causam o aborto |
| meios psíquicos | susto, terror, etc. |

**1.5. Aborto na modalidade omissiva:** quando a pessoa tiver posição de garantidor, poderá responder por aborto omissivo.( artigo 13,§2º do CP)

► **Aplicação pelo STJ:**

> **STJ: No delito capitulado no art. 124 do CP, para instauração da persecução penal, é imprescindível a prova de sua materialidade.** O ônus incumbe ao órgão acusador, não sendo suficiente a simples confissão da acusada. HC 11.515/2000 – RJ – 07/11/2000 – DJ 18/12/2000.

**Aborto provocado por terceiro**

**Art. 125** – Provocar aborto, sem o consentimento da gestante:

Pena – reclusão, de três a dez anos.

1. **Aborto provocado por terceiro:** os crimes dos artigos 125 e 126 punem o terceiro que provoca o aborto em uma gestante. O que irá diferenciar a tipificação é o fato de haver ou não o consentimento dessa gestante.

**1.1. Aborto provocado por terceiro sem o consentimento da gestante**:

- Bem jurídico: *a vida intrauterina*
- Núcleo do tipo: *(i) provocar – dar causa ao aborto SEM o consentimento da gestante – interromper a gestação*
- Sujeito ativo: *Aborto provocado por terceiro SEM consentimento da gestante: crime comum, qualquer pessoa pode praticar.*

- Sujeito passivo: *o feto e a gestante*
- Elemento subjetivo: *dolo – direto ou eventual*
- Consumação: *com a morte do feto*
- Tentativa: *admite-se a tentativa*
- Ação Penal: *Pública incondicionada*
- Competência: *será processado e julgado pelo Tribunal do Júri (art. 5º, XXXVIII, d da CF).*

► **CLASSIFICAÇÃO:**

COMUM → MATERIAL → INSTANTÂNEO → COMISSIVO ou OMISSIVO, DE DANO → UNISSUBJETIVO, UNILATERAL ou de CONCURSO EVENTUAL → PLURISSUBSISTENTE → DE FORMA LIVRE → PROGRESSIVO

► **Aplicação pelo STJ:**

**STJ: Iniciado o trabalho de parto não há falar mais em aborto previsto no artigo 125 do CP,** mas sim artigo 121, §§ 3º e 4º do CP. HC 228.998/2012 – MG 23/10/2012

**Art. 126** – Provocar aborto com o consentimento da gestante:

Pena – reclusão, de um a quatro anos.

Parágrafo único. Aplica-se a pena do artigo anterior, se a gestante não é maior de quatorze anos, ou é alienada ou débil mental, ou se o consentimento é obtido mediante fraude, grave ameaça ou violência.

1. **Aborto provocado por terceiro:** os crimes dos artigos 125 e 126 punem o terceiro que provoca o aborto em uma gestante, o que irá diferenciar a tipificação é no fato de haver ou não o consentimento dessa gestante.

**1.1. Aborto provocado por terceiro com o consentimento da gestante**:

- Bem jurídico: *a vida humana intrauterina*
- Núcleo do tipo: *(i) provocar – dar causa ao aborto COM o consentimento da gestante*
- Sujeito ativo: *Aborto provocado por terceiro com o consentimento da gestante: crime comum, qualquer pessoa pode praticar.*

- Sujeito passivo: *o feto*
- Elemento subjetivo: *dolo – direto ou eventual*
- Consumação: *com a morte do feto*
- Tentativa: *admite-se a tentativa*
- Ação Penal: *Pública incondicionada*
- Competência: *será processado e julgado pelo Tribunal do Júri (art. 5º, XXXVIII, d da CF).*

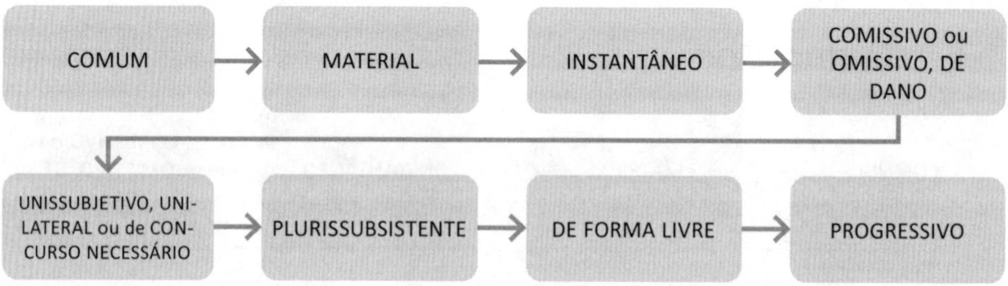


**1.2. Consentimento da gestante:** a conduta do crime do art. 126 é a mesma do art. 125, no entanto, existe uma diferença, pois a gestante deve saber e concordar com o procedimento abortivo. Importante saber que este consentimento deve ser válido. O consentimento deve perdurar até o término do procedimento. Se no decorrer do aborto a gestante pedir que não se dê continuidade, e o agente prosseguir, este responderá pelo art. 125 do Código Penal.

► **Aplicação pelo STF:**

> **STF: Aborto consentido e direitos fundamentais da mulher-** O STF entendeu que deve ser dada interpretação conforme à Constituição aos arts. 124 a 126 do CP, que tipificam o crime de aborto, para excluir do seu âmbito de incidência **a interrupção voluntária da gestação efetivada no primeiro trimestre**. A criminalização, nessa hipótese, viola diversos direitos fundamentais da mulher, bem como o princípio da proporcionalidade. Assim, entendeu que a interrupção voluntária da gravidez nos primeiros 3 (três) meses) não configura crime. 1ª Turma. HC 124306/RJ, 29/11/2016 (Info 849).

**Forma qualificada**

**Art. 127** – As **penas** cominadas nos dois artigos anteriores **são aumentadas de um terço**, se, em consequência do aborto ou dos meios empregados para provocá-lo, a **gestante sofre lesão corporal de natureza grave**; e são **duplicadas**, se, por qualquer dessas causas, **lhe sobrevém a morte**.

1. **Causa de aumento de pena:** o art. 127, apesar de ser identificado como "forma qualificada", não são qualificadoras, mas sim, na verdade, de causas de aumento

de pena. Esse aumento de pena será aplicado aos crimes do art. 125 e 126 do Código Penal.

**1.1. Consumação do aborto:** para as majorantes (causas de aumento de pena) incidirem, é preciso que o tenha ocorrido:

a) *Lesão corporal de natureza grave ou gravíssima na gestante: situação que aumentará a pena em 1/3 (um terço);*

b) *Morte da gestante: situação que duplicará a pena.*

**1.2. Aborto consumado, tentado e as majorantes:** o entendimento majoritário é no sentido de que mesmo não se consumando o aborto, poderá incidir o art. 127 do Código Penal. Para analisar a afirmação de que a conduta seria de tentativa de aborto qualificado, duas correntes se posicionam:

**a)** *1ª corrente entende que o agente responde pelo crime consumado, utilizando a mesma interpretação da Súmula 610 do STF que é aplicada ao latrocínio.*

**b)** *2ª corrente entende que se trata de crime preterdoloso tentado, sendo esta corrente a majoritária.*

**Art. 128 – Não se pune** o aborto **praticado por médico:**

**Aborto necessário**

I – se não há outro meio de salvar a vida da gestante;

**Aborto no caso de gravidez resultante de estupro**

**II** – se a gravidez resulta de estupro e o aborto é precedido de consentimento da gestante ou, quando incapaz, de seu representante legal.

1. **Causas especiais de exclusão da ilicitude**: o art. 128 do Código Penal relata causas especiais de excludente de ilicitude, que são: (i) aborto necessário; (ii) aborto sentimental.

**1.1. Aborto necessário (terapêutico)**: previsto no inciso I do artigo em comento, estará presente quando o médico precisar realizar o aborto para salvar a vida da gestante. Não é preciso que haja consentimento da gestante nem autorização judicial, mas alguns requisitos precisam estar presentes:

a) O aborto deve ser praticado por médico;

b) O perigo de vida da gestante deve estar presente: cuidado que perigo de saúde não é a mesma coisa que perigo de vida;

c) Não existir outro meio para salvá-la.

▶ **IMPORTANTE:** Caso não tenha um médico presente, a vida da gestante estiver em risco, e outra pessoa precisar realizar o aborto, como uma enfermeira, por exemplo, ou ainda, a própria gestante realizar o auto aborto. Neste caso, a conduta será típica, mas estará o agente agindo em descriminante de estado de necessidade, conforme art. 24, II do Código Penal.

**1.2. Aborto sentimental:** situação do inciso II do art. 128 é o aborto realizado quando a gestação for proveniente de estupro. Também é chamado de aborto piedoso, sentimental, ético, humanitário. Não precisa de autorização judicial. Também existem condições a serem observadas:

a) Deverá ser o aborto feito por médico;

b) A gravidez deve resultar de estupro – necessário que o médico tenha precaução nisso para verificar a ocorrência do estupro, bastando para isso, as alegações da gestante e boletim de ocorrência para comprovar a violência sexual sofrida;

c) Consentimento da gestante ou representante legal.

**1.3. Aborto eugenésico:** também chamado de aborto eugênico, é aquele feito quando estiver comprovado riscos de que o feto nascerá com graves anomalias físicas ou psíquicas. O ordenamento jurídico brasileiro incrimina tal conduta, inclusive na exposição de motivos do Código Penal, fica claro tal posicionamento do legislativo. A discussão aumenta quando se trata de **feto anencefálicos**, em que há uma malformação do embrião, feto, ou recém-nascido, no tubo neural pela ausência total ou parcial do encéfalo e calota craniana. Para a medicina, o feto anencéfalo é considerado como natimorto, **o que faria ser a interrupção da gestação um fato atípico, pela falta de vida humana**. No julgamento da ADPF 54/DF foi reconhecido o direito da gestante de fazer **antecipação terapêutica do parto** nos casos de anencefalia diagnosticada por profissional, sem a necessidade de autorização judicial ou outra permissão do Estado. O Conselho Federal de Medicina editou a Resolução CFM nº 1.989/2012 para regulamentar a atuação dos médicos para essa situação. Sendo assim, a lei não permite o aborto do feto anencefálico, mas a jurisprudência (STF) permite.

**Aplicação em concurso:**

- ***Ano: 2016 Banca: VUNESP Órgão: TJ/RJ Prova: Juiz substituto***

A anencefalia, de acordo com entendimento jurisprudencial do Supremo Tribunal Federal, no julgamento da ADPF (arguição de descumprimento de preceito fundamental), ajuizada pela Confederação dos Trabalhadores na Saúde – CNTS, sob relatoria do Ministro Marco Aurélio de Mello:

B) permite a antecipação terapêutica do parto, com proteção à vida da mãe, a exemplo do aborto sentimental, que tem por finalidade preservar a higidez física e psíquica da mulher, conclusão que configura interpretação do Código Penal de acordo com a Constituição Federal, orientada pelos preceitos que garantem o Estado laico, a dignidade da pessoa humana, o direito à vida e a proteção à autonomia, da liberdade, da privacidade e da saúde

*Gabarito b*

*A alternativa "b" está de acordo com o posicionamento do Supremo Tribunal Federal, conforme jurisprudência transcrita no tópico anterior, e item 1.3 dos comentários do art. 128 do Código Penal.*

► **Aplicação pelo STF:**

**STF: O STF, ao julgar a ADPF nº 54, entendeu que a tipificação penal da interrupção da gravidez de feto anencéfalo não se coadunaria com a constituição**, notadamente com os preceitos que garantiriam o estado laico, a dignidade da pessoa humana, o direito à vida e a proteção da autonomia, da liberdade, da privacidade e da saúde, sendo, portanto, comportamento não criminoso. ADPF 54/DF, rei. Min. Marco Aurélio, 11 e 12.4.2012. Informativo 661 STF.

**STF:** A **interrupção da gravidez no primeiro trimestre da gestação** provocada pela própria gestante (art. 124) ou com o seu consentimento (art. 126) **não é crime**. 1ª Turma. HC 124306/RJ – 29/11/2016 (Info 849).

## CAPÍTULO II
## DAS LESÕES CORPORAIS

**Lesão corporal**

**Art. 129.** Ofender a integridade corporal ou a saúde de outrem:

Pena – detenção, de três meses a um ano.

**Lesão corporal de natureza grave**

§ 1º Se resulta:

I – Incapacidade para as ocupações habituais, por mais de trinta dias;

II – perigo de vida;

III – debilidade permanente de membro, sentido ou função;

IV – aceleração de parto:

Pena – reclusão, de um a cinco anos.

§ 2º Se resulta:

I – Incapacidade permanente para o trabalho;

II – enfermidade incurável;

III – perda ou inutilização do membro, sentido ou função;

IV – deformidade permanente;

V – aborto:

Pena – reclusão, de dois a oito anos.

**Lesão corporal seguida de morte**

§ 3º Se resulta morte e as circunstâncias evidenciam que o agente não quís o resultado, nem assumiu o risco de produzi-lo:

Pena – reclusão, de quatro a doze anos.

**Diminuição de pena**

§ 4º Se o agente comete o crime impelido por motivo de relevante valor social ou moral ou sob o domínio de violenta emoção, logo em seguida a injusta provocação da vítima, o juiz pode reduzir a pena de um sexto a um terço.

**Substituição da pena**

§ 5° O juiz, não sendo graves as lesões, pode ainda substituir a pena de detenção pela de multa, de duzentos mil réis a dois contos de réis:

I – se ocorre qualquer das hipóteses do parágrafo anterior;

II – se as lesões são recíprocas.

**Lesão corporal culposa**

§ 6° Se a lesão é culposa:

Pena – detenção, de dois meses a um ano.

**Aumento de pena**

§ 7º Aumenta-se a pena de 1/3 (um terço) se ocorrer qualquer das hipóteses dos §§ 4º e 6º do art. 121 deste Código. (Redação dada pela Lei nº 12.720, de 2012)

§ 8º – Aplica-se à lesão culposa o disposto no § 5º do art. 121.(Redação dada pela Lei nº 8.069, de 1990)

**Violência Doméstica** (Incluído pela Lei nº 10.886, de 2004)

§ 9º Se a lesão for praticada contra ascendente, descendente, irmão, cônjuge ou companheiro, ou com quem conviva ou tenha convivido, ou, ainda, prevalecendo-se o agente das relações domésticas, de coabitação ou de hospitalidade: (Redação dada pela Lei nº 11.340, de 2006)

Pena – detenção, de 3 (três) meses a 3 (três) anos. (Redação dada pela Lei nº 11.340, de 2006)

§ 10º. Nos casos previstos nos §§ 1º a 3º deste artigo, se as circunstâncias são as indicadas no § 9º deste artigo, aumenta-se a pena em 1/3 (um terço). (Incluído pela Lei nº 10.886, de 2004)

§ 11. Na hipótese do § 9º deste artigo, a pena será aumentada de um terço se o crime for cometido contra pessoa portadora de deficiência. (Incluído pela Lei nº 11.340, de 2006)

§ 12. Se a lesão for praticada contra autoridade ou agente descrito nos arts. 142 e 144 da Constituição Federal, integrantes do sistema prisional e da Força Nacional de Segurança Pública, no exercício da função ou em decorrência dela, ou contra seu cônjuge, companheiro ou parente consanguíneo até terceiro grau, em razão dessa condição, a pena é aumentada de um a dois terços. (Incluído pela Lei nº 13.142, de 2015)

1. **Lesão corporal:** o crime de lesão corporal tutela a incolumidade pessoal do indivíduo, a integridade e saúde corporal, fisiológica e também mental. A exposição de motivos do Código Penal define a lesão corporal como: "ofensa à integridade corporal ou saúde, isto é, como todo e qualquer dano ocasionado à normalidade funcional do corpo humano, quer do ponto de vista anatômico, quer do ponto de vista fisiológico ou mental". O legislador organizou a lesão corporal da seguinte maneira:

| | |
|---|---|
| Lesão corporal leve | art. 129, *caput* |
| Lesão corporal grave | art. 129, §1º |
| Lesão corporal gravíssima | art. 129, §2º |
| Lesão corporal seguida de morte | art. 129, §3º |
| Lesão corporal privilegiada (causa de diminuição de pena) | art. 129, §4º |
| Lesão corporal privilegiada (substituição da pena) | art. 129, §5º |
| Lesão corporal culposa | art. 129, §6º |
| Aumento de pena | art. 129, §7º e §8º |
| Lesão corporal com violência doméstica | art. 129, §9º |
| Causas de aumento de pena na Lesão corporal com violência doméstica | art. 129,§§ 10 e 11º |
| Lesão corporal funcional | art. 129, §12 |

### 1.1. Lesão corporal

- Bem jurídico: *a integridade e saúde corporal, psíquica e mental.*
- Núcleo do tipo: *ofender*
- Sujeito ativo: *qualquer pessoa, trata-se de crime comum.*
- Sujeito passivo: *qualquer pessoa (em regra)*
- Elemento subjetivo: *dolo – direto ou eventual, admite-se a forma culposa (art. 129, §6º, e também preterdolosa (art. 129, §3º)*
- Consumação: *com a lesão à integridade corporal ou saúde da vítima*
- Tentativa: *admite-se a tentativa na lesão dolosa*
- Ação Penal: *(i) pública condicionada à representação – lesão corporal leve e culposa (art. 88 da Lei 9.099/95); (ii) ação penal pública incondicionada – nas demais situações.*
- Lei 9.099/95: *são infrações de menor potencial ofensivo a lesão corporal leve e culposa, é possível a transação penal e demais medidas despenalizadoras, bem como a utilização do rito sumaríssimo.*

- **CLASSIFICAÇÃO:**

CRIME COMUM → MATERIAL → INSTANTÂNEO → COMISSIVO ou OMISSIVO → DE DANO → UNILATERAL → PLURISSUBSISTENTE → DE FORMA LIVRE

2. **Lesão corporal leve – art. 129, *caput* do CP:** O critério para se classificar a lesão como leve se dá por exclusão. Assim, quando não for lesão dolosa grave, gravíssima, seguida de morte ou praticada com violência doméstica, familiar contra a mulher ou contra funcionário público nas hipóteses legais, o enquadramento será na lesão leve.

   Comprova-se a materialidade do crime pelo exame de corpo de delito, caso tenham desaparecido os vestígios, é possível o exame de corpo de delito indireto, conforme art. 167 do Código de Processo Penal. Crime de menor potencial ofensivo.

   - **Aplicação pelo STF:**

     **STF: A lesão corporal leve é de competência Juizado especial criminal para processo e julgamento**, sendo a ação penal pública condicionada à representação do ofendido ou seu representante legal. Lei 9.099/1995, arts. 88 e 91. A Lei 9.099/95 (Juizados Especial Cível e Criminal). Inq. 1.055/3/1996 – AM

3. **Lesão corporal grave – art. 129, §1º do CP:** a lesão corporal grave é a figura qualificada do crime. Será considerada grave quando:

   a) **Incapacidade para ocupações habituais por mais de 30 (trinta) dias:** qualquer atividade do cotidiano da vítima, seja física ou mental, não importando ainda se é lucrativa. A incapacidade é objetiva.

   b) **Perigo de vida:** quando a situação possibilita concretamente que a vítima morra em decorrência das lesões sofridas.

   c) **Debilidade permanente de membro, sentido ou função:** neste caso há uma diminuição ou enfraquecimento da capacidade funcional. Não é necessário que seja perpétuo, mas de longo prazo. Considera-se membros os braços, pernas, mãos e pés. Sentidos são a visão, audição, tato, olfato e paladar. Função é de um órgão ou aparelho do corpo humano.

   d) **Aceleração de parto:** quando o parto ocorre prematuramente por conta da lesão. Lembre-se que é preciso que o agente saiba da gravidez e o recém-nascido precisa nascer vivo e continuar com vida, se vier a óbito a lesão será gravíssima.

4. **Lesão corporal gravíssima – art. 129, §2º do CP:** as lesões expressas no §2º são serão caracterizadas quando:

a) **Incapacidade permanente para o trabalho:** neste caso a lei indica a incapacidade para o trabalho, ou seja, emprego, profissão, ofício, diferente de "atividade habitual" descrita no §1º. Deve ser a incapacidade duradoura, sem tempo e previsão de cessar. Atenção, pois há posicionamento doutrinário que sustenta que essa incapacidade deverá ser para qualquer tipo de trabalho (incapacidade genérica), e se, portanto a vítima puder exercer outra atividade profissional, essa qualificadora não se configuraria. Entretanto, outro posicionamento, sustenta que basta que a incapacidade seja para o exercício daquele trabalho( incapacidade específica).

b) **Enfermidade incurável:** há uma alteração permanente da saúde por conta de uma patologia que não tenha cura atualmente.

c) **Perda ou inutilização de membro, sentido ou função:** perda é a destruição ou privação; inutilização é a falta de aptidão do órgão para alguma função específica, o membro ou órgão está no corpo, mas não desempenha a sua função.

d) **Deformidade permanente**: dano em alguma parte do corpo, de forma permanente, irreparável por um longo período de tempo.

e) **Aborto**: necessário que o aborto tenha ocorrido culposamente, ou seja, que tenha sido o crime preterdoloso, a intenção do agente era lesionar a vítima, mas acabou resultando também o aborto. Se a intenção era provocar o aborto, responderá por lesão corporal em concurso formal impróprio ou imperfeito com aborto sem o consentimento da gestante.

**Aplicação em concurso:**

- ***Ano: 2016 Banca: FUNCAB Órgão: PC/PA Prova: Delegado de Polícia***

Amílcar, durante uma briga, tenta chutar seu adversário, mas sem querer acerta a própria esposa, que buscava apartar a contenda. Atingida no ventre, a mulher sofre ruptura do baço e é submetida a uma cirurgia de emergência, na qual tem o órgão extraído de seu corpo, medida que garante sua sobrevivência. Considerando que Amílcar em momento algum agiu com *animus necandi*, o comportamento do autor caracteriza crime de lesão corporal:

A) culposa.

B) gravíssima com aumento de pena em virtude da relação conjugal entre autor e vítima.

C) grave.

D) gravíssima.

E) grave com aumento de pena em virtude da relação conjugal entre autor e vítima.

*Gabarito: c*

*A conduta gerou perigo de vida, pois foi dito que: "medida que garante sua sobrevivência", denotando dessa forma, perigo de vida. Assim, estamos diante de lesão corporal grave.*

► **Aplicação pelo STJ:**

**STJ: A lesão corporal que provoca na vítima a perda de dois dentes tem natureza grave (art. 129, § 1º, III, do CP), e não gravíssima (art. 129, § 2º, IV, do CP):** (...) Assim, a perda de dois dentes, muito embora possa reduzir a capacidade funcional da mastigação, não enseja a deformidade permanente prevista no art. 129, § 2º, IV, do CP e, sim, debilidade permanente (configuradora de lesão corporal grave). 6ª Turma. REsp 1.620.158-RJ – 13/9/2016 (Info 590).

5. **Lesão corporal seguida de morte – art. 129, §3º do CP –** crime preterdoloso, não se admite tentativa. Existe a lesão corporal dolosa, com resultado morte culposo.

► **Aplicação pelo STJ:**

**STJ: Lesão corporal seguida de morte.** Crime preterdoloso ou preterintencional é **imprescindível é que a denúncia impute a previsibilidade e culpa no crime consequente (resultado mais grave)**, sob pena de indevida responsabilização objetiva em direito penal, com atribuição de responsabilidade apenas pelo nexo causal. (6ª T.) – Rec. em HC 59551 – SP – 09/08/2016

6. **Causa de diminuição de pena – art. 129, §4º do CP –** fala a doutrina em lesão corporal privilegiada. Vai incidir nas lesões dolosas, não sendo possível na culposa. Mesma situação da causa de diminuição de pena idêntica do homicídio.
7. **Substituição da pena – art. 129, §5º do CP –** se as lesões não forem graves, e estiverem presentes os requisitos legais, o juiz poderá substituir a pena.
8. **Lesão corporal culposa – art. 129, §6º do CP –** pouco importa o grau da lesão, sendo culposa a pena base será a do §6º do art. 129 do CP.
9. **Lesão corporal majorada – art. 129, §7º do CP –** causa de aumento de pena, que será de 1/3 (um terço) se ocorrer qualquer das hipóteses do art. 121, §4º e §6º do CP. Para lesão corporal culposa, será o aumento quando ocorrer a 1ª parte do art. 121, §4º. Se a lesão for dolosa, ou preterdolosa, será a situação do art. 121, §4º, 2ª parte.
10. **Perdão judicial – art. 129, §8º do CP –** perdão judicial, dado pelo juiz quando for a lesão corporal culposa. Não depende de aceitação do agente, é causa de extinção da punibilidade.

- **Violência doméstica – art. 129, §9º do CP –** é uma lesão corporal leve qualificada. Deixa de ser infração de menor potencial ofensivo. **Atenção:** Nos casos de lesão corporal no âmbito doméstico e familiar, mesmo leve, a ação será ação penal pública incondicionada. O STJ editou a Súmula 542 – A ação penal relativa ao crime de lesão corporal resultante de violência doméstica contra a mulher é pública incondicionada.

► **Aplicação pelo STJ:**

**STJ:** Para configuração da lesão corporal leve qualificada pela violência doméstica(artigo 129,§9º do CP), deve ser analisada a presença de uma das situações previstas no artigo 5º da Lei Maria de Penha para sua configuração. (...)5ª Turma. RHC 50.026-PA – 3/8/2017 (Info 609).

**STJ: Lesão corporal no contexto da Lei Maria da Penha.** Malgrado a Lei 11.340/2006 não vede a substituição da pena privativa de liberdade por restritiva de direitos, obstando apenas a imposição de prestação pecuniária e o pagamento isolado de multa, o art. 44, Ido CP proíbe a conversão da pena privativa de liberdade em restritiva de direitos quando o crime for cometido com violência ou grave ameaça à pessoa. Conforme a dicção da **Súmula 588/STJ, a prática de crime ou contravenção penal contra a mulher com violência ou grave ameaça no ambiente doméstico impossibilita a substituição da pena privativa de liberdade por restritiva de direitos.** (5ª T.) – HC 415900 – SP 20/02/2018-

11. **Causas de aumento de pena na lesão corporal no âmbito doméstico – art. 129, §10 do CP** – Caso seja a lesão corporal, grave, gravíssima ou seguida de morte, e o crime tiver sido praticado com violência doméstica, será utilizado o art. 129, §1º, 2º e 3º com o aumento de 1/3 (um terço) do §10 do mesmo artigo.

12. **Vítima portadora de deficiência – art. 129, §11 do CP** – ocorrendo lesão leve, cometida com violência doméstica contra vítima deficiente, aumenta-se a pena em 1/3 (um terço).

13. **Lesão corporal qualificada funcional –art. 129,§12º do CP –** Se a lesão corporal for praticada contra autoridade ou agente descrito nos arts. 142 e 144 da Constituição Federal, integrantes do sistema prisional e da Força Nacional de Segurança Pública, no exercício da função ou em decorrência dela, ou contra seu cônjuge, companheiro ou parente consanguíneo até terceiro grau, em razão dessa condição, a pena é aumentada de um a dois terços.

14. Resumo sobre ação penal – organograma:

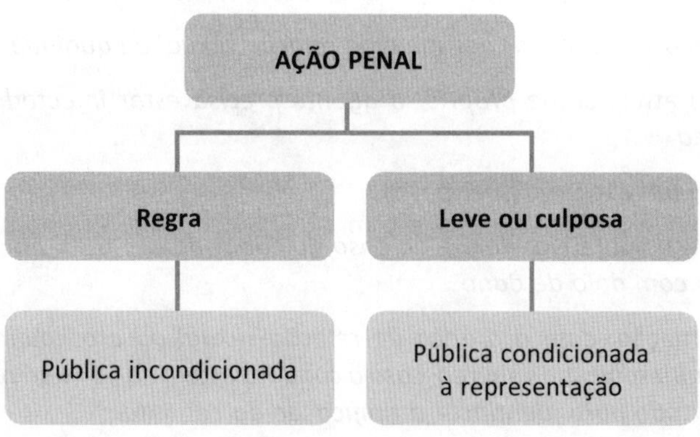


► **Súmulas relevantes**:

**Súmula 536 STJ:** A suspensão condicional do processo e a transação penal não se aplicam na hipótese de delitos sujeitos ao rito da Lei Maria da Penha.

**Súmula 542 STJ:** A ação penal relativa ao crime de lesão corporal resultante de violência doméstica contra a mulher é pública incondicionada.

**Súmula 588 STJ:** A prática de crime ou contravenção penal contra a mulher com violência ou grave ameaça no ambiente doméstico impossibilita a substituição da pena privativa de liberdade por restritiva de direitos.

**Súmula 589 STJ:** É inaplicável o princípio da insignificância nos crimes ou contravenções penais praticados contra a mulher no âmbito das relações domésticas.

**Súmula 600 STJ:** Para a configuração da violência doméstica e familiar prevista no artigo 5º da Lei n. 11.340/2006 (Lei Maria da Penha) não se exige a coabitação entre autor e vítima.

## CAPÍTULO III
## DA PERICLITAÇÃO DA VIDA E DA SAÚDE

**Perigo de contágio venéreo**

**Art. 130 - Expor** alguém, **por meio de relações sexuais** ou **qualquer ato libidinoso**, a **contágio de moléstia venérea**, de que **sabe ou deve saber que está contaminado**:

Pena - detenção, de três meses a um ano, ou multa.

§ 1º - **Se é intenção do agente transmitir a moléstia:**

Pena - reclusão, de um a quatro anos, e multa.

§ 2º - **Somente se procede mediante representação.**

### 1. Perigo de contágio venéreo:

- Bem jurídico: *incolumidade física da pessoa, a sua vida e a saúde*
- Núcleo do tipo: *expor por meio de relação sexual ou qualquer ato libidinoso*
- Sujeito ativo: *crime próprio, o agente precisa estar infectado pela doença venérea*
- Sujeito passivo: *qualquer pessoa*
- Elemento subjetivo: *dolo – no caso do caput do art. 130; no §1º é crime de perigo com dolo de dano*
- Consumação: *com a prática de relação sexual ou ato libidinoso capaz de transmitir moléstia venérea, caso a conduta esteja no §1º será preciso analisar o resultado para identificar a tipificação da conduta.*
- Tentativa: *admite-se a tentativa*
- Ação Penal: *pública condicionada à representação – art. 130, §2º do CP*
- Lei 9.099/95: *poderá ser feita conciliação e transação penal se for a conduta do caput, já a suspensão condicional do processo poderá para ambos os casos*

## ► CLASSIFICAÇÃO:

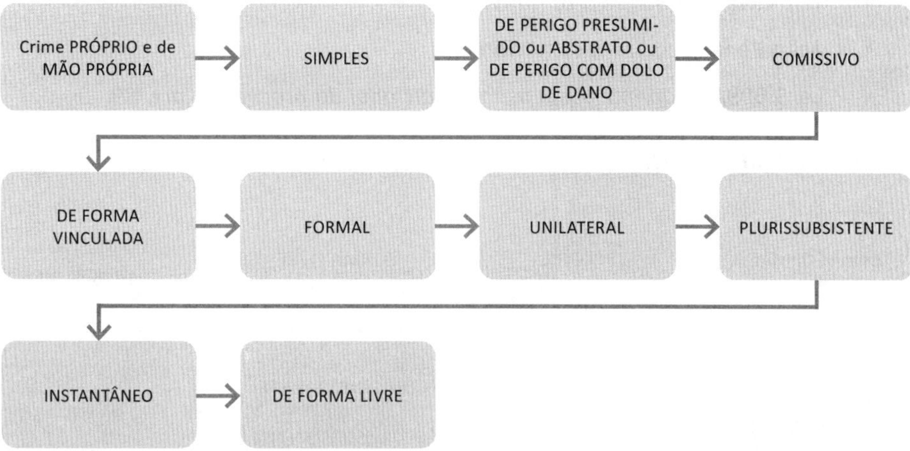


### Aplicação em concurso:

- ***Ano: 2006 Banca: EJEF Órgão: TJ-MG Prova: Juiz***

  Relativamente ao crime de perigo de contágio venéreo é INCORRETO afirmar que:

  D) o consentimento do ofendido nas relações sexuais, sabendo do risco de contaminação, exclui a responsabilidade penal.

  *Gabarito: d*

  *O consentimento da vítima não afasta a tipicidade ou ilicitude da conduta, pois o bem jurídico tutelado é indisponível.*

**Perigo de contágio de moléstia grave**

**Art. 131** – Praticar, **com o fim de transmitir a outrem moléstia grave de que está contaminado**, ato capaz de produzir o contágio:

Pena – reclusão, de um a quatro anos, e multa.

## 1. Perigo de contágio de moléstia grave:

- Bem jurídico: *incolumidade física da pessoa, a sua vida e a saúde*
- Núcleo do tipo: *praticar ato capaz de produzir o contágio de moléstia grave*
- Sujeito ativo: *crime próprio, o agente precisa estar infectado pela moléstia grave contagiosa*
- Sujeito passivo: *qualquer pessoa*
- Elemento subjetivo: *dolo direito de dano – há intenção de produzir a infecção.*

- Consumação: *basta a prática do ato capaz de transmitir a grave moléstia*
- Tentativa: *admite-se a tentativa*
- Ação Penal: *pública incondicionada*
- Lei 9.099/95: *admite suspensão condicional do processo – art. 89.*

► **CLASSIFICAÇÃO:**

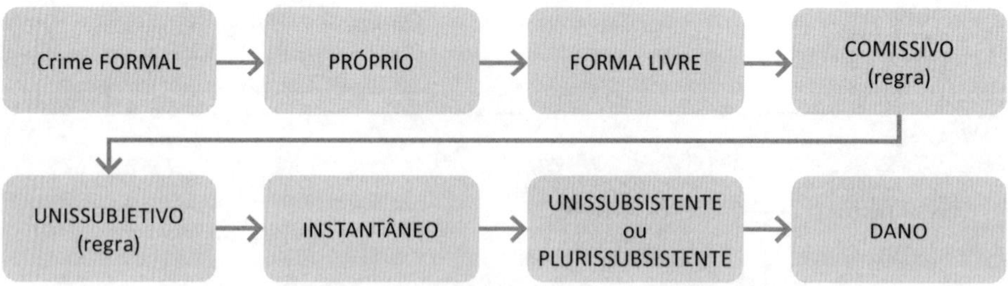


2. **Conduta:** o tipo penal pune a conduta de quem praticar qualquer ato capaz de transmitir moléstia grave para terceiro, com a finalidade da contaminação, ou seja, a pessoa faz propositalmente, pois o resultado que se busca é que a vítima contraia a moléstia.

**2.2. Moléstia grave:** considera-se qualquer enfermidade que traga séria perturbação para a saúde. Importante estar atento na forma utilizada pelo agente. Para o enquadramento ser no art. 131 do CP, não pode ter sido a transmissão por meio de relação sexual ou ato libidinoso, pois assim configuraria o art. 130, §1º do CP.

**2.3. Consumação:** o crime estará consumado com a prática do ato com capacidade de efetivar o contágio, independente de se efetivar a contaminação. Entretanto, caso a transmissão aconteça surgem algumas situações:

a) *A conduta resultar em lesão corporal leve (CP, art. 129, caput): neste caso o crime de lesão corporal leve (art. 129, caput) será absorvido pelo perigo de contágio de moléstia grave.*

b) *A conduta resultar lesão corporal grave ou gravíssima (art. 129, §1º e §2º): o agente responde somente pelo crime da lesão corporal leve ou gravíssima, dependendo do resultado atingido.*

c) *A conduta resultar culposamente na morte da vítima, neste caso estará configurado o crime de lesão corporal seguida de morte (CP, art. 129, § 3º) e por este crime respondera o agente.*

d) *A conduta resultar dolosamente a morte da vítima, em decorrência da gravidade da moléstia pela qual foi contaminada. Se isto ocorrer, o agente responde por homicídio doloso.*

- Se a conduta com a finalidade de contaminação pela moléstia grave ocasionar uma epidemia, responderá o agente pelos crimes do art. 131 e 265 do Código Penal em concurso formal.

**Aplicação em concurso:**

- **Ano: 2017 Banca: CESPE Órgão: DPE-AL Prova: Defensor Público**

  Jonas descobriu, na mesma semana, que era portador de doença venérea grave e que sua esposa, Priscila, planejava pedir o divórcio. Inconformado com a intenção da companheira, Jonas manteve relações sexuais com ela, com o objetivo de lhe transmitir a doença. Ao descobrir o propósito de Jonas, Priscila foi à delegacia e relatou o ocorrido. No curso da apuração preliminar, constatou-se que ela já estava contaminada da mesma moléstia desde antes da conduta de Jonas, fato que ela desconhecia.

  Nessa situação hipotética, considerando-se as normas relativas a crimes contra a pessoa, a conduta perpetrada por Jonas constitui

  A) tentativa de perigo de contágio venéreo.

  B) crime impossível, em razão do contágio anterior.

  C) delito putativo de contágio por moléstia grave.

  D) perigo de contágio por moléstia grave consumado.

  E) tentativa de lesão corporal, devido ao perigo de contágio venéreo.

  *Gabarito: b*

  *O crime do art. 131 do CP exige a finalidade específica de transmitir grave moléstia, no caso apresentado na questão, a vítima já estava contaminada. Não há como transmitir algo para quem já possui – art. 17 do CP – crime impossível.*

**Perigo para a vida ou saúde de outrem**

**Art. 132 – Expor a vida ou a saúde de outrem a perigo direto e iminente:**

Pena – detenção, de três meses a um ano, se o fato não constitui crime mais grave.

Parágrafo único. A **pena é aumentada** de um sexto a um terço se a exposição da vida ou da saúde de outrem a perigo **decorre do transporte de pessoas para a prestação de serviços em estabelecimentos de qualquer natureza, em desacordo com as normas legais.** (Incluído pela Lei nº 9.777, de 1998)

## 1. Perigo para a vida ou saúde de outrem:

- Bem jurídico: *a vida e a saúde da pessoa humana*
- Núcleo do tipo: *expor – alguém a perigo direto e iminente*
- Sujeito ativo: *crime comum – qualquer pessoa*
- Sujeito passivo: *qualquer pessoa – mas precisa ter uma pessoa determinada*
- Elemento subjetivo: *dolo de perigo, direto ou eventual*

- Consumação: *com a produção do risco direto e iminente, ainda que não cause danos para a vítima*
- Tentativa: *admite-se a tentativa na modalidade comissiva*
- Ação Penal: *pública incondicionada*
- Lei 9.099/95: *é infração de menor potencial ofensivo, admite, portanto, transação penal, suspensão condicional do processo – art. 89, procedimento sumaríssimo.*

► **CLASSIFICAÇÃO:**

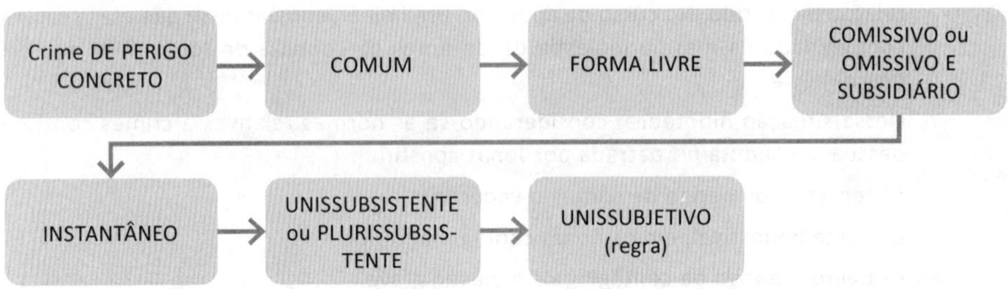


**Aplicação em concurso:**

- **Ano: 2011 Banca: FCC Órgão: MPE-CE Prova: Promotor de Justiça**

  O crime de perigo para a vida ou saúde de outrem previsto no art. 132 do Código Penal é considerado de perigo

  A) comum

  B) concreto.

  C) abstrato.

  D) presumido.

  E) omissivo.

  *Gabarito: b*

  *Exige que alguém tenha sido exposto ao perigo, devendo a exposição ao risco ficar comprovada, e portanto, concreto.*

2. **Conduta:** a conduta punida no crime do art. 132 é aquela que coloca a vítima em situação que pode gerar perigo para a sua vida ou para a saúde. O crime é de forma livre, podendo ser praticado por diversos meios de execução. No entanto, o perigo deve ser direto, ou seja, dirigido para pessoa determinada, e ser também iminente, ou seja, provocar um dano imediato. Quando a doutrina explica que o perigo é concreto, significa dizer que, exige-se que alguém tenha sido exposto ao perigo, a exposição ao risco deve ficar comprovada.

**2.1. Conduta omissiva:** entende a doutrina que pode ocorrer a prática por omissão.

**2.2. Consumação e subsidiariedade expressa:** o crime estará consumado com a produção efetiva do perigo, mas podem surgir outros resultados, e o legislador coloca de forma expressa a subsidiariedade do crime, através da expressão "se o fato não constitui crime mais grave", vejamos:

► **Aplicação pelo STJ:**

> **STJ: A conduta tipificada no art. 15 da Lei 10.826/2003 (**Disparo de arma de fogo**)é mais grave do que a prevista no CP, art. 132,** uma vez que, embora de perigo abstrato, a ação de disparar arma de fogo em local habitado e em via pública representa um risco à integridade física de uma coletividade, isto é, de todos que habitam a localidade e cercanias; não apenas de uma pessoa específica, situação prevista no CP, art. 132, **prevalecendo sobre esta. (**6ª T.) – Rec. Esp. 1494303 – SP – 25/11/2014

- **Expôs ao perigo e resultou em lesão corporal** – responderia ao crime de lesão corporal culposa, no entanto, a pena é mais branda, e responderá pelo art. 132 do CP.
- **ATENÇÃO:** se for na direção de veículo automotor, responderá pela lesão corporal na direção de veículo automotor do Código de Transito Brasileiro, pois possui uma sanção mais severa que do art. 132 do Código Penal.
- Se a **lesão corporal culposa for agravada** (art. 129, §7º do CP), por este responderá.
- Caso a **conduta resulte na morte da vítima**, o agente responde por homicídio culposo.

**3. Causa de aumento de pena – art. 132, parágrafo único:** a pena será aumenta em 1/3 (um terço) se a exposição da vida ou saúde de outrem a perigo decorrer do transporte de pessoas para a prestação de serviços em estabelecimentos de qualquer natureza, em desacordo com as normas legais.

**Abandono de incapaz**

**Art. 133 – Abandonar pessoa que está sob seu cuidado, guarda, vigilância ou autoridade, e, por qualquer motivo, incapaz de defender-se dos riscos resultantes do abandono:**

Pena – detenção, de seis meses a três anos.

§ 1º – Se do abandono resulta lesão corporal de natureza grave:

Pena – reclusão, de um a cinco anos.

§ 2º – Se resulta a morte:

Pena – reclusão, de quatro a doze anos.

**Aumento de pena**

§ 3º – As penas cominadas neste artigo aumentam-se de um terço:

I – se o abandono ocorre em lugar ermo;

II – se o agente é ascendente ou descendente, cônjuge, irmão, tutor ou curador da vítima.

III – se a vítima é maior de 60 (sessenta) anos (Incluído pela Lei nº 10.741, de 2003)

1. **Abandono de incapaz:** o crime em comento pune a conduta daquele que deixa ao abandono, desassistido, desamparado, infringindo assim, uma obrigação advinda de guarda e assistência.
   - Bem jurídico: *a vida, a saúde e a segurança da pessoa humana*
   - Núcleo do tipo: *abandonar*
   - Sujeito ativo: *crime próprio, o agente deve possuir o dever de zelar pela vida, saúde ou segurança da vítima.*
   - Sujeito passivo: *o incapaz de defender-se de riscos resultantes do abandono e que estava sob a guarda, cuidado, vigilância ou autoridade do sujeito ativo.*
   - Elemento subjetivo: *dolo de perigo – direto ou eventual.*
   - Consumação: *no momento do abandono se resultar em perigo concreto,*
   - Tentativa: *admite-se a tentativa na modalidade comissiva*
   - Ação Penal: *pública incondicionada*
   - Lei 9.099/95: *art. 133, caput e §1º são crimes que admitem a suspensão condicional do processo – art. 89. Por outro lado, o §2º não será compatível.*

► **CLASSIFICAÇÃO:**

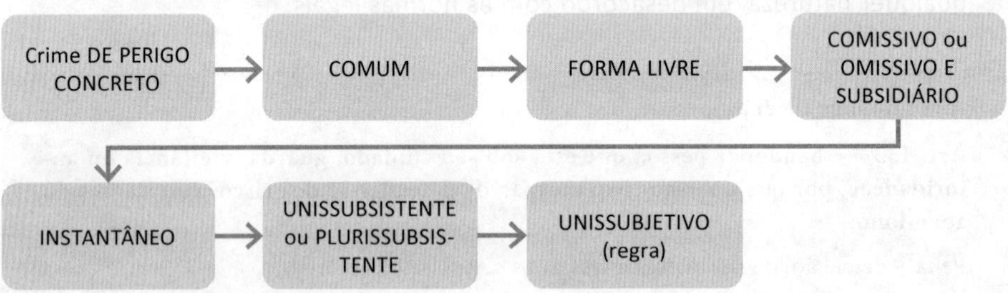


2. **Objetivo do tipo penal:** o crime de abandono de incapaz busca proteger a vida, integridade físco-psíquica da pessoa que não possui capacidade de se proteger, ou ainda, se defender sozinha.

   **2.1. Peculiaridades do sujeito ativo:** o sujeito ativo não pode ser qualquer pessoa, é necessário que tenha o dever de cuidar, zelar, pela saúde ou segurança da vítima. O legislador utilizou as palavras: cuidado, guarda, vigilância e autoridade.

a) Cuidado: assistência eventual

b) Guarda: assistência duradoura

c) Vigilância: assistência acauteladora

d) Autoridade: o agente é superior a vítima, independentemente de ser por conta de direito público ou privado, a autoridade dá ordens para a vítima.

---

▶ **ATENÇÃO:** não haverá crime se:

- Se o sujeito ficar escondido aguardando algum terceiro retirar a vítima
- Se a própria vítima foge dos cuidados de quem tem o dever de cuidado, guarda, vigilância e autoridade.

---

3. **Modo de execução:** a conduta é abandonar quando existe o dever de guarda e assistência, e pode ser praticado por ação ou omissão. Na ação a vítima é levada para algum local e deixada, na omissão o agente se afasta da vítima no local em que estão por um tempo que seja suficiente para risco ao incapaz. Importante ressaltar que para caracterizar o crime, não pode o incapaz ter tido condições de se defender e se proteger, sendo necessário o perigo concreto.

**Aplicação em concurso:**

- ***Ano: 2012 – Banca: FCC Órgão: DPE-PR Prova: Defensor Público***

  Maria reside sozinha com sua filha de 5 meses de idade e encontra-se em benefício previdenciário de licença maternidade de 6 meses. Todas as tardes a filha de Maria dorme por cerca de duas horas, momento no qual Maria realiza as atividades domésticas. Em determinado dia, neste horário de dormir da filha, Maria foi até ao supermercado próximo de sua casa, uma quadra de distância, para comprar alguns mantimentos para a alimentação de sua filha. Normalmente esta saída levaria de 10 a 15 minutos, mas neste dia houve uma queda no sistema informatizado do supermercado o que atrasou o retorno à sua casa por 40 minutos. Ao chegar próximo à sua casa, Maria constatou várias viaturas da polícia e corpo de bombeiros na frente de sua residência, todos acionados por um vizinho que percebeu o choro insistente de uma criança por 15 minutos, acionando os órgãos de segurança. Ao prestarem socorro à criança, com o arrombamento da porta de entrada da casa, os agentes dos órgãos de segurança verificam que a criança estava sozinha em casa, mas apenas assustada e sem qualquer lesão. A conduta de Maria é caracterizada como

  D) atípica

  *Gabarito: d*

  *O crime do art. 133 do CP é doloso, e não culposo. Maria não tinha o dolo de perigo consistente na vontade consciente de abandonar a filha e deixá-la em risco de perigo, sendo seu comportamento penalmente atípico.*

4. **Abandono de incapaz qualificado – art. 133, §1º e §2º do CP:** a pena será majorada se o abandono resultar em lesão corporal de natureza grave, ou se resultar

na morte. Nesses casos estaremos diante de um crime preterdoloso. Cuidado com isso, se a intenção do agente era a morte, por exemplo, responderá pelo crime de homicídio, sendo o abandono meio para se conseguir o resultado. As qualificadoras para tipificar o art. 133 são utilizadas somente quando o agente não queria o resultado alcançado, o dolo era apenas de perigo.

5. **Causas de aumento de pena – art. 133, §3º do CP:** a pena será aumentada se:

   a) O abandono ocorrer em lugar ermo

   b) Se o agente é ascendente, descendente, cônjuge, irmão, tutor ou curador da vítima

   c) Se a vítima é maior de 60 (sessenta) anos

**Exposição ou abandono de recém-nascido**

**Art. 134 – Expor ou abandonar recém-nascido**, para **ocultar desonra própria**:

Pena – detenção, de seis meses a dois anos.

§ 1º – Se do fato **resulta lesão corporal** de natureza **grave**:

Pena – detenção, de um a três anos.

§ 2º – Se **resulta a morte**:

Pena – detenção, de dois a seis anos.

1. **Abandono de recém-nascido:** o crime em comento pune a conduta daquele que expõe ou abandona recém-nascido para ocultar a própria desonra.

- Bem jurídico: *a vida, integridade físico-psíquica do recém-nascido*
- Núcleo do tipo: *expor – abandonar*
- Sujeito ativo: *crime próprio, o agente deve ser ou pai ou mãe do recém-nascido*
- Sujeito passivo: *o recém-nascido*

**Aplicação em concurso:**

- ***Ano: 2009 Banca: CESPE Órgão: PC-RN Prova: Escrivão de Polícia Civil***

  Com relação aos crimes contra a pessoa, assinale a opção correta.

  A) No crime de abandono de recém-nascido, o sujeito ativo só pode ser a mãe e o sujeito passivo é a criança abandonada.

  *Gabarito: a*

  *Ainda que exista divergência em sede doutrinária, este é o entendimento majoritário e acolhido atualmente pelo ordenamento jurídico brasileiro.*

- Elemento subjetivo: *dolo direto com finalidade específica para ocultar a desonra própria.*

- Consumação: *no momento que a vítima fica exposta a perigo concreto*
- Tentativa: *admite-se a tentativa na modalidade comissiva*
- Ação Penal: *pública incondicionada*
- Lei 9.099/95: *a conduta do caput é de menor potencial ofensivo, admite-se portanto, a transação penal, e demais institutos despenalizadores da Lei nº9.099/95.*

► **CLASSIFICAÇÃO:**

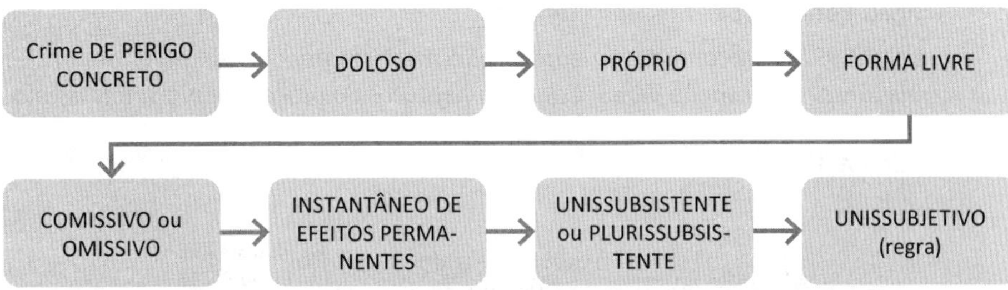


2. **Finalidade específica:** o legislador indicou uma finalidade específica para a conduta, no caso, ele fala em desonra própria, então a finalidade é ocultar essa desonra própria, ou seja, desonra do próprio sujeito ativo. Caso o abandono seja por conta de pobreza, excesso de número de filhos, não será enquadrado nesta conduta, mas sim, no art. 133 do CP.
3. **Abandono de recém-nascido qualificado:** o art. 134, §1º e §2º do Código Penal coloca duas situações que qualificam o crime:
   a) Se do abandono resultar lesão corporal de natureza grave
   b) Se do abandono resultar a morte

**Omissão de socorro**

**Art. 135 – Deixar de prestar assistência**, quando **possível fazê-lo sem risco pessoal**, à criança abandonada ou extraviada, ou à pessoa inválida ou ferida, ao desamparo ou em grave e iminente perigo; **ou não pedir**, nesses casos, **o socorro da autoridade pública**:

Pena – detenção, de um a seis meses, ou multa.

Parágrafo único – A **pena é aumentada** de metade, se da omissão **resulta lesão corporal de natureza grave**, e triplicada, se resulta **a morte**.

1. **Omissão de socorro:** resumidamente pune a conduta de quem deixa de prestar socorro, assistência, sem justificativa, quando possível fazê-lo sem risco pessoal, ou quando não pede socorro da autoridade pública.

- Bem jurídico: *a vida, a saúde da pessoa humana*
- Núcleo do tipo: *deixar de prestar assistência – não pedir socorro/auxílio*
- Sujeito ativo: *crime comum, podendo ser praticado por qualquer pessoa*
- Sujeito passivo: *criança abandonada, criança extraviada, pessoa inválida e ao desamparo, pessoa ferida e ao desamparo, pessoa em grave e iminente perigo*
- Elemento subjetivo: *dolo de perigo, direto ou eventual*
- Consumação: *no momento da omissão*
- Tentativa: *não se admite tentativa*
- Ação Penal: *pública incondicionada*
- Lei 9.099/95: *a conduta do caput é de menor potencial ofensivo, admite-se portanto, a transação penal, e demais institutos do procedimento sumaríssimo.*

► **CLASSIFICAÇÃO:**

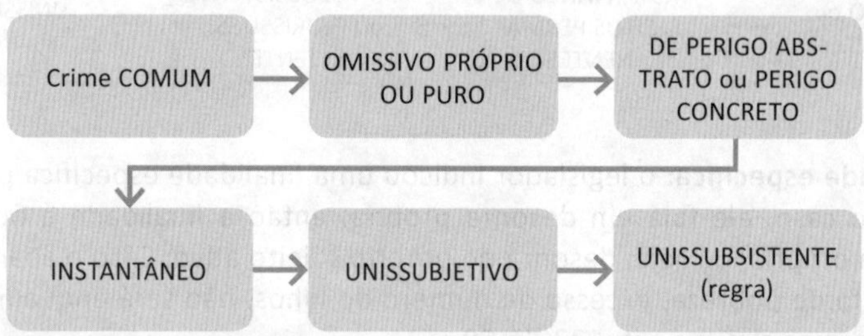


**2. Solidariedade humana:** o crime em comento repercute o princípio da solidariedade humana. O dispositivo coloca um dever de todos prestarem mútua assistência, como está descrito na lei, é um dever legal, que decorre de um dever ético social.

**3. Conduta do crime de omissão de socorro:** a conduta é omissiva, ou seja, é um deixar de fazer. A ação nuclear do tipo penal pode ser dividida em duas: (i) deixar de prestar assistência; (ii) não pedir socorro à autoridade pública.

**4. Sujeitos passivos: o tipo coloca de forma expressa uma gama de sujeitos passivos:**

a) Criança abandonada – aquela que foi abandonada por quem tinha o dever de cuidado, guarda, vigilância.

b) Criança extraviada – é a criança que está perdida e não ou não tem como voltar para casa sozinha

c) Pessoa inválida – pessoa que por algum motivo não possui condições de se defender sozinha, precisa de auxílio.

d) Pessoa ferida – teve lesões na sua integridade corporal.

e) Pessoa em grave e iminente perigo – qualquer pessoa, não precisa estar lesionada, ser criança ou inválida.

5. **Causa de aumento de pena:** o parágrafo único do artigo em comento coloca causas de aumento de pena se da omissão de socorro resultar (i) lesão corporal de natureza grave, em que a pena será aumentada na metade; (ii) morte, em que a pena será triplicada.

---

▶ **OMISSÃO DE SOCORRO E CÓDIGO DE TRÂNSITO BRASILEIRO**

No Código de Trânsito Brasileiro, o art. 304 será utilizado para o condutor de veículo, que se envolver em acidente de trânsito e não socorrer a vítima, ou não solicitar auxílio da autoridade pública.

*Art. 304. Deixar o* condutor do veículo, na ocasião do acidente, *de prestar imediato socorro à vítima, ou, não podendo fazê-lo diretamente, por justa causa, deixar de solicitar auxílio da autoridade pública:*

*Penas – detenção, de seis meses a um ano, ou multa, se o fato não constituir elemento de crime mais grave.*

*Parágrafo único. Incide nas penas previstas neste artigo o condutor do veículo, ainda que a sua omissão seja suprida por terceiros ou que se trate de vítima com morte instantânea ou com ferimentos leves.*

---

**Aplicação em concurso:**

- **Ano: 2002 – Banca: CESPE Órgão: PRF Prova: CESPE – 2002 – PRF – Policial Rodoviário Federal**

  Não comete o crime de omissão de socorro descrito no CTB o condutor de veículo que, passando pelo local de acidente automobilístico imediatamente após a sua ocorrência, deixa de prestar socorro imediato às vítimas ou de solicitar auxílio de autoridades públicas.

  () Certo () Errado

  *Gabarito: Certo*

  *A assertiva está correta, pois caso o condutor de veículo não esteja envolvido no acidente, não responderá pelo delito do artigo 304 do CTB, mas sim, omissão de socorro do artigo 135 do Código Penal.*

**Condicionamento de atendimento médico-hospitalar emergencial** (Incluído pela Lei nº 12.653, de 2012).

**Art. 135-A. Exigir** cheque-caução, nota promissória ou qualquer garantia, bem como o preenchimento prévio de formulários administrativos, como **condição para o atendimento médico-hospitalar emergencial**: (Incluído pela Lei nº 12.653, de 2012).

Pena – detenção, de 3 (três) meses a 1 (um) ano, e multa. (Incluído pela Lei nº 12.653, de 2012).

Parágrafo único. A **pena é aumentada** até o dobro se da negativa de atendimento **resulta lesão corporal de natureza grave**, e até o triplo se **resulta a morte**. (Incluído pela Lei nº 12.653, de 2012).

1. **Condicionamento de atendimento médico-hospitalar emergencial**: crime inserido no Código Penal com a Lei 12.653/2012, portanto, relativamente novo comparado com outros. O assunto já era regulamentado na forma administrativa, pela Resolução Normativa ANS 44/2003, em seu art. 1º que proíbe a exigência de caução, depósito de qualquer natureza, nota promissória ou qualquer outro título, para a prestação de serviços de saúde. Além disso, o Código Civil, também pode ser utilizado nesse tipo de situação – art. 171, II. Antes da inclusão do art. 135-A do CP, era muito comum o enquadramento no crime de omissão de socorro, no entanto, hoje temos um tipo penal específico.

- Bem jurídico: *a vida e a saúde da pessoa humana*
- Núcleo do tipo: *exigir (impor)*
- Sujeito ativo: *trata-se de crime comum, mas é preciso que seja funcionário ou administrador do estabelecimento de saúde que atenda emergência, ou médico que se recuse a atender um paciente sem deixar garantia ou preencher formulário administrativo.*
- Sujeito passivo: *qualquer pessoa que precise de atendimento médico-hospitalar emergencial*
- Elemento subjetivo: *dolo, direto ou eventual*
- Consumação: *com a exigência – sem esquecer que é crime de perigo concreto, é preciso demonstrar que a pessoa precisa de atendimento emergencial*
- Tentativa: *admite-se a tentativa*
- Ação Penal: *Pública incondicionada*

► **CLASSIFICAÇÃO:**

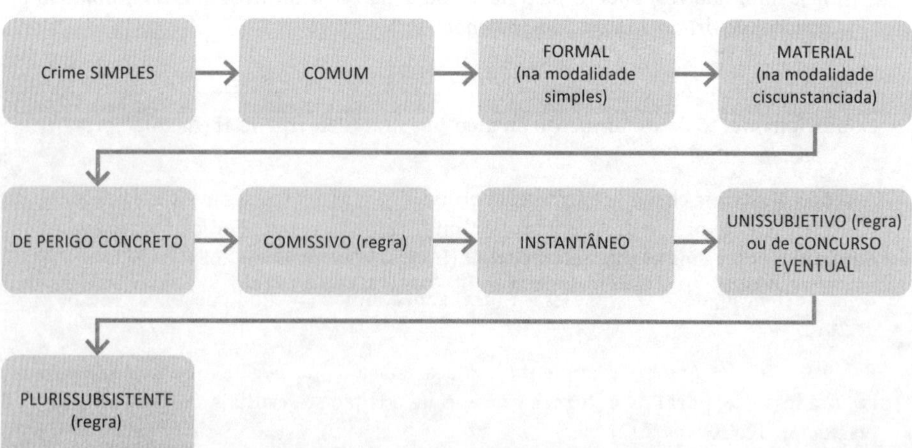

2. **Conduta:** a conduta do crime é exigir do paciente ou dos familiares, como condição para a realização do atendimento médico emergencial, cheque caução, nota promissória, ou ainda qualquer garantia, além do preenchimento prévio de formulários administrativo, de forma que se a pessoa não cumprir com a exigência, não conseguirá receber os atendimentos emergenciais. Resumindo, é a conduta de quem condicionar o atendimento médico hospitalar emergencial.

**2.1. Local físico da conduta e peculiaridades:** a lei indica de forma expressa alguns pontos que devem ser observados

a) **Local do atendimento:** a conduta para ser típica deve ocorrer em um local determinado. O legislador utilizou a expressão "atendimento médico hospitalar emergencial", portanto, é preciso que seja em hospital.

b) **Atendimento emergencial:** é preciso que o atendimento seja emergencial, mas o que seria atendimento emergencial? Casos de **emergência** possuem risco imediato de lesões irreparáveis ou de vida. Diferente de casos de **urgência**, que resultam de acidentes pessoais ou complicação no processo gestacional. Essas informações são retiradas do art. 35-C, da Lei 9.656/1998, portanto, o crime do art. 135-A do Código Penal é uma norma penal em branco homogênea.

**Aplicação em concurso:**

- ***Ano: 2013 Banca: FCC Órgão: DPE-RS Prova: Analista – Processual***

  *Sobre a exigência de nota promissória como garantia para a realização de procedimento de emergência em hospital em virtude de grave acidente, é correto afirmar que*

  A) caracteriza crime de omissão de socorro.

  B) caracteriza crime de condicionamento de atendimento médico-hospitalar emergencial.

  C) caracteriza crime de extorsão.

  D) caracteriza crime de prevaricação.

  E) não caracteriza crime.

  *Gabarito: b*

  *O enunciado narra a conduta do crime previsto no art. 135-A do Código Penal, indicando um dos tipos de garantia elucidados no caput, no caso, a nota promissória.*

---

▶ **ATENÇÃO:** o crime do art. 135-A do Código Penal somente estará configurado se o atendimento condicionado for de caso emergencial, por expressa previsão legal. Caso ocorra a mesma situação para atendimento de urgência, poderá a conduta ser enquadrada no art. 135 do Código Penal.

---

3. **Erro de proibição:** ao estudar este crime, muito comum termos o raciocínio que o funcionário da recepção de um hospital, por exemplo, alegar que desconhecia tal regramento legal. Ocorre que o art. 2º da Lei 12.653/2012 assim dispõe: *"O estabelecimento de saúde que realize atendimento médico-hospitalar emergencial fica*

*obrigado a afixar, em local visível, cartaz ou equivalente, com a seguinte informação: 'Constitui crime a exigência de cheque-caução, de nota promissória ou de qualquer garantia, bem como do preenchimento prévio de formulários administrativos, como condição para o atendimento médico-hospitalar emergencial, nos termos do art. 135-A do Decreto-Lei nº 2.848, de 7 de dezembro de 1940 – Código Penal'".* Sendo assim, não há como alegar o funcionário "erro de proibição". Por outro lado, possível o reconhecimento de inexigibilidade de conduta diversa, no caso de ordens, sob ameaça de perda de emprego por parte dos administradores, por exemplo.

---

▶ **ATENÇÃO:** Caso em um hospital ou outro estabelecimento de saúde público ocorra exigência de qualquer valor, ou seja, funcionário público exigindo vantagem indevida, restará tipificada a conduta do art. 316 do Código Penal.

---

4. **Causas de aumento de pena:** o parágrafo único coloca um aumento de pena se em decorrência da negativa de atendimento surtir em lesão corporal de natureza grave, ou gravíssima, situação em que a pena será aumentada na metade, ou ainda, no caso de resultar morte, em que a pena será aumentada até o triplo.

**Aplicação em concurso:**

- ***Ano: 2016 Banca: FCC Órgão: AL-MS Prova: Agente de Polícia Legislativo***

Paulo é atropelado e, em estado grave, é socorrido de ambulância a um determinado Hospital para atendimento emergencial. Chegando ao nosocômio, a gerente Flávia exige da esposa do atropelado a apresentação de um cheque-caução no valor de R$ 20.000,00 e o preenchimento de formulários administrativos como condição para iniciar o atendimento médico-hospitalar emergencial. Neste caso, a gerente Flávia

A) cometeu crime de homicídio doloso.

B) cometeu crime de omissão de socorro.

C) não cometeu crime, agindo de forma absolutamente legal segundo normas que regem o atendimento hospitalar no Brasil.

D) cometeu crime de lesão corporal de natureza grave.

E) cometeu crime de condicionamento de atendimento médico-hospitalar emergencial.

*Gabarito: e*

*O enunciado narra a conduta do crime previsto no art. 135-A do Código Penal.*

**Maus-tratos**

**Art. 136 – Expor a perigo a vida ou a saúde de pessoa sob sua autoridade, guarda ou vigilância**, para **fim de educação, ensino, tratamento ou custódia**, quer **privando-a de alimentação ou cuidados indispensáveis**, quer sujeitando-a a **trabalho excessivo ou inadequado**, quer **abusando de meios de correção ou disciplina**:

Pena – detenção, de dois meses a um ano, ou multa.

§ 1º – Se do fato **resulta lesão corporal de natureza grave**:

Pena – reclusão, de um a quatro anos.

§ 2º – Se **resulta a morte**:

Pena – reclusão, de quatro a doze anos.

§ 3º – **Aumenta-se a pena** de um terço, se o **crime é praticado contra pessoa menor de 14 (catorze) anos.** (Incluído pela Lei nº 8.069, de 1990)

**1. Maus-tratos:**

- ***Bem jurídico***: *a vida e a saúde da pessoa humana*
- ***Núcleo do tipo***: *expor alguém em perigo – com os modos de execução descritos no tipo penal.*
- ***Sujeito ativo***: *O crime é próprio, somente poderá ser praticado por quem tenha autoridade, guarda ou vigilância da vítima.*
- ***Sujeito passivo***: *necessário que a vítima esteja sob autoridade, guarda ou vigilância do sujeito ativo.*
- ***Elemento subjetivo***: *dolo, direto ou eventual*
- ***Consumação***: *Consuma-se com a presença do perigo concreto para a vítima.*
- ***Tentativa***: *admite-se a tentativa na modalidade comissiva*
- ***Ação Penal***: *Pública incondicionada*

► **CLASSIFICAÇÃO:**

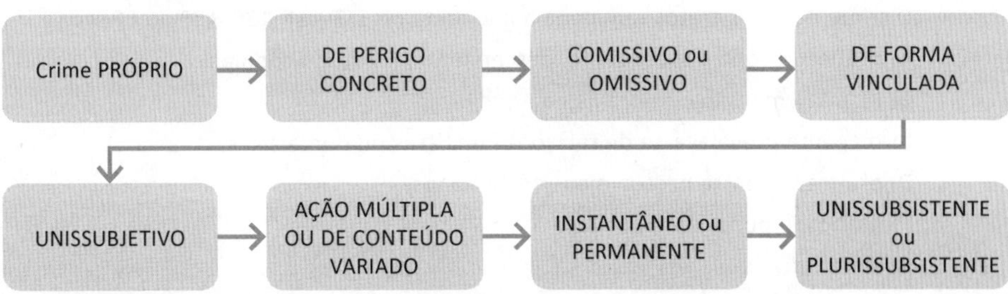


**2. Conduta:** o tipo penal descreve a conduta de expor a vida ou saúde de alguém a perigo, no entanto, existe ainda a forma de execução que é vinculada, e também a finalidade. Vejamos as formas de execução:

**2.1. privação de alimentos ou cuidados indispensáveis:** privar, destituir, retirar, não dar acesso. Pode ser a privação de alimentos relativa ou absoluta. A conduta neste modo de execução é omissiva própria.

**2.2. sujeição a trabalho excessivo ou inadequado:** trabalho excessivo é aquele que pode prejudicar a vida ou a saúde da pessoa, já o trabalho inadequado é quando é impróprio para aquela determinada pessoa, o que pode ocasionar perigo para a sua vida ou saúde.

**2.3. abuso de meio corretivo ou disciplinar:** abusar é usar ilegitimamente, imoderado, excessivo, os meios de correção e disciplina. Importante ressaltar que o excesso pode ser tanto de violência física como moral. A lei não veda utilizar os meios de correção e disciplina, mas o seu uso imoderado.

---

▶ **ATENÇÃO:** Lei 13.010/2014 alterou o Estatuto da Criança e do Adolescente e ficou conhecida como a Lei da Palmada. O diploma legal visa coibir a utilização de castigos físicos e tratamento cruel ou degradante. No entanto, não quer dizer que proíba castigos, mas tais castigos não podem causar lesões, sofrimento físico, crueldade, humilhação ou exposição da criança e do adolescente.

---

3. **Forma qualificada – art. 136, §1º e §2º do CP:** o tipo penal prevê formas qualificadas para a conduta, que serão nos casos em que a exposição resultar: (i) lesão corporal grave; (ii) morte. Em ambos os casos são hipóteses de crime preterdoloso, ou seja, o resultado mais grave deve ser culposo. Se o resultado era querido pelo agente, o enquadramento será no crime de lesão corporal grave ou gravíssima, ou ainda, se for o caso de homicídio doloso.

4. **Causa de aumento de pena –** art. 136, §3º do CP: introduzido pela Lei 8.069/90, Estatuto da Criança e do Adolescente, em que terá a pena um aumento de 1/3 (um terço) se o crime for praticado contra pessoa menor de 14 (quatorze) anos.

**Aplicação em concurso:**

- ***Ano: 2015 Banca: VUNESP Órgão: PC-CE Prova: Delegado de Polícia Civil de 1º Classe***

  O crime de maus-tratos tem pena aumentada de 1/3 (art. 136, §3º do CP) se

  A) praticado contra ascendente, descendente, irmão ou cônjuge.

  B) resulta em lesão corporal, ainda que leve.

  C) o agente prevalece-se de relações familiares ou domésticas.

  D) praticado contra pessoa menor de 14 anos.

  E) praticado por agente público.

  *Gabarito: d*

  *A resposta encontra respaldo no art. 136, §3º do CP, considerada como causa de aumento de pena (majorante).*

## CAPÍTULO IV
## DA RIXA

**Rixa**

**Art. 137 – Participar de rixa**, salvo para separar os contendores:

Pena – detenção, de quinze dias a dois meses, ou multa.

Parágrafo único – Se **ocorre morte ou lesão corporal de natureza grave**, aplica-se, pelo fato da participação na rixa, a pena de detenção, de seis meses a dois anos.

1. **Rixa**: É a luta que acontece entre três ou mais pessoas, podendo ocorrer vias de fato ou violências recíprocas, praticada pelos envolvidos, uns contra os outros de forma generalizada.

- Bem jurídico: *a vida e a saúde das pessoas envolvidas na rixa*
- Núcleo do tipo: *participar*
- Sujeito ativo e passivo: *qualquer pessoa pode praticar a conduta, desde que se envolva na rixa. Nesta conduta os sujeitos ativos e passivos se misturam, as pessoas são ao mesmo tempo sujeitos ativos e passivos.*
- Elemento subjetivo: *dolo de perigo*
- Consumação: *consuma-se com a prática de vias de fato ou violência recíproca entre no mínimo 03(três) pessoas.*
- Tentativa: *admite-se a tentativa no caso de rixa ex proposito, quando três ou mais pessoas combinam a rixa, mas por circunstâncias alheias à vontade ela não se consuma.*
- Ação Penal: *Pública incondicionada*
- Lei 9.099/95: *infração de menor potencial ofensivo, tanto a rixa simples quanto a qualificada, portanto, será aplicada a Lei 9.099/95.*

► **CLASSIFICAÇÃO:**

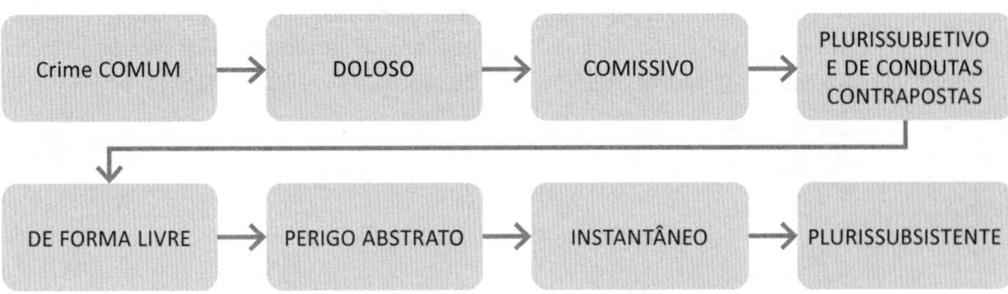


2. **Formas de surgimento:** a doutrina classifica a rixa, no que tange ao seu surgimento em duas:

**2.1. Preordenada ou *ex proposito:*** quando a conduta é planejada

**2.2. De improviso ou *ex improviso:*** surge inesperadamente

**Aplicação em concurso:**

- ***Ano: 2011 Banca: MPE-MS Órgão: MPE-MS Prova: Promotor de Justiça***

O crime de rixa na forma tentada quando ocorre?

A) O crime de rixa na forma tentada ocorre quando um dos rixosos desiste de participar do conflito;

B) O crime de rixa na forma tentada ocorre quando a maioria dos rixosos propõe a cessação do conflito;

C) O crime de rixa na forma tentada ocorre quando os rixosos não conseguem consumá-lo por circunstâncias alheias à sua vontade;

D) O crime de rixa na forma tentada ocorre quando todos os rixosos desistem de prosseguir no conflito;

E) O crime de rixa na forma tentada ocorre quando os rixosos abandonam o local do conflito.

*Gabarito: c*

*A doutrina majoritária entende que é possível a rixa tentada quando se tratar de rixa ex proposito, também chamada de preordenada.*

3. **Dolo de perigo:** na rixa, não importa o motivo que ensejou no surgimento da confusão, o que é levado em conta é o dolo de perigo, e a vontade de participar da rixa. Não se admite a forma culposa, e o crime é de perigo presumido pela lei.

4. **Rixa qualificada**: o parágrafo único do artigo em comento tipifica a rixa qualificada que irá ocorrer quando houver lesão corporal grave ou gravíssima, ou resultar na morte. Basta que a lesão ou morte tenha ocorrido em um dos participantes da rixa.

► **Aplicação pelo STJ:**

**STJ:** Não havendo comprovação de que os rixosos agiram com dolo de matar, cabe desclassificação de homicídio qualificado para o delito de rixa qualificada com resultado morte.. (5ª T.) – HC 293400 – BA – 24/02/2015.

## CAPÍTULO V
## DOS CRIMES CONTRA A HONRA

Antes de analisarmos os crimes contra a honra em espécie, importante alguns apontamentos introdutórios. Neste capítulo o legislador agrupou as condutas que quando praticados ofendem bens jurídicos imateriais, no caso, a honra da pessoa humana.

A doutrina classifica a honra em duas espécies: honra objetiva e subjetiva.

- **Honra objetiva**: consiste na visão que o grupo social (coletividade) possui em relação a uma pessoa.
- **Atentam contra a honra objetiva**: calúnia e difamação.
- **Honra subjetiva:** consiste na visão que cada um possui acerca de si mesmo. (honra dignidade e honra decoro).
- **Atenta contra a honra subjetiva:** injúria

**Vejamos:**

| | | |
|---|---|---|
| **Honra objetiva** | visão que as pessoas possuem de uma determinada pessoa | calúnia e difamação |
| **Honra subjetiva** | visão que cada um possui sobre si mesmo | injúria |

**Calúnia**

**Art. 138** – Caluniar alguém, **imputando-lhe falsamente fato definido como crime**:

Pena – detenção, de seis meses a dois anos, e multa.

§ 1º – Na mesma pena incorre quem, **sabendo falsa a imputação, a propala ou divulga**.

§ 2º – **É punível a calúnia contra os mortos**.

**Exceção da verdade**

§ 3º – Admite-se a prova da verdade, salvo:

I – se, constituindo o fato imputado crime de ação privada, o ofendido não foi condenado por sentença irrecorrível;

II – se o fato é imputado a qualquer das pessoas indicadas no nº I do art. 141;

III – se do crime imputado, embora de ação pública, o ofendido foi absolvido por sentença irrecorrível.

1. **Calúnia:** o crime de calúnia ofende a honra objetiva da vítima
   - Bem jurídico: *tutela a honra objetiva*
   - Núcleo do tipo: *caluniar – significa imputar falsamente à alguém um fato definido como crime*
   - Sujeito ativo: *– pode ser qualquer pessoa(crime comum).*
   - Sujeito passivo: *qualquer pessoa, inclusive os mortos, mas neste caso os parentes é que estarão figurando como sujeitos passivos*
   - Elemento subjetivo: *dolo*

► **Aplicação pelo STJ:**

> **STJ: A manifestação do advogado em juízo para defender seu cliente não configura crime de calúnia se emitida sem a intenção de ofender a honra.** Rci15.574-RJ, Rei. Min. Rogerio Schietti Cruz, julgado em 9/4/2014. **(Informativo 539)**

- Consumação: *consuma-se quando a imputação chega ao conhecimento de terceiros.*
- Tentativa: *admite-se a tentativa no caso de a calúnia ter sido feita por escrito e não chegar a terceira pessoa.*
- Ação Penal: *Privada (em regra).*
- Lei 9.099/95: *infração de menor potencial ofensivo, portanto, será aplicada a Lei 9.099/95. Se for calunia majorada, não será infração de menor potencial ofensivo (art. 138 c/c art. 141 do CP)*

► **CLASSIFICAÇÃO:**

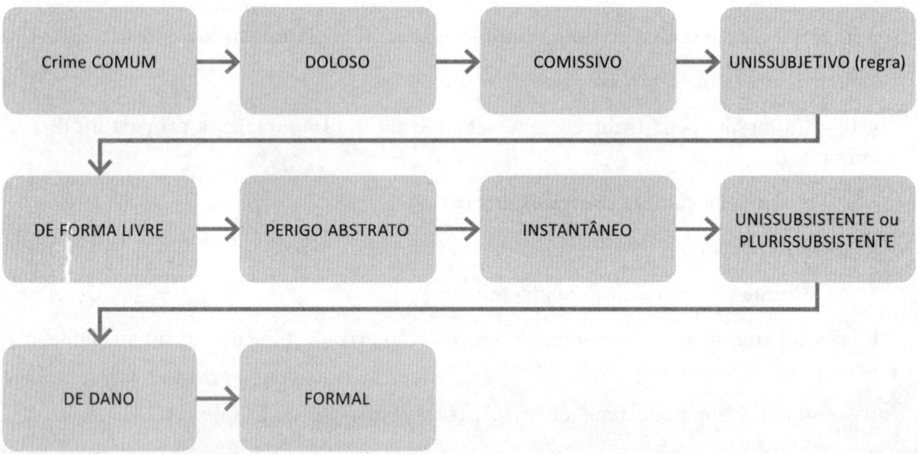


2. **Conduta:** a conduta do crime em comento é imputar para alguém uma conduta descrita como crime, sabendo que a afirmação não é verdadeira. Esse fato calunioso deve ser dirigido a uma pessoa determinada.

► **Aplicação pelo STJ:**

> **STJ: Se não há na imputação descrição de fato específico, marcado no tempo, que teria sido falsamente praticado pela pretensa vítima, não há que se falar em calúnia configurada**, porquanto tal crime não se contenta com afirmações genéricas e de cunho abstrato. RHC 77.243/RJ, 06/12/2016.

**2.1. Imputação de contravenção penal:** o tipo penal estará configurado quando a imputação for de crime, por expressa previsão legal. Dessa forma, se a imputação for de contravenção penal, não responderá o agente por calúnia, dependendo do caso poderá constituir difamação ou injúria, mas não calúnia.

**2.2. Propalação ou divulgação da calúnia**: o art. 138, §1º do CP estabelece que incorrerá na mesma pena aquele que, sabendo que a imputação é falsa, propala ou divulga, a doutrina fala que é um subtipo de calúnia. Importante ressaltar a necessidade do agente saber que a imputação é falsa. A consumação será com essa divulgação chegar ao conhecimento de outra pessoa.

3. **Exceção da verdade:** a exceção da verdade está esculpida no art. 138, §3º do Código Penal. Possibilita ao agente que praticou a calúnia comprovar a veracidade do fato criminoso que ele imputou. É um incidente processual prejudicial que impede a análise do mérito do crime de calúnia. No entanto, em algumas situações não será possível a exceção da verdade, nas hipóteses do art. 138, §3º, I, II e III.

4. **Ação Penal:** em regra a ação penal é privada, mas poderá ser pública condicionada à requisição do Ministro da Justiça quando o crime for contra o Presidente da República ou contra chefe de governo estrangeiro, ou pública condicionada à representação do ofendido no crime contra funcionário público no exercício das suas funções. (artigo 145 do CP)

- **Súmulas relevantes**:

**Súmula 396 STF:** Para a ação penal por ofensa a honra, sendo admissível a exceção da verdade quanto ao desempenho de função pública, prevalece a competência especial por prerrogativa de função, ainda que já tenha cessado o exercício funcional do ofendido.

- **Aplicação pelo STF:**

**STF:** A **imunidade material de parlamentar** (CF, art. 53, "caput"), quanto a crimes contra a honra **alcança as supostas ofensas irrogadas fora do Parlamento, quando guardarem conexão com o exercício da atividade parlamentar**. Inq 3672/RJ, rei. Min. Rosa Weber, 14.10.2014.( Informativo 763)

- **Aplicação pelo STJ:**

**STJ: É possível que se impute de forma concomitante a prática dos crimes de calúnia, de difamação e de injúria** ao agente que divulga em uma única carta dizeres aptos a configurar os referidos delitos, já que os crimes previstos nos arts. 138, 139 e 140 do CP tutelam bens jurídicos distintos, **não se podendo asseverar de antemão que o primeiro absorveria os demais.** (...). RHC 41.527-RJ, Rei. Min. Jorge Mussi, julgado em 3/3/2015, DJe 11/3/2015. (Informativo 557)

**Difamação**

**Art. 139 – Difamar alguém, imputando-lhe fato ofensivo à sua reputação:**

Pena – detenção, de três meses a um ano, e multa.

**Exceção da verdade**

Parágrafo único – A **exceção da verdade somente se admite se o ofendido é funcionário público e a ofensa é relativa ao exercício de suas funções.**

1. **Difamação:** o crime de difamação ofende a honra objetiva da vítima.
   - Bem jurídico: *tutela a honra objetiva*
   - Núcleo do tipo: *imputar fato ofensivo à sua reputação*
   - Sujeito ativo: *– pode ser qualquer pessoa (crime comum).*
   - Sujeito passivo: *qualquer pessoa, mas deve ser uma pessoa determinada*
   - Consumação: *consuma-se quando terceira pessoa toma conhecimento da imputação ofensiva*
   - Tentativa: *admite-se a tentativa no caso de a difamação ter sido feita por escrito e não chegar a terceira pessoa*
   - Ação Penal: *Privada (em regra)*
   - Lei 9.099/95: *infração de menor potencial ofensivo, portanto, será aplicada a Lei 9.099/95.*
   - Exceção da verdade: *em regra não admite, exceto se a difamação for contra funcionário público no exercício das suas funções.*

► **CLASSIFICAÇÃO:**

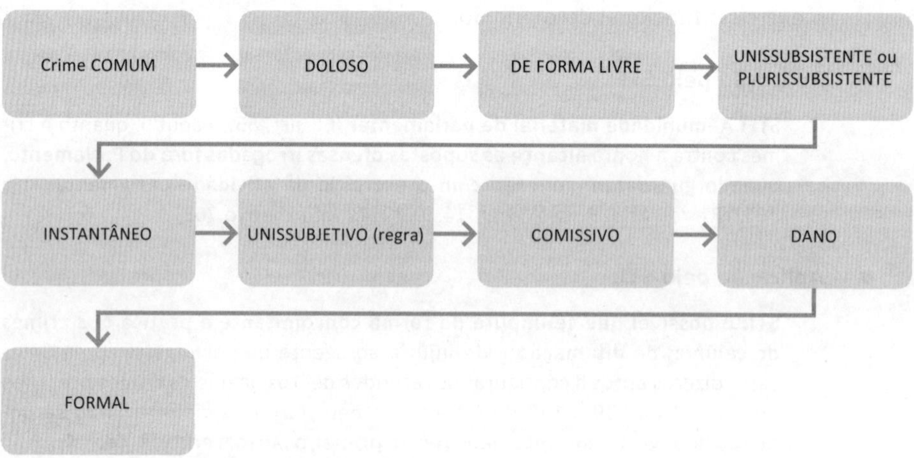


2. **Conduta:** difamar significa imputar a alguém fato ofensivo à reputação, ou seja, atribuir a alguém um fato ofensivo à vítima. Isso gera consequências para o respeito que a pessoa possui no seu convívio social.

► **Aplicação pelo STF:**

> **STF:** O STF entendeu que **a edição do discurso feita com a clara intenção de difamar o querelante configura o crime do artigo 139 do CP**(difamação). Pontuou que o ato de edição, corte ou montagem tem por objetivo guiar o espectador. Nesse contexto, destacou que o emprego de tal expediente, quando voltado a difamar a honra de terceiros, configura o dolo da prática criminosa. 1ª Turma. Pet 5705/DF – 5/9/2017 (Info 876).

**2.1. Veracidade da imputação:** o crime de difamação não exige que a imputação seja falsa ou verdadeira, diferente da calúnia, em que o fato deve ser mentiroso. Portanto, para que se configure a difamação, basta que a imputação realizada seja ofensiva à reputação da vítima, podendo ser falsa ou verdadeira.

**2.2. Exceção da verdade:** como a difamação não exige que o fato seja verdadeiro ou mentiroso, em regra, não admite exceção da verdade. Ocorre que, o legislador trouxe uma hipótese em que será admitida exceção da verdade, caso a vítima (ofendido pela difamação) seja funcionária pública no exercício das suas funções.

**Aplicação em concurso:**

- ***Ano: 2018 Banca: VUNESP Órgão: PC-SP Prova: Escrivão de Polícia Civil***

  Tendo em conta os artigos 138 a 145 do Código Penal, que tratam dos crimes contra a honra, assinale a alternativa correta.

  C) No crime de difamação, praticado em detrimento de funcionário público, admite-se a exceção da verdade, desde que a ofensa seja relativa ao exercício de suas funções.

  *Gabarito: c*

  *A alternativa C trata da única hipótese de exceção da verdade no crime de difamação, descrita no parágrafo único do art. 139 do CP*

**2.3. Fatos da imputação:** O fato imputado não pode ser crime falso, pois caso seja, teremos a calúnia configurada. Se o fato imputado for contravenção penal o crime será de difamação. Além disso, é importante ressaltar que o fato imputado deve ser determinado.

► **Súmulas relevantes**:

**Súmula 227 STJ:** A pessoa jurídica pode sofrer dano moral.

**Súmula 396 STF:** Para a ação penal por ofensa a honra, sendo admissível a exceção da verdade quanto ao desempenho de função pública, prevalece a competência especial por prerrogativa de função, ainda que já tenha cessado o exercício funcional do ofendido.

**Injúria**

**Art. 140** – Injuriar alguém, **ofendendo-lhe a dignidade ou o decoro**:

Pena – detenção, de um a seis meses, ou multa.

§ 1º – O juiz **pode deixar de aplicar a pena**:

I – quando o ofendido, de forma reprovável, provocou diretamente a injúria;

II – no caso de retorsão imediata, que consista em outra injúria.

§ 2º – **Se a injúria consiste em violência ou vias de fato, que, por sua natureza ou pelo meio empregado, se considerem aviltantes**:

Pena – detenção, de três meses a um ano, e multa, além da pena correspondente à violência.

**§ 3º Se a injúria consiste na utilização de elementos referentes a raça, cor, etnia, religião, origem ou a condição de pessoa idosa ou portadora de deficiência:** (Redação dada pela Lei nº 10.741, de 2003)

Pena – reclusão de um a três anos e multa. (Incluído pela Lei nº 9.459, de 1997)

1. **Injúria:** o crime de injúria tutela a honra subjetiva da vítima.

- ***Bem jurídico***: *tutela a honra objetiva*
- ***Núcleo do tipo***: *injuriar – que significa ofender, insultar uma pessoa determinada ofendendo a sua dignidade ou decoro.*
- ***Sujeito ativo***: *pode ser qualquer pessoa (crime comum).*
- ***Sujeito passivo***: *qualquer pessoa, mas deve ser uma pessoa com capacidade de entender o significado das atribuições que estão lhe sendo feitas.*
- ***Consumação***: *consuma-se quando a vítima toma conhecimento da ofensa à sua dignidade ou decoro.*
- ***Tentativa***: *admite-se a tentativa no caso de a injúria ter sido feita por escrito.*
- ***Ação Penal***: *Privada (em regra)*
- ***Lei 9.099/95***: *em regra é infração de menor potencial ofensivo, portanto, será aplicada a Lei 9.099/95. Caso seja injúria qualificada por preconceito de raça, cor, etnia, religião, origem ou condição de pessoa idosa ou portadora de deficiência não será infração de menor potencial ofensivo (art. 140, §3º do CP).*
- ***Exceção da verdade***: *não admite*

► **CLASSIFICAÇÃO:**

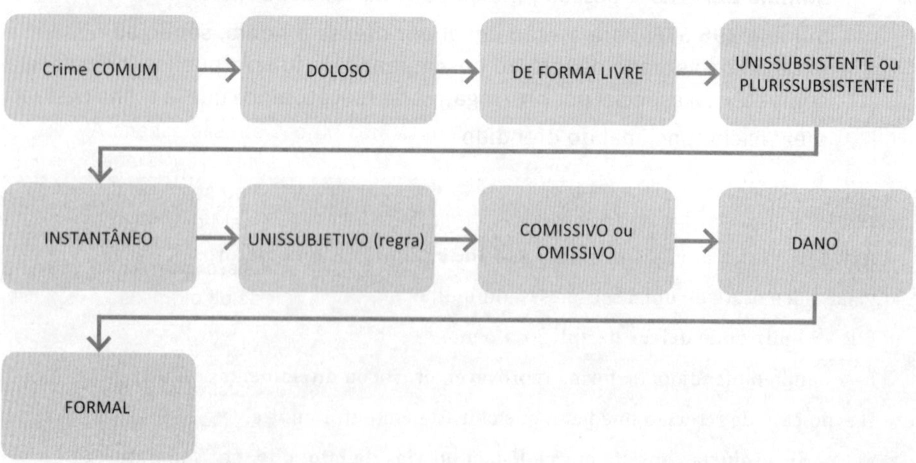


2. **Conduta:** a injúria pune a conduta daquele que ofende a dignidade ou decoro da vítima, por meio de insultos, xingamentos, qualidades negativas. A conduta da injúria pode ser comissiva, ou seja, por meio de ação, como também omissiva.

**2.1. Ofensa proferida:** ao contrário da calúnia e da difamação, na injúria não é preciso que sejam fatos determinados, basta que sejam atribuições conceitos negativos, ou apontamentos de defeitos, que ofendem a vítima. Mesmo que a qualidade negativa seja verdadeira, o crime de injúria continuará existente.

**2.2. Consumação:** nos crimes de calúnia e difamação, é necessário que chegue ao conhecimento de terceiro (os), por outro lado, a injúria, protege a honra subjetiva, e para a sua consumação é preciso que a vítima tome conhecimento, mas atenção, não é necessário que seja proferida da presença do ofendido (STF, RT 606/414).

3. **Perdão judicial – provocação e retorsão (art. 140, §1º):** no crime de injúria é possível que ocorra o perdão judicial, que é uma causa de extinção de punibilidade. Poderá então o juiz deixar de aplicar a pena: (i) quando o ofendido, de forma reprovável, provocou diretamente a injúria; (ii) no caso de retorsão imediata, que consista em outra injúria.

► **Aplicação pelo STF:**

> **STF:** No caso do acusado postar mensagens ofensivas menos de 24 horas depois de o ofendido publicar manifestação, também injuriosa, configurariam, assim, mensagens imediatamente posteriores às veiculadas pelo ofendido, e elaboradas em resposta a elas. Dessa maneira, o ofendido não só, de forma reprovável, provocara a injúria, como também, em tese, praticara o mesmo delito, o que gerara a **retorsão imediata do acusado. Sendo assim, estariam configuradas as hipóteses de perdão judicial, nos termos do art. 140, § 1º, do CP/1940** *(...)* 1ª Turma. AP 926/AC, 6/9/2016 (Info 838)

4. **Injúria qualificada – injúria real (art. 140, §2º do CP)**: acontece quando já emprego de violência ou vias de fato, que por sua natureza ou meio empregado se considerem alvitantes.

**Aplicação em concurso:**

- ***Ano: 2018 Banca: VUNESP Órgão: PC-BA Prova: Delegado de Polícia***

Segundo o art. 140, do Código Penal Brasileiro (crime de injúria), é correto afirmar que

A) o crime de injúria qualificado, previsto no parágrafo 3º do art. 140, do CP, que consiste na ofensa à honra com a utilização de elementos referentes à raça e à cor, é inafiançável e imprescritível.

B) o crime de injúria qualificado, previsto no parágrafo 3º do art. 140, do CP, consiste na ofensa à honra com a utilização de elementos referentes exclusivamente à raça, cor, etnia e origem.

C) o perdão judicial, previsto no parágrafo 1º do art. 140, do CP, aplicável quando o ofendido provoca diretamente a injúria, aplica-se ao crime de injúria qualificado, previsto no parágrafo 3º do art. 140, do CP.

D) no crime de injúria, o objeto jurídico é a honra subjetiva do ofendido, podendo ser praticado mediante dolo ou culpa.

E) na injúria real, prevista no parágrafo 2º do art. 140, do CP, a violência ou vias de fato são meios de execução do crime.

*Gabarito: e*

*A resposta correta vai de encontro ao estabelecido no art. 140, §2º do CP em que a violência ou vias de fato que se considerem aviltantes.*

5. **Injúria qualificada pelo preconceito (art. 140, §3º do CP)**: quando o crime de injúria utiliza elementos de raça, cor, etnia, religião, origem ou condição de pessoa idosa ou deficiente. Atenção para não confundir com o crime de racismo previsto na Lei nº 7.716/89, que define os crimes resultantes de preconceito de raça ou de cor, onde há previsão de tipos penais específicos.

▶ **Aplicação pelo STF:**

**STF:**. O STF reconheceu em caráter definitivo a equiparação entre os crimes de injúria racial (Artigo 140, §3º CP) e racismo (Lei nº 7716/89). Com essa decisão **tanto o racismo quanto a injúria racial passam a ser imprescritíveis e inafiançáveis**. ARE 983531 AgR-AgR-ED / DF – DISTRITO FEDERAL -04/06/2018.

**Aplicação em concurso:**

- ***Ano: 2018 Banca: FCC Órgão: DPE-AM Prova: Defensor Público***

  Comete o crime de

  D) injúria aquele que ofende a dignidade de alguém com utilização de elementos referentes à condição de pessoa idosa.

  *Gabarito: d*

  *O art. 140, §3º do CP estabelece a injúria na sua forma qualificada quando for utilizado elementos referentes a raça, cor, etnia, religião, origem ou a condição de pessoa idosa ou portadora de deficiência.*

**Disposições comuns**

**Art. 141** – As **penas cominadas neste Capítulo aumentam-se de um terço, se qualquer dos crimes é cometido**:

I – **contra o Presidente da República, ou contra chefe de governo estrangeiro**;

II – **contra funcionário público, em razão de suas funções**;

III – na **presença de várias pessoas, ou por meio que facilite a divulgação da calúnia, da difamação ou da injúria.**

IV – **contra pessoa maior de 60 (sessenta) anos ou portadora de deficiência, exceto no caso de injúria.** (Incluído pela Lei nº 10.741, de 2003)

§ 1º – Se o crime é cometido mediante paga ou promessa de recompensa, aplica-se a pena em dobro. (Redação dada pela Lei nº 13.964, de 2019)

§2º (VETADO) (Redação dada pela Lei nº 13.964, de 2019)

1. **Formas majoradas:** o art. 141 do CP estabelece a majoração para os crimes de calúnia, injúria e difamação, aplicável, portanto, aos 03 (três) tipos penais anteriores.

   **1.1. As penas serão aumentadas de 1/3 (um terço) quando forem cometidos:**

a) **contra o Presidente da República, ou contra chefe de governo estrangeiro: OBS:** Se a ofensa tiver cunho político, o crime será contra a segurança nacional (Lei 7.170/83)

b) **contra funcionário público, em razão das suas funções:** neste caso, a Administração Pública também é atingida. Será preciso que o crime ocorra contra o funcionário que estiver no exercício das funções ou em razão dela.

c) **na presença de várias pessoas:** há quem entenda que duas pessoas já restaria configurado a majorante, outros entendem o mínimo de 03 pessoas (posicionamento majoritário).

d) **por meio que facilite a divulgação:** quando utiliza alto falantes, cartazes, imprensa, etc.

e) **contra pessoa maior de 60 anos ou portadora de deficiência, exceto no caso de injúria:** não enseja majoração na injúria, pois o próprio tipo penal da injúria tipifica a injuria qualificada nesta situação.

**1.2. As penas serão aumentadas em dobro:** quando houver o pagamento ou a promessa de recompensa.

Exclusão do crime

**Art. 142 - Não constituem injúria ou difamação punível:**

**I - a ofensa irrogada em juízo, na discussão da causa, pela parte ou por seu procurador;**

**II - a opinião desfavorável da crítica literária, artística ou científica, salvo quando inequívoca a intenção de injuriar ou difamar;**

**III - o conceito desfavorável emitido por funcionário público, em apreciação ou informação que preste no cumprimento de dever do ofício.**

Parágrafo único - Nos casos dos ns. I e III, responde pela injúria ou pela difamação quem lhe dá publicidade.

1. **Exclusão do crime:** o primeiro ponto a ter atenção são os tipos penais submetidos ao regramento do art. 142 do CP. Somente a injúria e a difamação, estão elencadas no dispositivo.

**1.1. Natureza jurídica:** há controvérsia quanto a natureza jurídica do art. 142 do CP:

a) **Causa especial de exclusão da ilicitude:** esta é a corrente majoritária, portanto, nas situações dos incisos, haveria o fato típico de injúria ou difamação, mas não seria antijurídico.

b) **Causa de exclusão da punibilidade**

c) **Causa da** exclusão **do elemento subjetivo do tipo**

2. **Causa especial de exclusão da ilicitude – art. 142 do Código Penal: a doutrina chama de imunidades.**

**2.1. Imunidade judiciária – art. 142, I do CP:** alcança as partes e os seus procuradores. Os advogados também possuem proteção pelo disposto no art 7º, § 2º, do

Estatuto da OAB. O Ministério Público fica adstrito ao art. 41, V da Lei Orgânica do Ministério Público (Lei 8.625/93).

► **Aplicação pelo STF:**

> **STF: É inaplicável a imunidade prevista no art. 142 do CP, conferida aos advogados, quando a ofensa não for irrogada em juízo, na discussão da causa. Acrescentou-se ainda, que a mencionada excludente não abrangeria o magistrado, que não poderia ser considerado parte na relação processual, para os fins da norma.** (HC 104385/SP, rel. orig. Min. Marco Aurélio, red. p/ o acórdão Min. Ricardo Lewandowski, 28.6.2011. (HC-104385). **(Informativo 633)**

**2.2. Imunidade literária, artística ou científica – art. 142, II do CP:** protege a crítica artístico-literária, com ressalva dos casos que ficar nítido o *animus criticandi.*

**2.3. Imunidade funcional – art. 142, III do CP:** o funcionário público (o funcionário (membros do Ministério Público, magistrado, vereadores, deputados, senadores, Chefe do Poder Executivo, entre outros, conforme está conceituado no art. 327 do Código Penal) quando estiverem no cumprimento do dever legal e não estiver demonstrado a intenção de ofender, ainda que emitam pareceres negativos de condutas imputadas, não estarão incurso nos crimes contra a honra.

**Retratação**

**Art. 143** – O **querelado** que, **antes da sentença, se retrata** cabalmente da calúnia ou da difamação, fica isento de pena.

Parágrafo único. Nos casos em que o querelado tenha praticado a calúnia ou a difamação utilizando-se de meios de comunicação, a retratação dar-se-á, se assim desejar o ofendido, pelos mesmos meios em que se praticou a ofensa. (Incluído pela Lei nº 13.188, de 2015)

1. **Retratação nos crimes contra a honra:** o artigo em comento dá a possibilidade de o querelado, ou seja, o agente da conduta ilícita de se retratar dos crimes de calúnia e difamação, não sendo possível a retratação no crime de injúria. A retratação é uma causa de extinção de punibilidade, nos moldes do art. 107, VI do Código Penal e ficará o agente isento de pena. Poderá ser feita pelo querelado, ou por seu procurador com poderes especiais.

**Aplicação em concurso:**

- ***Ano: 2018 Banca: FUNDATEC Órgão: DPE-SC Prova: Analista Técnico***

  Tendo por base os crimes contra a honra, analise as assertivas a seguir:

  II. A retratação, de acordo com o art. 143 do CP, é causa de extinção da punibilidade, quando o querelado, antes da sentença, se retrata cabalmente da calúnia ou difamação.

  *Gabarito: A assertiva II está correta, constituiu causa de extinção de punibilidade, não é possível no crime de injúria (letra da lei, art. 143 do CP).*

**1.1. Concordância do ofendido:** Não depende, via de regra, da concordância do ofendido, portanto considerado como ato unilateral, mas se deve atenção ao parágrafo único que abre a oportunidade para a vítima escolher se quer a retratação pelos mesmos meios que foi praticado o crime, no caso de ter sido utilizado meios de comunicação.

**1.2. Ação Penal:** o dispositivo utiliza a expressão "querelado", portanto, cabível retratação apenas nos casos de ação penal privada, não sendo possível quando se tratar das hipóteses do art. 141, I e II do Código Penal.

**Aplicação em concurso:**

- ***Ano: 2015 Banca: VUNESP Órgão: TJ-SP Prova: Juiz Substituto***

  A respeito da retratação nos crimes contra a honra, pode- -se afirmar que fica isento de pena o querelado que, antes da sentença, retrata-se cabalmente:

  A) da calúnia ou difamação.

  B) da calúnia, injúria ou difamação.

  C) da injúria ou difamação.

  D) da calúnia ou injúria.

  *Gabarito: a*

  *A retratação somente será possível nos crimes de calúnia ou difamação, por expressa previsão legal no art. 143 do Código Penal.*

**Art. 144** – Se, de referências, alusões ou frases, se infere calúnia, difamação ou injúria, **quem se julga ofendido pode pedir explicações em juízo**. Aquele que se recusa a dá-las ou, a critério do juiz, não as dá satisfatórias, responde pela ofensa.

1. **Explicações do ofendido:** o pedido de explicações pode ser utilizado pelo ofendido, é um procedimento judicial facultativo em que vai solicitar esclarecimentos do ocorrido que pode constituir, se for o caso, crime contra a sua honra. Comum certas afirmações trazerem duplo sentido, vago, impreciso, entre outros. A doutrina diz tratar-se uma medida cautelar preparatória, que pode ser utilizada para instruir uma possível ação penal.

**1.1. Prazo:** a lei não determina prazo, mas entende ser dentro do prazo decadencial para oferecimento da queixa crime ou representação, visto que após isso decairá o seu direito. O pedido de explicações não interrompe nem suspende o prazo decadencial de 06 meses contados da data de conhecimento do autor para oferecimento de queixa crime ou de representação.

**1.2. Procedimento:** a legislação processual penal não estabelece procedimento para o ato, foi adotado o procedimento das "notificações ou interpelações judiciais" (CPC, arts. 726 a 729).

**Art. 145** – Nos crimes previstos neste Capítulo **somente se procede mediante queixa, salvo** quando, **no caso do art. 140, § 2º, da violência resulta lesão corporal.**

Parágrafo único. Procede-se mediante **requisição do Ministro da Justiça,** no caso do **inciso I do caput do art. 141 deste Código,** e **mediante representação do ofendido, no caso do inciso II** do mesmo artigo, bem como no caso do § 3º do art. 140 deste Código. (Redação dada pela Lei nº 12.033. de 2009)

1. **Ação penal nos crimes contra a honra:** via de regra a ação penal nos crimes contra a honra será privada, iniciada com oferecimento de queixa crime pelo ofendido, seu representante legal, ou no caso de morte ou declaração judicial de ausência o cônjuge, ascendente, descendente ou irmão.

**1.1.** Procede-se mediante **requisição do Ministro da Justiça**, no caso do inciso I do *caput* do art. 141 deste Código, ou seja, quando o crime for praticado contra o Presidente da República, ou contra chefe de governo estrangeiro; e **mediante representação do ofendido,** no caso do inciso II do mesmo artigo, ou seja, quando o crime for praticado contra funcionário público, em razão de suas funções; bem como no caso do § 3º do art. 140 deste Código, que traz a descrição da injuria preconceituosa.

2. **Quadro resumo:**

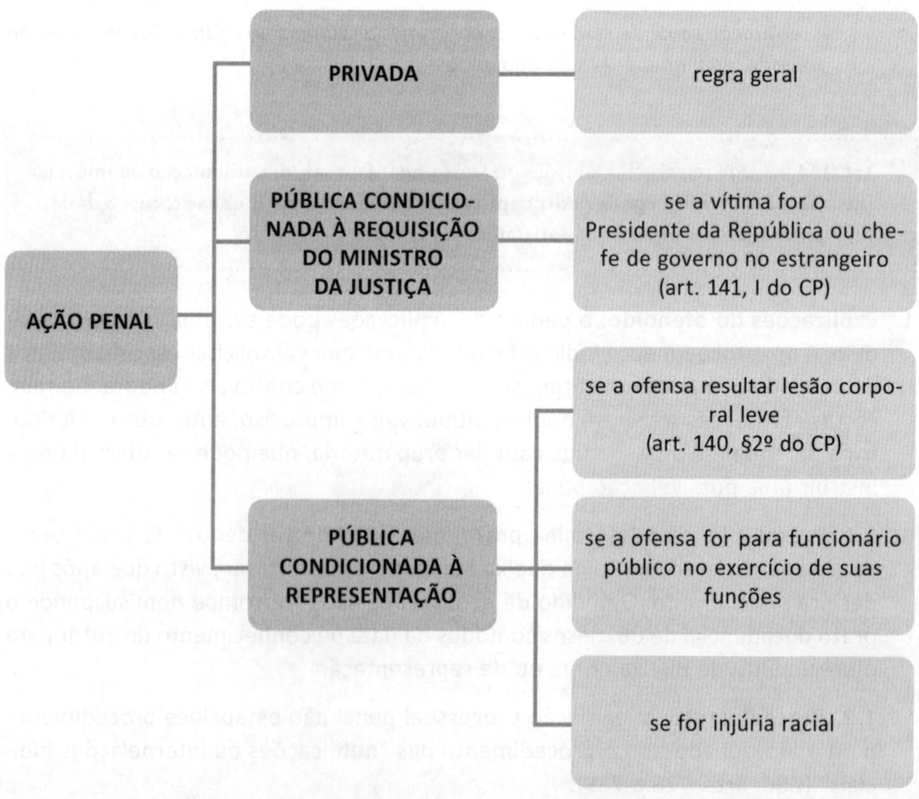

► **Súmulas relevantes:**

**Súmula 714 STF:** É concorrente a legitimidade do ofendido, mediante queixa, e do ministério público, condicionada à representação do ofendido, para a ação penal por crime contra a honra de servidor público em razão do exercício de suas funções.

## CAPÍTULO VI
## DOS CRIMES CONTRA A LIBERDADE INDIVIDUAL

### SEÇÃO I
### DOS CRIMES CONTRA A LIBERDADE PESSOAL

► **Crimes contra a liberdade individual:** ainda dentro do Título I que trata dos crimes contra a pessoa, o Capítulo VI disciplina os crimes contra a liberdade individual. Os tipos penais a seguir estudados tutelam a liberdade individual da pessoa humana. O fundamento jurídico está no art. 5º, caput da Constituição Federal, que tutela o direito à liberdade de todos.

O capítulo se divide da seguinte maneira:

| | | |
|---|---|---|
| **(i) os crimes contra a liberdade pessoal** | Seção I – constrangimento ilegal, ameaça, sequestro e cárcere privado, redução a condição análoga à de escravo e tráfico de pessoas | CP, arts. 146 a 149-A); |
| **(ii) os crimes contra a inviolabilidade do domicílio** | Seção II – violação de domicílio | CP, art. 150; |
| **(iii) os crimes contra a inviolabilidade de correspondência** | Seção III – violação de correspondência, sonegação ou destruição de correspondência, violação de comunicação telegráfica, radioelétrica ou telefônica, correspondência comercial | CP, arts. 151 e 152; |
| **(iv) os crimes contra a inviolabilidade dos segredos** | Seção IV – divulgação de segredo, violação do segredo profissional e violação de dispositivo informático alheio | CP, arts. 153 a 154-B. |

**Constrangimento ilegal**

**Art. 146 – Constranger alguém,** mediante **violência ou grave ameaça,** ou depois de lhe **haver reduzido,** por qualquer outro meio, a **capacidade de resistência,** a não fazer o que a lei permite, ou a fazer o que ela não manda:

Pena – detenção, de três meses a um ano, ou multa.

**Aumento de pena**

§ 1º – As **penas** aplicam-se **cumulativamente e em dobro,** quando, para a execução do crime, se reúnem mais de três pessoas, ou há emprego de armas.

§ 2º – Além das penas cominadas, **aplicam-se as correspondentes à violência.**

§ 3º – Não se compreendem na disposição deste artigo:

I – a intervenção médica ou cirúrgica, sem o consentimento do paciente ou de seu representante legal, se justificada por iminente perigo de vida;

II – a coação exercida para impedir suicídio.

1. **Constrangimento ilegal:** somente a lei pode obrigar uma pessoa a agir de determinada maneira, ou não agir de certa forma. No constrangimento ilegal temos a violação dessa liberdade, pois há o agente constrange alguém, utilizando-se de violência ou grave ameaça, ou depois de lhe haver reduzido, por qualquer outro meio, a capacidade de resistência, a não fazer o que a lei permite, ou a fazer o que ela não manda.

- Bem jurídico: *tutela liberdade individual*
- Núcleo do tipo: *constranger – coagir, compelir, forçar alguém a fazer ou deixar de fazer algo que não está obrigado pela lei.*
- Sujeito ativo: *crime comum – pode ser qualquer pessoa. Se for funcionário público poderá responder por abuso de autoridade (Lei 13.869/2019) ou art. 350 do CP*
- Sujeito passivo: *qualquer pessoa, mas deve ser uma pessoa com capacidade de decisão dos seus atos – autodeterminação*
- Elemento subjetivo: *dolo*

**Aplicação em concurso:**

- ***Ano: 2014 Banca: UFMT Órgão: MPE/MT Prova: Promotor de Justiça***

No que se refere ao tipo penal de constrangimento ilegal, previsto no art. 146 do Código Penal, assinale a afirmativa INCORRETA.

A) O crime poderá ser perpetrado nas modalidades dolosa e culposa.

B) A vontade do autor deve ser ilegítima, pois, sendo legítima, haverá o crime de exercício arbitrário das próprias razões.

C) É crime comum, pois, se a conduta for praticada por funcionário público, no exercício de suas funções, há crime de abuso de autoridade.

D) Trata-se de crime subsidiário, ou seja, só é punido autonomamente se não constituir elementar, qualificadora ou meio de execução de outro crime.

E) Além das penas cominadas, aplicam-se ao autor do crime as correspondentes à violência.

*Gabarito: a*

*Atenção ao enunciado neste tipo de questão, pois pede que o candidato assinale a alternativa incorreta. Neste caso a assertiva "a" está incorreta, pois o crime de constrangimento ilegal admite somente a modalidade dolosa.*

- Consumação: *consuma-se quando a vítima age ou deixa de agir infringindo a lei*
- Tentativa: *admite-se a tentativa*
- Ação Penal: *pública incondicionada*
- Lei 9.099/95: *em regra é infração de menor potencial ofensivo, portanto, será aplicada a Lei 9.099/95.*

► **CLASSIFICAÇÃO:**

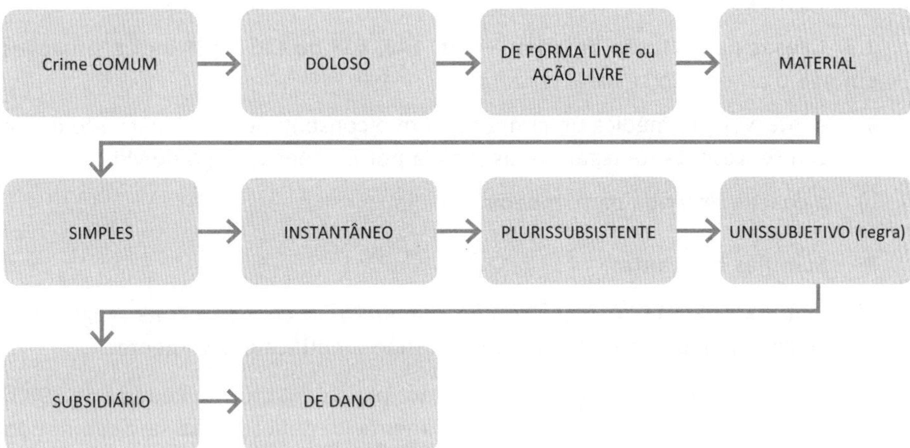


2. **Conduta:** o constrangimento utilizado é para que a pessoa faça ou deixe de fazer algo, pois somente o Estado podem exigir os parâmetros das condutas humanas. O constrangimento deve ser ilegal, no sentido de impor um determinado comportamento.

O constrangimento pode ser realizado através dos seguintes meios de execução:

▶ **Aplicação pelo STJ:**

**STJ: O bem juridicamente tutelado pelo tipo descrito no CP, art. 146 é a liberdade individual da pessoa,** tanto física quanto psíquica. O crime em tela (art. 146, CP) possui natureza subsidiária **e somente será considerado se o constrangimento não for elemento típico de outra infração penal.** (5ª T.) – Rec. Esp. 1481546 – GO – 20/11/2014.

**2.1. Causa de aumento de pena – art. 146, §1º do CP**: a pena será aumentada se o crime:

a) **reúne mais de três pessoas:** no mínimo 04 (quatro) pessoas

b) **emprego de arma:** arma própria ou imprópria, parte da doutrina entende que seria somente arma própria.

**2.2. Concurso de crimes – art. 146, §2º do CP:** o crime em comento será imputado em concurso com o tipo penal da violência utilizada em concurso material (art. 69 do CP).

**2.3. Causas de exclusão do crime – art. 146, §3º do CP:** o §3º indica situações em que o crime não se caracterizará:

a) a intervenção médica ou cirúrgica, sem o consentimento do paciente ou de seu representante legal, se justificada por iminente perigo de vida

b) a coação exercida para impedir suicídio.

▶ **Súmulas relevantes**:

**Súmula 568 STF:** A identificação criminal não constitui constrangimento ilegal, ainda que o indiciado já tenha sido identificado civilmente.

A Súmula 568 está superada, considerando que a Constituição Federal de 1988, em seu art. 5º, LVIII, determina que o civilmente identificado não será submetido à identificação criminal, salvo nas hipóteses previstas.

**Ameaça**

**Art. 147 – Ameaçar alguém**, por palavra, escrito ou gesto, ou qualquer outro meio simbólico, **de causar-lhe mal injusto e grave:**

Pena – detenção, de um a seis meses, ou multa.

Parágrafo único – Somente **se procede mediante representação.**

1. **Ameaça:**

- Bem jurídico: *tutela liberdade individual na sua paz de espírito pelo seu sentimento de segurança*
- Núcleo do tipo: *ameaçar – intimidar prometendo castigo ou maléfico*
- Sujeito ativo: – *pode ser qualquer pessoa (crime comum)*

- Sujeito passivo: *qualquer pessoa, mas deve ser uma pessoa física, certa e determinada capaz de entender o que foi prometido na ameaça*
- Elemento subjetivo: *dolo*
- Consumação: *consuma-se quando a vítima toma conhecimento da ameaça*
- Tentativa: *admite-se a tentativa quando a ameaça é feita por escrito*
- Ação Penal: *pública condicionada à representação*
- Lei 9.099/95: *é infração de menor potencial ofensivo, portanto, será aplicada a Lei 9.099/95.*

► **CLASSIFICAÇÃO:**

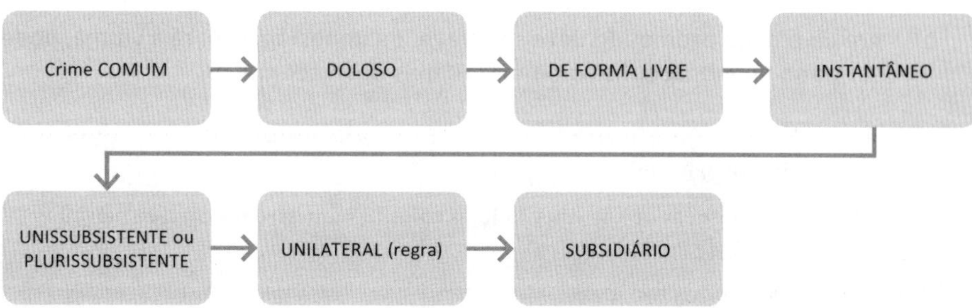


2. **Conduta:** ameaçar alguém significa intimidar, colocar medo na pessoa indicando a prática de um castigo ou malefício que será imputada contra ela. A doutrina indica que a ameaça pode ser: (i) direta; (ii) indireta; (iii) explícita; (iv) implícita; (v) condicional. Quanto ao modo de execução, o legislador descreve no tipo penal as formas de execução que podem ser:

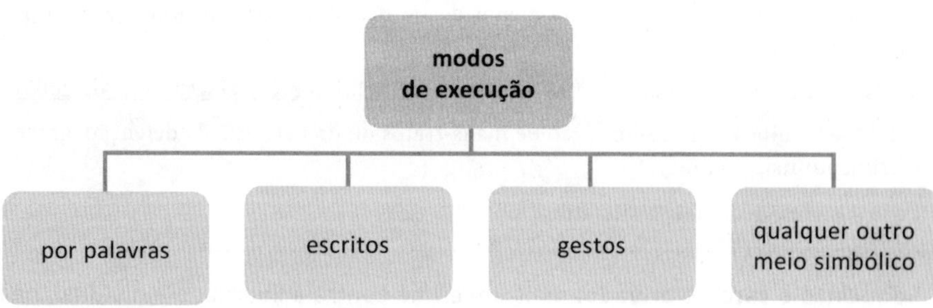


**Aplicação em concurso:**

- ***Ano: 2012 Banca: FCC Órgão: TRT – 18ª Região (GO) Prova: Juiz do Trabalho***

  No crime de ameaça,

  A) o mal prometido não precisa ser injusto.

  B) a intimidação pode ocorrer por meio simbólico.

C) a intimidação não pode ser realizada por intermédio de terceiro.

D) não há absorção por outro delito quando for elemento ou meio deste.

E) a ação penal é privada.

*Gabarito: b*

*O próprio caput do art. 147 do Código Penal descreve as formas de execução, e uma delas é por qualquer meio simbólico.*

**2.1. Elementos normativos do tipo:** o legislador utiliza as expressões mal injusto e grave. Para o crime estar configurado a ameaça deve se apresentar nestes termos.

a) **mal injusto:** situação em que o agente não está amparado pela lei para realizar a conduta

b) **grave:** o dano prometido deve ser grave, de importância para a vítima, pode ser dano econômico, físico ou moral, mas deve ser grave.

**Sequestro e cárcere privado**

**Art. 148 – Privar alguém de sua liberdade, mediante sequestro ou cárcere privado:** (Vide Lei nº 10.446, de 2002)

Pena – reclusão, de um a três anos.

§ 1º – A pena é de reclusão, de dois a cinco anos:

I – se a vítima é ascendente, descendente, cônjuge ou companheiro do agente ou maior de 60 (sessenta) anos; (Redação dada pela Lei nº 11.106, de 2005)

II – se o crime é praticado mediante internação da vítima em casa de saúde ou hospital;

III – se a privação da liberdade dura mais de quinze dias.

IV – se o crime é praticado contra menor de 18 (dezoito) anos; (Incluído pela Lei nº 11.106, de 2005)

V – se o crime é praticado com fins libidinosos. (Incluído pela Lei nº 11.106, de 2005)

§ 2º – Se resulta à vítima, em razão de maus-tratos ou da natureza da detenção, grave sofrimento físico ou moral:

Pena – reclusão, de dois a oito anos.

1. **Sequestro e cárcere privado:** mais um crime contra a liberdade individual, neste caso contra a liberdade física.

- Bem jurídico: *tutela liberdade física da pessoa, seu direito de ir e vir, de locomoção*
- Núcleo do tipo: *privar – a liberdade*
- Sujeito ativo: *pode ser qualquer pessoa (crime comum)*
- Sujeito passivo: *qualquer pessoa*

- Elemento subjetivo: *dolo*
- Consumação: *consuma-se com a privação de liberdade da vítima*
- Tentativa: *admite-se a tentativa*
- Ação Penal: *pública incondicionada*
- Lei 9.099/95*: não se trata de infração de menor potencial ofensivo, no entanto, a pena mínima do caput é 01 (um) ano, cabível a suspensão condicional do processo – art. 89 da lei.*

► **CLASSIFICAÇÃO:**

Crime COMUM → DOLOSO → DE FORMA LIVRE → PERMANENTE → MATERIAL → COMISSIVO ou OMISSIVO → UNISSUBSISTENTE ou PLURISSUBSISTENTE → UNISSUBJETIVO → SUBSIDIÁRIO → DE DANO

**Aplicação em concurso:**

- ***Ano: 2017 Banca: IBADE Órgão: PC-AC Prova: Agente de Polícia Civil***

  O delito de sequestro ou cárcere privado é classificado como crime:

  B) permanente e de dano

  *Gabarito: b*

  *A letra b coloca exatamente duas classificações do crime de sequestro e cárcere privado. Crime permanente é aquele que se prolonga no tempo a consumação, no caso, enquanto a vítima estiver com a liberdade restrita, o crime se prolonga. Crime de dano são aqueles que quando consumados alteram a realidade da vítima, pois pressupõe a perda ou diminuição de um bem jurídico penalmente protegido. No caso da questão, o bem jurídico lesado/destruído é a liberdade pessoal.*

**1.1. Conduta:** a conduta do tipo penal é a privação da liberdade de locomoção da vítima, podendo ser praticada na forma comissiva ou ainda omissiva quando existe o dever de agir, conforme art. 13, §2º do Código Penal.

**1.2. Detenção ou retenção:** o crime de sequestro ou cárcere privado pode ser por meio de: (i) detenção – situação em que o agente leva a vítima até um cativeiro; ou (ii) retenção – quando o agente impede que a vítima saia de um local que ela já se encontra, como, por exemplo, sua casa.

---

▶ **ATENÇÃO:** para configurar o crime é preciso que a detenção ou retenção não decorra de permissão legal, ou seja, quando houver justa causa para privar a locomoção da pessoa o crime não estará configurado.

---

▶ **Aplicação pelo STJ:**

> **STJ:** A conduta típica do crime do art. 148 do CP **consiste na restrição (parcial ou total) da liberdade de locomoção de alguém.** Os meios para isso são o sequestro (retira a vítima de sua esfera de segurança para restringir sua liberdade) e o cárcere privado (colocação em confinamento). O elemento comum é a restrição à liberdade da vítima, bastando para a configuração do crime em questão que a vítima não tenha a faculdade de dirigir sua liberdade, sendo desnecessária a privação total de sua liberdade. (5ª T) – Rec. Esp. 1622510 – 01/06/2017.

**1.3. Permanência:** o crime em comento é permanente, ou seja, a sua consumação perdura no tempo enquanto a vítima estiver com a sua liberdade de locomoção privada.

**1.4. Execução livre:** pode ser executado de diversas formas, por meio de grave ameaça, violência e até mesmo fraude.

2. **Formas qualificadas:** art. 148, §1º e §2º do Código Penal prevê modalidades qualificadas para o crime.

**2.1. Forma qualificada do art. 148, §1º do Código Penal:** enseja em uma pena de 02 a 05 anos.

a) Inciso I: Vítima ascendente, descendente, cônjuge ou companheiro do agente ou maior de 60 anos

b) Inciso II: Crime praticado mediante internação da vítima em casa de saúde ou hospital

c) Inciso III: Privação da liberdade superior a quinze dias

d) Inciso IV: Crime praticado contra menor de 18 (dezoito) anos

e) Inciso V: Crime praticado com o fim libidinoso

**2.2. Forma qualificada pelo resultado – art. 148, §2º do Código Penal**: enseja em uma pena de 2 a 8 anos se a vítima tiver grave sofrimento físico ou moral resultante de:

a) Maus-tratos

b) Natureza da detenção

**Redução a condição análoga à de escravo**

**Art. 149.** Reduzir **alguém a condição análoga à de escravo, quer submetendo-o a trabalhos forçados ou a jornada exaustiva, quer sujeitando-o a condições degradantes de trabalho, quer restringindo, por qualquer meio, sua locomoção em razão de dívida contraída com o empregador ou preposto:**(Redação dada pela Lei nº 10.803, de 11.12.2003)

Pena – reclusão, de dois a oito anos, e multa, além da pena correspondente à violência. (Redação dada pela Lei nº 10.803, de 11.12.2003)

§ 1º Nas **mesmas penas incorre quem**: (Incluído pela Lei nº 10.803, de 11.12.2003)

I – cerceia o uso de qualquer meio de transporte por parte do trabalhador, com o fim de retê-lo no local de trabalho; (Incluído pela Lei nº 10.803, de 11.12.2003)

II – mantém vigilância ostensiva no local de trabalho ou se apodera de documentos ou objetos pessoais do trabalhador, com o fim de retê-lo no local de trabalho. (Incluído pela Lei nº 10.803, de 11.12.2003)

§ 2º A **pena é aumentada de metade**, se o crime é cometido: (Incluído pela Lei nº 10.803, de 11.12.2003)

I – contra criança ou adolescente; (Incluído pela Lei nº 10.803, de 11.12.2003)

II – por motivo de preconceito de raça, cor, etnia, religião ou origem. (Incluído pela Lei nº 10.803, de 11.12.2003)

1. **Redução a condição análoga à de escravo:** O crime em análise, também denominado pela doutrina de plágio, consiste no fato de reduzir alguém a condição análoga à de escravo, quer submetendo-o a trabalhos forçados ou a jornada exaustiva, quer sujeitando-o a condições degradantes de trabalho, quer restringindo, por qualquer meio, sua locomoção em razão de dívida contraída com o empregador ou preposto" (CP, art. 149, *caput*).

- Bem jurídico: *liberdade de autodeterminação, consistente do direito de ir, vir e permanecer, ou seja, é o direito de não ser submetido à servidão e ao poder de fato de outrem.*
- Núcleo do tipo: *reduzir – significa forçar, subjugar a vítima*
- Sujeito ativo: *-pode ser qualquer pessoa (crime comum).*
- Sujeito passivo: *qualquer pessoa*
- Elemento subjetivo: *dolo*
- Consumação: *consuma-se com a redução da vítima em situação análoga à de escravo*
- Tentativa: *admite-se a tentativa*
- Ação Penal: *pública incondicionada*
- Lei 9.099/95: *incompatível os institutos da Lei*

► **CLASSIFICAÇÃO:**

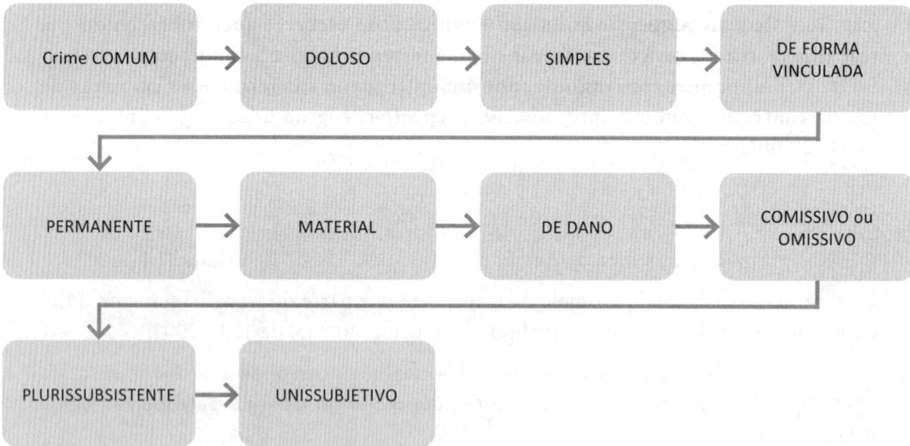


2. **Conduta:** o núcleo do tipo utiliza o verbo "reduzir" que significa submeter, forçar, obrigar a vítima em viver de forma semelhante ao que viviam os escravos. O crime em análise é de forma vinculada, pois o legislador enumera de forma taxativa quais os comportamentos que ensejam na tipificação da conduta. Vejamos:

   **2.1.** submeter a vítima a trabalhos forçados ou a jornada exaustiva

   **2.2.** sujeitá-la a condições degradantes de trabalho

   **2.3.** restringir, por qualquer meio, sua locomoção em razão de dívida contraída com o empregador ou preposto

   **2.4.** cercear o uso de qualquer meio de transporte por parte do trabalhador, com o fim de retê-lo no local de trabalho

   **2.5.** manter vigilância ostensiva no local de trabalho ou se apoderar de documentos ou objetos pessoais do trabalhador, com fim de retê-lo no local de trabalho.

**Aplicação em concurso:**

- ***Ano: 2014 Banca: FCC Órgão: TRT – 18ª Região (GO)Prova: Juiz do Trabalho***

  NÃO configura o crime de redução à condição análoga de escravo

  B) constranger alguém, mediante violência ou grave ameaça, a celebrar contrato de trabalho.

  *Gabarito: b*

  *Questão para analisar as formas de execução colocadas de forma expressa pelo legislador no tipo penal. Contata-se que a única que não está indicada pelo legislador no tipo penal em análise é a situação da alternativa b.*

3. **Figura equiparada – art. 149,§1º do CP**: Incorrerá nas **mesmas penas quem**:

I – cerceia o uso de qualquer meio de transporte por parte do trabalhador, com o fim de retê-lo no local de trabalho;

II – mantém vigilância ostensiva no local de trabalho ou se apodera de documentos ou objetos pessoais do trabalhador, com o fim de retê-lo no local de trabalho.

**Aplicação em concurso:**

- ***Ano: 2015 Banca: FCC Órgão: TJ/PI Prova: Juiz Substituto***

  No que se refere aos crimes contra a liberdade pessoal, é correto afirmar:

  C) Constitui figura equiparada à de redução à condição análoga à de escravo o ato de cercear o uso de qualquer meio de transporte por parte do trabalhador, com o fim de retê-lo no local de trabalho.

  *Gabarito: c*

  *A figura equiparada do crime de condição análoga à de escravo está prevista no art. 149, §1º do Código Penal, no caso da assertiva C está descrita no inciso I.*

4. **Causa de aumento de pena – art. 149, §2º do CP:** a pena será aumentada na metade se o crime for cometido contra criança ou adolescente, ou se o crime for praticado por motivo de preconceito de raça, cor, etnia, religião ou origem. Importante lembrar do conceito de criança e adolescente disposto no art. 2º da Lei 8.069/90. Considera-se criança aquela com idade inferior a 12 anos, e adolescente aquela com idade entre 12 e 18 anos.
5. **Concurso de crimes:** caso o crime seja praticado com violência, o agente responde também pelo crime resultante em concurso material. A doutrina fala que há concurso material obrigatório.
6. **Competência:** via de regra a competência é da Justiça Estadual, mas dependendo das circunstâncias, número de vítimas, quando caracterizado que se trata de crime contra a organização do trabalho será competência da Justiça Federal.

**Tráfico de Pessoas** (Incluído pela Lei nº 13.344, de 2016)

**Art. 149-A. Agenciar, aliciar, recrutar, transportar, transferir, comprar, alojar ou acolher pessoa, mediante grave ameaça, violência, coação, fraude ou abuso, com a finalidade de:** (Incluído pela Lei nº 13.344, de 2016)

I – **remover-lhe órgãos, tecidos ou partes do corpo**; (Incluído pela Lei nº 13.344, de 2016)

II – **submetê-la a trabalho em condições análogas à de escravo**; (Incluído pela Lei nº 13.344, de 2016)

III – **submetê-la a qualquer tipo de servidão**; (Incluído pela Lei nº 13.344, de 2016)

IV – **adoção ilegal**; ou (Incluído pela Lei nº 13.344, de 2016) (Vigência)

V – **exploração sexual**. (Incluído pela Lei nº 13.344, de 2016) (Vigência)

Pena – reclusão, de 4 (quatro) a 8 (oito) anos, e multa. (Incluído pela Lei nº 13.344, de 2016)

§ 1º A **pena é aumentada** de um terço até a metade se: (Incluído pela Lei nº 13.344, de 2016)

I – o crime for cometido por funcionário público no exercício de suas funções ou a pretexto de exercê-las; (Incluído pela Lei nº 13.344, de 2016)

II – o crime for cometido contra criança, adolescente ou pessoa idosa ou com deficiência; (Incluído pela Lei nº 13.344, de 2016)

III – o agente se prevalecer de relações de parentesco, domésticas, de coabitação, de hospitalidade, de dependência econômica, de autoridade ou de superioridade hierárquica inerente ao exercício de emprego, cargo ou função; ou (Incluído pela Lei nº 13.344, de 2016)

IV – a vítima do tráfico de pessoas for retirada do território nacional. (Incluído pela Lei nº 13.344, de 2016)

§ 2º A **pena é reduzida** de um a dois terços se o **agente for primário e não integrar organização criminosa**. (Incluído pela Lei nº 13.344, de 2016)

1. **Tráfico de Pessoas:** o dispositivo foi inserido no Código Penal com o advento da Lei 13.344/2016. A conduta é de extrema complexidade e muitas vezes se confunde com outros ilícitos e violações de direitos humanos. A definição internacional de tráfico de pessoas pode ser encontrada no Protocolo Adicional à Convenção das Nações Unidas contra o Crime Organizado Transnacional relativo à Prevenção, Repressão e Punição do Tráfico de Pessoas, em Especial de Mulheres e Crianças de 2000:

> *"O recrutamento, o transporte, a transferência, o alojamento ou o acolhimento de pessoas, recorrendo à ameaça ou uso da força ou a outras formas de coação, ao rapto, à fraude, ao engano, ao abuso de autoridade ou à situação de vulnerabilidade ou à entrega ou aceitação de pagamentos ou benefícios para obter o consentimento de uma pessoa que tenha autoridade sobre outra para fins de exploração.".*

O tráfico de pessoas ficava disciplinado nos art. 231 e 231-A do Código Penal, mas o tipo penal era destinado exclusivamente à exploração sexual, tais dispositivos foram revogados pela lei que introduziu o art. 149-A do Código Penal.

- Bem jurídico: *liberdade pessoal da vítima, no sentido de não ser submetida a qualquer das finalidades previstas no tipo penal.*
- Núcleo do tipo: *conduta mista com 08 (oito) verbos: agenciar, aliciar, recrutar, transportar, transferir, comprar, alojar ou acolher pessoa;*

**Aplicação em concurso:**

- ***Ano: 2017 Banca: CESPE Órgão: TRF – 5ª Região Prova: Juiz Federal Substituto***

  Acerca dos aspectos penais do tráfico interno e internacional de pessoas, assinale a **opção correta**.

C) O CP prevê que são puníveis as condutas consistentes em agenciar, aliciar, recrutar, transportar, transferir, comprar, alojar ou acolher pessoa, mediante grave ameaça, violência, coação, fraude ou abuso, com a finalidade de adoção ilegal ou exploração sexual.

*Gabarito: c*

*A assertiva C coloca exatamente termos da lei, indicando duas finalidades específicas elencadas no art. 149-A, IV e V do Código Penal.*

- Sujeito ativo: *crime comum – pode ser qualquer pessoa.*
- Sujeito passivo: *qualquer pessoa*
- Elemento subjetivo: *dolo*
- Consumação: *consuma-se com a prática de qualquer um dos verbos nucleares, ainda que o agente não obtenha a sua finalidade*
- Tentativa: *admite-se a tentativa*
- Ação Penal: *pública incondicionada*
- Lei 9.099/95: *incompatível os institutos da Lei*

▶ **CLASSIFICAÇÃO:**

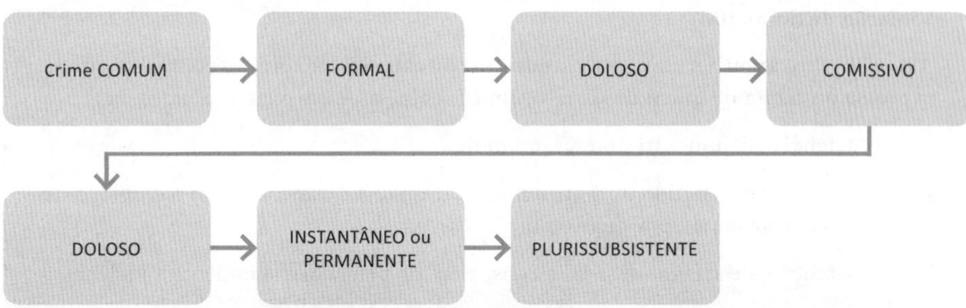


2. **Finalidades do crime:** o legislador indicou de forma expressa as finalidades que devem estar presentes com a prática de qualquer das ações nucleares. A doutrina chama de dolo específico, que no caso será para:

   a) remover-lhe órgãos, tecidos ou partes do corpo;

   b) submetê-la a trabalho em condições análogas à de escravo

   c) submetê-la a qualquer tipo de servidão

   d) adoção ilegal

   e) exploração sexual

3. **Causas de aumento de pena:** as causas de aumento de pena estão no art. 149-A, §1º do Código Penal. O aumento será de 1/3 (um terço) até ½ (metade) se: (i) – o crime for cometido por funcionário público no exercício de suas funções ou a pretexto de exercê-las; (ii) – o crime for cometido contra criança, adolescente ou pessoa idosa ou com deficiência; (iii) – o agente se prevalecer de relações de parentesco, domésticas, de coabitação, de hospitalidade, de dependência econômica, de autoridade ou de superioridade hierárquica inerente ao exercício de emprego, cargo ou função; ou (iv) – a vítima do tráfico de pessoas for retirada do território nacional.

4. **Causa de diminuição de pena:** a pena será diminuída de 1/3 (um terço) a 2/3 (dois terços) se o réu for primário e não integrar organização criminosa, art. 149-A, §2º do Código Penal. Atenção que são requisitos cumulativos.

5. **Consentimento:** o tipo penal em comento coloca a violência, coação, fraude ou abuso, como forma de execução do crime, e quando não estiver presente, não existirá o crime, ou seja, quando houver consentimento da pessoa ("vítima") excluirá a tipicidade. Não basta a pessoa ser maior e capaz, o consentimento deve ser válido.

## *SEÇÃO II*
## *DOS CRIMES CONTRA A INVIOLABILIDADE DO DOMICÍLIO*

**Violação de domicílio**

**Art. 150 – Entrar ou permanecer, clandestina ou astuciosamente, ou contra a vontade expressa ou tácita de quem de direito**, em casa alheia ou em suas dependências:

Pena – detenção, de um a três meses, ou multa.

§ 1º – Se o crime é cometido durante a noite, ou em lugar ermo, ou com o emprego de violência ou de arma, ou por duas ou mais pessoas:

Pena – detenção, de seis meses a dois anos, além da pena correspondente à violência.

§2º – (Revogado pela Lei nº 13.869, de 2019) (Vigência)

§ 3º – Não constitui crime a entrada ou permanência em casa alheia ou em suas dependências:

I – durante o dia, com observância das formalidades legais, para efetuar prisão ou outra diligência;

II – a qualquer hora do dia ou da noite, quando algum crime está sendo ali praticado ou na iminência de o ser.

§ 4º – A expressão "casa" compreende:

I – qualquer compartimento habitado;

II – aposento ocupado de habitação coletiva;

III - compartimento não aberto ao público, onde alguém exerce profissão ou atividade.

§ 5º - Não se compreendem na expressão "casa":

I - hospedaria, estalagem ou qualquer outra habitação coletiva, enquanto aberta, salvo a restrição do n.º II do parágrafo anterior;

II - taverna, casa de jogo e outras do mesmo gênero.

## 1. Violação de domicílio

- Bem jurídico: *tutela a tranquilidade doméstica*
- Núcleo do tipo: *conduta mista: entrar – permanecer*
- Sujeito ativo: *crime comum – pode ser qualquer pessoa,* inclusive o proprietário do imóvel, quando a posse estiver legitimamente com terceiro,

> ▶ ***Atenção:*** *No caso de* cônjuge divorciado ou separado judicialmente deve respeitar a inviolabilidade do domicílio do outro.

### Aplicação em concurso:

- ***Ano: 2017 Banca: Órgão: PC/AC Prova: Delegado de Polícia***

  Assinale a alternativa que contempla uma hipótese de violação de domicílio.

  A) Pafúncio e Marocas, casados, em virtude de um desentendimento, resolvem se separar, após o que, conforme acordado entre ambos, Pafúncio deixa o lar conjugal para morar em outra casa. Semanas depois, embora já proposta a ação de divórcio, Pafúncio retorna ao imóvel e ali se instala sem a ciência de Marocas, que naquele momento viajava com o novo namorado.

  *Gabarito: a*

  *O casal já estava separado, e o ex marido adentrou ao domicílio sem consentimento. Este crime pode ser praticado inclusive por proprietário do imóvel, quando este não é detentor da posse direta do bem.*

- Sujeito passivo: *qualquer pessoa*
- Elemento subjetivo: *dolo*
- Consumação: *consuma-se no momento em que o agente ingressa na casa da vítima ou quando ciente da necessidade de sair, fica por tempo maior que o permitido, ou seja, desobedece a ordem de retirada.*
- Tentativa: *admite-se a tentativa*
- Ação Penal: *pública incondicionada*
- Lei 9.099/95*: trata-se de infração de menor potencial ofensivo em todas as suas formas, tanto simples como na qualificada.*

► **CLASSIFICAÇÃO:**

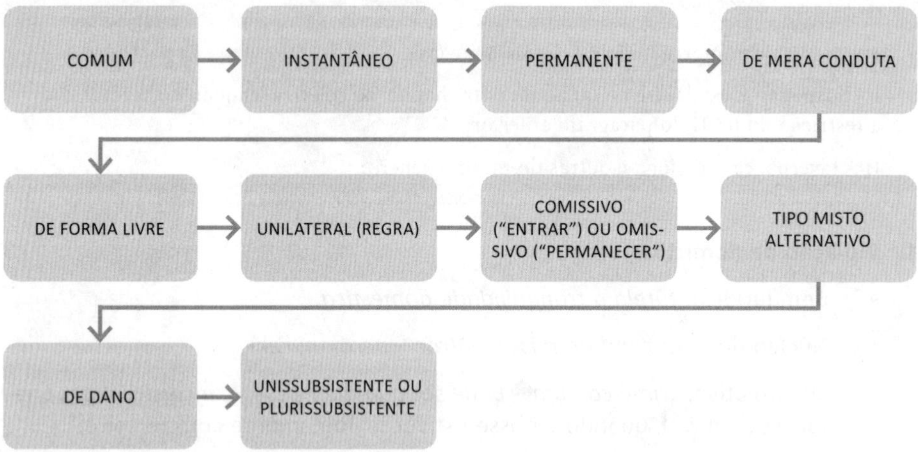


2. **Conceito de casa:** o legislador colocou no dispositivo uma norma penal interpretativa, ou explicativa, que indica o conceito de casa. Conforme art. 150, §2º do Código Penal casa é basicamente qualquer lugar privado que alguém habita, ou seja, a proteção é ampla, abrangendo qualquer casa, lar ou local que more uma pessoa, ainda que seja habitação coletiva, e local compartimento não aberto ao público, onde alguém exerce profissão ou atividade.

► **Aplicação pelo STJ:**

> **STJ:** Para caracterizar-se a violação de domicílio, necessário se faz a prova pré-constituída de que policiais ingressaram em sala de empresa não aberta ao público, onde o investigado exercia profissão ou atividade sem autorização judicial. (6ª T.) – Rec. em HC 44432 – SP – 26/09/2017

> **STJ:** Configura o crime de violação de domicílio (art.l50 do CP) o ingresso e a permanência, sem autorização, em gabinete de Delegado de Polícia, embora faça parte de um prédio ou de uma repartição públicos, pois trata-se de compartimento com acesso restrito e dependente de autorização. (...). HC 298.763-SC, Rei. Min. Jorge Mussi, julgado em 7/10/2014. (Informativo 549)

3. **Conduta:** consiste em entrar ou permanecer na casa alheia ou em suas dependências, sendo a prática de forma clandestina ou astuciosa. A entrada pode ser feita pela porta, janela, ou até pulando muro, por exemplo. Já o outro núcleo, o permanecer, é a conduta de quem fica dentro da casa ou das dependências, ainda que a entrada tenha sido legítima, mas após ordem de saída o agente não se retira. A conduta deve ser praticada de ao menos uma das seguintes formas:

(i) De forma clandestina

(ii) Astuciosa

(iii) Contra a vontade expressa ou tácita de quem de direito

**4. Qualificadoras:** o artigo dispõe conduta qualificada no §1º do tipo penal

**4.1.** durante a noite – alguns entendem ser entre 18h e 06h (entendimento prevalente), outros entendem noite quando estiver escuro, sem luz solar;

**4.2.** lugar ermo – local deserto, de pouco movimento

**4.3.** com emprego de violência – força física contra pessoa ou coisa

**4.4.** com emprego de arma – tanto arma própria como imprópria

**4.5.** praticado por duas ou mais pessoas

### *SEÇÃO III*
### *DOS CRIMES CONTRA A INVIOLABILIDADE DE CORRESPONDÊNCIA*

**Violação de correspondência**

**Art. 151** - Devassar indevidamente o conteúdo de correspondência fechada, dirigida a outrem:

Pena - detenção, de um a seis meses, ou multa.

**Sonegação ou destruição de correspondência**

§ 1º - Na mesma pena incorre:

I - quem se apossa indevidamente de correspondência alheia, embora não fechada e, no todo ou em parte, a sonega ou destrói;

**Violação de comunicação telegráfica, radioelétrica ou telefônica**

II - quem indevidamente divulga, transmite a outrem ou utiliza abusivamente comunicação telegráfica ou radioelétrica dirigida a terceiro, ou conversação telefônica entre outras pessoas;

III - quem impede a comunicação ou a conversação referidas no número anterior;

IV - quem instala ou utiliza estação ou aparelho radioelétrico, sem observância de disposição legal.

§ 2º - As penas aumentam-se de metade, se há dano para outrem.

§ 3º - Se o agente comete o crime, com abuso de função em serviço postal, telegráfico, radioelétrico ou telefônico:

Pena - detenção, de um a três anos.

§ 4º - Somente se procede mediante representação, salvo nos casos do § 1º, IV, e do § 3º.

1. **Violação de correspondência:** O art. 5º, XII da Constituição Federal dispõe que "é inviolável o sigilo da correspondência e das comunicações telegráficas, de dados e das comunicações telefônicas, salvo, no último caso, por ordem judicial, nas hipóteses e na forma que a lei estabelecer para fins de investigação criminal ou instrução processual penal."

▶ **ATENÇÃO:** o *caput* do art. 151 do Código Penal foi tacitamente revogado pelo art. 40 da Lei 6.538/78 que regula as infrações contra o serviço postal e o serviço de telegrama. No entanto, a redação do citado artigo é a mesma:

> ***VIOLAÇÃO DE CORRESPONDÊNCIA***
>
> *Art. 40 – Devassar indevidamente o conteúdo de correspondência fechada dirigida a outrem:*
>
> *Pena: detenção, até seis meses, ou pagamento não excedente a vinte dias-multa.*

No entanto, os comentários que seguem na sequência se aplicam ao vigente art. 40 acima transcrito.

▶ **Art. 151, *caput* do CP**

- Bem jurídico: *a intimidade, além da garantia constitucional do sigilo de correspondência*
- Núcleo do tipo: *devassar (invadir, tomar conhecimento)*
- Elemento normativo: *sem consentimento, sem autorização*
- Sujeito ativo: *pode ser qualquer pessoa (crime comum).*
- Sujeito passivo: *o remetente e o destinatário da correspondência violada – dupla subjetividade passiva*
- Elemento subjetivo: *dolo*
- Consumação: *consuma-se no momento em que o agente toma conhecimento do teor da correspondência, mesmo que não tenha aberto o envelope ou tirado o lacre de segurança.*
- Tentativa: *admite-se a tentativa*
- Ação Penal: *É pública condicionada à representação (CP, art. 151, § 4º, e art. 48 da Lei 6.538/1978)*
- Lei 9.099/95*: trata-se de infração de menor potencial ofensivo em todas as suas formas, tanto simples como na qualificada.*

▶ **CLASSIFICAÇÃO:**

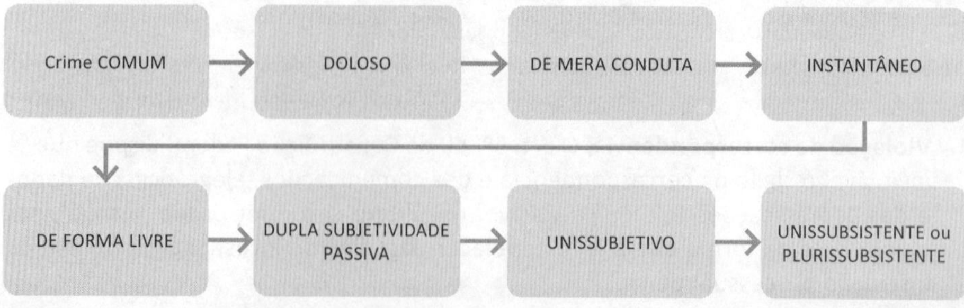

2. **Conduta do art. 151 do CP e art. 40 da Lei 6.538/78:** atenção para a configuração da conduta, não basta abrir a correspondência, é preciso que o agente tome conhecimento do conteúdo.

3. **Sonegação ou destruição de correspondência** – art. 151, §1º, I do Código Penal: tacitamente revogado pelo art. 40, §1º da Lei 6.538/78

► **Art. 40, §1º da Lei 6.538/78**

> *"Incorre nas mesmas penas quem se apossa indevidamente de correspondência alheia, embora não fechada, para sonegá-la ou destruí-la, no todo ou em parte".*

- Bem jurídico: *a intimidade, além da garantia constitucional do sigilo de correspondência*
- Núcleo do tipo: *apossar (apoderar-se)*
- Elemento normativo: *finalidade específica de sonega-la ou destruí-la*
- Sujeito ativo: *pode ser qualquer pessoa (crime comum).*
- Sujeito passivo: *o remetente e o destinatário da correspondência violada – dupla subjetividade passiva*
- Elemento subjetivo: *dolo*
- Consumação: *consuma-se no momento em que o agente toma posse da correspondência, independentemente de estar aberta ou fechada. Não é preciso que ocorra a sonegação ou destruição.*
- Tentativa: *admite-se a tentativa*
- Ação Penal: *É pública condicionada à representação – art. 151, § 4º do Código Penal, e art. 48 da Lei 6.538/1978.*
- Lei 9.099/95*: trata-se de infração de menor potencial ofensivo em todas as suas formas, tanto simples como na qualificada.*

4. **Violação de comunicação telegráfica, radioelétrica ou telefônica** – art. 151, §1º, II, III e IV do Código Penal:

- **Inciso II***:* o agente após tomar conhecimento de comunicação telegráfica, radioelétrica ou telefônica entre terceiras pessoas, faz a divulgação para terceiro ou utiliza de forma abusiva. A consumação será com a prática de qualquer dos núcleos. Admite-se a tentativa. Crime de ação penal pública condicionada.
- **Inciso III***:* conduta de quem embaraça a comunicação entre as vítimas, pune-se tanto se ocorrer o impedimento para início da comunicação, como a sua interrupção. Crime de ação penal pública condicionada.
- **Inciso IV:** revogado pelo art. 70, *caput* da Lei 4.117/62 (Código Brasileiro de Telecomunicações). A conduta é instalar e utilizar telecomunicações. Ação Penal Pública incondicionada (art. 151, §4º)

► **Aplicação pelo STJ:**

**STJ:** O **princípio constitucional da inviolabilidade das comunicações não é absoluto**. Nos termos da jurisprudência do Supremo Tribunal Federal, **o interesse público, em situações excepcionais, pode se sobrepor aos direitos individuais**, para evitar que os direitos e garantias fundamentais sejam utilizados para resguardar conduta criminosa. HC 203.371/2011 – RJ

**STJ:** Inexistindo infração aos valores elencados no art. 109, IV da CF/88, compete à Justiça Estadual processar e julgar delito de violação de correspondência. Conf. de Comp. 4.119 – RS – Rel.: Min. William Patterson – J. em 04/09/1995

5. **Causa de aumento de pena:** o art. 151, §2º do Código Penal determina o aumento da pena em metade se houver dano para outrem. O dano pode ser tanto material quanto moral. Somente será aplicado aos crimes que ainda são regulados pelo Código Penal, pois os que foram revogados pela Lei 6.538/78 estarão incursos no aumento de pena do art. 40, §2º.

6. **Qualificadora:** o crime será qualificado quando ocorrer com o abuso de função, conforme §3º do artigo em comento. O abuso da função está presente quando praticado no exercício da função do agente. Neste caso a ação penal será pública incondicionada.

**Correspondência comercial**

**Art. 152** – Abusar da condição de sócio ou empregado de estabelecimento comercial ou industrial para, no todo ou em parte, desviar, sonegar, subtrair ou suprimir correspondência, ou revelar a estranho seu conteúdo:

Pena – detenção, de três meses a dois anos.

Parágrafo único – Somente se procede mediante representação.

1. **Correspondência comercial**

- Bem jurídico: *tutela a liberdade individual de correspondência comercial*
- Núcleo do tipo: *desviar – sonegar – subtrair – suprimir – revelar*
- Elemento normativo: *sem consentimento, sem autorização*
- Sujeito ativo: *somente poderá ser autor o sócio ou empregado do estabelecimento comercial ou industrial(crime próprio).*
- Sujeito passivo: *o próprio estabelecimento comercial ou industrial, ou seja, a pessoa jurídica remetente ou destinatária, e os sócios.*
- Elemento subjetivo: *dolo*
- Consumação: *consuma-se no momento da efetivação de um dos núcleos do tipo*

- Tentativa: *admite-se a tentativa*
- Ação Penal: *É pública condicionada à representação da pessoa jurídica ofendida*
- Lei 9.099/95*: trata-se de infração de menor potencial ofensivo em todas as suas formas, tanto simples como na qualificada.*

► **CLASSIFICAÇÃO:**

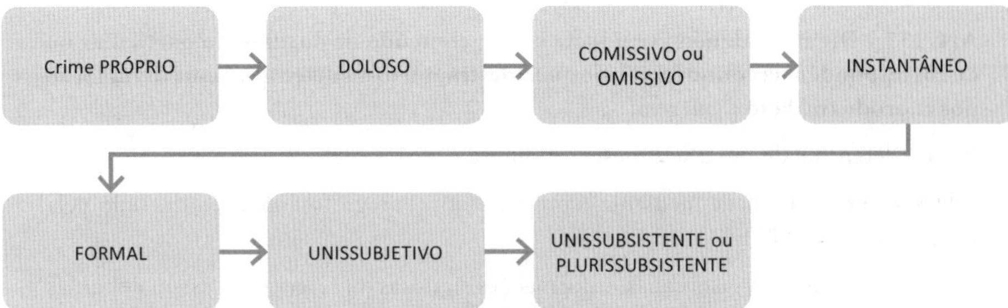


2. **Conduta:** o crime em comento é um tipo penal misto alternativo, ou seja, prevê várias condutas, mas basta a prática de uma delas, ou mais de uma para ocorrer a tipificação.

| | |
|---|---|
| **abusar** | visão que as pessoas possuem de uma determinada pessoa |
| **desviar** | afastar correspondência do verdadeiro destino |
| **sonegar** | esconder para que não ocorra a chegada da correspondência |
| **subtrair** | apoderar-se retirando do lugar ou impedindo o destino |
| **suprimir** | destruir |
| **revelar** | permitir acesso a terceiros que não tenham direito de conhecer o conteúdo da correspondência |

3. **Princípio da insignificância:** poderá ser utilizado se a correspondência for irrelevante para o estabelecimento comercial ou indústria.

## *SEÇÃO IV*
## *DOS CRIMES CONTRA A INVIOLABILIDADE DOS SEGREDOS*

▶ Os crimes da Seção IV estão pautados no art. 5º, X da Constituição Federal, que assegura a inviolabilidade da honra e da vida privada, e por isso, o Código Penal trouxe a tutela aos segredos pessoais do indivíduo para garantir e proteger tais direitos.

**Divulgação de segredo**

Art. 153 – Divulgar **alguém, sem justa causa, conteúdo de documento particular ou de correspondência confidencial, de que é destinatário ou detentor, e cuja divulgação possa produzir dano a outrem**:

Pena – detenção, de um a seis meses, ou multa.

§ 1º Somente se procede mediante representação. (Parágrafo único renumerado pela Lei nº 9.983, de 2000)

§ 1º-A. Divulgar, sem justa causa, informações sigilosas ou reservadas, assim definidas em lei, contidas ou não nos sistemas de informações ou banco de dados da Administração Pública: (Incluído pela Lei nº 9.983, de 2000)

Pena – detenção, de 1 (um) a 4 (quatro) anos, e multa. (Incluído pela Lei nº 9.983, de 2000)

§ 2º Quando resultar prejuízo para a Administração Pública, a ação penal será incondicionada. (Incluído pela Lei nº 9.983, de 2000)

### 1. Divulgação de segredo

- Bem jurídico: *tutela a liberdade individual na conservação dos segredos*
- Núcleo do tipo: *divulgar*
- Elemento normativo: *"sem justa causa"*
- Sujeito ativo: *destinatário ou detentor do documento particular ou de correspondência confidencial(crime próprio).*
- Sujeito passivo: *quem tiver interesse na manutenção do segredo*
- Elemento subjetivo: *dolo*
- Consumação: *consuma-se quando o segredo é divulgado para um número indeterminado de pessoas*
- Tentativa: *admite-se a tentativa*
- Ação Penal: *É pública condicionada à representação*
- Lei 9.099/95: *trata-se de infração de menor potencial ofensivo em todas as suas formas, tanto simples como na qualificada.*

► **CLASSIFICAÇÃO:**

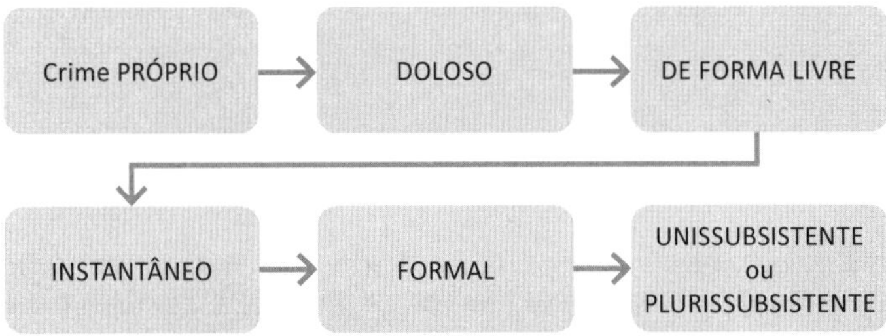


2. **Divulgação de informações sigilosas da Administração Pública – art. 154, §1º-A do CP:** é um crime comum, ou seja, poderá ser praticado por qualquer pessoa, mas a vítima é o Estado. Não é exigido que a divulgação venha a causar dano, basta a divulgação. Neste caso a ação penal é pública incondicionada, não sendo considerada infração de menor potencial ofensivo.

**Violação do segredo profissional**

**Art. 154 - Revelar alguém, sem justa causa, segredo, de que tem ciência em razão de função, ministério, ofício ou profissão, e cuja revelação possa produzir dano a outrem:**

Pena - detenção, de três meses a um ano, ou multa.

Parágrafo único - Somente se procede mediante representação.

1. **Violação do segredo profissional**

- Bem jurídico: *intimidade e vida privada especificamente o segredo profissional*
- Núcleo do tipo: *revelar*
- Elemento normativo: *"sem justa causa"*
- Sujeito ativo: *somente aquele que tiver conhecimento de um segredo em razão da sua função, ministério, ofício ou profissão (crime próprio).* ATENÇÃO: *não tipifica crime em comento quando o agente por funcionário público, mas sim, o delito do art. 325 do CP.*
- Sujeito passivo: *quem tiver interesse na manutenção do segredo, titular ou terceiro*
- Elemento subjetivo: *dolo*
- Consumação: *consuma-se quando o segredo é revelado a terceiro*
- Tentativa: *admite-se a tentativa, revelação por escrito*
- Ação Penal: *É pública condicionada à representação – art. 154, parágrafo único.*
- Lei 9.099/95: *trata-se de infração de menor potencial ofensivo em todas as suas formas, tanto simples como na qualificada.*

## ► CLASSIFICAÇÃO:

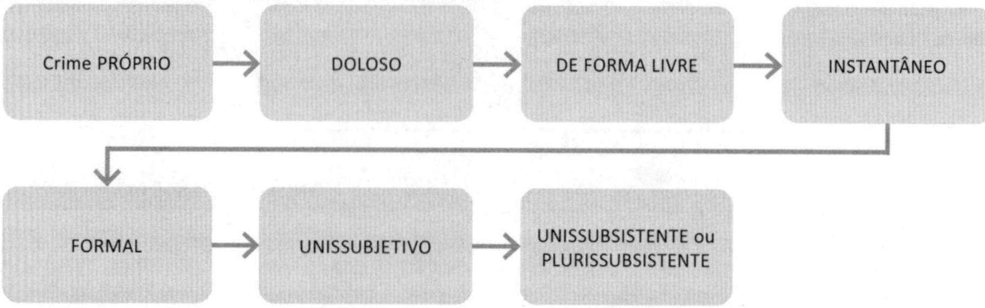


---

► **Atenção para a Diferença do entre o crime em análise e o Crime contra o Sistema Financeiro Nacional previsto no artigo 18 da Lei nº 7.492/1986:** Incide nas penas do art. 18 da Lei 7.492/1986 quem "violar sigilo de operação ou de serviço prestado por instituição financeira ou integrante do sistema de distribuição de títulos mobiliários de que tenha conhecimento, em razão do ofício".

---

**Invasão de dispositivo informático** (Incluído pela Lei nº 12.737, de 2012)

**Art. 154-A. Invadir dispositivo informático alheio**, conectado ou não à rede de computadores, mediante violação indevida de mecanismo de segurança e **com o fim de obter, adulterar ou destruir dados ou informações sem autorização expressa ou tácita do titular do dispositivo ou instalar vulnerabilidades para obter vantagem ilícita**: (Incluído pela Lei nº 12.737, de 2012)

Pena – detenção, de 3 (três) meses a 1 (um) ano, e multa. (Incluído pela Lei nº 12.737, de 2012)

§ 1º Na mesma pena incorre quem **produz, oferece, distribui, vende ou difunde dispositivo ou programa de computador com o intuito de permitir a prática da conduta definida no caput**. (Incluído pela Lei nº 12.737, de 2012) Vigência

§ 2º **Aumenta-se a pena** de um sexto a um terço se da invasão resulta prejuízo econômico.(Incluído pela Lei nº 12.737, de 2012)

§ 3º Se da invasão **resultar a obtenção de conteúdo de comunicações eletrônicas privadas, segredos comerciais ou industriais, informações sigilosas, assim definidas em lei, ou o controle remoto não autorizado do dispositivo invadido**: (Incluído pela Lei nº 12.737, de 2012)

Pena – reclusão, de 6 (seis) meses a 2 (dois) anos, e multa, se a conduta não constitui crime mais grave. (Incluído pela Lei nº 12.737, de 2012)

§ 4º Na hipótese do § 3º, **aumenta-se a pena** de um a dois terços se houver divulgação, comercialização ou transmissão a terceiro, a qualquer título, dos dados ou informações obtidos. (Incluído pela Lei nº 12.737, de 2012)

§ 5º **Aumenta-se a pena** de um terço à metade se o crime for praticado contra: (Incluído pela Lei nº 12.737, de 2012)

I – Presidente da República, governadores e prefeitos; (Incluído pela Lei nº 12.737, de 2012)

II – Presidente do Supremo Tribunal Federal; (Incluído pela Lei nº 12.737, de 2012)

III – Presidente da Câmara dos Deputados, do Senado Federal, de Assembleia Legislativa de Estado, da Câmara Legislativa do Distrito Federal ou de Câmara Municipal; ou (Incluído pela Lei nº 12.737, de 2012)

IV – dirigente máximo da administração direta e indireta federal, estadual, municipal ou do Distrito Federal. (Incluído pela Lei nº 12.737, de 2012)

## 1. Invasão de dispositivo informático

- Bem jurídico: *privacidade individual e/ou profissional que está em dispositivo informático*
- Núcleo do tipo: *invadir*
- Elemento normativo: *dispositivo informático alheio*
- Sujeito ativo: *qualquer um pode ser agente da conduta (crime comum)*
- Sujeito passivo: *qualquer pessoa pode ser vítima do crime*
- Elemento subjetivo: *dolo – com finalidade específica de obter, adulterar ou destruir dados ou informações sem autorização expressa ou tácita do titular do dispositivo ou instalar vulnerabilidades para obter vantagem ilícita*
- Consumação: *consuma-se quando o agente invade o dispositivo informático alheio*
- Tentativa: *admite-se a tentativa*
- Ação Penal: *ver comentários do art. 154-B do CP*
- Lei 9.099/95: *trata-se de infração de menor potencial ofensivo compatível com a Lei 9.099/95*

► **CLASSIFICAÇÃO:**

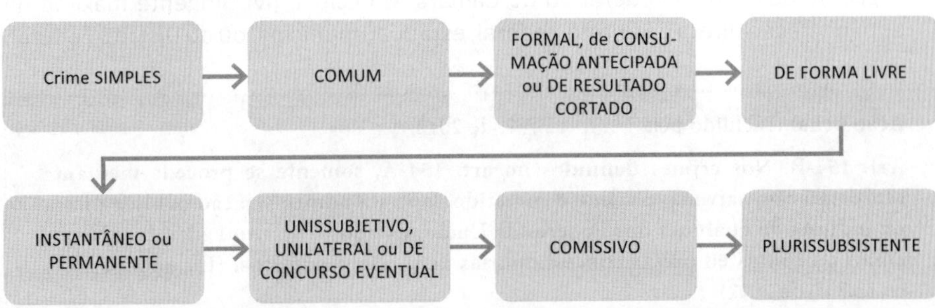

2. **Finalidade:** o agente pratica a conduta com a finalidade de obter, adulterar ou destruir dados ou informações sem autorização expressa ou tácita do titular do dispositivo ou instalar vulnerabilidades para obter vantagem ilícita.

► **Aplicação em concurso**

- ***Ano: 2015 Banca: UFMT Órgão: IF-MT Prova: Direito***

  Sobre a tipificação dos delitos informáticos segundo a Lei nº 12.737/2012, assinale a afirmativa correta.

  C) Pratica crime de invasão de dispositivo informático aquele que adultera ou destrói dados ou informações sem autorização expressa ou tácita do titular do dispositivo.

  *Gabarito: c*

  *A assertiva C está de acordo com o caput do art. 154-A do CP, sendo portanto, a assertiva correta.*

3. **Figura equiparada – art. 154-A, §1º do CP:** no tipo penal são descritas algumas situações equiparadas a conduta do caput, e que, portanto, terão a mesma pena deste. Assim, Quem contribui, mediante produção, oferecimento, distribuição ou difusão de programa de computador para que um terceiro venha a devassar dispositivo informático alheio, incorrerá na mesma pena prevista no art. 154-A, *caput*, do Código Penal.

4. **Causa de aumento de pena do §2º:** o dispositivo estabelece algumas causas de aumento de pena caso a conduta resulte prejuízo econômico: aumento será de 1/6 (um sexto) a 1/3 (um terço). Esse aumento irá recair na conduta do caput e do §1º do tipo penal

5. **Forma qualificada – art. 154-A, §3º do CP:** caso a invasão acarrete a obtenção de conteúdo de comunicações eletrônicas privadas, segredos comerciais ou industriais, informações sigilosas, ou controle remoto não autorizado do dispositivo invadido, a pena será de 06 meses a 2 anos e multa, caso não constitua crime mais grave. A conduta qualificada também é de menor potencial ofensivo.

   **5.1. Aumento de pena:** esse aumento de pena recai sobre a conduta qualificada do art. 154-A, §3º do CP, e será a pena aumentada de um terço à metade se o crime for praticado contra: (i) Presidente da República, governadores e prefeitos; (ii) Presidente do Supremo Tribunal Federal; (iii) Presidente da Câmara dos Deputados, do Senado Federal, de Assembleia Legislativa de Estado, da Câmara Legislava do Distrito Federal ou de Câmara Municipal; (iv) dirigente máximo da administração direta e indireta, federal, estadual, municipal ou do Distrito Federal.

**Ação penal** (Incluído pela Lei nº 12.737, de 2012)

**Art. 154-B. Nos crimes definidos no art. 154-A, somente se procede mediante representação, salvo se o crime é cometido contra a administração pública direta ou indireta de qualquer dos Poderes da União, Estados, Distrito Federal ou Municípios ou contra empresas concessionárias de serviços públicos.** (Incluído pela Lei nº 12.737, de 2012)

1. **Ação Penal:** em regra será pública condicionada à representação. Entretanto, se o crime for cometido contra a administração pública, direta ou indireta de qualquer dos Poderes da União, Estados, Distrito Federal ou Municípios ou contra empresas concessionárias de serviços públicos, será pública incondicionada.

## TÍTULO II
## DOS CRIMES CONTRA O PATRIMÔNIO

### CAPÍTULO I
### DO FURTO

▶ Os crimes contra o patrimônio tutelam o patrimônio das pessoas físicas e também das pessoas jurídicas. O patrimônio já é tutelado pelas normas de Direito Civil, mas o Direito Penal reforça, tipificando algumas condutas visando impedir prática de comportamentos que violem a propriedade alheia, e assim resguardar o patrimônio e o interesse social.

**Furto**

**Art. 155 – Subtrair, para si ou para outrem, coisa alheia móvel:**

Pena – reclusão, de um a quatro anos, e multa.

§ 1º – A **pena aumenta-se de um terço, se o crime é praticado durante o repouso noturno.**

§ 2º – **Se o criminoso é primário, e é de pequeno valor a coisa furtada, o juiz pode substituir a pena de reclusão pela de detenção, diminuí-la de um a dois terços, ou aplicar somente a pena de multa.**

§ 3º – **Equipara-se à coisa móvel a energia elétrica ou qualquer outra que tenha valor econômico.**

**Furto qualificado**

§ 4º – **A pena é de reclusão de dois a oito anos, e multa, se o crime é cometido:**

I – **com destruição ou rompimento de obstáculo à subtração da coisa;**

II – **com abuso de confiança, ou mediante fraude, escalada ou destreza;**

III – **com emprego de chave falsa;**

IV – **mediante concurso de duas ou mais pessoas.**

§ 4º-A – **A pena é de reclusão de 4 (quatro) a 10 (dez) anos e multa, se houver emprego de explosivo ou de artefato análogo que cause perigo comum.** (Incluído pela Lei nº 13.654, de 2018)

§ 5º – A pena é de **reclusão de três a oito anos**, se a subtração for de **veículo automotor que venha a ser transportado para outro Estado ou para o exterior.** (Incluído pela Lei nº 9.426, de 1996)

§ 6º A pena é de **reclusão de 2 (dois) a 5 (cinco) anos se a subtração for de semovente domesticável de produção, ainda que abatido ou dividido em partes no local da subtração**. (Incluído pela Lei nº 13.330, de 2016)

§ 7º A pena é de reclusão de 4 (quatro) a 10 (dez) anos e multa, se a **subtração for de substâncias explosivas ou de acessórios** que, conjunta ou isoladamente, possibilitem sua fabricação, montagem ou emprego. (Incluído pela Lei nº 13.654, de 2018)

**1. Furto**

- Bem jurídico: *o patrimônio – propriedade, posse e detenção.*
- Núcleo do tipo: *subtrair – retirar*
- Elemento normativo: *"coisa alheia"*
- Sujeito ativo: *qualquer um pode ser agente da conduta(crime comum)*
- Sujeito passivo: *qualquer pessoa pode ser vítima do crime – física ou jurídica*
- Elemento subjetivo: *dolo*
- Consumação: *no momento em que a coisa é retirada da esfera de disponibilidade da vítima e passa para o poder do agente, ainda que por breve período, sendo prescindível a posse pacífica da res pelo sujeito ativo do delito* Tentativa: *admite-se a tentativa*
- Ação Penal: *pública incondicionada*
- Lei 9.099/95: *apesar de não ser considerado como infração de menor potencial ofensivo, será possível a aplicação da suspensão condicional do processo, prevista no art. 89 da Lei 9.099/95, haja vista ser de 01(um) ano a pena mínima cominada ao crime em questão.*

► **CLASSIFICAÇÃO:**

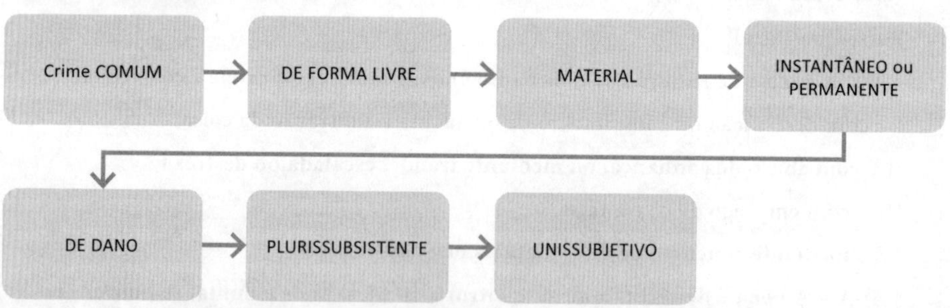


**2. Conduta:** subtrair significa tirar, retirar. Atenção que a coisa deve ser alheia, ou seja, de outra pessoa, além disso, deve ser móvel.

**3. Furto de uso:** é a subtração realizada momentaneamente, com intenção de devolução após o seu uso, nas condições em que o bem se encontrava. O furto de uso não completa a conduta típica, por falta do elemento subjetivo do tipo que é ficar com o bem definitivamente ou entregar para terceiro. Assim, trata-se de comportamento atípico.

4. **Furto famélico:** é reconhecido como hipótese de estado de necessidade, nos termos do art. 24 do Código Penal quando estiver presente: (i) pratica da conduta para minimizar a fome; (ii) inevitabilidade da conduta; (iii) a coisa subtraída de ser capaz de contornar a emergência; (iv) poucos recursos adquiridos ou impossibilidade de trabalhar.

5. **Furto e princípio da insignificância:** é possível sua aplicação, desde que preenchidos os vetores estabelecidos pelo STF, quais sejam: (a) a mínima ofensividade da conduta do agente, (b) a nenhuma periculosidade social da ação, (c) o reduzidíssimo grau de reprovabilidade do comportamento e (d) a inexpressividade da lesão jurídica provocada.

► **Aplicação pelo STF:**

> **STF:** É **possível a aplicação do princípio da insignificância mesmo no caso de reincidência,** devendo ser considerada a teoria da reiteração não cumulativa de condutas de gêneros distintos, segundo a qual**, contumácia de infrações penais que não têm o patrimônio como bem jurídico tutelado pela norma penal** (a exemplo da lesão corporal) **não poderia ser valorada como fator impeditivo à aplicação do princípio da insignificância**, porque ausente a séria lesão à propriedade alheia. HC 114723/MG, rei. Min. Teori Zavascki, 26.8.2014. (Informativo 756)

6. **Causa de aumento de pena**: chamado de furto noturno, hipótese em que a pena será aumentada de 1/3 (um terço) se o crime for praticado no período de repouso noturno.

7. **Furto privilegiado:** o art. 155, §2º do Código Penal, hipótese em que o juiz poderá substituir a pena de reclusão pela detenção, diminuir de 1/3 (um terço) a 2/3 (dois terços) ou ainda aplicar somente a pena de multa. Para isso é preciso que a coisa seja de pequeno valor e o agente seja primário, são requisitos cumulativos.

8. **Furto de energia:** art. 155, §3º do Código Penal: foi equiparado à coisa móvel a energia elétrica ou qualquer outra de valor econômico.

9. **Furto qualificado: há uma série de qualificadoras no art. 155 do CP, as quais serão examinadas uma de cada vez;**

   **9.1. Furto qualificado – art. 155, §4º do Código Penal:** o dispositivo descreve o furto qualificado, com uma pena de reclusão de 02 (dois) a 08 (oito) anos e multa. Neste caso não poderá ocorrer suspensão condicional do processo por conta da pena mínima cominada ser de 02 anos. O furto será qualificado se o crime for cometido:

   a) com a destruição ou rompimento de obstáculo à subtração da coisa;

   b) com abuso de confiança, ou mediante fraude, escalada ou destreza;

   c) com emprego de chave falsa;

   d) mediante concurso de suas ou mais pessoas.

► **Aplicação pelo STJ:**

**STJ:** Tratando-se o **furto qualificado**, pelo rompimento de obstáculo, de delito que **deixa vestígio, é indispensável a realização de perícia para sua comprovação**, salvo na impossibilidade de sua realização ou desaparecidos os vestígios, caso em que poderá ser suprido por outros meios de prova. AgRg no HC 237.520/2013 – RS.

**9.2. Furto qualificado – art. 155, §4º-A do Código Penal:** novidade, entrou em vigor em 2018 com a Lei 13.654/18, trazendo uma nova qualificadora para o crime de furto. A novidade busca punir com mais rigor principalmente os furtos praticados em caixas eletrônicos, utilizando-se de explosivo ou de artefato análogo para a realização do furto.

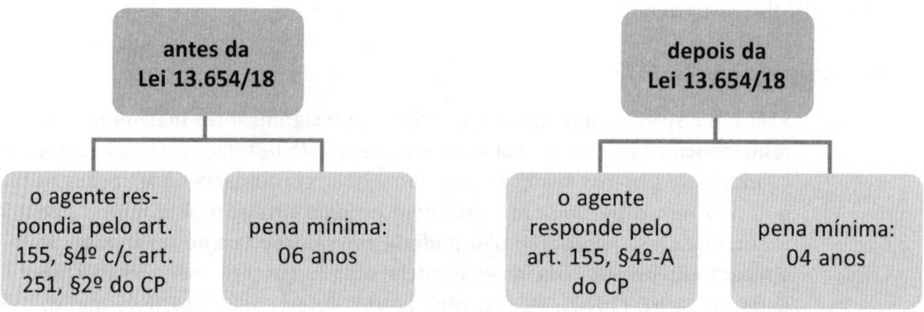


Como possível observar, a nova lei trouxe benefício ao agente, gerando inclusive a possibilidade dos que haviam sido condenados nos termos do art. 155, §4º c/c art. 251, §2º do CP pedirem redução da pena imposta pelo disposto no art. 2º, parágrafo único do Código Penal.

► **Aplicação pelo STF:**

**STF:** *É* legítima a incidência da **causa de aumento de pena por crime cometido durante o repouso noturno** (CP/1940, art. 155, § 1º) no caso de furto praticado na **forma qualificada** (CP/1940, art. 155, § 4º). *(...)2ª Turma. HC 130952/MG, Rel. Min. Dias Toffoli, julgado em 13/12/2016; (Info 851).*

**9.3. Furto qualificado – art. 155, §5º do Código Penal:** subtração de veículo automotor que venha a ser transportado para outro Estado ou para o exterior. Como se pode observar na redação do §5º trata-se de resultado causado após o furto, ou seja, o agente furta o veículo e o encaminha para outro Estado ou para fora do país.

► **ATENÇÃO:** se ocorrer simultaneidade das qualificadoras do §4º e do §5º, será utilizada para qualificar a do § 5º e as demais como circunstâncias judiciais desfavoráveis.

**9.4. Furto qualificado – art. 155, §6º do CP – furto de semovente domesticável:** semovente é aquilo que possui movimento próprio. O dispositivo na realidade protege os animais domesticáveis (cachorro, gato, porco, boi, galinha, etc.). Não se enquadram aqui animais selvagens.

**9.5. Furto qualificado – art. 155, §7º – subtração de substância explosiva:** também entrou em vigor pela lei 13.654/18. Assim, pune-se o agente que furtar substância explosiva ou acessório que, conjunta ou isoladamente possibilite a sua fabricação, montagem ou emprego.

▶ **Súmulas relevantes:**

**Súmula 511 STJ:** É possível o reconhecimento do privilégio previsto no § 2º do art. 155 do CP nos casos de crime de furto qualificado, se estiverem presentes a primariedade do agente, o pequeno valor da coisa e a qualificadora for de ordem objetiva.

**Súmula 567 STJ:** Sistema de vigilância realizado por monitoramento eletrônico ou por existência de segurança no interior de estabelecimento comercial, por si só, não torna impossível a configuração do crime de furto.

**Súmula 442 STJ:** É inadmissível aplicar, no furto qualificado, pelo concurso de agentes, a majorante do roubo.

**Furto de coisa comum**

**Art. 156** - Subtrair o condômino, co-herdeiro ou sócio, para si ou para outrem, a quem legitimamente a detém, a coisa comum:

Pena - detenção, de seis meses a dois anos, ou multa.

§ 1º - Somente se procede mediante representação.

§ 2º - Não é punível a subtração de coisa comum fungível, cujo valor não excede a quota a que tem direito o agente.

## 1. Furto de coisa comum

- Bem jurídico: *a posse legítima ou propriedade.*
- Núcleo do tipo: *subtrair – retirar*
- Sujeito ativo: *condômino, coerdeiro ou sócio (crime próprio)*
- Sujeito passivo: *quem detém legitimidade da coisa – sócio, coerdeiro, condômino ou terceiro.*
- Elemento subjetivo: *dolo*
- Consumação: *consuma-se quando o agente subtrai a coisa comum – inversão da posse*
- Tentativa: *admite-se a tentativa*
- Ação Penal: *art. 156, §1º determina que a ação penal é pública condicionada à representação.*
- Lei 9.099/95: *crime de menor potencial ofensivo, aplicação da Lei 9.099/95*

## ▶ CLASSIFICAÇÃO:

Crime PRÓPRIO → DE FORMA LIVRE → MATERIAL → DOLOSO → INSTANTÂNEO → DE DANO → PLURISSUBSISTENTE → UNISSUBJETIVO

## CAPÍTULO II
## DO ROUBO E DA EXTORSÃO

**Roubo**

**Art. 157 – Subtrair coisa móvel alheia**, para si ou para outrem, **mediante grave ameaça ou violência a pessoa**, ou depois de havê-la, por qualquer meio, reduzido à impossibilidade de resistência:

Pena – reclusão, de quatro a dez anos, e multa.

§ 1º – Na mesma pena incorre quem, **logo depois de subtraída a coisa, emprega violência contra pessoa ou grave ameaça, a fim de assegurar a impunidade do crime ou a detenção da coisa para si ou para terceiro.**

§ 2º A **pena aumenta-se** de 1/3 (um terço) até metade: (Redação dada pela Lei nº 13.654, de 2018)

I – (revogado); (Redação dada pela Lei nº 13.654, de 2018)

II – se há o concurso de duas ou mais pessoas;

III – se a vítima está em serviço de transporte de valores e o agente conhece tal circunstância.

IV – se a subtração for de veículo automotor que venha a ser transportado para outro Estado ou para o exterior; (Incluído pela Lei nº 9.426, de 1996)

V – se o agente mantém a vítima em seu poder, restringindo sua liberdade. (Incluído pela Lei nº 9.426, de 1996)

VI – se a subtração for de substâncias explosivas ou de acessórios que, conjunta ou isoladamente, possibilitem sua fabricação, montagem ou emprego. (Incluído pela Lei nº 13.654, de 2018)

VII – se a violência ou grave ameaça é exercida com emprego de arma branca; (Incluído pela Lei nº 13.964/19)

§ 2º-A – A **pena aumenta-se** de 2/3 (dois terços): (Incluído pela Lei nº 13.654, de 2018)

I – se a violência ou ameaça é exercida com emprego de arma de fogo; (Incluído pela Lei nº 13.654, de 2018)

II – se há destruição ou rompimento de obstáculo mediante o emprego de explosivo ou de artefato análogo que cause perigo comum. (Incluído pela Lei nº 13.654, de 2018)

§ 2º-B. Se a violência ou grave ameaça é exercida com emprego de arma de fogo de uso restrito ou proibido, aplica-se em dobro a pena prevista no caput deste artigo. (Incluído pela Lei nº 13.964, de 2019)

§ 3º **Se da violência resulta**: (Redação dada pela Lei nº 13.654, de 2018)

I – lesão corporal grave, a pena é de reclusão de 7 (sete) a 18 (dezoito) anos, e multa; (Incluído pela Lei nº 13.654, de 2018)

II – morte, a pena é de reclusão de 20 (vinte) a 30 (trinta) anos, e multa. (Incluído pela Lei nº 13.654, de 2018)

## 1. Roubo

- Bem jurídico: *a posse, propriedade e integridade física e liberdade individual (crime complexo)*
- Núcleo do tipo: *subtrair*
- Elemento normativo: *coisa alheia móvel*
- Sujeito ativo: *condômino, coerdeiro ou sócio (crime próprio).*
- Sujeito passivo: *quem detém a coisa – proprietário, possuidor, detentor.*
- Elemento subjetivo: *dolo*
- Consumação: *no momento em que o agente obtém a posse do bem, mediante violência ou grave ameaça, ainda que não seja mansa e pacífica e/ou ou haja perseguição policial, sendo prescindível que o objeto subtraído saia da esfera de vigilância da vítima.*
- Tentativa: *admite-se a tentativa*
- Ação Penal: *pública incondicionada*
- Lei 9.099/95: *não se trata de crime de menor potencial ofensivo, portanto não haverá aplicação da Lei 9.099/95.*

► **CLASSIFICAÇÃO:**

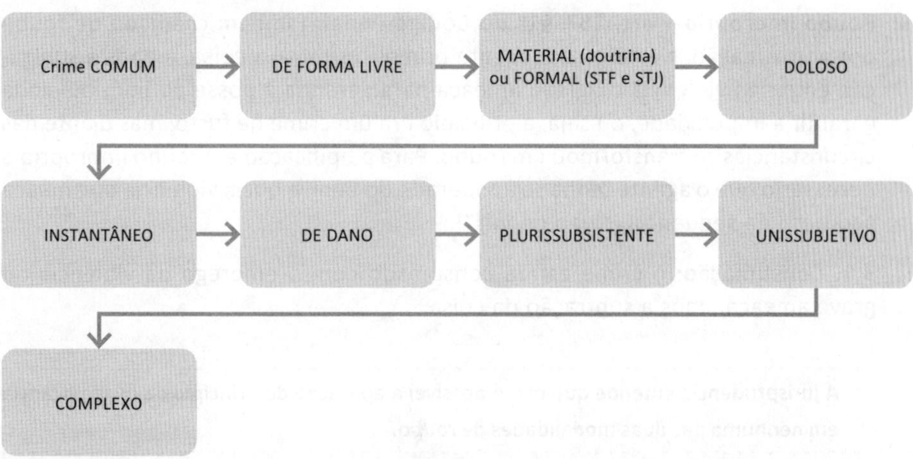

2. **Roubo próprio – art. 157, caput do Código Penal:** crime complexo, visto que nasce da junção de dois ou mais delitos. No roubo próprio o agente emprega de violência ou grave ameaça (violência própria) ou coloca a vítima em uma situação de impossibilidade de oferecer resistência, para então, poder realizar a subtração (violência imprópria).

**2.1. Formas de execução: caracteriza-se o roubo com a utilização de:**

a) **Grave ameaça:** a grave ameaça é uma violência moral, é a promessa de um mal grave, iminente e verossímil. A ameaça deve surtir um potencial intimidatório. Não é preciso anunciar verbalmente o mal a ser feito, uma arma visível já configura a ameaça.

b) **Violência à pessoa:** o agente emprega violência física contra a vítima, por meio de lesão corporal ou vias de fato.

c) **"por qualquer meio"**: deve ser interpretada como qualquer outro meio empregado, violência imprópria, como a utilização de drogas e soníferos, por exemplo.

► **Aplicação pelo STJ:**

> **STJ: Ajusta-se à figura típica prevista no art. 345 do CP (exercício arbitrário das próprias razões) – e não à prevista no art. 157 do CP (roubo) – a conduta da prostituta que, ante a falta do pagamento ajustado com o cliente pelo serviço sexual prestado**, considerando estar exercendo pretensão legítima, **arrancou um cordão com pingente folheado a ouro do pescoço dele como forma de pagamento pelo serviço sexua**l praticado mediante livre disposição de vontade dos participantes e desprovido de violência não consentida ou grave ameaça. STJ. 6ª Turma. HC 211.888-TO, Rel. Min. Rogerio Schietti Cruz, julgado em 17/5/2016 (Info 584)

**2.2. Consumação:** estará consumado o crime com a subtração da coisa.

3. **Roubo impróprio – art. 157, §1º do Código Penal:** também chamado de roubo por aproximação. Neste caso o agente primeiro subtrai a coisa, e após a subtração emprega violência ou grave ameaça para garantia a posse do bem ou ainda garantir a impunidade, ou seja, a princípio era um crime de furto, mas diante das circunstâncias se transformou em roubo. Para a tipificação em roubo impróprio é necessário que o agente tenha se apoderado do bem, e que a violência ou ameaça aconteça na sequência ("logo depois").

**3.1. Consumação:** o crime estará consumado com o emprego da violência ou grave ameaça, após a subtração da coisa.

---

► **A jurisprudência entende que não é possível a aplicação do princípio da insignificância em nenhuma das duas modalidades de roubo.**

---

4. **Majorantes da pena – as majorantes da pena sofreram recente alteração com o advento da Lei 13.654/18.**

**4.1. Art. 157, §2º do Código Penal:** as causas de aumento de pena serão aplicadas tanto para o roubo próprio quanto ao roubo impróprio (art. 157, caput e §1º do CP). São 05 causas arroladas no §2º e ensejam no aumento de 1/3 (um terço) até ½ (metade). A doutrina utiliza-se da expressão roubo **circunstanciado ou agravado**.

- **Inciso I –** Emprego de arma: este inciso foi revogado pela Lei 13.654/18.
- **Inciso II – Concurso de duas ou mais pessoas:** existe um maior grau de intimidação o que facilita a prática do delito para os agentes.
- **Inciso III – transporte de valores:** a vítima está trabalhando no transporte de valores de outrem, não precisa ser dinheiro, mas bem de cunho econômico. Necessário que o agente saiba que a vítima está em serviço do transporte de valores.
- **Inciso IV – subtração de veículo automotor transportado para outro Estado ou para o exterior:** resultado posterior a subtração. Acarreta uma dificuldade muito maior para reaver o bem.
- **Inciso V – restrição de liberdade da vítima:** a vítima acaba com a sua liberdade de locomoção atingida por período juridicamente relevante.
- **Inciso VI – se a subtração for de substâncias explosivas ou de acessórios que, conjunta ou isoladamente, possibilitem sua fabricação, montagem ou emprego:** foi incluída com a Lei 13. 654/18, no mesmo sentido que foi colocado no crime de furto, possui ligação com aquilo que é objeto da subtração.
- **Inciso VII – se a violência ou grave ameaça é exercida com emprego de arma branca:** o pacote anticrime acrescentou essa hipótese de roubo circunstanciado. Cuidado que se for arma de fogo, o aumento será maior (art. 157, §2º-A do CP).

**4.2. Art. 157, §2º-A do Código Penal:** este dispositivo foi inserido no Código Penal pela lei aumenta a pena em 2/3 (dois terços) nas seguintes situações:

- **Inciso I – violência ou ameaça é exercida com emprego de arma de fogo:** o emprego da arma estava descrito no revogado §2º, inciso I. Ocorre que, a antiga redação utilizava a expressão "arma" o que possibilitava a aplicação da majorante para qualquer tipo de arma (arma de fogo, arma branca, qualquer outro artefato capaz de causar dano a integridade física) Como a nova redação em vigor, coloca de forma expressa que será a **arma de fogo, não poderemos mais utilizar o referido aumento, passando a ser somente roubo simples do art. 157, *caput* do CP.**
- **Inciso II – se há destruição ou rompimento de obstáculo mediante o emprego de explosivo ou de artefato análogo que cause perigo comum:**

devem estar presentes dois requisitos: (i) o roubo resultar em destruição ou rompimento de obstáculo; (ii) essa destruição ou rompimento foi causado pelo fato de o agente ter utilizado explosivo ou artefato análogo que cause perigo comum.

**4.3. Art. 157, §2º-B do Código Penal**: inserido com o Pacote Anticrime, neste caso se a violência ou grave ameaça for exercida com emprego de arma de fogo de uso restrito ou proibido, a pena prevista no caput será aplicada em dobro.

5. **Roubo qualificado pelo resultado – art. 157, §3º do CP**: também se trata de novidade trazida pela Lei nº 13.654/18 que altera as penas bases quando ocorrer lesão corporal grave ou no caso de resultado morte.

| | |
|---|---|
| lesão corporal grave | pena de reclusão de 7 a 18 anos e multa |
| morte LATROCÍNIO | pena de reclusão de 20 a 30 anos e multa |

- **Latrocínio:** importante lembrar o latrocínio consiste no roubo qualificado pela morte, podendo esse resultado mais grave ocorrer na forma dolosa ou culposa (preterdolo). Algumas situações podem se configurar. Vejamos:

| SUBTRAÇÃO | MORTE | RESULTADO – LATROCÍNIO |
|---|---|---|
| CONSUMADA | CONSUMADA | CONSUMADO |
| CONSUMADA | TENTADA | TENTADO |
| TENTADA | CONSUMADA | CONSUMADOS |
| TENTADA | TENTADA | TENTADO |

**Aplicação em concurso:**

- ***Ano: 2014 Banca: FUNDEP Órgão: DPE/MG Prova: Defensor Público***

Analise o caso a seguir.

Após terem subtraído significativa quantia de dinheiro de um estabelecimento comercial, mediante grave ameaça, objetivando a detenção da res *furtiva* e a impunidade do crime, os agentes efetuaram disparos de arma de fogo contra policiais militares que os aguardavam na porta do estabelecimento. Embora não tenham conseguido fugir da ação policial e nem atingir nenhum dos milicianos, os agentes atuaram com evidente *animus necandi* em relação aos policiais militares. Conforme o atual entendimento do Superior Tribunal de Justiça, nesse caso, ocorreu:

A) roubo consumado em concurso material com homicídio tentado.

B) roubo tentado em concurso material com resistência.

C) latrocínio consumado.

D) latrocínio tentado.

*Gabarito: d*

*Restará configurado o latrocínio tentado, haja vista não terem conseguido o resultado morte dos policiais militares.*

6. **Crime hediondo:** com o advento da Lei 13.964/19 (pacote anticrime), foi incluído no rol dos crimes hediondos, o roubo circunstanciado pela restrição de liberdade da vítima (art. 157, § 2º, inciso V) e circunstanciado pelo emprego de arma de fogo (art. 157, § 2º-A, inciso I) ou pelo emprego de arma de fogo de uso proibido ou restrito (art. 157, § 2º-B). Também é crime hediondo o roubo qualificado pelo resultado de lesão corporal grave ou pela morte (art. 157, §3º).

► **Súmulas relevantes:**

**Súmula 442 STJ:** É inadmissível aplicar, no furto qualificado, pelo concurso de agentes, a majorante do roubo.

**Súmula 443 STJ:** O aumento na terceira fase de aplicação da pena no crime de roubo circunstanciado exige fundamentação concreta, não sendo suficiente para a sua exasperação a mera indicação do número de majorantes.

**Súmula 582 STJ:** Consuma-se o crime de roubo com a inversão da posse do bem mediante emprego de violência ou grave ameaça, ainda que por breve tempo e em seguida à perseguição imediata ao agente e recuperação da coisa roubada, sendo prescindível a posse mansa e pacífica ou desvigiada.

**Súmula 610 STF:** Há crime de latrocínio quando o homicídio se consuma ainda que não realize o agente a subtração de bens da vítima.

**Súmula 603 STF:** A competência para o processo e julgamento de latrocínio é do juiz singular e não do Tribunal do Júri.

**Extorsão**

**Art. 158 – Constranger alguém**, mediante **violência ou grave ameaça**, e com o **intuito de obter para si ou para outrem indevida vantagem econômica**, a fazer, tolerar que se faça ou deixar de fazer alguma coisa:

Pena – reclusão, de quatro a dez anos, e multa.

§ 1º – Se o crime é cometido por **duas ou mais pessoas, ou com emprego de arma**, aumenta-se a pena de um terço até metade.

§ 2º – Aplica-se à **extorsão praticada mediante violência** o disposto no § 3º do artigo anterior. Vide Lei nº 8.072, de 25.7.90

§ 3º Se o crime é cometido mediante a restrição da liberdade da vítima, e essa condição é necessária para a obtenção da vantagem econômica, a pena é de reclusão, de 6 (seis) a 12 (doze) anos, além da multa; se resulta lesão corporal grave ou morte, aplicam-se as penas previstas no art. 159, §§ 2º e 3º, respectivamente. (Incluído pela Lei nº 11.923, de 2009)

## 1. Extorsão

- Bem jurídico: *o patrimônio, e secundariamente a integridade física e inviolabilidade pessoal da vítima (crime complexo)*
- Núcleo do tipo: *constranger (coagir, forçar, obrigar)*
- Elemento normativo: *"indevida" – vantagem contrária ao direito*
- Sujeito ativo: *crime comum – qualquer um pode praticar*
- Sujeito passivo: *qualquer pessoa poderá ser vítima*
- Elemento subjetivo: *dolo*
- Consumação: *divergência: (i) crime formal- basta o agente empregar os meios para constranger a vítima com a violência ou grave ameaça, para que a vítima faça, tolere que se faça ou deixe de fazer alguma coisa – posicionamento majoritário; (ii) crime material – não basta o emprego da violência ou grave ameaça, necessário a obtenção da vantagem indevida.*

Em relação ao tema, a Súmula 96 do STJ posiciona – se no sentido de que o crime de extorsão consuma-se independentemente da obtenção da vantagem indevida.

- Tentativa: *admite-se a tentativa*
- Ação Penal: *pública incondicionada*
- Lei 9.099/95: *não se trata de crime de menor potencial ofensivo, portanto não haverá aplicação da Lei 9.099/95*

**Aplicação em concurso:**

- ***Ano: 2015 Banca: Órgão: TJ/ MS Prova: Juiz Substituto***

  A respeito dos crimes contra o patrimônio, assinale a alternativa correta.

  D) O crime de extorsão consuma-se independentemente da obtenção da vantagem indevida.

  *Gabarito: d*

  *Trata-se de questão que exigiu tão somente o conhecimento acerca da Súmula 96 do STJ.*

### ▶ CLASSIFICAÇÃO:

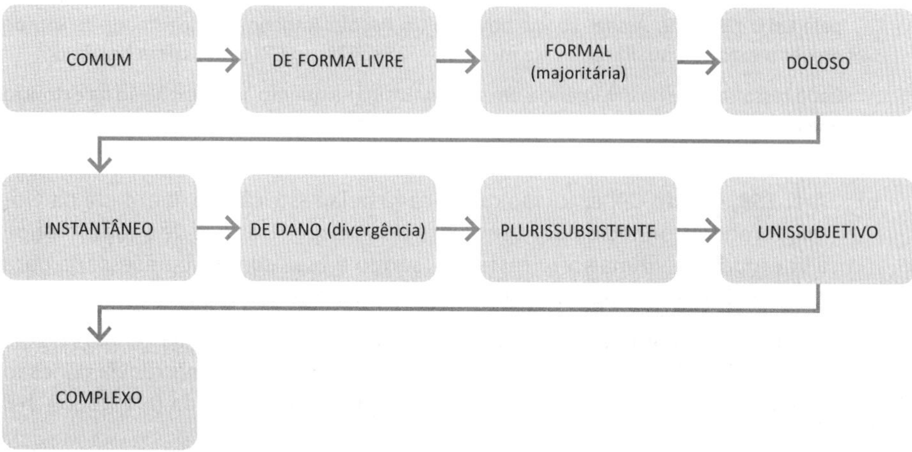


2. **Conduta**: O crime de extorsão consiste em coagir a vítima a fazer, não fazer ou tolerar que se faça algo com emprego de violência ou grave ameaça. O agente possui uma finalidade especial de obter vantagem econômica.

### ▶ Aplicação pelo STJ:

**STJ:** A conduta de agente que submete vítima à grave ameaça espiritual que se revelou idônea a atemorizá-la e compeli-la a realizar o pagamento de vantagem econômica indevida configura extorsão mediante mal espiritual. STJ. 6ª Turma. REsp 1.299.021-SP, Rel. Min. Rogerio Schietti Cruz, julgado em 14/2/2017 (Info 598).

**STJ:** Pode configurar o crime de extorsão a exigência de pagamento em troca da devolução do veículo furtado, sob a ameaça de destruição do bem. REsp 1.207.155-RS, Rei. Min. Sebastião Reis Júnior, julgado em 7/11/2013. (Info 531)

**2.1. Causa de aumento de pena – art. 158, §1º do CP:** Apesar de ser comumente chamada de qualificadora, trata-se, na verdade, de causa de aumento de pena. A pena será aumentada de 1/3 (um terço) até metade nas seguintes situações:

a) **Cometimento do crime por duas ou mais pessoas**

b) **Emprego de arma:** a alteração legislativa atingiu somente o crime de roubo, na extorsão pouco importa se a arma é de fogo ou outro tipo de arma que será extorsão majorada.

**2.2. Forma simples:** descrita no art. 158, caput do CP, possui a pena de 04 a 10 anos e multa.

**2.3. Forma qualificada**: a extorsão qualificada está no art. 158, §2º e §3º do CP.

a) **Art. 158, §2º do CP:** indica a aplicação do §3º do artigo anterior, no caso o roubo. Será a extorsão qualificada pela lesão grave ou morte, quando ocorrer esses resultados em razão da violência empregada para a prática da extorsão.

▶ **ATENÇÃO:** A extorsão qualificada pela morte, consumada ou tentada, deixou de ser considerado crime hediondo em razão da revogação do art. 1º, III, da Lei 8.072/90 realizada pela Lei 13.964/19. Assim, com o advento do Pacote Anticrime, o legislador deixou de prever a extorsão qualificada pela morte (art. 158, §2º, do CP) como crime hediondo.

Cabe ressaltar que há divergência em sede doutrinária quanto à real exclusão da extorsão qualificada pela morto do rol dos crimes hediondos.

b) **Art. 158, §3º do CP:** extorsão qualificada pela restrição de liberdade da vítima, também conhecida por sequestro relâmpago. Trata-se de situação onde a liberdade da vítima sofre restrição, sendo e essa condição necessária para a obtenção da vantagem econômica pelo agente.

3. **Rol dos crimes hediondos**: com a redação do inciso III do art. 1º da Lei 8.072/90 a extorsão qualificada pela restrição da liberdade da vítima, e a ocorrência de lesão corporal ou morte passou a ser considerada como crime hediondo (art. 158, § 3º).

▶ **Aplicação pelo STJ:**

**STJ:** Na **extorsão qualificada pela restrição da liberdade da vítima**, sendo essa condição necessária para a obtenção da vantagem econômica (art. 158, § 3º, do CP**), é possível a incidência da causa de aumento prevista no § 1º do art. 158 do CP** (crime cometido por duas ou mais pessoas ou com emprego de arma: STJ. 5ª Turma. REsp 1.353.693-RS, Rel. Min. Reynaldo Soares da Fonseca, julgado em 13/9/2016 (Info 590).

▶ **Súmulas relevantes:**

**Súmula 96 STJ:** O crime de extorsão consuma-se independentemente da obtenção da vantagem indevida.

**Extorsão mediante sequestro**

**Art. 159** – Sequestrar pessoa com o fim de obter, para si ou para outrem, qualquer vantagem, como condição ou preço do resgate: Vide Lei nº 8.072, de 25.7.90 (Vide Lei nº 10.446, de 2002)

Pena – reclusão, de oito a quinze anos. (Redação dada pela Lei nº 8.072, de 25.7.1990)

§ 1º Se o sequestro dura mais de 24 (vinte e quatro) horas, se o sequestrado é menor de 18 (dezoito) ou maior de 60 (sessenta) anos, ou se o crime é cometido por bando ou quadrilha. Vide Lei nº 8.072, de 25.7.90 (Redação dada pela Lei nº 10.741, de 2003)

Pena – reclusão, de doze a vinte anos. (Redação dada pela Lei nº 8.072, de 25.7.1990)

§ 2º – Se do fato resulta lesão corporal de natureza grave:

Pena – reclusão, de dezesseis a vinte e quatro anos.

§ 3º – Se resulta a morte:

Pena – reclusão, de vinte e quatro a trinta anos.

§ 4º – Se o crime é cometido em concurso, o concorrente que o denunciar à autoridade, facilitando a libertação do sequestrado, terá sua pena reduzida de um a dois terços. (Redação dada pela Lei nº 9.269, de 1996)

## 1. Extorsão mediante sequestro

- Bem jurídico: *o patrimônio, liberdade de locomoção e integridade física*
- Núcleo do tipo: *sequestrar (privar a vítima da liberdade de locomoção)*
- Elemento normativo: *"indevida" – vantagem contrária ao direito*
- Sujeito ativo: *qualquer um pode praticar (crime comum).*
- Sujeito passivo: *qualquer pessoa poderá ser vítima, mas neste crime a vítima é a pessoa sequestrada e também a pessoa que sofre lesão patrimonial.*
- Elemento subjetivo: *dolo – com finalidade de obter para si ou para outrem, qualquer vantagem, como condição ou preço do resgate.*
- Consumação: *é crime formal, e se consuma com o sequestro independente de o agente conseguir obter a vantagem econômica, se ficar demonstrado a intenção da obtenção o crime já se consumou.*
- Tentativa: *admite-se a tentativa*
- Ação Penal: *pública incondicionada*
- Lei 9.099/95: *não se trata de crime de menor potencial ofensivo, portanto não haverá aplicação da Lei 9.099/95*
- Crime hediondo: *é crime hediondo em todas as suas espécies*

► **CLASSIFICAÇÃO:**

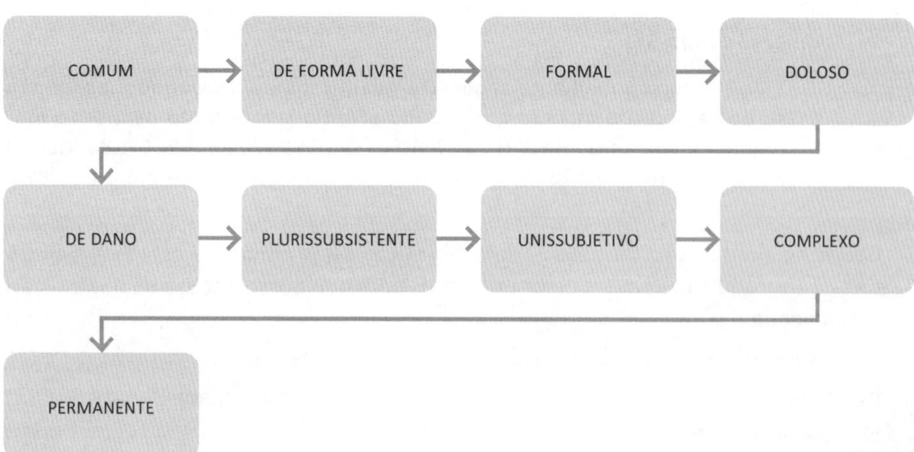

2. **Conduta:** o núcleo do tipo é "sequestrar", que se perfaz na retirada da liberdade de locomoção da vítima por um espaço de tempo. A intenção do agente é obter uma vantagem para si ou para outrem advinda de condição ou valor exigido para resgate. A vantagem pode ser qualquer uma, desde que de valor econômico, pois trata-se de crime patrimonial.

**2.1. Vantagem:** o crime em comento não indica se a vantagem precisa ser indevida, portanto, poderá a vantagem ser devida, mas no caso o agente responderá pelo crime do art. 345 do CP (exercício arbitrário das próprias razões) em concurso formal com o sequestro (art. 148 do CP).

**2.2. Consumação:** para consumação é preciso que a vítima esteja com a sua liberdade retirada e que fique caracterizada a intenção da obtenção da vantagem econômica. Via de regra, se demonstra a intenção com o início das negociações com familiares e amigos, por telefone, mensagens escritas, por exemplo.

**2.3. Crime permanente:** trata-se de crime permanente, ou seja, a sua consumação se propaga durante todo o tempo que a vítima estiver sem a sua liberdade devolvida, cabendo, inclusive a prisão em flagrante.

3. **Forma qualificada – art. 159, §§1º, 2º e 3º do CP:**

**3.1. art. 159, §1º do CP:**

a) Sequestro por mais de 24 horas

b) Sequestro de menor de 18 ou maior de 60 anos

c) Sequestro praticado por associação criminosa

**3.2. art. 159, §2º do CP:** neste caso a qualificadora é determinada pelo resultado, quando ocorrer lesão corporal grave. Não importa se a lesão foi dolosa ou culposa. A pena será de 16 a 24 anos.

**3.2. Art. 159, §3º do CP:** novamente a qualificadora é determinada pelo resultado, no caso a morte. A pena neste caso é a mais grave do Código Penal, estabelecida de 24 a 30 anos.

► **Aplicação pelo STJ:**

> **STJ: A extorsão mediante sequestro qualificada pelo resultado morte não se descaracteriza quando a morte do próprio sequestrado ocorre no momento de sua apreensão.** HC 87.764-SC, DJe 25/5/2009, e RHC 1.846GO, DJ 20/4/1992. HC 113.978-SP, Rei. Min. Og Fernandes, julgado em 16/9/2010. (Informativo 447)

4. **Causa de diminuição da pena – delação eficaz ou premiada – art. 159, §4º do CP:** alguns requisitos devem estar presentes para que possa a causa de diminuição ser aplicada.

a) Crime deve ter sido cometido em concurso de pessoas

b) Um dos concorrentes do crime deve denunciar à autoridade

c) Facilitar a liberação do sequestrado

**Aplicação em concurso:**

- ***Ano: 2017 Banca: Órgão: PC/MS / 2017 Prova: Delegado de Polícia***

  O crime de extorsão mediante sequestro, previsto no artigo 159 do Código Penal, é um crime complexo que conjugando bens jurídicos como liberdade e patrimônio igualmente possui a preocupação com a ofensa, a incolumidade pessoal e a própria vida da vítima nas suas formas qualificadas. Diante da hediondez do crime, visando a garantir a liberdade e salvar a vida da vítima, o § 4° do artigo 159 prevê a possibilidade de delação premiada. Nesse sentido, assinale a alternativa correta.

  E) A informação dada em delação deve levar à facilitação da liberdade da vítima sendo desnecessária prisão dos demais envolvidos.

  *Gabarito: e*

  *Trata-se da diminuição de pena prevista no art. 159, §4º do CP, requisitos nos comentários do item 4.*

**Extorsão indireta**

**Art. 160** – Exigir ou receber, **como garantia de dívida, abusando da situação de alguém, documento** que pode dar causa a procedimento criminal contra a vítima ou contra terceiro:

Pena – reclusão, de um a três anos, e multa.

## 1. Extorsão indireta

- Bem jurídico: *o patrimônio, liberdade individual*
- Núcleo do tipo: *exigir ou receber (ação múltipla)*
- Sujeito ativo: *qualquer um pode praticar (crime comum)*
- Sujeito passivo: *qualquer pessoa poderá ser vítima*
- Elemento subjetivo: *dolo – com o especial fim de agir, consistente na intenção de obtenção de documento como garantia de dívida, com abuso da situação da vítima (dolo de aproveitamento)*
- Consumação: *com a exigência ou recebimento do documento*
- Tentativa: *admite-se a tentativa – na forma exigir se for por escrito e não chegar até o sujeito passivo, e na forma receber é amplamente possível*
- Ação Penal: *pública incondicionada*
- Lei 9.099/95: *não se trata de crime de menor potencial ofensivo, no entanto, poderá ocorrer a suspensão condicional do processo conforme art. 89 da lei.*

► **CLASSIFICAÇÃO:**

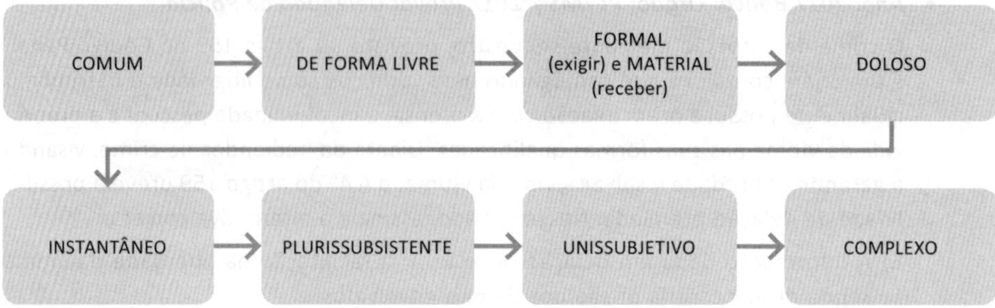


2. **Conduta:** a conduta pode ser feita de duas formas, a primeira delas pela exigência de documento como garantia de uma dívida, documento que poderá ensejar na abertura de processo criminal contra o sujeito passivo desse crime ou contra terceiro. A outra forma é no núcleo "receber" que é aquele que aceita o documento oferecido por iniciativa da vítima para garantia da dívida, documento este que poderá a incriminar. Tanto a exigência quanto o recebimento devem ocorrer em abuso pela situação da vítima em necessitar o crédito.

**2.1. Crime material X crime formal:** em cada modo de execução este crime possui uma característica. Na modalidade exigir o crime é formal, ou seja, se consuma no ato da exigência do documento como garantia, por outro lado, na modalidade receber, o crime estará consumado com o efetivo recebimento do documento pelo agente.

► **ATENÇÃO:** o documento entregue como garantia da dívida, seja documento público ou particular, deve ser apto a instauração de procedimento criminal, caso contrário não resta configurada a conduta.

## CAPÍTULO III
## DA USURPAÇÃO

► O nome do capítulo utiliza a palavra "usurpação" que significa apossar-se violentamente, tomar à força, adquirir com fraude, entre outras. Via de regra se busca a tutela de bens imóveis, com exceção ao art. 162 do CP que terá como objeto também o gado ou rebanho.

**Alteração de limites**

**Art. 161 – Suprimir ou deslocar tapume, marco, ou qualquer outro sinal indicativo de linha divisória**, para apropriar-se, no todo ou em parte, de coisa imóvel alheia:

Pena – detenção, de um a seis meses, e multa.

§ 1º – **Na mesma pena incorre quem**:

**Usurpação de águas**

I – **desvia ou represa**, em proveito próprio ou de outrem, águas alheias;

**Esbulho possessório**

II – **invade,** com **violência a pessoa ou grave ameaça**, ou mediante **concurso de mais de duas pessoas**, terreno ou edifício alheio, para o fim de esbulho possessório.

§ 2º – Se o agente usa de violência, incorre também na pena a esta cominada.

§ 3º – Se a propriedade é particular, e não há emprego de violência, somente se procede mediante queixa.

---

► **ATENÇÃO: o crime em comento na verdade abrange 3 crimes: (i) alteração de limites – no *caput*; (ii) usurpação de águas – (§1º, I), e (iii) esbulho possessório (§1º, II).**

---

## ► CLASSIFICAÇÃO:

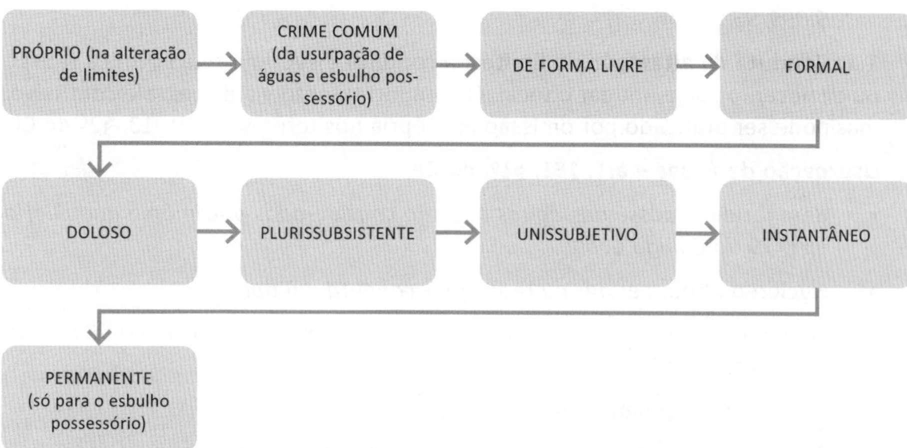


## 1. Alteração de limites – art. 161, *caput* do CP

- Bem jurídico*: o patrimônio, os bens imóveis;*
- Núcleo do tipo: *suprimir ou deslocar – conduta múltipla*
- Elemento normativo: *coisa alheia*
- Sujeito ativo: *Há divergência doutrinária. Via de regra entendem tratar-se de crime próprio em que somente o proprietário do imóvel limítrofe com o alterado pode praticar esse crime. Outros entendem ser possível sua prática também pelo possuidor.*
- Sujeito passivo: *o proprietário ou possuídos do imóvel*

- Elemento subjetivo: *dolo – finalidade especial: intenção de apropriar-se no todo ou em parte ocupando ou invadindo.*
- Consumação: *crime formal – não é exigido a efetiva apropriação*
- Tentativa: *admite-se a tentativa*
- Ação Penal: *em regra privada, mas se deve atenção ao art. 161, §3º determina:*

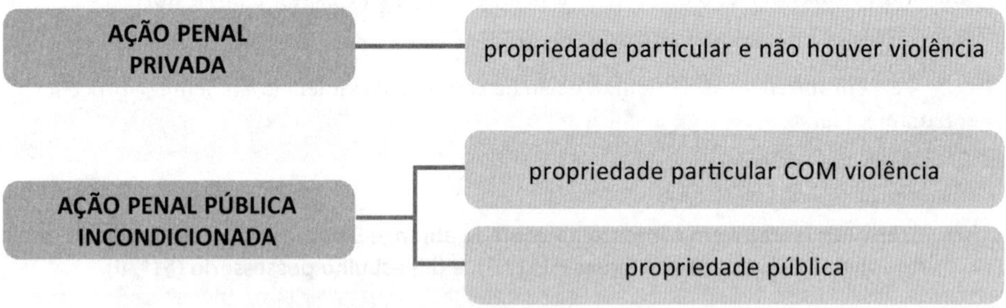


- Lei 9.099/95: *infração de menor potencial ofensivo, aplica-se portando a Lei 9.099/95.*

**1.1. Conduta da alteração de limites**: a conduta é suprimir que significa retirar, ou deslocar, ou seja, mudar o local. O comportamento via de regra é comissivo, mas pode ser praticado por omissão imprópria nos termos do art. 13, §2º do CP.

**2. Usurpação de águas – art. 161, §1º, do CP**

- Bem jurídico: *posse das águas que são consideradas patrimônio imobiliário (art. 79 do Código Civil);*
- Núcleo do tipo: *desviar ou represar – conduta múltipla*
- Elemento normativo: *"alheias" – as águas devem ser de outrem (públicas ou particulares)*
- Sujeito ativo: *qualquer pessoa – crime comum.*
- Sujeito passivo: *o proprietário ou possuidor do imóvel que as águas foram usurpadas*
- Elemento subjetivo: *dolo – finalidade de desviar ou represar águas alheias em proveito próprio ou alheio*
- Consumação: *crime formal – quando ocorre o desvio ou represamento da água alheia*
- Tentativa: *admite-se a tentativa*
- Ação Penal: *em regra privada, mas se deve atenção ao art. 161, §3º determina que será aplicado da mesma forma que no art. 161, caput do CP:*

| | |
|---|---|
| **AÇÃO PENAL PRIVADA** | propriedade particular e não houver violência |
| **AÇÃO PENAL PÚBLICA INCONDICIONADA** | propriedade particular COM violência |
| | propriedade pública |

- Lei 9.099/95*: infração de menor potencial ofensivo, aplica-se portando a Lei 9.099/95.*

**2.1. Objeto material:** o crime tutela o gozo das águas pelo seu titular de direito. O art. 79 do Código Civil dispõe que "São bens imóveis o solo e tudo quanto se lhe incorporar natural ou artificialmente". Dessa forma, as águas que estiverem no limite do imóvel, pertencem ao proprietário.

**2.2.** A águas podem ser:

| | |
|---|---|
| **públicas** | privadas |
| **correntes** | estagnadas |
| **perenes** | temporárias |
| **nascentes** | pluviais |
| **subterrâneas** | |

## 3. Esbulho possessório – art. 161, §1º, II do CP

- Bem jurídico*: inviolabilidade patrimonial – posse do bem imóvel, além da integridade física e liberdade da vítima*
- Núcleo do tipo: *invadir – a invasão deve ser com violência ou grave ameaça ou em concurso de agentes*
- Sujeito ativo: *qualquer pessoa – (crime comum).*
- Sujeito passivo: *aquele que tem a posse legítima do imóvel invadido*
- Elemento subjetivo: *dolo*
- Consumação: *consuma-se com a invasão violenta ou em concurso de pessoas*
- Tentativa: *admite-se a tentativa*

- Ação Penal: *em regra privada, mas se deve atenção ao art. 161, §3º determina que será aplicado da mesma forma que no art. 161, caput do CP:*

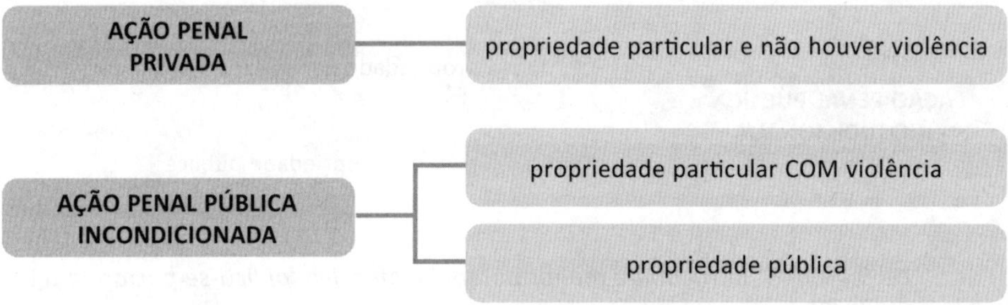


- Lei 9.099/95: *infração de menor potencial ofensivo, aplicando-se, portando, a Lei 9.099/95.*

4. **Concurso de crimes:** o art. 160, §2º determina que se o agente empregar violência, também responderá pela pena cominada à mesma. Dessa forma o legislador deixou claro que haverá concurso material de crimes. Este dispositivo será aplicado para os 3 crimes previstos no art. 160 do CP. No entanto, no esbulho possessório, a violência é elemento constitutivo do crime, sendo que, se resultar outro crime, como lesão corporal ou morte da vítima, por exemplo, ele responderá também por essas condutas.

**Supressão ou alteração de marca em animais**

**Art. 162** – Suprimir ou alterar, indevidamente, em gado ou rebanho alheio, marca ou sinal indicativo de propriedade:

Pena – detenção, de seis meses a três anos, e multa.

1. **Supressão ou alteração de marca em animais**

- Bem jurídico: *a propriedade e posse dos semoventes*
- Núcleo do tipo: *suprimir ou alterar*
- Elemento normativo: *indevidamente*
- Sujeito ativo: *qualquer pessoa pode praticar (crime comum)*
- Sujeito passivo: *o proprietário do animal*
- Elemento subjetivo: *dolo*
- Consumação: *com a efetiva supressão ou alteração da marca ou sinal*
- Tentativa: *admite-se a tentativa*
- Ação Penal: *pública incondicionada*

### ► CLASSIFICAÇÃO:

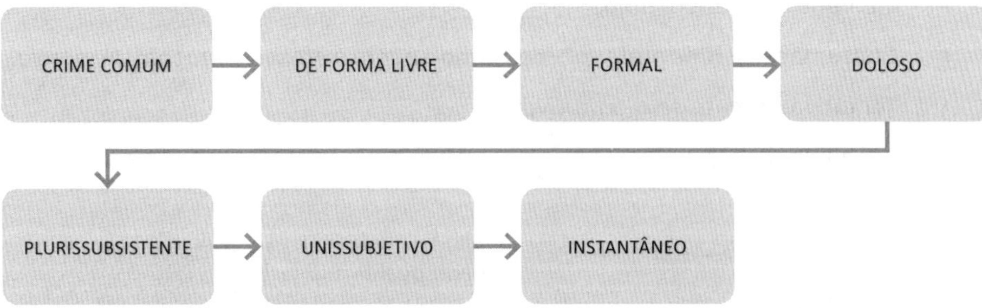


**1.1. Objeto material:** os semoventes, que no caso são o gado ou rebanho. Quando o legislador se refere a gado, engloba os animais de grande porte, tanto bovinos como equinos, e rebanho os de médio e pequeno porte, no caso os suínos, caprinos e ovinos.

## CAPÍTULO IV
## DO DANO

**Dano**

**Art. 163 - Destruir, inutilizar ou deteriorar coisa alheia**:

Pena - detenção, de um a seis meses, ou multa.

**Dano qualificado**

Parágrafo único - Se o crime é cometido:

I - com **violência à pessoa** ou **grave ameaça**;

II - com **emprego de substância inflamável ou explosiva**, se o fato não constitui crime mais grave

III - contra o **patrimônio da União, de Estado, do Distrito Federal, de Município ou de autarquia, fundação pública, empresa pública, sociedade de economia mista ou empresa concessionária de serviços públicos**; (Redação dada pela Lei nº 13.531, de 2017)

IV - por **motivo egoístico ou com prejuízo considerável para a vítima**:

Pena - detenção, de seis meses a três anos, e multa, além da pena correspondente à violência.

### 1. Dano – art. 163 do CP

- Bem jurídico: *propriedade e posse das coisas móveis e imóveis;*
- Núcleo do tipo: *destruir – inutilizar – deteriorar;*
- Elemento normativo: *"coisa alheia" – a coisa deve ser de alguém;*
- Sujeito ativo: *qualquer pessoa – crime comum;*

- Sujeito passivo: *o proprietário da coisa, e em alguns casos o possuidor;*
- Elemento subjetivo: *dolo;*
- Consumação: *crime material – consuma-se com o efetivo dano total ou parcial;*
- Tentativa: *admite-se a tentativa;*
- Ação Penal:

| | |
|---|---|
| **Ação Penal Privada** | no dano simples (art. 163, *caput*) e dano qualificado (art. 163, IV) |
| **Ação Penal Pública Incondicionada** | nas demais hipóteses do art. 163 do CP |

- Lei 9.099/95: *o dano simples é infração de menor potencial ofensivo, portanto aplica-se a lei 9.099/95, inclusive a suspensão condicional do processo. O dano qualificado não será de competência do Juizado Especial, mas poderá ser aplicado a suspensão condicional do processo nos termos do art. 89 da Lei.*

► **CLASSIFICAÇÃO:**

CRIME COMUM → DE FORMA LIVRE → MATERIAL → DOLOSO → PLURISSUBSISTENTE → UNISSUBJETIVO → INSTANTÂNEO

**1.1. Objeto material:** a coisa a ser destruída ou inutilizada precisa ser de outrem, a conduta de quem destrói ou inutiliza coisa própria é atípica. Se o dano for sobre *res nullius*, ou seja, coisa de ninguém ou ainda *res derelicta*, que é a coisa abandonada, também não haverá crime.

► **ATENÇÃO:** destruição, inutilização ou deterioração de documento somente caracterizará o crime de dano se a intenção foi prejudicar o patrimônio da vítima

**1.2. Materialidade do crime:** o crime de dano deixa vestígios, portanto, indispensável a prova da materialidade, nos termos do art. 168 do Código de Processo Penal.

2. **Dano qualificado:** o parágrafo único do art. 163 do CP elenca situações em que o dano será qualificado e a pena será de detenção de 06 meses a 03 anos e multa.

- **Inciso I – violência à pessoa ou grave ameaça –** violência anterior ou ao mesmo tempo que o crime de dano;
- **Inciso II – com emprego de substância inflamável ou explosiva, se o fato não constitui crime mais grave –** o dano é subsidiário ("se o fato não constitui crime mais grave"), pode ser enquadrado em crime contra incolumidade pública se tiver risco maior;
- **Inciso III – contra o patrimônio da União, Estado, Município, empresa concessionária de serviços públicos ou sociedade de economia mista –** todo e qualquer acervo patrimonial dessas entidades.

**Aplicação em concurso:**

- ***Ano: 2017 Banca: VUNESP Órgão: Prefeitura de Andradina – SP Prova: Assistente Jurídico e Procurador Jurídico***

  Entre outras possibilidades, o crime de dano do art. 163 do CP é qualificado se cometido:

  A) contra o patrimônio da União, Estado ou Município.

  *Gabarito: a*

  *Conforme parágrafo único, inciso III do art. 163 do Código Penal.*

---

▶ **ATENÇÃO:** a redação legal não menciona Distrito Federal, nem às autarquias, empresas públicas, fundações públicas e empresas permissionárias de serviços públicos, sendo assim, se ocorrer dano, será tipificado como dano simples, pelo princípio da reserva legal e a vedação da analogia *in malam partem*.

---

▶ **Aplicação pelo STF:**

**STF:** **É inaplicável o princípio da insignificância quando a lesão produzida pelo paciente atingir bem de grande relevância para a população, como no caso do** crime de dano qualificado (CP, art. 163, parágrafo único, contra patrimônio público, **não havendo como reconhecer a mínima ofensividade da conduta, tampouco o reduzido grau de reprovabilidade do comportamento.** HC 115383/RS, rei. Min. Gil mar Mendes, 25.6.2013. (Informativo 712).

▶ **Aplicação pelo STJ:**

**STJ: O crime de dano (art. 163 do CP) não será qualificado (art. 163, parágrafo único, 111) pelo fato de ser praticado contra o patrimônio da Caixa Econômica Federal (CEF),** haja vista a faltar de previsão legal a respeito no art. 163, parágrafo único, do CP, **não se admitindo analogia em matéria penal quando utilizada de modo a prejudicar o réu.**: AgRg no REsp 1.469.224-DF, Sexta Turma, DJe 20/2/2015. RHC 57.544-SP, Rei. Min. Leopoldo de Arruda Raposo (Desembargador convocado do TJ-PE), julgado em 6/8/2015, DJe 18/8/2015. (**Informativo 567)**

- **Inciso IV – por motivo egoístico ou com prejuízo considerável para a vítima –** motivo egoístico é aquele em que o agente para satisfazer uma vontade própria prejudica outrem, a pessoa pensa somente em si. No caso do prejuízo considerável, será analisado de acordo com a condição econômico-financeira da vítima.

**Introdução ou abandono de animais em propriedade alheia**

**Art. 164 – Introduzir** ou **deixar animais em propriedade alheia**, sem consentimento de quem de direito, **desde que o fato resulte prejuízo**:

Pena – detenção, de quinze dias a seis meses, ou multa.

## 1. Introdução ou abandono de animais em propriedade alheia

- Bem jurídico: *inviolabilidade da posse ou propriedade do bem imóvel – danos que podem ser causados pelos animais*
- Núcleo do tipo: *introduzir (comissiva) – deixar (omissiva)*
- Sujeito ativo: *qualquer um pode praticar (crime comum)*
- Sujeito passivo: *o proprietário ou possuidor do imóvel*
- Elemento subjetivo: *dolo de introduzir ou abandonar animais em propriedade privada alheia, com a consciência de que seu comportamento pode causar prejuízo a outrem.*
- Consumação: *o crime somente estará consumado se houver dano, prejuízo à propriedade*
- Tentativa: *admite-se a tentativa.*
- Ação Penal: *art. 167 do CP – crime de ação penal privada*
- Lei 9.099/95: *infração de menor potencial ofensivo, aplicável a Lei 9.099/95*

► **CLASSIFICAÇÃO:**

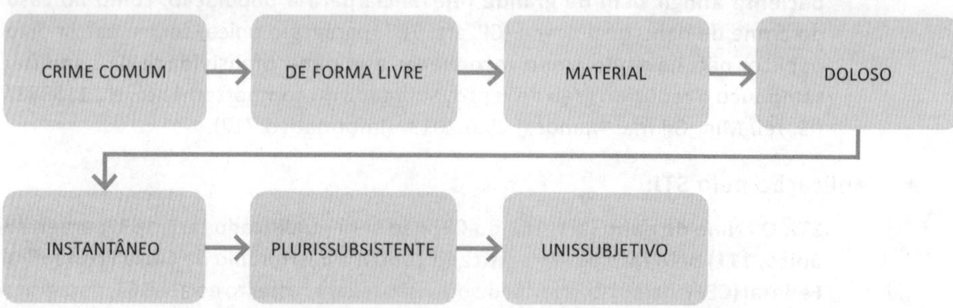


**1.1. Consentimento:** o tipo penal coloca de forma expressa que o crime ocorre quando não houver consentimento de quem de direito, ou seja, o agente age contra vontade do possuidor ou proprietário. Necessário que o agente conheça que não possui consentimento. Se houver erro quanto a existência de consentimento, exclui o dolo e consequentemente o tipo penal não estará configurado.

**Dano em coisa de valor artístico, arqueológico ou histórico**

**Art. 165** - Destruir, inutilizar ou deteriorar coisa tombada pela autoridade competente em virtude de valor artístico, arqueológico ou histórico:

Pena - detenção, de seis meses a dois anos, e multa.

Este artigo foi tacitamente revogado pelo art. 62 da Lei 9.605/1998 – Lei dos Crimes Ambientais. Essa Lei dispõe sobre as sanções penais e administrativas derivadas de condutas e atividades lesivas ao meio ambiente, e dá outras providências. Vejamos a redação do art. 62:

> *Art. 62. Destruir, inutilizar ou deteriorar:*
>
> *I – bem especialmente protegido por lei, ato administrativo ou decisão judicial;*
>
> *II – arquivo, registro, museu, biblioteca, pinacoteca, instalação científica ou similar protegido por lei, ato administrativo ou decisão judicial:*
>
> *Pena – reclusão, de um a três anos, e multa.*
>
> *Parágrafo único. Se o crime for culposo, a pena é de seis meses a um ano de detenção, sem prejuízo da multa.*

▶ **Mudanças significativas: (i) aumento de pena; (ii) previsão da forma culposa.**

**Alteração de local especialmente protegido**

**Art. 166** - Alterar, sem licença da autoridade competente, o aspecto de local especialmente protegido por lei:

Pena - detenção, de um mês a um ano, ou multa.

Este artigo foi tacitamente revogado pelo art. 63 da Lei 9.605/1998 – Lei dos Crimes Ambientais. Essa Lei dispõe sobre as sanções penais e administrativas derivadas de condutas e atividades lesivas ao meio ambiente, e dá outras providências. Vejamos a redação do art. 63:

> *Art. 63. Alterar o aspecto ou estrutura de edificação ou local especialmente protegido por lei, ato administrativo ou decisão judicial, em razão de seu valor paisagístico, ecológico, turístico, artístico, histórico, cultural, religioso, arqueológico, etnográfico ou monumental, sem autorização da autoridade competente ou em desacordo com a concedida:*
>
> *Pena – reclusão, de um a três anos, e multa.*

▶ **Mudanças significativas: aumento de pena.**

**Ação penal**

**Art. 167** - Nos casos do art. 163, do inciso IV do seu parágrafo e do art. 164, somente se procede mediante queixa.

O art. 167 do Código Penal disciplina a ação penal dos crimes previstos neste Capítulo IV que trata dos crimes de dano.

| | |
|---|---|
| **AÇÃO PENAL PRIVADA** | no dano simples (art. 163, *caput*) e<br>dano qualificado por motivo egoístico ou com prejuízo considerável para a vítima (art. 163, IV)<br>e introdução ou abandono de animais em propriedade alheia (art. 164) |
| **AÇÃO PENAL PÚBLICA INCONDICIONADA** | nas demais hipóteses do art. 163 do CP |

## CAPÍTULO V
## DA APROPRIAÇÃO INDÉBITA

**Apropriação indébita**

**Art. 168 – Apropriar-se** de **coisa alheia móvel**, de que **tem a posse** ou a **detenção**:

Pena – reclusão, de um a quatro anos, e multa.

**Aumento de pena**

§ 1º – A pena é aumentada de um terço, quando o agente recebeu a coisa:

I – em depósito necessário;

II – na qualidade de tutor, curador, síndico, liquidatário, inventariante, testamenteiro ou depositário judicial;

III – em razão de ofício, emprego ou profissão.

### 1. Apropriação indébita

- Bem jurídico: *o patrimônio – propriedade e posse legítima de bens móveis*
- Núcleo do tipo: *apropriar-se*
- Sujeito ativo: *qualquer um pode praticar (crime comum)*
- Sujeito passivo: *qualquer pessoa poderá ser vítima quando proprietária, possuidor ou usufrutuário de um bem móvel apropriado.*
- Elemento subjetivo: *dolo*
- Consumação: *crime material – consuma-se com a inversão da posse ou detenção em domínio*

- Tentativa: *admite-se a tentativa*
- Ação Penal: *pública incondicionada*
- Lei 9.099/95: *não se trata de crime de menor potencial ofensivo, no entanto, poderá ocorrer a suspensão condicional do processo conforme art. 89 da lei na apropriação indébita simples, prevista no art. 168, caput.*

**Aplicação em concurso:**

- ***Ano: 2018 Banca: VUNESP Órgão: PC-SP Prova: Delegado de Polícia***

  O crime de apropriação indébita (CP, art. 168)

  C) apenas tem como objeto material a coisa alheia móvel, sendo impossível falar-se em apropriação indébita de imóvel.

  *Gabarito: c*

  *O crime de apropriação indébita exige que seja a coisa alheia móvel.*

### ▶ CLASSIFICAÇÃO:

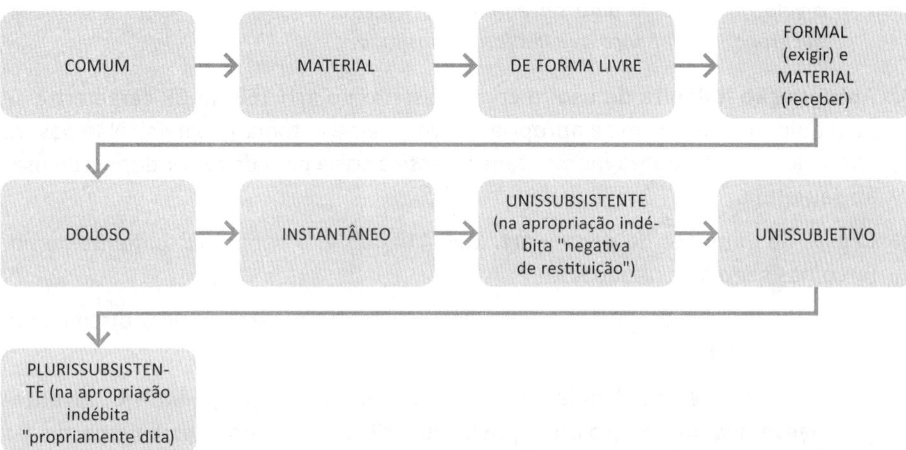


2. **Apropriação indébita – art. 168 do CP:** o crime de apropriação indébita demonstra uma quebra de confiança. A vítima faz a entrega da coisa para o agente de forma voluntária, e o agente após deter a posse da coisa e se comporta como proprietário.

   **2.1. Requisitos:** para que ocorra a tipificação no art. 168 do Código Penal, alguns requisitos devem estar presentes:

   a) entrega voluntária do bem pela vítima

   b) posse ou detenção desvigiada

   c) boa-fé do agente ao tempo do recebimento do bem

d) modificação posterior no comportamento do agente

▶ **Aplicação pelo STF:**

**STF:** O mero descumprimento de contrato de prestação de serviços, sem elementos de ilícito penal, não configura apropriação indébita. HC 174.013-RJ, Rei. Min. Og Fernandes, julgado em 20/6/2013. **(Informativo 527).**

**Aplicação em concurso:**

- ***Ano: 2016 Banca: Órgão: MPE/GO Prova: Promotor de Justiça***

  Caio entrega a Tício, seu amigo e funcionário do Detran, uma quantia em dinheiro para que este último pague uma multa naquele órgão público. Tício, no entanto, apropria-se do dinheiro. Nesse caso, Tício deverá ser responsabilizado pelo crime de:

  A) apropriação indébita

  *Gabarito: a*

  *Apropriação indébita simples, descrita no art. 168, caput do CP, pois recebeu o bem na qualidade de amigo para efetuar o pagamento no órgão que trabalhava, ou seja, o valor foi recebido para ser entregue a terceiro, ou seja, para pagar uma multa, quebrando a confiança que lhe fora depositada.*

3. **Apropriação indébita de uso:** o crime descrito no art. 168 do CP caracteriza-se pelo dolo do agente em se apropriar da coisa alheia, toma-la para si. Não haverá crime de o sujeito utiliza momentaneamente a coisa para devolver depois de usar ao seu titular.

4. **Causas de aumento de pena – art. 168, §1º do CP:** a pena será aumenta de um terço nas seguintes situações:

- **Inciso I – em depósito necessário**: o depósito necessário está disciplinado nos art. 647 e 649 do Código Civil.
- **Inciso II – Na qualidade de tutor, curador, síndico, liquidatário, inventariante, testamenteiro ou depositário judicial**: também engloba o particular nomeado pelo juiz como depositário.

▶ **Aplicação pelo STJ:**

**STJ: O fato de síndico de condomínio edilício ter se apropriado de valores pertencentes ao condomínio para efetuar pagamento de contas pessoais não implica o aumento de pena descrito no art. 168, § 1°, II, do CP** (o qual incide em razão de o agente de apropriação indébita ter recebido a coisa na qualidade de "síndico"): (...) conforme entendimento doutrinário, **o "síndico" a que se refere a majorante do inciso II do § 1º do art. 168 do CP é o "administrador judicial"** (Lei n. 11.101/2005), ou seja, o profissional nomeado pelo juiz e responsável pela condução do processo de falência ou de recuperação judicial. (...) STJ. 5ª Turma. REsp 1.552.919-SP, Rel. Min. Reynaldo Soares da Fonseca, julgado em 24/5/2016 (Info 584).

- **Inciso III – coisa recebida em razão de ofício, emprego ou profissão:** deve existir um nexo de causalidade na relação de trabalho e o recebimento da coisa.

5. **Apropriação indébita privilegiada:** ocorrerá com a junção do art. 170 e art. 155, §2º do CP. Necessário que o agente seja primário e que a coisa seja de pequeno valor. Assim sendo, o juiz irá reduzir a pena de reclusão de 1/3 (um terço) a 2/3 (dois terços) ou substituí-la por detenção, ou ainda aplicar somente multa.

**Apropriação indébita previdenciária** (Incluído pela Lei nº 9.983, de 2000)

**Art. 168-A. Deixar de repassar** à **previdência social** as contribuições recolhidas dos contribuintes, **no prazo e forma legal ou convencional**: (Incluído pela Lei nº 9.983, de 2000)

Pena – reclusão, de 2 (dois) a 5 (cinco) anos, e multa. (Incluído pela Lei nº 9.983, de 2000)

§ 1º Nas mesmas penas **incorre quem deixar de**: (Incluído pela Lei nº 9.983, de 2000)

I – recolher, no prazo legal, contribuição ou outra importância destinada à previdência social que tenha sido descontada de pagamento efetuado a segurados, a terceiros ou arrecadada do público; (Incluído pela Lei nº 9.983, de 2000)

II – recolher contribuições devidas à previdência social que tenham integrado despesas contábeis ou custos relativos à venda de produtos ou à prestação de serviços; (Incluído pela Lei nº 9.983, de 2000)

III – pagar benefício devido a segurado, quando as respectivas cotas ou valores já tiverem sido reembolsados à empresa pela previdência social. (Incluído pela Lei nº 9.983, de 2000)

§ 2º É **extinta a punibilidade** se o agente, espontaneamente, declara, confessa e efetua o pagamento das contribuições, importâncias ou valores e presta as informações devidas à previdência social, na forma definida em lei ou regulamento, antes do início da ação fiscal. (Incluído pela Lei nº 9.983, de 2000)

§ 3º É **facultado ao juiz deixar de aplicar a pena ou aplicar somente a de multa se o agente for primário e de bons antecedentes**, desde que: (Incluído pela Lei nº 9.983, de 2000)

I – tenha promovido, após o início da ação fiscal e antes de oferecida a denúncia, o pagamento da contribuição social previdenciária, inclusive acessórios; ou (Incluído pela Lei nº 9.983, de 2000)

II – o valor das contribuições devidas, inclusive acessórios, seja igual ou inferior àquele estabelecido pela previdência social, administrativamente, como sendo o mínimo para o ajuizamento de suas execuções fiscais. (Incluído pela Lei nº 9.983, de 2000)

§ 4º A faculdade prevista no § 3º deste artigo não se aplica aos casos de parcelamento de contribuições cujo valor, inclusive dos acessórios, seja superior àquele estabelecido, administrativamente, como sendo o mínimo para o ajuizamento de suas execuções fiscais. (Incluído pela Lei nº 13.606, de 2018)

1. **Apropriação indébita previdenciária:** foi introduzido no Código Penal com a Lei 8.212/91. A doutrina discute erro do legislador em colocar o crime em comento no Capítulo dos crimes contra o patrimônio, pois o mais correto seria que estivesse inserido nos crimes contra a Previdência Social.

- Bem jurídico: *o patrimônio dos que fazem parte do sistema de seguridade*
- Núcleo do tipo: *deixar de repassar (conduta omissiva)*
- Sujeito ativo: *quem tem o dever legal de repassar à Previdência Social as contribuições recolhidas dos contribuintes.( crime próprio).*
- Sujeito passivo: *o Estado, o órgão da Previdência Social*
- Elemento subjetivo: *dolo*
- Consumação: *quando acabar o prazo legal ou convencional para o repasse e este não tiver sido feito*
- Tentativa: *não se admite – é crime omissivo puro*
- Ação Penal: *pública incondicionada*
- Lei 9.099/95: *não se trata de crime de menor potencial ofensivo, nem é possível a aplicação da suspensão condicional do processo.*

► **CLASSIFICAÇÃO:**

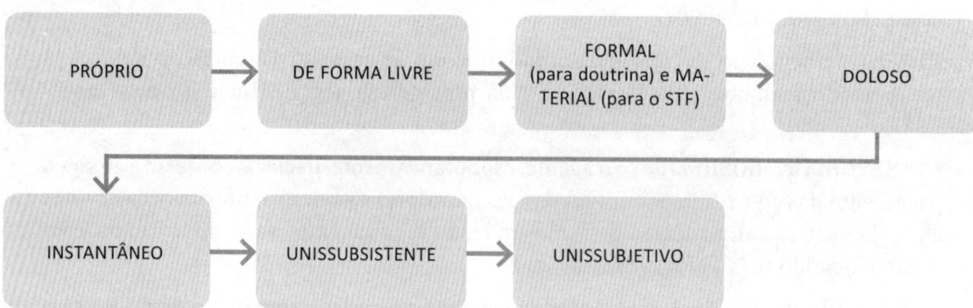


2. **Conduta:** o crime do *caput* do art. 168-A do Código Penal é omissivo próprio, ou também chamado de omissivo puro. Trata-se de conduta negativa, um "deixar de fazer" algo que deveria ter sido feito.

► **Aplicação pelo STJ:**

> **STJ:** Para **a caracterização do crime de apropriação indébita de contribuição previdenciária (art. 168-A do CP), não há necessidade de comprovação de dolo específico**. Trata-se de crime omissivo próprio, que se perfaz com a mera omissão de recolhimento de contribuição previdenciária no prazo e na forma legais. Desnecessária, portanto, a demonstração do animus rem sibi habendi, bem como a comprovação do especial fim de fraudar a Previdência Social: REsp 1.172.349-PR, Quinta Turma, DJe 24/S/2012; e HC 116.461-PE, Sexta Turma, DJe 29/2/2012; (Informativo 528).

**STJ:** Para a **comprovação da materialidade delitiva nos crimes de apropriação indébita previdenciária, é desnecessária a realização do exame pericial**, notadamente quando se tratar de denúncia amparada em procedimento administrativo ou fiscal. (STJ – (5ª T.) – AgRg no Ag. em Rec. Esp. 584842 – SP – Rel.: Jorge Mussi – J. em 20/02/2018 – DJ 02/03/2018 – Doc. LEGJUR 182.5100.4004.9500)

**Aplicação em concurso:**

- ***Ano: 2018 Banca: IESES Órgão: TJ-AM Prova: Titular de Serviços de Notas e de Registros***

  O crime descrito no Art. 168-A do Código Penal que trata da apropriação indébita previdenciária é classificado como:

  D) Omissivo próprio.

  *Gabarito: d*

  *O crime do art. 168-A é omissivo próprio, omissão de um dever de agir, imposto normativamente.*

**2.1. Lei penal em branco:** será preciso de complemento pela legislação previdenciária para que seja indicado o prazo que o recolhimento deve observar, afinal, o crime somente se consuma após o esgotamento desse prazo. Trata-se de norma penal em branco homogênea.

3. **Figuras equiparadas – art. 168-A do Código Penal:** o legislador elencou outras condutas que são assemelhadas e recebem a mesma pena imposta para o *caput*.

4. **Extinção da punibilidade – art. 168-A, §2º do Código Penal**: por esse dispositivo a extinção da punibilidade aconteceria se houvesse declaração e confissão da dívida, efetuasse o pagamento espontâneo e deveria ocorrer antes do início da execução fiscal. Ocorre que, em 2003 veio a Lei 10.684 que o STF se posicionou no sentido de que o pagamento do tributo a qualquer tempo gerava extinção da punibilidade, conforme art. 9º, §2º da nova legislação. Novamente outra legislação trouxe alteração, dessa vez a Lei 12.382/11 regulando o parcelamento de crédito tributário, deixando suspensão da pretensão punitiva do estado enquanto estiver no plano de parcelamento. O STF se pronunciou em sede de Habeas Corpus no sentido de que o art. 9º, §2º da Lei 10.684/03 convive com a Lei 12.383/11, e sendo o pagamento do débito efetuado, ocorreria a extinção da punibilidade (HC 116.828/SP).

► **Aplicação pelo STF:**

**STF:** O pagamento integral de débito fiscal – devidamente comprovado nos autos- empreendido pelo paciente em momento anterior ao trânsito em julgado da condenação que lhe foi imposta é causa de extinção de sua punibilidade, conforme opção político-criminal do legislador pátrio (Lei 10.684/2003). HC 116828/SP, rei. Min. Dias Toffoli, 13.8.2013.

► **Aplicação pelo STJ:**

**STJ:** A **prescrição da pretensão punitiva** do crime de apropriação indébita previdenciária (art. 168-A do CP} **permanece suspensa enquanto a exigibilidade**

**do crédito tributário estiver suspensa** em razão de decisão de antecipação dos efeitos da tutela no juízo cível. RHC 51.596· SP, Rei. Min. Felix Fischer, julgado em 3/2/201S, DJe 24/2/201S. (Informativo 556)

5. **Perdão judicial e pena de multa – art. 168-A, §3º do Código Penal:** poderá o juiz deixar de aplicar pena ou aplicar somente uma pena de multa de o agente for primário e tiver bons antecedentes se estiver nas hipóteses do Inciso I e II. Atenção, serão requisitos cumulativos a primariedade, os bons antecedentes, e ainda uma das hipóteses dos incisos. Importante ressaltar, que diante da extensão dada a leis 10.684/03 e 12.832/11, o inciso I ficou praticamente adormecido, não se aplicando mais, haja vista a possibilidade de pagamento do débito previdenciário a qualquer tempo até o trânsito em julgado de decisão judicial. Já em relação ao inciso II será de rara aplicação, pois se preenchidos se os requisitos autorizadores para o perdão judicial ou aplicação da multa, haverá a possibilidade de incidência do princípio da insignificância, causa de exclusão da tipicidade do comportamento do réu, sendo mais benéfico do que a declaração de extinção da punibilidade.

6. **Não aplicação do perdão judicial ou multa – art. 168-A, § 4º do Código Penal:** A faculdade prevista no § 3º deste artigo, acima explanada não se aplica aos casos de parcelamento de contribuições cujo valor, inclusive dos acessórios, seja superior àquele estabelecido, administrativamente, como sendo o mínimo para o ajuizamento de suas execuções fiscais.

**Apropriação de coisa havida por erro, caso fortuito ou força da natureza**

**Art. 169 – Apropriar-se alguém de coisa alheia vinda ao seu poder por erro, caso fortuito ou força da natureza:**

Pena – detenção, de um mês a um ano, ou multa.

Parágrafo único – **Na mesma pena incorre:**

**Apropriação de tesouro**

I – quem acha tesouro em prédio alheio e se apropria, no todo ou em parte, da quota a que tem direito o proprietário do prédio;

**Apropriação de coisa achada**

II – quem acha coisa alheia perdida e dela se apropria, total ou parcialmente, deixando de restituí-la ao dono ou legítimo possuidor ou de entregá-la à autoridade competente, dentro no prazo de quinze dias.

1. **Apropriação de coisa havida por erro, caso fortuito ou força da natureza:** ainda se trata de crime contra o patrimônio.

- Bem jurídico: *o patrimônio*
- Núcleo do tipo: *apropriar-se*

- Sujeito ativo: *é crime comum – qualquer pessoa*
- Sujeito passivo: *o proprietário do bem apropriado*
- Elemento subjetivo: *dolo*
- Consumação: *quando o agente começa a agir como se fosse dono da coisa que chegou em sua posse por erro, caso fortuito ou força da natureza*
- Tentativa: *admite a tentativa*
- Ação Penal: *pública incondicionada*
- Lei 9.099/95: *não se trata de crime de menor potencial ofensivo, não sendo possível a aplicação da suspensão condicional do processo.*

► **CLASSIFICAÇÃO:**

COMUM → DE FORMA LIVRE → MATERIAL → DOLOSO → INSTANTÂNEO (doutrina) → PERMANENTE (jurisprudência do STJ) → PLURISUBISSITENTE → UNISSUBJETIVO

2. **Diferença com o crime de apropriação indébita:** o crime em comento é muito parecido com o disposto no art. 168 do Código Penal. No entanto, na apropriação indébita, o agente tem posse ou detenção da coisa pela entrega voluntária pelo proprietário, diferente no art. 169 que a coisa chega ao agente por erro, caso fortuito ou força da natureza. Vejamos:

| | |
|---|---|
| **ERRO** | falsa representação de algo |
| **CASO FORTUITO** | causa estranha não imputável às partes |
| **FORÇA DA NATUREZA** | causas climáticas |

3. **Figuras equiparadas – art. 169, parágrafo único:** o dispositivo coloca no seu parágrafo único dois incisos com figuras que são equiparadas, e que terão a mesma pena da conduta do *caput*.

- **Inciso I –** Apropriação de tesouro: O Código Civil complementa o dispositivo, trata-se de norma penal em branco homogênea. Os arts. 1264 a 1266 do

Código Civil apresentam o conceito de tesouro e as regras de divisão entre os envolvidos, no caso quem achou o tesouro e quem é proprietário do local em que o tesouro se encontrava.

- **Inciso II –** Apropriação de coisa alheia achada: neste caso a coisa está perdida, se extraviou do proprietário ou possuidor. Atenção: se a coisa não tiver dono, abandonada, o fato é atípico. O crime se consuma após transcorrido o prazo de 15 (quinze) dias para devolução.

**Art. 170** – Nos crimes previstos neste Capítulo, aplica-se o disposto no art. 155, § 2º.

O art. 155, §2º do Código Penal elenca a possibilidade de substituição da pena de reclusão pela detenção, diminuição de 1/3 a 2/3 da pena, ou aplicar somente a pena de multa, caso o agente seja primário e a coisa seja de pequeno valor. A regra será aplicada para os crimes previstos neste Capítulo.

## CAPÍTULO VI
## DO ESTELIONATO E OUTRAS FRAUDES

**Estelionato**

**Art. 171** – **Obter**, para si ou para outrem, **vantagem ilícita**, em **prejuízo alheio**, **induzindo ou mantendo alguém em erro**, mediante artifício, ardil, ou qualquer outro meio fraudulento:

Pena – reclusão, de um a cinco anos, e multa, de quinhentos mil réis a dez contos de réis.

§ 1º – Se o criminoso é **primário**, e é de **pequeno valor o prejuízo**, o juiz pode aplicar a pena conforme o disposto no art. 155, § 2º.

§ 2º – Nas mesmas penas incorre quem:

**Disposição de coisa alheia como própria**

I – vende, permuta, dá em pagamento, em locação ou em garantia coisa alheia como própria;

**Alienação ou oneração fraudulenta de coisa própria**

II – vende, permuta, dá em pagamento ou em garantia coisa própria inalienável, gravada de ônus ou litigiosa, ou imóvel que prometeu vender a terceiro, mediante pagamento em prestações, silenciando sobre qualquer dessas circunstâncias;

**Defraudação de penhor**

III – defrauda, mediante alienação não consentida pelo credor ou por outro modo, a garantia pignoratícia, quando tem a posse do objeto empenhado;

**Fraude na entrega de coisa**

IV – defrauda substância, qualidade ou quantidade de coisa que deve entregar a alguém;

**Fraude para recebimento de indenização ou valor de seguro**

V – destrói, total ou parcialmente, ou oculta coisa própria, ou lesa o próprio corpo ou a saúde, ou agrava as consequências da lesão ou doença, com o intuito de haver indenização ou valor de seguro;

**Fraude no pagamento por meio de cheque**

VI – emite cheque, sem suficiente provisão de fundos em poder do sacado, ou lhe frustra o pagamento.

§ 3º – A pena aumenta-se de um terço, se o crime é cometido em detrimento de entidade de direito público ou de instituto de economia popular, assistência social ou beneficência.

**Estelionato contra idoso**

§ 4º Aplica-se a pena em dobro se o crime for cometido contra idoso. (Incluído pela Lei nº 13.228, de 2015)

§ 5º Somente se procede mediante representação, salvo se a vítima for: (Incluído pela Lei nº 13.964, de 2019

I – a Administração Pública, direta ou indireta; (Incluído pela Lei nº 13.964, de 2019)

II – criança ou adolescente; (Incluído pela Lei nº 13.964, de 2019)

III – pessoa com deficiência mental; ou (Incluído pela Lei nº 13.964, de 2019)

IV – maior de 70 (setenta) anos de idade ou incapaz. (Incluído pela Lei nº 13.964, de 2019)

## 1. Estelionato

- Bem jurídico: *o patrimônio*
- Núcleo do tipo: *conduta composta – obter vantagem induzindo alguém em erro por meio de fraude*
- Sujeito ativo: *crime comum – qualquer um pode praticar*
- Sujeito passivo: *qualquer pessoa poderá ser vítima desde que tenha capacidade de ser iludida*
- Elemento subjetivo: *dolo*
- Consumação: *crime material – consuma-se com a efetiva obtenção de vantagem indevida*
- Tentativa: *admite-se a tentativa*
- Ação Penal: *pública condicionada à representação, exceto nos casos em que a vítima for: (i) administração pública direta ou indireta; (ii) criança ou*

*adolescente; (iii) pessoa com deficiência mental; (iv) maior de 70 (setenta) anos de idade ou incapaz. Nesses casos a ação penal será pública incondicionada.*

- Lei 9.099/95: *não é considerado de crime de menor potencial ofensivo, podendo, no entanto, ocorrer a suspensão condicional do processo conforme art. 89 da lei, exceto se for na modalidade majorada nos termos do art. 171, §3º do Código Penal.*

► **CLASSIFICAÇÃO:**

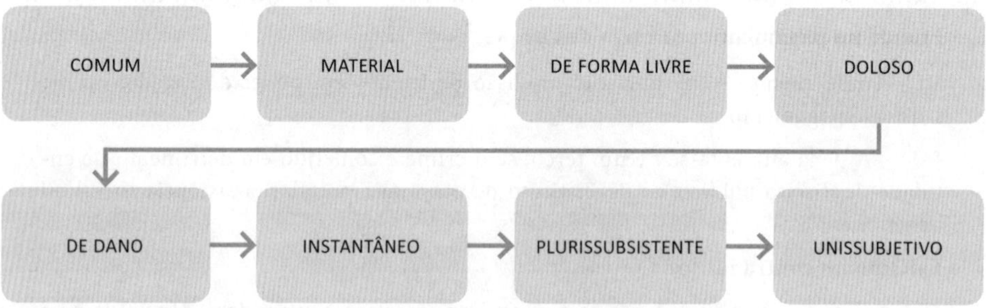


2. **Conduta:** a conduta do crime de estelionato é composta, e vários pontos devem ser analisados. O crime se faz com o induzimento ou a manutenção de alguém em erro, por meio da utilização de artifício, ardil, ou qualquer meio fraudulento, a fim de obter, para si ou para outrem, vantagem ilícita em prejuízo alheio.

**Aplicação em concurso:**

- ***Ano: 2018 Banca: CESPE Órgão: PC-MA Prova: Investigador de Polícia Civil***

Antônio utilizava diariamente o serviço de manobrista de determinado *shopping center* para estacionar seu carro. Lara, frequentadora do mesmo local, passou a observar a rotina de Antônio e, certa tarde, se apresentou ao manobrista como namorada daquele, informando que havia vindo buscar o carro a pedido do namorado. O manobrista entregou as chaves do carro a Lara, que entrou no veículo e saiu da garagem do estabelecimento em alta velocidade.

A conduta de Lara caracteriza crime de

A) estelionato.

*Gabarito: a*

*O crime é estelionato, o agente utiliza a fraude para induzir em erro a vítima, e esta faz a entrega do bem voluntariamente.*

► **ATENÇÃO:** no crime de estelionato não há emprego de grave ameaça ou violência!

Portanto, no estelionato, o agente leva a vítima a uma falsa percepção ou a mantém em erro utilizando de alguns meios para isso. Vejamos:

| | |
|---|---|
| **ARTIFÍCIO** | fraude no sentido material |
| **ARDIL** | fraude no sentido imaterial |
| **QUALQUER OUTRO MEIO FRAUDULENTO** | genérico, a interpretação deve ser de acordo com o caso concreto |
| **IDONEIDADE DO MEIO FRAUDULENTO EMPREGADO** | o meio utilizado deve ser capaz de iludir e vítima, para isso se analisa as características pessoais da vítima. |
| **ERRO** | falsa percepção da realidade e acarreta a manifestação da vontade com vício. |
| **VANTAGEM ILÍCITA** | a vantagem obtida pelo agente é ilícita, indevida. Sem esquecer que a vantagem deve ser econômica, pois o crime é patrimonial. |
| **PREJUÍZO ALHEIO** | dano patrimonial, perda patrimonial para a vítima |

**2.1. Sujeito passivo:** o sujeito passivo pode ser qualquer pessoa com capacidade de entender. Caso o agente abuse de menor de idade, da alienação ou doença mental de alguém, o crime será de abuso de incapaz descrito no art. 173 do Código Penal. Além disso, deve ser pessoa certa e determinada, pois caso o crime seja destinado a pessoas incertas e indeterminadas tipifica crime contra economia popular, e não estelionato.

**2.1.1. Pessoa idosa:** o art. 171, §4º foi acrescentado com a Lei 13.228/15 e determina que a pena seja em dobro, ou seja, de 02 a 10 anos caso a vítima seja pessoa idosa (60 anos ou mais).

**2.2. Elemento subjetivo:** o crime é doloso, mas necessita da presença de uma finalidade específica de obter vantagem indevida para si ou para outrem.

▶ **ATENÇÃO:** será competente a Justiça Federal quando o delito for praticado em detrimento de bens, serviços ou interesses da União ou de suas entidades autárquicas ou empresas públicas (CF, art. 109, inc. IV).

▶ **Aplicação pelo STF:**

**STF: O crime de estelionato contra a Previdência Social, quando praticado pelo próprio beneficiário das prestações, tem caráter permanente**, o que fixa como termo inicial do prazo prescricional a data da cessação da permanência, ou seja, a data em que foi percebida a última parcela do benefício. HC 114.573/GO, rei. Min. Dias Toffoli, 19/02/2013. (**Informativo 699)**

- **Súmulas relevantes**:

**Súmula 17 STJ:** Quando o falso se exaure no estelionato, sem mais potencialidade lesiva, é por este absorvido.

**Súmula 48 STJ:** Compete ao Juízo do local da obtenção da vantagem ilícita processar e julgar crime de estelionato cometido mediante falsificação de cheque.

**Súmula 107 STJ:** Compete à Justiça Comum Estadual processar e julgar crime de estelionato praticado mediante falsificação das guias de recolhimento das contribuições previdenciárias, quando não ocorrente lesão à autarquia federal.

3. **Estelionato privilegiado – art. 171, §1º do Código Penal:** se o agente for primário e o prejuízo sofrido pela vítima for de pequeno valor, o juiz poderá aplicar a pena conforma o art. 155, §2º do Código Penal. A jurisprudência se posiciona no sentido de ser pequeno valor o prejuízo quando não ultrapassar um salário mínimo (STF, RT 442/490).

4. **Figuras equiparadas –** art. 171, §2º do Código Penal: algumas situações ensejam na aplicação da mesma pena disposta para o *caput*.

- **Súmulas relevantes:**

**Súmula 246 STF:** Comprovado não ter havido fraude, não se configura o crime de emissão de cheque sem fundos.

**Súmula 521 STF:** O foro competente para o processo e julgamento dos crimes de estelionato, sob a modalidade da emissão dolosa de cheque sem provisão de fundos, é o do local onde se deu a recusa do pagamento pelo sacado.

**Súmula 554 STF:** O pagamento de cheque emitido sem provisão de fundos, após o recebimento da denúncia, não obsta ao prosseguimento da ação penal.

**Súmula 244 STJ:** Compete ao foro do local da recusa processar e julgar o crime de estelionato mediante cheque sem provisão de fundos.

5. **Causa de aumento de pena – art. 171, §3º do Código Penal:** a pena será majorada em 1/3 (um terço) se o crime for cometido em detrimento de entidade de direito público ou de instituto de economia popular, assistência social ou beneficência. Entidades de direito público são a União, Estados, Municípios, Distrito Federal, autarquias e entidades paraestatais.

6. **Causa de aumento de pena – art. 172, §4º do Código Penal:** se o crime for cometido contra idoso, a pena será aplicada em dobro.

**Aplicação em concurso:**

- ***Ano: 2018 Banca: TRF – 3ª REGIÃO Órgão: TRF – 3ª REGIÃO Prova: Juiz federal***

José da Silva, réu primário e com condenações criminais anteriores, porém sem trânsito em julgado, confesso, cometeu crime de estelionato contra a Previdência Social, causando prejuízos significativos à autarquia, sendo condenado à pena de 1 (um) ano e 4 (quatro) meses de reclusão e 13 (treze) dias-multa, em regime inicial aberto. Com base nessas informações, é CORRETO afirmar:

B) A causa de aumento prevista no art. 171, § 3º, do Código Penal é aplicável ao caso por se tratar o ofendido de entidade de direito público, sendo a fração de aumento sempre fixa, em 1/3 (um terço).

*Gabarito: b*

*A causa de aumento de pena está descrita no art. 171, §3º do Código Penal.*

► **Súmulas relevantes:**

**Súmula 24 STJ:** Aplica-se ao crime de estelionato, em que figure como vítima entidade autárquica da Previdência Social, a qualificadora do § 3º do art. 171 do CP.

**Súmula 599 STJ:** O princípio da insignificância é inaplicável aos crimes contra a administração pública.

► **Aplicação pelo STF:**

**STF:** A causa especial de extinção de punibilidade prevista no § 22 do art. 92 da Lei 10.684/2003, relativamente ao pagamento integral do crédito tributário, não se aplica ao delito de estelionato (CP, art. 171). RHC 126917/SP, rei. Min. Teori Zavascki, 25.8.2015.(Informativo 796)

► **Aplicação pelo STJ:**

**STJ: É competente para processo e julgamento do crime de estelionato o juízo do foro onde se encontra localizada a agência bancária por meio da qual o suposto estelionatário recebeu o proveito do crime** ·e não ao juízo do foro em que está situada a agência na qual a vítima possui conta bancária. CC 139.800-MG, Rei. Min. Reynaldo Soares da Fonseca, julgado em 24/6/2015, DJe 12/7/2015.(Informativo 565)

**STJ:** A **devolução à Previdência Social, antes do recebimento da denúncia, da vantagem percebida ilicitamente, pode, eventualmente, caracterizar arrependimento posterior**, previsto no art. 16 do CP. REsp 1.380.672-SC, Rei. Min. Rogerio Schietti Cruz, julgado em 24/3/2015, DJe 6/4/2015.(Informativo 559)

**Duplicata simulada**

**Art. 172 – Emitir fatura, duplicata ou nota de venda que não corresponda à mercadoria vendida,** em quantidade ou qualidade, ou ao serviço prestado. (Redação dada pela Lei nº 8.137, de 27.12.1990)

Pena - detenção, de 2 (dois) a 4 (quatro) anos, e multa. (Redação dada pela Lei nº 8.137, de 27.12.1990)

Parágrafo único. **Nas mesmas penas incorrerá** aquele que **falsificar ou adulterar** a **escrituração do Livro de Registro de Duplicatas**. (Incluído pela Lei nº 5.474. de 1968)

## 1. Duplicata simulada

- Bem jurídico: *o patrimônio particular e a boa-fé das relações mercantis*
- Núcleo do tipo: *emitir (produção/criação do título)*
- Sujeito ativo: *comerciante que emite a fatura, duplicata ou nota de venda, sem correspondência com a mercadoria vendida ou com o serviço prestado. (crime próprio)*
- Sujeito passivo: *qualquer pessoa poderá ser vítima, mas pode ser o sacado que recebe o título de boa-fé, ou o tomador que desconta a duplicata.*
- Elemento subjetivo: *dolo*
- Consumação: *discussão – alguns entendem ser no momento da emissão, outros entendem que é com a colocação do título em circulação.*

▶ **Aplicação pelo STJ:**

> **STJ:** O **delito de duplicata simulada**, previsto no art. 172 do CP (redação dada pela Lei 8.137/1990), **configura-se quando o agente emite duplicata que não corresponde à efetiva transação comercial**, sendo **típica a conduta ainda que não haja qualquer venda de mercadoria ou prestação de serviço.** REsp 443.929-SP, Sexta Turma, DJ 25/6/2007. REsp 1.267.626-PR, Rei. Min. Maria Thereza de Assis Moura, julgado em 5/12/2013. (Informativo 534)

- Tentativa: *discutido se é possível ou não a tentativa.*
- Ação Penal: *pública incondicionada*
- Lei 9.099/95: *não se trata de crime de menor potencial ofensivo e também não pode ocorrer a suspensão condicional do processo.*

▶ **CLASSIFICAÇÃO:**

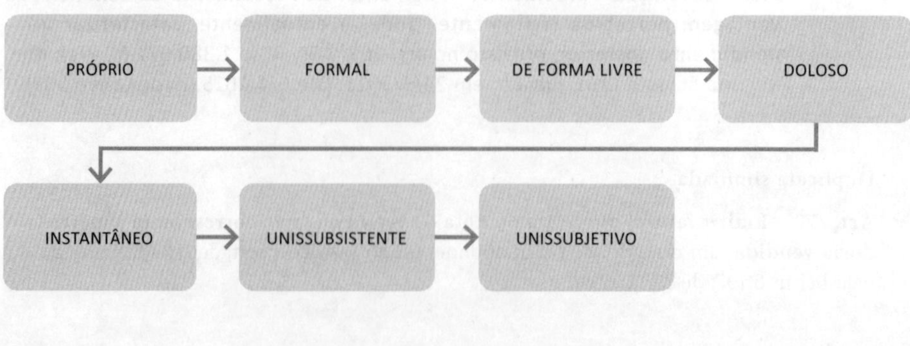

2. **Conceitos importantes:** o tipo penal indica quais os objetos materiais utilizados, no caso a fatura, duplicata e nota de venda, importante entender cada qual.

   **2.1. Fatura:** documento de emissão obrigatória para o vendedor dentro de uma relação de compra e venda mercantil. Comprova contrato de compra e venda mercantil.

   **2.2. Duplicata:** título de crédito resultante da fatura – art. 2º da Lei 5.474/69

   **2.3. Nota de venda:** documento emitido pelo comerciante com descrição do produto, valores, quantidade, etc, para atingir interesse do fisco. Outorga de crédito.

3. **Figura equiparada – art. 172, parágrafo único do Código Penal:** a pena aplicada será a mesma pena da conduta do caput, para aquele que falsificar ou adulterar a escrituração do Livro de Registro de duplicadas. Para entender melhor importante mencionar o art. 19, caput, e §1º da Lei 5.474/68:

> *Art. 19. A adoção do regime de vendas de que trata o art. 2º desta Lei obriga o vendedor a ter e a escriturar o Livro de Registro de Duplicatas.*
>
> *§ 1º No Registro de Duplicatas serão escrituradas, cronologicamente, todas as duplicatas emitidas, com o número de ordem, data e valor das faturas originárias e data de sua expedição; nome e domicílio do comprador; anotações das reformas; prorrogações e outras circunstâncias necessárias.*
>
> *§ 2º Os Registros de Duplicatas, que não poderão conter emendas, borrões, rasuras ou entrelinhas, deverão ser conservados nos próprios estabelecimentos.*
>
> *§ 3º O Registro de Duplicatas poderá ser substituído por qualquer sistema mecanizado, desde que os requesitos dêste artigo sejam observados.*

Sendo assim, é obrigatório o registro de todas as duplicatas emitidas, com número de ordem, valor das faturas originárias e data, além do nome e domicílio do comprador.

**Abuso de incapazes**

**Art. 173** – Abusar, em proveito próprio ou alheio, de necessidade, paixão ou inexperiência de menor, ou da alienação ou debilidade mental de outrem, induzindo qualquer deles à prática de ato suscetível de produzir efeito jurídico, em prejuízo próprio ou de terceiro:

Pena – reclusão, de dois a seis anos, e multa.

1. **Abuso de incapaz**
   - Bem jurídico: *o patrimônio*
   - Núcleo do tipo: *abusar – induzir*
   - Sujeito ativo: *qualquer um pode praticar (crime comum)*

- Sujeito passivo: *somente o menor de idade, bem como, o alienado ou com debilidade mental*
- Elemento subjetivo: *dolo*
- Consumação: *se consuma quando o incapaz pratica ato idôneo de lesar o seu patrimônio ou de terceiros, por conta do induzimento do agente.*
- Tentativa: *admite-se a tentativa*
- Ação Penal: *pública incondicionada*
- Lei 9.099/95: *não se trata de crime de menor potencial ofensivo, portanto, não é possível a aplicação da Lei 9.099/95*

► **CLASSIFICAÇÃO:**

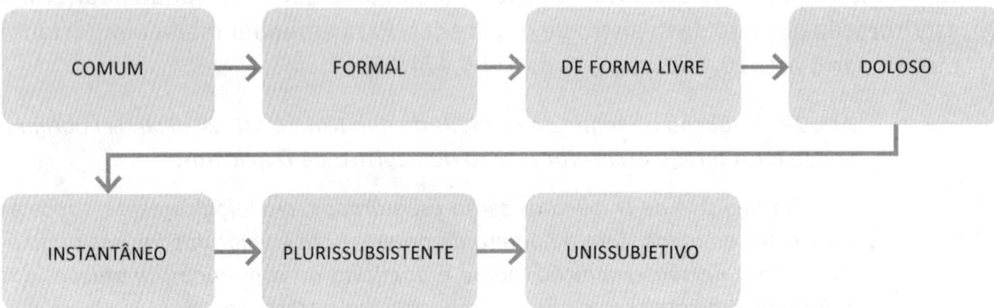


**Induzimento à especulação**

**Art. 174 – Abusar**, em proveito próprio ou alheio, **da inexperiência ou da simplicidade ou inferioridade mental de outrem**, induzindo-o à prática de jogo ou aposta, ou à especulação com títulos ou mercadorias, sabendo ou devendo saber que a operação é ruinosa:

Pena – reclusão, de um a três anos, e multa.

## 1. Induzimento à especulação

- Bem jurídico: *o patrimônio*
- Núcleo do tipo: *abusar – induzir*
- Sujeito ativo: *qualquer um pode praticar (crime comum)*
- Sujeito passivo: *somente poderá ser vítima a pessoa inexperiente, simples ou com capacidade mental inferior*
- Elemento subjetivo: *dolo*
- Consumação: *consuma-se quando o induzido pratica o jogo, aposta ou especulação.*
- Tentativa: *admite-se a tentativa*

- Ação Penal: *pública incondicionada*
- Lei 9.099/95: *não se trata de crime de menor potencial ofensivo, no entanto, poderá ocorrer a suspensão condicional do processo conforme art. 89 da lei.*

► **CLASSIFICAÇÃO:**

COMUM → FORMAL → DE FORMA VINCULADA → DOLOSO → INSTANTÂNEO → PLURISSUBSISTENTE → UNISSUBJETIVO

**Fraude no comércio**

**Art. 175** – **Enganar**, no exercício de atividade comercial, o adquirente ou consumidor:

I – **vendendo**, como verdadeira ou perfeita, mercadoria falsificada ou deteriorada;

II – **entregando** uma mercadoria por outra:

Pena – detenção, de seis meses a dois anos, ou multa.

§ 1º – **Alterar** em obra que lhe é encomendada a qualidade ou o peso de metal ou **substituir**, no mesmo caso, pedra verdadeira por falsa ou por outra de menor valor; **vender** pedra falsa por verdadeira; vender, como precioso, metal de ou outra qualidade:

Pena – reclusão, de um a cinco anos, e multa.

§ 2º – É aplicável o disposto no art. 155, § 2º.

1. **Fraude no comércio:**

- Bem jurídico: *o patrimônio*
- Núcleo do tipo: *enganar (vendendo – entregando)*
- Sujeito ativo: *somente quem exerce atividade comercial (crime próprio)*
- Sujeito passivo: *o adquirente ou consumidor*
- Elemento subjetivo: *dolo*
- Consumação: *crime material – consuma-se com a tradição da mercadoria*
- Tentativa: *admite-se a tentativa*
- Ação Penal: *pública incondicionada*

- Lei 9.099/95: *trata-se de crime de menor potencial ofensivo, portanto poderá ser utilizado os institutos da Lei 9.099/95*

► **CLASSIFICAÇÃO:**

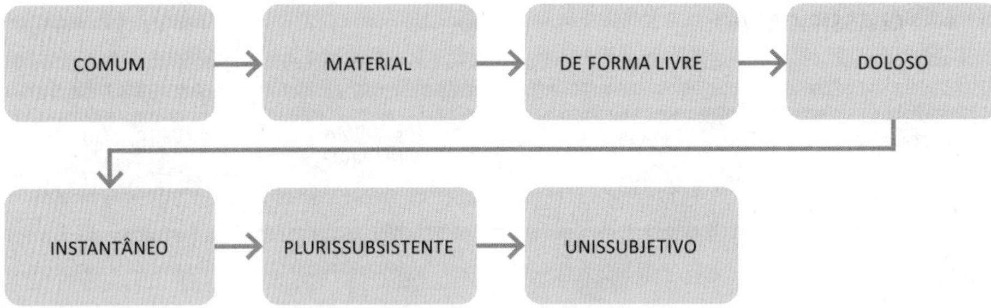


2. **Conduta:** o núcleo do tipo é enganar, no entanto, o legislador colocou expressamente como isso deve acontecer, pela venda ou entrega.
    - **Inciso I** – vendendo como verdadeira ou perfeita, mercadoria falsificada ou deteriorada: há posicionamento no sentido de ter sido revogado este inciso pelo art. 7º da Lei 8.137/90.
    - **Inciso II** – entregando uma mercadoria por outra: quando o agente está obrigado a entregar uma coisa e faz a substituição por outra, houve uma relação obrigacional preexistente.
3. **Forma qualificada – art. 175, §1º do Código Penal**: a figura qualificada coloca uma pena mais elevada para o agente, pena de 1 a 5 anos. As ações nucleares são: alterar, substituir e vender, no entanto a fraude aqui é em determinado tipo de produto, metais e pedras preciosas.
4. **Forma privilegiada – art. 175, §2º do Código Penal**: mais um dispositivo que utilizará os termos do art. 155, §2º do Código Penal.

**Outras fraudes**

**Art. 176 – Tomar refeição em restaurante, alojar-se em hotel** ou **utilizar-se de meio de transporte sem dispor de recursos para efetuar o pagamento**:

Pena – detenção, de quinze dias a dois meses, ou multa.

Parágrafo único – Somente se procede mediante representação, e o juiz pode, conforme as circunstâncias, deixar de aplicar a pena.

1. **Outras fraudes:**
    - Bem jurídico: *o patrimônio*
    - Núcleo do tipo: *são 3 verbos nucleares – tomar refeição – alojar-se em hotel – utilizar transporte*

- Sujeito ativo: *qualquer um pode praticar. (crime comum)*
- Sujeito passivo: *qualquer pessoa poderá ser vítima desde que tenha capacidade de ser iludida*
- Elemento subjetivo: *dolo*
- Consumação: *crime material – consuma-se com a efetiva obtenção de vantagem indevida*
- Tentativa: *admite-se a tentativa*
- Ação Penal: *pública condicionada*
- Lei 9.099/95: *infração de menor potencial ofensivo, incide a Lei 9.099/95*

► **CLASSIFICAÇÃO:**

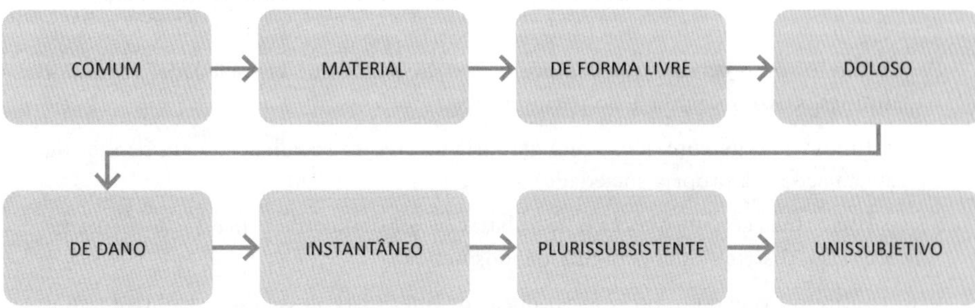


2. **Conduta:** o tipo penal coloca 03 condutas diferentes no mesmo crime

   **2.1. Tomar refeição em restaurante, sem dispor de recursos para efetuar o pagamento:** abrange tanto comida, quanto bebidas. O tipo indica "em restaurante", no entanto, engloba bares, lanchonetes, cafeterias, entre outros locais que possuem como atividade o fornecimento de alimentos.

   **2.2. Alojar-se em hotel, sem dispor de recursos para efetuar o pagamento:** no mesmo sentido do anterior, a palavra "hotel" deve abranger pensões, pousadas, motéis, albergues, entre outros.

   **2.3. Utilizar-se de meio de transporte, sem dispor de recursos para efetuar o pagamento:** ônibus, táxi, entre outros. Atenção: é preciso que o meio de transporte faça a cobrança pelo serviço após o trajeto percorrido, se for anterior não está inserido no tipo penal.

3. **Perdão judicial:** o parágrafo único dispõe a possibilidade de o juiz não aplicar a pena dependendo das circunstâncias do caso concreto.

**Fraudes e abusos na fundação ou administração de sociedade por ações**

**Art. 177 – Promover a fundação de sociedade por ações**, fazendo, em prospecto ou em comunicação ao público ou à assembleia, **afirmação falsa sobre a constituição da sociedade, ou ocultando fraudulentamente fato a ela relativo:**

Pena – reclusão, de um a quatro anos, e multa, se o fato não constitui crime contra a economia popular.

§ 1º – Incorrem na mesma pena, **se o fato não constitui crime contra a economia popular**: (Vide Lei nº 1.521, de 1951)

I – o diretor, o gerente ou o fiscal de sociedade por ações, que, em prospecto, relatório, parecer, balanço ou comunicação ao público ou à assembleia, faz afirmação falsa sobre as condições econômicas da sociedade, ou oculta fraudulentamente, no todo ou em parte, fato a elas relativo;

II – o diretor, o gerente ou o fiscal que promove, por qualquer artifício, falsa cotação das ações ou de outros títulos da sociedade;

III – o diretor ou o gerente que toma empréstimo à sociedade ou usa, em proveito próprio ou de terceiro, dos bens ou haveres sociais, sem prévia autorização da assembleia geral;

IV – o diretor ou o gerente que compra ou vende, por conta da sociedade, ações por ela emitidas, salvo quando a lei o permite;

V – o diretor ou o gerente que, como garantia de crédito social, aceita em penhor ou em caução ações da própria sociedade;

VI – o diretor ou o gerente que, na falta de balanço, em desacordo com este, ou mediante balanço falso, distribui lucros ou dividendos fictícios;

VII – o diretor, o gerente ou o fiscal que, por interposta pessoa, ou conluiado com acionista, consegue a aprovação de conta ou parecer;

VIII – o liquidante, nos casos dos ns. I, II, III, IV, V e VII;

IX – o representante da sociedade anônima estrangeira, autorizada a funcionar no País, que pratica os atos mencionados nos ns. I e II, ou dá falsa informação ao Governo.

§ 2º – Incorre na pena de detenção, de seis meses a dois anos, e multa, o acionista que, a fim de obter vantagem para si ou para outrem, negocia o voto nas deliberações de assembleia geral.

**1. Fraudes e abusos na fundação ou administração de sociedade por ações**

- Bem jurídico: *o patrimônio dos investidores em sociedade por ações*
- Núcleo do tipo: *promover (criar uma sociedade)*
- Sujeito ativo: *somente pode ser praticado pelo fundador da sociedade. (crime próprio)*
- Sujeito passivo: *o acionista da sociedade*
- Elemento subjetivo: *dolo*
- Consumação: *crime formal – se consuma com a prática da conduta em qualquer forma de execução (a afirmação falsa ou a ocultação de fatos relativos à sociedade por ações)*
- Tentativa: *admite-se a tentativa*

- Ação Penal: *pública incondicionada*
- Lei 9.099/95*: não é infração de menor potencial ofensivo, mas admite-se a suspensão condicional do processo.*

▶ **CLASSIFICAÇÃO:**

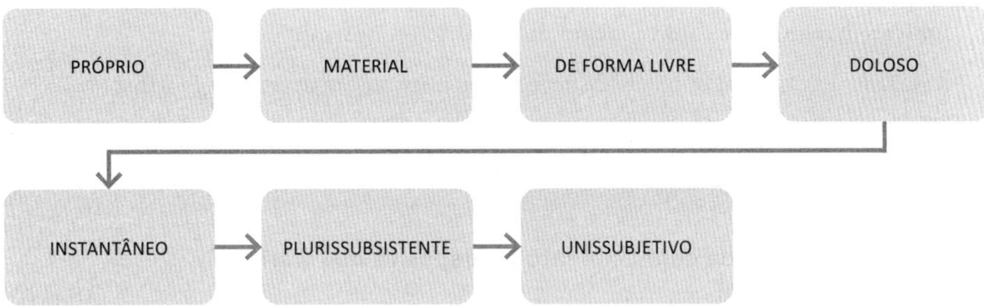


2. **Condutas equiparadas – art. 177, §1º do Código Penal:** o dispositivo coloca outras situações que também configura ilícito penal, a pena será a mesma do *caput* do art. 177 do CP.

**2.1. Fraude sobre as condições econômicas da sociedade:** o agente não demonstra a realidade econômica da empresa. Neste caso poderão ser sujeitos ativos o diretor, o gerente ou o fiscal. O rol é taxativo.

**2.2. Falsa cotação de ações ou títulos da sociedade**: mesmos sujeitos que o inciso anterior, somente o diretor, gerente ou fiscal. Neste caso é feita uma falsa cotação, seja para mais ou para menos do real valor.

**2.3. Empréstimo ou uso indevido de bens ou haveres da sociedade**: sujeitos do tipo o gerente ou diretor. Será necessário que tenha autorização da assembleia para não caracterizar o tipo penal.

**2.4. Compra e venda de ações emitidas pela sociedade:** sujeito será o diretor ou gerente. A lei pune quando eles negociam por conta da sociedade ações por ela mesma emitidas.

**2.5. Penhor ou caução de ações da sociedade:** sujeito será o diretor ou gerente. Dispõe o art. 30, § 3º, da Lei n. 6.404/76: "A companhia não poderá receber em garantia as próprias ações, salvo para assegurar a gestão dos seus administradores".

**2.6. Distribuição de lucros ou dividendos fictícios**: sujeitos serão o diretor e gerente, quando fizerem distribuição de lucros ou dividendos fictícios, ou seja, não condizentes com a realidade. A vítima será a sociedade.

**2.7. Conluio para aprovação de conta ou parecer:** sujeito ativo poderá ser o gerente, o diretor ou fiscal.

**2.8. Crimes do liquidante:** caso ocorra a liquidação da sociedade, estará cessada a figura dos sócios gerentes ou administradores, assumindo a figura do liquidante.

Neste caso, quando ocorrer pelo liquidante as condutas previstas nos incisos I, II, III, IV, V e VII.

**2.9. Crimes do representante de sociedade anônima estrangeira**: quando praticar a conduta dos incisos I e II ou dar falsa informação ao Governo.

**Emissão irregular de conhecimento de depósito ou "warrant"**

**Art. 178** – Emitir conhecimento de depósito ou warrant, em desacordo com disposição legal:

Pena – reclusão, de um a quatro anos, e multa.

**1. Emissão irregular de conhecimento de depósito ou "warrant":**

- Bem jurídico: *o patrimônio*
- Núcleo do tipo: *emitir (expedir – colocar em circulação)*
- Sujeito ativo: *somente poderá praticar quem tiver legitimidade para emitir conhecimento de depósito ou warrant (crime próprio)*
- Sujeito passivo: *portador ou endossatário do conhecimento de depósito ou warrant*
- Elemento subjetivo: *dolo*
- Consumação: *crime material – consuma-se com a emissão do conhecimento de depósito ou warrant.*
- Tentativa: *não é possível a tentativa*
- Ação Penal: *pública incondicionada*
- Lei 9.099/95*: não se trata de crime de menor potencial ofensivo, no entanto, poderá ocorrer a suspensão condicional do processo conforme art. 89 da lei.*

▶ **CLASSIFICAÇÃO:**

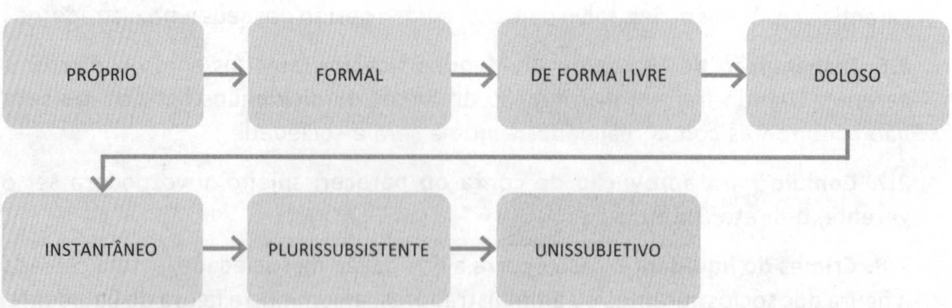

| | |
|---|---|
| **CONHECIMENTO DE DEPÓSITO** | título de crédito que representa as mercadorias depositadas no armazém-geral |
| ***WARRANT*** | título de crédito emitido em conjunto com o conhecimento de depósito, e tem por objetivo eventuais operações de crédito cuja garantia seja o penhor sobre as mercadorias depositadas no armazém-geral |

**Fraude à execução**

**Art. 179 – Fraudar execução**, alienando, desviando, destruindo ou danificando bens, ou simulando dívidas:

Pena – detenção, de seis meses a dois anos, ou multa.

Parágrafo único – Somente se procede mediante queixa.

## 1. Fraude à execução

- Bem jurídico: *o patrimônio;*
- Núcleo do tipo: *fraudar a execução (alienando – desviando – destruindo – danificando – simulando);*
- Sujeito ativo: *somente o executado, o devedor poderá praticar (crime próprio);*
- Sujeito passivo: *o exequente, o credor;*
- Elemento subjetivo: *dolo;*
- Consumação: *quando o executado aliena, desvia, destrói, danifica ou simula bens para se tornar insolvente;*
- Tentativa: *admite-se a tentativa;*
- Ação Penal: *em regra é privada, mas se for contra patrimônio ou interesse da União, Estado ou Município será pública (art. 24, §2º do CPP);*
- Lei 9.099/95*: é uma infração de menor potencial ofensivo, aplica-se a Lei 9.099/95.*

▶ **CLASSIFICAÇÃO:**

PRÓPRIO → MATERIAL → DE FORMA LIVRE → DOLOSO → INSTANTÂNEO → PLURISSUBSISTENTE → UNISSUBJETIVO

2. **Conduta:** descreve o tipo penal a conduta de fraudar, no entanto, são várias maneiras de execução para a ação fraudulenta:

   (i) **Alienando –** se faz pela transferência do domínio do bem para um terceiro.

   (ii) **Desviando –** o sujeito oculta o bem para que não entre como pagamento, dá destinação diversa da que deveria;

   (iii) **Destruindo –** elimina o bem, de forma que perca a sua utilizada;

   (iv) **Danificando –** deterioração, diminuição do valor ao ponto de tornar-se insuficiente para a execução;

   (v) **Simulação de dívidas –** apresenta dívida que não existe para que os bens sejam garantia de tal dívida apresentada.

3. **Momento para configuração do crime:** a doutrina majoritária entende que para configurar o crime é necessário que já esteja iniciado o processo de execução, ademais, ainda que tenha posicionamento jurisprudencial em contrário (RT 520/478), entende-se necessário que já tenha ocorrido a citação do executado.

## CAPÍTULO VII
## DA RECEPTAÇÃO

**Receptação**

Art. 180 - **Adquirir, receber, transportar, conduzir ou ocultar**, em proveito próprio ou alheio, **coisa que sabe ser produto de crime**, ou influir para que terceiro, de boa-fé, a adquira, receba ou oculte: (Redação dada pela Lei nº 9.426, de 1996)

Pena - reclusão, de um a quatro anos, e multa. (Redação dada pela Lei nº 9.426, de 1996)

**Receptação qualificada** (Redação dada pela Lei nº 9.426, de 1996)

§ 1º - Adquirir, receber, transportar, conduzir, ocultar, ter em depósito, desmontar, montar, remontar, vender, expor à venda, ou de qualquer forma utilizar, em proveito próprio ou alheio, **no exercício de atividade comercial ou industrial**, coisa que deve saber ser **produto de crime**: (Redação dada pela Lei nº 9.426, de 1996)

Pena - reclusão, de três a oito anos, e multa. Redação dada pela Lei nº 9.426, de 1996)

§ 2º - **Equipara-se à atividade comercial**, para efeito do parágrafo anterior, qualquer forma de **comércio irregular ou clandestino, inclusive o exercício em residência**. (Redação dada pela Lei nº 9.426, de 1996)

§ 3º - Adquirir ou receber coisa que, por sua **natureza** ou pela **desproporção** entre o **valor e o preço**, ou pela **condição de quem a oferece**, deve presumir-se obtida por meio criminoso: (Redação dada pela Lei nº 9.426, de 1996)

Pena - detenção, de um mês a um ano, ou multa, ou ambas as penas. (Redação dada pela Lei nº 9.426, de 1996)

§ 4º – A receptação **é punível**, ainda que desconhecido ou isento de pena o autor do crime de que proveio a coisa. (Redação dada pela Lei nº 9.426, de 1996)

§ 5º – Na hipótese do § 3º, **se o criminoso é primário**, pode o juiz, tendo em consideração as circunstâncias, **deixar de aplicar a pena**. Na receptação dolosa aplica-se o disposto no § 2º do art. 155. (Incluído pela Lei nº 9.426, de 1996)

§ 6º – Tratando-se de bens do patrimônio da União, de Estado, do Distrito Federal, de Município ou de autarquia, fundação pública, empresa pública, sociedade de economia mista ou empresa concessionária de serviços públicos, aplica-se em dobro a pena prevista no caput deste artigo. (Redação dada pela Lei nº 13.531, de 2017)

## 1. Receptação

- Bem jurídico: *o patrimônio*
- Núcleo do tipo: *(i) receptação própria – adquirir, receber, transportar, conduzir e ocultar; (ii) receptação imprópria – influir*
- Sujeito ativo: *pode ser praticado por qualquer pessoa (crime comum), exceto aquela que tenha concorrido para o crime pressuposto.*
- Sujeito passivo: *qualquer pessoa poderá ser vítima, mas será a mesma vítima do crime pressuposto*
- Elemento subjetivo: *dolo, também é punido na modalidade culposa (art. 180, §3º do Código Penal)*
- Consumação: *receptação própria – crime material, quando o agente realiza uma das condutas descritas no tipo. Já a receptação imprópria, o crime é formal e se consuma com o agente influenciando, ainda que o terceiro não seja efetivamente influenciado.*
- Tentativa: *admite-se a tentativa na receptação própria*
- Ação Penal: *pública incondicionada*
- Lei 9.099/95*: não é infração de menor potencial ofensivo, mas cabe suspensão condicional do processo se não estiver na forma majorada. A receptação culposa é infração de menor potencial ofensivo, aplica-se então a Lei 9.099/95.*

► **CLASSIFICAÇÃO:**

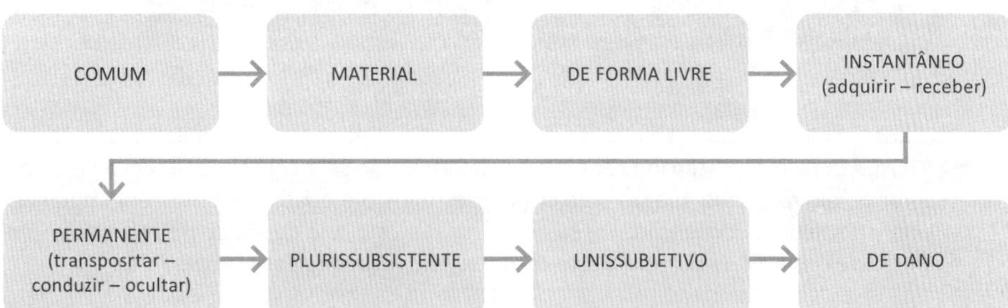

2. **Pressuposto:** o crime de receptação exige a prática anterior de um crime, a doutrina o chama de crime acessório, parasita, ou de fusão. O crime anterior é chamado de delito pressuposto, e este não precisa necessariamente ser um crime contra o patrimônio, pode ser um crime de peculato, por exemplo.

**2.1. Objeto material:** Importante ressaltar que o objeto material da receptação é "produto de crime", ou seja, a coisa deve ser proveniente do crime anteriormente praticado. Há quem entenda que a coisa pode ser imóvel (Mirabete), no entanto, o posicionamento majoritário é no sentido de ser necessário que a coisa seja móvel, pois pressupõe o deslocamento da *res*.

**Aplicação em concurso:**

- **Ano: 2016 Banca: Órgão: Prova: Delegado de Polícia**

  Considerando apenas as informações contidas nas alternativas, assinale aquela que corretamente indica uma hipótese de crime de receptação.

  A) Josefina celebra contrato de penhor, entregando uma joia ao credor pignoratício. Posteriormente, ainda na vigência do contrato, a joia é furtada por terceiro. Ciente do furto e vislumbrando na hipótese uma forma de pagar menos para reaver seu patrimônio, Josefina procura o autor do crime patrimonial prévio e dele compra a joia furtada.

  *Gabarito: a*

  *Via de regra o crime de receptação não é praticado pelo proprietário da coisa. Entretanto, existem algumas situações em que é possível, como no caso de penhor descrito acima.*

3. **Classificação:** o crime de receptação é classificado pela doutrina em receptação própria e receptação imprópria, além da culposa e da majorada.

| | |
|---|---|
| **receptação própria** (art. 180, *caput*, 1ª parte) | "adquirir, receber, transportar, conduzir ou ocultar, em proveito próprio ou alheio, coisa que sabe ser produto de crime" |
| **receptação imprópria** (art. 180, *caput*, 2ª parte) | **"influir para que terceiro, de boa-fé, a adquira, receba ou oculte"** |

► **ATENÇÃO:** na receptação imprópria, o sujeito ativo não será aquele que praticou o crime anterior, ele responde apenas pelo crime pressuposto e o fato posterior será impunível pelo princípio da consunção. *Ex: sujeito furta um celular e depois tenta influenciar um amigo de comprar o aparelho, neste caso o sujeito responde apenas pelo furto.*

**3.1. Receptação qualificada – art. 180, §1º do Código Penal:** o dispositivo tipifica a conduta qualificada com uma pena de reclusão de 03 a 08 anos e multa. Neste caso é um crime próprio, só pode ser praticado por quem desempenha atividade comercial (ver §2º).

► **Aplicação pelo STF:**

**STF: É constitucional o §1º do art. 180 do CP, que versa sobre o delito de receptação qualificada** (...). RE 443388/SP (DJe de 11.9.2009); HC 109012/PR {DJe de 12.4.2013). RHC 117143/RS, rei. Min. Rosa Weber, 25.6.2013.( **Informativo 712)**

**STF: O princípio da insignificância, bem como o benefício da suspensão condicional do processo (Lei 9.099/95, art. 89) não são aplicáveis ao delito de receptação qualificada** (CP, art. 180, § 12). HC 105963/PE, rei. Min. Celso de Mello, 24.4.2012.

**3.2. Receptação culposa – art. 180, §3º do Código Penal:** punido com pena de um mês a um ano ou multa, trata-se de infração de menor potencial ofensivo. Os indícios da origem criminosa do bem devem ser analisados por determinadas circunstâncias: (i) natureza ou desproporção entre o valor e o preço da coisa adquirida ou recebida pelo agente; (ii) condição de quem a oferece; (iii) quando a coisa que deve presumir-se obtida por meio criminoso.

**3.3. Perdão judicial e receptação privilegiada – art. 180, §5º do Código Penal**: chamada pela doutrina como receptação mínima, utiliza o art. 155, §2º do Código Penal, ou seja, será aplicada caso o agente seja primário e a coisa receptada de pequeno valor. Se a receptação for dolosa o juiz poderá substituir a pena de reclusão por detenção; diminuir a pena privativa de liberdade de 1/3 (um terço) a 2/3 (dois terços), ou ainda, aplicar somente a pena de multa. Por outro lado, se a receptação for culposa (art. 180, §3º do CP) poderá ocorrer o perdão judicial se o agente for primário.

**3.4. Causa de Aumento de pena – § 6º** – Tratando-se de bens do patrimônio da União, de Estado, do Distrito Federal, de Município ou de autarquia, fundação pública, empresa pública, sociedade de economia mista ou empresa concessionária de serviços públicos, aplica-se em dobro a pena prevista no caput deste artigo. (Redação dada pela Lei nº 13.531, de 2017)

**Receptação de animal**

**Art. 180-A. Adquirir, receber, transportar, conduzir, ocultar, ter em depósito ou vender**, com a **finalidade** de produção ou de comercialização, **semovente domesticável de produção**, ainda que abatido ou dividido em partes, que deve saber ser produto de crime: (Incluído pela Lei nº 13.330, de 2016)

Pena – reclusão, de 2 (dois) a 5 (cinco) anos, e multa. (Incluído pela Lei nº 13.330, de 2016)

**4. Receptação de animal:** tipo penal relativamente novo, introduzido no Código Penal com a Lei 13.330/2016.

- Bem jurídico: *o patrimônio*
- Núcleo do tipo: *adquirir – receber – transportar – conduzir – ocultar – ter em depósito – vender – tipo penal misto alternativo.*
- Sujeito ativo: *crime comum, pode ser praticado por qualquer pessoa (exceto aquela que tenha concorrido para o crime pressuposto)*
- Sujeito passivo: *o proprietário ou possuidor do animal*
- Elemento subjetivo: *dolo*
- Consumação: *quando o agente realiza qualquer dar condutas descritas no tipo*
- Tentativa: *admite-se a tentativa*
- Ação Penal: *em regra, pública incondicionada(ver art. 182 do CP)*
- Lei 9.099/95: *não é considerada infração de menor potencial ofensivo, não cabendo suspensão condicional do processo, bem como qualquer dispositivo da lei n 9.099/95.*

▶ **CLASSIFICAÇÃO:**

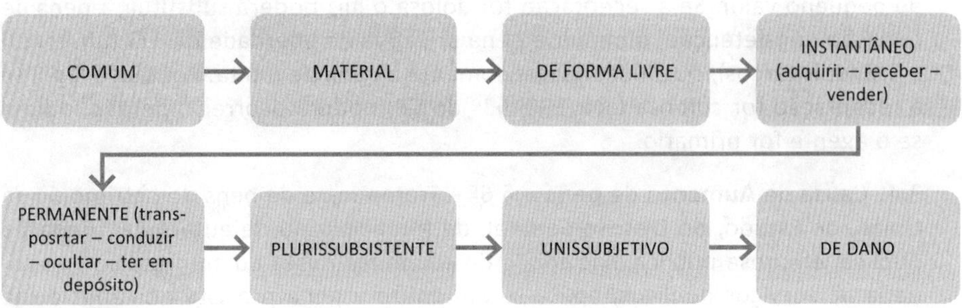


## CAPÍTULO VIII
## DISPOSIÇÕES GERAIS

**Art. 181** – É **isento de pena** quem comete qualquer dos crimes previstos neste título, em prejuízo: (Vide Lei nº 10.741, de 2003)

I – do cônjuge, na constância da sociedade conjugal;

II – de ascendente ou descendente, seja o parentesco legítimo ou ilegítimo, seja civil ou natural.

1. **Escusa absolutória:** trata-se de causas pessoais de isenção de pena, ou seja, é uma imunidade absoluta, tendo em vista algum cargo, função, ou condição e circunstância de caráter pessoal. No artigo em comento a isenção se dá por conta de alguma relação existente entre a vítima e o agente. Não exclui a tipicidade, a antijuridicidade nem a culpabilidade, apenas não se aplica a pena correspondente.

   **1.1. União estável:** importante lembrar que a união estável foi equiparada ao casamento (art. 226, §3º da CF), portanto, é entendimento majoritário que a escusa absolutória se estende aos casos de união estável.

> **Art. 182 – Somente se procede mediante representação,** se o crime previsto neste título é cometido em prejuízo: (Vide Lei nº 10.741, de 2003)
>
> I – do cônjuge desquitado ou judicialmente separado;
>
> II – de irmão, legítimo ou ilegítimo;
>
> III – de tio ou sobrinho, com quem o agente coabita.

1. **Imunidade relativa:** o art. 182 impõe uma condição de procedibilidade, exigindo que a vítima represente para que o Ministério Público possa ingressar com a ação penal, ou que o delegado possa instaurar o inquérito policial quando necessário.

**Aplicação em concurso:**

- ***Ano: 2018 Banca: VUNESP Órgão: PC-BA Prova: Investigador de Polícia Civil***

  Sobre as disposições gerais aplicáveis aos crimes contra o patrimônio, previstas nos artigos 181 a 183 do Código Penal, assinale a alternativa correta.

  E) Se o crime for cometido em prejuízo de tio ou sobrinho com quem o agente coabita, a ação penal será pública condicionada à representação.

  *Gabarito: e*

  *Conforme dispõe o art. 182, III do Código Penal*

> **Art. 183 – Não se aplica o disposto nos dois artigos anteriores:**
>
> I – se o **crime é de roubo ou de extorsão,** ou, em geral, **quando haja emprego de grave ameaça ou violência à pessoa;**
>
> II – ao estranho que participa do crime.
>
> III – se o crime é praticado contra pessoa com idade igual ou superior a 60 (sessenta) anos. (Incluído pela Lei nº 10.741, de 2003)

1. **Inaplicabilidade das escusas:** O art. 183 do Código Penal regulamenta a aplicação dos artigos anteriores, deixando claro em quais situações não haverá incidência das imunidades.

## TÍTULO III
## DOS CRIMES CONTRA A PROPRIEDADE IMATERIAL

## CAPÍTULO I
## DOS CRIMES CONTRA A PROPRIEDADE INTELECTUAL

A Constituição Federal, em seu art. 216 coloca como patrimônio cultural brasileiro os bens de natureza material e imaterial. Sendo assim, garante-se reconhecimento e proteção para tais bens, com melhor regulamentação pela legislação infraconstitucional.

**Violação de direito autoral**

**Art. 184. Violar direitos de autor** e os que lhe são conexos: (Redação dada pela Lei nº 10.695, de 1º.7.2003)

Pena – detenção, de 3 (três) meses a 1 (um) ano, ou multa. (Redação dada pela Lei nº 10.695, de 1º.7.2003)

§ 1º Se a violação consistir em **reprodução total ou parcial,** com **intuito de lucro direto ou indireto**, por qualquer meio ou processo, de obra intelectual, interpretação, execução ou fonograma, **sem autorização expressa** do autor, do artista intérprete ou executante, do produtor, conforme o caso, ou de quem os represente: (Redação dada pela Lei nº 10.695, de 1º.7.2003)

Pena – reclusão, de 2 (dois) a 4 (quatro) anos, e multa. (Redação dada pela Lei nº 10.695, de 1º.7.2003)

§ 2º **Na mesma pena do § 1º** incorre quem, com **o intuito de lucro direto ou indireto**, distribui, vende, expõe à venda, aluga, introduz no País, adquire, oculta, tem em depósito, original ou cópia de obra intelectual ou fonograma reproduzido com violação do direito de autor, do direito de artista intérprete ou executante ou do direito do produtor de fonograma, ou, ainda, aluga original ou cópia de obra intelectual ou fonograma, sem a expressa autorização dos titulares dos direitos ou de quem os represente. (Redação dada pela Lei nº 10.695, de 1º.7.2003)

§ 3º Se a violação consistir no oferecimento ao público, mediante cabo, fibra ótica, satélite, ondas ou qualquer outro sistema que permita ao usuário realizar a seleção da obra ou produção para recebê-la em um tempo e lugar previamente determinados por quem formula a demanda, com intuito de lucro, direto ou indireto, sem autorização expressa, conforme o caso, do autor, do artista intérprete ou executante, do produtor de fonograma, ou de quem os represente: (Redação dada pela Lei nº 10.695, de 1º.7.2003)

Pena – reclusão, de 2 (dois) a 4 (quatro) anos, e multa. (Incluído pela Lei nº 10.695, de 1º.7.2003)

§ 4º O disposto nos §§ 1º, 2º e 3º não se aplica quando se tratar de exceção ou limitação ao direito de autor ou os que lhe são conexos, em conformidade com o previsto na Lei nº 9.610, de 19 de fevereiro de 1998, nem a cópia de obra intelectual ou fonograma, em um só exemplar, para uso privado do copista, sem intuito de lucro direto ou indireto. (Incluído pela Lei nº 10.695, de 1º.7.2003)

### 1. Violação de direito autoral

- Bem jurídico: *o direito autoral*

- Núcleo do tipo: *violar (transgredir – ofender)*
- Sujeito ativo: *qualquer pessoa pode praticar a conduta (crime comum)*
- Sujeito passivo: *o autor de obra literária, artística ou científica*
- Elemento subjetivo: *dolo de violar (não há necessidade de obtenção de lucro)*
- Consumação: *com a violação do direito do autor, o que irá depender da forma de violação:*

  *- pintura ou escultura: exibição ao público*

  *- reprodução de obra literária ou científica: publicação abusiva*

  *- reprodução de fonograma ou videograma: reprodução*

  *- representação teatral ou musical: execução ou representação*
- Tentativa: *é possível a tentativa*
- Ação Penal: *ver comentários do art. 186 do Código Penal.*
- Lei 9.099/95*: na modalidade simples é infração de menor potencial ofensivo, aplicando-se portanto, a Lei 9.099/95.*

► **CLASSIFICAÇÃO:**

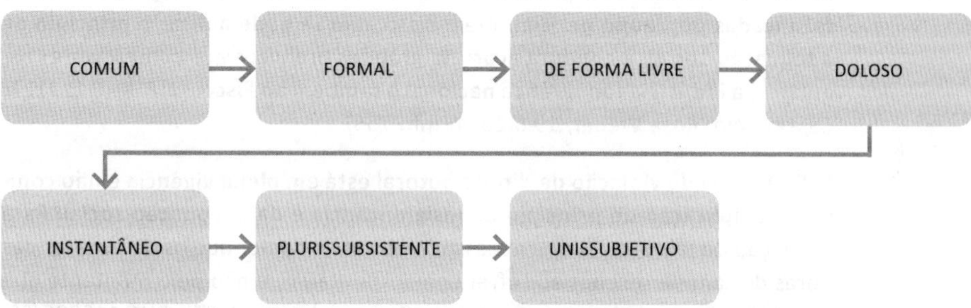


2. **Norma penal em branco:** o tipo descrito é uma norma penal em branco, pois depende de complemento para conceituar o direito autoral que será retirado da Lei 9.610/98.

   **2.1. Direitos autorais:** a doutrina divide os direitos autorais em morais e patrimoniais. Os morais não são passíveis de alienação o que os fazem imprescritíveis e irrenunciáveis. Por outro lado, os patrimoniais são passíveis de exploração econômica.

   **2.2. Abrangência dos direitos autorais:** o direito autoral abrange as obras literárias, científicas e artísticas.

3. **Materialidade do crime:** para comprovação da materialidade do crime de violação de direito autoral, necessário que se faça perícia no produto apreendido.

Considera-se suficiente a perícia realizada em amostra, não sendo necessário que se faça na totalidade do produto apreendido.

- **Súmulas relevantes:**

**Súmula 574/STJ**: Para a configuração do delito de violação de direito autoral e a comprovação de sua materialidade, é suficiente a perícia realizada por amostragem do produto apreendido, nos aspectos externos do material, e é desnecessária a identificação dos titulares dos direitos autorais violados ou daqueles que os representem.

- **Aplicação pelo STJ:**

**STJ:** É **desnecessário a perícia de todo material e de individualização de cada produto apreendido.** A perícia por amostragem do material apreendido não obsta a condenação do réu pela prática do crime de violação de direito autoral. STJ – 5ª T. – HC 342289 – SP – Rel.: Min. Ribeiro Dantas – J. em 15/03/2016 – DJ 21/03/2016- Doc. LEGJUR 162.7265.2003.8700)

- **Aplicação pelo STF:**

**STF:** É suficiente a comprovação da materialidade delitiva a partir da apreensão de mídias contrafeitas, produzidas no intuito de lucro e **comprovadamente falsificadas por laudo pericial.** Além disso, **não se pode aplicar o princípio da adequação social, a conduta acarreta grandes prejuízos aos comerciantes regulares, a indústria fonográfica nacional e também ao Fisco**. (STF. RHC 122127/ES, rei. Min. Rosa Weber, 19.8.2014- Info 755).

**STF: O crime de violação de direito autoral está em plena vigência e não comporta a aplicação do princípio da insignificância e da adequação social.** Para utilização de tais princípios é necessário observar o valor que os detentores das obras deixam de receber ao sofrer com a "pirataria", e não pelo montante que os falsificadores obtêm com a sua atuação imoral e ilegal. STF. RHC 115986/ES, rei. Min. Luiz Fuz, 25/06/2013 (Info 715).

4. **Causas de exclusão da tipicidade:** a Lei 9.610/1998 elenca causas de exclusão da tipicidade nos arts. 46, 47 e 48, com a aplicação dos citados dispositivos a conduta será atípica.

5. **Conduta qualificada – art. 184, §1º, 2º e 3º do Código Penal:** o tipo penal prevê algumas condutas que terão a pena cominada em abstrato mais grave do que a penalidade descrita no caput.

6. **CDs e DVDs piratas:** muito se discutiu a conduta de expor à venda, e no caso vender CDs e DVDs piratas, pois invoca-se rotineiramente os princípios da insignificância e da adequação social, os quais não devem ser aplicados no caso do crime em comento. Sendo assim, é típica a conduta.

► **Súmulas relevantes:**

**Súmula 502 STJ**: Presentes a materialidade e a autoria, afigura-se típica, em relação ao crime previsto no art. 184, § 2º, do CP, a conduta de expor à venda CDs e DVDs piratas.

**Usurpação de nome ou pseudônimo alheio**

**Art. 185** – (Revogado pela Lei nº 10.695, de 1º.7.2003)

► **ARTIGO REVOGADO**

**Art. 186. Procede-se mediante**: (Redação dada pela Lei nº 10.695, de 1º.7.2003)

I – **queixa**, nos crimes previstos no caput do art. 184;(Incluído pela Lei nº 10.695, de 1º.7.2003)

II – **ação penal pública incondicionada**, nos crimes previstos nos §§ 1º e 2º do art. 184; (Incluído pela Lei nº 10.695, de 1º.7.2003)

III – **ação penal pública incondicionada**, nos crimes cometidos em desfavor de entidades de direito público, autarquia, empresa pública, sociedade de economia mista ou fundação instituída pelo Poder Público; (Incluído pela Lei nº 10.695, de 1º.7.2003)

IV – **ação penal pública condicionada à representação**, nos crimes previstos no § 3º do art. 184. (Incluído pela Lei nº 10.695, de 1º.7.2003)

1. **Ação Penal:** o art. 186 do Código Penal não tipifica conduta típica, mas sim a determinação da espécie de ação penal que deverá ser utilizada para as figuras do art. 184 do mesmo diploma legal.

| | |
|---|---|
| **Art. 184, *caput*** | **AÇÃO PENAL PRIVADA** |
| **Art. 184, §§1º e 2º** | **AÇÃO PENAL PÚBLICA INCONDICIONADA** |
| **Art. 184, §3º** | **AÇÃO PENAL PÚBLICA CONDICIONADA** |

## CAPÍTULO II
## DOS CRIMES CONTRA O PRIVILÉGIO DE INVENÇÃO

**Violação de privilégio de invenção**

**Art 187.** (Revogado pela Lei nº 9.279, de 14.5.1996)

**Falsa atribuição de privilégio**

**Art 188.** (Revogado pela Lei nº 9.279, de 14.5.1996)

**Usurpação ou indevida exploração de modelo ou desenho privilegiado**

**Art. 189**. (Revogado pela Lei nº 9.279, de 14.5.1996)

**Falsa declaração de depósito em modelo ou desenho**

**Art. 190**. (Revogado pela Lei nº 9.279, de 14.5.1996)

**Art. 191**. (Revogado pela Lei nº 9.279, de 14.5.1996)

▶ **TODOS OS ARTIGOS DO CAPÍTULO II FORAM REVOGADOS**

## CAPÍTULO III
## DOS CRIMES CONTRA AS MARCAS DE INDÚSTRIA E COMÉRCIO

**Violação do direito de marca**

**Art. 192**. (Revogado pela Lei nº 9.279, de 14.5.1996)

**Uso indevido de armas, brasões e distintivos públicos**

**Art. 193**. (Revogado pela Lei nº 9.279, de 14.5.1996)

**Marca com falsa indicação de procedência**

**Art. 194**. (Revogado pela Lei nº 9.279, de 14.5.1996)

**Art. 195**. (Revogado pela Lei nº 9.279, de 14.5.1996)

▶ **TODOS OS ARTIGOS DO CAPÍTULO II FORAM REVOGADOS**

## CAPÍTULO IV
## DOS CRIMES DE CONCORRÊNCIA DESLEAL

**Concorrência desleal**

**Art. 196**. (Revogado pela Lei nº 9.279, de 14.5.1996)

▶ **ARTIGO REVOGADO**

# TÍTULO IV
# DOS CRIMES CONTRA A ORGANIZAÇÃO DO TRABALHO

**Atentado contra a liberdade de trabalho**

**Art. 197 – Constranger alguém, mediante violência ou grave ameaça:**

I – a **exercer ou não exercer** arte, ofício, profissão ou indústria, ou a **trabalhar ou não trabalhar** durante certo período ou em determinados dias:

Pena – detenção, de um mês a um ano, e multa, além da pena correspondente à violência;

II – **a abrir ou fechar** o seu estabelecimento de trabalho, ou a participar de parede ou paralisação de atividade econômica:

Pena – detenção, de três meses a um ano, e multa, além da pena correspondente à violência.

**1. Atentado contra a liberdade de trabalho**

- Bem jurídico: *liberdade de trabalho*
- Núcleo do tipo: *constranger – com violência ou grave ameaça há: (i) fazer ou deixar de fazer; (ii) trabalhar ou não trabalhar, (iii) abrir ou fechar*
- Sujeito ativo: *qualquer pessoa pode praticar a conduta (crime comum)*
- Sujeito passivo: *qualquer pessoa na condição de trabalhador*
- Elemento subjetivo: *dolo*
- Consumação: *o crime estará consumado quando a vítima constrangida realizar qualquer dos núcleos do tipo penal*
- Tentativa: *é possível a tentativa*
- Ação Penal: *pública incondicionada*
- Lei 9.099/95: *os incisos I e II são infração de menor potencial ofensivo, aplica-se, portanto, a Lei 9.099/95.*

▶ **CLASSIFICAÇÃO:**

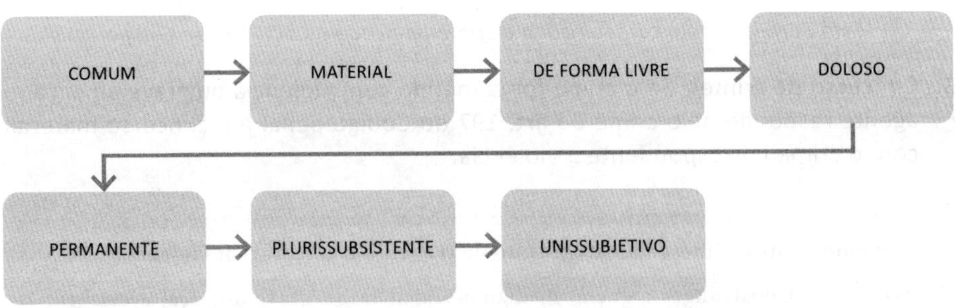


**2. Proteção Constitucional:** a liberdade do trabalhador está protegida e garantida na Constituição Federal em seu art. 5º, XIII. Além disso, outros dispositivos como os arts. 6º, 7º e 8º que também cuida da temática.

**3. Competência**: a competência para julgamento dos crimes contra a Organização do Trabalho em regra será da Justiça Estadual, tendo em vista o direito individual do trabalhador, por outro lado, poderá ser da Justiça Federal nos termos do art. 109, VI da Constituição Federal quando envolver direito de vários trabalhadores.

► **Aplicação pelo STJ:**

**STJ:** a **Justiça do Trabalho não possui competência para julgar e processas ações penais, ainda que se trate do delito previsto no art. 203 do CP,** pois se estaria a violar o princípio do juiz natural, tal como já apregoado pelo STF. ADI 3.684-DF, DJ 12/2/2007. CC 59.978-RS, Rei. Min. Laurita Vaz, julgado em 28/3/2007 (Info 315).

4. **Conduta:** há várias condutas que configuram o delito em análise, mas independentemente delas, é preciso que a ação ocorra pelo constrangimento da vítima sob violência ou grave ameaça, ou seja, que o agente subjulgue, obrigue, force a vítima a:

**4.1.** exerce, ou não, arte, ofício, profissão ou indústria (inciso I);

**4.2.** trabalha, ou não, durante certo período ou em determinados dias (inciso I);

**4.3.** abre ou fecha seu estabelecimento de trabalho (inciso II).

► **Aplicação em concurso**

- **Ano: 2013 Banca: TRT 22 PI Órgão: TRT – 22ª Região (PI) Prova: TRT 22 PI – 2013 – TRT – 22ª Região (PI) – Juiz do Trabalho – Prova 2**

  Aroeira era conhecido intermediador de trabalhadores na região do Bico de Tucano. Em determinado dia, ele obrigou Clemilton, mediante grave ameaça, a exercer a arte de pintor de quadros durante quinze dias do mês de janeiro. Em qual crime a conduta de Aroeira se enquadra:

  A) atentado contra a liberdade de trabalho;

  *Gabarito: a*

  *Está perfeitamente caracterizado o crime tipificado no art. 197 do Código Penal.*

5. **Concurso de crimes:** Se o crime for cometido com violência ou grave ameaça, o agente responde pelo crime do art. 197 do Código penal em concurso material com o crime correspondente a violência.

**Atentado contra a liberdade de contrato de trabalho e boicotagem violenta**

**Art. 198 – Constranger** alguém, mediante **violência ou grave ameaça,** a **celebrar contrato de trabalho, ou a não fornecer a outrem** ou **não adquirir de outrem** matéria-prima ou produto industrial ou agrícola:

Pena – detenção, de um mês a um ano, e multa, além da pena correspondente à violência.

1. **Atentado contra a liberdade de contrato de trabalho e boicotagem violenta**

- Bem jurídico: *liberdade de trabalho e relações de trabalho*

- Núcleo do tipo: *constranger – com violência ou grave ameaça a: (i) celebrar contrato de trabalho; (ii) não fornecer; (iii) não adquirir*
- Sujeito ativo: *qualquer pessoa pode praticar a conduta (crime comum)*
- Sujeito passivo: *qualquer pessoa*
- Elemento subjetivo: *dolo*
- Consumação: *o crime estará consumado na ocorrência do resultado indicado pela lei, ou seja, com a celebração do contrato, ou no momento que a vítima não fornece ou não adquire o produto.*
- Tentativa: *é possível a tentativa*
- Ação Penal: *pública incondicionada*
- Lei 9.099/95: *trata-se de infração de menor potencial ofensivo, portanto é aplicado a Lei 9.099.*

► **CLASSIFICAÇÃO:**

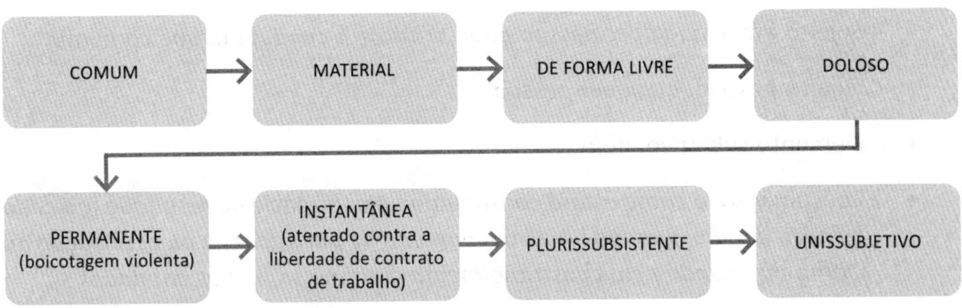


2. **Norma penal em branco:** o tipo descrito é uma norma penal em branco, pois depende de complemento para conceituar "contrato de trabalho" o que é feito pela Consolidação das Leis do Trabalho (CLT).

3. **Conduta:** o tipo penal do art. 198 do Código Penal tipifica dois crimes: (i) atendado contra a liberdade de trabalho (1ª parte) e boicotagem violenta (2ª parte). Nos dois crimes a pena cominada em abstrato é a mesma.

   **3.1. Núcleo do tipo:** o núcleo utilizado é constranger, mas esse constrangimento se dá com a utilização de violência ou grave ameaça.

   - Art. 198, *caput* 1ª parte – Atentado contra a liberdade de contrato de trabalho
   - Art. 198, *caput* 2ª parte – Boicotagem violenta

4. **Concurso de crimes:** o crime é dá com violência ou grave ameaça, o agente responde pelo crime do art. 197 do Código penal em concurso material com o crime correspondente a violência.

▶ **ATENÇÃO**: se a conduta do agente for o constrangimento para que a vítima NÃO CELEBRE contrato de trabalho, não estará configurado o crime do art. 198 do CP, mas sim do art. 146 do mesmo diploma legal (constrangimento ilegal).

**Atentado contra a liberdade de associação**

**Art. 199 – Constranger alguém, mediante violência ou grave ameaça,** a **participar ou deixar de participar** de determinado sindicato ou associação profissional:

Pena – detenção, de um mês a um ano, e multa, além da pena correspondente à violência.

## 1. Atentado contra a liberdade de associação

- Bem jurídico: *é a liberdade de associação ou não associação do trabalhador*
- Núcleo do tipo: *constranger – com violência ou grave ameaça a: (i) participar (ii) deixar de participar*
- Sujeito ativo: *qualquer pessoa pode praticar a conduta (crime comum).*
- Sujeito passivo: *qualquer pessoa*
- Elemento subjetivo: *dolo*
- Consumação: *o crime estará consumado na ocorrência do resultado indicado pela lei, ou seja, quando há o impedimento de participação ou associação da vítima ou quando pelo constrangimento a vítima se filia às entidades.*
- Tentativa: *é possível a tentativa*
- Ação Penal: *pública incondicionada*
- Lei 9.099/95: *trata-se de infração de menor potencial ofensivo, portanto é aplicado a Lei 9.099.*

▶ **CLASSIFICAÇÃO:**

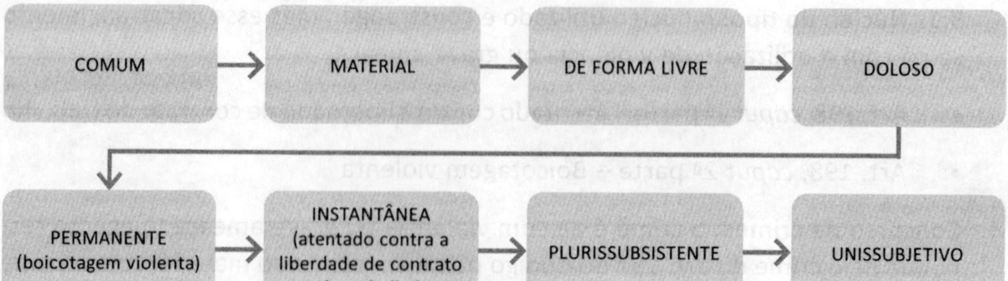

2. **Proteção Constitucional:** o art. 5º, XVII da Constituição Federal assegura a liberdade de associação, além do art. 8º, V da nossa Carta Maior.

3. **Conduta:** a conduta precisa ocorrer sob violência ou grave ameaça empregado contra a vítima para que esta participe (tomar parte ou associar-se) ou não participe (não se associar ou deixar de participar) de sindicado ou associação profissional.

**Aplicação em concurso:**

- ***Ano: 2018 Banca: VUNESP Órgão: PC-BA Prova: Delegado de Polícia*** *(adaptada)*

  A respeito dos crimes contra a organização do trabalho, é incorreto afirmar que

  B) o crime de atentado contra a liberdade de associação configura-se pela conduta de constranger alguém, mediante violência ou grave ameaça, a participar de sindicato. Já a conduta de impedir a saída de sindicato é atípica.

  *Gabarito: b*

  *Como é possível observar, o enunciado exigia que o candidato indicasse a alternativa incorreta. Portanto, era necessário que o candidato tivesse conhecimento acerca do crime do art. 199 para conhecer o erro da assertiva consistente no fato de que o crime de atentado contra a liberdade de associação abrange as suas condutas descritas, portanto, impedir a saída de sindicato é conduta típica.*

► **Aplicação pelo STJ:**

**STJ:** Para **configurar o delito do artigo 199 do Estatuto Repressivo é preciso que a conduta gere ao menos perigo para a organização do trabalho,** perigo para a existência ou funcionamento do sindicato ou da associação (STJ, ROHC 4749/CE, Rel. Luiz Vicente Cernicchiaro, DJU 6/5/1996).

**Paralisação de trabalho, seguida de violência ou perturbação da ordem**

**Art. 200 – Participar** de **suspensão ou abandono coletivo de trabalho, praticando violência contra pessoa ou contra coisa:**

Pena – detenção, de um mês a um ano, e multa, além da pena correspondente à violência.

Parágrafo único – Para que se considere coletivo o abandono de trabalho **é indispensável o concurso de, pelo menos, três empregados.**

1. **Paralisação de trabalho, seguida de violência ou perturbação da ordem**

- Bem jurídico: *liberdade de trabalhado*
- Núcleo do tipo: *participar praticando violência contra pessoa ou coisa de: lockout (abandono de trabalho pelos empregadores) ou greve (abandono coletivo de trabalho).*
- Sujeito ativo: *lockout – os empregadores; greve – empregados (pelo menos 3)*

- Sujeito passivo: *qualquer pessoa física, e também a jurídica no caso de violência contra coisa.*
- Elemento subjetivo: *dolo*
- Consumação: *o crime estará consumado quando ocorrer o emprego da violência no decorrer de suspensão ou abandono de trabalho.*
- Tentativa: *é possível a tentativa*
- Ação Penal: *pública incondicionada*
- Lei 9.099/95: *trata-se de infração de menor potencial ofensivo, portanto é aplicado a Lei 9.099/95.*

► **CLASSIFICAÇÃO:**

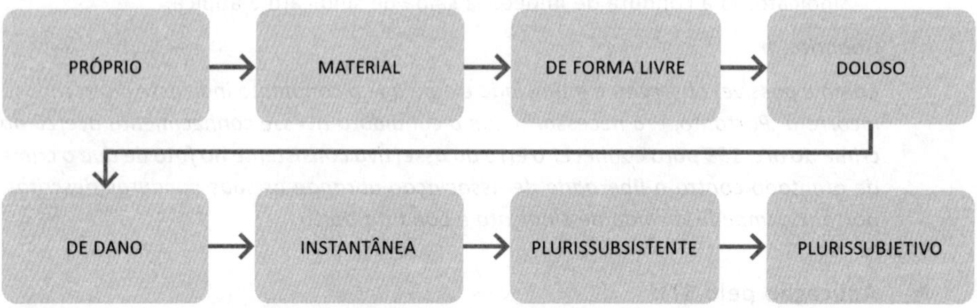


2. **Previsão Constitucional:** o art. 9º, caput da Constituição Federal assegura o direito de greve, portanto, o trabalhador pode sim participar da greve e tal conduta não é crime. No entanto, se o trabalhador adere ao movimento e pratica violência contra pessoa ou contra coisa, estará configurado o crime.

3. **Competência:** a competência para julgamento do crime é da Justiça Federal, tendo em vista se tratar de abandono coletivo.

4. **Conduta:** a ação nuclear do tipo penal pode ser dividida: *(i) lockout* – é o abandono de trabalho pelos empregados; *(ii) greve* – abandono coletivo de trabalho (depende de pelo menos 3 pessoas envolvidas). Imprescindível que tenha violência contra a pessoa ou contra coisa.

► **Aplicação pelo STJ:**

**STJ: "O delito do art. 200 do CP exige, para a sua configuração, a participação de pelo menos três pessoas em concurso.** O Ato isolado de pseudogrevista baderneiro e irresponsável, sem que se tenha identificado ação conjunta de outros partícipes, não configura o tipo penal indicado (TRF – 1º Região, RCCR 23.118/BA, 4ª Turma, rel. Eliana Calmon. J. 19/09/1994).

**STJ:** No crime contra a organização do trabalho se as ações não atingiram proporções que pudessem ser consideradas ofensivas **à organização do trabalho**

**como um todo**, mas tão- somente a um pequeno grupo de trabalhadores de uma única empresa, **a competência será da justiça estadual.** (STJ – CC: 127374 SP 2013/0078272-5, data de Publicação: DJ 05/12/2014)

5. **Concurso de crimes:** o crime em análise pressupõe a utilização da violência que poderá incorrer o agente em concurso material com outro tipo penal, como por exemplo, o crime de dano e lesão corporal.

**Paralisação de trabalho de interesse coletivo**

**Art. 201 - Participar** de suspensão ou abandono coletivo de trabalho, provocando a **interrupção de obra pública ou serviço de interesse coletivo:**

Pena - detenção, de seis meses a dois anos, e multa.

---

▶ **ATENÇÃO:** há quem entenda que o dispositivo foi revogado pela Lei 7.783/89, isso pelo fato de que pela lei citada seria possível haver greve em serviços essenciais. Para os que assim entendem, a greve pacífica, ainda que seja de serviços ou atividades essenciais é conduta atípica, visto que o art. 37, VII da Constituição Federal não foi objeto de lei complementar.

O delito em análise refere-se ao lockout ou à greve ilícitos (ou abusivos), em decorrência de meio executivo empregado, consistente na provocação intencional (dolosa) da interrupção total de obras públicas ou serviços de interesse coletivo. O conceito de obras públicas ou serviços de interesse coletivo são entendidos como aqueles essenciais à população, como dispõe o parágrafo 1º do art. 9º da CF/88.

---

1. **Paralisação de trabalho de interesse coletivo**

- Bem jurídico: *interesse comum(da coletividade)*
- Núcleo do tipo: *participar de suspensão (lockout) ou abandono coletivo de trabalho (greve) que ocasione a interrupção de obra pública ou serviço de interesse coletivo.*
- Sujeito ativo: *lockout – os empregadores; greve – empregados, mas que tenham responsabilidade com obra pública ou serviço de interesse coletivo.*
- Sujeito passivo: *será a coletividade*
- Elemento subjetivo: *dolo*
- Consumação: *o crime estará consumado quando ocorrer a paralisação ou interrupção da obra pública ou serviço de interesse coletivo.*
- Tentativa: *é possível a tentativa*
- Ação Penal: *pública incondicionada*
- Lei 9.099/95: *trata-se de infração de menor potencial ofensivo, portanto é aplicado a Lei 9.099/95.*

### ► CLASSIFICAÇÃO:

PRÓPRIO → MATERIAL → DE FORMA LIVRE → DOLOSO → INSTANTÂNEO → PLURISSUBSISTENTE → PLURISSUBJETIVO

---

► **ATENÇÃO:** não é preciso que a conduta ocorra sob emprego de violência ou grave ameaça, pois o tipo penal não fala nisso.

---

### Aplicação em concurso:

- ***Ano: 2018 Banca: VUNESP Órgão: PC-BA Prova: Delegado de Polícia***

  A respeito dos crimes contra a organização do trabalho, é correto afirmar que

  C) o crime de paralisação do trabalho de interesse coletivo configura-se independentemente do emprego de violência contra pessoas ou coisas.

  *Gabarito: c*

  *O crime do art. 201 do CP não pressupõe o emprego de violência.*

1. **Competência:** será competente para julgar e processar o tipo penal em análise a Justiça Federal, pois trata-se de interesse coletivo.

> **Invasão de estabelecimento industrial, comercial ou agrícola. Sabotagem**
>
> **Art. 202 – Invadir ou ocupar** estabelecimento industrial, comercial ou agrícola, com o **intuito de impedir** ou **embaraçar o curso normal do trabalho, ou com o mesmo fim danificar** o estabelecimento ou as coisas nele existentes ou delas dispor:
>
> Pena – reclusão, de um a três anos, e multa.

1. **Invasão de estabelecimento industrial, comercial ou agrícola. Sabotagem**
   - Bem jurídico: *organização do trabalho*
   - Núcleo do tipo: *participar de suspensão (lockout) ou abandono coletivo de trabalho (greve) que ocasione a interrupção de obra pública ou serviço de interesse coletivo.*
   - Sujeito ativo: *pode ser praticado por qualquer pessoa (crime comum).*

- Sujeito passivo: *proprietário do estabelecimento industrial, comercial ou agrícola e também a coletividade quando ficar privada de serviço prestado pelo estabelecimento atingido.*
- Elemento subjetivo: *dolo – com a intenção específica de impedir, embaraçar o curso do trabalho, ou ainda, danificar o estabelecimento e as coisas.*
- Consumação: *o crime estará consumado quando ocorrer a invasão ou ocupação do local, e no caso da sabotagem, quando acontecer o dano ao estabelecimento ou as coisas ali existentes.*
- Tentativa: *é possível a tentativa*
- Ação Penal: *pública incondicionada*
- Lei 9.099/95: *não se configura como infração de menor potencial ofensivo, no entanto, será possível a suspensão condicional do processo nos termos do art. 89 da Lei 9.099/95.*

► **CLASSIFICAÇÃO:**

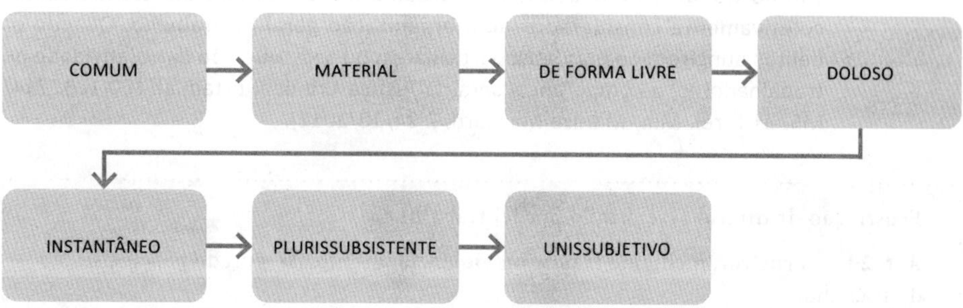


2. **Conduta:** o tipo penal pode ocorrer de duas formas diferentes: a primeira pela invasão ou ocupação do estabelecimento industrial, comercial ou agrícola quando o agente possui a intenção de impedir ou embaraçar o trabalho ali desenvolvido, ou ainda, quando o agente possui a mesma intenção, mas danifica (total ou parcialmente) estabelecimento ou as coisas que ali estão, ou ainda, dispõe dessas coisas, ou seja, vende, troca, etc. A segunda forma de praticar o crime, é chamado de sabotagem.

**Aplicação em concurso:**

- ***Ano: 2018 Banca: INSTITUTO AOCP Órgão: TRT – 1ª REGIÃO(RJ) Prova: Técnico Judiciário – Segurança***

  Determinados empregados de uma empresa metalúrgica invadiram seu estabelecimento no período noturno e destruíram os bens necessários para o trabalho normal existente dentro do estabelecimento, tais como máquinas da linha de produção, em protesto contra medidas de gestão tomadas pelo empregador. A esses trabalhadores é possível imputar a conduta penalmente tipificada como

  A) crime de dano (art. 163, CP).

B) crime de exercício de atividade com infração de decisão administrativa (art. 205, CP).

C) crime de paralisação de trabalho, seguida de violência ou perturbação da ordem (art. 200, CP).

D) crime de invasão de estabelecimento industrial, comercial ou agrícola e sabotagem (art. 202, CP).

E) crime de exercício arbitrário das próprias razões (art. 345, CP).

*Gabarito: d*

*O enunciado frisa que foram destruídos bens necessários ao normal funcionamento, o que levaria a configuração do artigo 202 do CP.*

3. **Competência:** será competente para julgar e processar o tipo penal em análise a Justiça Federal, pois trata-se de interesse coletivo.

► **Aplicação pelo STJ:**

**STJ: Compete à Justiça Federal o julgamento dos crimes contra a organização do trabalho dede que demonstrada a lesão a direito dos trabalhadores coletivamente considerados ou à organização geral do trabalho.** Quando os delitos atingirem apenas bens particulares, ou seja, que não da coletividade de trabalhadores, a competência será da Justiça Criminal Estadual. (CC 123. 714/MS, 3ª T, rel. Min. Marilza Maynard, j. 24/10/2012).

**Frustração de direito assegurado por lei trabalhista**

**Art. 203 - Frustrar**, mediante **fraude ou violência**, direito assegurado pela legislação do trabalho:

Pena – detenção de um ano a dois anos, e multa, além da pena correspondente à violência. (Redação dada pela Lei nº 9.777, de 29.12.1998)

§ 1º **Na mesma pena incorre quem**: (Incluído pela Lei nº 9.777, de 1998)

I – **obriga ou coage** alguém a **usar mercadorias de determinado estabelecimento**, para impossibilitar o desligamento do serviço em virtude de dívida; (Incluído pela Lei nº 9.777, de 1998)

II – **impede** alguém **de se desligar de serviços de qualquer natureza**, mediante coação ou por meio da retenção de seus documentos pessoais ou contratuais. (Incluído pela Lei nº 9.777, de 1998)

§ 2º A **pena é aumentada** de um sexto a um terço se a vítima é menor de dezoito anos, idosa, gestante, indígena ou portadora de deficiência física ou mental. (Incluído pela Lei nº 9.777, de 1998)

1. **Frustração de direito assegurado por lei trabalhista**

- Bem jurídico: *organização do trabalho e a lei garantidora dos direitos trabalhistas (há divergência quanto a tutela penal pela a lei trabalhista)*

- Núcleo do tipo: o crime prescreve mais de um núcleo
  (i) *Caput*: *frustrar (impedir, obstar) por meio de fraude ou violência*
  (ii) §1º, inciso I: *obrigar ou coagir (coação para compra de mercadorias)*
  (iii) §1º, inciso II: *impedir (coação e retenção de documentos)*
- Sujeito ativo: *pode ser praticado por qualquer pessoa (crime comum)*
- Sujeito passivo: *o trabalhador prejudicado, e aos que consideram que exista a tutela penal para lei trabalhista, figura também como sujeito passivo o Estado.*
- Elemento subjetivo: *dolo*
- Consumação: *depende do núcleo que o agente estiver incurso*
  (i) *Caput*: *com a frustração do direito trabalhista*
  (ii) §1º, inciso I: *com o uso da mercadoria*
  (iii) §1º, inciso II: *com a retenção dos documentos do trabalhador*
- Tentativa: *é possível a tentativa*
- Ação Penal: *pública incondicionada*
- Lei 9.099/95: *não se configura como infração de menor potencial ofensivo, no entanto, será possível a suspensão condicional do processo nos termos do art. 89 da Lei 9.099/95.*

► **CLASSIFICAÇÃO:**

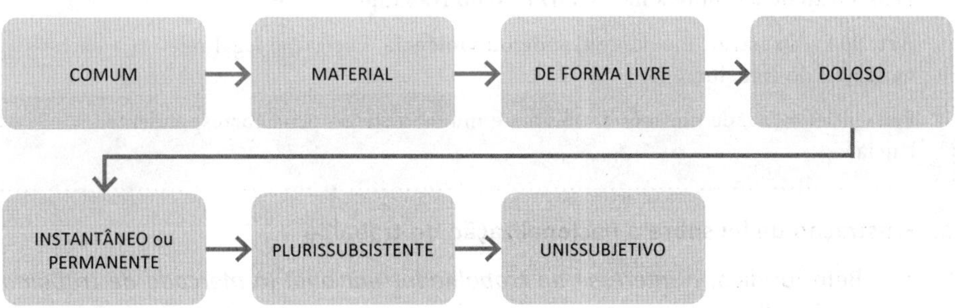


2. **Norma penal em branco:** o tipo descrito é uma norma penal em branco homogênea, pois depende de complemento pela legislação trabalhista para indicar os direitos assegurados aos trabalhadores.
3. **Conduta:** o crime do art. 203 do CP é um crime de ação múltipla. As condutas do §1º são condutas equiparadas ao *caput* e possuem a mesma pena cominada em abstrato.

4. **Causa de aumento de pena:** o §2º do artigo em comento indica uma causa de aumento de pena que deverá ser aplicada ao agente se a vítima for menor de 18 (dezoito) anos, idosa, gestante, indígena ou portadora de deficiência física ou mental.

**Aplicação em concurso:**

- ***Ano: 2017 Banca: FCC Órgão: TST Prova: Juiz do Trabalho Substituto***

Suponha que Maria, supervisora administrativa do setor de tecelagem da Empresa Júpiter, pessoal e previamente preenchia os controles de ponto dos empregados que lhe eram subordinados, com jornadas inferiores àquelas efetivamente praticadas. Determinava também que os trabalhadores apusessem, dia a dia, as respectivas assinaturas ao lado dos errôneos dados já inseridos, objetivando afastar a necessidade de pagamento de horas extras. Os empregados da empresa, dentre os quais quatro indígenas que residiam no Estado "A", haviam sido atraídos pela empresa para o Estado "B", local de desenvolvimento dos trabalhos, não lhes sendo asseguradas pela empregadora as condições previamente prometidas para retorno ao local de origem, quando ocorreu o encerramento dos pactos de emprego.

B) no delito de frustração de direito assegurado por lei trabalhista, a existência, como empregados, de indígenas atingidos pelas condutas criminosas é causa de aumento de pena de um sexto a um terço.

*Gabarito: b*

*A alternativa b está correta, a causa de aumento de pena descrita na alternativa está descrita no art. 203, §2º do CP.*

5. **Concurso de crimes:** o crime em análise quando for praticado com a utilização da violência responderá o agente pelo crime em comento em concurso material com o crime referente à violência.

**Frustração de lei sobre a nacionalização do trabalho**

**Art. 204** – **Frustrar**, mediante **fraude ou violência**, obrigação legal relativa à nacionalização do trabalho:

Pena – detenção, de um mês a um ano, e multa, além da pena correspondente à violência.

1. **Frustração de lei sobre a nacionalização do trabalho**

- Bem jurídico: *o interesse do trabalhador nacional (o mercado de trabalho nacional)*
- Núcleo do tipo: *frustrar – por meio de fraude ou violência*
- Sujeito ativo: *pode ser praticado por qualquer pessoa (crime comum)*
- Sujeito passivo: *o Estado.*

- Elemento subjetivo: *dolo*
- Consumação: *consuma-se com a frustação da lei sobre a nacionalização do trabalho*
- Tentativa: *é possível a tentativa*
- Ação Penal: *pública incondicionada*
- Lei 9.099/95: *trata-se de infração de menor potencial ofensivo, razão pela qual aplica-se a Lei 9.099/95.*

► **CLASSIFICAÇÃO:**

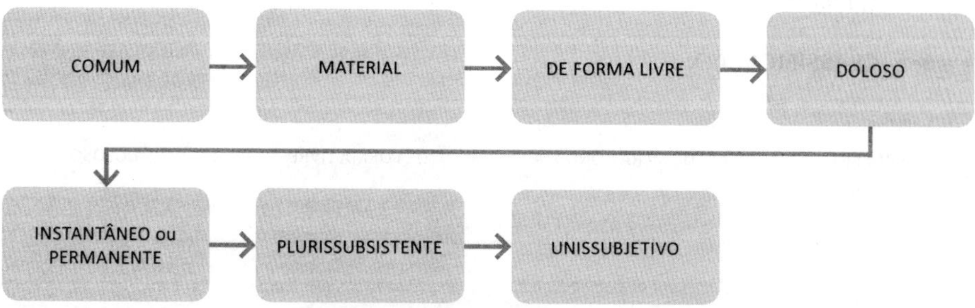


2. **Norma penal em branco:** o tipo descrito é uma norma penal em branco homogênea, pois depende de complemento pela legislação trabalhista para indicar os direitos assegurados aos trabalhadores.
3. **Concurso de crimes:** o tipo penal indica o emprego da violência, quando esta ocorrer o agente responderá em concurso material obrigatório com o tipo penal relativo a violência. Além disso, também poderá existir concurso de crimes com o art. 203 do CP caso ocorra frustração individual do trabalho.
4. **Competência:** será competente para julgar e processar o tipo penal em análise a Justiça Federal, pois trata-se de interesse coletivo.

**Exercício de atividade com infração de decisão administrativa**

**Art. 205 – Exercer** atividade, **de que está impedido por decisão administrativa**:

Pena – detenção, de três meses a dois anos, ou multa.

1. **Exercício de atividade com infração de decisão administrativa**
   - Bem jurídico: *interesse do Estado no cumprimento das suas decisões*
   - Núcleo do tipo: *exercer (praticar, desempenhar)*

- Sujeito ativo: *pessoa que esteja impedida de exercer atividade por decisão administrativa.*
- Sujeito passivo: *o Estado.*
- Elemento subjetivo: *dolo*
- Consumação: *quando o agente exercer continuamente a atividade que estava proibido*
- Tentativa: *não é possível a tentativa*
- Ação Penal: *pública incondicionada*
- Lei 9.099/95: *trata-se de infração de menor potencial ofensivo, aplica-se a Lei 9.099/95.*

► **CLASSIFICAÇÃO:**

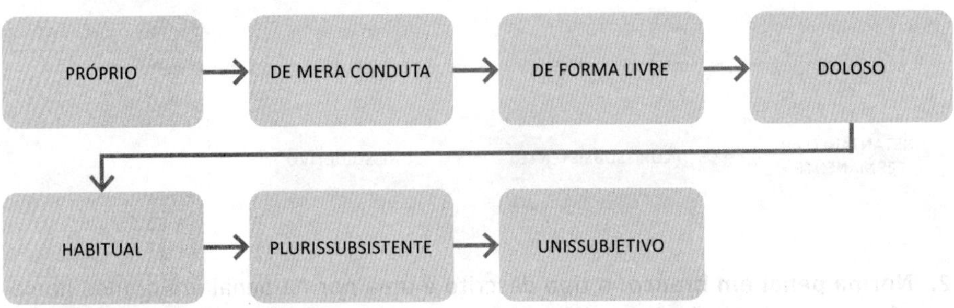


2. **Configuração da conduta:** para que o crime possa ser configurado é preciso que antes da prática da sua conduta exista uma decisão administrativa que impeça o agente de exercer a atividade. Frisa-se que a decisão deve ser administrativa e não judicial.

   **2.1. Crime habitual**: a doutrina e a jurisprudência entendem que é crime habitual, e para que se consume é preciso que tenha continuidade na prática da atividade que o agente estava proibido.

3. **Competência**: esse crime não envolve interesse coletivo do trabalho, portanto, será da competência da Justiça Estadual. No entanto, se for praticado em detrimento de bens, serviços ou interesses da União nos termos do art. 109, IV da Constituição Federal, será competente a Justiça Federal.

**Aliciamento para o fim de emigração**

**Art. 206 – Recrutar** trabalhadores, **mediante fraude**, com o **fim** de levá-los para território estrangeiro. (Redação dada pela Lei nº 8.683, de 1993)

Pena – detenção, de 1 (um) a 3 (três) anos e multa. (Redação dada pela Lei nº 8.683, de 1993)

**1. Aliciamento para o fim de emigração**

- Bem jurídico: *interesse do Estado na manutenção dos trabalhadores em território nacional*
- Núcleo do tipo: *recrutar – deve ser por meio de fraude*
- Sujeito ativo: *pode ser praticado por qualquer pessoa (crime comum)*
- Sujeito passivo: *o Estado e os trabalhadores enganados.*
- Elemento subjetivo: *dolo*
- Consumação: *com o recrutamento mediante emprego de fraude*
- Tentativa: *é possível a tentativa*
- Ação Penal: *pública incondicionada*
- Lei 9.099/95*: não é infração de menor potencial ofensivo, mas admite a suspensão condicional do processo nos termos do art. 89 da Lei 9.099/95.*

► **CLASSIFICAÇÃO:**

COMUM → FORMAL → DE FORMA LIVRE → DOLOSO → INSTANTÂNEO → PLURISSUBSISTENTE → UNISSUBJETIVO

**2. Conduta:** a conduta descrita no tipo penal é "recrutar", no entanto o tipo indica a necessidade que se faça por meio de fraude, ou seja, que seja utilizado artifício, meio enganoso ou outra forma fraudulenta. Além disso, exige o tipo uma finalidade de levar esses trabalhadores para território estrangeiro.

**2.1. Recrutamento de trabalhadores:** o tipo penal se refere a "trabalhadores" o que faz com que seja necessário mais de um trabalhador. A doutrina diverge na quantidade necessária de trabalhadores, há quem entenda que bastam 02 (dois), mas há posicionamento no sentido de que seria preciso ao menos 03 (três).

**3. Competência:** este crime deverá ser processado e julgado pela Justiça Federal.

**Aliciamento de trabalhadores de um local para outro do território nacional**

**Art. 207 – Aliciar trabalhadores**, com o **fim** de levá-los de uma para outra localidade do território nacional:

Pena – detenção de um a três anos, e multa. (Redação dada pela Lei nº 9.777, de 29.12.1998)

§ 1º **Incorre na mesma pena** quem **recrutar** trabalhadores fora da localidade de execução do trabalho, dentro do território nacional, **mediante fraude ou cobrança de qualquer quantia do trabalhador**, ou, ainda, **não assegurar** condições do seu retorno ao local de origem. (Incluído pela Lei nº 9.777, de 1998)

§ 2º A **pena é aumentada de um sexto a um terço** se a vítima é menor de dezoito anos, idosa, gestante, indígena ou portadora de deficiência física ou mental. (Incluído pela Lei nº 9.777, de 1998)

## 1. Aliciamento de trabalhadores de um local para outro do território nacional

- Bem jurídico: *interesse do Estado na manutenção de povoamento territorial (êxodo de trabalhadores)*
- Núcleo do tipo: depende

  - Caput: *aliciar (atrair, convencer)*

  - §1º: *recrutar – por meio de fraude*

  - §1º: *recrutar – cobrando qualquer quantia*

  - §1º: *não assegurar condições de retorno*
- Sujeito ativo: *pode ser praticado por qualquer pessoa (crime comum)*
- Sujeito passivo: *o Estado e os trabalhadores aliciados*
- Elemento subjetivo: *dolo*
- Consumação: *com o aliciamento dos trabalhadores, ou quando nega recursos para o retorno*
- Tentativa: *é possível a tentativa*
- Ação Penal: *pública incondicionada*
- Lei 9.099/95*: não é considerada infração de menor potencial ofensivo, mas admite-se a suspensão condicional do processo, nos termos do art. 89 da Lei 9.099/95.*

### ▶ CLASSIFICAÇÃO:

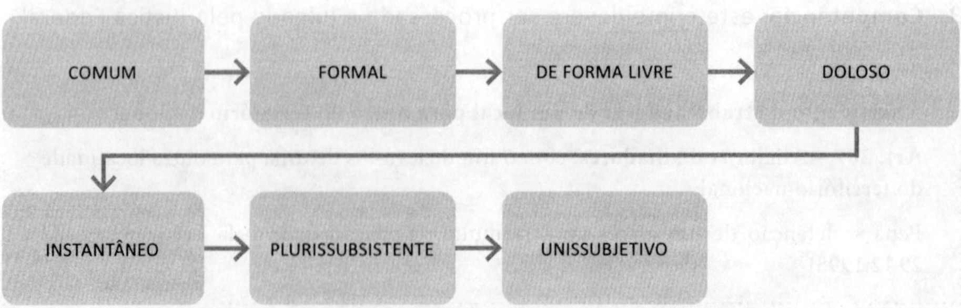

2. **Conduta equiparada:** o §1º do artigo em comento prevê uma conduta equiparada, ou seja, que amplia as condutas do tipo penal utilizando a mesma pena em abstrato cominada para o *caput*.
3. **Forma majorada:** o §2º prescreve uma causa de aumento de pena de 1/6 (um sexto) a 1/3 (um terço) caso a vítima seja menor de 18 (dezoito) anos, idosa, gestante, indígena ou portadora de deficiência física ou mental.
4. **Aliciamento de trabalhadores:** o tipo penal se refere a "trabalhadores", o que faz com que seja necessário mais de um trabalhador para sua configuração. A doutrina diverge na quantidade necessária de trabalhadores, há quem entenda que bastam 02 (dois), mas há posicionamento no sentido de que seria preciso ao menos 03 (três).

# TÍTULO V
# DOS CRIMES CONTRA O SENTIMENTO RELIGIOSO E CONTRA O RESPEITO AOS MORTOS

## CAPÍTULO I
## DOS CRIMES CONTRA O SENTIMENTO RELIGIOSO

**Ultraje a culto e impedimento ou perturbação de ato a ele relativo**

**Art. 208 - Escarnecer de alguém publicamente,** por motivo de crença ou função religiosa; **impedir ou perturbar** cerimônia ou prática de culto religioso; **vilipendiar** publicamente ato ou objeto de culto religioso:

Pena - detenção, de um mês a um ano, ou multa.

Parágrafo único - Se há **emprego de violência**, a **pena é aumentada** de um terço, sem prejuízo da correspondente à violência.

1. **Ultraje a culto e impedimento ou perturbação de ato a ele relativo**
   - Bem jurídico: *liberdade individual de crença e exercício religioso*
   - Núcleo do tipo: misto alternativo – *escarnecer (ridicularizar); impedir (interromper, obstruir); perturbar (atrapalhar); vilipendiar (desprezar, ultrajar).*
   - Sujeito ativo: *pode ser praticado por qualquer pessoa (crime comum)*
   - Sujeito passivo: *no primeiro núcleo deve ser uma pessoa determinada, nas demais a coletividade religiosa.*
   - Elemento subjetivo: *dolo*
   - Consumação: *depende do núcleo do tipo praticado: (i) escarnecer – com o escárnio; (ii) impedir ou perturbar – com o impedimento ou perturbação; (iii) vilipendiar – com o efetivo vilipêndio. Em todos os casos não depende de efetiva lesão ao sentimento religioso.*
   - Tentativa: *é possível a tentativa. No vilipêndio a tentativa somente será possível na forma escrita.*

- Ação Penal: *pública incondicionada*
- Lei 9.099/95*: é infração de menor potencial ofensivo, aplicando-se a Lei 9.099/95.*

▶ **CLASSIFICAÇÃO:**

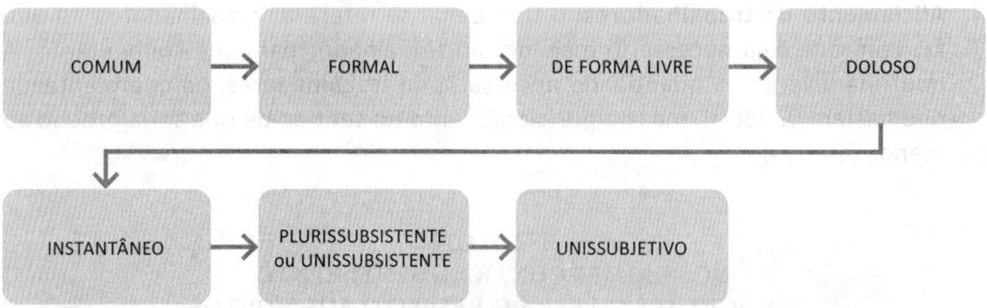


2. **Proteção Constitucional:** a Constituição Federal protege a liberdade de consciência e de crença, e ainda garante o livre exercício dos cultos religiosos e a proteção aos locais de culto e liturgias, conforme art. 5º, VI da CF.

3. **Forma majorada:** parágrafo único está determinado uma causa de aumento de pena de 1/3 (um terço) se o agente empregar violência. A violência poderá ser contra a pessoa ou contra coisa.

   **3.1. Concurso de crimes:** caso ocorra a conduta na forma majorada será aplicado concurso material obrigatório de crimes para o crime em comento e o correspondente a violência, conforme previsão legal.

**Aplicação em concurso:**

- ***Ano: 2017 Banca: CESPE Órgão: DPE-AL Prova: Defensor Público***

  No que tange aos crimes contra o sentimento religioso, assinale a opção correta.

  A) Para que configure crime, a prática do escárnio deve expressar o fim específico de ofender o sentimento religioso de um indivíduo, como elemento subjetivo do injusto.

  *Gabarito: a*

  *A finalidade do agente é ofender o sentimento religioso de pessoa determinada, no caso, de um indivíduo.*

## CAPÍTULO II
## DOS CRIMES CONTRA O RESPEITO AOS MORTOS

**Impedimento ou perturbação de cerimônia funerária**

**Art. 209 – Impedir** ou **perturbar** enterro ou cerimônia funerária:

Pena – detenção, de um mês a um ano, ou multa.

Parágrafo único – Se há **emprego de violência**, a **pena é aumentada** de um terço, sem prejuízo da correspondente à violência.

## 1. Impedimento ou perturbação de cerimônia funerária

- Bem jurídico: *respeito aos mortos*
- Núcleo do tipo: misto alternativo – *impedir (interromper, obstruir), perturbar (atrapalhar).*
- Sujeito ativo: *pode ser praticado por qualquer pessoa (crime comum)*
- Sujeito passivo: *coletividade e as pessoas presentes no enterro ou cerimônia – crime vago.*
- Elemento subjetivo: *dolo*
- Consumação: *com o efetivo impedimento ou perturbação do enterro ou cerimônia.*
- Tentativa: *é possível a tentativa*
- Ação Penal: *pública incondicionada*
- Lei 9.099/95: *é infração de menor potencial ofensivo, aplicando-se, assim, a Lei 9.099/95.*

▶ **CLASSIFICAÇÃO:**

COMUM → FORMAL → DE FORMA LIVRE → DOLOSO → INSTANTÂNEO → PLURISSUBSISTENTE ou UNISSUBSISTENTE → UNISSUBJETIVO

**2. Finalidade:** o tipo penal exige uma finalidade na prática da conduta, qual seja, de ultrajar a memória do morto.

**3. Forma majorada:** o tipo prevê uma causa de aumento de pena no parágrafo único que será aplicada se houver emprego de violência.

**Aplicação em concurso:**

- ***Ano: 2015 Banca: CESPE Órgão: TJ-PB Prova: Juiz Substituto***

Acerca da disciplina legal dos crimes previstos na parte especial do CP, assinale a opção correta.

D) No crime de impedimento ou perturbação de enterro ou cerimônia funerária, constitui causa de aumento de pena o fato de o agente praticar o referido crime mediante violência.

*Gabarito: d*

*A causa de aumento de pena está descrita no parágrafo único do art. 209 do Código Penal.*

**3.1. Concurso de crimes:** caso ocorra a conduta na forma majorada será aplicado concurso material obrigatório de crimes para o crime em comento e o correspondente a violência, conforme previsão legal.

**Violação de sepultura**

**Art. 210** – **Violar** ou **profanar** sepultura ou urna funerária:

Pena – reclusão, de um a três anos, e multa.

**1. Violação de sepultura**

- Bem jurídico: *respeito aos mortos*
- Núcleo do tipo: misto alternativo – *violar (invadir, devassar, abrir), profanar (macular, tratar com desprezo).*
- Sujeito ativo: *pode ser praticado por qualquer pessoa (crime comum)*
- Sujeito passivo: *coletividade e a família do morto – crime vago.*
- Elemento subjetivo: *dolo*
- Consumação: *com a violação ou profanação da sepultura ou urna funerária*
- Tentativa: *é possível a tentativa*
- Ação Penal: *pública incondicionada*
- Lei 9.099/95: *é infração de menor potencial ofensivo, aplicando-se a Lei 9.099/95.*

▶ **CLASSIFICAÇÃO:**

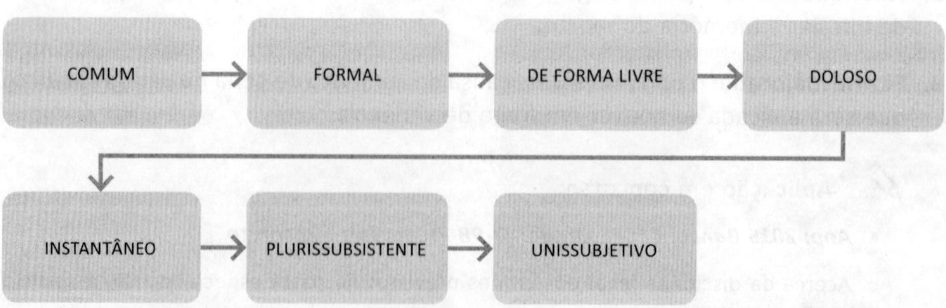

**Destruição, subtração ou ocultação de cadáver**

**Art. 211** – **Destruir, subtrair** ou **ocultar** cadáver ou parte dele:

Pena – reclusão, de um a três anos, e multa.

## 1. Destruição, subtração ou ocultação de cadáver

- Bem jurídico: *respeito aos mortos*
- Núcleo do tipo: misto alternativo – *destruir (aniquilar, desfazer), subtrair (apoderar-se), ocultar (esconder).*
- Sujeito ativo: *pode ser praticado por qualquer pessoa (crime comum)*
- Sujeito passivo: *coletividade e a família do morto – crime vago.*
- Elemento subjetivo: *dolo*
- Consumação: *na ação nuclear destruir, o crime estará consumado com a extinção do cadáver ou parte dele. Na ação de subtração com a retirada do cadáver de seus familiares ou do cemitério, por fim, na ocultação, restará consumado com o desaparecimento do cadáver ou das suas partes.*
- Tentativa: *é possível a tentativa*
- Ação Penal: *pública incondicionada*
- Lei 9.099/95: *não se trata de infração de menor potencial ofensivo, no entanto é possível a suspensão condicional do processo conforme art. 89 da Lei 9.099/95.*

► **CLASSIFICAÇÃO:**

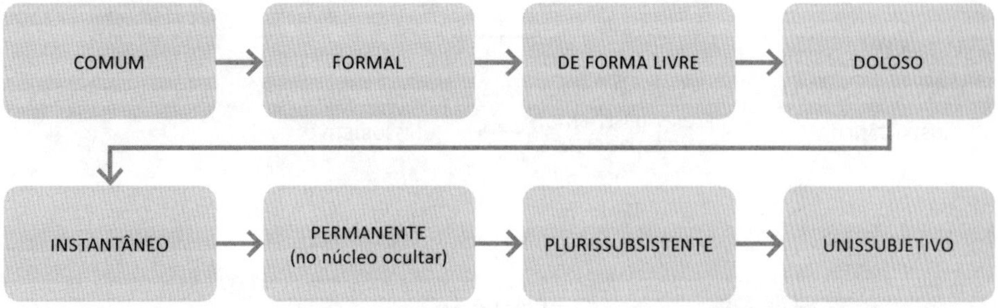


► **ATENÇÃO:** se o agente pratica o crime com a intenção de impedir a apuração de crime de homicídio, responderá pelo artigo em comento em concurso material com o crime de fraude processual (art. 347 do Código Penal).

**Vilipêndio a cadáver**

**Art. 212 – Vilipendiar** cadáver ou suas cinzas:

Pena – detenção, de um a três anos, e multa.

## 1. Vilipêndio de cadáver

- Bem jurídico: *respeito aos mortos*
- Núcleo do tipo: *vilipendiar (desprezar, alvitar)*
- Sujeito ativo: *pode ser praticado por qualquer pessoa (crime comum)*
- Sujeito passivo: *coletividade e a família do morto – crime vago.*
- Elemento subjetivo: *dolo*
- Consumação: *o crime estará consumado com o efetivo vilipêndio*
- Tentativa: *é possível a tentativa, exceto quando o vilipendio for feito de forma verbal*
- Ação Penal: *pública incondicionada*
- Lei 9.099/95*: não se trata de infração de menor potencial ofensivo, no entanto é possível a suspensão condicional do processo, conforme art. 89 da Lei 9.099/95.*

► **CLASSIFICAÇÃO:**

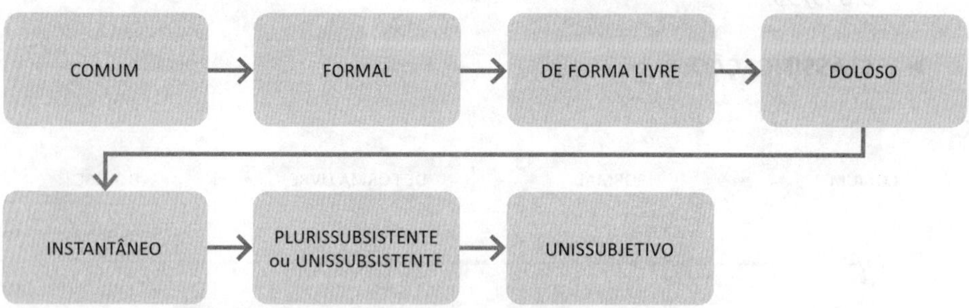


**TÍTULO VI**
**DOS CRIMES CONTRA A DIGNIDADE SEXUAL**
**(Redação dada pela Lei nº 12.015, de 2009)**

**CAPÍTULO I**
**DOS CRIMES CONTRA A LIBERDADE SEXUAL**
**(Redação dada pela Lei nº 12.015, de 2009)**

▶ Os crimes contra a dignidade sexual possuem respaldo constitucional no art. 1º, inciso III da Constituição Federal que tutela a dignidade da pessoa humana, que é um dos fundamentos da República Federativa do Brasil. A dignidade da pessoa humana é inerente a todas as pessoas, sem qualquer tipo de discriminação.

Dentro disso as pessoas possuem o direito da liberdade sexual que nada mais é do que o direito de cada pessoa dispor do seu próprio corpo, e isso engloba o direito de escolher o (a) parceiro (a) sexual, se assim quiser, e também escolher os atos que irá ou não praticar, no momento que desejar, sem que sofra qualquer tipo de violência ou grave ameaça.

**Estupro**

**Art. 213. Constranger** alguém, **mediante violência ou grave ameaça**, a ter conjunção carnal ou a praticar ou permitir que com ele se pratique outro ato libidinoso: (Redação dada pela Lei nº 12.015, de 2009)

Pena – reclusão, de 6 (seis) a 10 (dez) anos. (Redação dada pela Lei nº 12.015, de 2009)

§ 1º Se da conduta **resulta lesão corporal de natureza grave** ou se a **vítima é menor de 18 (dezoito) ou maior de 14 (catorze) anos**: (Incluído pela Lei nº 12.015, de 2009)

Pena – reclusão, de 8 (oito) a 12 (doze) anos. (Incluído pela Lei nº 12.015, de 2009)

§ 2º Se da conduta **resulta morte**: (Incluído pela Lei nº 12.015, de 2009)

Pena – reclusão, de 12 (doze) a 30 (trinta) anos (Incluído pela Lei nº 12.015, de 2009)

## 1. Estupro

- Bem jurídico: *dignidade sexual da vítima*
- Núcleo do tipo: *constranger (forçar, obrigar, compelir) a: (i) ter conjunção carnal; (ii) praticar qualquer ato libidinoso – com violência ou grave ameaça.*
- Sujeito ativo: *pode ser praticado por qualquer pessoa (crime comum)*
- Sujeito passivo: *qualquer pessoa*
- Elemento subjetivo: *dolo*
- Consumação: *com a conjunção carnal, ou com a prática de qualquer ato libidinoso.*
- Tentativa: *é possível a tentativa*
- Ação Penal: *pública incondicionada*
- Lei 9.099/95: *não se trata de infração de menor potencial ofensivo,* não *sendo possível a suspensão condicional do processo, pois trate-se de crime de elevado potencial ofensivo.*

► **CLASSIFICAÇÃO:**

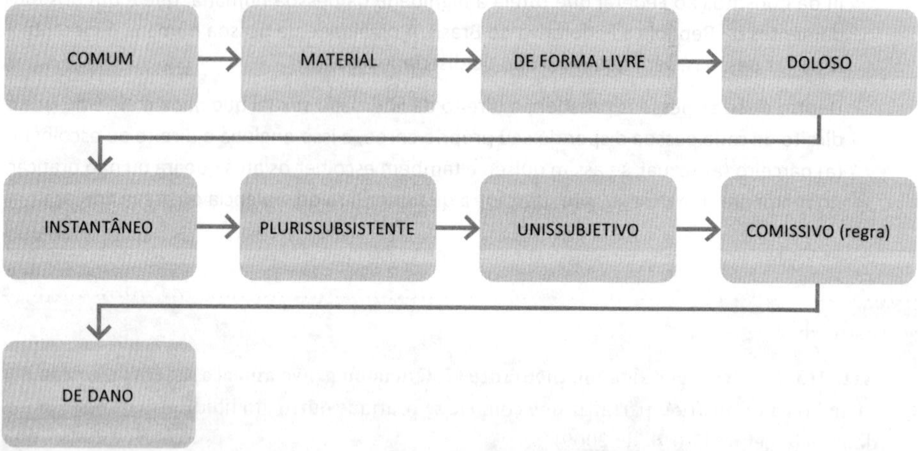


2. **Conceito de estupro:** no decorrer dos anos aconteceram mudanças na legislação no que tange ao crime de estupro, bem como a abrangência dos atos que o significado da palavra estupro engloba. A Lei 12.015/09 trouxe um novo panorama ao vocabulário estupro, que significa tanto a conjunção carnal violenta, bem como, o ato de obrigar a vítima a praticar ou permitir que pratique com o agente qualquer ato libidinoso.

**2.1. Conjunção carnal:** em sentido restritivo, que é o adotado no Brasil, significa introdução do pênis na vagina, ou seja, a cópula vagínica.

**2.2. Ato libidinoso:** ato voluptuoso, lascívio, que é aquele ato que possui finalidade de satisfazer o prazer sexual, como por exemplo, o sexo anal, sexo oral, masturbação, toques em partes íntimas do corpo, introdução dos dedos na vagina ou ânus, beijos voluptuosos, entre outros.

► **ATENÇÃO:** Há posicionamento que entende ser possível a pratica do crime de estupro sem que ocorra contato físico entre o agente e a vítima. Exemplo clássico é quando o agende ordena que a vítima masturbe-se enquanto assiste a cena (RT 429/380).

► **Aplicação pelo STJ:**

**STJ: O crime de estupro estará consumado ainda que não ocorra a conjunção carnal. No caso o agente foi condenado por e**stupro circunstanciado (art. 213, § 1º, do CP), visto que abordou de forma violenta e sorrateira a vítima com a intenção de satisfazer sua lascívia, e pela ação de impingir-lhe, à força, um beijo, após ser derrubada ao solo e mantida subjugada pelo agressor, que a imobilizou pressionando o joelho sobre seu abdômen. STJ. 6ª Turma. REsp 1.611.910-MT, Rel. Min. Rogerio Schietti Cruz, julgado em 11/10/2016 (Info 592).

**Aplicação em concurso:**

- ***Ano: 2017 Banca: FAPEMS Órgão: PC/MS Prova: Delegado de Polícia***

  A dignidade sexual integra o princípio maior da dignidade da pessoa humana e recebe do Estado proteção especial cujas normas penais e sanções passaram nos últimos tempos por grandes modificações, a fim de se adequarem à nova realidade, que envolve em particular a liberdade sexual das pessoas, garantindo a sua livre manifestação e reprimindo quem de alguma forma lhe cause limitação ou aflição. No que diz respeito aos crimes de estupro e estupro de vulnerável, assinale a alternativa correta.

  E) O consentimento da vítima, maior e capaz, obtido por meio de constrangimento praticado em face de grave ameaça perpetrado pelo autor, não afasta a tipicidade formal do crime de estupro.

  *Gabarito: e*

  *Consentimento forçado não é consentimento, portanto, configurado o crime de estupro.*

3. **Violência ou grave ameaça:** para a execução da conduta o agente utiliza a violência ou grave ameaça. A violência é material, com emprego de força física, já a grave ameaça é a utilização da violência moral.
4. **Sujeitos:** o crime é bicomum, ou seja, pode figurar como sujeito ativo tanto homem como por mulher, e como sujeito passivo também.
5. **Estupro entre cônjuges:** é perfeitamente possível, não podendo ser alegando pelo agente exercício regular de direito.

---

▶ **ATENÇÃO:** se a vítima for menor de 14 (quatorze) anos, ou se por enfermidade ou doença mental não tiver o necessário discernimento para a prática do ato, ou ainda, por qualquer outra causa que não a deixe oferecer resistência, a conduta não será enquadrada no art. 213 do CP, mas sim, no crime do art. 217-A do Código Penal (estupro de vulnerável)

---

6. **Atentado violento ao pudor:** a Lei 12. 015/09 unificou em um único tipo penal a conduta do estupro e do atentado violento ao pudor. Não há que se falar em *abolitio criminis* em relação ao atentado violento ao pudor, na verdade o que ocorreu foi a continuidade típico normativa.

**▶ Aplicação pelo STJ:**

**STJ: Considera-se consumado o delito de atentado violento ao pudor cometido por agente que, antes da vigência da Lei 12.015/2009**, com o intuito de satisfazer sua lascívia, levou menor de 14 anos a um quarto, despiu-se e começou a passar as mãos no corpo da vítima enquanto lhe retirava as roupas, ainda que esta tenha fugido do local antes da prática de atos mais invasivos. (REsp 1.309.394-RS, Rei. Min. Rogerio Schietti Cruz, julgado em 3/2/201.5, DJe 20/2/2015) (Info 555)

**STJ:** Aplicação retroativa da lei 12.015/2009. O condenado por estupro e atentado violento ao pudor, praticados no mesmo contexto fático e contra a mesma vítima, **tem direito à aplicação retroativa da lei 12.01S/2009, de modo a ser reconhecida a ocorrência de crime único, devendo a prática de ato libidinoso diverso da conjunção carnal ser valorada na aplicação da pena-base referente ao crime de estupro**. (HC 212.305-DF, Rei. Min. Marilza Maynard (Desembargadora Convocada do TJ/SE), julgado em 24/4/2014) (Info 543)

7. **Crime Hediondo:** o estupro é considerado crime hediondo, nos termos no art. 1º, V da Lei 8.072/90. Importante ressaltar que tanto na forma simples como na qualificada o crime será hediondo.

► **Aplicação pelo STJ:**

**STJ:** Direito penal. Natureza hedionda. Estupro e atentado violento ao pudor cometidos antes da lei n. 12.01S/2009. Forma simples. Recurso repetitivo (art. 543-C do CPC e Res. N. 8/2008-STJ). **Os crimes de estupro e atentado violento ao pudor cometidos antes da edição da Lei n. 12.015/2009 são considerados hediondos, ainda que praticados na forma simples.** (REsp 1.110.520-SP, Rei. Min. Maria Thereza de Assis Moura, julgado em 26/9/2012) (Info 505).

8. **Forma qualificada:** o crime possui duas formas qualificadas, nos §§1º e 2º do artigo em comento, que serão respectivamente quando ocorrer em resultado do estupro lesão grave ou morte e quando a vítima tiver menos de 18 anos e for maior de 14 anos.

► **Súmulas relevantes**:

**Súmula 608 STF:** No crime de estupro, praticado mediante violência real, a ação penal é pública incondicionada.

**Art. 214** – (Revogado pela Lei nº 12.015, de 2009)

► **ARTIGO REVOGADO**

**Violação sexual mediante fraude** (Redação dada pela Lei nº 12.015, de 2009)

**Art. 215. Ter conjunção carnal** ou **praticar outro ato libidinoso** com alguém, **mediante fraude** ou **outro meio que impeça ou dificulte a livre manifestação de vontade da vítima**: (Redação dada pela Lei nº 12.015, de 2009)

Pena – reclusão, de 2 (dois) a 6 (seis) anos. (Redação dada pela Lei nº 12.015, de 2009)

Parágrafo único. Se o crime é cometido com o **fim de obter vantagem econômica**, aplica-se também multa. (Redação dada pela Lei nº 12.015, de 2009)

1. **Violação sexual mediante fraude**

- Bem jurídico: *dignidade sexual da vítima*
- Núcleo do tipo: *(i) ter conjunção carnal; (ii) praticar qualquer ato libidinoso – mediante fraude ou outro meio que impeça ou dificulte a livre manifestação da vontade*
- Sujeito ativo: *pode ser praticado por qualquer pessoa (crime comum)*
- Sujeito passivo: *qualquer pessoa*

- Elemento subjetivo: *dolo*
- Consumação: *com a conjunção carnal, ou com a prática de qualquer ato libidinoso.*
- Tentativa: *é possível a tentativa*
- Ação Penal: *pública incondicionada*
- Lei 9.099/95: *não se trata de infração de menor potencial ofensivo,* não sen- *do possível a suspensão condicional do processo, pois trate-se de crime de elevado potencial ofensivo.*

► **CLASSIFICAÇÃO:**

COMUM → MATERIAL → DE FORMA LIVRE → DOLOSO → INSTANTÂNEO → PLURISSUBSISTENTE → UNISSUBJETIVO → COMISSIVO (regra) → DE DANO

2. **Conduta**: a doutrina denomina o crime em comento de estelionato sexual, em que o agente não utiliza violência ou ameaça, no entanto, por meio da fraude ou outro meio que impeça ou dificulte a livre manifestação da vontade. O agente utiliza meio enganoso, que macula a vontade da vítima.
3. **Pena**: a pena prevista no tipo penal é de reclusão de 02 (dois) a 6 (seis) anos, no entanto, será cumulada com multa se o agente praticar a conduta com a finalidade de obter vantagem econômica, nos termos do parágrafo único.

**Aplicação em concurso:**

- ***Ano: 2016 Banca: MPE/SC Órgão: MPE/SC Prova: Promotor de justiça***

  Segundo o Código Penal, para caracterizar o crime de violência sexual mediante fraude, previsto em seu art. 215, o sujeito passivo pode ser tanto o homem quanto a mulher; não se exige que a vítima seja honesta, sob o ponto de vista da moral sexual, muito menos se admite questionamento sobre a sua idade.

  ( ) Certo ( ) Errado

  *Gabarito: errado*

  *Preliminarmente, é importante ressaltar que o crime do art. 215 do CP não é denominado de "violência sexual mediante fraude" conforme indicado na questão, mas sim "violação sexual mediante fraude". Ademais, é importante sim a idade da vítima, pois caso a pratica de conjunção carnal ou qualquer outro ato libidinoso seja com menor de 14 anos, o tipo penal aplicado será o descrito no art. 217-A do CP que prevê o estupro de vulnerável.*

> **Importunação sexual** (Incluído pela Lei nº 13.718, de 2018)
>
> **Art. 215-A. Praticar** contra alguém e sem a sua anuência **ato libidinoso** com o **objetivo de satisfazer a própria lascívia ou a de terceiro**:
>
> Pena – reclusão, de 1 (um) a 5 (cinco) anos, se o ato não constitui crime mais grave."

Crime introduzido no ordenamento jurídico brasileiro com a recente Lei 13.718, de 24 de setembro de 2018, que tipificou os crimes de importunação sexual e de divulgação de cena de estupro, tornou pública incondicionada a natureza da ação penal dos crimes contra a liberdade sexual e dos crimes sexuais contra vulnerável, estabeleceu causas de aumento de pena para esses crimes e definiu como causas de aumento de pena o estupro coletivo e o estupro corretivo; além de algumas revogações da lei de Contravenções Penais.

1. **Importunação sexual**

- Bem jurídico: *dignidade sexual da vítima*
- Núcleo do tipo: *praticar (fazer, realizar) – ato libidinoso*
- Sujeito ativo: *pode ser praticado por qualquer pessoa (crime comum)*
- Sujeito passivo: *qualquer pessoa*
- Elemento subjetivo: *dolo*
- Consumação: *com a prática do ato libidinoso*
- Tentativa: *é possível a tentativa*
- Ação Penal: *pública incondicionada*
- Lei 9.099/95: *não se trata de infração de menor potencial ofensivo, no entanto, é possível a suspensão condicional do processo, nos termos do art. 89 da Lei 9.099/95.*

► **CLASSIFICAÇÃO:**

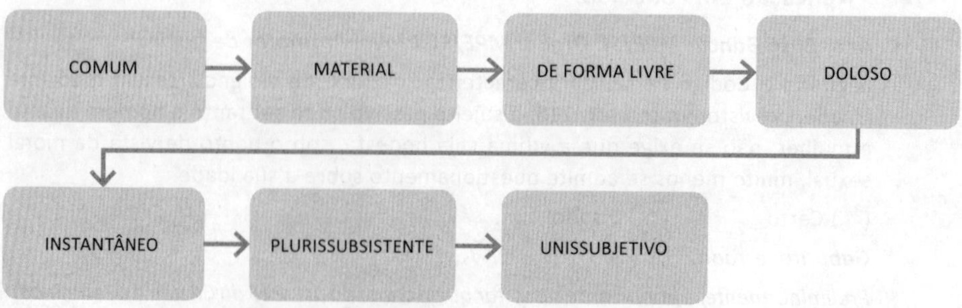

2. **Revogação do art. 61 do Decreto-lei 3.688/41:** a Lei 13.718/18 revogou o art. 61 da Lei de Contravenções Penais que tipificava a importunação ofensiva ao pudor. Não ocorreu *abolitio criminis*, mas sim, continuidade típico normativa.
3. **Conduta**: a conduta é praticar ato libidinoso com alguém para satisfazer a própria lascívia ou de terceiros, ou seja, esta é a finalidade da conduta. Necessário que se tenha uma vítima determinada para que não se confunda com o crime de ato obsceno.
4. **Tipo penal subsidiário:** o legislador, após prescrever a pena do delito, indica que esta será aplicada se a conduta não figurar em crime mais grave, ou seja, será residual, caso a conduta se enquadre em crime mais grave será nele tipificado.

**Art. 216** – (Revogado pela Lei nº 12.015, de 2009)

▶ **ARTIGO REVOGADO**

**Assédio sexual** (Incluído pela Lei nº 10.224, de 15 de 2001)

**Art. 216-A. Constranger** alguém com o intuito de obter vantagem ou favorecimento sexual, **prevalecendo-se o agente da sua condição de superior hierárquico ou ascendência inerentes ao exercício de emprego, cargo ou função.** (Incluído pela Lei nº 10.224, de 15 de 2001)

Pena – detenção, de 1 (um) a 2 (dois) anos. (Incluído pela Lei nº 10.224, de 15 de 2001)

Parágrafo único. (VETADO) (Incluído pela Lei nº 10.224, de 15 de 2001)

§ 2º A **pena é aumentada** em até um terço se a vítima é menor de 18 (dezoito) anos. (Incluído pela Lei nº 12.015, de 2009)

1. **Assédio sexual**

- Bem jurídico: *dignidade sexual da vítima e liberdade de exercício do trabalho*
- Núcleo do tipo: *constranger – com a finalidade de obter vantagem ou favor sexual*
- Sujeito ativo: *o agente deve ser superior hierárquico ou ascendente em relação de emprego, cargo ou função (crime próprio).*
- Sujeito passivo: *deve ser subordinado ao agente ativo*
- Elemento subjetivo: *dolo*
- Consumação: *existem duas correntes: (i) crime formal: se consuma com o constrangimento ainda que não se obtenha a vantagem sexual – doutrina majoritária; (ii) crime habitual: necessário práticas reiteradas para configuração do delito.*
- Tentativa: *é possível a tentativa (se considerado como crime formal, o que é a doutrina majoritária)*

- Ação Penal: *pública incondicionada*
- Lei 9.099/95: *o crime tipificado no caput é infração de menor potencial ofensivo, aplicado, portanto, a Lei 9.099/95.*

▶ **CLASSIFICAÇÃO:**

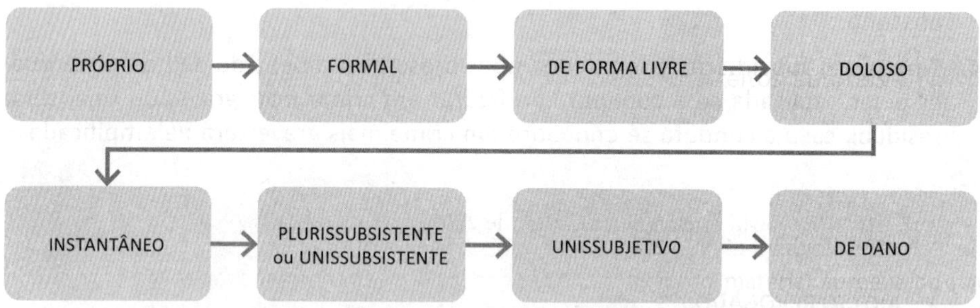


2. **Forma majorada:** o §2º do artigo em comento permite ao juiz aumentar a pena em até 1/3 (um terço) se a vítima for menor de 18 (dezoito) anos.

**Aplicação em concurso:**

- ***Ano: 2017 Banca: Órgão: DPE/AL Prova: Defensor Público***

  Deverá responder por crime de assédio sexual o:

  E) empregador que, fora do ambiente laboral, constranger funcionário a conceder favorecimento sexual, valendo-se de sua condição hierárquica.

  *Gabarito: e*

  *A conduta pode ocorrer fora do ambiente laboral, mas é necessário que o constrangimento ocorra valendo-se o agente da condição de superioridade hierárquica que possui sobre a vítima.*

**Registro não autorizado da intimidade sexual**

**Art. 216-B. Produzir, fotografar, filmar** ou **registrar,** por qualquer meio, conteúdo com **cena** de nudez ou ato sexual ou libidinoso **de caráter íntimo e privado sem autorização dos participantes:**

Pena – detenção, de 6 (seis) meses a 1 (um) ano, e multa.

Parágrafo único. Na mesma pena incorre quem realiza montagem em fotografia, vídeo, áudio ou qualquer outro registro com o fim de incluir pessoa em cena de nudez ou ato sexual ou libidinoso de caráter íntimo."

1. **Registro não autorizado da intimidade sexual**

- ***Bem jurídico:*** *dignidade sexual da vítima sob o aspecto da sua intimidade sexual*

- ***Núcleo do tipo: Produzir, fotografar, filmar*** *ou* ***registrar*** *por qualquer meio, conteúdo com* ***cena*** *de nudez ou ato sexual ou libidinoso* ***de caráter íntimo e privado sem autorização dos participantes:***
- ***Sujeito ativo:*** *pode ser praticado por qualquer pessoa (crime comum)*
- ***Sujeito passivo:*** *qualquer pessoa*
- ***Elemento subjetivo:*** *dolo*
- ***Consumação:*** *com o ato de* ***Produzir, fotografar, filmar*** ou ***registrar.***
- ***Tentativa:*** *é possível a tentativa*
- ***Ação Penal:*** *pública incondicionada*
- ***Lei 9.099/95****: trata-se de infração de menor potencial ofensivo, sendo aplicável as medidas despenalizadoras previstas na lei nº 9.099/95.*

▶ **CLASSIFICAÇÃO:**

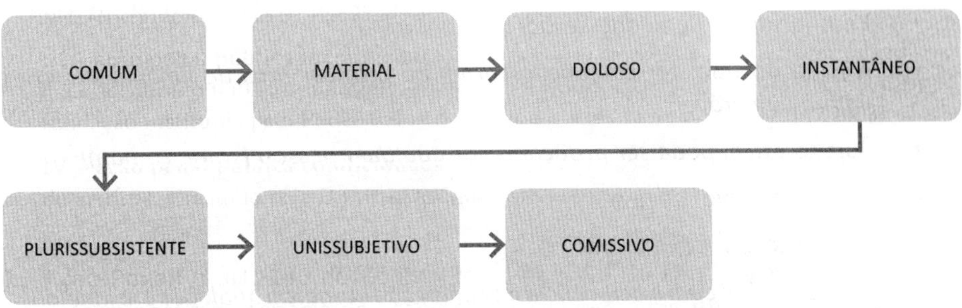


**CAPÍTULO II**
**DOS CRIMES SEXUAIS CONTRA VULNERÁVEL**
**(Redação dada pela Lei nº 12.015, de 2009)**

**Sedução**

**Art. 217** - (Revogado pela Lei nº 11.106, de 2005)

▶ **ARTIGO REVOGADO**

**Estupro de vulnerável** (Incluído pela Lei nº 12.015, de 2009)

**Art. 217-A. Ter conjunção carnal** ou **praticar outro ato libidinoso** com **menor de 14** (catorze) anos: (Incluído pela Lei nº 12.015, de 2009)

Pena - reclusão, de 8 (oito) a 15 (quinze) anos. (Incluído pela Lei nº 12.015, de 2009)

§ 1º **Incorre na mesma pena** quem **pratica as ações descritas no caput** com alguém que, por enfermidade ou deficiência mental, não tem o necessário discernimento para a prática do ato, ou que, por qualquer outra causa, não pode oferecer resistência. (Incluído pela Lei nº 12.015, de 2009)

§ 2º (VETADO) (Incluído pela Lei nº 12.015, de 2009)

§ 3º Se da conduta **resulta lesão corporal de natureza grave**: (Incluído pela Lei nº 12.015, de 2009).

Pena – reclusão, de 10 (dez) a 20 (vinte) anos. (Incluído pela Lei nº 12.015, de 2009)

§ 4º Se da conduta **resulta morte**: (Incluído pela Lei nº 12.015, de 2009)

Pena – reclusão, de 12 (doze) a 30 (trinta) anos. (Incluído pela Lei nº 12.015, de 2009)

§ 5º **As penas previstas no caput e nos §§ 1º, 3º e 4º deste artigo aplicam-se independentemente do consentimento da vítima ou do fato de ela ter mantido relações sexuais anteriormente ao crime.**"(Incluído pela Lei nº 13.718, de 2018)

## 1. Estupro de vulnerável

- Bem jurídico: *dignidade sexual do vulnerável*
- Núcleo do tipo: *ter conjunção carnal ou praticar atos de libidinagem com vítima vulnerável*
- Sujeito ativo: *pode ser praticado por qualquer pessoa (crime comum).*
- Sujeito passivo: *deve ser pessoa vulnerável*
- Elemento subjetivo: *dolo*
- Consumação: *com a ocorrência da conjunção carnal ou qualquer ato libidinoso*
- Tentativa: *é possível a tentativa*
- Ação Penal: *pública incondicionada*
- Lei 9.099/95: *não se trata de infração de menor potencial ofensivo, não se aplica nenhum dispositivo da Lei 9.099/95.*

### ▶ CLASSIFICAÇÃO:

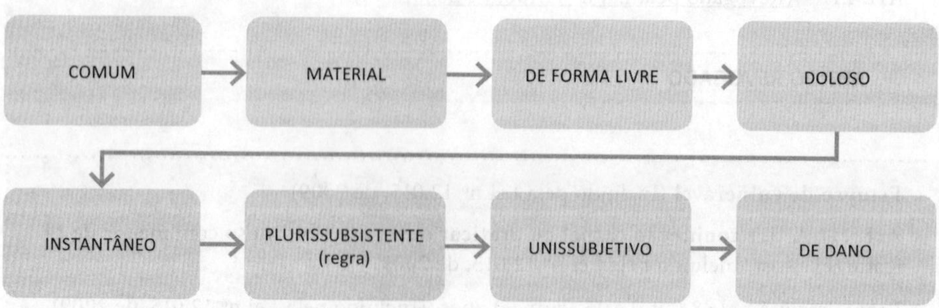

2. **Sujeito passivo:** o legislador prevê um tipo penal específico para proteger a dignidade sexual dos vulneráveis:

   2.1. **Menores de 14 anos:** neste aspecto o Código Penal utilizou o critério etário, e os menores de 14 anos são objetivamente considerados vulneráveis.

   2.2. **Aqueles que, por enfermidade ou deficiência mental, não têm o necessário discernimento para a prática do ato:** enfermidade pode ser permanente ou temporária, congênita ou adquirida. Necessária perícia médica e o critério será o biopsicológico.

   2.3. **Aqueles que, por qualquer outra casa, não podem oferecer resistência**: considerado qualquer causa que possa retirar a capacidade de resistência ao ato sexual.

3. **Conhecimento da vulnerabilidade:** para que o agente se enquadre no tipo penal em comento, é necessário que tenha ciência da vulnerabilidade da vítima.

4. **Conduta:** a conduta é muito parecida com a do art. 213 do Código Penal, no entanto, no estupro de vulnerável não é necessário que ocorra constrangimento mediante violência ou grave ameaça, configurando-se pela simples prática de conjunção carnal ou ato libidinoso com pessoa vulnerável.

   4.1. **Conjunção carnal:** em sentido restritivo, que é o adotado no Brasil, significa introdução do pênis na vagina, ou seja, a cópula vagínica.

   4.2. **Ato libidinoso:** ato voluptuoso, lascívia, que é aquele ato que possui finalidade de satisfazer o prazer sexual, como por exemplo, o sexo anal, sexo oral, masturbação, toques em partes íntimas do corpo, introdução dos dedos na vagina ou ânus, beijos voluptuosos, entre outros.

### ▶ Aplicação pelo STJ:

**STJ: A conduta de contemplar lascivamente, sem contato físico, mediante pagamento, menor de 14 anos desnuda em motel pode permitir a deflagração da ação penal para a apuração do delito de estupro de vulnerável.** Posicionamento majoritário no sentido de ser irrelevante o contato físico entre o agente e a vítima. (STJ. 5ª Turma. RHC 70.976-MS, Rel. Min. Joel Ilan Paciornik, julgado em 2/8/2016) (Info 587).

### Aplicação em concurso:

- ***Ano: 2015 Banca: FCC Órgão: TJ/RR Prova: Juiz Substituto***

Em relação à proteção penal de crianças e adolescentes contra abuso e exploração sexual, pode-se afirmar, conforme a legislação em vigor, que:

C) o crime de estupro de vulnerável prescinde da elementar violência de fato ou presumida, bastando que o agente mantenha conjunção carnal ou pratique outro ato libidinoso com menor de catorze anos.

*Gabarito: c*

*Diferente do que ocorre no estupro, o estupro de vulnerável não necessita que ocorra constrangimento por meio de violência ou grave ameaça.*

5. **Figuras qualificadas – art. 217-A, §3º e §4º do CP**: o tipo penal prescreve uma pena mais grave, se o crime resultar em lesão corporal de natureza grave ou gravíssima ou morte.

| | |
|---|---|
| estupro de vulnerável – art. 217-A, *caput* e §1º | **reclusão de 8 a 15 anos** |
| se resulta lesão corporal grave ou gravíssima – art. 217-A, *caput* e §2º | **reclusão de 10 a 20 anos** |
| se resulta morte – art. 217-A, *caput* e §3º | **reclusão de 12 a 30 anos** |

6. **Consentimento da vítima**: a Lei 13.718/2018 consolidou algo que durante muito tempo era discutido e questionado na doutrina e nos tribunais. As penas serão aplicadas independente de a vítima já ter tido relações sexuais anteriores ao crime, e ter consentido com o ato, o que já era previsto da Súmula 593 do STJ.

▶ **Súmulas relevantes**:

**Súmula 593 STJ:** O crime de estupro de vulnerável se configura com a conjunção carnal ou prática de ato libidinoso com menor de 14 anos, sendo irrelevante eventual consentimento da vítima para a prática do ato, sua experiência sexual anterior ou existência de relacionamento amoroso com o agente.

**Corrupção de menores**

**Art. 218. Induzir** alguém **menor de 14** (catorze) anos a satisfazer a lascívia de outrem: (Redação dada pela Lei nº 12.015, de 2009)

Pena – reclusão, de 2 (dois) a 5 (cinco) anos. (Redação dada pela Lei nº 12.015, de 2009)

Parágrafo único. (VETADO). (Incluído pela Lei nº 12.015, de 2009)

1. **Corrupção de menores**
   - Bem jurídico: *dignidade sexual do vulnerável menor de 14 anos*
   - Núcleo do tipo: *induzir (persuadir, dar ideia) a satisfazer*
   - Sujeito ativo: *pode ser praticado por qualquer pessoa (crime comum)*
   - Sujeito passivo: *deve ser pessoa vulnerável menor de 14 anos*
   - Elemento subjetivo: *dolo – com finalidade específica de satisfazer a lascívia de terceiro*
   - Consumação: *com a prática do ato que importa na satisfação da lascívia de outrem, ainda que o terceiro não se considere satisfeito*
   - Tentativa: *é possível a tentativa*
   - Ação Penal: *pública incondicionada*

- Lei 9.099/95: *não se trata de infração de menor potencial ofensivo, não se aplicando, assim, nenhum dispositivo da Lei 9.099/95.*

▶ **CLASSIFICAÇÃO:**

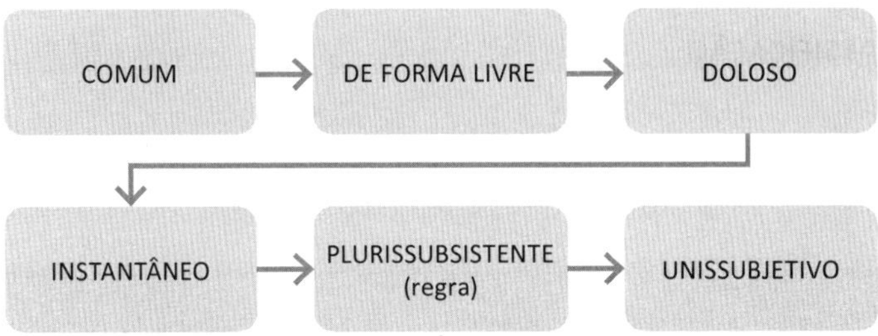


2. **Conduta:** a doutrina indica que este tipo penal é uma exceção pluralista à teoria monística, pois se fosse aplicado o art. 29 do CP o agente responderia pelo crime do art. 217-A do CP, no entanto, há uma figura autônoma específica para a conduta daquele que faz uma mediação entre um terceiro e o vulnerável.

3. **Sujeito ativo**: o tipo penal descrito no art. 218 do Código Penal pune aquele que induz o vulnerável a satisfazer a lascívia de outrem, não podendo ser atribuído para aquele que será beneficiado pelo que a vítima fizer. Se porventura este terceiro tiver conjunção carnal ou ato libidinoso com o menor de 14 anos, responderá pelo crime do art. 217-A do CP.

**Satisfação de lascívia mediante presença de criança ou adolescente** (Incluído pela Lei nº 12.015, de 2009)

**Art. 218-A. Praticar, na presença de alguém menor de 14** (catorze) anos, ou **induzi-lo a presenciar**, conjunção carnal ou outro ato libidinoso, **a fim de satisfazer lascívia própria ou de outrem**: (Incluído pela Lei nº 12.015, de 2009)

Pena – reclusão, de 2 (dois) a 4 (quatro) anos.

1. **Satisfação de lascívia mediante presença de criança ou adolescente**
   - Bem jurídico: *dignidade sexual do vulnerável menor de 14 anos*
   - Núcleo do tipo: *praticar – induzir a presenciar*
   - Sujeito ativo: *pode ser praticado por qualquer pessoa (crime comum)*
   - Sujeito passivo: *deve ser pessoa vulnerável menor de 14 anos*
   - Elemento subjetivo: *dolo*
   - Consumação: *a consumação dependerá da forma de execução: (i) praticar na presença de menor de 14 anos: estará consumado com a prática do ato perante o vulnerável; (ii) induzir a presenciar: estará consumado com o induzimento ainda que a conjunção carnal ou ato libidinoso não ocorra.*

- Tentativa: *é possível a tentativa*
- Ação Penal: *pública incondicionada*
- Lei 9.099/95: *não se trata de infração de menor potencial ofensivo, não se aplicando nenhum dispositivo da Lei 9.099/95.*

► **CLASSIFICAÇÃO:**

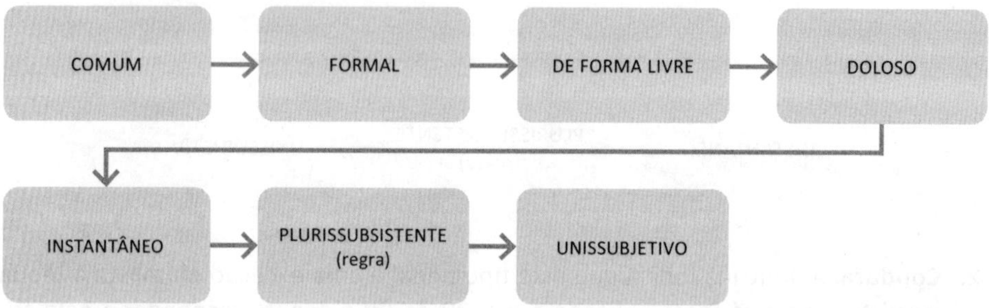


2. **Forma majorada**: nos termos do art. 226, II do CP, se o agente for ascendente, padrasto, madrasta, irmão, cônjuge, companheiro, tutor ou curador, preceptor ou empregador da vítima ou se assumiu, por lei ou outra forma, obrigação de cuidado, proteção ou vigilância da vítima, a pena será majorada de metade.

**Favorecimento da prostituição ou de outra forma de exploração sexual de criança ou adolescente ou de vulnerável.** (Redação dada pela Lei nº 12.978, de 2014)

**Art. 218-B. Submeter, induzir ou atrair** à prostituição ou outra forma de exploração sexual alguém menor de 18 (dezoito) anos ou que, por enfermidade ou deficiência mental, não tem o necessário discernimento para a prática do ato, **facilitá-la, impedir ou dificultar que a abandone**: (Incluído pela Lei nº 12.015, de 2009)

Pena – reclusão, de 4 (quatro) a 10 (dez) anos. (Incluído pela Lei nº 12.015, de 2009)

§ 1º Se o **crime é praticado com o fim de obter vantagem econômica**, aplica-se também multa. (Incluído pela Lei nº 12.015, de 2009)

§ 2º Incorre nas mesmas penas: (Incluído pela Lei nº 12.015, de 2009)

I – quem pratica conjunção carnal ou outro ato libidinoso com alguém menor de 18 (dezoito) e maior de 14 (catorze) anos na situação descrita no **caput** deste artigo; (Incluído pela Lei nº 12.015, de 2009)

II – o proprietário, o gerente ou o responsável pelo local em que se verifiquem as práticas referidas no **caput** deste artigo. (Incluído pela Lei nº 12.015, de 2009)

§ 3º Na hipótese do inciso II do § 2º, constitui efeito obrigatório da condenação a cassação da licença de localização e de funcionamento do estabelecimento. (Incluído pela Lei nº 12.015, de 2009)

1. **Favorecimento da prostituição ou de outra forma de exploração sexual de criança ou adolescente ou de vulnerável:**

- Bem jurídico: *dignidade sexual do vulnerável menor de 18 anos*
- Núcleo do tipo: *submeter (dominar, sujeitar) – induzir (dar idéia) – atrair (seduzir) – facilitar (tornar acessível) – impedir (colocar obstáculo) – dificultar (tornar complicado, difícil).*
- Sujeito ativo: *pode ser praticado por qualquer pessoa (crime comum)*
- Sujeito passivo: *deve ser pessoa vulnerável menor de 18 anos ou que, por enfermidade ou deficiência mental, não tem o necessário discernimento para a prática do ato*
- Elemento subjetivo: *dolo*
- Consumação: *a consumação dependerá da forma de execução e será com a prática de alguns dos núcleos do tipo*
- Tentativa: *é possível a tentativa*
- Ação Penal: *pública incondicionada*
- Lei 9.099/95: *não é considerado infração de menor potencial ofensivo, não sendo aplicado, assim, nenhum dispositivo da Lei 9.099/95.*

► **CLASSIFICAÇÃO:**

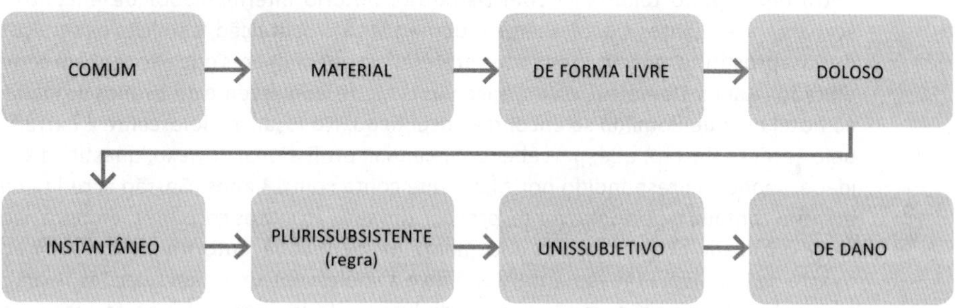


2. **Crime hediondo:** a Lei 12.978/14 incluiu o tipo penal do art. 218-B do CP no rol dos crimes hediondos.
3. **Crime permanente:** duas das formas de execução do crime em comento são crimes permanentes, são elas, as modalidades de impedir e dificultar. Aqueles que iniciaram a prática da conduta antes da lei 12.978/14, mas as condutas se estenderam no tempo, terão a aplicação das mudanças, ou seja, a conduta será considerada como crime hediondo.

   ► **Súmulas relevantes**:

   **Súmula 711 STF:** A lei penal mais grave aplica-se ao crime continuado ou ao crime permanente, se a sua vigência é anterior à cessação da continuidade ou da permanência.
4. **Figura equiparada:** o §2º do CP indica duas formas equiparadas, que terão a aplicação da mesma pena descrita para o *caput*.

i. A primeira delas é para aquele que praticar conjunção carnal ou outro ato libidinoso com pessoa menor de 18 (dezoito) e maior de 14 (quatorze) que esteja na situação das circunstâncias do caput.

ii. O inciso II do §2º é considerado por parte da doutrina como inconstitucional, pois não descreve a conduta, o que o torna um tipo penal defeituoso e não caberia ao magistrado complementá-lo. Para outros, basta que o agente seja proprietário, gerente ou responsável pelo local em que aconteça a exploração sexual da vítima descrita no caput, no entanto, é exigido que fique demonstrado que o agente descrito no inciso II tinha conhecimento de que a vítima estava nas situações descritas no caput. Assim sendo, o §3º é um efeito da condenação que deve ser estabelecido pelo juiz na sentença.

5. **Forma majorada**: nos termos do art. 226, II do CP, se o agente for ascendente, padrasto, madrasta, irmão, cônjuge, companheiro, tutor ou curador, preceptor ou empregador da vítima ou se assumiu, por lei ou outra forma, obrigação de cuidado, proteção ou vigilância da vítima, a pena será majorada de metade.

**Aplicação em concurso:**

- ***Ano: 2016 Banca: FUNCAP Órgão: PC/PA Prova: Delegado de Polícia***

Hospedando-se em uma cidade conhecida por seu intenso turismo sexual, Romildo entra em contato telefônico com Demétrio, notório intermediador de encontros sexuais entre clientes e adolescentes submetidas à prostituição, e solicita os serviços de uma prostituta, deixando clara sua preferência por mulheres que não tenham completado 18 anos. Demétrio, assim, encaminha Maitê, adolescente de 16 anos de idade, ao hotel em que Romildo se encontra hospedado. No local, a adolescente é barrada pelo gerente Gastão, que, percebendo nela uma profissional do sexo, questiona sua idade, sendo-lhe respondido por Maitê que conta com 18 anos. Gastão acredita na mentira contada pela adolescente, precoce em seus atributos corporais, embora não tome o cuidado de solicitar seu documento de identidade, autorizando-a a subir ao quarto de Romildo. Efetivamente, Romildo e a adolescente mantêm relações sexuais mediante remuneração, sendo parcela do lucro auferido por Maitê posteriormente repassado a Demétrio. Analisando o caso concreto, é correto afirmar que:

C) Demétrio cometeu o crime de favorecimento da prostituição ou de outra forma de exploração sexual de criança ou adolescente ou de vulnerável (art. 218-B, § 1º, CP); Romildo cometeu crime equiparado ao favorecimento da prostituição ou de outra forma de exploração sexual de criança ou adolescente ou de vulnerável (art. 218-B, § 2º, I, CP); Gastão não cometeu crime.

*Gabarito: c*

*Verifica-se que Demétrio cometeu o crime de favorecimento da prostituição ou de outra forma de exploração sexual de criança ou adolescente ou de vulnerável (art. 218-B, § 1º, CP); Romildo cometeu crime equiparado ao favorecimento da prostituição ou de outra forma de exploração sexual de criança ou adolescente ou de vulnerável (art. 218-B, § 2º, I, CP). Já Gastão em tese teria praticado o crime do art. 218-B, §2º II do CP, no entanto, estava em erro de tipo essencial, o que excluiria o dolo. Neste caso somente seria punido a título de culpa, afinal ele não confirmou a idade de Maitê pedindo um documento de identificação por exemplo, mas o tipo penal não prevê a modalidade culposa, portanto, conduta atípica.*

**Divulgação de cena de estupro ou de cena de estupro de vulnerável, de cena de sexo ou de pornografia** (Incluído pela Lei nº 13.718/2018)

**Art. 218-C. Oferecer, trocar, disponibilizar, transmitir, vender ou expor** à venda, **distribuir, publicar ou divulgar**, por qualquer meio - inclusive por meio de comunicação de massa ou sistema de informática ou telemática -, fotografia, vídeo ou outro registro audiovisual que contenha cena de estupro ou de estupro de vulnerável ou que faça apologia ou induza a sua prática, ou, sem o consentimento da vítima, cena de sexo, nudez ou pornografia:

Pena - reclusão, de 1 (um) a 5 (cinco) anos, se o fato não constitui crime mais grave.

**Aumento de pena**

§ 1º A **pena é aumentada** de 1/3 (um terço) a 2/3 (dois terços) se o crime é praticado por agente que mantém ou tenha mantido relação íntima de afeto com a vítima ou com o fim de vingança ou humilhação.

**Exclusão de ilicitude**

§ 2º **Não há crime** quando o agente pratica as condutas descritas no **caput** deste artigo em publicação de natureza jornalística, científica, cultural ou acadêmica com a adoção de recurso que impossibilite a identificação da vítima, **ressalvada sua prévia autorização, caso seja maior de 18 (dezoito) anos.**"

Trata-se de novidade legislativa trazida pela Lei 13.718/18, de 24 de setembro de 2018.

**1. Divulgação de cena de estupro ou de cena de estupro de vulnerável, de cena de sexo ou de pornografia**

- Bem jurídico: *dignidade sexual e intimidade*
- Núcleo do tipo: *tipo penal misto alternativo – 9 ações nucleares.*

  - *oferecer*
  - *trocar*
  - *disponibilizar*
  - *transmitir*
  - *vender*
  - *expor à venda*
  - *distribuir*
  - *publicar*
  - *divulgar*

- Sujeito ativo: *pode ser praticado por qualquer pessoa (crime comum)*
- Sujeito passivo: *deve ser pessoa vulnerável menor de 18 anos ou que, por enfermidade ou deficiência mental, não tem o necessário discernimento para a prática do ato.*
- Elemento subjetivo: *dolo.*

- Consumação: *a consumação será atingida com a prática de qualquer dos núcleos do tipo penal*
- Tentativa: *é possível a tentativa (exceto na ação nuclear de oferecer)*
- Ação Penal: *pública incondicionada*
- Lei 9.099/95: *não se trata de infração de menor potencial ofensivo, sendo, no entanto, possível aplicar a suspensão condicional do processo nos termos do art. 89 da Lei 9.099/95.*

▶ **CLASSIFICAÇÃO:**

COMUM → MATERIAL → DE FORMA LIVRE → DOLOSO → INSTANTÂNEO → PLURISSUBSISTENTE → UNISSUBJETIVO → DE DANO

**2. Forma majorada:** a pena será aumentada nos termos do §1º se o crime é praticado por agente que mantém ou tenha mantido relação íntima de afeto com a vítima ou com o fim de vingança ou humilhação. O aumento será de 1/3 (um terço) a 2/3 (dois terços).

## CAPÍTULO III
## DO RAPTO

**Rapto violento ou mediante fraude**

**Art. 219** – (Revogado pela Lei nº 11.106, de 2005)

▶ **ARTIGO REVOGADO**

**Rapto consensual**

**Art. 220** – (Revogado pela Lei nº 11.106, de 2005)

▶ **ARTIGO REVOGADO**

**Diminuição de pena**

**Art. 221** – (Revogado pela Lei nº 11.106, de 2005)

▶ **ARTIGO REVOGADO**

**Concurso de rapto e outro crime**

**Art. 222** - (Revogado pela Lei nº 11.106, de 2005)

▶ **ARTIGO REVOGADO**

**CAPÍTULO IV**
**DISPOSIÇÕES GERAIS**

**Art. 223** - (Revogado pela Lei nº 12.015, de 2009)

▶ **ARTIGO REVOGADO**

**Art. 224** - (Revogado pela Lei nº 12.015, de 2009)

▶ **ARTIGO REVOGADO**

**Ação penal**

**Art. 225**. Nos crimes definidos nos Capítulos I e II deste Título, procede-se mediante ação penal pública incondicionada. (Redação dada pela Lei nº 13.718/2018)

Parágrafo único. (Revogado)."

O artigo 225 do CP sofreu importante alteração, pois antes da Lei 13.718/18 a natureza da ação penal dependia da situação concreta. No entanto, com a nova sistemática, a ação penal será sempre pública incondicionada, exceto se houver disposição contrária em lei. Na verdade, poderia ter sido revogado o artigo em comento, pois a regra relativa as ações penais é que sejam públicas incondicionadas quando a lei não dispuser de forma contrária, ou seja, não precisa o legislador indicar que a ação será pública incondicionada.

▶ **Súmulas relevantes:**

**Súmula 608 STF:** No crime de estupro, praticado mediante violência real, a ação penal é pública incondicionada.

**Aumento de pena**

**Art. 226**. A pena é aumentada: (Redação dada pela Lei nº 11.106, de 2005)

I - de quarta parte, se o crime é cometido com o concurso de 2 (duas) ou mais pessoas; (Redação dada pela Lei nº 11.106, de 2005)

II – de metade, se o agente é ascendente, padrasto ou madrasta, tio, irmão, cônjuge, companheiro, tutor, curador, preceptor ou empregador da vítima ou por qualquer outro título tem autoridade sobre ela; (Redação dada pela Lei nº 11.106, de 2005)

III – (Revogado pela Lei nº 11.106, de 2005)

IV – de 1/3 (um terço) a 2/3 (dois terços), se o crime é praticado: (Incluído pela Lei nº 13.718/2018)

**Estupro coletivo** (Incluído pela Lei nº 13.718/2018)

a) mediante concurso de 2 (dois) ou mais agentes;

**Estupro corretivo** (Incluído pela Lei nº 13.718/2018)

b) para controlar o comportamento social ou sexual da vítima.

O art. 226 do CP prevê causas de aumento de pena, também chamadas de majorantes de pena. Com a Lei 13.718/18 o referido artigo também sofreu modificações tendo sido acrescentado o inciso IV em sua redação.

- Inciso I: aumento de quarta parte se o crime for cometido em concurso de duas ou mais pessoas.
- Inciso II: aumento pela razão de parentesco ou outras relações pessoais. A pena deverá ser majorada na metade.
- Inciso III: foi revogado
- Inciso IV: está aqui a novidade, será a pena aumentada de 1/3 (um terço) a 2/3 (dois terços) se o estupro for coletivo, ou corretivo. O estupro corretivo se caracteriza quando é praticado com a intenção de controlar e modificar o comportamento social ou sexual da vítima. Já o estupro coletivo, se caracteriza pelo concurso de agentes no crime de estupro.

### ▶ Aplicação pelo STF:

**STF: Aplica-se a majorante de pena da relação de parentesco ao crime praticado por bisavô contra bisneta,** pois o legislador não limitou o grau de gerações, perfeitamente possível o aumento do art. 226, II do Código Penal. (STF. 2ª Turma. RHC 138717/PR, Rel. Min. Ricardo Lewandowski, julgado em 23/5/2017 (Info 866)

## CAPÍTULO V
## DO LENOCÍNIO E DO TRÁFICO DE PESSOA PARA FIM DE PROSTITUIÇÃO OU OUTRA FORMA DE EXPLORAÇÃO SEXUAL
## (Redação dada pela Lei nº 12.015, de 2009)

▶ Lenocínio é sinônimo de rufianismo, proxenetismo, ou seja, é aquela pessoa que estimula, proporciona, dá assistência a devassidão ou corrupção de alguém, popularmente são os chamados de cafetão.

**Mediação para servir a lascívia de outrem**

**Art. 227 - Induzir** alguém a satisfazer a lascívia de outrem:

Pena - reclusão, de um a três anos.

§ 1º Se a **vítima é maior de 14 (catorze) e menor de 18 (dezoito) anos, ou se o agente é seu ascendente, descendente, cônjuge ou companheiro, irmão, tutor ou curador ou pessoa a quem esteja confiada para fins de educação, de tratamento ou de guarda**: (Redação dada pela Lei nº 11.106, de 2005)

Pena - reclusão, de dois a cinco anos.

§ 2º - Se o crime é **cometido com emprego de violência, grave ameaça ou fraude**:

Pena - reclusão, de dois a oito anos, além da pena correspondente à violência.

§ 3º - Se o crime é **cometido com o fim de lucro**, aplica-se também multa.

## 1. Mediação para servir a lascívia de outrem

- Bem jurídico: *dignidade sexual e moral sexual*
- Núcleo do tipo: *induzir*
- Sujeito ativo: *pode ser praticado por qualquer pessoa (crime comum)*
- Sujeito passivo: *qualquer pessoa*
- Elemento subjetivo: *dolo – finalidade de satisfazer a lascívia de terceiro*
- Consumação: *a consumação será atingida com a prática de qualquer ato para satisfazer a lascívia de outrem*
- Tentativa: *é possível a tentativa*
- Ação Penal: *pública incondicionada*
- Lei 9.099/95: *não se trata de infração de menor potencial ofensivo, no entanto, possível aplicar a suspensão condicional do processo nos termos do art. 89 da Lei 9.099/95. O mesmo não se aplica para as figuras qualificadas, que não comportam a aplicação de nenhum dispositivo da Lei 9.099.*

► **CLASSIFICAÇÃO:**

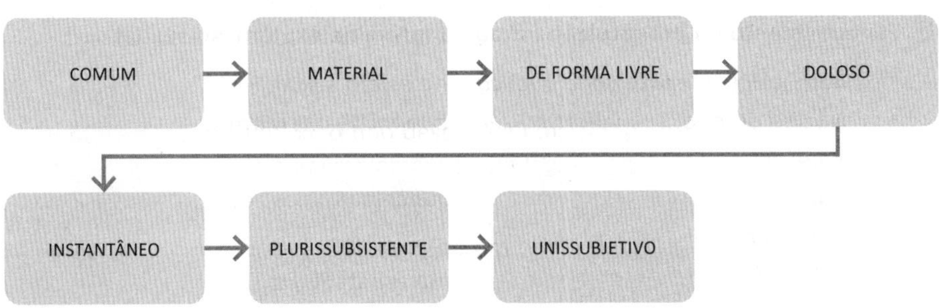

1. **Forma qualificada:** o tipo penal possui duas formas qualificadas, a do §1º e do §2º. A primeira possui relação com a idade da vítima e à qualidade do agente criminoso. Já a outra forma qualificada, possui relação com os meios de execução.

| | |
|---|---|
| **violência** | emprego de força física |
| **grave ameaça** | promessa de um injusto grave |
| **fraude** | artifício ou ardil para ludibriar, enganar |

2. **Concurso de crimes:** o legislador coloca de forma expressa o concurso de crimes obrigatório no caso da utilização da violência. Neste caso o agente responde pelo crime do art. 227, §2º em concurso material com o crime correspondente à violência.
3. **Pena de multa:** A pena de multa será aplicada de forma cumulativa com a pena privativa de liberdade caso o crime seja praticado com a finalidade de lucro.

**Favorecimento da prostituição ou outra forma de exploração sexual** (Redação dada pela Lei nº 12.015, de 2009)

**Art. 228. Induzir** ou **atrair** alguém **à prostituição ou outra forma de exploração sexual, facilitá-la, impedir** ou **dificultar** que alguém a abandone: (Redação dada pela Lei nº 12.015, de 2009)

Pena – reclusão, de 2 (dois) a 5 (cinco) anos, e multa. (Redação dada pela Lei nº 12.015, de 2009)

§ 1º Se o agente é ascendente, padrasto, madrasta, irmão, enteado, cônjuge, companheiro, tutor ou curador, preceptor ou empregador da vítima, ou se assumiu, por lei ou outra forma, obrigação de cuidado, proteção ou vigilância: (Redação dada pela Lei nº 12.015, de 2009)

Pena – reclusão, de 3 (três) a 8 (oito) anos. (Redação dada pela Lei nº 12.015, de 2009)

§ 2º – Se o crime, é **cometido com emprego de violência, grave ameaça ou fraude**:

Pena – reclusão, de quatro a dez anos, **além da pena** correspondente **à violência.**

§ 3º – Se o crime é **cometido com o fim de lucro**, aplica-se também multa.

1. **Favorecimento da prostituição ou outra forma de exploração sexual**

- Bem jurídico: *moralidade pública – na esfera sexual*
- Núcleo do tipo: *são vários núcleos, tipo misto alternativo:*

  *- induzir*

  *- atrair*

  *- facilitar*

  *- impedir*

  *- dificultar*

- Sujeito ativo: *pode ser praticado por qualquer pessoa (crime comum)*
- Sujeito passivo: *qualquer pessoa com idade maior ou igual a 18 anos*
- Elemento subjetivo: *dolo*
- Consumação: *a consumação dependerá do núcleo praticado: (i) induzir, atrair e facilitar: quando a vítima começa a se dedicar com habitualidade a prostituição ou outra forma de exploração sexual; (ii) impedir e dificultar: se consuma quando a vítima decide abandonar as práticas e encontra resistência por parte do sujeito.*
- Tentativa: *é possível a tentativa*
- Ação Penal: *pública incondicionada*
- Lei 9.099/95*: não se trata de infração de menor potencial ofensivo, não incidindo a Lei 9.099/95.*

► **CLASSIFICAÇÃO:**

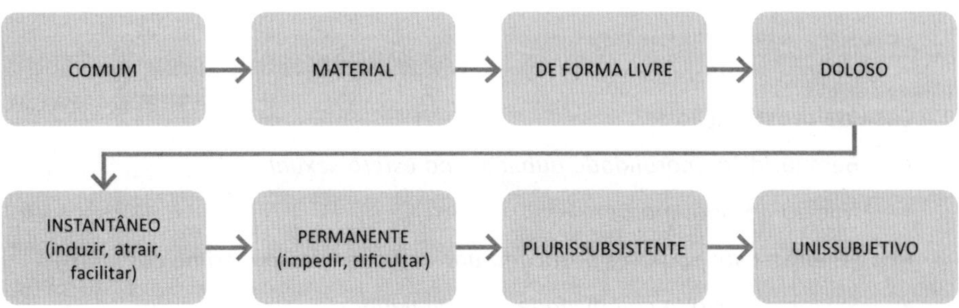


2. **Prostituição:** é o comércio sexual exercido com habitualidade, ou seja, deve ter reiteração. Há pagamento em troca de práticas sexuais, seja conjunção carnal ou outros atos libidinosos.

3. **Forma qualificada:** o tipo penal possui duas formas qualificadas, a do §1º e do §2º. A primeira possui relação com a idade da vítima e à qualidade do agente criminoso. Já a outra forma qualificada, possui relação com os meios de execução.

| | |
|---|---|
| **violência** | emprego de força física |
| **grave ameaça** | promessa de um injusto grave |
| **fraude** | artifício ou ardil para ludibriar, enganar |

4. **Concurso de crimes:** o legislador coloca de forma expressa o concurso de crimes obrigatório no caso da utilização da violência. Neste caso o agente responde pelo crime do art. 228, §2º em concurso material com o crime correspondente à violência.

5. **Pena de multa:** será aplicada de forma cumulativa com a pena privativa de liberdade a pena de multa caso o crime seja praticado com a finalidade de lucro – art. 228, §3º do CP.

6. **Crime permanente:** quando a conduta consiste na prática dos núcleos de impedir e dificultar, sua consumação se dará quando a vítima decide abandonar as práticas e encontra resistência por parte do sujeito. Ressalte-se que o crime perdurará no tempo enquanto estiverem presentes os entraves proporcionados pelo agente, ou seja, trata-se de crime permanente.

**Casa de prostituição**

**Art. 229. Manter**, por conta própria ou de terceiro, estabelecimento em que ocorra exploração sexual, haja, ou não, **intuito de lucro** ou mediação direta do proprietário ou gerente: (Redação dada pela Lei nº 12.015, de 2009)

Pena – reclusão, de dois a cinco anos, e multa.

1. **Casa de prostituição**

- Bem jurídico: *moralidade pública – na esfera sexual*
- Núcleo do tipo: *manter*
- Sujeito ativo: *pode ser praticado por qualquer pessoa (crime comum)*
- Sujeito passivo: *a coletividade – crime vago*
- Elemento subjetivo: *dolo*
- Consumação: *o crime é habitual e permanente, portanto, sua consumação se dá com a efetiva manutenção do estabelecimento, independente da ocorrência de qualquer ato sexual.*
- Tentativa: *Não é possível a tentativa, por se tratar de delito habitual.*
- Ação Penal: *pública incondicionada*
- Lei 9.099/95*: não se trata de infração de menor potencial ofensivo, não incide a Lei 9.099/95.*

► **CLASSIFICAÇÃO:**

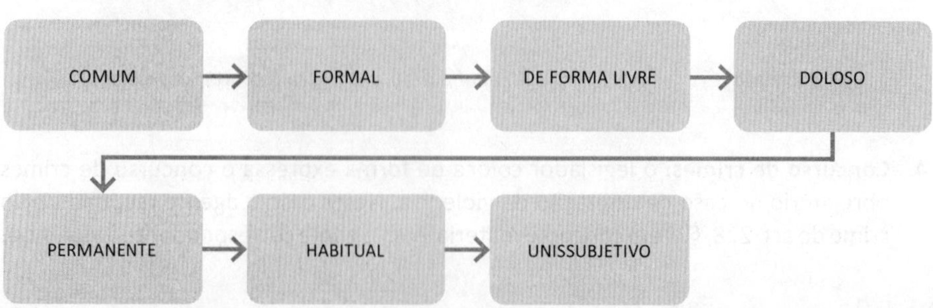

2. **Sujeito ativo:** quanto ao sujeito ativo importante saber que não figurará como agente apenas o proprietário do imóvel em que o estabelecimento se instala, mas também o locatário do imóvel que faz a locação para tal finalidade, e até mesmo o gerente do estabelecimento, desde que estejam cientes da destinação que está sendo dada ao local.

3. **Crime permanente e habitual:** o núcleo do tipo é manter, verbo que por si só já demonstra a permanência, habitualidade da conduta. A comprovação será feita por qualquer meio.

► **Aplicação no STJ:**

**STJ:** a conduta consistente em manter casa para fins libidinosos, por si só, não mais caracteriza crime, sendo necessário, para a configuração do delito, que haja exploração sexual, assim entendida como a violação à liberdade das pessoas que ali exercem a mercancia carnal. **Não se tratando de estabelecimento voltado exclusivamente para a prática de mercancia sexual, tampouco havendo notícia de envolvimento de menores de idade, nem comprovação de que o recorrido tirava proveito, auferindo lucros da atividade sexual alheia mediante ameaça, coerção, violência ou qualquer outra forma de violação ou tolhimento à liberdade das pessoas, não há falar em fato típico a ser punido na** seara penal. **(STJ – REsp 1683375 SP 2017/0168333-5, Relator: Ministra Maria Thereza de Assis Moura, data de julgamento: 14/08/2018, T6 – 6ª Turma, Data de publicação: 29/08/2018).**

► **Aplicação no STF:**

**STF:** Não se aplica o princípio da adequação social ao crime do art. 229 do Código Penal. (HC 104467/RS, rei. Min. Carrmen Lúcia, 8.2.2011) (Info 615).

**Rufianismo**

**Art. 230 – Tirar proveito** da prostituição alheia, **participando diretamente de seus lucros** ou **fazendo-se sustentar**, no todo ou em parte, **por quem a exerça:**

Pena – reclusão, de um a quatro anos, e multa.

§ 1º Se a vítima é menor de 18 (dezoito) e maior de 14 (catorze) anos ou se o crime é cometido por ascendente, padrasto, madrasta, irmão, enteado, cônjuge, companheiro, tutor ou curador, preceptor ou empregador da vítima, ou por quem assumiu, por lei ou outra forma, obrigação de cuidado, proteção ou vigilância: (Redação dada pela Lei nº 12.015, de 2009)

Pena – reclusão, de 3 (três) a 6 (seis) anos, e multa. (Redação dada pela Lei nº 12.015, de 2009)

§ 2º Se o crime é **cometido mediante violência, grave ameaça, fraude ou outro meio que impeça ou dificulte a livre manifestação da vontade da vítima:** (Redação dada pela Lei nº 12.015, de 2009)

Pena – reclusão, de 2 (dois) a 8 (oito) anos, sem prejuízo da pena correspondente à violência. (Redação dada pela Lei nº 12.015, de 2009)

**1. Rufianismo**

- Bem jurídico: *moralidade pública – na esfera sexual*
- Núcleo do tipo: *tirar proveito (extrair vantagem)*
- Sujeito ativo: *pode ser praticado por qualquer pessoa (crime comum)*
- Sujeito passivo: *a pessoa que exerce a atividade de prostituição*
- Elemento subjetivo: *dolo*
- Consumação: *se consuma com a obtenção de proveito em decorrência de prostituição de outrem – é preciso habitualidade*
- Tentativa: *não possível a tentativa*
- Ação Penal: *pública incondicionada*
- Lei 9.099/95: *não se trata de infração de menor potencial ofensivo, não incidindo a Lei 9.099/95.*

► **CLASSIFICAÇÃO:**

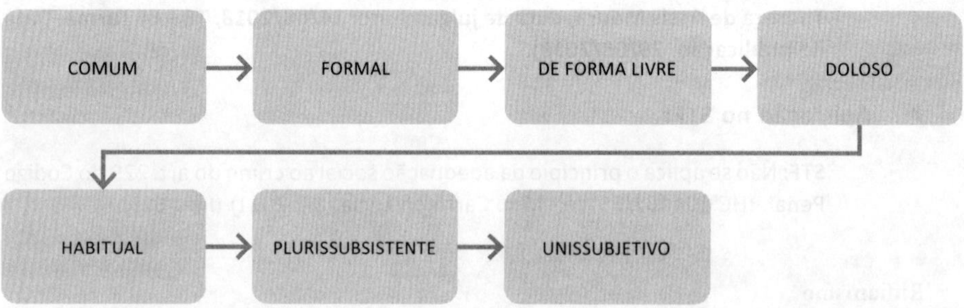


**2. Conduta:** a conduta pode ser praticada de duas formas distintas: (i) *tirar proveito da prostituição alheia, participando diretamente de seus lucros (rufianismo ativo)* – neste caso estamos diante do chamado cafetão ou cafetina; (ii) *tirar proveito da prostituição alheia, fazendo-se sustentar, no todo ou em parte, por quem a exerça (rufianismo passivo)* – conhecido como gigolô, que não participa diretamente dos lucros, mas é sustentado por quem exerce a prostituição e se aproveita dos valores oriundos do comércio sexual.

**2.1. Dependentes**: Os dependentes legais da pessoa prostituída, sustentados por sua atividade, não praticam o crime do art. 230 do CP, sendo atípica a conduta dos mesmos.

**3. Forma qualificada:** o tipo penal possui duas formas qualificadas, a do §1º e do §2º. A primeira possui relação com a idade da vítima e à qualidade do agente criminoso. Já a outra forma qualificada, possui relação com os meios de execução.

### 3.1. Qualificadora do §1º:

| | |
|---|---|
| **idade da vítima** | vítima é menor de 18 (dezoito) e maior de 14 (catorze) anos |
| **qualidade do sujeito ativo** | se o crime é cometido por ascendente, padrasto, madrasta, irmão, enteado, cônjuge, companheiro, tutor ou curador, preceptor ou empregador da vítima, ou por quem assumiu, por lei ou outra forma, obrigação de cuidado, proteção ou vigilância |

### 3.2. Qualificadora do §2º:

| | |
|---|---|
| **violência** | emprego de força física |
| **grave ameaça** | promessa de um injusto grave |
| **fraude** | artifício ou ardil para ludibriar, enganar |

4. **Concurso de crimes:** o legislador coloca de forma expressa o concurso de crimes obrigatório no caso da utilização da violência. Neste caso o agente responde pelo crime do art. 230, §2º em concurso material com o crime correspondente a violência.

► **Aplicação pelo STJ:**

**STJ: O delito de rufianismo não é um mero exaurimento tampouco está na linha de desdobramento regular do delito tipificado no art. 229 do CP**. Inaplicável, portanto, o princípio da consunção. (STJ – (5ª T.) – HC 238688 – RJ – Rel.: Min. Felix Fischer – J. em 06/08/2015 – DJ 19/08/2015- Doc. LEGJUR 157.2453.4003.0600)

**Aplicação em concurso:**

- ***Ano: 2014 Banca: Órgão: PC/TO Prova: Delegado de Polícia***

Correrão em segredo de justiça os processos em que se apurarem crimes de:

B) rufianismo

*Gabarito: b*

*Todos os crimes sexuais irão ser processados em segredo de justiça, nos termos do art. 234-B do CP.*

**Tráfico internacional de pessoa para fim de exploração sexual** (Redação dada pela Lei nº 12.015, de 2009)

**Art. 231.** (Revogado pela Lei nº 13.344, de 2016)

▶ **ARTIGO REVOGADO**

**Art. 231-A.** (Revogado pela Lei nº 13.344, de 2016)

▶ **ARTIGO REVOGADO**

**Diminuição de pena**

**Art. 232.** (Revogado pela Lei nº 12.015, de 2009)

▶ **ARTIGO REVOGADO**

**Promoção de migração ilegal**

**Art. 232-A. Promover**, por qualquer meio, com o **fim de obter vantagem econômica**, a entrada ilegal de estrangeiro em território nacional ou de brasileiro em país estrangeiro: Incluído pela Lei nº 13.445, de 2017.

Pena – reclusão, de 2 (dois) a 5 (cinco) anos, e multa. Incluído pela Lei nº 13.445, de 2017

§ 1º Na mesma pena incorre quem **promover**, por qualquer meio, com o fim de obter vantagem econômica, a saída de estrangeiro do território nacional para ingressar ilegalmente em país estrangeiro. Incluído pela Lei nº 13.445, de 2017

§ 2º A **pena é aumentada** de 1/6 (um sexto) a 1/3 (um terço) se: Incluído pela Lei nº 13.445, de 2017

I – o crime é cometido com violência; ou Incluído pela Lei nº 13.445, de 2017

II – a vítima é submetida a condição desumana ou degradante. Incluído pela Lei nº 13.445, de 2017

§ 3º A pena prevista para o crime será aplicada sem prejuízo das correspondentes às infrações conexas. Incluído pela Lei nº 13.445, de 2017

Tipo penal acrescentado pela Lei 13.445/2017 que revogou o Estatuto do Estrangeiro para instituir a Lei de Migração. Há críticas pelo fato de o crime ter sido inserido dentro dos crimes contra a dignidade sexual, pois o crime em comento não possui nenhuma conotação sexual.

1. **Promoção de migração ilegal**

- Bem jurídico: *Tutela-se a política de migração brasileira, bem como a exigência da estrita observância dos procedimentos administrativos para entrada e saída de estrangeiro do território nacional, com reflexos da Soberania Nacional.*

- Núcleo do tipo: *promover (provocar)*
- Sujeito ativo: *pode ser praticado por qualquer pessoa (crime comum)*
- Sujeito passivo: *o Estado*
- Elemento subjetivo: *dolo – finalidade de obter vantagem econômica*
- Consumação: *a conduta do caput se consuma com a entrada ilegal do estrangeiro no território nacional, ou do brasileiro no estrangeiro também de forma ilegal.*
- Tentativa: *é possível a tentativa*
- Ação Penal: *pública incondicionada*
- Lei 9.099/95*: não se trata de infração de menor potencial ofensivo, não incide a Lei 9.099/95.*

► **CLASSIFICAÇÃO:**

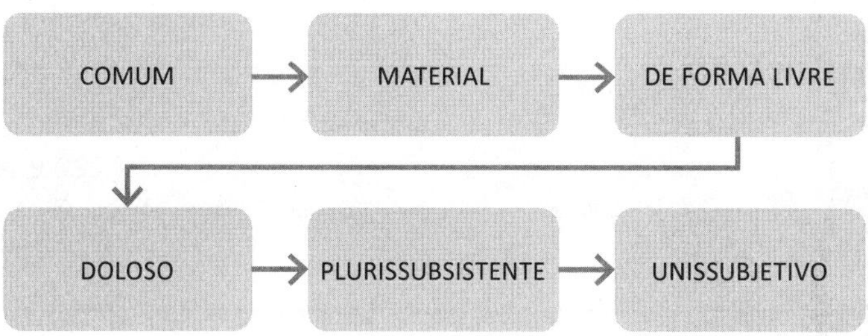


2. **Território Nacional:** para compreender a extensão do território nacional, utiliza-se o art. 5º do Código Penal.
3. **Causa de aumento de pena:** a pena será aumentada de 1/6 (um sexto) até 1/3 (um terço) se o crime for cometido com violência ou ainda se a vítima for submetida a condição desumana ou degradante.
4. **Concurso de crimes:** o §3º do artigo em comento deixa claro que caso ocorra outros crimes conexos, será punido o agente em concurso de crimes, ou seja, não será aplicado o princípio da consunção.

## CAPÍTULO VI
## DO ULTRAJE PÚBLICO AO PUDOR

**Ato obsceno**

**Art. 233 – Praticar** ato obsceno em lugar público, ou aberto ou exposto ao público:

Pena – detenção, de três meses a um ano, ou multa.

## 1. Ato obsceno

- Bem jurídico: *pudor público, moralidade coletiva*
- Núcleo do tipo: *praticar (executar)*
- Sujeito ativo: *pode ser praticado por qualquer pessoa (crime comum).*
- Sujeito passivo: *a coletividade – crime vago, e também quem presenciar o ato.*
- Elemento subjetivo: *dolo*
- Consumação: *com a prática do ato obsceno em local público ou aberto ou exposto, independentemente de ter sido presenciado por alguém.*
- Tentativa: *é possível a tentativa*
- Ação Penal: *pública incondicionada*
- Lei 9.099/95: *trata-se de infração de menor potencial ofensivo, portanto, é processada e julgada nos termos da Lei 9.099/95.*

► **CLASSIFICAÇÃO:**

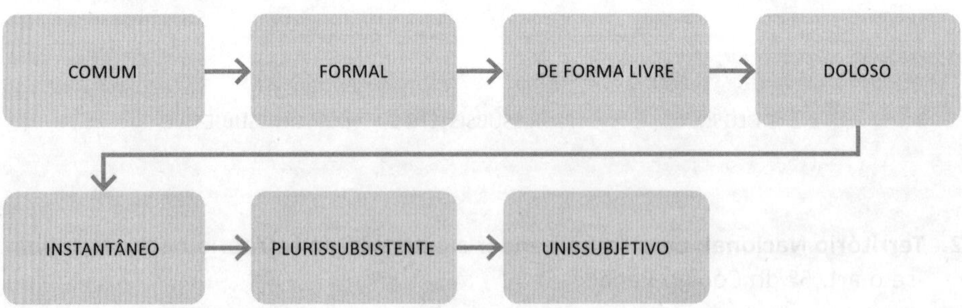


2. **Ato obsceno:** é uma expressão ampla, que pode variar de acordo com o tempo, cultura e região. Antigamente um beijo poderia ser considerado um ato obsceno, o que hoje, via de regra, não teria tal enquadramento. Obsceno é aquilo que fere o pudor, vergonha, mas voltado ao sentimento sexual.

**2.1. Elemento subjetivo:** necessário que o agente tenha vontade de ofender o pudor alheio, não existe forma culposa.

**2.2. Lugar público**: local aberto ao público para que possam frequentar, como praias, ruas, etc.

**2.3. Lugar aberto**: lugar aberto é aquele que pode o público frequentar, mas possui um controle na entrada (cinemas, teatros, shoppings, entre outros).

**2.4. Lugar exposto:** é o local possível que as pessoas vejam o ato praticado, como varanda de um imóvel, carro, etc.

**Aplicação em concurso:**

- ***Ano: 2015 Banca: CEFET-BA Órgão: MPE-BA Prova: Promotor de Justiça Substituto***

  Analise as seguintes assertivas acerca dos crimes contra a dignidade sexual e contra a Administração Pública:

  (...)

  IV – A consumação do crime de ato obsceno está caracterizada independentemente da presença de outras pessoas no local da prática do ato.

  *Gabarito: a assertiva está correta, pois e crime formal e de perigo, portanto, para a sua ocorrência necessário que ocorra a prática do ato, mas não é preciso que seja presenciado por alguém.*

**Escrito ou objeto obsceno**

**Art. 234 – Fazer, importar, exportar, adquirir** ou **ter sob sua guarda**, para fim de comércio, de distribuição ou de exposição pública, escrito, desenho, pintura, estampa ou qualquer objeto obsceno:

Pena – detenção, de seis meses a dois anos, ou multa.

Parágrafo único – **Incorre na mesma pena quem**:

I – vende, distribui ou expõe à venda ou ao público qualquer dos objetos referidos neste artigo;

II – realiza, em lugar público ou acessível ao público, representação teatral, ou exibição cinematográfica de caráter obsceno, ou qualquer outro espetáculo, que tenha o mesmo caráter;

III – realiza, em lugar público ou acessível ao público, ou pelo rádio, audição ou recitação de caráter obsceno.

A doutrina diz que o tipo penal aqui descrito caiu totalmente em desuso, no entanto, ainda está em vigor, e quando for o caso invoca-se o princípio da adequação social.

**1. Escrito ou ato obsceno**

- Bem jurídico: *pudor público, moralidade coletiva*
- Núcleo do tipo: *são vários núcleos, é um tipo penal misto alternativo*

  *- fazer*

  *- importar*

  *- exportar*

  *- adquirir*

  *- ter sob sua guarda*
- Sujeito ativo: *pode ser praticado por qualquer pessoa (crime comum).*
- Sujeito passivo: *a coletividade – crime vago*

- Elemento subjetivo: *dolo – com finalidade de comércio, distribuição ou exposição pública.*
- Consumação: *com a prática de uma das condutas descritas no tipo, não é necessário que ocorra o dano efetivo.*
- Tentativa: *é possível a tentativa*
- Ação Penal: *pública incondicionada*
- Lei 9.099/95: *trata-se de infração de menor potencial ofensivo, portanto, é processada e julgada nos termos da Lei 9.099/95.*

► **CLASSIFICAÇÃO:**

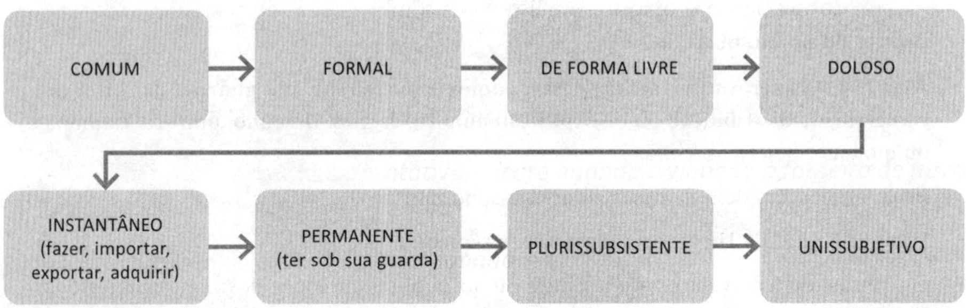


2. **Elemento subjetivo:** na conduta do caput necessário que o agente tenha dolo específico de comercializar, distribuir ou expor o conteúdo, já na figura equiparada disposta no parágrafo único, existe o dolo de ofender a moralidade pública sexual com intenção comercial.
3. **Inconstitucionalidade do art. 234 do CP:** há quem defenda a ideia de que o tipo penal em análise seria inaplicável por conta do princípio da adequação social. Há quem se posicione no sentido da inconstitucionalidade, primeiramente pelo fato de não haver conceito de ato obsceno, o que fica o tipo penal vulnerável ao modo de interpretação de cada julgador. Além disso, fere o princípio da legalidade, liberdade de expressão, liberdade de comunicação social, entre outros, estariam feridos diante dos direitos garantidos pela Constituição de 1988.
4. **Figuras equiparadas:** o parágrafo único prevê condutas que, quando praticadas ensejam a aplicação da mesma pena do *caput*.
   - Inciso I: os núcleos são vender, distribuir, expor à venda ou ao público qualquer dos objetos indicados no *caput*.
   - Inciso II: neste caso a conduta é realizar em lugar público ou acessível ao público, representação teatral, ou exibição cinematográfica de caráter obsceno, ou qualquer espetáculo com o mesmo caráter.
   - Inciso III: o núcleo é realizar em lugar público ou acessível ao público, ou ainda pelo rádio, audição ou recitação de caráter obsceno.

## CAPÍTULO VII
## DISPOSIÇÕES GERAIS
## (Incluído pela Lei nº 12.015, de 2009)

**Aumento de pena** (Incluído pela Lei nº 12.015, de 2009)

**Art. 234-A.** Nos crimes previstos neste Título a pena é aumentada: (Incluído pela Lei nº 12.015, de 2009)

I - (VETADO); (Incluído pela Lei nº 12.015, de 2009)

II - (VETADO); (Incluído pela Lei nº 12.015, de 2009)

III – de metade a 2/3 (dois terços), se do crime resulta gravidez; (Incluído pela Lei nº 13.718, de 2018)

IV – de 1/3 (um terço) a 2/3 (dois terços), se o agente transmite à vítima doença sexualmente transmissível de que sabe ou deveria saber ser portador, ou se a vítima é idosa ou pessoa com deficiência. (Incluído pela Lei nº 13.718, de 2018)

As duas causas de aumento de pena previstas no art. 234-A serão aplicadas em todos os capítulos do Título VI. Os incisos I e II foram vetados, restando apenas duas majorantes.

1. **Inciso III:** a pena será aumentada de metade a dois terços se o crime resultar em gravidez. Importante ressaltar que para a majorante incidir, não é necessário que exista dolo do agente em atingir este resultado, basta que ocorra e a pena será aumentada.

   **1.1. Sujeito ativo mulher:** No que tange esta qualificadora existem discussões pela possibilidade de aplicar a majorante, quando o sujeito ativo do crime for mulher, e um homem vítima e o ato resultar em gravidez. Há quem se posicione na impossibilidade, pois seria uma espécie de autolesão o que não é punido pelo ordenamento jurídico.

2. Inciso IV: aumenta a pena de um terço a dois terços se o agente transmitir à vítima doença sexualmente transmissível de que sabe ou deveria saber ser portador, ou se a vítima é idosa ou pessoa com deficiência.

   **2.1. Concurso de crimes:** Atenção: não haverá concurso formal com o crime do art. 130 do Código Penal. Outro ponto extremamente delicado é a transmissão do vírus do HIV, considerado pelo STJ como lesão corporal de natureza gravíssima:

   (i) Transmissão culposa do vírus: o crime sexual será qualificado pela lesão grave;

   (ii) Transmissão dolosa do vírus: responderá pelo crime sexual em concurso formal impróprio com o crime de lesão corporal de natureza gravíssima.

**Art. 234-B.** Os processos em que se apuram crimes definidos neste Título **correrão em segredo de justiça**. (Incluído pela Lei nº 12.015, de 2009)

1. **Segredo de justiça:** o legislador determinou que todos os crimes previstos neste título irão ser julgados e processados em segredo de justiça. A intenção é resguardar a dignidade e intimidade da vítima. Há quem indique que também visa o legislador proteger a dignidade do agente, pois diante dos princípios que regem o nosso ordenamento jurídico, ninguém pode ser considerado culpado até o transito em julgado de sentença penal condenatória, no entanto, este não é o posicionamento da jurisprudência.

► **Previsão Constitucional:**

- Art. 5º LX – a lei só poderá restringir a publicidade dos atos processuais quando a defesa da intimidade ou o interesse social o exigirem;
- Art. 93 – IX todos os julgamentos dos órgãos do Poder Judiciário serão públicos, e fundamentadas todas as decisões, sob pena de nulidade, podendo a lei limitar a presença, em determinados atos, às próprias partes e a seus advogados, ou somente a estes, em casos nos quais a preservação do direito à intimidade do interessado no sigilo não prejudique o interesse público à informação; (Redação dada pela Emenda Constitucional nº 45, de 2004)

► **Aplicação pelo STF:**

> **STF: A cláusula de sigilo imposta pelo art. 234-B do Código Penal incide sobre o processo penal de natureza condenatória em que se apuram crimes contra a dignidade sexual**, assim tipificados na legislação repressiva(CP, arts. 213 a 234). Essa exceção da publicidade tem por única finalidade proteger a vítima dos delitos em questão e neutralizar os efeitos negativos decorrentes do estrépito judiciário motivado pela instauração da persecutio criminis, preservando, desse modo, a intimidade e a honra do ofendido. Embora a regra geral seja a da publicidade dos atos processuais, a Constituição Federal admite o sigilo necessário à defesa da intimidade (art. 5º, LX) e o Código de Processo Penal autoriza a decretação do segredo de justiça para a preservação da intimidade, vida privada, honra e imagem do ofendido (art. 201, § 6º). (STF – ARE: 1067887 RS – RIO GRANDE DO SUL 0017647-66.2012.8.21.0021, Relator: Min. CELSO DE MELLO, Data de Julgamento: 11/10/2017, Data de Publicação: DJe-241 23/10/2017)

**Art. 234-C.** (VETADO). (Incluído pela Lei nº 12.015, de 2009)

## TÍTULO VII
## DOS CRIMES CONTRA A FAMÍLIA

### CAPÍTULO I
### DOS CRIMES CONTRA O CASAMENTO

Os crimes elencados neste título possuem respaldo na Constituição Federal, em seu art. 226. A pessoa humana se forma no seio familiar, e a família é a base da sociedade, portanto, necessário regular e proteger essa instituição.

**Bigamia**

**Art. 235 – Contrair** alguém, **sendo casado, novo casamento**:

Pena – reclusão, de dois a seis anos.

§ 1º – Aquele que, **não sendo casado, contrai casamento com pessoa casada, conhecendo essa circunstância**, é punido com reclusão ou detenção, de um a três anos.

§ 2º – Anulado por qualquer motivo o primeiro casamento, ou o outro por motivo que não a bigamia, considera-se inexistente o crime.

## 1. Bigamia

- Bem jurídico: *a família, a monogamia*
- Núcleo do tipo: *contrair (convolar, ajustar)*
- Sujeito ativo: *somente quem já é casado (crime próprio)*
- Sujeito passivo: *o Estado e o cônjuge inocente*
- Elemento subjetivo: *dolo*
- Consumação: *estará consumado com a celebração do segundo matrimônio*
- Tentativa: *é possível a tentativa*
- Ação Penal: *pública incondicionada*
- Lei 9.099/95: *a conduta do não se trata de infração de menor potencial ofensivo, não incide a Lei 9.099/95. No entanto, a conduta do §1º (bigamia privilegiada) possui a pena mínima de um ano, portanto, possível a suspensão condicional do processo.*

### ► CLASSIFICAÇÃO:

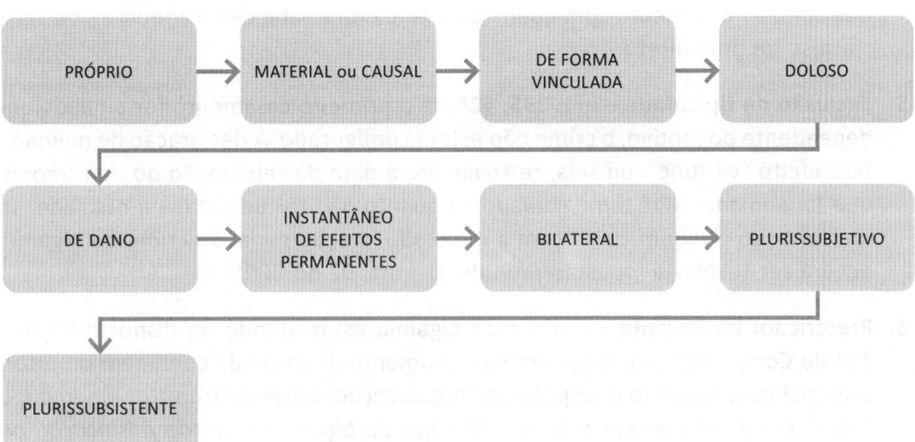

2. **Monogamia:** no ordenamento jurídico brasileiro é vigente a monogamia como ordem jurídica matrimonial. O art. 1521, VI do Código Civil faz a regulamentação proibindo expressamente a bigamia.

**2.1. Bigamia:** convolação de novo casamento quando um dos cônjuges já é casado. A bigamia se classifica em interna, quando o novo casamento ocorre no mesmo país do casamento vigente, ou externa, quando o novo matrimônio ocorre em país diferente.

---

▶ **ATENÇÃO: bigamia internacional dupla – ocorre quando a bigamia é proibida em dois dos países, como por exemplo, Brasil e Paraguai.**

---

▶ **Aplicação pelo STJ**

**STJ:** o STJ não homologou sentença Japonesa que anulou casamento celebrado no Brasil, configurando portanto, a bigamia. **A bigamia constitui causa de nulidade do ato matrimonial**, tanto pela legislação japonesa, como pela brasileira, mas, uma vez realizado o casamento no Brasil, não pode ele ser desfeito por Tribunal de outro país, consoante dispõe o § 1º do art. 7º do Dec.-lei 4.657/42 (Lei de Introdução ao Código Civil – LICCB). (STJ – Sent. Estr. Contest. 1.303/2008 – EX – Rel.: Min. Fernando Gonçalves – J. em 05/12/2007 – DJ 11/02/2008 – Doc. LEGJUR 103.1674.7511.2500)

3. **União estável:** a união estável não será alcançada pela regra do artigo em comento, ainda que o art. 226, §6º da Constituição Federal faça a equiparação da união com o casamento. Não é possível no âmbito criminal de utilizar tal abrangência pela vedação da analogia *in malam partem*.

4. **Bigamia privilegiada – art. 235, §1º:** concurso de pessoas – trata-se da pessoa que contrair casamento com quem já é casada (o) e sabe de tal condição, ou seja, trata-se de dolo direto.

5. **Exclusão da tipicidade – art. 235, §2º:** se o primeiro casamento for anulado, independente do motivo, o crime não estará configurado. A declaração de nulidade terá efeito "ex tunc", ou seja, retroage até a data da celebração do matrimonio que foi anulado. Mas tome cuidado, enquanto não for decretada a nulidade, se houver ação cível em curso com a discussão, a ação penal do crime de bigamia deverá ser suspensa (questão prejudicial – art. 92 do CPP)

6. **Prescrição:** importante no crime de bigamia estar atendo ao disposto no art. 111 do Código Penal que determina o momento de início da contagem do prazo prescricional, segundo o dispositivo *"A prescrição, antes de transitar em julgado a sentença final, começa a correr: IV – nos de bigamia e nos de falsificação ou alteração de assentamento do registro civil, da data em que o fato se tornou conhecido"*

**Aplicação em concurso:**

- ***Ano: 2018 Banca: FGV Órgão: TJ-AL Prova: Analista Judiciário – Área Judiciária** (adaptada)*

  De maneira geral, a doutrina define prescrição como a perda do direito do Estado de punir ou de executar determinada pena em razão da inércia estatal com o decurso do tempo. Tradicionalmente, o instituto é classificado em prescrição da pretensão punitiva e prescrição da pretensão executória.

  Sobre essa causa de extinção da punibilidade, é correto afirmar que:

  E) o prazo prescricional se inicia, no crime de bigamia, na data em que o fato se tornou conhecido.

  *Gabarito: e*

  *A alternativa "e" apresenta-se como correta de acordo com o disposto no art. 111, IV do Código Penal.*

**Induzimento a erro essencial e ocultação de impedimento**

**Art. 236 – Contrair casamento, induzindo em erro essencial o outro contraente,** ou **ocultando-lhe impedimento que não seja casamento anterior:**

Pena – detenção, de seis meses a dois anos.

Parágrafo único – A **ação penal depende de queixa do contraente enganado** e não pode ser intentada senão depois de transitar em julgado a sentença que, por motivo de erro ou impedimento, anule o casamento.

## 1. Induzimento a erro essencial e ocultação de impedimento

- Bem jurídico: *a família*
- Núcleo do tipo: *contrair (convolar, ajustar) casamento: induzir ou ocultando*
- Sujeito ativo: *qualquer pessoa (crime comum)*
- Sujeito passivo: *o Estado e o cônjuge enganado*
- Elemento subjetivo: *dolo*
- Consumação: *estará consumado com a celebração do casamento (art. 1514 do Código Civil)*
- Tentativa: *é possível a tentativa*
- Ação Penal: *privada personalíssima*
- Lei 9.099/95: *trata-se de infração de menor potencial ofensivo, aplica-se, portanto, a Lei 9.099/95*

► **CLASSIFICAÇÃO:**

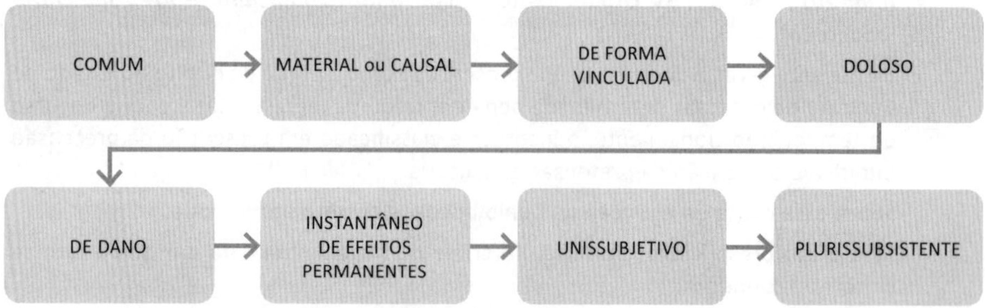


2. **Lei penal em branco homogênea:** o tipo penal em comento é uma lei penal em branco homogênea, pois precisa de outras leis para indicar quais são as situações que ensejam em erro essencial e os impedimentos matrimoniais, neste caso, o Código Civil.

3. **Conduta:** a conduta é contrair casamento de duas formas: (i) induzimento a erro essencial – neste caso utiliza-se o art. 1557 do Código Civil para complementar a norma; (ii) ocultar impedimento – neste caso utiliza-se o art. 1521 do Código Civil para complementar.

4. **Condição objetiva de procedibilidade:** o parágrafo único, indica a necessidade de que tenha sentença que anulou o casamento por motivo de erro ou impedimento, transitada em julgado. A prescrição também começará a correr com o trânsito em julgado dessa sentença.

5. **Ação penal privada personalíssima:** o legislador é claro ao dizer que o crime somente se procede por meio de queixa crime do contraente enganado, ou seja, não será possível a intervenção do cônjuge, ascendente, descendente e irmão nos casos de morte ou declaração judicial de ausência, o prazo decadencial de 06 meses para queixa somente iniciará contagem após o trânsito em julgado da sentença anulatória de casamento.

► **Aplicação em concurso**

- ***Ano: 2017 Banca: FUNDEP (Gestão de Concursos) Órgão: MPE-MG Prova: Promotor de Justiça***

  Sobre os crimes contra a família, é INCORRETO afirmar:

  D) Que o crime de induzimento a erro essencial e ocultação de impedimento ao matrimônio é caso de ação penal privada personalíssima.

  *Gabarito: d*

  *Conforme dispõe o parágrafo único do art. 236 do CP, somente o contraente enganado poderá apresentar queixa crime.*

6. **Emprego de fraude:** atenção para não confundir com o crime do art. 237 do CP. O crime do art. 236 do CP há fraude, ou seja, o agente oculta ou induz o contraente em erro.

**Conhecimento prévio de impedimento**

**Art. 237 – Contrair casamento, conhecendo a existência de impedimento** que lhe cause a nulidade absoluta:

Pena – detenção, de três meses a um ano.

## 1. Conhecimento prévio de impedimento

- Bem jurídico: *a família, o casamento*
- Núcleo do tipo: *contrair (convolar, ajustar) casamento conhecendo a existência de impedimento (art. 1521 CC) que cause nulidade absoluta*
- Sujeito ativo: *qualquer pessoa (crime comum)*
- Sujeito passivo: *o Estado e o cônjuge enganado*
- Elemento subjetivo: *dolo*
- Consumação: *estará consumado com a celebração do casamento (art. 1514 do Código Civil)*
- Tentativa: *é possível a tentativa*
- Ação Penal: *pública incondicionada*
- Lei 9.099/95: *Trata-se de infração de menor potencial ofensivo, aplicando-se, portanto, a Lei 9.099/95.*

▶ **CLASSIFICAÇÃO:**

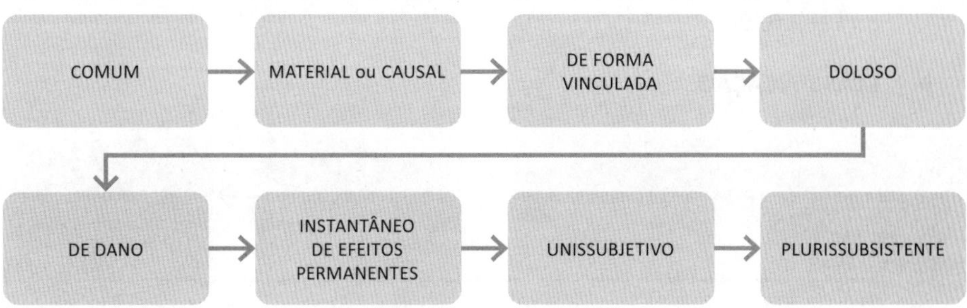


**2. Lei penal em branco homogênea:** o tipo penal em comento é uma lei penal em branco homogênea, pois precisa de outra lei para indicar quais são as situações que ensejam em erro essencial e os impedimentos matrimoniais, no caso, o Código Civil.

**2.1. Impedimento que lhe cause nulidade absoluta:** necessária complementação com o art. 1521 do Código Civil para indicar quais os impedimentos que causam nulidade absoluta.

3. **Coautoria:** caso ambos cônjuges saibam do impedimento, responderão como coautores do crime do art. 237 do CP.

4. **Ação Penal:** cuidado para não confundir com o crime anterior, aqui a ação penal será pública incondicionada, pois o legislador não indicou outra ação penal par ao crime, segue, portanto, a regra geral.

**Simulação de autoridade para celebração de casamento**

**Art. 238 – Atribuir-se falsamente autoridade** para celebração de casamento:

Pena – detenção, de um a três anos, se o fato não constitui crime mais grave.

1. **Simulação de autoridade para celebração de casamento**
   - Bem jurídico: *a família, o casamento*
   - Núcleo do tipo: *atribuir-se (intitular-se)*
   - Sujeito ativo: *qualquer pessoa (crime comum)*
   - Sujeito passivo: *o Estado e os cônjuges que estiverem casando de boa-fé*
   - Elemento subjetivo: *dolo*
   - Consumação: *não será preciso que o casamento ocorra, basta a atribuição falsa da condição de autoridade apta para o ato.*
   - Tentativa: *é possível a tentativa*
   - Ação Penal: *pública incondicionada*
   - Lei 9.099/95: *não é considerado infração de menor potencial ofensivo, no entanto, possível a suspensão condicional do processo nos termos do art. 89 da Lei 9.099/95.*

   ► **CLASSIFICAÇÃO:**

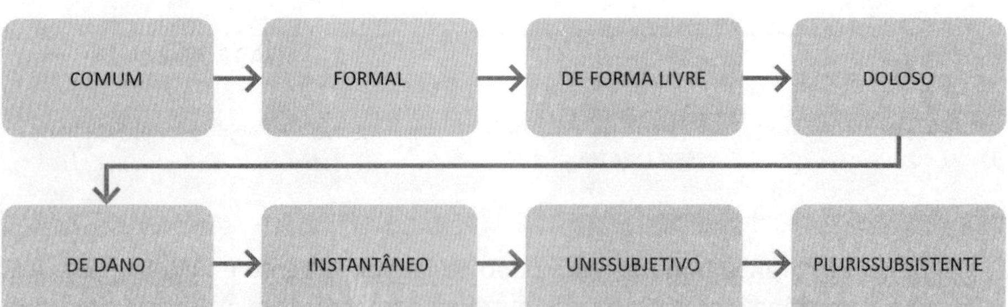


2. **Anulação do casamento:** o casamento realizado nessas circunstâncias é anulável, diante do regulado no art. 1550, VI do Código Civil. Diante da boa-fé dos cônjuges, caso tenha ocorrido o registro civil, o art. 1554 do CC autoriza a convalidação do ato.

3. **Usurpação de função pública:** a doutrina diz que o crime em comento é como se fosse uma modalidade especial de usurpação de função pública (art. 328 do Código Penal). A punição do crime do art. 238 do CP é mais grave do que a do art. 328 do mesmo diploma legal.
4. **Subsidiariedade do tipo penal:** o legislador coloca de forma expressa que o agente responderá pela pena indicada se o crime não constituir crime mais grave, ou seja, é um tipo penal residual.

**Simulação de casamento**

**Art. 239 – Simular casamento** mediante engano de outra pessoa:

Pena – detenção, de um a três anos, **se o fato não constitui** elemento de crime mais grave.

1. **Simulação de casamento**

- Bem jurídico: *a família*
- Núcleo do tipo: *simular (fingir)*
- Sujeito ativo: *qualquer pessoa (crime comum)*
- Sujeito passivo: *o Estado e a pessoa enganada*
- Elemento subjetivo: *dolo*
- Consumação: *estará consumado com a simulação de qualquer ato do casamento (celebração do matrimônio)*
- Tentativa: *é possível a tentativa*
- Ação Penal: *pública incondicionada*
- Lei 9.099/95*: não é considerado infração de menor potencial ofensivo, no entanto, possível a suspensão condicional do processo.*

► **CLASSIFICAÇÃO:**

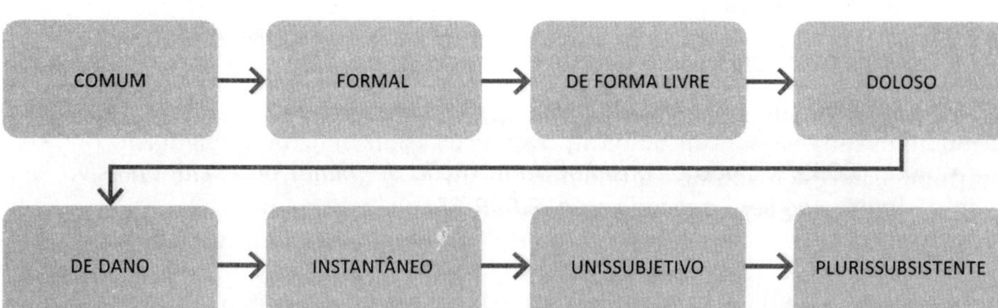

2. **Pessoa enganada:** o legislador não indicou quem seria a pessoa enganada, há quem entenda se tratar de um dos cônjuges, no entanto, posicionamento majoritário entende que qualquer pessoa que de alguma forma teria interesse no matrimônio poderá ser enganada com a simulação.

3. **Subsidiariedade do tipo penal:** o legislador coloca de forma expressa que o agente responderá pela pena indicada se o crime não constituir crime mais grave, ou seja, é um tipo penal residual.

**Adultério**

**Art. 240** - (Revogado pela Lei nº 11.106, de 2005)

▶ **REVOGADO PELA LEI 11.106/05**

## CAPÍTULO II
## DOS CRIMES CONTRA O ESTADO DE FILIAÇÃO

**Registro de nascimento inexistente**

**Art. 241** - **Promover** no registro civil a inscrição de nascimento inexistente:

Pena - reclusão, de dois a seis anos.

1. **Registro de nascimento inexistente**
   - Bem jurídico: *o estado de filiação*
   - Núcleo do tipo: *promover (dar origem, provocar, requerer)*
   - Sujeito ativo: *qualquer pessoa (crime comum)*
   - Sujeito passivo: *o Estado e a pessoa prejudicada pelo registro inexistente*
   - Elemento subjetivo: *dolo*
   - Consumação: *estará consumado com a inscrição do nascimento inexistente no registro civil*
   - Tentativa: *é possível a tentativa*
   - Ação Penal: *pública incondicionada*
   - Lei 9.099/95*: não é considerado infração de menor potencial ofensivo, portanto, não será aplicado a Lei 9.099/95.*

► **CLASSIFICAÇÃO:**

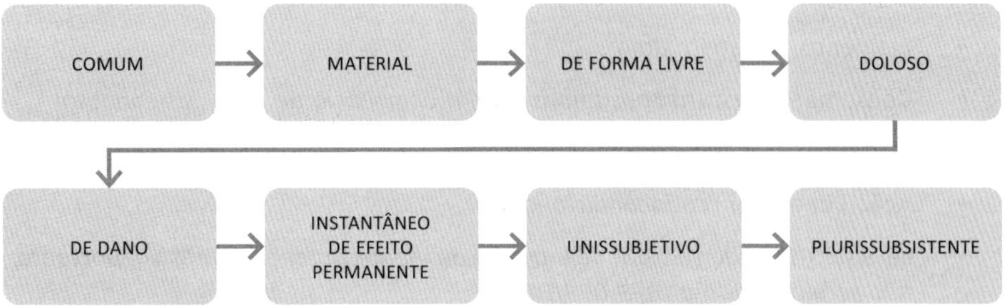


2. **Conduta:** o crime pune a conduta de promover no registro civil a inscrição de nascimento que não ocorreu, ou seja, a pessoa requer o assentamento de pessoa inexistente, ou também de quem nasceu sem vida (natimorto), pois nesses casos há um registro diferente (art. 53, §1º da Lei 6.015/73).

3. **Prescrição:** necessário observar o art. 111, IV do Código Penal que estabelece o início da contagem do prazo prescricional a partir do conhecimento do fato.

4. **Competência**: a competência para processo e julgamento será da Justiça Estadual.

**Parto suposto. Supressão ou alteração de direito inerente ao estado civil de recém-nascido**

**Art. 242 - Dar parto alheio como próprio**; **registrar** como seu o filho de outrem; **ocultar** recém-nascido ou substituí-lo, suprimindo ou alterando direito inerente ao estado civil:(Redação dada pela Lei nº 6.898, de 1981)

Pena - reclusão, de dois a seis anos. (Redação dada pela Lei nº 6.898, de 1981)

Parágrafo único - Se o crime é **praticado por motivo de reconhecida nobreza:** (Redação dada pela Lei nº 6.898, de 1981)

Pena - detenção, de um a dois anos, podendo o juiz deixar de aplicar a pena. (Redação dada pela Lei nº 6.898, de 1981)

1. **Parto suposto. Supressão ou alteração de direito inerente ao estado civil de recém-nascido**

- Bem jurídico: *o estado de filiação, a família e regularidade do registro civil*
- Núcleo do tipo: *tipo penal misto alternativo e cumulativo*

  - *"dar"parto alheio como próprio*
  - *"registrar" como seu o filho de outrem*
  - *"ocultar" recém-nascido*
  - *"substituir"recém-nascido*

- Sujeito ativo: *qualquer pessoa (crime comum)*
- Sujeito passivo: *o Estado e a pessoa prejudicada pelo registro inexistente*
- Elemento subjetivo: *dolo*
- Consumação: *estará consumado com a ocorrência de uma das condutas*
- Tentativa: *é possível a tentativa*
- Ação Penal: *pública incondicionada*
- Lei 9.099/95: *não se trata de infração de menor potencial ofensivo, portanto, não será aplicada a Lei 9.099/95.*

▶ **CLASSIFICAÇÃO:**

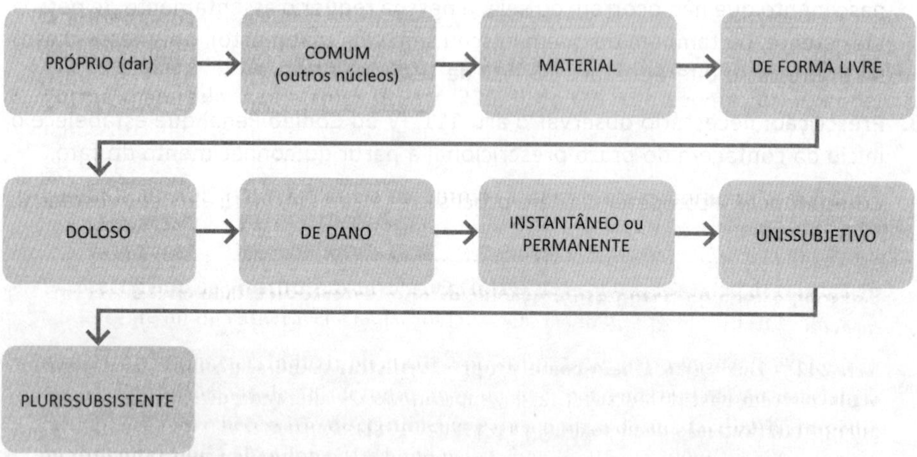


2. **Conduta:** o crime do art. 242 do Código Penal é um tipo misto cumulativo e alternativo, com a presença de 4 (quatro) condutas diferentes.
   - "dar"parto alheio como próprio: *a mulher se coloca como mãe de uma criança que não nasceu do seu ventre. Atenção se conduta for contrária (dar parto próprio com de outrem) poderá tipificar o crime de falsidade ideológica do art. 299 do CP, mas não do art. 241 do CP.*
   - "registrar" como seu o filho de outrem: *a conduta é de quem registra o filho que não é seu, a famosa adoção à brasileira, neste caso a falsidade ideológica fica absorvida.*
   - "ocultar" recém-nascido: *a pessoa esconde o recém-nascido de forma que suprima ou altere os seus direitos decorrentes do estado civil.*
   - "substituir"recém-nascido: *ocorre uma troca de recém nascidos, coloca uma criança no lugar de outra. A conduta pode ocorrer ou antes ou depois do registro civil, estará em todos os casos configurada.*

Aplicação em concurso:

- *Ano: 2017 Banca: IBADE Órgão: PC-AC Prova: Agente de Polícia Civil*

  O crime de registrar como seu o filho de outrem:

  E) é classificado como uma hipótese de falsidade ideológica.

  *Gabarito: e*

  *A conduta tipifica sim o delito de falsidade ideológica, no entanto, é crime-meio para a prática do delito do art. 242 do CP. Essa prática também é conhecida como adoção à brasileira, e neste caso estará a falsidade ideológica absorvida.*

3. **Crime privilegiado:** o legislador indicou uma conduta privilegiada para quando o agente comete o crime por motivo de reconhecida nobreza, neste caso há uma minorante para a pena, ou ainda, poderá o juiz deixar de aplicar a pena, ocorrendo neste caso, o perdão judicial.

4. **Prescrição:** o início da contagem do prazo prescricional será nos termos do art. 111, IV do Código Penal.

**Sonegação de estado de filiação**

**Art. 243 - Deixar em asilo** de expostos **ou outra instituição de assistência** filho próprio ou alheio, **ocultando-lhe** a filiação ou **atribuindo-lhe** outra, com o **fim de** prejudicar direito inerente ao estado civil:

Pena - reclusão, de um a cinco anos, e multa.

1. **Sonegação do Estado de filiação**

- Bem jurídico: *o estado de filiação e a família*
- Núcleo do tipo: *deixar (abandonar)*
- Sujeito ativo: *qualquer pessoa (crime comum)*
- Sujeito passivo: *o Estado e a criança ou adolescente abandonada*
- Elemento subjetivo: *dolo – com finalidade específica de prejudicar direito inerente ao estado civil*
- Consumação: *estará consumado com o abandono da criança ou adolescente em asilo de expostos ou instituição de assistência*
- Tentativa: *é possível a tentativa*
- Ação Penal: *pública incondicionada*
- Lei 9.099/95: *não se trata de infração de menor potencial ofensivo, no entanto, possível a suspensão condicional do processo nos termos do art. 89 da Lei 9.099/95.*

▶ **CLASSIFICAÇÃO:**

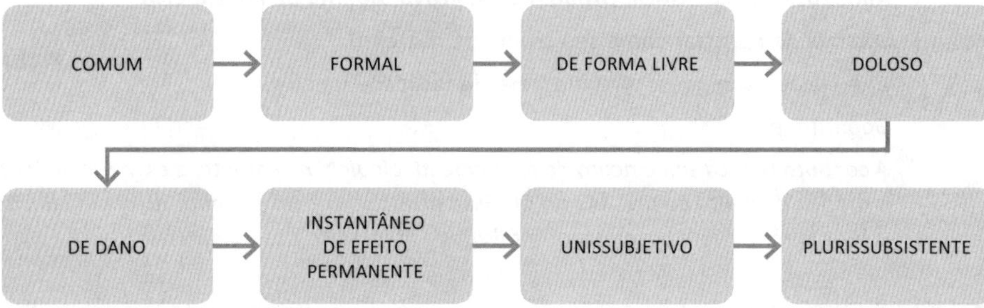


2. **Conduta:** a conduta típica é deixar em asilo ou outra instituição de assistência, ocultando-lhe a filiação ou lhe atribuindo outra com a finalidade de prejudicar direito inerente ao estado civil.

3. **Locais do abandono:** o legislador se refere ao silo de expostos, que é o orfanato, mas amplia para qualquer outro tipo de instituição de assistência (creches, abrigos, entre outros).

---

▶ **ATENÇÃO:** caso o agente abandone a criança em outro lugar que não seja os indicados no tipo penal, o crime não estará configurado. Entrentanto, poderá incorrer no crime de abandono de incapaz (art. 133 do CP) ou de exposição ou abandono de recém-nascido (art. 134 do CP).

---

## CAPÍTULO III
## DOS CRIMES CONTRA A ASSISTÊNCIA FAMILIAR

**Abandono material**

**Art. 244. Deixar**, sem justa causa, **de prover a subsistência do cônjuge, ou de filho menor de 18 (dezoito) anos ou inapto para o trabalho, ou de ascendente inválido ou maior de 60 (sessenta) anos**, não lhes proporcionando os recursos necessários ou faltando ao pagamento de pensão alimentícia judicialmente acordada, fixada ou majorada; **deixar**, sem justa causa, **de socorrer descendente ou ascendente, gravemente enfermo**: (Redação dada pela Lei nº 10.741, de 2003)

Pena – detenção, de 1 (um) a 4 (quatro) anos e multa, de uma a dez vezes o maior salário mínimo vigente no País. (Redação dada pela Lei nº 5.478, de 1968)

Parágrafo único – Nas mesmas penas incide quem, **sendo solvente, frustra ou ilide, de qualquer modo, inclusive por abandono injustificado de emprego ou função, o pagamento de pensão alimentícia judicialmente acordada, fixada ou majorada.** (Incluído pela Lei nº 5.478, de 1968)

1. **Abandono material**

- Bem jurídico: *assistência familiar*

- Núcleo do tipo: *o crime pode ser cometido de três formas:*

  *- deixar, sem justa causa, de prover a subsistência;*

  *- faltar com o pagamento de pensão alimentícia judicialmente acordada;*

  *- deixar, sem justa causa, de socorrer;*

- Sujeito ativo: *somente pode praticar quem tenha o dever legal de garantir a subsistência da vítima (crime próprio)*
- Sujeito passivo: *os assistidos*
- Elemento subjetivo: *dolo*
- Consumação: *está consumado quando o agente deixa dolosamente e sem justa causa de assegurar a subsistência, quando falta com o pagamento de pensão alimentícia ou quando deixa de socorrer pessoa indicada pelo tipo penal quando estiver gravemente enfermo.*
- Tentativa: *não é possível a tentativa, exceto na figura equiparada (parágrafo único)*
- Ação Penal: *pública incondicionada*
- Lei 9.099/95*: não se trata de infração de menor potencial ofensivo, no entanto, possível a suspensão condicional do processo nos termos do art. 89 da Lei 9.099/95.*

► **CLASSIFICAÇÃO:**

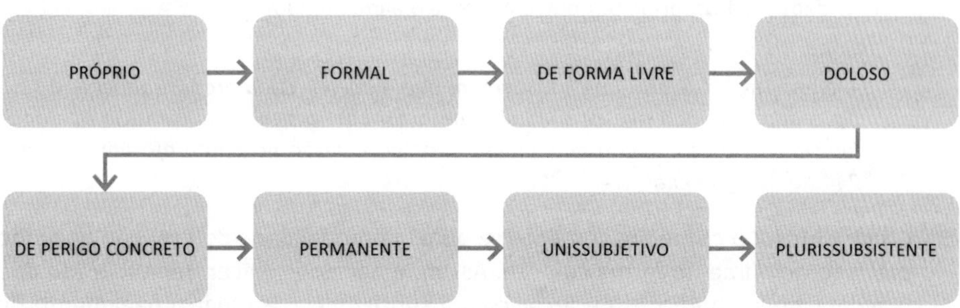


**2. Conduta:** a conduta se desdobra em três formas possíveis:

i. Deixar, sem justa causa, de prover a subsistência do cônjuge ou de filho menor de 18 (dezoito) anos ou inapto para o trabalho, ou de ascendente inválido ou maior de 60 (sessenta) anos**:** Neste caso a pessoa não promove a subsistência, não cumpre com o que deveria cumprir, para configurar a conduta não deve existir justa causa, ou seja, motivo justificado para o não cumprimento. Subsistência refere-se ao conjunto de condições mínimas para a vida da pessoa humana.

ii. Faltar com o pagamento de pensão alimentícia judicialmente acordada, fixada ou majorada: atenção que neste caso há determinação judicial previamente estabelecida. Ademais, o crime estará configurado somente se o agente podendo efetuar o pagamento não fizer. Caso tenha sido demitido do emprego, por exemplo, terá um justo impedimento para não ter cumprido com a obrigação e o crime não estará configurado.

iii. Deixar, sem justa causa, de socorrer descendente ou ascendente gravemente enfermo: a enfermidade pode ser física ou psíquica, a assistência de socorro deve ser prestada de todas as formas, seja com despesas médicas, medicamentos, transporte ao hospital, e demais necessidades que surgirem.

► **Aplicação pelo STF:**

> **STF: O crime de abandono material para ser configurado precisa a demonstração de ausência de justa causa para o descumprimento da obrigação.** O MP deverá indicar o descumprimento e apontar a ausência de justa causa, cabendo ao réu comprovar a idônea justificativa para o descumprimento da obrigação alimentar (STJ, HC 194225/GO, Rel. Min. Marco Aurélio Bellizze, 5ª T, Dje 24/04/2013).

**Aplicação em concurso:**

- ***Ano: 2017 Banca: Órgão: PC/AC Prova: Delegado de Polícia***

  No que tange aos crimes contra a família, assinale a resposta correta.

  D) Comete crime de abandono material quem, sendo solvente e sem motivo justo, com o único propósito de deixar de pagar pensão alimentícia fixada em acordo judicialmente homologado, abandona o emprego, gerando situação de necessidade – não suprida por outrem – para o alimentando.

  *Gabarito: d*

  *A alternativa d relata uma situação em que o agente criou propositalmente a situação para que não tivesse condições de arcar com a pensão alimentícia acordada judicialmente. A conduta em comento possui previsão no parágrafo único do art. 244 do Código Penal.*

3. **Crime doloso:** o crime em comento se pune na modalidade dolosa, não havendo previsão do crime na forma culposa. Assim, é necessário ficar demonstrado que o agente tinha condições de arcar com a subsistência, efetuar o pagamento de pensão ou prestar socorro e não fez sem motivo justificado.

4. **Prisão civil e abatimento do tempo cumprido:** a prisão civil não possui ligação direta com o crime em comento, no entanto, entende o posicionamento majoritário que possa ocorrer a detração do tempo que o agente ficou preso pela decretação da prisão civil, ou seja, será abatido este tempo de prisão civil na pena aplicada quando a prisão civil e a condenação criminal forem relativas ao mesmo fato.

5. **Figura equiparada – art. 244, parágrafo único:** há uma figura equiparada, ou seja, que receberá a mesma pena do caput. Neste caso o agente frustra o pagamento, abandonando o emprego por exemplo, para não pagar a pensão. Ocorre normalmente quando já é feito desconto na folha de pagamento automaticamente. Assim, a pessoa encerra o contrato de trabalho e busca trabalho informal.

**Entrega de filho menor a pessoa inidônea**

**Art. 245 - Entregar filho menor de 18** (dezoito) anos a pessoa em **cuja companhia saiba ou deva saber** que o menor fica moral ou materialmente em perigo: (Redação dada pela Lei nº 7.251, de 1984)

Pena - detenção, de 1 (um) a 2 (dois) anos. (Redação dada pela Lei nº 7.251, de 1984)

§ 1º - A pena é de 1 (um) a 4 (quatro) anos de reclusão, **se o agente pratica delito para obter lucro, ou se o menor é enviado para o exterior**. (Incluído pela Lei nº 7.251, de 1984)

§ 2º - **Incorre, também, na pena do parágrafo anterior** quem, embora excluído o perigo moral ou material, auxilia a efetivação de ato destinado ao envio de menor para o exterior, com o fito de obter lucro. (Incluído pela Lei nº 7.251, de 1984)

## 1. Entrega de filho menor a pessoa inidônea

- Bem jurídico: *assistência familiar*
- Núcleo do tipo: *entregar*
- Sujeito ativo: *somente pode praticar o crime os pais do menor (crime próprio)*
- Sujeito passivo: *os assistidos*
- Elemento subjetivo: *dolo – de forma expressa o legislador deixa claro que pune tanto o dolo direito (sabia) como o dolo eventual (deveria saber).*
- Consumação: *estará consumado com a entrega do filho menor de 18 anos para pessoa que a companhia lhe acarrete perigo*
- Tentativa: *é possível a tentativa*
- Ação Penal: *pública incondicionada*
- Lei 9.099/95: *a conduta do caput é de menor potencial ofensivo, portanto, será aplicada a Lei 9.099/95. Já quando for na forma qualificada, somente poderá ocorrer a suspensão condicional do processo nos termos do art. 69 da Lei 9.099/95.*

► **CLASSIFICAÇÃO:**

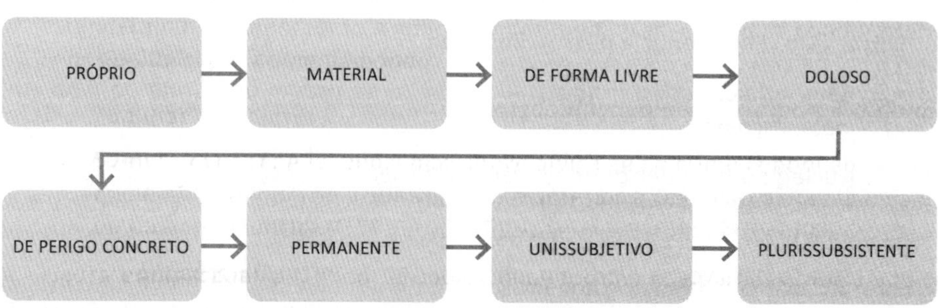

2. **Sujeito ativo:** o sujeito ativo do crime são os pais do menor de 18 (dezoito) anos. Não é possível estender para tutores e guardiões pela vedação da analogia *in malam partem*.

3. **Sujeito passivo:** o legislador indicou de forma expressa quem seria a vítima do crime, no caso, os filhos menores de 18 (dezoito) anos. Importante lembrar que há igualdade entre os filhos, não importa se o parentesco é biológico ou civil, nos termos do art. 227, §6º da CF).

4. **Crime de perigo concreto:** para configuração do delito necessário a comprovação da situação de perigo material ou moral para o filho menor de 18 anos. Há quem entenda ser o crime de perigo abstrato.

5. **Forma qualificada – art. 245, §1º, in fine e §2º:** tais figuras foram tacitamente revogadas pelo art. 238 e 239 da Lei 8.069/90 (Estatuto da criança e do adolescente). Já a qualificadora referente a finalidade de lucro, ou seja, obtenção de vantagem econômica ainda será utilizada.

**Aplicação em concurso:**

- ***Ano: 2017 Banca: FUNDEP (Gestão de Concursos) Órgão: MPE-MG Prova: Promotor de Justiça***

  Sobre os crimes contra a família, é **INCORRETO** afirmar:

  B) Que o crime de entrega de filho menor a pessoa inidônea admite formas dolosa e culposa.

  *Gabarito: b*

  *O crime de entrega de filho menor à pessoa inidônea é punido na modalidade dolosa somente, não havendo previsão da modalidade culposa.*

**Abandono intelectual**

**Art. 246 – Deixar**, sem justa causa, **de prover à instrução primária de filho em idade escolar:**

Pena – detenção, de quinze dias a um mês, ou multa.

1. **Entrega de filho menor a pessoa inidônea**

- Bem jurídico: *assistência familiar, direito de acesso ao ensino do filho em idade escolar*
- Núcleo do tipo: *deixar de prover (omitir-se)*
- Sujeito ativo: *somente pode praticar o crime os pais*
- Sujeito passivo: *os filhos em idade escolar de instrução primária*
- Elemento subjetivo: *dolo*

- Consumação: *quando os pais deixam de matricular o filho em estabelecimento de ensino ou quando os pais decidem que o filho não irá mais frequentar a escola e a criança deixa de ir por período juridicamente relevante.*
- Tentativa: *não é possível a tentativa*
- Ação Penal: *pública incondicionada*
- Lei 9.099/95*: trata-se de infração de menor potencial ofensivo, aplica-se portanto, a Lei 9.099/95.*

► **CLASSIFICAÇÃO:**

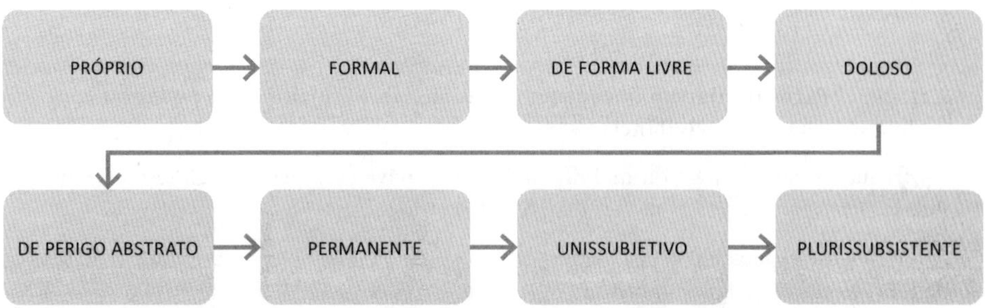


2. **Elemento normativo do tipo:** o legislador indica a expressão "sem justa causa", devendo restar demonstrado que havia possibilidade de realização da matrícula, mas esta não foi efetivada injustificadamente. Assim, o fato será atípico caso exista justificativa para que não tenha sido feita matrícula, ou para que tenha ocorrido o afastamento da escola por período juridicamente relevante.

►**Aplicação em concurso:**

- ***Ano: 2017 Banca: FAPEMS Órgão Prova: Delegado de Polícia***

  Com base no caso, assinale a alternativa correta.

  Miriam, mãe de Rodrigo, e José, tutor de João, receberam convocação da Promotoria de Justiça da Infância e da Juventude da respectiva Comarca para comparecem à audiência pública destinada a tratar específico programa para prevenir a evasão escolar. Na carta, havia advertência, em negrito e sublinhado, que a presença seria obrigatória, sob pena de incorrerem pais e/ou responsáveis legais em apuração de responsabilização criminal por abandono intelectual (CP, artigo 246). Miriam não compareceu, pois, no horário da reunião, realizou procedimento cirúrgico de emergência em Maria, colega de escola de Rodrigo. Tampouco José se fez presente, porquanto decidiu acompanhar um jogo do time do colégio de João. Ciente das ausências, o Promotor de Justiça requisitou instauração de investigação para apurar a responsabilidade de ambos.

  E) Miriam e José não poderão ser indiciados pelo crime de abandono intelectual.

  *Gabarito: e*

  *A conduta descrita praticada por Miriam e Rodrigo não se adéqua ao texto do crime do art. 246 do CP, e, portanto, ambos não poderão ser responsabilizados pelo crime indicado pela Promotoria, sendo o comportamento atípico.*

3. **Instrução primária:** havia divergências para delimitar o significado da expressão instrução primária" e da idade escolar". Até o ano de 2005 entendia-se que seria a pessoa com idade entre 7 e 14 anos. No entanto, com alteração das diretrizes de educação em 2005, foi fixada idade mínima de 06 (seis) anos para ingresso no ensino fundamental. Depois em 2009 com a Emenda Constitucional nº 59 ficou determinado a educação básica e gratuita dos 4 aos 17 anos de idade. A Lei 12.796/2013 novamente organizou a base da educação nacional com idade de 4 aos 17 anos, dividindo pré-escola, ensino fundamental e ensino médio. Estando os pais obrigados a matricular os filhos a partir dos 4 anos de idade.

**Art. 247 – Permitir alguém** que menor de dezoito anos, **sujeito a seu poder ou confiado à sua guarda ou vigilância**:

I – freqüente casa de jogo ou mal-afamada, ou conviva com pessoa viciosa ou de má vida;

II – freqüente espetáculo capaz de pervertê-lo ou de ofender-lhe o pudor, ou participe de representação de igual natureza;

III – resida ou trabalhe em casa de prostituição;

IV – mendigue ou sirva a mendigo para excitar a comiseração pública:

Pena – detenção, de um a três meses, ou multa.

1. **Abandono moral** (denominação doutrinária)

- Bem jurídico: *organização da família, formação moral dos menores de 18 anos*
- Núcleo do tipo: *permitir (deixar, autorizar)*
- Sujeito ativo: *os pais ou aquele que tenha poder, guarda ou vigilância*
- Sujeito passivo: *menor de 18 (dezoito anos) que esteja no poder, guarda ou vigilância do sujeito ativo*
- Elemento subjetivo: *dolo*
- Consumação: *depende da conduta praticada*
- Tentativa: *admite-se a tentativa nas condutas onde a habitualidade não se faz necessária. Naquelas onde a habitualidade deve estar presente, não haverá possibilidade de tentativa.*
- Ação Penal: *pública incondicionada*
- Lei 9.099/95: *trata-se de infração de menor potencial ofensivo, aplica-se, portanto, a Lei 9.099/95.*

## ▶ CLASSIFICAÇÃO:

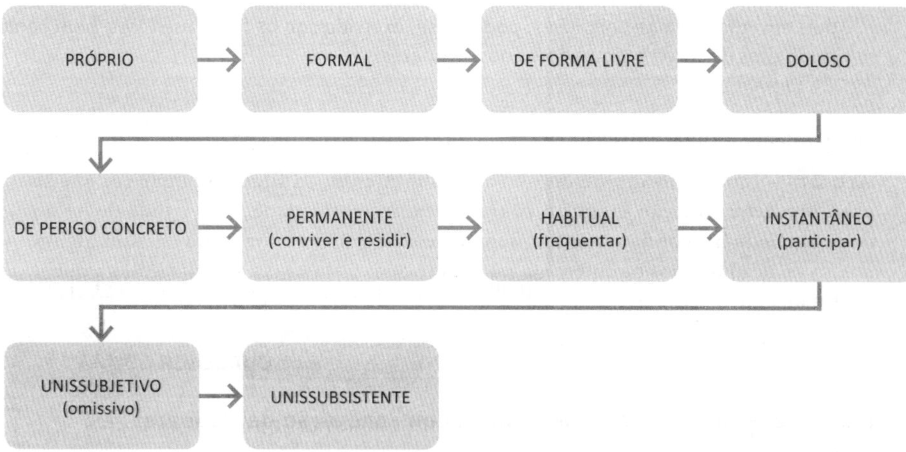


1. **Condutas:** são várias condutas que tipificam o crime em comento, mas o núcleo se faz pela permissão do sujeito ativo que pessoa menor de 18 anos que esteja sob seu poder, guarda ou vigilância esteja em algumas situações:

   (i) Permitir que frequente casa de jogo ou mal-afamada, ou conviva com pessoa viciosa ou de má vida: Casa de jogo deve ser entendida como o lugar em que tenha prática de jogos de azar ou que se façam apostas. A casa mal-afamada não possui uma boa reputação, pessoa viciosa é aquela que possui algum vício não adequado, e pessoa de má vida é aquela que possui maus comportamentos, comportamentos imorais.

   (ii) Permitir que frequente espetáculo capaz de pervertê-lo ou de ofender-lhe o pudor, ou participe de representação de igual natureza**:** que possam corromper a criança ou o adolescente.

   (iii) Permitir que resida ou trabalhe em casa de prostituição.

   (iv) Permitir que mendigue ou sirva de mendigo para excitar a comiseração pública: **pedir esmola diante da compaixão social.**

   **1.1. Tipo penal misto cumulativo:** O núcleo do tipo é apenas um, no caso permitir. Assim, a permissão deve ser para uma dessas condutas, sendo um tipo penal misto cumulativo, ou seja, se o agente praticar mais de uma das condutas descritas no tipo, responderá pela pluralidade de crimes, em concurso formal impróprio ou material, conforme o caso.

## CAPÍTULO IV
## DOS CRIMES CONTRA O PÁTRIO PODER, TUTELA CURATELA

▶ Os crimes aqui descritos buscam tutelar a organização da família, tutelando a regular manutenção do poder familiar, que compreende os direitos e deveres que são atribuídos aos pais em igualdade de condições, poder esse, exercido sob os filhos menores, bem como os direitos do tutores e curadores dos incapazes.

**Induzimento a fuga, entrega arbitrária ou sonegação de incapazes**

**Art. 248** – **Induzir** menor de dezoito anos, ou interdito, **a fugir do lugar em que se acha por determinação de quem sobre ele exerce autoridade**, em virtude de lei ou de ordem judicial; **confiar** a outrem **sem ordem** do pai, do tutor ou do curador algum menor de dezoito anos ou interdito, ou **deixar**, sem justa causa, de entregá-lo a quem legitimamente o reclame:

Pena – detenção, de um mês a um ano, ou multa.

## 1. Induzimento a fuga, entrega arbitrária ou sonegação de incapazes

- Bem jurídico: *poder familiar, da tutela e da curatela*
- Núcleo do tipo: *induzir – confiar – deixar*
- Sujeito ativo: *qualquer pessoa (crime comum)*
- Sujeito passivo: *aqueles que possuem o poder familiar, a tutela ou a curatela, além das pessoas que estão subordinadas a essas pessoas, no caso os menores e os curatelados.*
- Elemento subjetivo: *dolo*
- Consumação: *depende da conduta praticada*
- Tentativa: *é possível a tentativa*
- Ação Penal: *pública incondicionada*
- Lei 9.099/95: *trata-se de infração de menor potencial ofensivo, aplicando-se, portanto, a Lei 9.099/95.*

▶ **CLASSIFICAÇÃO:**

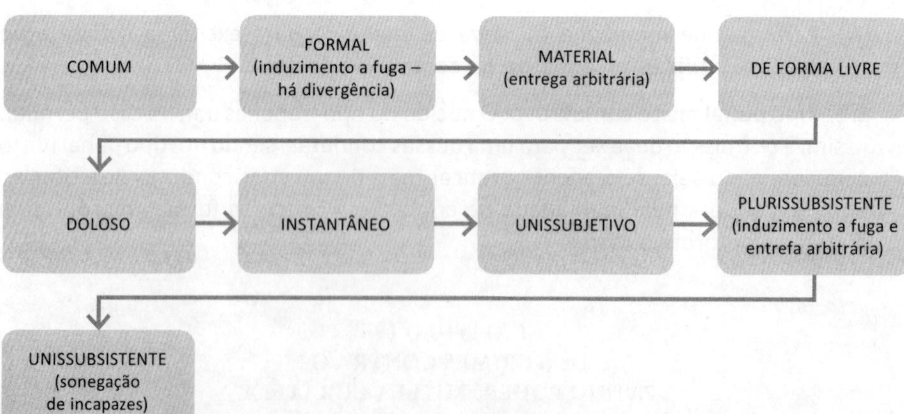

2. **Condutas:** o tipo prevê condutas distintas:

(i) induzimento a fuga: neste caso o agente induz, ou seja, faz nascer a ideia de menor de 18 anos, ou de interdito, de fugir. A fuga é realizada pela vítima, sendo que, caso o agente a induza para convencer que a vítima fuja em sua companhia, o crime não será do art. 248, mas sim, do art. 249 do CP;

(ii) entrega arbitrária: neste caso o agente confia e entrega para outra pessoa, sem ordem dos pais, do tutor ou do curador, menor de 18 anos ou pessoa interditada. Se houver autorização de entrega a conduta é atípica;

(iii) sonegação de incapazes: deixar de entregar menor de 18 anos ou interdito a quem o reclame legitimamente e sem justa causa.

**2.1. Tipo penal misto alternativo ou cumulativo:** o tipo é misto alternativo e cumulativo, no sentido de que a conduta de induzir a fuga pode se associar a segunda, mas a segunda é alternativa (confiar a outrem ou deixar de entregar), sendo assim, se o agente praticar a primeira conduta e uma das duas outras, teremos concurso material de crimes.

**Subtração de in*capazes***

**Art. 249 – Subtrair** menor de dezoito anos ou interdito ao poder de quem o tem sob sua guarda em virtude de lei ou de ordem judicial:

Pena – detenção, de dois meses a dois anos, se o fato não constitui elemento de outro crime.

§ 1º – O fato de ser o agente pai ou tutor do menor ou curador do interdito não o exime de pena, se destituído ou temporariamente privado do pátrio poder, tutela, curatela ou guarda.

§ 2º – No caso de restituição do menor ou do interdito, se este não sofreu maus-tratos ou privações, o juiz pode deixar de aplicar pena.

1. **Subtração de incapazes**

- Bem jurídico: *poder familiar, da tutela e da curatela*
- Núcleo do tipo: *subtrair (retirar, afastar) – menor de 18 anos ou interdito*
- Sujeito ativo: *qualquer pessoa (crime comum)*
- Sujeito passivo: *aqueles que possuem o poder familiar, a tutela ou a curatela, além das pessoas que estão subordinadas a essas pessoas, no caso os menores e os curatelados.*
- Elemento subjetivo: *dolo*
- Consumação: *estará consumado com a retirada do incapaz da vigilância dos pais, tutores ou curadores*
- Tentativa: *é possível a tentativa*

- Ação Penal: *pública incondicionada*
- Lei 9.099/95*: trata-se de infração de menor potencial ofensivo, aplicando-se, portanto, a Lei 9.099/95.*

▶ **CLASSIFICAÇÃO:**

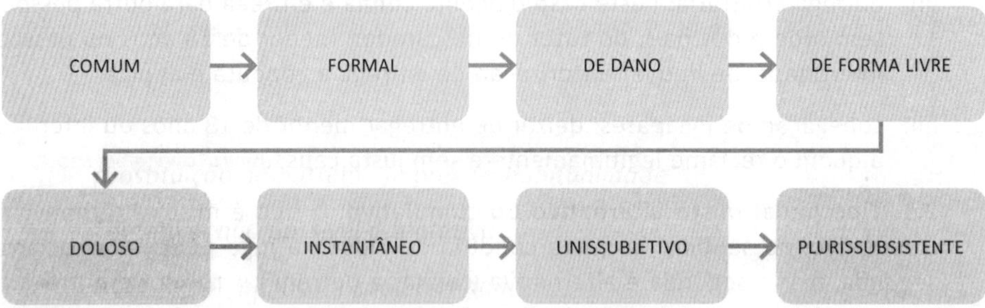


2. **Condutas:** a conduta é subtrair, que no caso significa retirar o menor ou interditado da companhia dos pais, tutor ou curador. O legislador não determinou a forma que deve ocorrer, ou seja, pode a conduta ser praticada de várias formas.
3. **Descolamento do incapaz:** não é necessário que ocorra o efetivo descolamento do incapaz, sendo importante destacar que o consentimento não importa, ou seja, ainda que tenha o consentimento do incapaz, estará configurado o crime.
4. **Crime subsidiário:** o legislador indicou de forma expressa a subsidiariedade do crime, ou seja, o crime em análise só estará configurado caso não se enquadre em outro crime mais grave.
5. **Perdão Judicial – art. 249, §2º:** se o menor ou interditado for restituído sem ter sofrido maus-tratos ou privações, o juiz poderá deixar de aplicar pena. A restituição deve ter sido feita espontaneamente, e de forma voluntária. Trata-se de causa extintiva de punibilidade, nos termos do art. 107, IX do CP.

▶ **Aplicação em concurso**

- ***Ano: 2012 Banca: TJ-DFT Órgão: TJ-DFT Prova: Juiz***

Julgue os itens a seguir:

IV. No delito de subtração de incapazes (art. 249 do CP), havendo a restituição do menor ou do interdito, se este não sofreu maus-tratos ou privações, o Juiz pode deixar de aplicar pena.

De acordo com o Código Penal Brasileiro e o entendimento pacificado pelos Tribunais Superiores, estão corretos apenas os itens:

*Gabarito: o item IV está correto, nos termos do art. 249, §2º do Código Penal, que possibilita o juiz conceder o perdão judicial.*

6. **Norma explicativa – art. 249, §1º**: o legislador se utiliza da expressão "pai", sendo que, no entanto, deve ser abrangida também a expressão mãe.

7. **Estatuto da criança e do adolescente – art. 237 da Lei nº 8.069/90:** para resolver o conflito aparente de normas a doutrina indica 3 fatores a serem observados: (i) subsidiariedade: o crime do art. 249 do CP é subsidiário, portanto o do ECA prevalece; (ii) especialidade: ECA é legislação especial, portanto, se ocorrer conflito prevalece; (iii) sucessividade: o art. 237 do ECA é mais recente, portanto, também prevalece.

## TÍTULO VIII
## DOS CRIMES CONTRA A INCOLUMIDADE PÚBLICA

### CAPÍTULO I
### DOS CRIMES DE PERIGO COMUM

▶ No Título VIII o legislador tipificou condutas que atentam contra à vida, ao patrimônio e à segurança de pessoas indeterminadas, não individualizadas, com a finalidade de preservar a segurança das pessoas e de coisas.

**Incêndio**

**Art. 250** - Causar incêndio, expondo a perigo a vida, a integridade física ou o patrimônio de outrem:

Pena - reclusão, de três a seis anos, e multa.

**Aumento de pena**

§ 1º - As penas aumentam-se de um terço:

I - se o crime é cometido com intuito de obter vantagem pecuniária em proveito próprio ou alheio;

II - se o incêndio é:

a) em casa habitada ou destinada a habitação;

b) em edifício público ou destinado a uso público ou a obra de assistência social ou de cultura;

c) em embarcação, aeronave, comboio ou veículo de transporte coletivo;

d) em estação ferroviária ou aeródromo;

e) em estaleiro, fábrica ou oficina;

f) em depósito de explosivo, combustível ou inflamável;

g) em poço petrolífico ou galeria de mineração;

h) em lavoura, pastagem, mata ou floresta.

**Incêndio culposo**

§ 2º - Se culposo o incêndio, é pena de detenção, de seis meses a dois anos

1. **Incêndio**

- Bem jurídico: *incolumidade pública*
- Núcleo do tipo: *causar (dar origem, iniciar)*
- Sujeito ativo: *qualquer pessoa (crime comum)*
- Sujeito passivo: *o Estado e a sociedade em geral (crime vago)*
- Elemento subjetivo: *dolo (caput) ou culpa (§2º)*
- Consumação: *consuma-se quando o incêndio provocado expõe a perigo a vida, a integridade física ou o patrimônio de pessoas*
- Tentativa: *é possível a tentativa*
- Ação Penal: *pública incondicionada*
- Lei 9.099/95*: a conduta definida do caput não se trata de infração de menor potencial ofensivo, não aplica a Lei 9.099/95. O crime na modalidade culposa (§2º) é infração de menor potencial ofensivo, portanto, sujeita-se a Lei 9.099/95.*

► **CLASSIFICAÇÃO:**

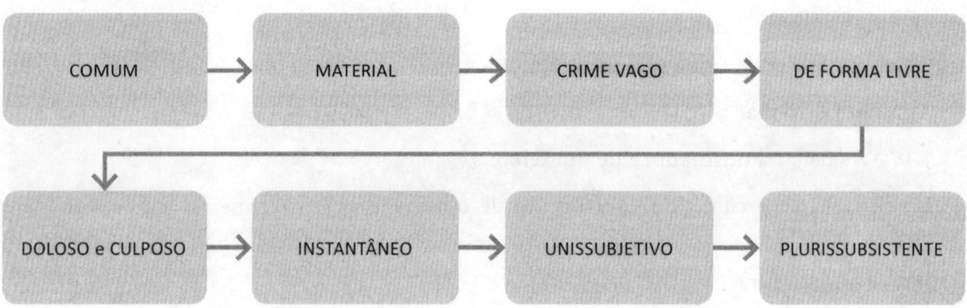


2. **Crime de perigo concreto**: É necessário que fique demonstrada a situação de perigo para a configuração do delito, ou seja, evidente e iminente risco de dano. Se o agente causar o incêndio, mas não houver exposição de perigo para a vida, integridade física ou patrimônio de ninguém, não resta tipificada a conduta no art. 250 do CP.

**Aplicação em concurso:**

- ***Ano: 2016 Banca: Vunesp órgão: Prefeitura de Sertãozinho – SP Prova: Procurador Municipal***

  Acerca dos crimes contra a incolumidade pública, assinale a alternativa correta.

  B) O crime de incêndio é de perigo concreto. Da conduta deve resultar a efetiva exposição da coletividade a uma concreta situação de perigo.

  *Gabarito: b*

*A alternativa B está em conformidade com o crime do art. 250 do CP, visto que o próprio legislador colocou expressamente a "exposição" de perigo a vida, a integridade física ou o patrimônio de outrem.*

3. **Causas de aumento de pena – art. 250, §1º do CP:** serão aplicadas as penas do incêndio doloso, aumentadas em 1/3 (um terço).

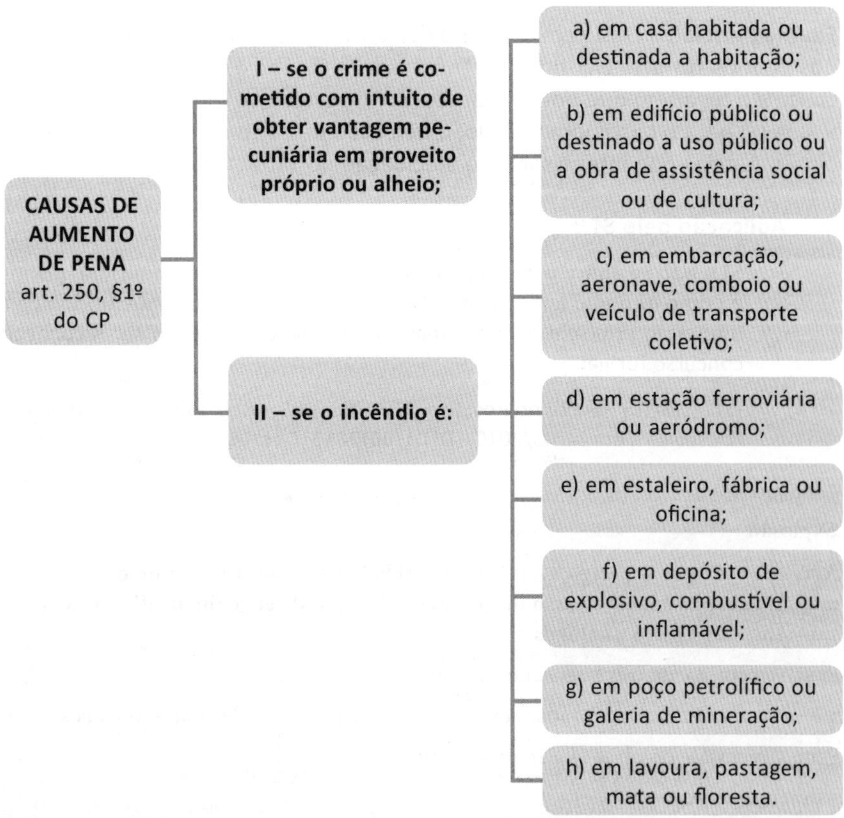


4. **Incêndio culposo – art. 250, §2º do CP:** o legislador indicou o crime na modalidade culposa, com uma pena mais branda. Neste caso é infração de menor potencial ofensivo.

**Aplicação em concurso:**

- ***Ano: 2018 Banca: CESPE Órgão: ABIN Prova: Agente de inteligência***

  Acerca dos crimes contra a incolumidade pública, julgue o item que se segue. Em se tratando dos crimes de incêndio e desabamento, admite-se a modalidade culposa

  ( ) Certo ( ) Errado

  *Gabarito: certo*

  *A Assertiva está correta, os dois crimes possuem modalidade culposa nos termos do art. 250, §2º e art. 256, parágrafo único do CP.*

5. **Conduta qualificada – art. 258 do CP:** o crime comporta conduta qualificada, no entanto, a qualificadora está em outro dispositivo, qual seja, o art. 258 do CP. Na realidade estamos diante de uma causa especial de aumento de pena e não de uma qualificadora. Caso o incêndio doloso resultar em lesão corporal de natureza grave, ou gravíssima (art. 129, §1ª e §2º do CP), a pena será aumentada pela metade. Se o resultado for a morte, a pena será aplicada em dobro.

6. **Exame pericial:** o crime em comento deixa vestígios, necessário, portanto perícia nos termos do art. 173 do CPP: "no caso de incêndio, os peritos verificarão a causa e o lugar em que houver começado, o perigo que dele tiver resultado para a vida ou para o patrimônio alheio, a extensão do dano e o seu valor e as demais circunstâncias que interessarem à elucidação do fato".

► **Aplicação pelo STJ:**

**STJ: Não se aplica o princípio da consunção no caso de Homicídio qualificado e crime Incêndio (art. 250 do CP)** praticados no mesmo contexto, sob pena de ofensa ao princípio da soberania dos veredictos, podendo ser reconhecido o concurso formal.

(STJ – (5ª T.) – AgRg no Rec. Esp. 1524253 – RS – Rel.: Min. Reynaldo Soares da Fonseca – J. em 24/05/2016 – DJ 01/06/2016- Doc. LEGJUR 164.5713.0004.3400)

**Explosão**

**Art. 251 - Expor a perigo** a vida, a integridade física ou o patrimônio de outrem, **mediante explosão, arremesso ou simples colocação de engenho de dinamite ou de substância de efeitos análogos**:

Pena - reclusão, de três a seis anos, e multa.

§ 1º - Se a substância utilizada não é dinamite ou explosivo de efeitos análogos:

Pena - reclusão, de um a quatro anos, e multa.

**Aumento de pena**

§ 2º - As **penas aumentam-se** de um terço, se ocorre qualquer das hipóteses previstas no § 1º, I, do artigo anterior, ou é visada ou atingida qualquer das coisas enumeradas no nº II do mesmo parágrafo.

**Modalidade culposa**

§ 3º - No caso de culpa, se a explosão é de dinamite ou substância de efeitos análogos, a pena é de detenção, de seis meses a dois anos; nos demais casos, é de detenção, de três meses a um ano.

1. **Explosão**

- Bem jurídico: *incolumidade pública*
- Núcleo do tipo: *expor –*
- Sujeito ativo: *qualquer pessoa (crime comum)*

- Sujeito passivo: *o Estado e a sociedade em geral, coletividade (crime vago)*
- Elemento subjetivo: *dolo (caput) ou culpa (§3º)*
- Consumação: *consuma-se quando a explosão, arremesso ou colocação de engenho de dinamite ou de substâncias de efeitos análogos resulte perigo à vida, à saúde ou ao patrimônio de pessoas indeterminadas.*
- Tentativa: *é possível a tentativa*
- Ação Penal: *pública incondicionada*
- Lei 9.099/95: *a conduta definida do caput não se configura como infração de menor potencial ofensivo, não aplicando, portanto a Lei 9.099/95. A explosão privilegiada comporta na suspensão condicional do processo, nos termos do art. 89 da Lei 9.099/95. Por fim, a explosão culposa é infração de menor potencial ofensivo e comporta aplicação do procedimento sumaríssimo e demais benefícios da Lei 9.099/95.*

▶ **CLASSIFICAÇÃO:**

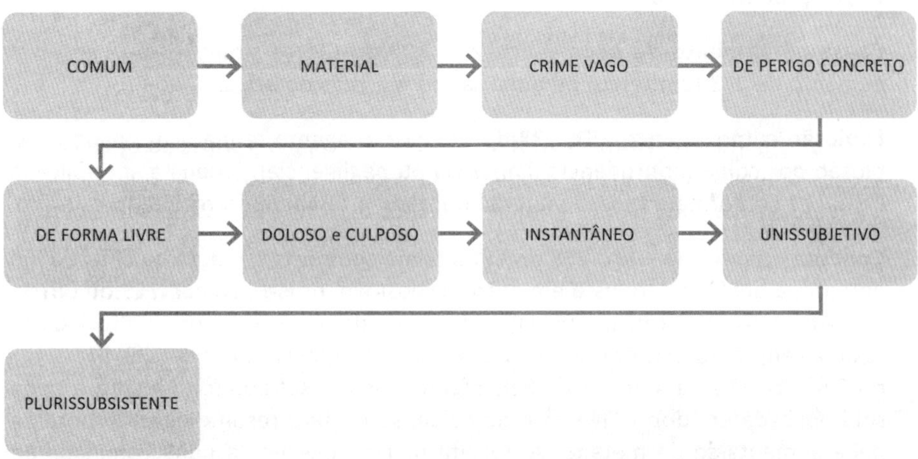


2. **Conduta:** o tipo penal coloca 3 condutas diferentes: (i) a explosão é provocada diretamente pelo agente de forma repentina; (ii) o agente arremessa engenho explosivo; (iii) o agente coloca o explosivo em um local.

3. **Crime de perigo concreto**: necessário que fique demonstrada a situação de perigo para a configuração do delito, ou seja, evidente e iminente risco de dano. Se não ficar comprovado o perigo comum, o agente responderá pelo crime de dano qualificado pelo emprego de substância explosiva, nos termos do art. 163, parágrafo único, II do CP.

**Aplicação em concurso:**

- ***Ano: 2018 Banca: CESPE Órgão: ABIN Prova: Agente de inteligência***

  Acerca dos crimes contra a incolumidade pública, julgue o item que se segue.

  O crime de explosão é considerado um crime de dano, pois o objeto jurídico tutelado são os bens materiais.

  ( ) Certo ( ) Errado

  *Gabarito: A assertiva está errada, pois o crime de explosão é crime de perigo concreto, e não crime de dano. Ademais, o bem jurídico protegido é a incolumidade pública, e não os bens materiais.*

4. **Explosão privilegiada – art. 251, §1º do CP:** qualquer produto capaz de causar uma explosão, que não seja dinamite ou substâncias de efeitos análogos ensejam da tipificação da explosão privilegiada.

5. **Perícia:** o crime em comento deixa vestígios, o que torna necessário a realização de corpo de delito. O exame é imprescindível para determinar se a explosão foi capaz de expor a vida, integridade física ou patrimônio de pessoas, bem como, qual o produto utilizado.

6. **Causa de aumento de pena – art. 251, §2º do CP**: as situações que ensejam aumento de 1/3 (um terço) de pena são as mesmas do art. 250 do CP.

7. **Explosão culposa – art. 251, §3º do CP**: caso o agente tenha ocasionado a explosão por culpa (imprudência, imperícia ou negligência), a pena a ser aplicada irá variar conforme o objeto material utilizado e também do resultado causado.

8. **Conduta qualificada – art. 258 do CP:** o crime comporta conduta qualificada, no entanto, a qualificadora está em outro dispositivo, no caso, o art. 258 do CP. Na verdade se trata de causa especial de aumento de pena. Se a conduta for dolosa resultar em lesão corporal de natureza grave, ou gravíssima (art. 129, §1ª e §2º do CP), a pena será aumentada pela metade. Se o resultado for a morte, a pena será aplicada em dobro. No caso de culpa, se do fato resulta lesão corporal, a pena aumenta-se de metade; se resulta morte, aplica-se a pena cominada ao homicídio culposo, aumentada de um terço.

**Uso de gás tóxico ou asfixiante**

**Art. 252 – Expor** a perigo a vida, a integridade física ou o patrimônio de outrem, **usando de gás tóxico ou asfixiante**:

Pena – reclusão, de um a quatro anos, e multa.

**Modalidade Culposa**

Parágrafo único – Se o crime é culposo:

Pena – detenção, de três meses a um ano.

**1. Uso de gás tóxico ou asfixiante**

- Bem jurídico: *incolumidade pública*
- Núcleo do tipo: *expor –*
- Sujeito ativo: *qualquer pessoa (crime comum)*
- Sujeito passivo: *o Estado e a sociedade em geral, coletividade (crime vago)*
- Elemento subjetivo: *dolo (caput) ou culpa (parágrafo único)*
- Consumação: *consuma-se quando houver exposição de perigo à vida, à integridade física ou ao patrimônio de pessoas indeterminadas pela utilização de gás tóxico ou asfixiante.*
- Tentativa: *é possível a tentativa*
- Ação Penal: *pública incondicionada*
- Lei 9.099/95*: a conduta definida do caput não se enquadra na definição de infração de menor potencial ofensivo, mas comporta na suspensão condicional do processo, nos termos do art. 89 da Lei 9.099/95. Por fim, a conduta culposa é infração de menor potencial ofensivo e comporta aplicação do procedimento sumaríssimo e demais benefícios da Lei 9.099/95.*

► **CLASSIFICAÇÃO:**

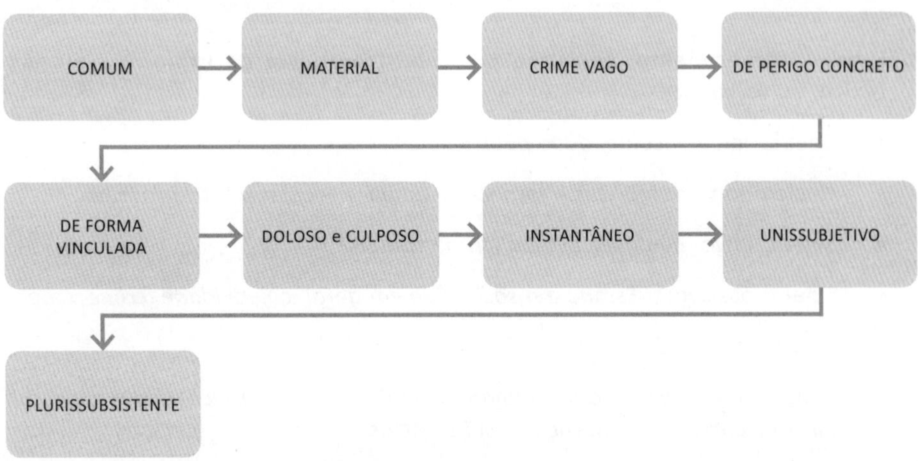


2. **Conduta:** o tipo penal pune aquele que expor a perigo a vida, a integridade física ou o patrimônio de outrem com a utilização de gás tóxico ou asfixiante.

3. **Crime de perigo concreto**: necessário que fique demonstrada a situação de perigo para a configuração do delito, ou seja, evidente e iminente risco de dano.

4. **Explosão culposa – art. 252, parágrafo único do CP**: caso o agente tenha ocasionado a exposição de perigo por culpa (imprudência, imperícia ou negligência), a pena a ser aplicada será de 3 meses a 1 ano de detenção.

5. **Perícia:** o crime em comento deixa vestígios, o que torna necessário a realização de corpo de delito. O exame pericial é imprescindível para determinar a potencialidade dos meios, bem como, se a conduta foi capaz de expor a vida, integridade física ou patrimônio de pessoas, bem como, qual o produto utilizado.

6. **Conduta qualificada – art. 258 do CP:** o crime comporta conduta qualificada, sendo que, a qualificadora está em outro dispositivo, no caso, o art. 258 do CP. Na verdade trata-se de causa especial de aumento de pena e não qualificadora. Se a conduta for dolosa resultar em lesão corporal de natureza grave, ou gravíssima (art. 129, §1ª e §2º do CP), a pena será aumentada pela metade. Se o resultado for a morte, a pena será aplicada em dobro. No caso de culpa, se do fato resulta lesão corporal, a pena aumenta-se de metade; se resulta morte, aplica-se a pena cominada ao homicídio culposo, aumentada de um terço.

**Fabrico, fornecimento, aquisição posse ou transporte de explosivos ou gás tóxico, ou asfixiante**

Art. 253 – Fabricar, fornecer, adquirir, possuir ou transportar, **sem licença da autoridade**, substância ou engenho explosivo, gás tóxico ou asfixiante, ou material destinado à sua fabricação:

Pena – detenção, de seis meses a dois anos, e multa.

1. **Fabrico, fornecimento, aquisição posse ou transporte de explosivos ou gás tóxico, ou asfixiante**

- Bem jurídico: *incolumidade pública*
- Núcleo do tipo: *fabricar – fornecer – adquirir – possuir – transportar*
- Sujeito ativo: *qualquer pessoa (crime comum)*
- Sujeito passivo: *o Estado e a sociedade em geral, coletividade (crime vago)*
- Elemento subjetivo: *dolo*
- Consumação: *consuma-se quando o agente fabrica, fornece, adquire, possui ou transporta sem a licença as substâncias*
- Tentativa: *não é possível a tentativa, salvo na hipótese de aquisição irregular da substância.*
- Ação Penal: *pública incondicionada*
- Lei 9.099/95*: é infração de menor potencial ofensivo e comporta aplicação do procedimento sumaríssimo e demais benefícios da Lei 9.099/95.*

► **CLASSIFICAÇÃO:**

2. **Tipo penal misto alternativo:** o crime prevê várias condutas, caso em que, praticando qualquer delas, ou ainda mais de uma, o agente responderá somente por um crime.
3. **Perícia:** necessário o exame pericial para demonstrar efetivamente o que o indivíduo fabricou, forneceu, adquiriu, possuiu ou transportou sem autorização eram substância ou engenho explosivo, gás tóxico ou asfixiante, ou material destinado à sua fabricação.
4. **Conduta qualificada – art. 258 do CP:** o crime comporta conduta qualificada, no entanto, a qualificadora está em outro dispositivo, no caso, o art. 258 do CP. Na verdade se trata de causa especial de aumento de pena. Se a conduta for dolosa resultar em lesão corporal de natureza grave, ou gravíssima (art. 129, §1ª e §2º do CP), a pena será aumentada pela metade. Se o resultado for a morte, a pena será aplicada em dobro. No caso de culpa, se do fato resulta lesão corporal, a pena aumenta-se de metade; se resulta morte, aplica-se a pena cominada ao homicídio culposo, aumentada de um terço.
5. **Estatuto do Desarmamento – art. 16, §1º, da Lei 10.826/2003:** este dispositivo revogou parcialmente o art. 253 do Código Penal.

> Posse ou porte ilegal de arma de fogo de uso restrito
>
> *Art. 16. Possuir, deter, portar, adquirir, fornecer, receber, ter em depósito, transportar, ceder, ainda que gratuitamente, emprestar, remeter, empregar, manter sob sua guarda ou ocultar arma de fogo, acessório ou munição de uso restrito, sem autorização e em desacordo com determinação legal ou regulamentar:*
>
> *(...)*
>
> *III – possuir, detiver, fabricar ou empregar artefato explosivo ou incendiário, sem autorização ou em desacordo com determinação legal ou regulamentar;*

*(...)*

*V – vender, entregar ou fornecer, ainda que gratuitamente, arma de fogo, acessório, munição ou explosivo a criança ou adolescente; e*

*VI – produzir, recarregar ou reciclar, sem autorização legal, ou adulterar, de qualquer forma, munição ou explosivo.*

Após análise do texto do artigo acima transcrito, possível observar que as condutas de fabricar, fornecer, adquirir, possuir ou transportar substâncias ou engenho explosivo sem licença da autoridade, configura o art. 16 da Lei 10.826/03 diante da aplicação do princípio da especialidade. Cabe salientar que o crime em tela faz parte do rol de crimes hediondos previsto no parágrafo único do art. 1º da Lei 8.072, tendo sido inserido com o advento da Lei nº 13.497, de 2017.

**Aplicação em concurso:**

- ***Ano: 2018 Banca: CESPE Órgão: ABIN Prova: Oficial de Inteligência***

  No que se refere aos tipos penais, julgue o próximo item.

  Situação hipotética: No intuito de provocar explosão de grandes proporções, João adquiriu substância explosiva sem licença da autoridade competente. O material acabou sendo apreendido antes que fosse montado o dispositivo explosivo. **Assertiva**: Nessa situação, a conduta de João é atípica

  ( ) Certo ( ) Errado

  *Gabarito: errado*

  *A assertiva está errada! Atenção para o enquadramento de João que deverá ser feito no art. 16 do Estatuto do desarmamento e não no art. 253 do Código Penal.*

**Inundação**

**Art. 254 – Causar inundação**, expondo a perigo a vida, a integridade física ou o patrimônio de outrem:

Pena – reclusão, de três a seis anos, e multa, no caso de dolo, ou detenção, de seis meses a dois anos, no caso de culpa.

## 1. Inundação

- Bem jurídico: *incolumidade pública*
- Núcleo do tipo: *causar (dar causa – provocar)*
- Sujeito ativo: *qualquer pessoa (crime comum)*
- Sujeito passivo: *o Estado e a sociedade em geral, coletividade (crime vago)*
- Elemento subjetivo: *dolo ou culpa*
- Consumação: *consuma-se quando a agente causa inundação capaz de colocar em perigo a vida, a integridade física ou o patrimônio de outrem*

- Tentativa: *é possível a tentativa*
- Ação Penal: *pública incondicionada*
- Lei 9.099/95*: a conduta na forma dolosa não é infração de menor potencial ofensivo, não se aplicando, portanto, a Lei 9.099/95. Já a conduta culposa, é infração de menor potencial ofensivo e comporta aplicação do procedimento sumaríssimo e demais benefícios da Lei 9.099/95.*

▶ **CLASSIFICAÇÃO:**

2. **Conduta:** o tipo penal pune aquele que causar inundação, que no caso significa é feito pela fluência de grande quantidade de água pelo desvio dela do local que deveria estar.

3. **Crime de perigo concreto**: necessário que fique demonstrado a situação de perigo para a configuração do delito, evidente e iminente risco de dano.

4. **Crime de dano – art. 163 do Código Penal:** caso a conduta não chegue a causar perigo para a vida, a integridade física de alguém e o dano patrimonial for pequeno, poderá responder o agente pelo crime de dano nos termos do art. 163 do Código Penal.

5. **Conduta culposa:** o legislador indicou no momento do preceito secundário do crime que o mesmo comporta a modalidade culposa, com uma pena mais branda, o que a torna infração de menor potencial ofensivo.

6. **Conduta qualificada – art. 258 do CP:** o crime comporta conduta qualificada, no entanto, a qualificadora está em outro dispositivo, no caso, o art. 258 do CP. Na verdade estamos diante de causa especial de aumento de pena. Se a conduta for dolosa resultar em lesão corporal de natureza grave, ou gravíssima (art. 129, §1ª e §2º do CP), a pena será aumentada pela metade. Se o resultado for a morte, a pena será aplicada em dobro. No caso de culpa, se do fato resulta lesão corporal,

a pena aumenta-se de metade; se resulta morte, aplica-se a pena cominada ao homicídio culposo, aumentada de um terço.

**Perigo de inundação**

**Art. 255 – Remover, destruir ou inutilizar**, em prédio próprio ou alheio, **expondo a perigo** a vida, a integridade física ou o patrimônio de outrem, obstáculo natural ou obra destinada a impedir inundação:

Pena – reclusão, de um a três anos, e multa.

## 1. Perigo de inundação

- Bem jurídico: *incolumidade pública*
- Núcleo do tipo: *remover – destruir – inutilizar*
- Sujeito ativo: *qualquer pessoa (crime comum)*
- Sujeito passivo: *o Estado e a sociedade em geral, coletividade (crime vago)*
- Elemento subjetivo: *dolo*
- Consumação: *consuma-se quando a agente destruir, remover ou inutilizar o obstáculo, colocando em perigo a vida, integridade física ou patrimônio.*
- Tentativa: *é possível a tentativa*
- Ação Penal: *pública incondicionada*
- Lei 9.099/95: *a conduta não é infração de menor potencial ofensivo, mas é possível a suspensão condicional do processo, nos termos da Lei 9.099/95.*

**► CLASSIFICAÇÃO:**

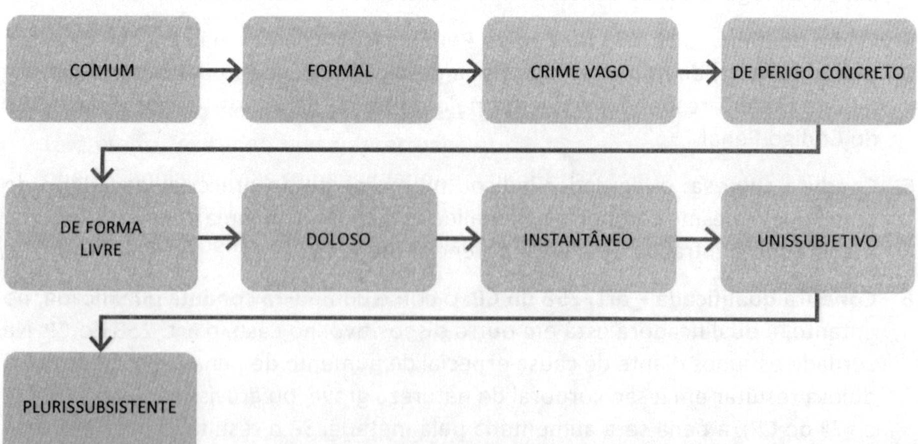

2. **Conduta:** o agente remove (tira, desloca) destrói (quebra, estraga) ou inutiliza (torna inútil) uma barreira que se destinava a impedir a inundação.

3. **Crime de perigo concreto**: necessário que fique demonstrada a situação de perigo para a configuração do delito, evidente e iminente risco de dano a vida, a integridade física ou ao patrimônio.

4. **Conduta qualificada – art. 258 do CP:** o crime comporta conduta qualificada, no entanto, a qualificadora está em outro dispositivo, no caso, o art. 258 do CP. Na verdade se trata de causa especial de aumento de pena. Se a conduta resultar em lesão corporal de natureza grave, ou gravíssima (art. 129, §1ª e §2º do CP), a pena será aumentada pela metade. Se o resultado for a morte, a pena será aplicada em dobro.

**Desabamento ou desmoronamento**

**Art. 256** – **Causar** desabamento ou desmoronamento, **expondo a perigo** a vida, a integridade física ou o patrimônio de outrem:

Pena – reclusão, de um a quatro anos, e multa.

**Modalidade culposa**

Parágrafo único – Se o crime é culposo:

Pena – detenção, de seis meses a um ano.

1. **Desabamento ou desmoronamento**

- Bem jurídico: *incolumidade pública*
- Núcleo do tipo: *causar (dar causa – provocar)*
- Sujeito ativo: *qualquer pessoa (crime comum)*
- Sujeito passivo: *o Estado e a sociedade em geral, coletividade (crime vago)*
- Elemento subjetivo: *dolo (caput) – culpa (parágrafo único)*
- Consumação: *consuma-se quando o agente causar o desabamento ou desmoronamento e expor a perigo a vida, a integridade física ou patrimônio de outrem*
- Tentativa: *é possível a tentativa*
- Ação Penal: *pública incondicionada*
- Lei 9.099/95: *a conduta dolosa não é infração de menor potencial ofensivo, mas é possível a suspensão condicional do processo nos termos da Lei 9.099/95, ao passo que a conduta culposa é considerada infração de menor potencial ofensivo, aplicando-se, portanto, o procedimento sumaríssimo de demais benefícios da Lei 9.099/95.*

▶ **CLASSIFICAÇÃO:**

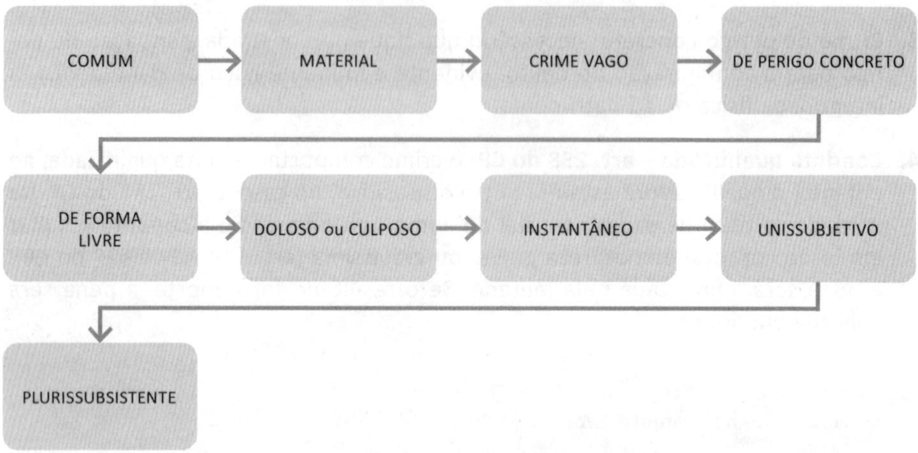


2. **Conduta:** o agente que provocar o desabamento ou desmoronamento responde pelo crime em comento, sendo, no entanto, necessário que demonstre o perigo concreto à vida, integridade física ou patrimônio de outrem.

   **2.1. Desabamento:** trata-se da queda de uma construção, seja total ou parcial

   **2.2. Desmoronamento:** diferente do desabamento, aqui é o deslizamento do solo

3. **Crime de perigo concreto**: necessário que fique demonstrado a situação de perigo para a configuração do delito, evidente risco iminente de dano a vida, a integridade física ou ao patrimônio. O dano não é presumido.

4. **Crime omissivo ou comissivo**: via de regra a conduta é comissiva, no entanto, possível a prática do crime por omissão imprópria.

5. **Conduta culposa:** crime com previsão culposa, nos termos do parágrafo único do art. 256, neste caso o desabamento ou desmoronamento ocorre por imprudência, negligência ou imperícia do agente.

   ▶ **Aplicação pelo STJ:**

   > **STJ: O representante legal de sociedade empresária contratante de empreitada não responde pelo delito de desabamento culposo ocorrido na obra contratada, quando não demonstrado o nexo causal**, **tampouco pode ser responsabilizado, na qualidade de garante, se não havia o dever legal de agir**, a assunção voluntária de custódia ou mesmo a ingerência indevida sobre a consecução da obra. STJ. 6ª Turma. RHC 80.142-SP, Rel. Min. Maria Thereza de Assis Moura, julgado em 28/3/2017 (Info 601).

6. **Conduta qualificada – art. 258 do CP:** o crime comporta conduta qualificada, sendo que a qualificadora está em outro dispositivo, no caso, o art. 258 do CP. Importante ressaltar que estamos diante de causa especial de aumento de pena, e não, de qualificadora. Caso o incêndio doloso resulte em lesão corporal de

natureza grave, ou gravíssima (art. 129, §1ª e §2º do CP), a pena será aumentada pela metade. Se o resultado for a morte, a pena será aplicada em dobro.

**Subtração, ocultação ou inutilização de material de salvamento**

**Art. 257 – Subtrair, ocultar ou inutilizar**, por ocasião de incêndio, inundação, naufrágio, ou outro desastre ou calamidade, aparelho, material ou qualquer meio destinado a serviço de combate ao perigo, de socorro ou salvamento; ou **impedir ou dificultar** serviço de tal natureza:

Pena – reclusão, de dois a cinco anos, e multa.

## 1. Subtração, ocultação ou inutilização de material de salvamento

- Bem jurídico: *incolumidade pública*
- Núcleo do tipo: *subtrair – ocultar – inutilizar – impedir – dificultar*
- Sujeito ativo: *qualquer pessoa (crime comum)*
- Sujeito passivo: *o Estado e a sociedade em geral, coletividade (crime vago)*
- Elemento subjetivo: *dolo (caput)*
- Consumação: *o posicionamento majoritário é no sentido de que o crime estará consumado com a prática de qualquer das condutas descritas no caput. Não é preciso a comprovação de perigo concreto.*
- Tentativa: *é possível a tentativa*
- Ação Penal: *pública incondicionada*
- Lei 9.099/95*: não é infração de menor potencial ofensivo, não se aplicando, portanto, a Lei 9.099/95.*

### ▶ CLASSIFICAÇÃO:

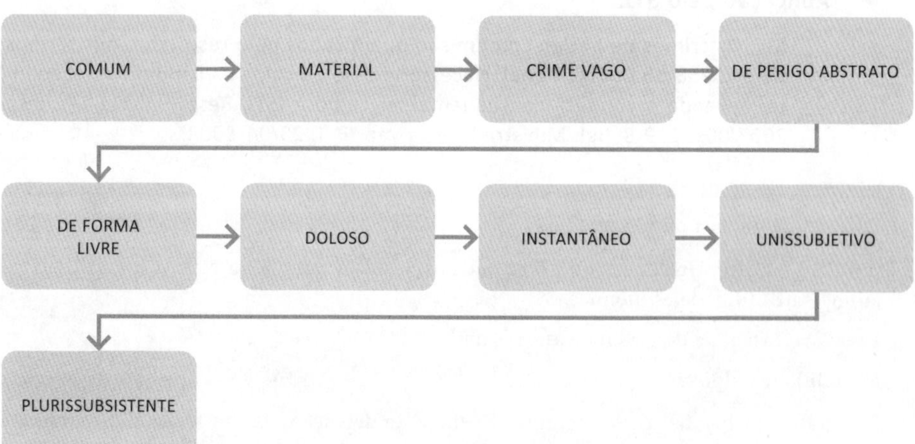

2. **Conduta:** os núcleos devem ser praticados em situação de incêndio, inundação, naufrágio ou outro desastre ou calamidade, e o objeto deve ser material ou qualquer outro meio destinado ao serviço de combate ao perigo, socorro ou salvamento.

3. **Tipo penal misto alternativo:** o crime prevê várias condutas. Assim, praticando qualquer delas, ou ainda mais de uma no mesmo contexto, o agente responderá somente por um crime.

4. **Conduta qualificada – art. 258 do CP:** o crime comporta conduta qualificada, no entanto, a qualificadora está em outro dispositivo, no caso, o art. 258 do CP. Na verdade trata-se de causa especial de aumento de pena. Se a conduta resultar em lesão corporal de natureza grave, ou gravíssima (art. 129, §1ª e §2º do CP), a pena será aumentada pela metade. Se o resultado for a morte, a pena será aplicada em dobro.

**Formas qualificadas de crime de perigo comum**

**Art. 258** – Se do **crime doloso** de perigo comum **resulta lesão corporal de natureza grave,** a pena privativa de liberdade é aumentada de metade; **se resulta morte**, é aplicada em dobro. No **caso de culpa**, se do fato **resulta lesão corporal**, a pena aumenta-se de metade; **se resulta morte**, aplica-se a pena cominada ao homicídio culposo, aumentada de um terço.

O legislador indicou como se fossem formas qualificadas dos crimes, no entanto, na realidade são causas especiais de aumento de pena, ou também chamadas de majorantes, aumento a pena de forma fracionada (Ex:1/3 etc.).

Trata-se de conduta preterdolosa, em que o agente tinha um dolo, mas obteve um resultado culposo não pretendido.

▶ **Aplicação pelo STJ:**

> **STJ: Os crimes de perigo comum são qualificados pelo resultado, nos termos do art. 258 do Código Penal.** Necessário dolo ou culpa na conduta antecedente, devendo a conduta consequente ser culposa (STJ, Resp. 945311/SP, Resp 2007/0092639-8, Rel. Ministra Laurita Vaz, 5ª T, 25/04/2008)

**Difusão de doença ou praga**

**Art. 259** – **Difundir** doença ou praga que possa causar dano a floresta, plantação ou animais de utilidade econômica:

Pena – reclusão, de dois a cinco anos, e multa.

**Modalidade culposa**

Parágrafo único – No caso de culpa, a pena é de detenção, de um a seis meses, ou multa.

O art. 259 do Código Penal foi revogado tacitamente pelo art. 61 da Lei 9.605/1998 (Lei dos crimes ambientais).

▶ CUIDADO! Apesar do entendimento de sua revogação tácita, foi cobrado em 2018 em concurso público!

**Aplicação em concurso:**

- ***Ano: 2018 Banca: CESPE Órgão: ABIN Prova: Agente de inteligência***

  Acerca dos crimes contra a incolumidade pública, julgue o item que se segue.

  O crime de difusão de doença ou praga é considerado um tipo penal de consumação permanente e de perigo concreto.

  ( ) Certo ( ) Errado

  *Gabarito: a assertiva está errada. Trata-se de crime de perigo abstrato, ou seja, não é necessário demonstrar o perigo concreto, visto que, é presumido o perigo pelo legislador.*

## CAPÍTULO II
## DOS CRIMES CONTRA A SEGURANÇA DOS MEIOS DE COMUNICAÇÃO E TRANSPORTE E OUTROS SERVIÇOS PÚBLICOS

**Perigo de desastre ferroviário**

**Art. 260 - Impedir ou perturbar** serviço de estrada de ferro:

I - destruindo, danificando ou desarranjando, total ou parcialmente, linha férrea, material rodante ou de tração, obra-de-arte ou instalação;

II - colocando obstáculo na linha;

III - transmitindo falso aviso acerca do movimento dos veículos ou interrompendo ou embaraçando o funcionamento de telégrafo, telefone ou radiotelegrafia;

IV - praticando outro ato de que possa resultar desastre:

Pena - reclusão, de dois a cinco anos, e multa.

**Desastre ferroviário**

§ 1º - Se do fato **resulta desastre**:

Pena - reclusão, de quatro a doze anos e multa.

§ 2º - No caso de **culpa**, ocorrendo desastre:

Pena - detenção, de seis meses a dois anos.

§ 3º - Para os efeitos deste artigo, entende-se por estrada de ferro qualquer via de comunicação em que circulem veículos de tração mecânica, em trilhos ou por meio de cabo aéreo.

**1. Perigo de desastre ferroviário**

- Bem jurídico: *incolumidade pública*
- Núcleo do tipo: *impedir – perturbar*
- Sujeito ativo: *qualquer pessoa (crime comum)*
- Sujeito passivo: *o Estado, a sociedade em geral, coletividade (crime vago) e ainda quem for lesado diretamente pelo desastre*
- Elemento subjetivo: *dolo (caput) culpa (§2º)*
- Consumação: *o crime estará consumado quando aparecer o perigo concreto de desastre ferroviário*
- Tentativa: *é possível a tentativa na forma comissiva*
- Ação Penal: *pública incondicionada*
- Lei 9.099/95: *não é infração de menor potencial ofensivo, não se aplicando, portanto, a Lei 9.099/95.*

▶ **CLASSIFICAÇÃO:**

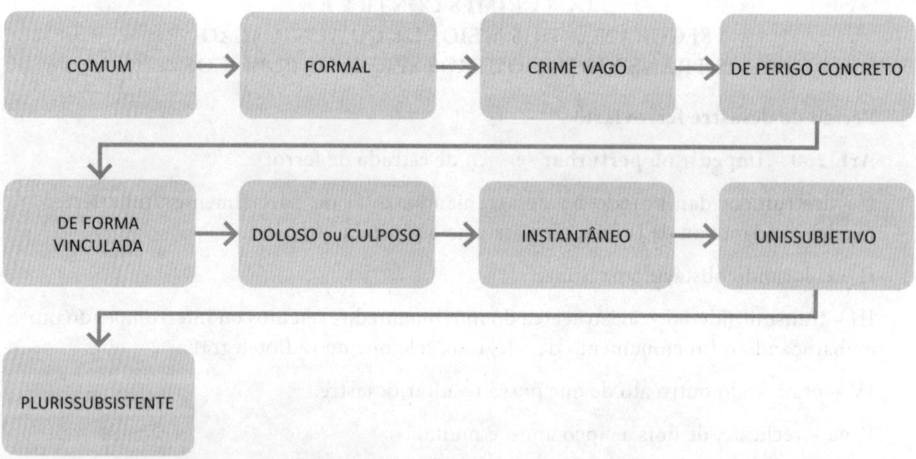


2. **Conduta:** o tipo penal prevê 02 núcleos, no caso impedir ou perturbar, no entanto, podem ser praticadas de 04 formas diferentes:

(i) **Destruindo, danificando ou desarranjando, total ou parcialmente:**

- **linha férrea:** local por onde andam os meios de transporte ferroviários
- **material rodante:** o que circula na linha férrea (vagões)
- **material de tração:** aquilo que impulsiona os materiais rodantes (locomotivas)

- **obra-de-arte:** construção para a passagem dos veículos (pontes, etc)
- **instalação:** são as construções que auxiliam o serviço ferroviário

(ii) **Colocando obstáculo na linha:** a lei não indica obstáculos específicos, portanto, qualquer obstáculo que o indivíduo coloque caracteriza o delito.

(iii) **Transmitindo falso aviso de movimento dos veículos ou interrompendo o funcionamento telégrafo, telefone ou radiotelegrama:** para o ideal e seguro funcionamento necessário que ocorra comunicação, se a comunicação sofrer intervenções ocasiona risco na atividade.

(iv) **Praticando outro ato de que possa resultar desastre:** previsão ampla, podendo ser caracterizada de várias formas diferentes.

**Aplicação em concurso:**

- ***Ano: 2017 Banca: IBADE Órgão: PC-AC Prova: Delegado de Polícia*** *(adaptada)*

  Acerca dos crimes contra a incolumidade pública, é correto afirmar que:

  B) caso ocorra, no crime de perigo de desastre ferroviário, resultado morte indesejado pelo agente, não existirá concurso de crimes com o delito de homicídio culposo.

  *Gabarito: a alternativa b está correta. O art. 258, §1º qualifica o crime quando resultar em desastre, ou seja, o agente tinha a conduta dolosa descrita no caput, mas o resultado desastre foi culposo. Dessa forma, o resultado não era aceito nem querido pelo agente, sendo portanto, um delito preterdoloso, hipótese em que o agente responderá apenas pelo art. 260, §1º do Código Penal.*

**2.1. Conduta comissiva ou omissiva:** poderá incorrer o agente no crime por omissão imprópria.

**2.2. Conduta qualificada – desastre ferroviário art. 260, §1º:** se da conduta resultar desastre ferroviário o legislador prevê uma pena mais grave.

**2.3. Conduta culposa – art. 260, §2º:** se o agente praticar a conduta culposamente também responderá pelo crime diante da previsão do §2º.

**Atentado contra a segurança de transporte marítimo, fluvial ou aéreo**

**Art. 261 – Expor a perigo embarcação ou aeronave**, própria ou alheia, ou **praticar qualquer ato tendente a impedir ou dificultar navegação marítima**, fluvial ou aérea:

Pena – reclusão, de dois a cinco anos.

**Sinistro em transporte marítimo, fluvial ou aéreo**

§ 1º – Se do fato resulta naufrágio, submersão ou encalhe de embarcação ou a queda ou destruição de aeronave:

Pena – reclusão, de quatro a doze anos.

**Prática do crime com o fim de lucro**

§ 2º – Aplica-se, também, a pena de multa, se o agente pratica o crime com intuito de obter vantagem econômica, para si ou para outrem.

**Modalidade culposa**

§ 3º – No caso de culpa, se ocorre o sinistro:

Pena – detenção, de seis meses a dois anos.

## 1. Atentado contra a segurança de transporte marítimo, fluvial ou aéreo

- Bem jurídico: *incolumidade pública*
- Núcleo do tipo: *expor – praticar – impedir – dificultar*
- Sujeito ativo: *qualquer pessoa (crime comum)*
- Sujeito passivo: *o Estado, a sociedade em geral, coletividade (crime vago) e ainda quem for lesado diretamente*
- Elemento subjetivo: *dolo (caput) culpa (§3º)*
- Consumação: *quando praticado qualquer das condutas, estiver presente o perigo concreto no funcionamento do transporte marítimo, fluvial ou aéreo.*
- Tentativa: *é possível a tentativa*
- Ação Penal: *pública incondicionada*
- Lei 9.099/95: *as condutas dolosa e qualificada não são infrações de menor potencial ofensivo, não se aplicando, portanto, a Lei 9.099/95. A conduta na modalidade culposa é infração de menor potencial ofensivo, e, assim, aplica-se a Lei 9.099/95.*

### ▶ CLASSIFICAÇÃO:

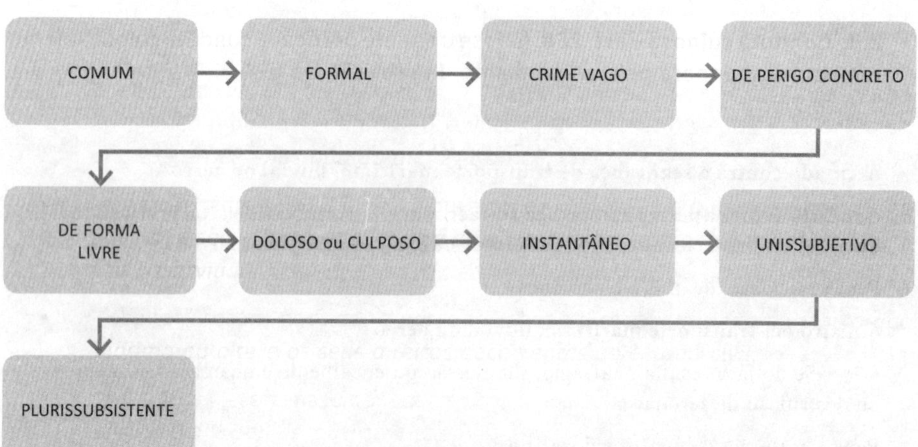

1. **Conduta:** são duas condutas: (i) **exposição de embarcação ou aeronave a perigo** – essa exposição pode ocorrer de várias formas diferentes; (ii) **praticar qualquer ato tendente a impedir ou dificultar as navegações marítimas, fluviais ou aéreas** – a forma de execução também pode se dar de variadas formas.

   **1.1. Conduta comissiva ou omissiva:** poderá incorrer o agente no crime por omissão imprópria.

2. **Transporte coletivo:** importante ressaltar que para configurar o delito em comento, necessário que se trate de embarcações e aeronaves que façam transporte coletivo, caso não seja, poderá ocorrer o enquadramento no art. 132 do Código Penal.

| - **Embarcação:** construção de qualquer tamanho destinado a navegar sobre as águas |
|---|
| - **Aeronave**: todo aparelho manobrável em voo, que possa sustentar-se e circular no espaço aéreo, mediante reações aerodinâmicas, apto a transportar pessoas ou coisas – art. 106, caput, da Lei 7.565/1986 – Código de Aeronáutica. |

3. **Figura qualificada – art. 261, §1º:** o legislador prevê uma punição mais grave, trazendo uma figura qualificada caso ocorra naufrágio, submersão ou encalhe de embarcação ou a queda ou destruição de aeronave. Trata-se de Figura preterdolosa.

4. **Pena de multa – art. 261, §2º:** caso o agente pratique o crime visando lucro, ainda que em favor de terceiro, além da pena privativa de liberdade também será aplicada de forma cumulativa a pena de multa.

5. **Conduta culposa art. 261, §3º: o tipo penal prevê a punição da conduta na forma culposa,** se ocorrer o sinistro – sendo a pena de detenção, de seis meses a dois anos.

   ▶ **Aplicação pelo STJ:**

   > **STJ: Não cabe prisão preventiva no caso da conduta culposa do artigo 261, §3º do Código Penal, pois crime culposo não comporta a prisão preventiva.** A lei processual penal brasileira somente autoriza prisão preventiva "nos crimes dolosos punidos com pena privativa de liberdade máxima superior a 4 (quatro) anos" (art. 313, inciso I), com a ressalva de situações excepcionais não aplicáveis ao caso. (STJ – MC: 22795 MT 2014/0134332-4, Relator: Ministra LAURITA VAZ, Data de Julgamento: 07/08/2014, T5 – QUINTA TURMA, Data de Publicação: DJe 22/08/2014)

6. **Competência:** em regra, a competência será da Justiça Federal nos termos do art. 109, IX da Constituição Federal.

   ▶ **Aplicação pelo STJ:**

   > **STJ:** Em conflito de competência entre a Justiça Estadual e Federal em processo que apurava a conduta que ensejou no choque de um jato executivo e uma aeronave que caiu em solo do Estado do Mato Grosso do Sul os pilotos de aeronave. Por fim, entenderam que a competência será a da Justiça Federal (art. 109, IV e IX, da CF/1988). (STJ: REsp 476.445-MT, DJ 20/10/2003. CC 72.283-MT, Rei. Min. Maria Thereza de Assis Moura, julgado em 8/11/2006) (Info 303)

**Atentado contra a segurança de outro meio de transporte**

**Art. 262 – Expor a perigo** outro meio de transporte público, **impedir-lhe** ou **dificultar--lhe** o funcionamento:

Pena – detenção, de um a dois anos.

§ 1º – Se do fato resulta desastre, a pena é de reclusão, de dois a cinco anos.

§ 2º – No caso de culpa, se ocorre desastre:

Pena – detenção, de três meses a um ano.

## 1. Atentado contra a segurança de outro meio de transporte

- Bem jurídico: *incolumidade pública*
- Núcleo do tipo: *expor – impedir – dificultar*
- Sujeito ativo: *qualquer pessoa (crime comum)*
- Sujeito passivo: *o Estado, a sociedade em geral, coletividade (crime vago) e ainda quem for lesado diretamente*
- Elemento subjetivo: *dolo (caput) culpa (§2º)*
- Consumação: *quando praticado qualquer das condutas, independente do resultado, desde que demonstrado o perigo*
- Tentativa: *é possível a tentativa*
- Ação Penal: *pública incondicionada*
- Lei 9.099/95: *tanto a conduta dolosa do caput como a culposa (§2º) são infração de menor potencial ofensivo, aplica-se, portanto, a Lei 9.099/95. A figura qualificada (§1º) não comporta aplicação de nenhum dispositivo da Lei 9.099/95.*

► **CLASSIFICAÇÃO:**

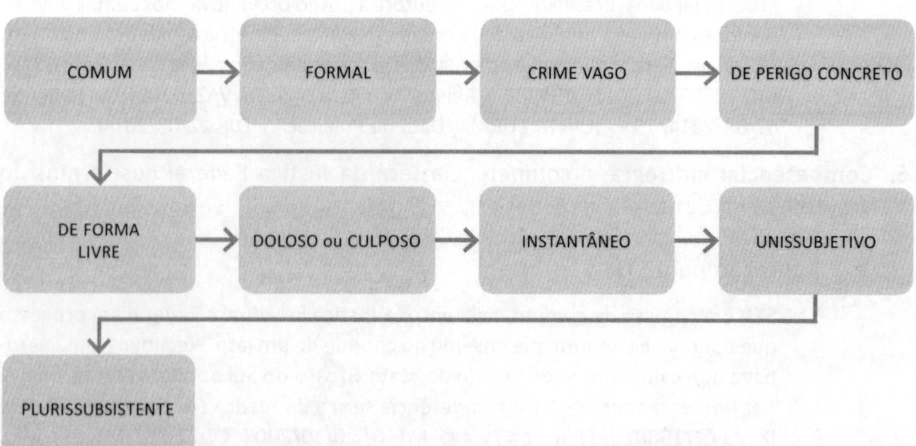

2. **Transporte público:** não se pode restringir a expressão para os meios de transporte prestado pelo Estado, neste caso, são todos os meios de transporte de interesse social, ainda que seja fornecido/realizado por particular. O crime do art. 262 do CP visa proteger qualquer outro meio de transporte de natureza coletiva, não expresso nos artigos anteriores.

3. **Forma qualificada – art. 262, §1º:** caso a conduta resulte em desastre, o agente responde na forma qualificada, com a pena de dois a cinco anos de reclusão.

4. **Conduta culposa – art. 262, §2º:** também é punido a conduta culposa, ou seja, quando a conduta ocorreu por negligência, imprudência ou imperícia.

**Forma qualificada**

**Art. 263** – Se de qualquer dos crimes previstos nos arts. 260 a 262, no caso de desastre ou sinistro, resulta lesão corporal ou morte, **aplica-se o disposto no art. 258**.

▶ **Ver comentários ao art. 258 do Código Penal.**

**Arremesso de projétil**

**Art. 264 – Arremessar** projétil contra veículo, em movimento, destinado ao transporte público por terra, por água ou pelo ar:

Pena – detenção, de um a seis meses.

Parágrafo único – Se do fato **resulta lesão corporal**, a pena é de detenção, de seis meses a dois anos; se resulta morte, a pena é a do art. 121, § 3º, aumentada de um terço.

1. **Arremesso de projétil**
   - Bem jurídico: *incolumidade pública*
   - Núcleo do tipo: *arremessar (atirar para longe)*
   - Sujeito ativo: *qualquer pessoa (crime comum)*
   - Sujeito passivo: *o Estado, a sociedade em geral, coletividade (crime vago)*
   - Elemento subjetivo: *dolo*
   - Consumação: *estará consumado quando o projétil for arremessado, independente de atingir o veículo.*
   - Tentativa: *não é possível a tentativa, por se tratar de crime unissubsistente*
   - Ação Penal: *pública incondicionada*
   - Lei 9.099/95: *infração de menor potencial ofensivo, aplicando-se, portanto, a Lei 9.099/95. Para a conduta qualificada que resultar lesão corporal poderá ocorrer a suspensão condicional do processo nos termos do art. 89 da Lei 9.099/95.*

► **CLASSIFICAÇÃO:**

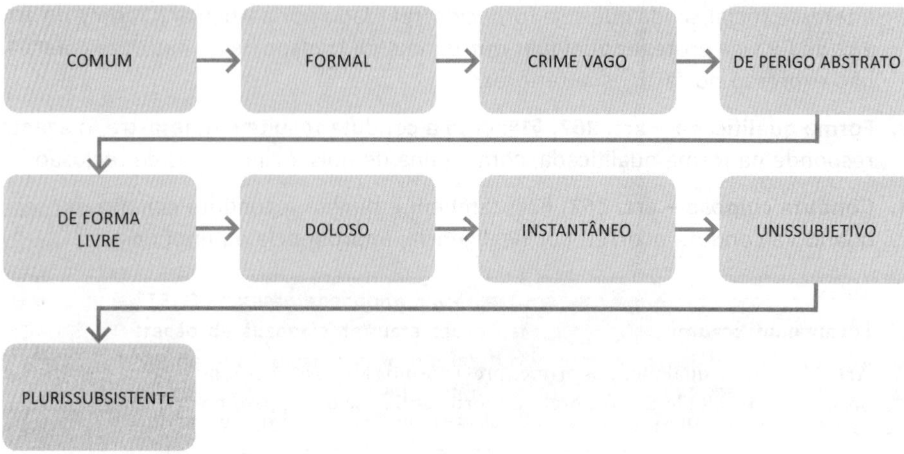


2. **Conduta qualificada:** o parágrafo único do tipo penal indica duas formas qualificadas da conduta, diante do resultado obtido. Se o resultar em lesão corporal, a pena será de detenção de seis meses a dois anos, se ocorrer a morte, a pena será a do art. 121, §3º, aumentada de um terço. Nesses casos a conduta é preterdolosa.
3. **Concurso de crimes:** se o agente chegar ao resultado de lesão corporal, ou morte por dolo de atingir este resultado, responderá pelos dois crimes em concurso de crimes.

> **Atentado contra a segurança de serviço de utilidade pública**
>
> **Art. 265 – Atentar** contra a segurança ou o funcionamento de serviço de água, luz, força ou calor, ou qualquer outro de utilidade pública:
>
> Pena – reclusão, de um a cinco anos, e multa.
>
> Parágrafo único – **Aumentar-se-á a pena** de 1/3 (um terço) até a metade, se o dano ocorrer em virtude de subtração de material essencial ao funcionamento dos serviços. (Incluído pela Lei nº 5.346, de 3.11.1967)

1. **Atentado contra a segurança de serviço de utilidade pública**

- Bem jurídico: *incolumidade pública*
- Núcleo do tipo: *atentar (ofender – importunar – atrapalhar)*
- Sujeito ativo: *qualquer pessoa (crime comum)*
- Sujeito passivo: *o Estado, a sociedade em geral, coletividade (crime vago)*
- Elemento subjetivo: *dolo*

- Consumação: *estará consumado com a prática descrita no caput*
- Tentativa: *é possível a tentativa*
- Ação Penal: *pública incondicionada*
- Lei 9.099/95*: não é infração de menor potencial ofensivo, no entanto, possível a suspensão condicional do processo.*

▶ **CLASSIFICAÇÃO:**

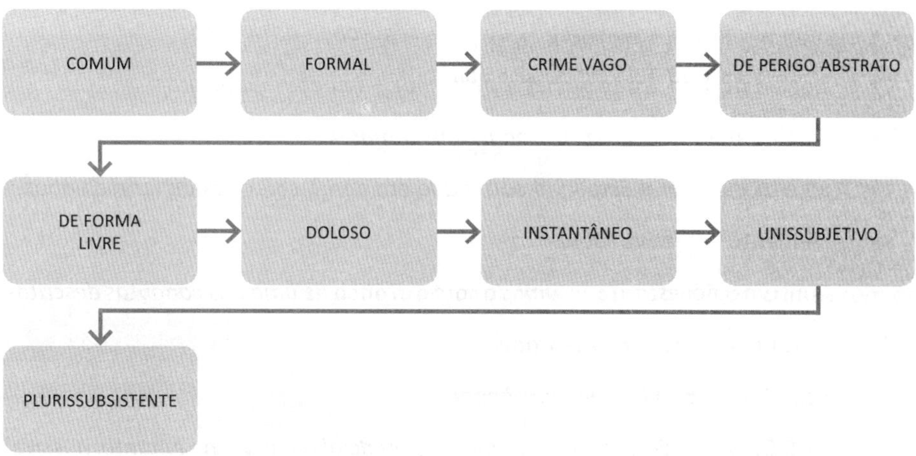


2. **Objeto material:** o crime possui como objeto material os serviços de água, luz, força, calor ou qualquer outro serviço de utilidade pública.
3. **Causa de aumento de pena – art. 265, parágrafo único:** necessário que a conduta tenha ocasionado dano efetivo para que se aplique a majorante. Será aumentada de 1/3 (um terço) até metade se o dano acontecer em virtude de subtração de material essencial ao funcionamento dos serviços.
4. **Competência:** via de regra a competência será da Justiça Estadual, sendo entretanto, da Justiça Federal quando a conduta for contra segurança ou funcionamento de serviço de utilidade pública com interesse da União.

**Interrupção ou perturbação de serviço telegráfico, telefônico, informático, telemático ou de informação de utilidade pública** (Redação dada pela Lei nº 12.737, de 2012)

**Art. 266** – Interromper ou perturbar serviço telegráfico, radiotelegráfico ou telefônico, impedir ou dificultar-lhe o restabelecimento:

Pena – detenção, de um a três anos, e multa.

§ 1º Incorre na mesma pena quem interrompe serviço telemático ou de informação de utilidade pública, ou impede ou dificulta-lhe o restabelecimento. (Incluído pela Lei nº 12.737, de 2012)

§ 2º Aplicam-se as penas em dobro se o crime é cometido por ocasião de calamidade pública. (Incluído pela Lei nº 12.737, de 2012)

1. **Interrupção ou perturbação de serviço telegráfico, telefônico, informático, telemático ou de informação de utilidade pública**

- Bem jurídico: *incolumidade pública – segurança do serviços*
- Núcleo do tipo: *interromper – perturbar – impedir – dificultar*
- Sujeito ativo: *qualquer pessoa (crime comum)*
- Sujeito passivo: *o Estado, a sociedade em geral, coletividade (crime vago)*
- Elemento subjetivo: *dolo*
- Consumação: *estará consumado com a prática de uma das condutas descritas*
- Tentativa: *é possível a tentativa*
- Ação Penal: *pública incondicionada*
- Lei 9.099/95*: não é infração de menor potencial ofensivo, no entanto, possível a suspensão condicional do processo.*

► **CLASSIFICAÇÃO:**

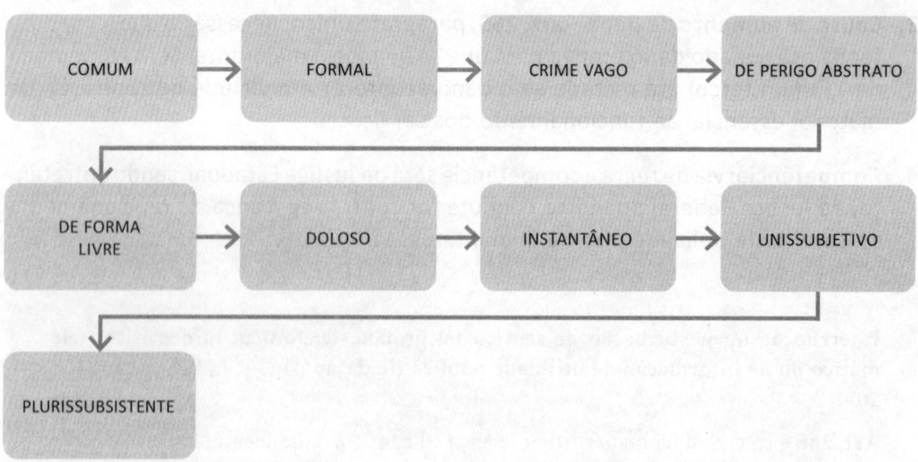


2. **Objeto material:** o crime possui como objeto material o serviço telegráfico, radiográfico ou telefônico.

3. **Tipo penal misto alternativo:** o crime do art. 266 do CP é um tipo penal misto alternativo, ou seja, o agente praticando uma ou mais condutas descritas, responderá por apenas um único crime.

4. **Figura equiparada – art. 266, §1º:** o legislador equiparou a conduta de quem interrompe o serviço telemático ou de informação de utilidade pública, ou ainda impeça ou dificulte o seu reestabelecimento.

> **Serviço telemático:** é o serviço que une as telecomunicações com a informática.

5. **Causa de aumento de pena – art. 266, §2º:** a pena será aplicada em dobro caso o crime seja cometido em situação de calamidade pública.

## CAPÍTULO III
## DOS CRIMES CONTRA A SAÚDE PÚBLICA

**Epidemia**

Art. 267 - **Causar** epidemia, mediante a propagação de germes patogênicos:

Pena - reclusão, de dez a quinze anos. (Redação dada pela Lei nº 8.072, de 25.7.1990)

§ 1º - Se do fato **resulta morte**, a pena é aplicada em dobro.

§ 2º - No caso de culpa, a pena é de detenção, de um a dois anos, ou, se resulta morte, de dois a quatro anos.

1. **Epidemia**

- Bem jurídico: *saúde pública*
- Núcleo do tipo: *causar (produzir – dar) – propagar (difundir – disseminar)*
- Sujeito ativo: *qualquer pessoa (crime comum)*
- Sujeito passivo: *o Estado, a sociedade em geral, coletividade (crime vago)*
- Elemento subjetivo: *dolo e culpa (§2º)*
- Consumação: *o crime estará consumado quando ocorrer efetivamente a epidemia (crime material)*
- Tentativa: *é possível a tentativa*
- Ação Penal: *pública incondicionada*
- Lei 9.099/95*: a conduta na sua modalidade dolosa não é infração de menor potencial ofensivo, assim como na modalidade culposa com resultado morte. Já na conduta culposa sem morte, é considerada infração de menor potencial ofensivo e aplica-se os dispositivos da Lei 9.099/95.*

► **CLASSIFICAÇÃO:**

COMUM → MATERIAL → CRIME VAGO → DE PERIGO COMUM → DE FORMA LIVRE → DOLOSO ou CULPOSO → INSTANTÂNEO → UNISSUBJETIVO → PLURISSUBSISTENTE

2. **Epidemia:** epidemia é uma doença contagiosa que surge e se propaga rapidamente em um lugar e atinge um grande número de pessoas. Não se pode confundir com endemia, que é uma enfermidade que aparece com frequência em determinado local e assola um grande número de pessoas, nem com pandemia que é uma doença com viés epidêmico que se propaga para diversas regiões ao mesmo tempo.

---

► **ATENÇÃO:** caso a enfermidade atinja plantas ou animais, não estará configurado o crime do art. 267 do Código Penal, mas sim, art. 61 da Lei 9.605/98.

---

**Aplicação em concurso:**

- ***Ano: 2018 Banca: CESPE Órgão: ABIN Prova: Agente de inteligência***

  Acerca dos crimes contra a incolumidade pública, julgue o item que se segue.

  A conduta de disseminar germes patológicos com o objetivo de infectar plantas e animais não configura o crime de epidemia.

  ( ) Certo ( ) Errado

  *Gabarito: certo*

  *A banca tentou induzir o candidato ao erro na expectativa de mesclar dois dispositivos do Código Penal – art. 259 e art. 267, não se pode esquecer que o art. 259 do CP foi revogado tacitamente. Importante lembrar que se a conduta consistir em disseminar germes patológicos com o objetivo de infectar plantas e animais o delito será do artigo 61 da Lei 9.605/98.*

3. **Causa de aumento – art. 267, §1º**: aplica-se a pena em dobro se a epidemia causar a morte. Neste caso trata-se de crime preterdoloso, dolo na conduta culpa no resultado.

**3.1. Crime hediondo:** nos termos do art. 1º, VII da Lei 8.072/90 o crime de epidemia com resultado morte é catalogado como crime hediondo.

**3.2. Prioridade de tramitação – art. 394-A:** nos termos do art. 394-A os processos que apurem prática de crimes hediondos terão prioridade de tramitação.

**4. Conduta culposa – art. 267, §2º**: o legislador tipificou a conduta na modalidade culposa, ou seja, quando o agente propaga os germes patogênicos por imprudência, negligência ou imperícia, violando assim, o dever de cuidado.

**Infração de medida sanitária preventiva**

**Art. 268** – **Infringir** determinação do poder público, destinada a impedir introdução ou propagação de doença contagiosa:

Pena – detenção, de um mês a um ano, e multa.

Parágrafo único – A **pena é aumentada** de um terço, se o agente é funcionário da saúde pública ou exerce a profissão de médico, farmacêutico, dentista ou enfermeiro.

**1. Infração de medida sanitária preventiva**

- Bem jurídico: *saúde pública*
- Núcleo do tipo: *infringir (violar – desrespeitar)*
- Sujeito ativo: *qualquer pessoa (crime comum)*
- Sujeito passivo: *o Estado, a sociedade em geral, coletividade (crime vago)*
- Elemento subjetivo: *dolo*
- Consumação: *o crime estará consumado com a violação da determinação do poder público, independente de a doença contagiosa se propagar.*
- Tentativa: *é possível a tentativa*
- Ação Penal: *pública incondicionada*
- Lei 9.099/95*: é uma infração de menor potencial ofensivo, aplica-se, portanto, os dispositivos da Lei 9.099/95.*

► **CLASSIFICAÇÃO:**

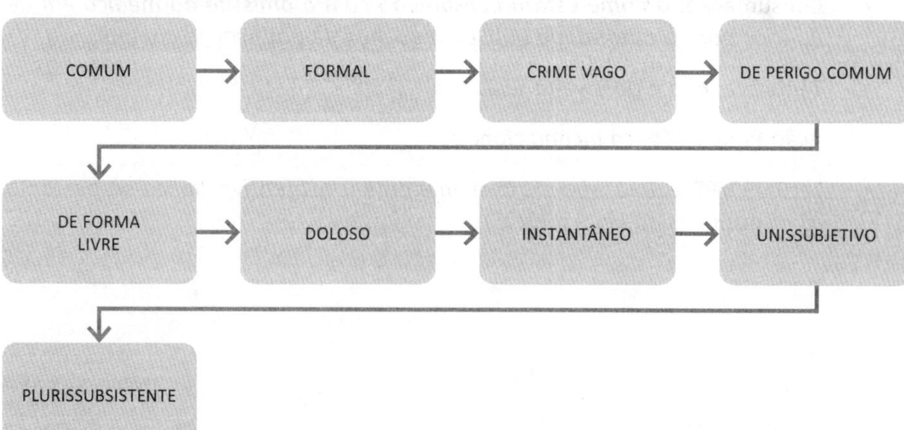

2. **Causa de aumento de pena – art. 268, parágrafo único:** a causa de aumento de pena será aplicada quando o agente ativo for funcionário da saúde pública, médico, farmacêutico, dentista ou enfermeiro.

3. **Figura qualificada – art. 285 do CP:** se a conduta resultar em lesão corporal grave ou gravíssima a pena será aumentada pela metade, caso resulte em morte, a pena será aplicada em dobro. Ainda que a lei coloque de forma expressa a nomenclatura "formas qualificadas pelo resultado", trata-se na realidade de causa de aumento de pena.

4. **Norma penal em branco:** o crime em comento é norma penal em branco, sendo necessária complementação com a determinação do poder público que foi descumprida.

**Omissão de notificação de doença**

**Art. 269 – Deixar** o médico **de denunciar** à autoridade pública doença cuja notificação é compulsória:

Pena – detenção, de seis meses a dois anos, e multa.

1. **Omissão de notificação de doença**
   - Bem jurídico: *saúde pública*
   - Núcleo do tipo: *deixar de denunciar*
   - Sujeito ativo: *médico (crime próprio)*
   - Sujeito passivo: *o Estado, a sociedade em geral, coletividade (crime vago)*
   - Elemento subjetivo: *dolo*
   - Consumação: *o crime estará consumado com a omissão do médico em denunciar para a autoridade pública a doença de notificação compulsória*
   - Tentativa: *não é possível a tentativa*
   - Ação Penal: *pública incondicionada*
   - Lei 9.099/95*: é uma infração de menor potencial ofensivo, aplica-se, portanto, os dispositivos da Lei 9.099/95.*

► **CLASSIFICAÇÃO:**

PRÓPRIO → DE MERA CONDUTA → CRIME VAGO → DE PERIGO COMUM → DE FORMA VINCULADA → DOLOSO → INSTANTÂNEO → UNISSUBJETIVO → UNISSUBSISTENTE

2. **Denúncia:** o significado de denúncia neste crime é o de comunicação, pois o médico possui o dever de comunicar as autoridades pública quando tiver conhecimento de determinadas doenças, sendo a notificação compulsória.

> **Portaria nº 1.100 de 1996 do Ministério da Saúde, ab-rogada pela Portaria nº 2.472 de 2010 regula e elenca quais as doenças devem ser comunicadas.**

**Envenenamento de água potável ou de substância alimentícia ou medicinal**

**Art. 270 – Envenenar** água potável, de uso comum ou particular, ou substância alimentícia ou medicinal destinada a consumo:

Pena – reclusão, de dez a quinze anos. (Redação dada pela Lei nº 8.072, de 25.7.1990)

§ 1º – Está **sujeito à mesma pena** quem **entrega** a consumo ou **tem em depósito**, para o fim de ser distribuída, a água ou a substância envenenada.

**Modalidade culposa**

§ 2º – Se o crime é culposo:

Pena – detenção, de seis meses a dois anos.

1. **Envenenamento de água potável ou de substância alimentícia ou medicinal**

- Bem jurídico: *saúde pública*
- Núcleo do tipo: *envenenar – entregar – ter em depósito*
- Objeto material: *água potável ou substância alimentícia ou medicinal destinada*

- Sujeito ativo: *qualquer pessoa (crime comum)*
- Sujeito passivo: *o Estado, a sociedade em geral, coletividade (crime vago)*
- Elemento subjetivo: *dolo e culpa (§2º)*
- Consumação: *o crime estará consumado com o envenenamento da água potável de uso comum ou particular, ou ainda de substância alimentícia ou medicinal destinada a consumo.*
- Tentativa: *é possível a tentativa*
- Ação Penal: *pública incondicionada*
- Lei 9.099/95: *a conduta descrita no caput é de alto potencial ofensivo, portanto, não é possível a aplicação da Lei 9.099/95. Na sua modalidade culposa, é infração de menor potencial ofensivo, aplica-se, portanto, os dispositivos da Lei 9.099/95.*

► **CLASSIFICAÇÃO:**

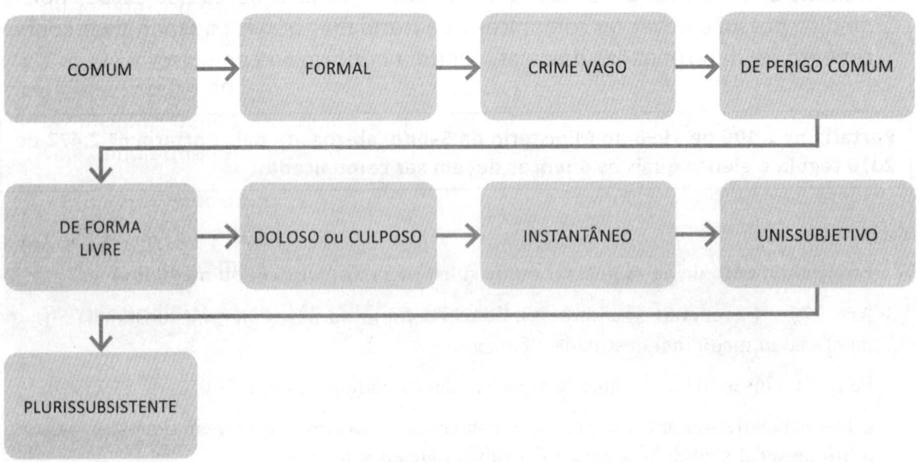


2. **Envenenamento a pessoa determinada:** importante lembrar que o crime previsto no art. 270 do CP possui como sujeito passivo a coletividade, não se trata da conduta do agente que envenena água com o dolo de atingir pessoa determinada, mas sim, a um número indeterminado de pessoas. Caso tenha dolo de matar uma pessoa por envenenamento e para isso utiliza a água, será punido pelo crime de homicídio qualificado pelo emprego de veneno nos termos do art. 121, §2º, III do CP.

► **Aplicação pelo STJ:**

**STJ: O objeto jurídico tutelado pelo tipo penal inscrito no art. 270 do Código Penal é a incolumidade pública, não importando o fato de as águas serem de**

**uso comum ou particular, bastando que sejam destinadas ao consumo de indeterminado número de pessoas.** No caso de um poço de água ainda que esteja em propriedade particular, a água dali retirada sendo destinada para consumo de todos os que a ele tinham acesso, de modo que eventual envenenamento dessa água configuraria, em tese, o crime do art. 270 do Código Penal, cuja ação penal é pública incondicionada, nos termos do art. 100 do CP. (HC 55.504-PI, Rei. Min. laurita Vaz, julgado em 11/12/2007) (Info 342)

3. **Conduta equiparada – art. 270, §1º do CP:** neste caso há previsão de duas condutas distintas: (i) entregar a consumo e (ii) ter em depósito. Possível perceber que o agente neste caso não é aquele que envenenou a água, mas sim, uma terceira pessoa que entrega a consumo ou tem em depósito, para o fim de ser distribuída, a água ou a substância envenenada.

4. **Conduta culposa – art. 270, §2º do CP:** o legislador tipificou a conduta também na modalidade culposa, punindo o agente que praticar a conduta por imprudência, negligência ou imperícia.

5. **Figura qualificada – art. 285 do CP:** se a conduta resultar em lesão corporal grave ou gravíssima a pena será aumentada pela metade, caso resulte em morte, a pena será aplicada em dobro. Ainda que a lei coloque de forma expressa a nomenclatura "formas qualificadas pelo resultado", trata-se na realidade de causa de aumento de pena.

**Corrupção ou poluição de água potável**

**Art. 271 – Corromper** ou **poluir** água potável, de uso comum ou particular, tornando-a imprópria para consumo ou nociva à saúde:

Pena – reclusão, de dois a cinco anos.

**Modalidade culposa**

Parágrafo único – Se o crime é culposo:

Pena – detenção, de dois meses a um ano.

► **Tipo penal ab-rogado pelo art. 54 da Lei 9.605/98**

**Falsificação, corrupção, adulteração ou alteração de substância ou produtos alimentícios** (Redação dada pela Lei nº 9.677, de 2.7.1998)

**Art. 272 – Corromper, adulterar, falsificar ou alterar** substância ou produto alimentício destinado a consumo, tornando-o nociva à saúde ou reduzindo-lhe o valor nutritivo:(Redação dada pela Lei nº 9.677, de 2.7.1998)

Pena – reclusão, de 4 (quatro) a 8 (oito) anos, e multa. (Redação dada pela Lei nº 9.677, de 2.7.1998)

§1º-A – Incorre nas penas deste artigo quem **fabrica, vende, expõe à venda, importa, tem em depósito para vender** ou, de qualquer forma, **distribui ou entrega** a consumo a substância alimentícia ou o produto falsificado, corrompido ou adulterado. (Incluído pela Lei nº 9.677, de 2.7.1998)

§ 1º – Está **sujeito às mesmas penas** quem pratica as ações previstas neste artigo em relação a bebidas, com ou sem teor alcoólico. (Redação dada pela Lei nº 9.677, de 2.7.1998)

**Modalidade culposa**

§ 2º – Se o crime é culposo: (Redação dada pela Lei nº 9.677, de 2.7.1998)

Pena – detenção, de 1 (um) a 2 (dois) anos, e multa. (Redação dada pela Lei nº 9.677, de 2.7.1998)

## 1. Falsificação, corrupção, adulteração ou alteração de substância ou produtos alimentícios

- Bem jurídico: *saúde pública*
- Núcleo do tipo: *o tipo penal prevê várias condutas que configuram o crime*

  *- corromper (desnaturar)*

  *- adulterar (deturpar – deixar pior)*

  *- falsificar (dar aparência enganosa – tirar a verdade)*

  *- alterar (modificar)*
- Objeto material: *substância ou produto alimentício destinado a consumo (matéria líquida ou sólida) destinada à alimentação de pessoas.*
- Sujeito ativo: *qualquer pessoa (crime comum)*
- Sujeito passivo: *o Estado, a sociedade em geral, coletividade (crime vago)*
- Elemento subjetivo: *dolo e culpa (§2º)*
- Consumação: *o crime estará consumado com a prática de qualquer das condutas, independente do resultado, no entanto, necessário que fique demonstrado o perigo concreto à saúde de pessoas indeterminadas.*
- Tentativa: *é possível a tentativa*
- Ação Penal: *pública incondicionada*
- Lei 9.099/95: *a conduta descrita no caput é de alto potencial ofensivo, portanto, não é possível aplicar a Lei 9.099/95. Na sua modalidade culposa, é infração de menor potencial ofensivo, aplica-se, portanto, os dispositivos da Lei 9.099/95.*

► **CLASSIFICAÇÃO:**

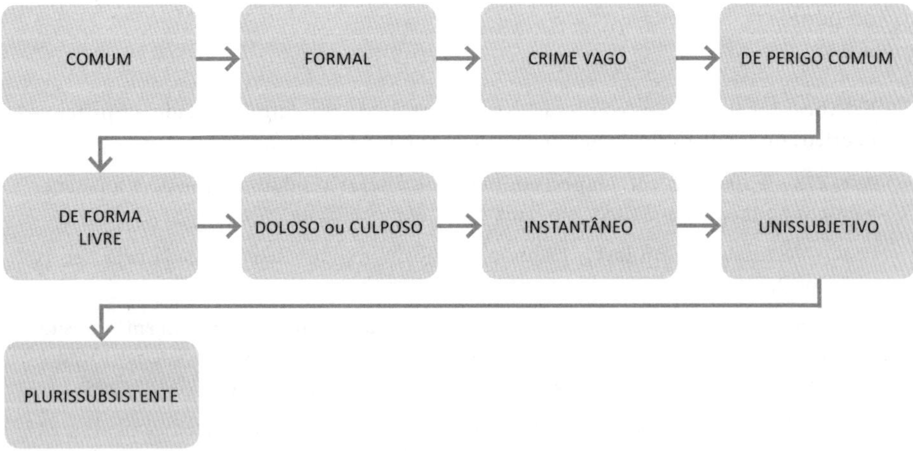


2. **Tipo penal misto alternativo:** o crime em comento é um misto alternativo, também chamado de crime de ação múltipla. O sujeito pode praticar uma das condutas, ou mais de uma, e responderá apenas por um crime.

3. **Crime de perigo concreto:** necessário que fique demonstrado a nocividade do produto para a saúde de um número indeterminado de pessoas.

4. **Alteração do valor nutritivo:** também responde pelo crime do art. 272 o sujeito que alterar o valor nutritivo de produto alimentar.

5. **Condutas equiparadas – art. 272, §1º-A:** incorre nas mesmas penas o sujeito que fabricar, vender, expor à venda, importar, ter em depósito para vender, distribuir, entregar a consumo a substância alimentícia ou produto falsificado corrompido ou adulterado. A conduta nuclear "expor à venda" e "ter em depósito para venda" são crimes permanentes.

6. **Perícia:** necessário realizar perícia para comprovar a materialidade do crime, nos termos do art. 158 do CPP.

► **Aplicação pelo STJ:**

> **STJ:** A venda de produtos **impróprios para o consumo que sejam nocivos a saúde** ou com valor nutricional reduzido configura o crime do art. 272 do Código Penal e nos termos do art. 158 do CPP **dependem de perícia para comprovação da materialidade delitiva, não basta laudo de mera constatação** (STJ, RHC 45.171/SC, Rel. Min. Nefi Cordeiro, 6ª T, DJe 12/05/2016).

7. **Modalidade culposa – art. 272, §2º:** a conduta é punida a título de culpa, quando o agente pratica o ilícito por imprudência, negligência ou imperícia.

8. **Figura qualificada – art. 285 do CP:** se a conduta resultar em lesão corporal grave ou gravíssima a pena será aumentada pela metade, caso resulte em morte, a pena

será aplicada em dobro. Ainda que a lei coloque de forma expressa a nomenclatura "formas qualificadas pelo resultado", trata-se na realidade de causa de aumento de pena.

**Falsificação, corrupção, adulteração ou alteração de produto destinado a fins terapêuticos ou medicinais** (Redação dada pela Lei nº 9.677, de 2.7.1998)

**Art. 273 – Falsificar, corromper, adulterar ou alterar** produto destinado a fins terapêuticos ou medicinais: (Redação dada pela Lei nº 9.677, de 2.7.1998)

Pena – reclusão, de 10 (dez) a 15 (quinze) anos, e multa. (Redação dada pela Lei nº 9.677, de 2.7.1998)

§ 1º – Nas mesmas penas incorre quem importa, vende, expõe à venda, tem em depósito para vender ou, de qualquer forma, distribui ou entrega a consumo o produto falsificado, corrompido, adulterado ou alterado. (Redação dada pela Lei nº 9.677, de 2.7.1998)

§ 1º-A – Incluem-se entre os produtos a que se refere este artigo os medicamentos, as matérias-primas, os insumos farmacêuticos, os cosméticos, os saneantes e os de uso em diagnóstico. (Incluído pela Lei nº 9.677, de 2.7.1998)

§ 1º-B – Está sujeito às penas deste artigo quem pratica as ações previstas no § 1º em relação a produtos em qualquer das seguintes condições: (Incluído pela Lei nº 9.677, de 2.7.1998)

I – sem registro, quando exigível, no órgão de vigilância sanitária competente; (Incluído pela Lei nº 9.677, de 2.7.1998)

II – em desacordo com a fórmula constante do registro previsto no inciso anterior; (Incluído pela Lei nº 9.677, de 2.7.1998)

III – sem as características de identidade e qualidade admitidas para a sua comercialização; (Incluído pela Lei nº 9.677, de 2.7.1998)

IV – com redução de seu valor terapêutico ou de sua atividade; ((Incluído pela Lei nº 9.677, de 2.7.1998)

V – de procedência ignorada; (Incluído pela Lei nº 9.677, de 2.7.1998)

VI – adquiridos de estabelecimento sem licença da autoridade sanitária competente. (Incluído pela Lei nº 9.677, de 2.7.1998)

**Modalidade culposa**

§ 2º – Se o crime é culposo:

Pena – detenção, de 1 (um) a 3 (três) anos, e multa. (Redação dada pela Lei nº 9.677, de 2.7.1998)

1. **Falsificação, corrupção, adulteração ou alteração de produto destinado a fins terapêuticos ou medicinais**

- Bem jurídico: *saúde pública*
- Núcleo do tipo: *o tipo penal prevê várias condutas que configuram o crime*

  *- falsificar (dar aparência enganosa – tirar a verdade)*

- *corromper (desnaturar)*
- *adulterar (deturpar – deixar pior)*
- *alterar (modificar)*

- Objeto material: *produtos destinados a fins terapêuticos ou medicinais*
- Sujeito ativo: *qualquer pessoa (crime comum)*
- Sujeito passivo: *o Estado, a sociedade em geral, coletividade (crime vago)*
- Elemento subjetivo: *dolo e culpa (§2º)*
- Consumação: *o crime estará consumado com a prática de qualquer das condutas, não sendo necessária a demonstração de perigo que pode gerar (crime de perigo abstrato)*
- Ação Penal: *pública incondicionada*
- Lei 9.099/95: *a conduta descrita no caput é de alto potencial ofensivo, portanto, não é possível aplicar a Lei 9.099/95. Na sua modalidade culposa, admite a suspensão condicional do processo nos termos do art. 89 da Lei 9.099/95.*

### ▶ CLASSIFICAÇÃO:

2. **Tipo penal misto alternativo:** o crime em comento é um misto alternativo, também chamado de crime de ação múltipla. O sujeito pode praticar uma das condutas, ou mais de uma, e responderá apenas por um crime.
3. **Objeto material:** o objeto material indicado no caput do artigo são os produtos destinados a fins terapêuticos ou medicinais, no entanto o §1º-A explica que também são considerados os medicamentos, as matérias-primas, os insumos farmacêuticos, os cosméticos, os saneantes e os de uso em diagnósticos.

4. **Figura equiparada –** art. 272, §1º-B: será punido com a mesma pena do caput o agente que importar, vender, expor à venda, possuir em depósito para vender ou de qualquer forma, distribuir ou entregar a consumo, produtos que ainda que não estejam falsificados, corrompidos, alterados ou adulteramos, estejam nas condições indicadas pelos incisos.

5. **Tráfico de drogas:** importante tomar cuidado para não confundir o crime de tráfico de drogas e outros tipos penais descritos na Lei 11.343/06 com o crime do art. 273 do CP. A finalidade da conduta é diferente e a jurisprudência já se manifestou neste sentido.

► **Aplicação pelo STJ:**

> **STJ: Ainda que alguns dos medicamentos e substâncias ilegais manipulados, prescritos, alterados ou comercializados contenham substâncias psicotrópicas capazes de causar dependência elencadas na Portaria n. 344/1998 da SVS/MS** – o que, em princípio, caracterizaria o tráfico de drogas –, **a conduta criminosa dirigida**, desde o início da empreitada, numa sucessão de eventos e sob a fachada de uma farmácia, **para a única finalidade de manter em depósito e vender ilegalmente produtos falsificados destinados a fins terapêuticos ou medicinais enseja condenação unicamente pelo crime descrito no art. 273 do CP** – e não por este delito em concurso com o tráfico de drogas (art. 33, caput, da Lei de Drogas) (STJ. 6ª Turma. REsp 1.537.773-SC, Rel. Min. Sebastião Reis Júnior, Rel. para acórdão Min. Rogerio Schietti Cruz, julgado em 16/8/2016 (Info 590).

6. **Crime hediondo:** O tipo penal do art. 273 do CP é catalogado como crime hediondo diante da mudança legislativa com a Lei 9.695/98.

7. **Modalidade culposa –** art. 273, §2º do CP: previsão na modalidade culposa, com pena de detenção de 1 a 3 anos e multa. Todas as condutas previstas no tipo podem ser enquadradas na modalidade culposa. Não é considerado crime hediondo.

8. **Norma penal em branco:** o crime em comento é norma penal em branco, necessária complementação com a legislação sanitária.

9. **Figura qualificada – art. 285 do CP:** se a conduta resultar em lesão corporal grave ou gravíssima a pena será aumentada pela metade, caso resulte em morte, a pena será aplicada em dobro. Ainda que a lei coloque de forma expressa a nomenclatura "formas qualificadas pelo resultado", trata-se na realidade de causa de aumento de pena.

**Emprego de processo proibido ou de substância não permitida**

**Art. 274 – Empregar**, no fabrico de produto destinado a consumo, revestimento, gaseificação artificial, matéria corante, substância aromática, anti-séptica, conservadora ou qualquer outra **não expressamente permitida pela legislação sanitária**:

Pena – reclusão, de 1 (um) a 5 (cinco) anos, e multa. (Redação dada pela Lei nº 9.677, de 2.7.1998)

1. **Emprego de processo proibido ou de substância não permitida**

   - Bem jurídico: *saúde pública*
   - Núcleo do tipo: *empregar (aplicar)*
   - Sujeito ativo: *qualquer pessoa (crime comum)*
   - Sujeito passivo: *o Estado, a sociedade em geral, coletividade (crime vago) e os lesados pela conduta*
   - Elemento subjetivo: *dolo*
   - Consumação: *o crime estará consumado com o emprego da substância no fabrico do produto*
   - Ação Penal: *pública incondicionada*
   - Lei 9.099/95: *não é infração de menor potencial ofensivo, mas é possível a suspensão condicional do processo nos termos do art. 89 da Lei 9.099/95.*

► **CLASSIFICAÇÃO:**

COMUM → FORMAL → CRIME VAGO → DE PERIGO ABSTRATO → DE FORMA LIVRE → DOLOSO → INSTANTÂNEO → UNISSUBJETIVO → PLURISSUBSISTENTE

2. **Conduta:** o tipo penal pune o agente que emprega no fabrico de produto destinado a consumo: (i) **revestimento** – aquilo que envolve o produto; (ii) **gaseificação artificial** – processo que busca dissolver os gases; (iii) **matéria corante** – para dar cor; (iv) **substância aromática** – para dar aroma e paladar; (v) **substância anti-séptica** – impedir proliferação de orgânicos; (vi) **substância conservadora** – para evitar germes; (vii) **ou qualquer outra.**

3. **Norma penal em branco:** o crime em comento é norma penal em branco, necessária complementação pela legislação sanitária.

4. **Produto destinado ao consumo:** amplia a abrangência da norma, não se trata somente de produtos alimentícios, comestíveis, mas também outros como os brinquedos e produtos de higiene, por exemplo.

5. **Figura qualificada – art. 285 do CP:** se a conduta resultar em lesão corporal grave ou gravíssima a pena será aumentada pela metade, caso resulte em morte, a pena será aplicada em dobro. Ainda que a lei coloque de forma expressa a nomenclatura "formas qualificadas pelo resultado", trata-se na realidade de causa de aumento de pena.

**Invólucro ou recipiente com falsa indicação**

Art. 275 - **Inculcar**, em invólucro ou recipiente de produtos alimentícios, terapêuticos ou medicinais, a existência de substância que não se encontra em seu conteúdo ou que nele existe em quantidade menor que a mencionada:(Redação dada pela Lei nº 9.677, de 2.7.1998)

Pena - reclusão, de 1 (um) a 5 (cinco) anos, e multa. (Redação dada pela Lei nº 9.677, de 2.7.1998)

1. **Invólucro ou recipiente com falsa indicação**

- Bem jurídico: *saúde pública*
- Núcleo do tipo: *inculcar (estampar, divulgar)*
- Sujeito ativo: *qualquer pessoa (crime comum)*
- Sujeito passivo: *o Estado, a sociedade em geral, coletividade (crime vago) e os lesados pela conduta*
- Elemento subjetivo: *dolo*
- Consumação: *o crime estará consumado com a falsa indicação, com a prática do núcleo, não importa se lesou efetivamente alguém.*
- Tentativa: *é possível a tentativa*
- Ação Penal: *pública incondicionada*
- Lei 9.099/95*: não é infração de menor potencial ofensivo, mas é possível a suspensão condicional do processo nos termos do art. 89 da Lei 9.099/95.*

## ► CLASSIFICAÇÃO:

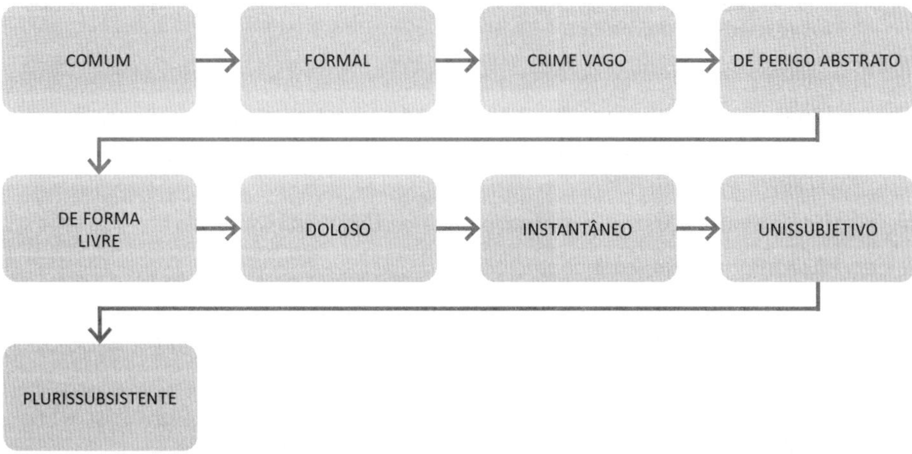


2. **Conduta:** o tipo penal pune o agente que inculcar, ou seja, gravar, imprimir falsa indicação em **invólucro**, que nada mais é do que as bulas, rótulos, por exemplo, ou em **recipientes**, que seriam os frascos, latas e demais embalagens, de **produtos alimentícios, terapêuticos ou medicinais**, com a informação de substâncias que não se encontram no conteúdo, ou ainda que exista em quantidade menor do que a indicada.
3. **Fraude:** a conduta se faz pelo emprego de fraude, pois o sujeito coloca falsa informação, ou declara produto que não está presente, ou ainda que exista com quantidade inferior.
4. **Figura qualificada – art. 285 do CP:** se a conduta resultar em lesão corporal grave ou gravíssima a pena será aumentada pela metade, caso resulte em morte, a pena será aplicada em dobro. Ainda que a lei coloque de forma expressa a nomenclatura "formas qualificadas pelo resultado", trata-se na realidade de causa de aumento de pena.

**Produto ou substância nas condições dos dois artigos anteriores**

**Art. 276 – Vender, expor à venda, ter em depósito para vender ou, de qualquer forma, entregar a consumo** produto nas condições dos arts. 274 e 275.

Pena – reclusão, de 1 (um) a 5 (cinco) anos, e multa. (Redação dada pela Lei nº 9.677, de 2.7.1998)

1. **Produto ou substância nas condições dos dois artigos anteriores**
   - Bem jurídico: *saúde pública*
   - Núcleo do tipo: *vender – expor à venda – ter em depósito para vender – entregar*

- Sujeito ativo: *qualquer pessoa (crime comum)*
- Sujeito passivo: *o Estado, a sociedade em geral, coletividade (crime vago) e os lesados pela conduta*
- Elemento subjetivo: *dolo*
- Consumação: *o crime estará consumado com a prática de qualquer das condutas, mas na modalidade ter em depósito para vender ou expor à venda, o crime é permanente*
- Tentativa: *é possível a tentativa, mas de difícil configuração*
- Ação Penal: *pública incondicionada*
- Lei 9.099/95: *não é infração de menor potencial ofensivo, mas é possível a suspensão condicional do processo nos termos do art. 89 da Lei 9.099/95.*

► **CLASSIFICAÇÃO:**

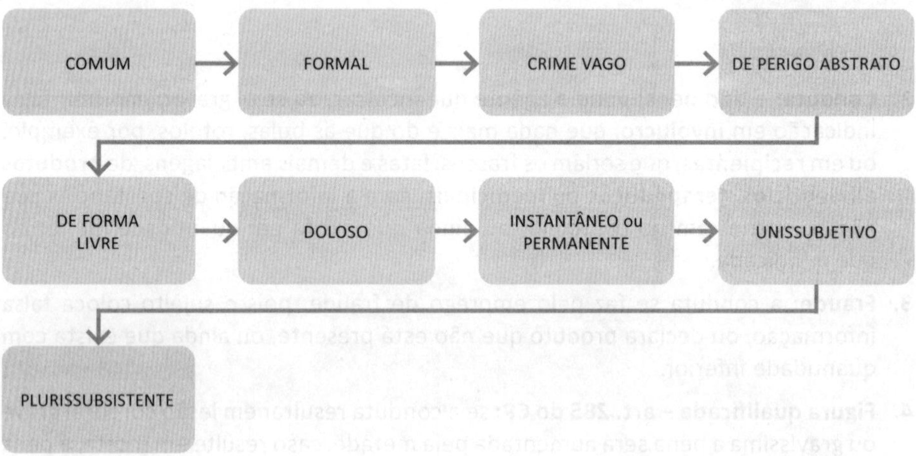


2. **Sujeito ativo:** importante ter atenção para não se induzir de que o crime do art. 276 do CP seria crime próprio e teria como agende comerciante, pois não é assim. Trata-se de crime comum em que qualquer pessoa pode praticar, não é preciso que a conduta se reitere, é suficiente que pratique um dos atos uma única vez para ser incurso pela prática delituosa.
3. **Conduta:** o tipo penal prevê vários núcleos que se relacionam com os produtos indicados nos artigos anteriores (art. 274 e 275 do CP). Aqui a condita é vender, expor à venda, ter em depósito para vender, ou, entregar a consumo: (i) produto fabricado com alguma substância não autorizada por lei – nos termos do art. 274 do CP; (ii) produto que contenha em invólucro ou recipiente, informação falsa acerca de substância que o integra – nos termos do art. 275 do CP.
4. **Tipo penal misto alternativo:** o crime em comento é um misto alternativo, também chamado de crime de ação múltipla. O sujeito pode praticar uma das condutas, ou mais de uma, e responderá apenas por um crime.

5. **Figura qualificada – art. 285 do CP:** se a conduta resultar em lesão corporal grave ou gravíssima a pena será aumentada pela metade, caso resulte em morte, a pena será aplicada em dobro. Ainda que a lei coloque de forma expressa a nomenclatura "formas qualificadas pelo resultado", trata-se na realidade de causa de aumento de pena.

**Substância destinada à falsificação**

**Art. 277 - Vender, expor à venda, ter em depósito ou ceder** substância destinada à falsificação de produtos alimentícios, terapêuticos ou medicinais:(Redação dada pela Lei nº 9.677, de 2.7.1998)

Pena - reclusão, de 1 (um) a 5 (cinco) anos, e multa. (Redação dada pela Lei nº 9.677, de 2.7.1998)

1. **Substância destinada à falsificação**
   - Bem jurídico: *saúde pública*
   - Núcleo do tipo: *vender – expor à venda – ter em depósito – ceder*
   - Sujeito ativo: *qualquer pessoa (crime comum)*
   - Sujeito passivo: *o Estado, a sociedade em geral, coletividade (crime vago) e os lesados pela conduta*
   - Elemento subjetivo: *dolo*
   - Consumação: *o crime estará consumado com a prática de qualquer das condutas, mas na modalidade ter em depósito ou expor à venda, o crime é permanente*
   - Tentativa: *é possível a tentativa, mas de difícil configuração*
   - Ação Penal: *pública incondicionada*
   - Lei 9.099/95: *não é infração de menor potencial ofensivo, mas é possível a suspensão condicional do processo nos termos do art. 89 da Lei 9.099/95.*

► **CLASSIFICAÇÃO:**

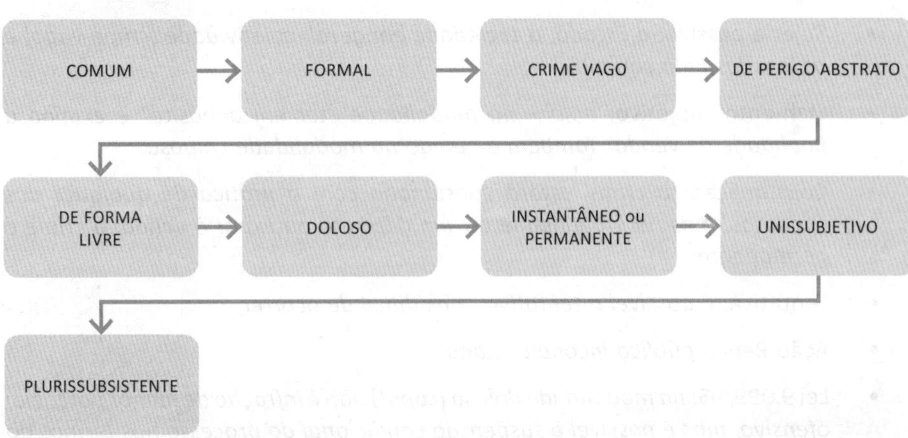

2. **Conduta:** o tipo penal prevê vários núcleos parecidos e alguns até iguais com o delito anterior, no entanto, o objeto material do crime é diferente. Aqui o objeto é substância destinada a falsificação de produtos alimentícios, terapêuticos ou medicinais.

3. **Tipo penal misto alternativo:** o crime em comento é um misto alternativo, também chamado de crime de ação múltipla. O sujeito pode praticar uma das condutas, ou mais de uma, e responderá apenas por um crime.

4. **Figura qualificada – art. 285 do CP:** se a conduta resultar em lesão corporal grave ou gravíssima a pena será aumentada pela metade, caso resulte em morte, a pena será aplicada em dobro. Ainda que a lei coloque de forma expressa a nomenclatura "formas qualificadas pelo resultado", trata-se na realidade de causa de aumento de pena.

**Outras substâncias nocivas à saúde pública**

**Art. 278 – Fabricar, vender, expor à venda, ter em depósito para vender ou, de qualquer forma, entregar a consumo** coisa ou substância nociva à saúde, ainda que não destinada à alimentação ou a fim medicinal:

Pena – detenção, de um a três anos, e multa.

**Modalidade culposa**

Parágrafo único – Se o crime é culposo:

Pena – detenção, de dois meses a um ano.

1. **Outras substâncias nocivas à saúde pública**
   - Bem jurídico: *saúde pública*
   - Núcleo do tipo: *fabricar – vender – expor à venda – ter em depósito para vender – entregar para consumo*
   - Sujeito ativo: *qualquer pessoa (crime comum)*
   - Sujeito passivo: *o Estado, a sociedade em geral, coletividade (crime vago) e os lesados pela conduta*
   - Elemento subjetivo: *dolo – na modalidade "ter em depósito" é exigido a finalidade de venda. Também é punido na modalidade culposa.*
   - Consumação: *o crime estará consumado com a prática de qualquer das condutas, mas na modalidade ter em depósito ou expor à venda, o crime é permanente*
   - Tentativa: *é possível a tentativa, mas difícil de ocorrer*
   - Ação Penal: *pública incondicionada*
   - Lei 9.099/95*: na modalidade dolosa (caput) não é infração de menor potencial ofensivo, mas é possível a suspensão condicional do processo nos termos do*

*art. 89 da Lei 9.099/95. Já na forma culposa (parágrafo único), é infração de menor potencial ofensivo, aplica-se, portanto, toda Lei 9.099/95 desde que não seja aplicado o art. 278 do CP.*

► **CLASSIFICAÇÃO:**

COMUM → FORMAL → CRIME VAGO → DE PERIGO ABSTRATO → DE FORMA LIVRE → DOLOSO e CULPOSO → INSTANTÂNEO ou PERMANENTE → UNISSUBJETIVO → PLURISSUBSISTENTE

2. **Tipo penal misto alternativo:** o crime em comento é um misto alternativo, também chamado de crime de ação múltipla. O sujeito pode praticar uma das condutas, ou mais de uma, e responderá apenas por um crime.

3. **Coisa ou substância nociva à saúde, ainda que não destinada à alimentação ou a fim medicinal:** necessário que a coisa ou substância seja nocivo à saúde, não importa o grau de nocividade para caracterização do crime, mas poderá ser utilizado na dosimetria da pena.

4. **Modalidade culposa – art. 278, parágrafo único:** também é punido a título de culpa, quando o agente por imprudência, negligência ou imperícia pratica uma das condutas do tipo penal.

5. **Figura qualificada – art. 285 do CP:** se a conduta resultar em lesão corporal grave ou gravíssima a pena será aumentada pela metade, caso resulte em morte, a pena será aplicada em dobro. Ainda que a lei coloque de forma expressa a nomenclatura "formas qualificadas pelo resultado", trata-se na realidade de causa de aumento de pena.

**Substância avariada**

**Art. 279** – (Revogado pela Lei nº 8.137, de 27.12.1990)

► **REVOGADO PELA LEI Nº 8.137 DE 27 DE DEZEMBRO DE 1990**

**Medicamento em desacordo com receita médica**

**Art. 280 – Fornecer** substância medicinal em desacordo com receita médica:

Pena – detenção, de um a três anos, ou multa.

**Modalidade culposa**

Parágrafo único – Se o crime é culposo:

Pena – detenção, de dois meses a um ano.

## 1. Medicamento em desacordo com receita médica

- Bem jurídico: *saúde pública*
- Núcleo do tipo: *fornecer (entregar, ministrar)*
- Sujeito ativo: *qualquer pessoa (crime comum)*
- Sujeito passivo: *o Estado, a sociedade em geral, coletividade (crime vago) e os lesados pela conduta*
- Elemento subjetivo: *dolo – na modalidade "ter em depósito" é exigido a finalidade de venda. Também é punido na modalidade culposa.*
- Consumação: *o crime estará consumado com a prática de qualquer das condutas, mas na modalidade ter em depósito ou expor à venda, o crime é permanente*
- Tentativa: *é possível a tentativa*
- Ação Penal: *pública incondicionada*
- Lei 9.099/95: *na modalidade dolosa (caput) não é infração de menor potencial ofensivo, mas é possível a suspensão condicional do processo nos termos do art. 89 da Lei 9.099/95. Já na forma culposa (parágrafo único), é infração de menor potencial ofensivo, aplica-se, portanto, toda Lei 9.099/95.*

► **CLASSIFICAÇÃO:**

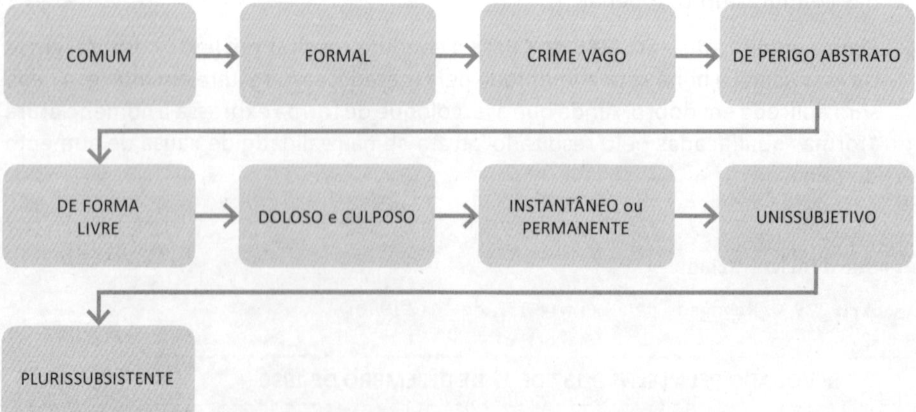

2. **Conduta:** o núcleo do tipo é fornecer, ou seja, entregar, proporcionar, seja a título gratuito ou oneroso.
3. **Substância medicinal**: são aquelas substâncias destinadas a curar enfermidade.
4. **Crime formal**: o crime é formal de perigo abstrato, ou seja, não é necessário que tenha o resultado naturalístico. Estará configurado ainda que a pessoa não faça ingestão da substância.
5. **Crime próprio X crime comum**: na doutrina se instalou grande discussão se o crime do art. 280 do CP seria próprio ou comum, no entanto, a jurisprudência já se manifestou no sentido de ser comum, justamente pelo significado do núcleo do tipo, que no caso é fornecer, o que pode ser facilmente feito por qualquer pessoa, ainda que não profissional da área da saúde.
6. **Modalidade culposa:** a conduta também é punida a título de culpa, quando o agente por imprudência, negligência ou imperícia fornece a substância medicinal em desacordo com a receita médica.

**Comércio, posse ou uso de entorpecente ou substância que determine dependência física ou psíquica.** (Redação dada pela Lei nº 5.726, de 1971) (Revogado pela Lei nº 6.368, 1976)

**Art. 281**. (Revogado pela Lei nº 6.368, 1976)

► **ARTIGO REVOGADO PELA LEI Nº 6.368/76**

**Exercício ilegal da medicina, arte dentária ou farmacêutica**

**Art. 282 – Exercer**, ainda que a título gratuito, a profissão de médico, dentista ou farmacêutico, sem autorização legal ou excedendo-lhe os limites:

Pena – detenção, de seis meses a dois anos.

Parágrafo único – Se o crime é praticado com o fim de lucro, aplica-se também multa.

1. **Exercício ilegal da medicina, arte dentária ou farmacêutica**
   - Bem jurídico: *saúde pública*
   - Núcleo do tipo: *exercer*
   - Sujeito ativo: *depende da conduta praticada: (i) exercer sem autorização legal: neste caso qualquer pessoa (crime comum) pode praticar; (ii) exercer com excesso dos limites da autorização: neste caso somente o médico, dentista ou farmacêutico poderá praticar (crime próprio)*
   - Sujeito passivo: *o Estado, a sociedade em geral, coletividade (crime vago) e os lesados pela conduta*

- Elemento subjetivo: *dolo*
- Consumação: *o crime estará consumado com a prática reiterada do núcleo, ou seja, quando houver exercício da profissão de medicina, dentista ou farmacêutico sem ter autorização legal, ou com excesso nos limites (crime habitual)*
- Tentativa: *o crime é habitual, não é possível a tentativa*
- Ação Penal: *pública incondicionada*
- Lei 9.099/95*: é infração de menor potencial ofensivo, aplica-se, portanto, a Lei 9.099/95.*

► **CLASSIFICAÇÃO:**

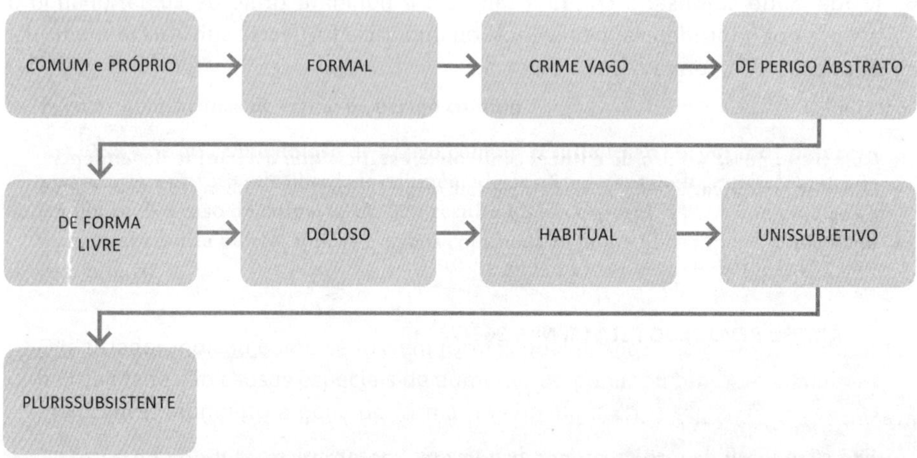


2. **Conduta:** o núcleo do tipo é exercer, no entanto, comporta duas condutas diferentes:

(i) exercer sem autorização legal a profissão de médico, dentista ou farmacêutico*: neste caso qualquer pessoa (crime comum) pode praticar, sendo que o sujeito para exercer essas atividades precisa necessariamente ter diploma de instituição oficial registrado para que possa estar habilitado para o exercício regular da profissão.*

(ii) exercer com excesso dos limites da autorização que possui*: neste caso somente o médico, dentista ou farmacêutico poderão praticar o crime (crime próprio), eles podem exercer a profissão pois possuem autorização para isso, no entanto, extrapolam os limites existentes.*

► **Aplicação em concurso**

- ***Ano: 2018 Banca: CESPE Órgão: ABIN Prova: Agente de inteligência***

Acerca dos crimes contra a incolumidade pública, julgue o item que se segue.

**Situação hipotética**: Após anos de trabalho como auxiliar de enfermagem, Marcos abriu um consultório médico e passou a realizar consulta, a ministrar medicamentos aos seus pacientes e a realizar pequenas intervenções cirúrgicas. **Assertiva**: Nessa situação, Marcos pratica o crime de exercício ilegal da profissão.

( ) Certo ( ) Errado

*Gabarito: errado*

*O crime de exercício irregular da profissão está previsto no Decreto lei 3688 (contravenções penais) art. 47, enquanto, o crime de Exercício ilegal da medicina, arte dentária ou farmacêutica está previsto no art. 282 do CP que é específico para o caso em comento. Especialidade do tipo penal.*

- **Aplicação pelo STJ:**

**STJ: O exercício da acupuntura não configura o delito previsto no art. 282 do CP (exercício ilegal da medicina, arte dentária ou farmacêutica)** pois a legislação federal que regulamenta as profissões de médico, dentista ou farmacêutico (Lei n. 3.268, de 20.09.57 e o Dec. n. 20.931, de 11.01.32 não há menção ao exercício da acupuntura. Assim, ausente complementação da norma penal em branco, **o fato é atípico**. STJ. 6ª Turma. RHC 66.641-SP, Rel. Min. Nefi Cordeiro, julgado em 3/3/2016 (Info 578)

- **Previsão Constitucional:**

**Art. 5º, XIII:** "é livre o exercício de qualquer trabalho, ofício ou profissão, atendidas as qualificações profissionais que a lei estabelecer".

3. **Gratuidade ou onerosidade:** qualquer das duas situações o crime estará configurado independente de ser feito a título gratuito ou oneroso, ou seja, não importa se o agente está ou não recebendo algo para realizar a conduta.

**3.1. Pena de multa:** o tipo penal pune a conduta seja gratuita ou onerosa, no entanto, caso seja praticado com finalidade de obter lucro, terá além da pena privativa de liberdade, a pena de multa.

**Aplicação em concurso:**

- ***Ano: 2018 Banca: VUNESP Órgão: PauliPrev – SP Prova: Procurador Autárquico***

A respeito dos crimes contra a incolumidade pública e dos crimes contra a paz pública, assinale a alternativa correta.

C) O crime de exercício ilegal da medicina, arte dentária ou farmacêutica restará configurado ainda que o exercício das profissões seja a título gratuito.

*Gabarito: C*

*Esta informação está expressa no próprio tipo penal, questão que cobrava literalidade do texto legal.*

4. **Figura qualificada – art. 285 do CP:** se a conduta resultar em lesão corporal grave ou gravíssima a pena será aumentada pela metade, caso resulte em morte, a pena será aplicada em dobro. Ainda que a lei coloque de forma expressa a nomenclatura "formas qualificadas pelo resultado", trata-se na realidade de causa de aumento de pena.

> **Charlatanismo**
>
> **Art. 283 – Inculcar ou anunciar** cura por meio secreto ou infalível:
>
> Pena – detenção, de três meses a um ano, e multa.

1. **Charlatanismo**

- Bem jurídico: *saúde pública*
- Núcleo do tipo: *inculcar (aconselhar, sugerir) – anunciar (noticiar, divulgar)*
- Sujeito ativo: *qualquer pessoa pode praticar (crime próprio)*
- Sujeito passivo: *o Estado, a sociedade em geral, coletividade (crime vago) e os lesados pela conduta*
- Elemento subjetivo: *dolo*
- Consumação: *o crime estará consumado com o ato de inculcar ou anunciar a cura por meio secreto ou infalível*
- Tentativa: *é possível a tentativa*
- Ação Penal: *pública incondicionada*
- Lei 9.099/95: *é infração de menor potencial ofensivo, aplica-se, portanto, toda Lei 9.099/95.*

▶ **CLASSIFICAÇÃO:**

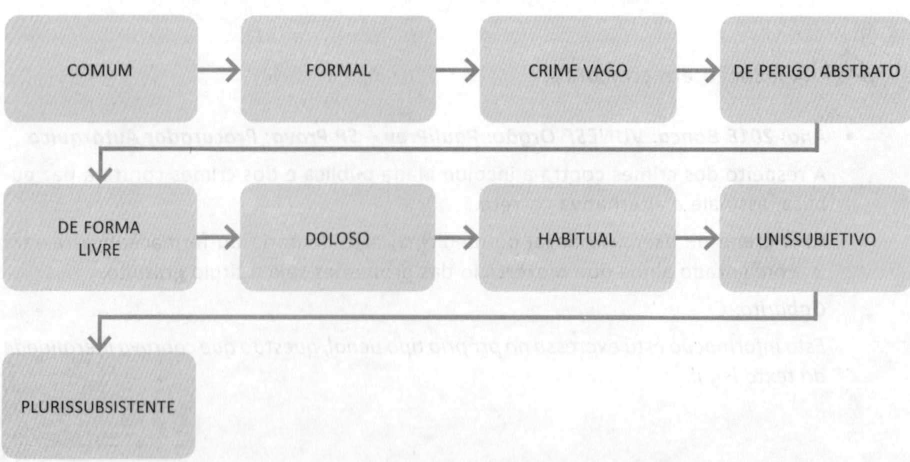

2. **Conduta:** o crime em análise resta configurado quando uma pessoa, conhecido como "charlatão" recomenda ou anuncia uma cura para algum problema que só ele conhece, ou dizendo ser infalível, ou seja, que não tem como dar errado. Há de ser neste condão de se a cura só conhecida por ele ou de ser infalível.

3. **Tipo penal misto alternativo:** o crime em comento é um misto alternativo, também chamado de crime de ação múltipla. O sujeito pode praticar uma das condutas, ou mais de uma, e responderá apenas por um crime.

4. **Figura qualificada – art. 285 do CP:** se a conduta resultar em lesão corporal grave ou gravíssima a pena será aumentada pela metade, caso resulte em morte, a pena será aplicada em dobro. Ainda que a lei coloque de forma expressa a nomenclatura "formas qualificadas pelo resultado", trata-se na realidade de causa de aumento de pena.

**Curandeirismo**

**Art. 284 – Exercer** o curandeirismo:

I – prescrevendo, ministrando ou aplicando, habitualmente, qualquer substância;

II – usando gestos, palavras ou qualquer outro meio;

III – fazendo diagnósticos:

Pena – detenção, de seis meses a dois anos.

Parágrafo único – Se o crime é praticado mediante remuneração, o agente fica também sujeito à multa.

1. **Curandeirismo**

- Bem jurídico: *saúde pública*
- Núcleo do tipo: *exercer – que pode se dar de três formas*
- Sujeito ativo: *qualquer pessoa pode praticar (crime comum)*
- Sujeito passivo: *o Estado, a sociedade em geral, coletividade (crime vago) e os lesados pela conduta*
- Elemento subjetivo: *dolo*
- Consumação: *o crime estará consumado quando o agente exercer o curandeirismo com habitualidade*
- Tentativa: *não é possível a tentativa (crime habitual)*
- Ação Penal: *pública incondicionada*
- Lei 9.099/95*: é infração de menor potencial ofensivo, aplica-se, portanto, toda Lei 9.099/95.*

▶ **CLASSIFICAÇÃO:**

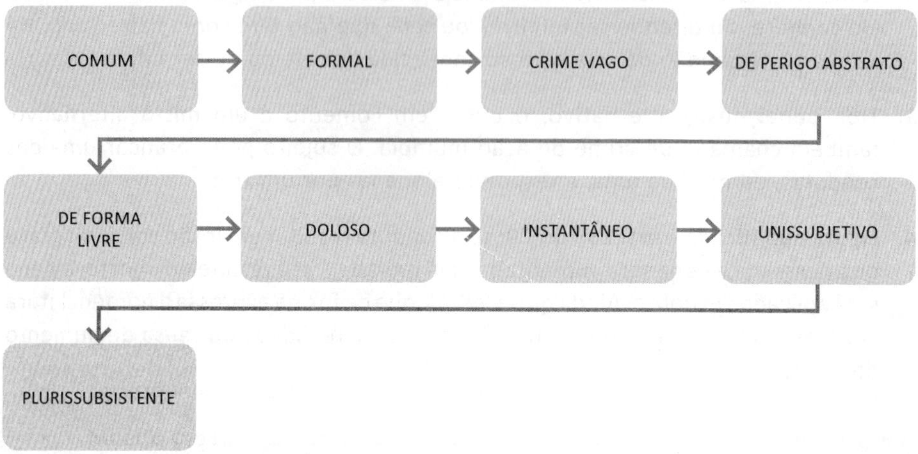


2. **Conduta:** a conduta é exercer o curandeirismo, o verbo deve ser interpretado na conduta de praticar reiteradamente, com habitualidade, caso não tenha habitualidade demonstrada será um indiferente penal. O curandeirismo pode ser praticado de 3 formas diferentes:

   (i) **Quando o agente prescreve, ministra ou aplica habitualmente, qualquer substância;**

   (ii) **Usa gestos, palavras ou qualquer outro meio;**

   (iii) **Faz diagnósticos.**

3. **Pena de multa:** o tipo penal pune a conduta seja gratuita ou onerosa, no entanto, caso seja praticado com finalidade de obter lucro, terá além da pena privativa de liberdade, a pena de multa.

**Forma qualificada**

**Art. 285** - Aplica-se o disposto no art. 258 aos crimes previstos neste Capítulo, salvo quanto ao definido no art. 267.

**Figura qualificada – art. 285 do CP:** se a conduta resultar em lesão corporal grave ou gravíssima a pena será aumentada pela metade, caso resulte em morte, a pena será aplicada em dobro. Ainda que a lei coloque de forma expressa a nomenclatura "formas qualificadas pelo resultado", trata-se na realidade de causa de aumento de pena Ver comentários ao art. 258 do CP.

Importante ressaltar que a majorante em análise não se aplica ao art. 267, pois este dispositivo possui aumento próprio, mas incide sobre os demais crimes do Capítulo.

## TÍTULO IX
## DOS CRIMES CONTRA A PAZ PÚBLICA

**Incitação ao crime**

**Art. 286 - Incitar,** publicamente, a prática de crime:

Pena - detenção, de três a seis meses, ou multa.

### 1. Incitação ao crime

- Bem jurídico: *paz pública*
- Núcleo do tipo: *incitar (estimular, instigar)*
- Sujeito ativo: *qualquer pessoa pode praticar (crime comum)*
- Sujeito passivo: *o Estado, a sociedade em geral, coletividade (crime vago)*
- Elemento subjetivo: *dolo*
- Consumação: *o crime estará consumado quando o agente incitar publicamente a pratica de determinado crime*
- Tentativa: *é possível a tentativa dependendo do meio utilizado para incitar*
- Ação Penal: *pública incondicionada*
- Lei 9.099/95: *é infração de menor potencial ofensivo, aplicando-se, portanto, toda Lei 9.099/95.*

**Aplicação em concurso:**

- ***Ano: 2018 Banca: CESPE Órgão: ABIN Prova: CESPE – 2018 – ABIN – Agente de Inteligência***

  *Julgue o item seguinte, a respeito dos crimes contra a paz pública.*

  *Os tipos penais definidos como incitação ao crime e apologia de crime são espécies de crimes contra a paz pública.*

  *()Certo () Errado*

  *Gabarito: Certo.*

  *O crimes de incitação ao crime e apologia ao crime são espécies de crime contra a paz pública, previstos no título IX do Código penal, que trata dos crimes contra a paz pública.*

► **CLASSIFICAÇÃO:**

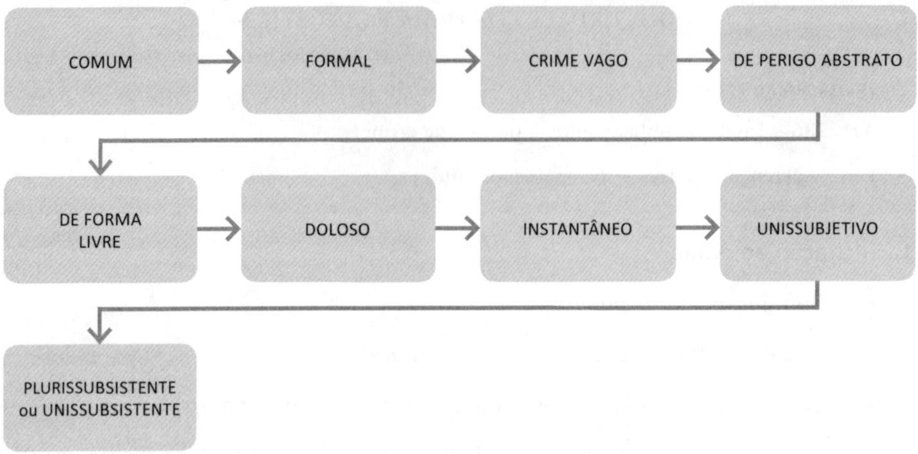


**2. Conduta:** a conduta do crime do art. 286 pode ocorrer de várias formas, inclusive por formas diferentes de palavras pronunciadas. Pode ser por escrito, gestos ou qualquer outro meio que possibilite trazer induzimento em praticar um crime. A incitação deve ser determinada, o agente deve indicar qual o delito, não pode ser genérico.

► **Aplicação pelo STF:**

> **STF:** A "**Marcha da Maconha**" consiste em Manifestação legítima, por cidadãos da República, de duas liberdades individuais revestidas de caráter fundamental: o direito de reunião (liberdade-meio) e o direito à livre expressão do pensamento (liberdade-fim). Debate que **não se confunde com incitação à prática de delito nem se identifica com apologia de fato criminoso**. **Conduta atípica** [ADPF 187, rel. min. Celso de Mello, j. 15-6-2011, P, DJE de 29-5-2014.]Vide ADI 4.274, rel. min. Ayres Britto, j. 23-11-2011, P, DJE de 2-5-2012

**2.1. Contravenção penal:** o tipo penal é claro ao indicar que o crime se faz na conduta de incitar o CRIME, ou seja, caso o agente incite a praticar contravenção penal, o crime em análise não estará configurado.

**2.2. Destinatário da incitação:** o tipo coloca de forma expressa que a incitação deve ocorrer "'publicamente", isso acarreta na necessidade de que a incitação seja destinada a um número indeterminado de pessoas, afinal o bem jurídico é a paz pública. A doutrina indica a possibilidade de excepcionalmente a incitação ser destinada para uma pessoa determinada, no entanto, é preciso que seja perceptível para outras pessoas em número indeterminado.

► **Aplicação pelo STF:**

> **STF: Reunião privada não configura crime de incitação ao crime,** pois o tipo do art. 286 do CP pressupõe a incitação em local público. **Conduta atípica**.[Inq 3.811, rel. min. Marco Aurélio, j. 24-11-2015, 1ª T, DJE de 10-12-2015.]

3. **Incitação ao crime de genocídio:** caso o agente incite a prática do crime de genocídio, não respondera pelo crime em comento, mas sim pelo crime do art. 3º da Lei 2.889/1956.

**Apologia de crime ou criminoso**

**Art. 287** - **Fazer**, publicamente, apologia de fato criminoso ou de autor de crime:

Pena - detenção, de três a seis meses, ou multa.

1. **Apologia de crime ou criminoso**

- Bem jurídico: *paz pública*
- Núcleo do tipo: *fazer apologia (elogio – exaltação)*
- Sujeito ativo: *qualquer pessoa pode praticar (crime comum)*
- Sujeito passivo: *o Estado, a sociedade em geral, coletividade (crime vago)*
- Elemento subjetivo: *dolo*
- Consumação: *o crime estará consumado com a apologia*
- Tentativa: *é possível a tentativa quando a conduta for plurissubsistente. Em se tratando de comportamento praticado na forma oral, não será admitida tentativa.*
- Ação Penal: *pública incondicionada*
- Lei 9.099/95: *é infração de menor potencial ofensivo, aplica-se, portanto, toda Lei 9.099/95.*

**Aplicação em concurso:**

- *Ano: 2012 Banca: CETRO Órgão: TJ-RJ Prova: CETRO – 2012 – TJ-RJ – Titular de Serviços de Notas e de Registros – Critério Remoção*

  *No que concerne ao ato de fazer apologia a crime ou criminoso, descrito na legislação penal, nos termos: "Fazer, publicamente, apologia de fato criminoso ou de autor de crime", é correto afirmar que:*

  A) *a tentativa é teoricamente possível, desde que o meio de fazer apologia não seja o oral.*

  *Gabarito: a*

  *Admite-se a tentativa, desde que na forma escrita, hipótese em que o crime é considerado plurissubsistente. Na forma oral não será admitido.*

► **CLASSIFICAÇÃO:**

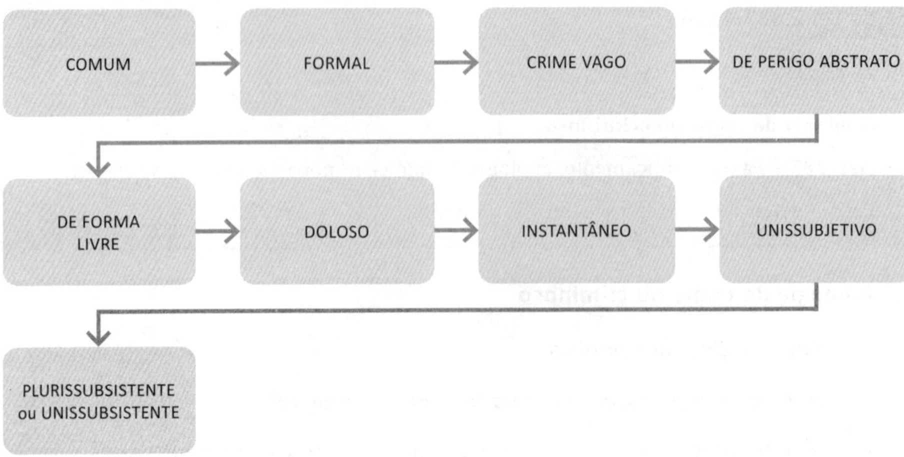


2. **Conduta:** a conduta do crime do art. 287 do CP não é a mesma do artigo anterior. O artigo em comento pune a conduta de quem faz apologia, ou seja, elogia, exalta um fato criminoso, ou ainda, um criminoso.

► **Aplicação pelo STF:**

> **STF: A Marcha da Maconha** é um movimento social espontâneo que reivindica, por meio da livre manifestação do pensamento, "a possibilidade da discussão democrática do modelo proibicionista (do consumo de drogas) e dos efeitos que (esse modelo) produziu em termos de incremento da violência". O artigo 287 do Código Penal deve ser interpretado conforme a Constituição de forma a não impedir manifestações públicas em defesa da legalização de drogas. **O dispositivo tipifica como crime fazer apologia de "fato criminoso" ou de "autor do crime", o que não se coaduna com a conduta realizada nas Marchas da Maconha, que enquanto mera defesa da discriminalização da substância, não se configura crime do artigo 287 do CP.(ADPF 187)**

3. **Publicidade:** necessário que a apologia seja feita publicamente para ter o crime configurado. Direcionado a um número indeterminado de pessoas.
4. **Apologia ao fato criminoso:** o entendimento majoritário é de que o fato enaltecido deve ser passado, caso seja futuro, restaria configurado o crime do art. 286 do CP (incitação ao crime).

**Associação Criminosa**

**Art. 288. Associarem-se** 3 (três) ou mais pessoas, para o **fim específico de cometer crimes**: (Redação dada pela Lei nº 12.850, de 2013)

Pena – reclusão, de 1 (um) a 3 (três) anos. (Redação dada pela Lei nº 12.850, de 2013)

Parágrafo único. A **pena aumenta-se** até a metade se a associação é armada ou se houver a participação de criança ou adolescente. (Redação dada pela Lei nº 12.850, de 2013)

## 1. Associação Criminosa

- Bem jurídico: *paz pública*
- Núcleo do tipo: *associar-se (reunir-se) 3 (três) ou mais pessoas, para o fim específico de cometer crimes*
- Sujeito ativo: *qualquer pessoa pode praticar (crime comum)*
- Sujeito passivo: *o Estado, a sociedade em geral, coletividade (crime vago)*
- Elemento subjetivo: *dolo*
- Consumação: *o crime estará consumado quando se aperfeiçoa entre os associados a vontade de praticar os crimes*
- Tentativa: *não é possível a tentativa*
- Ação Penal: *pública incondicionada*
- Lei 9.099/95: *não é infração de menor potencial ofensivo, mas admite a suspensão condicional do processo nos termos do art. 89 da Lei 9.099/95, exceto se for aplicada a majorante do parágrafo único.*

► **CLASSIFICAÇÃO:**

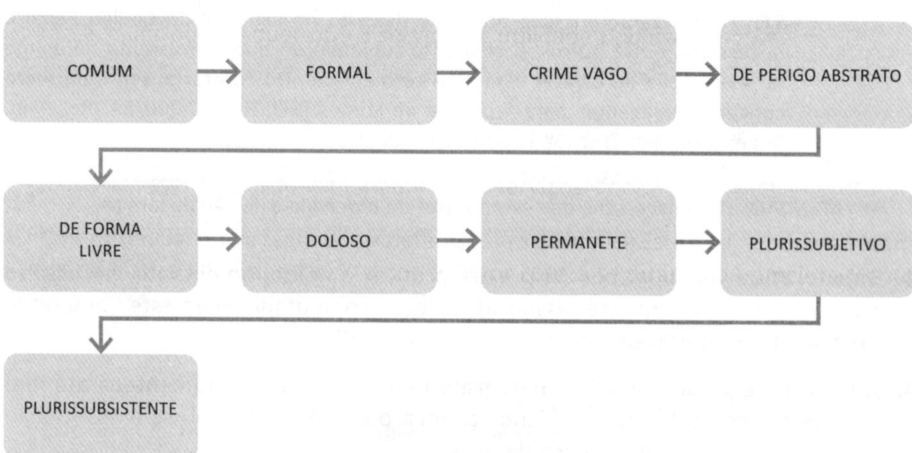


**Nomenclatura:** a antiga nomenclatura do crime era "quadrilha ou bando", agora chama-se "organização criminosa". O tipo penal foi alterado com a Lei 12.850 de 02 de agosto de 2013.

2. **Conduta:** a conduta é se associar com 3 ou mais pessoas com a finalidade específica de cometer crimes. Os crimes não precisam ser da mesma espécie. Além disso, para a consumação não é necessário que ocorra prática de algum crime, bastando a mera associação dos agentes em caráter durável.

**Aplicação em concurso:**

- ***Ano: 2014 Órgão: DPE/MG Prova: Defensor Público***

  O art. 288 do Código Penal, com a redação dada pela Lei nº 12.850/2013, define o crime de associação criminosa como associarem-se 3 (três) ou mais pessoas, para o fim específico de cometer crimes.

  A consumação de tal delito ocorrerá

  C) quando, independentemente da prática de qualquer crime é demonstrada apenas a pretensão de habitualidade.

  *Gabarito: c*

  *Para a consumação do artigo 288 do CP não é necessário que ocorra prática de qualquer outro crime, basta a associação com finalidade da prática de crimes de forma durável, que não significa perpétua. A associação criminosa é um delito autônomo, independe de qualquer outro.*

2.1. **Finalidade:** o tipo penal é expresso no sentido de que deve estar presente a finalidade de cometer CRIMES. Caso a associação seja para cometer contravenções penais, não estará configurado o delito em análise. **Necessário ainda que essa associação tenha estabilidade e permanência.**

► **Aplicação pelo STJ:**

**STJ:** Para a caracterização do crime descrito no art. 288 do Código Penal é necessário, entre outros, o elemento subjetivo do tipo, consistente no ânimo de associação de caráter estável e permanente. Do contrário, seria um mero concurso de agentes para a prática de crimes (STJ, HC 217.000/BA, Rel. Min. Rogério Schietti Cruz, 6º T., DJe 29/08/2016).

► **ATENÇÃO:** não é necessário que exista estrutura ordenada e divisão de tarefas.

3. **Sujeito ativo**: qualquer pessoa poderá praticar o delito, no entanto, necessário que estejam no mínimo três associados. Serão computados para este número de pessoas os inimputáveis (criança ou adolescente)

4. **Aumento de pena – art. 288, parágrafo único:** a pena será aumentada até metade se houver entre os associados criança ou adolescente, ou se a associação for armada, ou seja, fizer o uso de arma.

5. **Conduta qualificada:** a Lei 8.072/90 indica uma modalidade qualificada do delito de associação criminosa, com uma pena de 3 a 6 nos de reclusão quando os crimes praticados pela associação forem hediondos e equiparados (tortura, tráfico ilícito de drogas e afins ou terrorismo). Há quem indique se tratar se um novo tipo penal, no entanto, o dispositivo apenas trouxe novos limites da pena.

**Constituição de milícia privada** (Incluído dada pela Lei nº 12.720, de 2012)

**Art. 288-A. Constituir, organizar, integrar, manter ou custear** organização paramilitar, milícia particular, grupo ou esquadrão com a **finalidade de praticar qualquer dos crimes previstos neste Código**: (Incluído dada pela Lei nº 12.720, de 2012)

Pena – reclusão, de 4 (quatro) a 8 (oito) anos. (Incluído dada pela Lei nº 12.720, de 2012)

Este dispositivo foi inserido no Código Penal pela Lei 12.720/2012 para atender ao item 1º da Resolução nº 44/161 editada pela Assembleia Geral das Nações Unidas em 1989.

## 1. Constituição de milícia privada

- Bem jurídico: *paz pública*
- Núcleo do tipo: *constituir – organizar – integrar – manter – custear*
- Sujeito ativo: *qualquer pessoa pode praticar (crime comum)*
- Sujeito passivo: *o Estado, a sociedade em geral, coletividade (crime vago)*
- Elemento subjetivo: *dolo*
- Consumação: *o crime estará consumado quando se aperfeiçoa entre os associados a vontade de praticar os crimes*
- Tentativa: *não é possível a tentativa*
- Ação Penal: *pública incondicionada*
- Lei 9.099/95*: não é infração de menor potencial ofensivo, portanto, não será aplicada a Lei 9.099/95.*

### ► CLASSIFICAÇÃO:

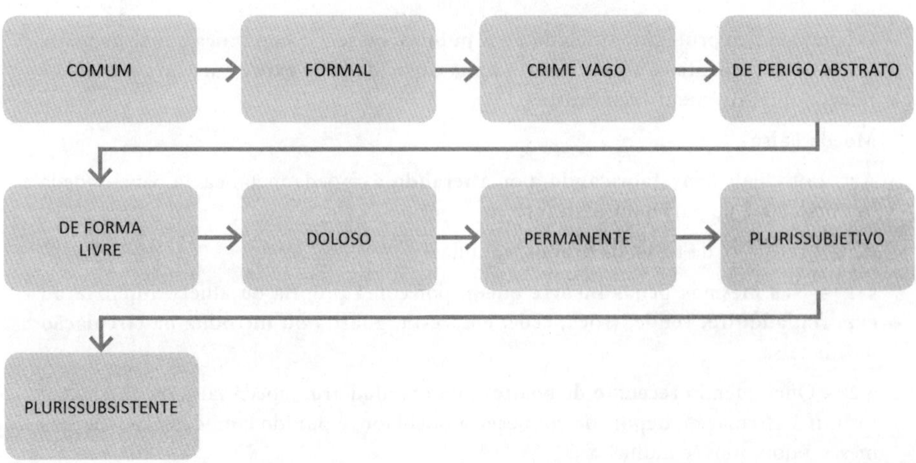

2. **Número de pessoas:** o tipo penal não indica a quantidade mínima de pessoas para que possa o crime estar configurado, sendo assim, há posicionamentos divergentes: (i) o número de agentes deve ser o mesmo solicitado no crime de associação criminosa (art. 288 do CP), no caso três ou mais pessoas; (ii) devem estar presentes no mínimo quatro pessoas, o mesmo número exigido pelo conceito dado a organização criminosa, nos termos da Lei 12.850/13.

3. **Estabilidade e permanência:** doutrina e jurisprudência entendem necessários a estabilidade e durabilidade da associação, marcos que irão distinguir o delito em análise do mero concurso de agentes.

**Aplicação em concurso:**

- ***Ano: 2017 Órgão: MPE/RO Prova: Promotor de Justiça***

  Em relação ao crime de constituição de milícia privada (artigo 288-A do Código Penal), assinale a alternativa CORRETA:

  D) Em que pese o fato de o tipo penal não exigir um número mínimo de participantes, tampouco os requisitos da estabilidade e da permanência, a doutrina e a jurisprudência têm sustentado que a quantidade mínima de 3 (três) pessoas, além da estabilidade e da permanência, são requisitos ínsitos ao tipo do artigo 288-A do Código Penal, tal como sucede em relação ao artigo 288 do mesmo diploma legal.

  *Gabarito: d*

  *Trata-se de questão controvertida, mas conforme possível observar, a banca se posicionou no sentido de precisarem ao menos 03 pessoas para configurar o delito do art. 288-A do Código Penal, exigindo-se também a estabilidade e permanência.*

## TÍTULO X
## DOS CRIMES CONTRA A FÉ PÚBLICA

### CAPÍTULO I
### DA MOEDA FALSA

**O bem jurídico protegido tutelado é a fé pública, ou seja, a confiança que se deposita sobre os documentos e sinais quanto à sua capacidade de expressar e provar fatos e relações juridicamente relevantes.**

**Moeda Falsa**

**Art. 289 – Falsificar, fabricando-a ou alterando-a**, moeda metálica ou papel-moeda de curso legal no país ou no estrangeiro:

Pena – reclusão, de três a doze anos, e multa.

§ 1º – **Nas mesmas penas incorre quem**, por conta própria ou alheia, **importa ou exporta, adquire, vende, troca, cede, empresta, guarda ou introduz na circulação** moeda falsa.

§ 2º – Quem, tendo **recebido de boa-fé, como verdadeira**, moeda falsa ou alterada, a restitui à circulação, **depois de conhecer a falsidade**, é punido com detenção, de seis meses a dois anos, e multa.

§ 3º – É punido com reclusão, de três a quinze anos, e multa, **o funcionário público ou diretor, gerente, ou fiscal de banco de emissão que fabrica, emite ou autoriza a fabricação ou emissão**:

I – de moeda com título ou peso inferior ao determinado em lei;

II – de papel-moeda em quantidade superior à autorizada.

§ 4º – Nas mesmas penas incorre quem **desvia e faz circular moeda**, cuja **circulação não estava ainda autorizada.**

## 1. Moeda falsa

- Bem jurídico: *fé pública com relação à emissão de moeda*
- Núcleo do tipo: *falsificar (imitar, reproduzir, modificar)*
- Objeto material: *moeda metálica ou papel moeda de curso legal no Brasil ou no estrangeiro.*
- Sujeito ativo: *qualquer pessoa pode praticar (crime comum)*
- Sujeito passivo: *o Estado, a sociedade em geral, coletividade (crime vago)*
- Elemento subjetivo: *dolo*
- Consumação: *o crime estará consumado com a falsificação ou no caso da conduta equiparada, com a prática de qualquer das condutas do §1º.*
- Tentativa: *é possível a tentativa*
- Ação Penal: *pública incondicionada*
- Lei 9.099/95*: não é infração de menor potencial ofensivo, portanto, não será aplicada a Lei 9.099/95 Entretanto, se a conduta estiver nos termos do §2º será aplicado o procedimento Sumaríssimo e demais benefícios da Lei 9.099/95.*

### ► CLASSIFICAÇÃO (*caput*):

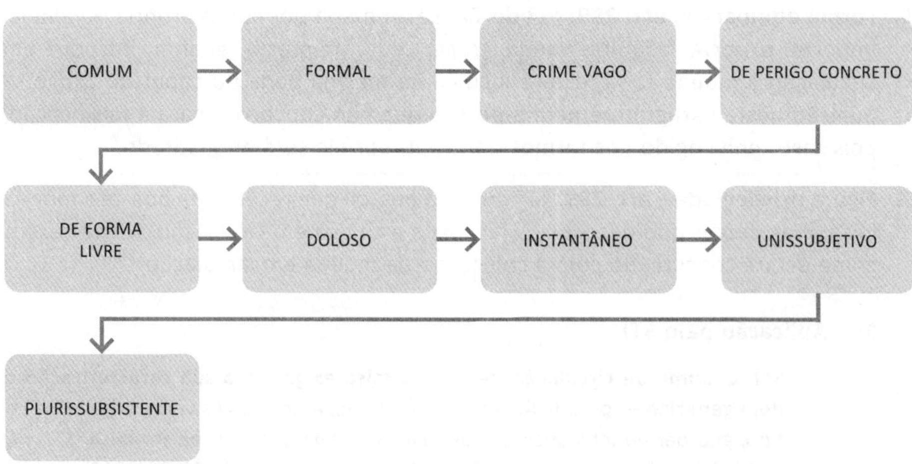

2. **Crimes de falso:** os crimes de falso demonstram necessidade da presença de alguns requisitos: (i) dolo; (ii) imitação da verdade; (iii) dano potencial.

3. **Conduta:** a conduta é falsificar a moeda, e poderá ser praticada de duas formas diferentes: (i) fabricação – também chamada de contrafação, ocorre quando há criação material da moeda com aparência de verdadeira; (ii) alteração – neste caso utiliza-se uma moeda ou papel moeda verdadeiro e se altera o real valor.

4. **Moeda estrangeira:** o tipo penal não abarca somente a moeda Brasileira, mas também a moeda estrangeira que estiver em curso legal,ou seja, circulando.

5. **Falsificação convincente:** necessário que a falsificação seja convincente, ou seja, aquela capaz de iludir. Caso seja uma falsificação grosseira, o crime não estará configurado. Necessário a realização de perícia para determinar este aspecto. Também não estará configurado se o agente falsificar a moeda para atribuir valor menor ao que verdadeiramente representava.

▶ **Súmulas pertinentes:**

**Súmula 73 STJ:** A utilização de papel moeda grosseiramente falsificado configura, em tese, o crime de estelionato, da competência da Justiça Estadual.

▶ **Aplicação pelo STJ**

**STJ: "Para a configuração do crime de moeda falsa, previsto no art. 289, caput e §1º, do Código Penal é necessário que se evidencie a chamada imitativo veri, ou seja, é preciso que a falsidade seja apta a enganar terceiros, dada a semelhança da cédula falsa com a verdadeira**. Constatada pela perícia que a falsidade das cédulas contrafeitas poderia iludir o homem comum, como de fato ocorreu, verifica-se, em princípio, a configuração do referido crime, cuja **competência é da Justiça Federal** (STJ, CC 117751 PR, Rel. Min. Marco Aurélio Bellizze, 3ª Seção, Dje 14/05/2012).

6. **Forma equiparada art. 289, §1º do CP:** se a pessoa por conta própria ou alheia, importa, exporta, adquire, vende, troca, cede, empresta, guarda, introduz em circulação a moeda falsa, estará incursa na mesma pena do caput do artigo. A punição neste parágrafo é para a pessoa que não concorreu para a falsificação, pois caso tenha agido nos termos do caput, por ele será enquadrado.

7. **Figura privilegiada – art. 289, §2º do CP:** a pessoa que receber de boa-fé a moeda falsa, mas depois que descobre a falsidade a coloca em circulação. Neste caso o crime estará consumado com a colocação da moeda em circulação.

▶ **Aplicação pelo STJ**

**STJ: O crime de circulação de moeda falsa exige, para sua caracterização o dolo genérico** – vontade livre e consciente de, entre outros verbos descritos no tipo, guardar ou introduzir em circulação moeda que se sabe ser falsa (STJ, HC 208.122/SP, Rel. Min. Rogério Schietti Cruz, 6ª Turma, DJe 21/06/2016).

8. **Falsificação funcional – art. 289, §3º do CP:** trata-se de crime próprio, que somente poderá ser praticado por funcionário público, diretor, gerente, ou fiscal de banco de emissão que fabricar ou autorizar a fabricação ou emissão de (i) moeda com título ou peso inferior ao determinado em lei: neste caso não estão sendo observadas as determinações legais; (ii) de papel-moeda em quantidade superior à autorizada: ultrapassa os limites que estão permitidos.

9. **Desvio de circulação antecipada – art. 289, §4º do CP:** neste caso a conduta é equiparada ao §3º do CP, e a pena será de reclusão de 03 a 15 anos e multa. A moeda é verdadeira, mas o agente coloca em circulação antes da autorização da autoridade competente. O crime não é próprio, pode ser praticado por qualquer pessoa.

10. **Competência:** a competência para julgar e processar o crime do art. 289 do CP é da Justiça Federal.

► **Aplicação pelo STJ**

> **STJ:** No caso de conflito de competência entre a Justiça Estadual e Federal, quando o laudo pericial demonstrar a má qualidade da moeda falsificada e as circunstâncias nos autos indicarem que ela não possui a capacidade de ludibriar terceiros estaremos diante de crime de estelionato, de competência da Justiça Estadual. (STJ, CC 135.301/PA, Rel. Ministro Ericson Maranho, Desembargador convocado pelo TS/SP, Dje 14/04/2015).

► **Súmula relevante:**

**Súmula 73 STJ:** A utilização de papel-moeda grosseiramente falsificado configura crime de estelionato, da competência da Justiça Estadual.

11. **Princípio da insignificância:** não é aplicado o princípio da insignificância aos crimes contra a fé pública. Ainda que a moeda falsificada seja de pouco valor, o crime estará configurado.

► **Aplicação pelo STF:**

> **STF:** A Não se aplica o princípio da bagatela nos crimes do artigo 289 do Código Penal, pois objeto de proteção da norma seria supra-individual, a englobar a credibilidade do sistema monetário e a expressão da própria soberania nacional. (HC 97220/MG, rei. Min. Ayr es Britto, 5.4.2011) (Info 622).

**Crimes assimilados ao de moeda falsa**

**Art. 290** – **Formar** cédula, nota ou bilhete representativo de moeda com fragmentos de cédulas, notas ou bilhetes verdadeiros; **suprimir,** em nota, cédula ou bilhete recolhidos, para o fim de restituí-los à circulação, sinal indicativo de sua inutilização; **restituir** à circulação cédula, nota ou bilhete em tais condições, ou já recolhidos para o fim de inutilização:

Pena – reclusão, de dois a oito anos, e multa.

Parágrafo único – O máximo da reclusão é **elevado a doze anos e multa**, se o crime é **cometido por funcionário que trabalha na repartição onde o dinheiro se achava recolhido, ou nela tem fácil ingresso, em razão do cargo**. (Vide Lei nº 7.209, de 11.7.1984)

## 1. Crimes assimilados ao de moeda falsa

- Bem jurídico: *fé pública*
- Núcleo do tipo: *formar – restituir – suprimir*
- Objeto material: *cédula, nota ou bilhete representativo da moeda*
- Sujeito ativo: *qualquer pessoa pode praticar (crime comum)*
- Sujeito passivo: *o Estado, a sociedade em geral, coletividade (crime vago)*
- Elemento subjetivo: *dolo*
- Consumação: *o crime estará consumado com a formação da cédula dos fragmentos, com a supressão do sinal identificador de recolhimento, ou com a entrada da moeda em circulação*
- Tentativa: *é possível a tentativa*
- Ação Penal: *pública incondicionada*
- Lei 9.099/95: *não é considerado infração de menor potencial ofensivo, não sendo possível a aplicação da Lei 9.099/95.*

► **CLASSIFICAÇÃO (caput):**

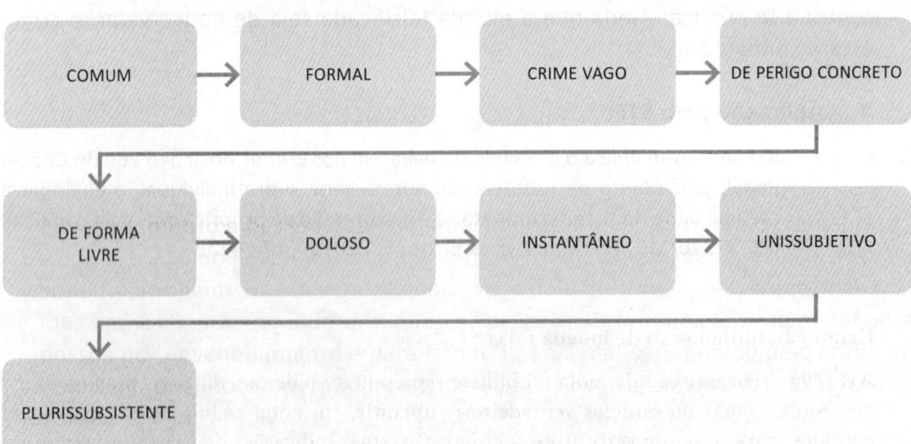


2. **Forma qualificada – art. 290, parágrafo único do CP:** o agente terá a pena máxima aumentada para 12 anos e multa se for funcionário público que trabalha na

repartição onde o dinheiro estava recolhido, ou nela tenha fácil acesso em razão do seu cargo. A conduta qualificada se trata de crime próprio, visto que exige essa qualidade específica do sujeito ativo.

3. **Competência:** a competência para julgar e processar o crime do art. 290 do CP é da Justiça Federal.

**Petrechos para falsificação de moeda**

Art. 291 – **Fabricar, adquirir, fornecer**, a título oneroso ou gratuito, **possuir ou guardar** maquinismo, aparelho, instrumento ou qualquer objeto **especialmente destinado à falsificação de moeda:**

Pena – reclusão, de dois a seis anos, e multa.

1. **Petrechos para falsificação de moeda**
   - Bem jurídico: *fé pública*
   - Núcleo do tipo: *fabricar – adquirir – fornecer – possuir – guardar*
   - Objeto material: *maquinismo, aparelho, instrumento ou outro objeto especialmente destinado à* falsificação de moeda.
   - Sujeito ativo: *qualquer pessoa pode praticar (crime comum)*
   - Sujeito passivo: *o Estado, a sociedade em geral, coletividade (crime vago)*
   - Elemento subjetivo: *dolo*
   - Consumação: *o crime estará consumado com a prática de qualquer das condutas descritas no tipo penal*
   - Tentativa: *é possível a tentativa*
   - Ação Penal: *pública incondicionada*
   - Lei 9.099/95: *não é infração de menor potencial ofensivo não sendo possível a aplicação da Lei 9.099/95.*
2. **Condutas:** *fabricar; adquirir; fornecer; possuir ou guardar.*

► **Aplicação pelo STJ:**

> **STJ:** *Para tipificar o crime descrito no art. 291 do CP, basta que o agente detenha a posse de petrechos com o propósito de contrafação da moeda, sendo prescindível que o maquinário seja de uso exclusivo para tal fim. REsp 1.758.958/SP (j. 11/09/2018).(Info.663 STJ).*

**Aplicação em concurso:**

- ***Ano: 2016 Banca: VUNESP Órgão: Câmara de Marília – SP Prova: VUNESP – 2016 – Câmara de Marília – SP – Procurador Jurídico***

*D) Aquele que guarda instrumento especialmente destinado à falsificação de comete o crime de petrechos para falsificação de moeda (CP, art. 291).*

*Gabarito: d*

*Trata-se de questão que cobrou texto literal do artigo 291 do CP.*

▶ **CLASSIFICAÇÃO:**

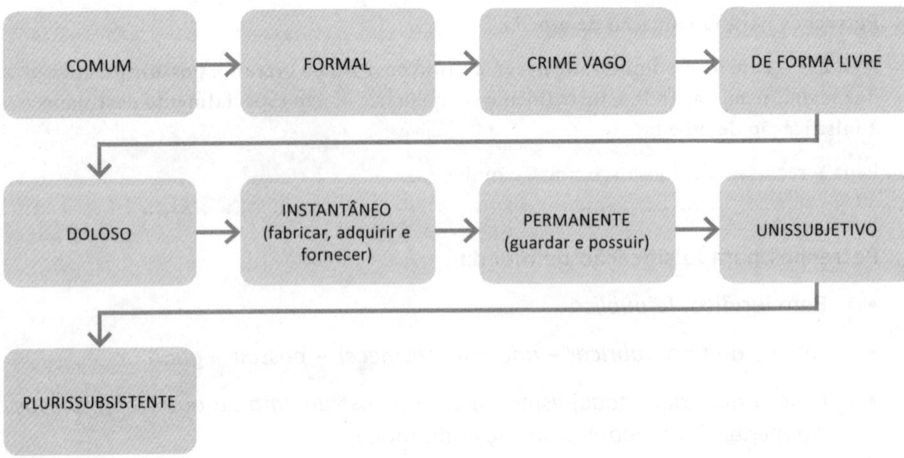


3. **Tipo penal misto alternativo:** o crime em comento é um misto alternativo, também chamado de crime de ação múltipla. O sujeito pode praticar uma das condutas, ou mais de uma, e responderá apenas por um crime.

4. **Perícia:** será necessária perícia para determinar que os petrechos se destinavam à falsificação. A perícia será para comprovar a materialidade do fato, conforme art. 158 do CPP.

5. **Competência:** a competência para julgar e processar o crime do art. 290 do CP é da Justiça Federal.

**Emissão de título ao portador sem permissão legal**

**Art. 292 – Emitir**, sem permissão legal, nota, bilhete, ficha, vale ou título que contenha promessa de pagamento em dinheiro ao portador ou a que falte indicação do nome da pessoa a quem deva ser pago:

Pena – detenção, de um a seis meses, ou multa.

Parágrafo único – Quem **recebe ou utiliza** como dinheiro qualquer dos documentos referidos neste artigo incorre na pena de detenção, de quinze dias a três meses, ou multa.

1. **Emissão de título ao portador sem permissão legal**

- Bem jurídico: *fé pública*
- Núcleo do tipo: *emitir – receber – utilizar*
- Objeto material: *nota, bilhete, ficha, vale ou título que contenha promessa de pagamento em dinheiro ao portador ou a que falte indicação do nome da pessoa a quem deva ser pago.*
- Sujeito ativo: *qualquer pessoa pode praticar (crime comum)*
- Sujeito passivo: *o Estado, a sociedade em geral, coletividade (crime vago)*
- Elemento subjetivo: *dolo*
- Consumação: *o crime estará consumado com a emissão, ou no caso do parágrafo único com o recebimento ou utilização dos objetos materiais*
- Tentativa: *é possível a tentativa*
- Ação Penal: *pública incondicionada*
- Lei 9.099/95*: trata-se de infração de menor potencial ofensivo, aplicando-se, portanto, a Lei 9.099/95.*

► **CLASSIFICAÇÃO:**

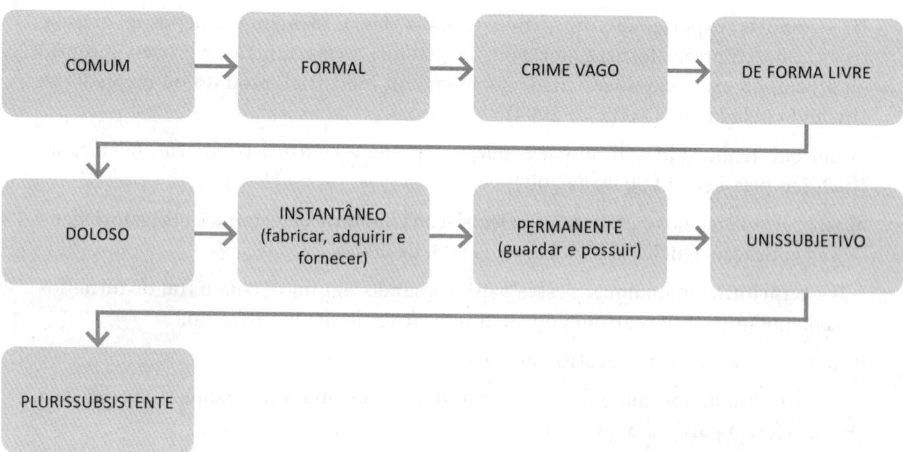


2. **Norma penal em branco:** o tipo penal indica a emissão de promessa de pagamento em dinheiro "sem permissão legal", dessa forma, necessária lei para complementar o tipo. Norma penal em branco homogênea.
3. **Competência:** a competência para julgar e processar o crime do art. 292 do CP é da Justiça Federal.

## CAPÍTULO II
## DA FALSIDADE DE TÍTULOS E OUTROS PAPÉIS PÚBLICOS

**Falsificação de papéis públicos**

**Art. 293 – Falsificar, fabricando-os ou alterando-os:**

I – selo destinado a controle tributário, papel selado ou qualquer papel de emissão legal destinado à arrecadação de tributo; (Redação dada pela Lei nº 11.035, de 2004)

II – papel de crédito público que não seja moeda de curso legal;

III – vale postal;

IV – cautela de penhor, caderneta de depósito de caixa econômica ou de outro estabelecimento mantido por entidade de direito público;

V – talão, recibo, guia, alvará ou qualquer outro documento relativo a arrecadação de rendas públicas ou a depósito ou caução por que o poder público seja responsável;

VI – bilhete, passe ou conhecimento de empresa de transporte administrada pela União, por Estado ou por Município:

Pena – reclusão, de dois a oito anos, e multa.

§ 1º **Incorre na mesma pena quem**: (Redação dada pela Lei nº 11.035, de 2004)

I – usa, guarda, possui ou detém qualquer dos papéis falsificados a que se refere este artigo; (Incluído pela Lei nº 11.035, de 2004)

II – importa, exporta, adquire, vende, troca, cede, empresta, guarda, fornece ou restitui à circulação selo falsificado destinado a controle tributário; (Incluído pela Lei nº 11.035, de 2004)

III – importa, exporta, adquire, vende, expõe à venda, mantém em depósito, guarda, troca, cede, empresta, fornece, porta ou, de qualquer forma, utiliza em proveito próprio ou alheio, no exercício de atividade comercial ou industrial, produto ou mercadoria: (Incluído pela Lei nº 11.035, de 2004)

a) em que tenha sido aplicado selo que se destine a controle tributário, falsificado; (Incluído pela Lei nº 11.035, de 2004)

b) sem selo oficial, nos casos em que a legislação tributária determina a obrigatoriedade de sua aplicação. (Incluído pela Lei nº 11.035, de 2004)

§ 2º – **Suprimir**, em qualquer desses papéis, quando legítimos, com o **fim de** torná-los novamente utilizáveis, carimbo ou sinal indicativo de sua inutilização:

Pena – reclusão, de um a quatro anos, e multa.

§ 3º – **Incorre na mesma pena** quem **usa**, **depois de alterado**, qualquer dos papéis a que se refere o parágrafo anterior.

§ 4º – Quem **usa** ou **restitui à circulação**, embora recibo de boa-fé, qualquer dos papéis falsificados ou alterados, a que se referem este artigo e o seu § 2º, **depois de conhecer a falsidade ou alteração**, incorre na pena de detenção, de seis meses a dois anos, ou multa.

§ 5º – **Equipara-se a atividade comercial**, para os fins do inciso III do § 1º, qualquer forma de comércio irregular ou clandestino, inclusive o exercido em vias, praças ou outros logradouros públicos e em residências. (Incluído pela Lei nº 11.035, de 2004)

## 1. Falsificação de papéis públicos

- Bem jurídico: *fé pública*
- Núcleo do tipo: *falsificar – pode ser "fabricando" ou "alterando"*
- Objeto material: *os papéis públicos indicados no dispositivo*
- Sujeito ativo: *qualquer pessoa pode praticar (crime comum)*
- Sujeito passivo: *o Estado, e a pessoa prejudicada pela conduta*
- Elemento subjetivo: *dolo*
- Consumação: *o crime estará consumado com a falsificação ou qualquer conduta prevista no artigo.*
- Tentativa: *é possível a tentativa*
- Ação Penal: *pública incondicionada*
- Lei 9.099/95*: a conduta do caput não é de infração de menor potencial ofensivo, não sendo, portanto, aplicada a Lei 9.099/95. Já a conduta descrita no §2º e §3º comporta suspensão condicional do processo, conforme art. 89 da Lei 9.099/95. Por fim, a conduta descrita no §4º é infração de menor potencial ofensivo, e processada e julgada pelo rito sumaríssimo, nos moldes da Lei 9.099/95.*

▶ **CLASSIFICAÇÃO:**

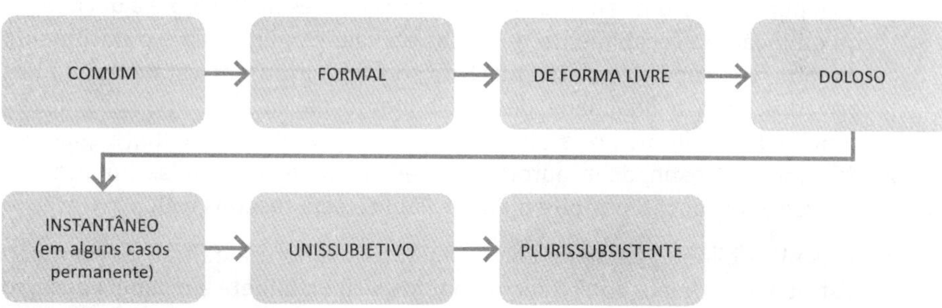


2. **Conduta:** o tipo pune quem falsifica, ou seja, quem realiza a conduta de apresentar como verdadeiro o que não é, dando-se aparência enganosa para que se passe pelo original. A falsificação pode ocorrer de duas formas: (i) fabricando (criando o objeto) ou alterando (modificando o objeto já existente):

   - *Inciso I – selo destinado a controle tributário, papel selado ou qualquer papel de emissão legal destinado à arrecadação de tributo:* são documentos que servem para demonstrar a arrecadação dos tributos.
   - *Inciso II – papel de crédito público que não seja moeda de curso legal:* título da dívida pública, apólices.

- *Inciso III – vale postal:* é o título emitido em uma unidade postal mediante depósito de quantia certa para pagamento na mesma ou em outra unidade.

---

▶ **ATENÇÃO:** inciso revogado pelo art. 36 da Lei 6.538/78.

*Art. 36. Falsificar, fabricando ou adulterando, selo, outra fórmula de franqueamento ou vale postal:*

*Pena – reclusão, até oito anos, e pagamento de cinco a quinze dias-multa.*

---

O art. 47 do citado diploma legal assim define o vale postal: "título emitido por uma unidade postal à vista de um depósito de quantia para pagamento na mesma ou em outra unidade postal".

- *Inciso IV – cautela de penhor, caderneta de depósito de caixa econômica ou de outro estabelecimento mantido por entidade de direito público:* Cautela de penhor é o título de crédito representativo do direito real de garantia registrado no Cartório de Títulos e Documentos, com o seu pagamento a coisa empenhada pode ser retirada. A caderneta de depósito de caixa econômica ou de outro estabelecimento mantido por entidade de direito público é o documento em que está consignada a movimentação da conta corrente no estabelecimento.

- *Inciso V – talão, recibo, guia, alvará ou qualquer outro documento relativo a arrecadação de rendas públicas ou a depósito ou caução por que o poder público seja responsável:* (i) **Talão** é a parte destacável de livro ou caderno, no qual permanece um canhoto com idênticos dizeres (ii) **Recibo** é a declaração de quitação ou recebimento de coisas ou valores.; (iii) **Guia** é o documento emitido por repartição arrecadadora, ou adquirido em estabelecimentos privados, com a finalidade de recolhimento de valores, impostos, taxas, contribuições de melhoria etc; (iv) **Alvará**, no sentido do texto, é qualquer documento destinado a autorizar o recolhimento de rendas públicas ou depósito ou caução por que o Poder Público seja responsável.

- *Inciso VI* – bilhete, passe ou conhecimento de empresa de transporte administrada pela União, por Estado ou por Município: **Bilhete** é o papel impresso que confere ao seu portador o direito de usufruir de meio de transporte coletivo por determinado percurso. **Passe** é o bilhete de trânsito, oneroso ou gratuito, concedido por empresa de transporte coletivo. **Conhecimento**, finalmente, é o documento comprobatório de mercadoria depositada ou entregue para transporte.

3. **Figura equiparada art. 293, §1º do CP**: será aplicada a mesma pena do caput para o agente que:

- *Inciso I*: usar – guardar – possuir – deter os papéis falsificados indicados neste artigo: para o agente responder por essa figura equiparada, necessário que não tenha concorrido para a falsificação de nenhuma forma. O crime será permanente na modalidade "guardar, "possuir" e "deter".

- *Inciso II*: importa – exporta – adquire – vende – troca – cede – empresta – guarda – fornece – restitui à circulação, selo destinado a controle tributário: neste caso as condutas estão limitadas ao selo falsificado destinado a controle tributário.
- *Inciso III*: importa – exporta – adquire – vende – expõe a venda – mantém em depósito, guarda, troca, cede, empresta, fornece, porta ou, de qualquer forma, utiliza em proveito próprio ou alheio, no exercício de atividade comercial ou industrial, produto ou mercadoria: a) em que tenha sido aplicado selo que se destine ao controle tributário falsificado; b) sem selo oficial, nos casos em que a legislação tributária determina a obrigatoriedade de sua aplicação.

Este inciso merece atenção, pois se trata de crime próprio, devendo o sujeito ativo estar em exercício de atividade comercial ou industrial, atividade que esta descrita no §6º do artigo em comento.

► **Aplicação pelo STJ:**

**STJ:** Não é necessário a constituição definitiva do crédito tributário para a consumação do crime previsto no art. 298, §1º, III, b do CP.(REsp 1.332.401-ES, Rei. Min. Maria Thereza de Assis Moura, julgado em 19/8/2014) (Info 546).

4. **Outras condutas punidas pelo artigo – §2º, §3º e §4º:** o tipo penal ainda prevê outras condutas, chamadas pela doutrina de figuras complementares.
   - **§2º:** o agente possui a intenção de reutilizar os papéis e para isso suprime o que identificaria a sua utilização. A punição é para aquele que retira o carimbo ou sinal de utilização.
   - **§3º:** neste caso o agente não praticou a conduta do §2º, mas utilizou os papeis que em que foram suprimidos o carimbo ou sinal de utilização.
   - **§4º:** também possui ligação com os papéis do §2º, mas neste caso o agente restitui à circulação, depois de ter recebido de boa-fé, depois de saber da falsificação ou alteração.
5. **Norma penal em branco homogênea**: o tipo penal em alguns incisos e alíneas se trata de norma penal em branco homogênea, pois será preciso complementar com a legislação tributária, por exemplo, para saber quais são os selos obrigatório de serem utilizados.
6. **Falsificação convincente:** necessário que a falsificação seja convincente, ou seja, aquela capaz de iludir. Caso seja uma falsificação grosseira, o crime não estará configurado. Será preciso a realização de perícia para determinar este aspecto.

**Petrechos de falsificação**

**Art. 294 – Fabricar, adquirir, fornecer, possuir ou guardar** objeto especialmente destinado à falsificação de qualquer dos papéis referidos no artigo anterior:

Pena – reclusão, de um a três anos, e multa.

1. **Petrechos de falsificação**

- Bem jurídico: *fé pública*
- Núcleo do tipo: *fabricar – adquirir – fornecer –possuir (crime permanente) ou guardar(crime permanente).*
- Objeto material: *objeto destinado especialmente à falsificação de qualquer dos papéis indicados no artigo anterior*
- Sujeito ativo: *qualquer pessoa pode praticar (crime comum)*
- Sujeito passivo: *o Estado, e a pessoa prejudicada pela conduta*
- Elemento subjetivo: *dolo*
- Consumação: *o crime estará consumado com a prática de qualquer conduta descrita no caput*
- Tentativa: *é possível a tentativa*
- Ação Penal: *pública incondicionada*
- Lei 9.099/95*: não é considerada infração de menor potencial ofensivo, mas poderá ser aplicada a suspensão condicional do processo nos termos do art. 89 da Lei 9.099/95.*

▶ **CLASSIFICAÇÃO:**

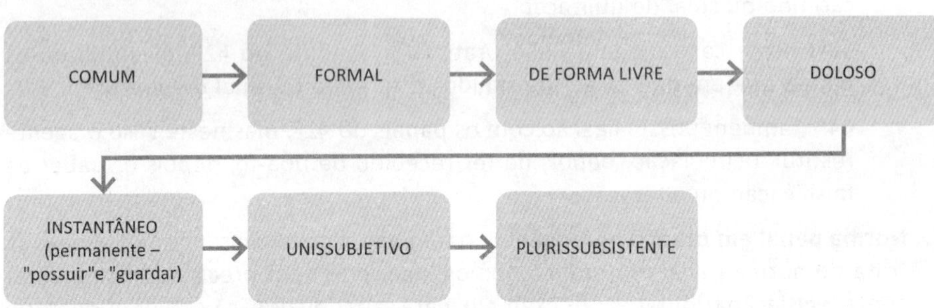


2. **Absorção do crime:** caso o agente pratique o crime em comento, e falsifique algum dos papéis indicados no artigo anterior, responderá apenas pelo art. 293 do CP, pois estará absorvido.

3. **Lei especial:** se o objeto for destinado a falsificação de selos ou vales postais, será enquadrado o agente no crime do art. 38 da Lei 6.538/78.

**Art. 295** – Se o agente é **funcionário público**, e comete o crime prevalecendo-se do cargo, aumenta-se a pena de sexta parte.

Causa de aumento do pena, também chamada de majorante de pena. Será aplicado nos artigos 293 e 294 do CP, mas o agente deve ter utilizado as facilidades que o cargo lhe proporciona.

CAPÍTULO III
DA FALSIDADE DOCUMENTAL

**Falsificação do selo ou sinal público**

**Art. 296 - Falsificar, fabricando-os ou alterando-os:**

I - selo público destinado a autenticar atos oficiais da União, de Estado ou de Município;

II - selo ou sinal atribuído por lei a entidade de direito público, ou a autoridade, ou sinal público de tabelião:

Pena - reclusão, de dois a seis anos, e multa.

§ 1º - Incorre nas mesmas penas:

I - quem faz uso do selo ou sinal falsificado;

II - quem utiliza indevidamente o selo ou sinal verdadeiro em prejuízo de outrem ou em proveito próprio ou alheio.

III - quem altera, falsifica ou faz uso indevido de marcas, logotipos, siglas ou quaisquer outros símbolos utilizados ou identificadores de órgãos ou entidades da Administração Pública. (Incluído pela Lei nº 9.983, de 2000)

§ 2º - Se o agente é funcionário público, e comete o crime prevalecendo-se do cargo, aumenta-se a pena de sexta parte.

## 1. Falsificação de selo ou sinal público

- Bem jurídico: *fé pública*
- Núcleo do tipo: *falsificar – que pode ser "alterando" ou " fabricando"*
- Objeto material: *selo público destinado a autenticar atos oficiais da União, de Estado ou de Município, selo ou sinal atribuído por lei a entidade de direito público ou a autoridade, ou sinal público de tabelião.*
- Sujeito ativo: *qualquer pessoa pode praticar (crime comum)*
- Sujeito passivo: *o Estado, e a pessoa prejudicada pela conduta*
- Elemento subjetivo: *dolo*
- Consumação: *o crime estará consumado com a prática de qualquer conduta descrita no caput*
- Tentativa: *é possível a tentativa*
- Ação Penal: *pública incondicionada*

- Lei 9.099/95: *não é considerada de infração de menor potencial ofensivo, e não comporta aplicação de nenhum benefício da Lei 9.099/95.*

▶ **CLASSIFICAÇÃO:**

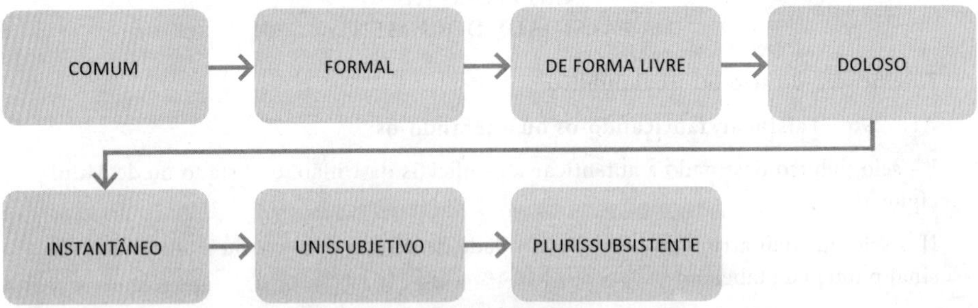


| **Selo ou sinal público: O selo aqui indicado não tem relação nenhuma com o selo postal.** |
|---|

2. **Conduta:** a conduta é falsificar a moeda, e poderá ser praticada de duas formas diferentes: (i) fabricando – manufaturando; (ii) alterando – modificando.

   - *Inciso I:* selo público destinado a autenticar atos oficiais da União, de Estado ou de Município – os selos públicos referidos pelo legislador são aqueles utilizados pelos entes para indicar a veracidade dos atos praticados por eles.

   - *Inciso II:* selo ou sinal atribuído por lei a entidade de direito público, ou a autoridade, ou sinal público de tabelião – neste caso necessário perceber a existência de 3 objetos (i) selo ou sinal atribuído por lei a entidade de direito público: são os utilizados por pessoas jurídicas de direito público, além de autarquias e fundações; (ii) selo ou sinal atribuído por lei a autoridade: neste caso é a autoridade que possui o condão de autenticar os documentos por intermédio de selos ou sinais; (iii) selo ou sinal de tabelião: integra a sua assinatura.

3. **Figura equiparada – art. 296, §1º do CP:** o legislador elencou outras condutas que quando praticadas ensejaram na mesma penalidade descrita no *caput*.

4. **Norma penal em branco:** Perceba que se trata de norma penal em branco homogênea, visto que necessita em alguns casos de lei para indicar qual o selo ou sinal atribuído.

5. **Causa de aumento de pena – art. 296, §2º do CP:** se o agente for funcionário público, nos termos do art. 327 do CP, a pena será aumentada em 1/6 (um sexto), no entanto, não basta ser funcionário público, necessário que tenha utilizado das facilidades que o cargo proporciona.

**Falsificação de documento público**

**Art. 297** – **Falsificar**, no todo ou em parte, documento público, ou **alterar** documento público verdadeiro:

Pena – reclusão, de dois a seis anos, e multa.

§ 1º – Se o agente é funcionário público, e comete o crime prevalecendo-se do cargo, aumenta-se a pena de sexta parte.

§ 2º – Para os efeitos penais, equiparam-se a documento público o emanado de entidade paraestatal, o título ao portador ou transmissível por endosso, as ações de sociedade comercial, os livros mercantis e o testamento particular.

§ 3º Nas mesmas penas incorre quem **insere** ou faz **inserir**: (Incluído pela Lei nº 9.983, de 2000)

I – na folha de pagamento ou em documento de informações que seja destinado a fazer prova perante a previdência social, pessoa que não possua a qualidade de segurado obrigatório;(Incluído pela Lei nº 9.983, de 2000)

II – na Carteira de Trabalho e Previdência Social do empregado ou em documento que deva produzir efeito perante a previdência social, declaração falsa ou diversa da que deveria ter sido escrita; (Incluído pela Lei nº 9.983, de 2000)

III – em documento contábil ou em qualquer outro documento relacionado com as obrigações da empresa perante a previdência social, declaração falsa ou diversa da que deveria ter constado. (Incluído pela Lei nº 9.983, de 2000)

§ 4º Nas mesmas penas incorre quem omite, nos documentos mencionados no § 3º, nome do segurado e seus dados pessoais, a remuneração, a vigência do contrato de trabalho ou de prestação de serviços. (Incluído pela Lei nº 9.983, de 2000)

## 1. Falsificação de documento público

- Bem jurídico: *fé pública*
- Núcleo do tipo: *falsificar (contrafazer) documento público, ou alterar (modificar)documento público verdadeiro.*
- Objeto material: *o documento público*
- Sujeito ativo: *qualquer pessoa pode praticar (crime comum)*
- Sujeito passivo: *o Estado, e a pessoa prejudicada pela conduta*
- Elemento subjetivo: *dolo*
- Consumação: *o crime estará consumado com a falsificação ou alteração no todo ou em parte de documento público*
- Tentativa: *é possível a tentativa*
- Ação Penal: *pública incondicionada*
- Lei 9.099/95: *não é de infração de menor potencial ofensivo, e não comporta aplicação de nenhum benefício da Lei 9.099/95.*

► **CLASSIFICAÇÃO:**

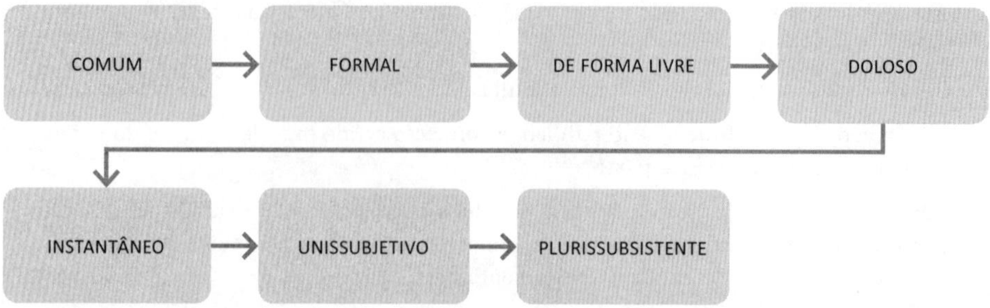


2. **Conduta:** a conduta é falsificar ou alterar documento público, a falsidade é material. Caso seja documento particular, o agente responde pelo crime do art. 298 do CP. Pode ser falsificado ou alterado no todo ou em parte, pouco importa.

3. **Documento público:** primeiramente necessário entender o que é considerado documento. Para a esfera penal documento é o escrito feito por uma pessoa determinada que demonstra a declaração de vontade ou ainda a existência de algum fato, direito ou obrigação com alguma relevância jurídica e com eficácia probatória. Os documentos podem ser públicos ou particulares. A doutrina considera o documento público como sendo aquele emanado por funcionário público com competência para tal ato.

4. **Causa de aumento de pena – art. 297, §1º do CP:** se o agente for funcionário público e comete o crime se prevalecendo do cargo, terá a pena aumentada a sexta parte.

5. **Documento público por equiparação:** o legislador equiparou a documento público o emanado de entidade paraestatal, o título ao portador ou transmissível por endosso, as ações de sociedade comercial, os livros mercantis e o testamento particular, sendo assim, o agente que falsificar o alterar tais objetos responderá pelo crime em análise.

6. **Falsificação de documento previdenciário – art. 297, §3º do CP:** o legislador equiparou com a conduta do caput quando o agente insere ou faz inserir em documentos previdenciários. Neste caso a falsificação é ideológica, pois o documento materialmente é verdadeiro, mas o conteúdo não.

► **Aplicação pelo STJ:**

> **STJ: A simples omissão de anotação na Carteira de Trabalho e Previdência Social (CTPS) não configura, por si só, o crime de falsificação de documento público (art. 297, § do CP).** Isso porque é imprescindível que a conduta do agente preencha não apenas a tipicidade formal, mas antes e principalmente a tipicidade material, ou seja, deve ser demonstrado o dolo de falso e a efetiva possibilidade de vulneração da fé pública. (REsp 1.252.635-SP, Rei. Min. Marco Aurélio Bellizze, julgado em 24/4/2014). (Info 539)

7. **Falsificação convincente:** necessário que a falsificação seja convincente, ou seja, aquela capaz de iludir. Caso seja uma falsificação grosseira, o crime não estará configurado.

   7.1. **Prova da materialidade:** indispensável que ocorra perícia para comprovação da materialidade do delito, nos termos do art. 158 do CPP. Normalmente se faz exame documentoscópico e grafotécnico.

► **Aplicação pelo STJ:**

> **STJ:** Conquanto os crimes de falso sejam formais, prescindindo da ocorrência de resultado naturalístico consistente no efetivo prejuízo para alguém com a utilização do papel falsificado, o certo é que o Superior de Justiça pacificou o entendimento de que **a falsificação grosseira, porque desprovida de potencialidade lesiva, não é capaz de tipificar os delitos contra a fé pública**" (HC 278.239-MG, 5.a T., rel. Jorge Mussi, 05.06.2014, v.u.).

8. **Falsificação de documento para fins eleitorais:** neste caso não responde o agente pelo crime em comento, mas sim, pelo art. 348 da Lei 4.737/1965 (Código Eleitoral).

9. **Estelionato e falsidade:** atenção para a Súmula 17 do STJ. Regra de que o crime-fim absorve o crime-meio.

► **Súmulas relevantes:**

**Súmula 17 STJ:** Quando o falso se exaure no estelionato, sem mais potencialidade lesiva, é por este absorvido.

**Aplicação em concurso:**

- ***Ano: 2017 Banca: CESPE Órgão: TRF – 1ª REGIÃO Prova: Analista Judiciário – Oficial de Justiça Avaliador***

No que se refere ao cumprimento de mandados judiciais e suas repercussões criminais na esfera penal, julgue o item que se segue.

**Situação hipotética**: No curso de diligência para a citação pessoal de réu em processo criminal, o destinatário da citação apresentou documento de identidade de outra pessoa, em que havia substituído a fotografia original, com o objetivo de se furtar ao ato, o que frustrou o cumprimento da ordem judicial. **Assertiva**: Nesse caso, o citado praticou o crime de falsa identidade.

()Certo

()Errado

*Gabarito: A assertiva está errada, pois o agente alterou o documento, sendo neste caso o uso absorvido pelo crime do art. 297 do CP.*

10. **Competência:** cuidado com a competência, pois em regra, será da Justiça Estadual, com exceção dos casos que se enquadrarem nos termos do art. 109, IV da CF.

► **Súmulas relevantes:**

**Súmula 107 STJ:** Compete à justiça comum estadual processar e julgar crime de estelionato praticado mediante falsificação das guias de recolhimento das contribuições previdenciárias, quando não ocorrente lesão à autarquia federal.

**Súmula 104 STJ:** Compete à Justiça Estadual o processo e julgamento dos crimes de falsificação e uso de documento falso relativo a estabelecimento particular de ensino.

**Súmula 62 STJ:** Compete à Justiça Estadual processar e julgar o crime de falsa anotação na Carteira de Trabalho e Previdência Social, atribuído à empresa privada. **Falsificação de documento particular** (Redação dada pela Lei nº 12.737, de 2012)

**Art. 298 – Falsificar**, no todo ou em parte, documento particular ou **alterar** documento particular verdadeiro:

Pena – reclusão, de um a cinco anos, e multa.

**Falsificação de cartão** (Incluído pela Lei nº 12.737, de 2012)

Parágrafo único. Para fins do disposto no **caput**, equipara-se a documento particular o cartão de crédito ou débito. (Incluído pela Lei nº 12.737, de 2012)

## 1. Falsificação de documento particular

- Bem jurídico: *fé pública*
- Núcleo do tipo: *falsificar – alterar*
- Objeto material: *o documento particular*
- Sujeito ativo: *qualquer pessoa pode praticar (crime comum)*
- Sujeito passivo: *o Estado, e a pessoa prejudicada pela conduta*
- Elemento subjetivo: *dolo*
- Consumação: *o crime estará consumado com a falsificação ou alteração no todo ou em parte de documento particular*
- Tentativa: *é possível a tentativa*
- Ação Penal: *pública incondicionada*
- Lei 9.099/95*: não é de infração de menor potencial ofensivo, mas é possível a suspensão condicional do processo nos termos do art. 89 da Lei 9.099/95.*

## ► CLASSIFICAÇÃO:

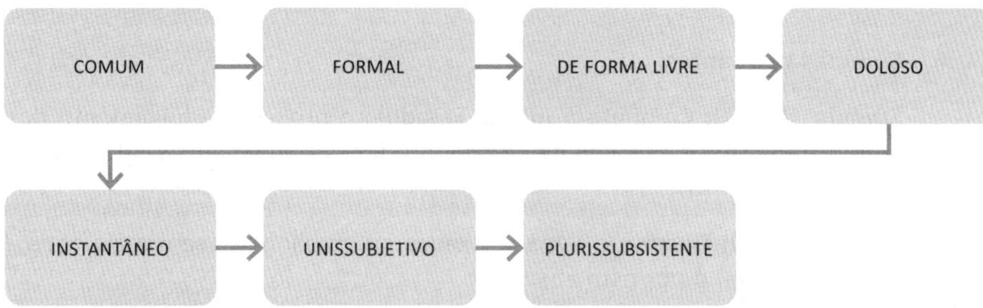


2. **Conduta:** a conduta é falsificar ou alterar documento particular, a conduta é a mesma do artigo anterior, no entanto, aqui, o objeto material do crime é o documento particular.

3. **Conceito de documento particular:** para saber se o documento é particular, utiliza-se o critério de exclusão. Dessa forma, se o objeto é um documento, analisa-se se é público, se não for público ele será particular.

4. **Documento particular por equiparação – art. 298, parágrafo único:** o legislador equiparou à documento particular o cartão de crédito ou débito, sendo assim, caso o objeto material do crime sejam estes, responderá o agente pelo crime do artigo em análise.

### Aplicação em concurso:

- **Ano: 2018 Banca: CESPE Órgão: MPU Prova: CESPE – 2018 – MPU – Analista do MPU – Direito**

  Com relação aos crimes em espécie, julgue o item que se segue, considerando o entendimento firmado pelos tribunais superiores e a doutrina majoritária.

  Nos crimes de falsidade documental, considera-se documento particular todo aquele não compreendido como público, ou a este equiparado, e que, em razão de sua natureza ou relevância, seja objeto da tutela penal — como cartão de crédito, por exemplo.

  ( ) Certo ( ) Errado

  Gabarito: certo

  *O critério de identificação do documento particular é o de exclusão. Ademais, a falsificação de cartões de crédito e débito foi incluída pela Lei nº 12.737/12, no parágrafo único do artigo298 do CP, como modalidade de falsificação de documento particular.*

5. **Prova da materialidade:** indispensável que ocorra perícia para comprovação da materialidade do delito, nos termos do art. 158 do CPP. Normalmente se faz exame documentoscópico e grafotécnico.

6. **Uso de documento particular:** caso a conduta do agente seja usar documento particular falsificado, não responderá pelo crime do art. 298 do CP, mas sim pelo art. 304 do CP.

7. **Competência:** cuidado com a competência, pois em regra, será da Justiça Estadual, com exceção dos casos que se enquadrarem nos termos do art. 109, IV da CF.

▶ **Súmulas relevantes:**

**Súmula 104 STJ:** Compete à Justiça Estadual o processo e julgamento dos crimes de falsificação e uso de documento falso relativo a estabelecimento particular de ensino.

**Súmula 17 STJ:** Quando o falso se exaure no estelionato, sem mais potencialidade lesiva, é por este absorvido.

**Falsidade ideológica**

Art. 299 – **Omitir**, em documento público ou particular, declaração que dele devia constar, ou nele **inserir ou fazer inserir** declaração falsa ou diversa da que devia ser escrita, com o **fim de prejudicar direito, criar obrigação ou alterar a verdade sobre fato juridicamente relevante**:

Pena – reclusão, de um a cinco anos, e multa, se o documento é público, e reclusão de um a três anos, e multa, se o documento é particular.

Parágrafo único – Se o **agente é funcionário público**, e comete o crime **prevalecendo-se do cargo, ou se a falsificação ou alteração é de assentamento de registro civil**, aumenta-se a pena de sexta parte.

## 1. Falsidade ideológica

- Bem jurídico: *fé pública*
- Núcleo do tipo: *omitir – inserir – fazer inserir*
- Objeto material: *o documento particular ou público*
- Sujeito ativo: *qualquer pessoa pode praticar (crime comum)*
- Sujeito passivo: *o Estado, e a pessoa prejudicada pela conduta*
- Elemento subjetivo: *dolo específico*
- Consumação: *o crime estará consumado no caso da omissão quando o agente não declara a informação que deveria, já na outra ação estará consumado quando efetivamente inserir ou fizer inserir a informação falsa ou diversa.*
- Tentativa: *é possível a tentativa nas modalidades comissivas (inserir ou fazer inserir), mas não admite-se na modalidade omissiva (omitir)*
- Ação Penal: *pública incondicionada*
- Lei 9.099/95: *não é de infração de menor potencial ofensivo, mas é possível a suspensão condicional do processo nos termos do art. 89 da Lei 9.099/95.*

► **CLASSIFICAÇÃO:**

COMUM → FORMAL → DE FORMA LIVRE → DOLOSO → INSTANTÂNEO → UNISSUBJETIVO → PLURISSUBSISTENTE

1. **Conduta:** a conduta punida não é como as condutas dos artigos anteriores, neste caso, a falsidade não é material, mas sim ideológica. O documento é perfeito, verdadeiro, mas a ideia lançada nela é falsa, ou seja, o agente **Omite**, em documento público ou particular, **declaração que dele devia constar, ou nele insere ou faz inserir declaração falsa ou diversa da que devia ser escrita**. Necessário que esteja presente a finalidade expressa do artigo para configuração do delito, qual seja, **com o fim de prejudicar direito, criar obrigação ou alterar a verdade sobre fato juridicamente relevante.**

**Aplicação em concurso:**

- **Ano: 2018 Banca: FCC Órgão: Câmara Legislativa do Distrito Federal Prova: FCC – 2018 – Câmara Legislativa do Distrito Federal – Procurador Legislativo**

  Pratica o crime de falsidade ideológica aquele que:

  E) omite, em documento particular, declaração que dele devia constar com o fim de criar uma obrigação.

  *Gabarito: e*

  *A questão cobrou texto literal do artigo 299 do CP.*

► **Aplicação pelo STJ:**

**STJ:** O crime de **falsidade ideológica**, previsto no art. 299 do CP, exige o **dolo específico** que se faz na **intenção de prejudicar, criar obrigação ou alterar a verdade sobre fato juridicamente relevante** (STJ, RHC 66.877/SP, Relator Ministro Nefi Cordeiro, 6ª turma, DJe 01/06/2016).

► **Aplicação pelo STF:**

**STF:** Falsidade ideológica e ausência de dolo. **Se as provas produzidas não evidenciam que o agente teve ciência inequívoca do conteúdo inverídico dos documentos que havia assinado** na condição de prefeito, tampouco que o tenha feito com o objetivo de prejudicar direito, criar obrigação ou alterar a verdade de fato juridicamente relevante, **não há que se falar em falsidade ideológica** do mesmo. (STF. 1ª Turma. AP 931/AL, Rel. Min. Roberto Barroso, julgado em 6/6/2017 (Info 868)

2. **Crime omissivo próprio:** a primeira parte do caput indica a conduta "omitir" que se trata de um crime omissivo próprio. Neste caso o agente não fornece alguma declaração que deveria indicar para confecção do documento.

3. **Causa de aumento de pena – art. 299, parágrafo único do CP:** se o agente for funcionário público e comete o crime se prevalecendo do cargo, ou quando a falsificação recair sobre assentamento de registro civil, a pena será aumentada a sexta parte.

4. **Competência:** em regra, será da Justiça Estadual, com exceção dos casos que se enquadrarem nos termos do art. 109, IV da CF.

► **Súmulas relevantes:**

**Súmula 104 STJ:** Compete à Justiça Estadual o processo e julgamento dos crimes de falsificação e uso de documento falso relativo a estabelecimento particular de ensino.

**Súmula 17 STJ:** Quando o falso se exaure no estelionato, sem mais potencialidade lesiva, é por este absorvido.

5. **Casos atípicos:** alguns casos já foram declarados pela jurisprudência no sentido de não tipificarem a conduta do crime em comento, como o caso do currículo lattes, de petição processual e declaração de hipossuficiência para obtenção de justiça gratuita.

► **Aplicação pelo STJ:**

**STJ: Crime de falsidade ideológica. Currículo Lattes. Dado que não condiz com a realidade. Conduta atípica.** Não é típica a conduta de inserir, em currículo Lattes, dado que não condiz com a realidade. (STJ. 6ª Turma. RHC 81.451-RJ, Rel. Min. Maria Thereza de Assis Moura, julgado em 22/8/2017) (Info 610).

**STJ: É atípica a mera declaração falsa de estado de pobreza realizada com o intuito de obter os benefícios da justiça gratuita**. O art. 42 da Lei 1.060/1950 dispõe que a sanção aplicada àquele que apresenta falsa declaração de hipossuficiência é meramente econômica, sem previsão de sanção penal. (HC 261.074-MS, Rei. Min. Marilza Maynard (Desembargadora convocada do TJ-SE), julgado em S/8/2014) (Info 546)

**Falso reconhecimento de firma ou letra**

**Art. 300 – Reconhecer**, como verdadeira, no exercício de função pública, firma ou letra que o não seja:

Pena – reclusão, de um a cinco anos, e multa, se o documento é público; e de um a três anos, e multa, se o documento é particular.

1. **Falso reconhecimento de firme ou letra**

- Bem jurídico: *fé pública*

- Núcleo do tipo: *reconhecer*
- Objeto material: *firma ou letra falsa*
- Sujeito ativo: *somente aquele que exerce função pública e possui poderes para reconhecimento de firmas ou letras (crime próprio)*
- Sujeito passivo: *o Estado, e a pessoa prejudicada pela conduta*
- Elemento subjetivo: *dolo*
- Consumação: *o crime estará consumado quando o agente reconhecer como verdadeira a letra ou firma que não é.*
- Tentativa: *é possível a tentativa*
- Ação Penal: *pública incondicionada*
- Lei 9.099/95*: não é de infração de menor potencial ofensivo, mas é possível a suspensão condicional do processo nos termos do art. 89 da Lei 9.099/95.*

► **CLASSIFICAÇÃO:**

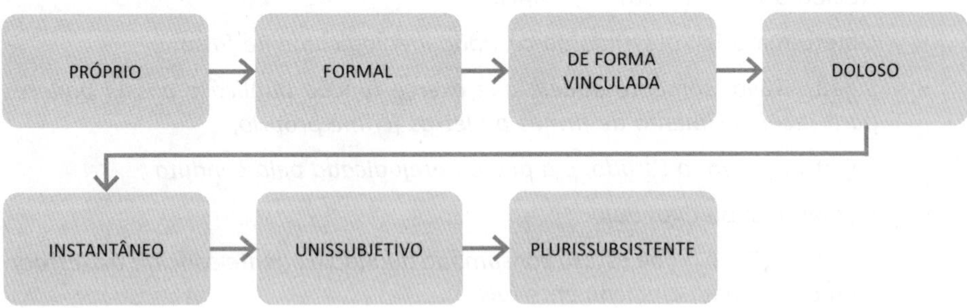


2. **Conduta:** a conduta punida se faz no reconhecimento, no exercício da função pública, de firma ou letra que não seja. Dessa forma, o agente reconhece como verdadeira aquilo que não é.

3. **Crime próprio:** somente poderá praticar a conduta aquele que exerce função pública com competência para reconhecer firmas ou letras, no caso o tabelião de notas, oficial do registro civil, etc.)

4. **Sanção penal:** o legislador diferenciou a sanção penal conforme seja o documento particular ou público.

5. **Crime com finalidade de fins eleitorais:** se o agente praticar a conduta com fins eleitorais, resta configurado o art. 352 da Lei 4.737/65 – Código Eleitoral, e não o artigo em análise.

**Certidão ou atestado ideologicamente falso**

**Art. 301 – Atestar ou certificar** falsamente, **em razão de função pública**, fato ou circunstância que **habilite alguém a obter cargo público, isenção de ônus ou de serviço de caráter público, ou qualquer outra vantagem**:

Pena – detenção, de dois meses a um ano.

**Falsidade material de atestado ou certidão**

§ 1º – **Falsificar**, no todo ou em parte, atestado ou certidão, ou **alterar** o teor de certidão ou de atestado verdadeiro, para prova de fato ou circunstância que habilite alguém a obter cargo público, isenção de ônus ou de serviço de caráter público, ou qualquer outra vantagem:

Pena – detenção, de três meses a dois anos.

§ 2º – Se o **crime é praticado com o fim de lucro**, aplica-se, além da pena privativa de liberdade, a de **multa**.

## 1. Certidão ou atestado ideologicamente falso

- Bem jurídico: *fé pública*
- Núcleo do tipo: *atestar – falsificar*
- Objeto material: *atestado ou certidão ideologicamente falso*
- Sujeito ativo: *somente aquele que exerce função pública e possui poderes para reconhecimento de firmas ou letras (crime próprio)*
- Sujeito passivo: *o Estado, e a pessoa prejudicada pela conduta*
- Elemento subjetivo: *dolo*
- Consumação: *o crime estará consumado quando o agente concluir o atestado ou a certidão ideologicamente falsa*
- Tentativa: *é possível a tentativa*
- Ação Penal: *pública incondicionada*
- Lei 9.099/95*: é de infração de menor potencial ofensivo, aplicando-se a Lei 9.099/95.*

► **CLASSIFICAÇÃO:**

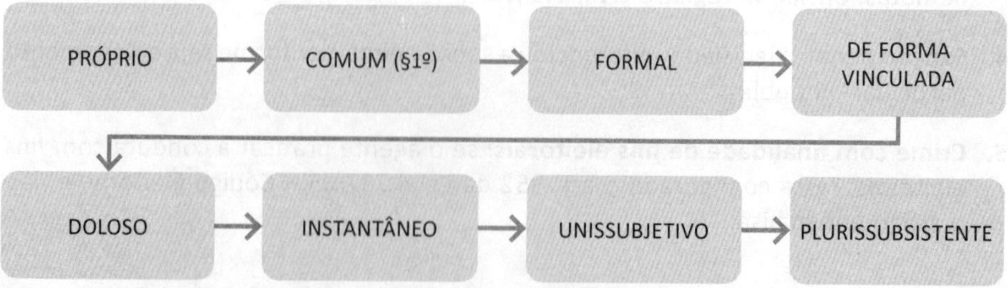

2. **Conduta:** a conduta é atestar ou certificar, e existe diferenças entre elas. Atestar é colocar o testemunho por aquele que assina acerca de um fato, ou seja, a pessoa testemunha algo que pessoalmente ou diretamente no exercício das suas funções pode observar e tomar conhecimento. Por outro lado, certificar, através de uma certidão, o funcionário, no exercício das suas funções, irá afirmar a veracidade de um fato que está comprovado em um documento, ou ainda, irá transcrever no todo ou em parte este documento.

   **2.1. Crime próprio:** a conduta descrita somente pode ser praticada por funcionário público, no exercício das funções e que possua competência para emitir atestados e certidões.

3. **Falsidade material – art. 301, §1º do CP:** também será punido aquele que falsificar atestado ou certidão ou alterar o teor de atestado ou certidão verdadeiros para comprovar fato ou circunstância que habilite alguém a obter cargo público, isenção de ônus ou serviço público ou qualquer outra vantagem. Se o sujeito falsificar materialmente o atestado ou certidão e depois utilizar, será punido somente nos termos do art. 301, §1º do CP. Neste caso o crime é comum, pois poderá ser praticado por qualquer pessoa.

   **3.1. Falsificação convincente:** necessário que a falsificação seja convincente, ou seja, aquela capaz de iludir. Caso seja uma falsificação grosseira, o crime não estará configurado.

4. **Pena cumulativa – art. 301, §2º do CP:** caso o agente pratique a conduta com a finalidade de obtenção de lucro, além da pena privativa de liberdade será também aplicada a pena de multa.

**Aplicação em concurso:**

- ***Ano: 2014 Banca: Órgão TJ – PR Prova: Juiz Substituto***

  Analise a opção **CORRETA**.

  D) Constitui crime de certidão ou atestado ideologicamente falso (art. 301 CP), atestar ou certificar falsamente, em razão de função pública, fato ou circunstância que habilite alguém a obter cargo público, isenção de ônus ou de serviço de caráter público, ou qualquer outra vantagem, sendo que se o crime é praticado com o fim de lucro, aplica- se, além da pena privativa de liberdade, a de multa.

  *Gabarito: d*

  *A alternativa d está de acordo com o expressamente previsto na lei nos termos do art. 301, §2º do CP.*

**Falsidade de atestado médico**

Art. 302 – **Dar o médico, no exercício da sua profissão, atestado falso:**

Pena – detenção, de um mês a um ano.

Parágrafo único – Se o crime é **cometido com o fim de lucro**, aplica-se também **multa**.

1. **Falsidade de atestado médico**
   - ***Bem jurídico***: *fé pública*
   - ***Núcleo do tipo***: *dar*
   - ***Objeto material***: *atestado médico falso*
   - ***Sujeito ativo***: *somente pode ser praticado por médico (crime próprio)*
   - ***Sujeito passivo***: *o Estado, e a pessoa prejudicada pela conduta*
   - ***Elemento subjetivo***: *dolo*
   - ***Consumação***: *o crime estará consumado quando o agente concluir o atestado*
   - ***Tentativa***: *é possível a tentativa*
   - ***Ação Penal***: *pública incondicionada*
   - ***Lei 9.099/95***: *não é de infração de menor potencial ofensivo, mas é possível a suspensão condicional do processo nos termos do art. 89 da Lei 9.099/95.*

   ► **CLASSIFICAÇÃO:**

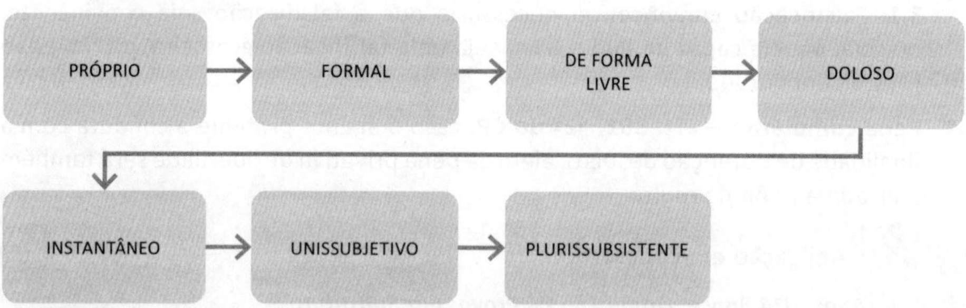


2. **Conduta:** a conduta é descrita pelo verbo "dar" no sentido de entregar, fornecer, reproduzir o atestado médico falso, ou seja, o médico irá atestar algo que não corresponde com a realidade.

3. **Sujeito ativo:** para praticar o crime em análise é necessário que o sujeito seja MÉDICO, exclui-se os enfermeiros, dentistas, nutricionistas, ou qualquer outra profissão. Além disso, deve estar no exercício da sua profissão.

**Aplicação em concurso:**

- ***Ano: 2017 Banca: IESES Órgão: IGP-SC Prova: IESES – 2017 – IGP-SC – Perito Criminal Ambiental***

  É incorreto afirmar (adaptada)

  III. Comete o crime de falsidade de atestado médico, o médico, enfermeiro ou prático que no exercício da sua profissão dá para si ou para outrem atestado falso, visando ou não o lucro.

  *Gabarito: esta assertiva está errada, pois a prática do crime do art. 302 exige que o agente seja médico para configurá-lo.*

4. **Pena cumulativa – art. 302, parágrafo único do CP:** caso o agente pratique a conduta com a finalidade de obtenção de lucro, além da pena privativa de liberdade será também aplicada a pena de multa.

**Reprodução ou adulteração de selo ou peça filatélica**

**Art. 303 - Reproduzir ou alterar** selo ou peça filatélica **que tenha valor para coleção,** salvo quando a reprodução ou a alteração está visivelmente anotada na face ou no verso do selo ou peça:

Pena - detenção, de um a três anos, e multa.

Parágrafo único - **Na mesma pena incorre quem**, para fins de comércio, faz uso do selo ou peça filatélica.

▶ Tipo penal substituído pelo art. 39 da Lei 6.538/78, mas o preceito primário foi reproduzido no novo tipo penal.

**Uso de documento falso**

**Art. 304 - Fazer uso** de qualquer dos papéis falsificados ou alterados, a que se referem os arts. 297 a 302:

Pena - a cominada à falsificação ou à alteração.

1. **Uso de documento falso**
   - Bem jurídico: *fé pública*
   - Núcleo do tipo: *fazer uso*
   - Objeto material: *qualquer dos papeis e documentos falsificados que são indicados nos arts. 197 a 302 do CP*
   - Sujeito ativo: *qualquer pessoa (crime comum)*
   - Sujeito passivo: *o Estado, e a pessoa prejudicada pela conduta*
   - Elemento subjetivo: *dolo*
   - Consumação: *o crime estará consumado quando o agente utilizar documento falso ou alterado*
   - Tentativa: *não é possível a tentativa*
   - Ação Penal: *pública incondicionada*
   - Lei 9.099/95: *vai depender do documento ou papel falso utilizado – ver nota 4 deste artigo.*

▶ **CLASSIFICAÇÃO:**

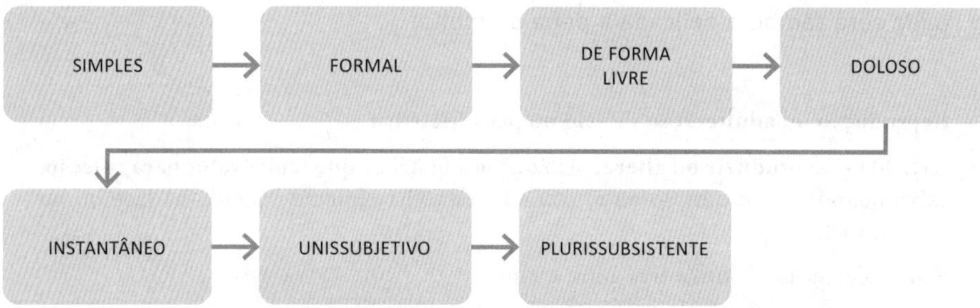


2. **Conduta:** a conduta é descrita é "fazer uso" no sentido de utilizar, empregar. Neste caso o agente não pode ter concorrido de nenhuma maneira para a falsificação ou alteração.

   **2.1. Outras condutas:** atenção que o crime não pune aquele que porta, guarda ou possui o documento falso.

**Aplicação em concurso:**

- ***Ano: 2018 Banca: FCC Órgão: DPE-AM Prova: Defensor Público***

  Comete o crime de

  C) uso de documento falso aquele que faz uso de documento particular falso.

  *Gabarito: c*

  *O uso de documento falso engloba tanto documentos públicos como particulares.*

3. **Dolo:** deve estar presente o dolo em praticar a conduta, sendo assim, é preciso que o agente tenha ciência de estar usando um documento falsificado ou alterado.

4. **Crime remetido:** o tipo penal ao indicar a sanção remete aos delitos do art. 297 a 302, dependendo do papel ou documento utilizado. Trata-se do que a doutrina chama de norma penal em branco secundariamente remetida ou em branco inversa, ao avesso ou ao revés.

▶ **Aplicação em concurso**

- **Ano: 2015 Órgão: DPE/PA Prova: Defensor Público**

  Assinale a alternativa CORRETA.

  D) No crime de uso de documento falso, o Código Penal brasileiro emprega a técnica de leis penais em branco ao revés, isto é, daquelas leis penais que remetem a outras normas incriminadoras para especificação da pena.

  *Gabarito: d*

  *Ocorre justamente o indicado na alternativa, visto que ao prever a sanção penal ele remete para os demais artigos de acordo como documento ou papel falso utilizado.*

5. **Competência:** em regra será de competência da Justiça Estadual, no entanto, será da Justiça Federal quando estiver nos termos do art. 109. IV da CF.

► **Súmulas relevantes**:

**Súmula 104 STJ:** Compete à Justiça Estadual o processo e julgamento dos crimes de falsificação e uso de documento falso relativo a estabelecimento particular de ensino.

**Súmula 200 STJ:** O Juízo Federal competente para processar e julgar acusado de crime de uso de passaporte falso é o do lugar onde o delito se consumou.

**Súmula 546 STJ:** A competência para processar e julgar o crime de uso de documento falso é firmada em razão da entidade ou órgão ao qual foi apresentado o documento público, não importando a qualificação do órgão expedidor.

**Supressão de documento**

**Art. 305 – Destruir, suprimir ou ocultar**, em benefício próprio ou de outrem, ou em prejuízo alheio, documento público ou particular verdadeiro, de que não podia dispor:

Pena – reclusão, de dois a seis anos, e multa, **se o documento é público**, e reclusão, de um a cinco anos, e multa, **se o documento é particular**.

1. **Supressão de documento**

- Bem jurídico: *fé pública*
- Núcleo do tipo: *destruir – suprimir – ocultar*
- Objeto material: *documento público ou particular verdadeiro*
- Sujeito ativo: *qualquer pessoa (crime comum)*
- Sujeito passivo: *o Estado, e a pessoa prejudicada pela conduta*
- Elemento subjetivo: *dolo*
- Consumação: *o crime estará consumado quando o agente destrói, oculta ou suprime*
- Tentativa: *é possível a tentativa*
- Ação Penal: *pública incondicionada*
- Lei 9.099/95: *não é considerada infração de menor potencial ofensivo se o documento for público, não sendo possível a aplicação da Lei 9.099/95, mas se for particular, poderá ocorrer a suspensão condicional do processo, nos termos do art. 89 da Lei 9.099/95.*

► **CLASSIFICAÇÃO:**

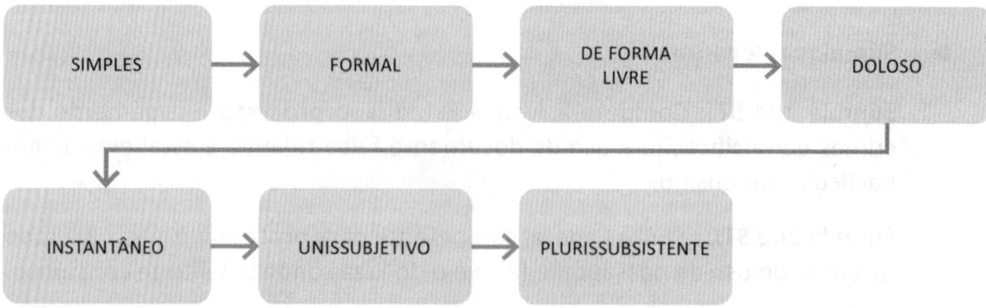


2. **Conduta:** para configuração da conduta não importa a forma que o documento chegou até o agente, pois ainda que de forma ilícita, caso ocorra a destruição, supressão ou ocultação, o crime se consumará.

3. **Dolo específico:** o tipo exige a existência do dolo em executar o crime em benefício próprio ou outrem, ou ainda, em prejuízo alheio. Caso não esteja presente este dolo, o agente poderá responder por outro delito, mas não este.

**Aplicação em concurso:**

- ***Ano: 2018 Banca: VUNESP Órgão: TJ-SP Prova: Escrevente Técnico Judiciário***

  A respeito dos crimes previstos nos artigos 293 a 305 do Código Penal, assinale a alternativa correta.

  D) O crime de supressão de documento (art. 305 do CP), para se caracterizar, exige que o documento seja verdadeiro.

  *Gabarito: d*

  *O legislador colocou de forma expressa que o documento público ou particular seja verdadeiro para que o crime de supressão de documento se configure.*

## CAPÍTULO IV
## DE OUTRAS FALSIDADE

**Falsificação do sinal empregado no contraste de metal precioso ou na fiscalização alfandegária, ou para outros fins**

**Art. 306 – Falsificar, fabricando-o ou alterando-o**, marca ou sinal empregado pelo poder público no contraste de metal precioso ou na fiscalização alfandegária, ou **usar** marca ou sinal dessa natureza, falsificado por outrem:

Pena – reclusão, de dois a seis anos, e multa.

Parágrafo único – Se a marca ou sinal falsificado é o que usa a autoridade pública para o fim de fiscalização sanitária, ou para autenticar ou encerrar determinados objetos, ou comprovar o cumprimento de formalidade legal:

Pena – reclusão ou detenção, de um a três anos, e multa.

1. **Falsificação do sinal empregado no contraste de metal precioso ou na fiscalização alfandegária, ou para outros fins**
   - Bem jurídico: *fé pública*
   - Núcleo do tipo: *falsificar (fabricando ou alterando) – usar*
   - Sujeito ativo: *qualquer pessoa (crime comum)*
   - Sujeito passivo: *o Estado, e a pessoa prejudicada pela conduta*
   - Elemento subjetivo: *dolo*
   - Consumação: *o crime estará consumado quando o agente falsificar a marca ou sinal empregado pelo poder público ou usar marca dessa natureza falsificada por outrem*
   - Tentativa: *é possível a tentativa na conduta de fabricar, não é possível no uso.*
   - Ação Penal: *pública incondicionada*
   - Lei 9.099/95: *não é considerada infração de menor potencial ofensivo, sendo assim, não será aplicada a Lei 9.099/95. Caso esteja incurso no parágrafo único, poderá ocorrer a suspensão condicional do processo.*

► **CLASSIFICAÇÃO:**

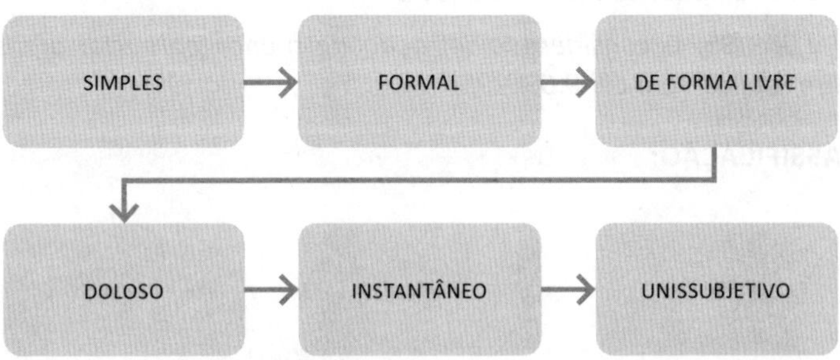


2. **Conduta:** o crime pune tanto o agente que falsifica como aquele que usa marca ou sinal empregado pelo poder público no contraste de metal precioso ou na fiscalização alfandegária. A conduta é falsificar e poderá ser praticada de duas formas diferentes: (i) fabricando – também chamada de contrafação; (ii) alterando –e se altera, modifica o verdadeiro. Além disso, é punido também aquele que usa, ou seja, aquele que emprega.

3. **Figura privilegiada – art. 306, parágrafo único:** o legislador determinou uma diminuição ao limite mínimo e máximo da pena, além de possibilitar ao juiz alternar a reclusão e a detenção para os casos em que houver a falsificação do sinal ou marca utilizada pela autoridade pública com a finalidade de fiscalização sanitária, para autenticar ou encerrar determinados objetos, ou ainda, para comprovar o cumprimento de formalidade legal.

**Falsa identidade**

**Art. 307** – **Atribuir-se** ou **atribuir** a terceiro falsa identidade para obter vantagem, em proveito próprio ou alheio, ou para causar dano a outrem:

Pena – detenção, de três meses a um ano, ou multa, se o fato não constitui elemento de crime mais grave.

## 1. Falsa identidade

- Bem jurídico: *fé pública*
- Núcleo do tipo: *atribuir-se – atribuir*
- Objeto material: *identidade*
- Sujeito ativo: *qualquer pessoa (crime comum)*
- Sujeito passivo: *o Estado, e a pessoa prejudicada pela conduta*
- Elemento subjetivo: *dolo*
- Consumação: *o crime estará consumado quando o agente atribuir a si ou a outrem falsa identidade, ainda que não tenha sido obtida vantagem nos termos do caput.*
- Tentativa: *é possível a tentativa quando a execução for por escrito*
- Ação Penal: *pública incondicionada*
- Lei 9.099/95: *é considerado infração de menor potencial ofensivo, sendo assim, aplica-se a Lei 9.099/95.*

► **CLASSIFICAÇÃO:**

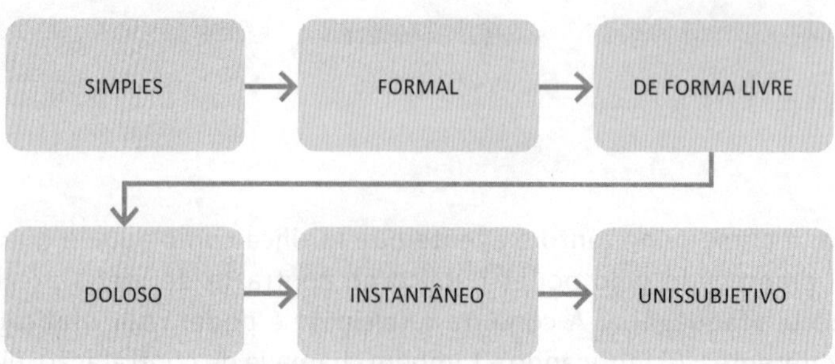


**2. Conduta:** a conduta pune aquele que imputa a si mesmo identidade falsa ou imputar para outrem identidade falsa. Não pratica o crime aquele que se omite diante de falsa identidade que outrem lhe atribui.

► **Súmulas relevantes:**

**Súmula 522 STJ:** A conduta de atribuir-se falsa identidade perante autoridade policial é típica, ainda que em situação de alegada autodefesa.

**Aplicação em concurso:**

- **Ano: 2018 Banca: CESPE Órgão: MPE-PI Prova: Analista Ministerial – Área Processual**

  Considerando a jurisprudência dos tribunais superiores no que se refere a ação penal pública e privada, a crimes contra a fé pública e a crimes contra a ordem tributária, julgue o item seguinte.

  O criminoso que, ao ser abordado por autoridade policial, atribuir-se falsa identidade no intuito de não ser preso praticará crime contra a fé pública, não estando sua conduta acobertada pela autodefesa.

  ( ) Certo ( ) Errado

  *Gabarito: certo*

  *A assertiva está certa, nos termos da Súmula 522 do STJ.*

**2.1. Dolo específico:** o tipo penal indica necessidade de um dolo específico para obter vantagem para si ou para outrem ou ainda de provocar dano a terceiro.

3. **Identidade:** é um conjunto de características de uma determinada pessoa, que engloba o nome, idade, estado civil, filiação, sexo, etc. São essas características que juntas possibilitam distinguir uma pessoa de outra. Identidade falsa é aquela que não corresponde com a realidade dessas características que a pessoa realmente possui.

4. **Crime subsidiário:** ao indicar a penalidade, o legislador faz uma ressalva de que a pena indicada será aplicada caso o crime não constitua outro mais grave, sendo assim, o agente só será punido pelo crime do art. 307 se a conduta praticada não se enquadrar em outra mais grave, ou por ela estiver absorvida.

**Art. 308 – Usar, como próprio**, passaporte, título de eleitor, caderneta de reservista ou qualquer documento de identidade alheia ou **ceder** a outrem, para que dele se utilize, documento dessa natureza, próprio ou de terceiro:

Pena – detenção, de quatro meses a dois anos, e multa, se o fato não constitui elemento de crime mais grave.

1. **Uso de documento de identidade alheia (nomenclatura doutrinária)**
   - Bem jurídico: *fé pública*
   - Núcleo do tipo: *usar – ceder*
   - Objeto material: *passaporte, título de eleitor, caderneta de reservista, qualquer documento de identidade.*
   - Sujeito ativo: *qualquer pessoa (crime comum)*
   - Sujeito passivo: *o Estado, e a pessoa prejudicada pela conduta*
   - Elemento subjetivo: *dolo*
   - Consumação: *estará consumado no momento que o agente utilizar ou ceder*
   - Tentativa: *na modalidade usar não é possível a tentativa. Já na modalidade ceder, em razão da execução ser fracionável, admite-se tentativa.*

- Ação Penal: *pública incondicionada*
- Lei 9.099/95*: é considerado infração de menor potencial ofensivo, sendo assim, aplica-se a Lei 9.099/95.*

▶ **CLASSIFICAÇÃO:**

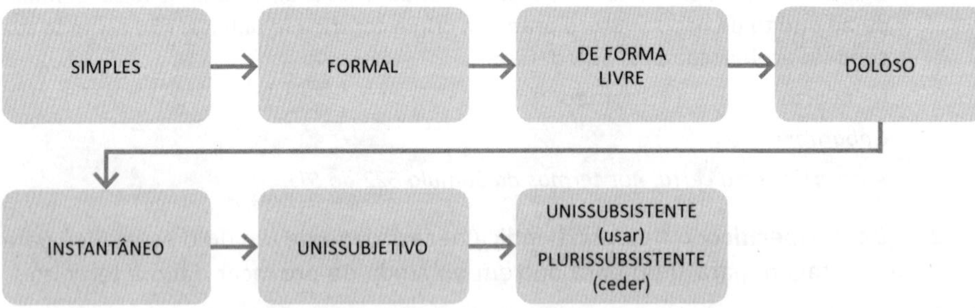


2. **Conduta:** o tipo penal pune aquele que usar como próprio, passaporte, título de eleitor, caderneta de reservista ou qualquer outro documento de identidade alheia ou ceder a outrem, documento dessa natureza próprio ou de outrem, para dele utilizar. Pune tanto aquele que usa, como aquele que cede.

---

▶ **ATENÇÃO:** o crime na modalidade "ceder" estará consumado com a cessão do documento para que outrem o utilize, pouco importa se a pessoa efetivamente irá usar.

---

3. **Tipo penal subsidiário:** da mesma forma que o art. 307 do CP, o crime é subsidiário, ou seja, o agente só irá por ele responder se a conduta não se enquadrar em crime mais grave, o que normalmente acontece quando este se torna elementar de outro crime.

▶ **Súmulas relevantes:**

**Súmula 200 STJ:** O Juízo Federal competente para processar e julgar acusado de crime de uso de passaporte falso é o do lugar onde o delito se consumou.

**Fraude de lei sobre estrangeiro**

**Art. 309 – Usar o estrangeiro**, para entrar ou permanecer no território nacional, nome que não é o seu:

Pena – detenção, de um a três anos, e multa.

Parágrafo único – **Atribuir** a estrangeiro falsa qualidade para promover-lhe a entrada em território nacional: (Incluído pela Lei nº 9.426, de 1996)

Pena – reclusão, de um a quatro anos, e multa. (Incluído pela Lei nº 9.426, de 1996)

1. **Fraude de lei sobre estrangeiro**

   - Bem jurídico: *fé pública*
   - Núcleo do tipo: *usar – atribuir*
   - Objeto material: *nome (prenome e sobrenome)*
   - Sujeito ativo: *o estrangeiro (crime próprio)*
   - Sujeito passivo: *o Estado, e a pessoa prejudicada pela conduta*
   - Elemento subjetivo: *dolo*
   - Consumação: *estará consumado no momento que o estrangeiro* utilizar nome que não é seu *com a finalidade de entrar ou permanecer no território nacional, e no caso do parágrafo único, quando alguém atribuir a estrangeiro a falsa qualidade para entrada em território nacional.*
   - Tentativa: *não é possível a tentativa*
   - Ação Penal: *pública incondicionada*
   - Lei 9.099/95*: não é de infração de menor potencial ofensivo, mas é possível a suspensão condicional do processo nos termos do art. 89 da Lei 9.099/95.*

   ▶ **CLASSIFICAÇÃO:**

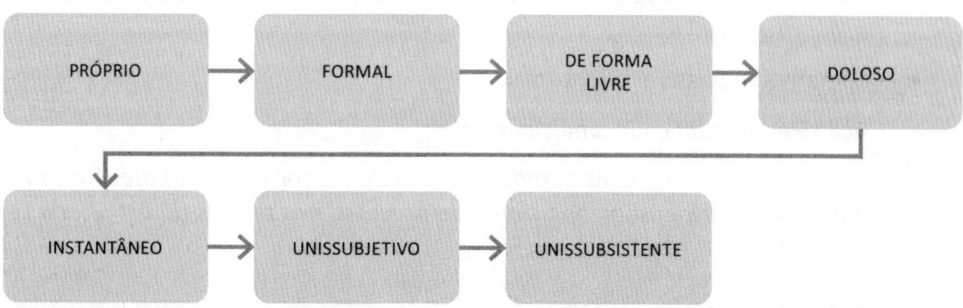


2. **Conduta:** o tipo penal pune aquele que usar como próprio, passaporte, título de eleitor, caderneta.

   **2.1. Absorção da conduta:** caso o agente além de usar o nome que não é seu, também fizer uso de documento falso, responderá exclusivamente pelo crime do art. 304 do CP, pois a conduta estará absorvida, princípio da consunção.

   **2.2. Crime próprio:** para responder pelo crime necessário que o sujeito seja estrangeiro, que é aquela pessoa nacional de outro país, o brasileiro, seja ele nato ou naturalizado, bem como, o apátrida, não poderão ser sujeitos ativos do crime do art. 309 do CP.

3. **Atribuição de falsa qualidade a estrangeiro – art. 309, parágrafo único:** a conduta prevista no parágrafo único trata-se de crime comum, ou seja, pode ser praticada

por qualquer pessoa. Neste caso não é necessário a finalidade de permanecer em território nacional, basta a simples atribuição.

4. **Competência:** será competente para julgar e processar este crime, a Justiça Federal, nos termos do art. 109, X da CF.

**Art. 310 – Prestar-se a figurar** como proprietário ou possuidor de ação, título ou valor pertencente a estrangeiro, nos casos em que a este é vedada por lei a propriedade ou a posse de tais bens: (Redação dada pela Lei nº 9.426, de 1996)

Pena – detenção, de seis meses a três anos, e multa. (Redação dada pela Lei nº 9.426, de 1996)

- Bem jurídico: *fé pública*
- Núcleo do tipo: *usar – atribuir*
- Objeto material: *ação, título ou valor pertencente a estrangeiro*
- Sujeito ativo: *o brasileiro (crime próprio)*
- Sujeito passivo: *o Estado, e a pessoa prejudicada pela conduta*
- Elemento subjetivo: *dolo*
- Consumação: *quando o agente se passa por proprietário ou possuidor de ação, título ou valor*
- Tentativa: *é possível a tentativa*
- Ação Penal: *pública incondicionada*
- Lei 9.099/95: *não é considerado infração de menor potencial ofensivo, mas é possível a suspensão condicional do processo nos termos do art. 89 da Lei 9.099/95.*

▶ **CLASSIFICAÇÃO:**

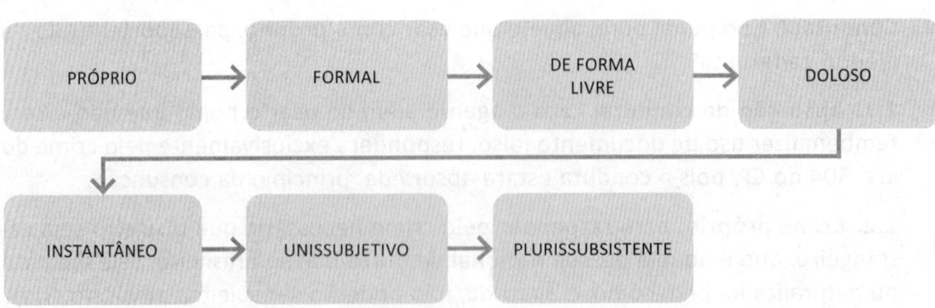


1. **Conduta:** alguns bens, a Constituição Federal reserva o direito de propriedade para os brasileiros natos, ou ao menos naturalizados. O tipo penal em comento

pune a conduta do brasileiro que simula ser proprietário de *ação, título ou valor,* quando na verdade a propriedade é de estrangeiro, nos casos em que a este é vedada por lei a propriedade ou a posse de tais bens.

**1.1. Crime próprio:** ao contrário do artigo anterior, o sujeito ativo deve ser brasileiro, seja nato ou naturalizado.

**2. Competência:** será competente para julgar e processar este crime, a Justiça Federal, nos termos do art. 109, IV da CF.

**Adulteração de sinal identificador de veículo automotor** (Redação dada pela Lei nº 9.426, de 1996)

**Art. 311 - Adulterar** ou **remarcar** número de chassi ou qualquer sinal identificador de veículo automotor, de seu componente ou equipamento:(Redação dada pela Lei nº 9.426, de 1996))

Pena – reclusão, de três a seis anos, e multa. (Redação dada pela Lei nº 9.426, de 1996)

§ 1º - Se o agente comete o crime **no exercício da função pública ou em razão dela**, a pena é aumentada de um terço. (Incluído pela Lei nº 9.426, de 1996)

§ 2º - **Incorre nas mesmas penas** o funcionário público que contribui para o licenciamento ou registro do veículo remarcado ou adulterado, fornecendo indevidamente material ou informação oficial. (Incluído pela Lei nº 9.426, de 1996)

**1. Adulteração de sinal identificador de veículo automotor**

- Bem jurídico: *fé pública*
- Núcleo do tipo: *adulterar – remarcar*
- Objeto material: *número de chassi ou qualquer sinal identificador de veículo automotor, de seu componente ou equipamento.*
- Sujeito ativo: *qualquer pessoa pode praticar (crime comum)*
- Sujeito passivo: *o Estado, e a pessoa prejudicada pela conduta*
- Elemento subjetivo: *dolo*
- Consumação: *estará o crime consumado com a adulteração ou remarcação do chassi ou qualquer sinal identificador de veículo automotor, de seu componente ou equipamento.*
- Tentativa: *é possível a tentativa*
- Ação Penal: *pública incondicionada*
- Lei 9.099/95*: não é de infração de menor potencial ofensivo, não sendo possível a aplicação da Lei 9.099/95.*

► **CLASSIFICAÇÃO (caput):**

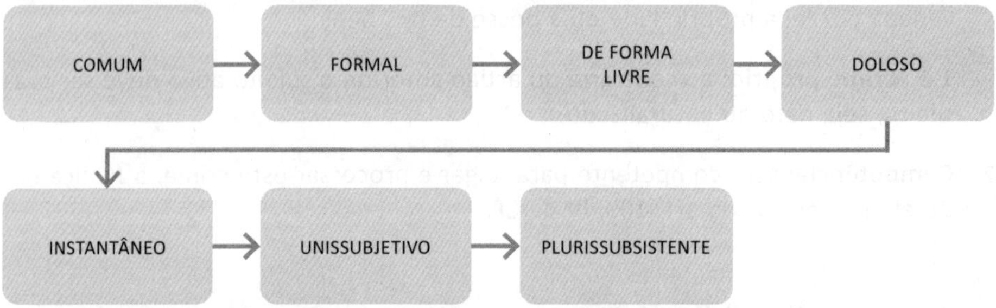


2. **Conduta:** a conduta do caput é formada em dois núcleos: **adulterar**, que significa modificar ou alterar; e **remarcar**, que significa marcar novamente. Pode ser praticado das mais várias formas possíveis, é crime de forma livre.

   **2.1. Condutas não punidas:** o tipo penal não abarca as condutas de "ocultar" e "'suprimir". Dessa forma, caso o agente realize uma dessas condutas, não responderá pelo crime em comento diante da vedação da analogia "in malam partem".

   ► **Aplicação pelo STF:**

   **STF: A conduta de adulterar a placa de veículo automotor mediante a colocação de fita adesiva é típica, nos termos do art. 311 do CP** ("Adulterar ou remarcar número de chassi ou qualquer sinal identificador de veículo automotor, de seu componente ou equipamento: Pena- reclusão, de três a seis anos, e multa"), pois o bem jurídico protegido pela norma penal teria sido atingido. (RHC 116371/DF, rei. Min. Gilmar Mendes, 13.8.2013) (Info 715).

3. **Tipo penal misto alternativo:** o crime prevê mais de uma conduta, praticando qualquer delas, ou ainda mais de uma no mesmo objeto material, o agente responderá somente por um crime.

4. **Causa de aumento de pena** – art. 310, §1º do CP: se o agente for funcionário público e cometer o crime no exercício das funções ou em razão dela, a pena será aumentada de 1/3 (um terço). Neste caso o crime se torna **próprio**, pois somente poderá ser praticado por funcionário público.

5. **Conduta equiparada – art. 310, §2º do CP**: responderá pela mesma pena o funcionário público que contribuir para o licenciamento ou registro do veículo remarcado ou adulterado, fornecendo indevidamente material ou informação oficial. Trata-se de do funcionário que fornece **auxílio material**, sendo considerado crime **próprio**.

   **5.1. Pena aplicada – conduta equiparada**: o agente que incorrer no art. 310, §2º do CP terá a sua pena aplicada nos limites do preceito secundário do caput, devidamente aumentada em 1/3 (um terço).

6. **Materialidade delitiva:** o crime deixa vestígios, portanto, imprescindível a realização de perícia, nos moldes do art. 158 do CPP.

## CAPÍTULO V
## DAS FRAUDES EM CERTAMES DE INTERESSE PÚBLICO
**(Incluído pela Lei 12.550 de 2011)**

**Fraudes em certames de interesse público** (Incluído pela Lei 12.550 de 2011)

**Art. 311-A. Utilizar** ou **divulgar**, indevidamente, com o **fim de beneficiar a si ou a outrem**, ou de **comprometer a credibilidade do certame**, conteúdo sigiloso de:(Incluído pela Lei 12.550 de 2011)

I – concurso público; (Incluído pela Lei 12.550 de 2011)

II – avaliação ou exame públicos; (Incluído pela Lei 12.550 de 2011)

III – processo seletivo para ingresso no ensino superior; ou (Incluído pela Lei 12.550. de 2011)

IV – exame ou processo seletivo previstos em lei: (Incluído pela Lei 12.550 de 2011)

Pena – reclusão, de 1 (um) a 4 (quatro) anos, e multa. (Incluído pela Lei 12.550 de 2011)

§ 1º **Nas mesmas penas incorre quem** permite ou facilita, por qualquer meio, o acesso de pessoas não autorizadas às informações mencionadas no caput. (Incluído pela Lei 12.550 de 2011)

§ 2º Se da ação ou omissão **resulta dano à administração pública**: (Incluído pela Lei 12.550 de 2011)

Pena – reclusão, de 2 (dois) a 6 (seis) anos, e multa. (Incluído pela Lei 12.550. de 2011)

§ 3º **Aumenta-se a pena** de 1/3 (um terço) se o fato é cometido por funcionário público. (Incluído pela Lei 12.550. de 2011)

### 1. Fraudes em certames de interesse público

- Bem jurídico: *fé pública*
- Núcleo do tipo: *utilizar – divulgar*
- Objeto material: *concursos públicos, avaliações ou exames públicos, processo seletivo para ingresso no ensino superior e exame ou processo seletivo previstos em lei.*
- Sujeito ativo: *qualquer pessoa pode praticar (crime comum)*
- Sujeito passivo: *o Estado, e a(s) pessoa(s) prejudicada(s) pela conduta*
- Elemento subjetivo: *dolo*
- Consumação: *estará o crime consumado com a utilização ou divulgação do conteúdo sigiloso*
- Tentativa: *é possível a tentativa*

- Ação Penal: *pública incondicionada*
- Lei 9.099/95: *a conduta descrita do caput não é infração de menor potencial ofensivo, mas admite a aplicação da suspensão condicional do processo nos termos do art. 89 da Lei 9.099/95. Na figura qualificada, não será possível a suspensão do processo.*

► **CLASSIFICAÇÃO:**

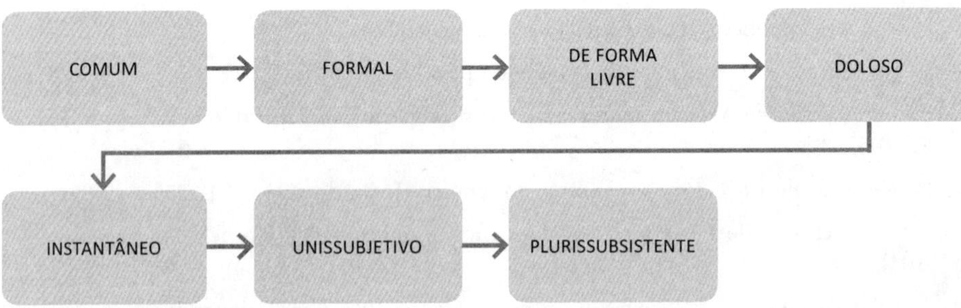


**2. Conduta:** o legislador pune a conduta de quem utilizar, ou seja, empregar, fazer uso, ou ainda divulgar, que significa tornar público conteúdo sigiloso no que tange concursos, provas, processos seletivos, etc.

**2.1. Finalidade:** o tipo penal descreve a necessidade de estar presente a finalidade de beneficiar a si ou a outrem, ou de comprometer a credibilidade do certame, no entanto, não é necessário que essa finalidade seja atendida para a consumação do crime se efetivar.

**Aplicação em concurso:**

- ***Ano: 2016 Banca: Órgão MPE – SC Prova: Promotor de Justiça***

Segundo o Código Penal, o crime intitulado fraudes em certames de interesse público, atentatório contra a administração pública, consiste na conduta de utilizar ou divulgar, indevidamente, com o fim de beneficiar a si ou a outrem, ou de comprometer a credibilidade do certame, conteúdo sigiloso de concurso público; avaliação ou exame públicos; processo seletivo para ingresso no ensino superior; ou, exame ou processo seletivo previstos em lei. Comete a mesma infração penal quem permite ou facilita, por qualquer meio, o acesso de pessoas não autorizadas às informações mencionadas acima.

() Certo () Errado

*Gabarito: Errado*

*O tipo penal em questão não se afigura como crime contra a Administração Pública e sim contra a Fé Pública. Ademais, no caso do §1º, o agente permite ou facilita por qualquer meio, o acesso de pessoas não autorizadas às informações mencionadas acima, não comete a mesa infração, mas sim, incorre na mesma pena.*

3. **Tipo penal misto alternativo:** o crime prevê mais de uma conduta, praticando qualquer delas, ou ainda mais de uma no mesmo objeto material, o agente responderá somente por um crime.

4. **Figura equiparada o art. 311-A, §1º do CP:** o legislador aplica a mesma pena do caput do art. 311-A do CP para aquele que permite ou facilita por qualquer meio o acesso de pessoas não autorizadas às informações mencionadas no caput. Há quem sustente que a figura seria desnecessária pois nada mais é do que um concurso de pessoas (participação) diante da teoria unitária nos termos do art. 29 do CP.

5. **Figura qualificada – art. 311-A, §2º do CP:** neste caso o agente responde por uma pena mais elevada nos seus parâmetros mínimos e máximo. O legislador se referiu ao dano de forma ampla, portanto, seja dano material ou moral estarão abrangidos pelo dispositivo.

**Aplicação em concurso:**

- ***Ano: 2018 Banca: VUNESP Órgão: TJ-SP Prova: Escrevente Técnico Judiciário***

  No tocante às infrações previstas nos artigos 307, 308 e 311-A, do Código Penal, assinale a alternativa correta.

  C) O crime de fraude em certames de interesse público prevê a figura qualificada, se dele resulta dano à administração pública.

  *Gabarito: c*

  *O art. 311, §2º pune a conduta de forma mais severa se resultar dano para a administração pública, chamada de conduta qualificada.*

6. **Causa de aumento de pena – art. 311-A, §3º do CP:** a pena será aumentada em 1/3 (um terço) se o crime for praticado por funcionário público. A majorante será aplicada tanto na conduta descrita no caput como também a do §2º do dispositivo em análise.

► **ATENÇÃO**: o legislador não coloca de forma expressa que o funcionário público terá a pena aumentada se praticar o crime no exercício das suas funções ou ainda em razão dela, no entanto, isso deve ser observado para que incida o referido aumento de pena.

## TÍTULO XI
## DOS CRIMES CONTRA A ADMINISTRAÇÃO PÚBLICA

## CAPÍTULO I
## DOS CRIMES PRATICADOS POR FUNCIONÁRIO PÚBLICO CONTRA A ADMINISTRAÇÃO EM GERAL

**Peculato**

**Art. 312 – Apropriar-se** o funcionário público de dinheiro, valor ou qualquer outro bem móvel, público ou particular, **de que tem a posse em razão do cargo**, ou **desviá-lo**, em proveito próprio ou alheio:

Pena – reclusão, de dois a doze anos, e multa.

§ 1º – **Aplica-se a mesma pena**, se o funcionário público, embora não tendo a posse do dinheiro, valor ou bem, o **subtrai**, ou **concorre** para que seja subtraído, em proveito próprio ou alheio, valendo-se de facilidade que lhe proporciona a qualidade de funcionário.

**Peculato culposo**

§ 2º – Se o funcionário **concorre culposamente** para o crime de outrem:

Pena – detenção, de três meses a um ano.

§ 3º – No caso do parágrafo anterior, a reparação do dano, se precede à sentença irrecorrível, extingue a punibilidade; se lhe é posterior, reduz de metade a pena imposta.

## 1. Peculato

- Bem jurídico: *Administração pública em seus aspectos moralidade e preservação do erário.*
- Núcleo do tipo: *apropriar-se – desviar – subtrair – concorrer*
- Objeto material: *dinheiro, valor ou qualquer outro bem móvel, público ou particular.*
- Sujeito ativo: *funcionário público (crime próprio)*
- Sujeito passivo: *o Estado, a Administração Pública, e eventual pessoa que seja lesionado com a conduta*
- Elemento subjetivo: *dolo*
- Consumação: *depende do núcleo praticado, ver comentários no item 2.*
- Tentativa: *é possível a tentativa, exceto no peculato culposo (art. 312, §3º)*
- Ação Penal: *pública incondicionada*
- Lei 9.099/95: *não é considerado infração de menor potencial ofensivo, portanto, não se aplica a Lei 9.099/95. A figura culposa é infração de menor potencial ofensivo, aplicando-se o procedimento sumaríssimo e todos os benefícios da Lei 9.099/95.*

### ▶ CLASSIFICAÇÃO:

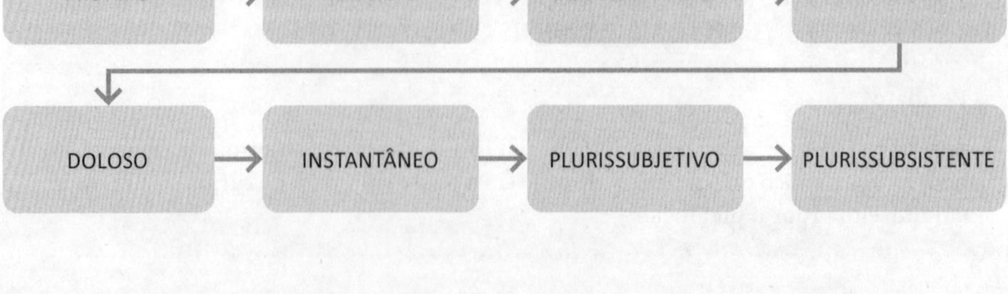

2. **Conduta:** o legislador pune várias condutas que a doutrina classifica e divide da seguinte forma:

**2.1. Peculato próprio – peculato apropriação – art. 312, *caput*, 1ª parte**: neste caso o funcionário público se apropria de coisa que já está em sua posse, e começa a se portar como se fosse dono dessa coisa. A posse da coisa se dá por atribuição do cargo do agente, a posse está ligada com a sua competência funcional. Estará consumado no momento em que o funcionário se apropria da coisa.

**Aplicação em concurso:**

- ***Ano: 2018 Banca: FCC Órgão: Prefeitura de São Luís – MA Prova: Auditor Tributário***

  Sobre os crimes contra a Administração Pública, comete o crime de

  A) peculato aquele que se apropria de dinheiro, valor ou qualquer outro bem móvel, público ou particular, de que tem a posse em razão do cargo, em proveito próprio ou alheio.

  *Gabarito: a*

  *A assertiva vai de encontro com o disposto no art. 312 do CP, questão com a letra da lei.*

**2.2. Peculato desvio – art. 312, *caput*, 2ª parte**: o funcionário dá destinação diversa, em benefício próprio ou alheio, obtendo vantagem que não precisa ser econômica. Estará consumado quando o destino da coisa for modificado. O desvio deve ser em benefício próprio ou alheio, pois se for em prol da própria administração, responderá pelo crime do art. 315 do CP.

**2.3. Peculato furto – art. 312, §1º**: o funcionário subtrai coisa que não tinha a posse e estava em custódia da administração. O legislador também indicou a conduta de concorrer para que seja subtraído. Neste último caso é crime de concurso necessário, ou seja, devem estar presentes no mínimo 2 pessoas. Necessário que o crime seja praticado pelo agente se valendo das facilidades que o cargo lhe proporciona.

**2.4. Peculato culposo – art. 312, §2º**: a conduta também é punida na modalidade culposa, e responderá o agente que concorrer com imprudência, negligência ou imperícia para a prática de qualquer modalidade, seja apropriação, desvio ou subtração. A consumação ocorre quando a conduta dolosa de terceiro é praticada, havendo necessidade da existência de nexo causal entre ambos.

**Aplicação em concurso:**

- ***Ano: 2017 Banca: FCC Órgão: TRE-PR Prova: Analista Judiciário – Área Judiciária***

  Augusto, diretor de uma repartição pública, por estar distraído, esquece a porta do cofre ali existente destrancada. Alexandre, outro funcionário público que ali trabalha, valendo-se da facilidade de acesso ao local em razão de seu cargo, percebe o ocorrido e subtrai bens particulares que ali estavam guardados. De acordo com esta situação,

  D) Augusto cometeu o crime de peculato culposo e Alexandre praticou o crime de peculato-furto.

  *Gabarito: d*

  *Questão cobrou texto literal do artigo.*

**2.4.1. Reparação de dano no peculato culposo– art. 312, §3º**: se a reparação do dano ocorrer antes do transito em julgado da sentença condenatória, teremos uma causa de extinção da punibilidade. Se for depois, a pena será reduzida pela metade.

3. **Concurso de pessoas:** o peculato é crime próprio, em todas as suas modalidades, pois exige que o agente seja funcionário público. Trata-se de elementar do crime que se comunica aos que concorreram para a sua prática, ainda que tais individuos não sejam funcionários públicos, desde que tenham ciência dessa qualidade de funcionário público. O art. 327 do CP estabelece o conceito de funcionário público.

4. **Causa de aumento de pena – art. 327, §2º do CP:** a pena será aumentada em 1/3 (um terço) se o agente for ocupante de cargo em comissão ou de função de direção ou assessoramento de órgão da administração direta, sociedade de economia mista, empresa pública ou fundação instituída pelo poder público.

► **Aplicação pelo STJ:**

STJ: "**O advogado que, por força de convênio celebrado com o Poder Público, atua de forma remunerada em defesa dos agraciados com o benefício da Justiça Pública, enquadra-se no conceito de funcionário público para fins penais.** Sendo equiparado a funcionário público, possível a adequação típica aos crimes previstos nos artigos 312 e 317 do Código Penal." (HC 264.459/SP, Rel. Ministro REYNALDO SOARES DA FONSECA, QUINTA TURMA, julgado em 10/03/2016, DJe 16/03/2016)

**Aplicação em concurso:**

- ***Ano 2015: Banca: Órgão: TJ – SP Prova: Juiz Substituto***

Profissional nomeado pela assistência judiciária para atuar como defensor dativo ingressa com ação contra o INSS, em favor da parte para a qual foi constituído, e posteriormente faz o levantamento do valor devido. Contudo, não repassou o dinheiro à parte, cometendo o delito de:

A) peculato, tendo em vista apropriar-se de dinheiro ou valor de que tem a posse em razão do cargo.

*Gabarito: a*

*O agente se enquadra nos moldes e conceito do art. 327 do CP, o qual indica aqueles que são considerados funcionários públicos, praticando, assim, o crime de peculato.*

5. **Peculato e crimes cometidos por perfeitos**: cuidado no caso de o agente ativo ser o prefeito, pois o peculato apropriação e o peculato desvio, responderá pelo art. 1º, inciso I do Decreto-lei 201/1967.

► **Súmulas relevantes**:

**Súmula 164 STJ:** O prefeito municipal, após a extinção do mandato, continua sujeito a processo por crime previsto no art. 1º do Decreto-lei 201, de 27/02/67.

**Súmula 208 STJ:** Compete à Justiça Federal processar e julgar Prefeito Municipal por desvio de verba sujeita a prestação de contas perante órgão federal.

**Súmula** 209 STJ – Compete à Justiça Estadual processar e julgar Prefeito por desvio de verba transferida e incorporada ao patrimônio municipal.

**Súmula 703/STF:** A extinção do mandato do Prefeito não impede a instauração de processo pela prática dos crimes previstos no art. 1º do Decreto-lei 201/67.

6. **Princípio da insignificância**: nos crimes contra a Administração Pública, o entendimento sumulado é no sentido de não ser possível a aplicação do princípio da insignificância, independente do valor.

► **Súmulas relevantes**:

**Súmula 599 STJ:** O princípio da insignificância é inaplicável aos crimes contra a administração pública

► **Aplicação pelo STF:**

**STF: A consumação do crime de peculato-desvio ocorrerá no momento que houver a efetiva destinação diversa do dinheiro ou valor de que tem posse o agente, independente da obtenção material de proveito próprio ou alheio.** *(STF. 1ª Turma. AP 916/AP, Rel. Min. Roberto Barroso, julgado em 17/5/2016 (Info 826).*

**STF:** Conduta de senador que desvia recursos públicos da chamada verba indenizatória (destinada a despesas relacionadas ao exercício do mandato parlamentar), para pagar pensão alimentícia à filha configura crime de peculato, previsto no art. 312 do Código Penal (...) (STF. Plenário. Inq 2593/DF, Rel. Min. Edson Fachin, julgado em 1º/12/2016) (Info 849).

► **Aplicação pelo STJ:**

**STJ: A ação penal que apura a prática de crime de peculato de quantia de natureza sui generis com estreita derivação tributária, por suposta apropriação, por Tabelião,** de valores públicos pertencentes a Fundo de Desenvolvimento do Judiciário **deve ser suspensa enquanto o débito estiver pendente de deliberação na esfera administrativa** em razão de parcelamento perante a Procuradoria do Estado. **(**STJ. 6ª Turma. RHC 75.768-RN, Rel. Min. Antônio Saldanha Palheiro, julgado em 15/8/2017) (Info 611).

**Peculato mediante erro de outrem**

**Art. 313 - Apropriar-se** de dinheiro ou qualquer utilidade que, no exercício do cargo, recebeu por erro de outrem:

Pena - reclusão, de um a quatro anos, e multa.

**1. Peculato mediante erro de outrem (peculato estelionato)**

- Bem jurídico: *Administração pública em seus aspectos moralidade e preservação do erário.*
- Núcleo do tipo: *apropriar-se*
- Objeto material: *dinheiro, ou qualquer outra utilidade de que se tenha apropriado o funcionário mediante erro de outrem*
- Sujeito ativo: *funcionário público (crime próprio)*
- Sujeito passivo: *o Estado, a Administração Pública, e eventual pessoa que seja lesionado com a conduta*
- Elemento subjetivo: *dolo*
- Consumação: *estará consumado no momento em que o agente percebendo o erro de outrem, recebe a coisa e dela se apropria.*
- Tentativa: *é possível a tentativa*
- Ação Penal: *pública incondicionada*
- Lei 9.099/95: *não é considerado infração de menor potencial ofensivo, mas admite a suspensão condicional do processo nos termos do art. 89 da Lei 9.099/95.*

► **CLASSIFICAÇÃO:**

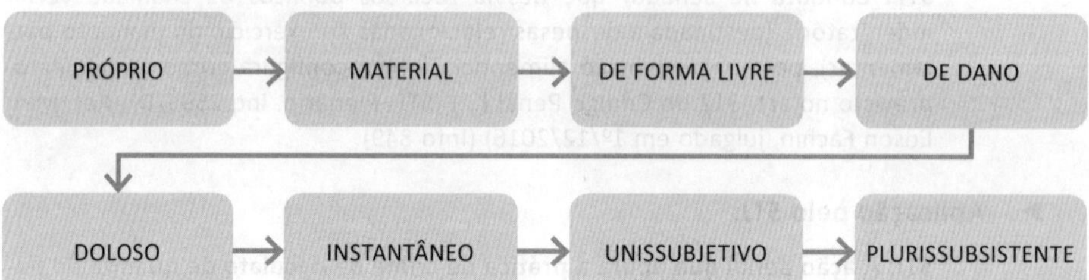


**2. Conduta:** o tipo penal em comento é chamado pela doutrina de peculato estelionato, e pune a conduta de quem no exercício da sua função toma posse de valores recebidos mediante erro de outrem.

**2.1. Erro de outrem:** Importante ressaltar que esse erro de terceiro deve ser espontâneo, e não levado pelo agente, pois se assim for poderá responder por estelionato nos termos do art. 171 do CP ou até mesmo concussão. Alguns erros comuns de surgirem neste tipo penal são: (i) erro sobre a competência do funcionário que pode receber; (ii) erro sobre a obrigação de entregar ou prestar; (iii) erro sobre a quantidade/valor.

**Aplicação em concurso:**

- ***Ano: 2017 Banca: IESES Órgão: TJ-RO Prova: Titular de Serviços de Notas e de Registros***

  Assinale a assertiva correta:

  A) A conduta consistente em apropriar-se de dinheiro ou qualquer utilidade que, no exercício do cargo, recebeu por erro de outrem é denominada pela doutrina de peculato estelionato ou peculato mediante erro de outrem.

  *Gabarito: a*

  *Resposta de acordo com o caput do art. 313 do CP.*

**2.2. Exercício do cargo:** não basta que o agente seja funcionário público, ele deve ter praticado a conduta no exercício do cargo que possui. Caso esta elementar não esteja presente poderá responder por apropriação de coisa havida por erro (art. 169, caput do CP) ou estelionato (art. 171 do CP).

3. **Causa de aumento de pena – art. 327, §2º do CP:** a pena será aumentada em 1/3 (um terço) se o agente for ocupante de cargo em comissão ou de função de direção ou assessoramento de órgão da administração direta, sociedade de economia mista, empresa pública ou fundação instituída pelo poder público.

**Inserção de dados falsos em sistema de informações** (Incluído pela Lei nº 9.983, de 2000)

**Art. 313-A. Inserir** ou **facilitar**, o funcionário autorizado, a inserção de dados falsos, **alterar** ou **excluir** indevidamente dados corretos nos sistemas informatizados ou bancos de dados da Administração Pública com **o fim de obter vantagem indevida para si ou para outrem ou para causar dano:** (Incluído pela Lei nº 9.983, de 2000)

Pena – reclusão, de 2 (dois) a 12 (doze) anos, e multa. (Incluído pela Lei nº 9.983, de 2000)

1. **Inserção de dados falsos em sistema de informações**
   - Bem jurídico: *moralidade e patrimônio público*
   - Núcleo do tipo: *inserir – facilitar – alterar – excluir*
   - Objeto material: *dados falsos ou corretos, que estejam nos sistemas informatizados ou banco de dados da Administração Pública.*
   - Sujeito ativo: *funcionário público (crime próprio)*
   - Sujeito passivo: *o Estado, a Administração Pública, e eventual pessoa que seja lesionado com a conduta*
   - Elemento subjetivo: *dolo*
   - Consumação: *estará consumado no momento em que o agente realiza qualquer dos núcleos indicados no preceito primário do crime.*

- Tentativa: *é possível a tentativa*
- Ação Penal: *pública incondicionada*
- Lei 9.099/95: *não é de infração de menor potencial ofensivo, não admite a aplicação da Lei 9.099/95.*

▶ **CLASSIFICAÇÃO:**

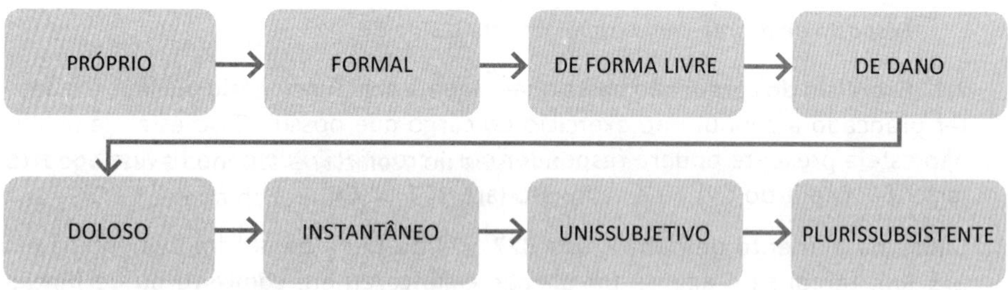


2. **Conduta:** o tipo penal em comento é chamado pela doutrina de peculato eletrônico. Pune a conduta do funcionário público (art. 327 do CP) que insere dados falsos ou altera ou exclui indevidamente dados corretos no sistema ou banco de dados da Administração Pública. O agente possui a finalidade de obter vantagem indevida para si ou para outrem ou para causar dano.

**2.1. Núcleos do tipo: são 4 núcleos indicados pelo legislador:** (i) inserir – significa introduzir, colocar; (ii) facilitar a inserção – ajuda que alguém insira; (iii) alterar – modificar; (iv) excluir – eliminar, deletar.

**2.2. Banco de dados:** nada mais é do que um conjunto de dados organizados e armazenados em meio físico.

**2.3. Sistemas informatizados:** sistema de armazenamento e transmissão de dados por meio eletrônico, via de regra, computadores.

**Aplicação em concurso:**

- ***Ano: 2017 Banca: NUCEPE Órgão: SEJUS-PI Prova: Agente Penitenciário (Superior)***

Em relação aos crimes contra a administração pública, marque a alternativa **CORRETA.**

C) Há o crime de modificação ou alteração não autorizada de sistema de informações em modificar ou alterar, o funcionário, sistema de informações ou programa de informática sem autorização ou solicitação de autoridade competente.

*Gabarito: c*

*A questão exigia do candidato conhecimento acerca dos crimes do art. 313-A e 313-B, sendo a resposta correta a alternativa que transcreve o crime do art. 313-A do CP.*

3. **Tipo penal misto alternativo:** o crime prevê mais de uma conduta, praticando qualquer delas, ou ainda mais de uma no mesmo objeto material, o agente responderá somente por um crime.

4. **Sujeito ativo:** o crime em comento é próprio, primeiramente pelo fato de ser o agente funcionário público, no entanto, é preciso mais que isso, o agente deve ser autorizado a ter acesso nas áreas dos bancos de dados ou ao sistema informatizado.

**Modificação ou alteração não autorizada de sistema de informações** (Incluído pela Lei nº 9.983, de 2000)

**Art. 313-B. Modificar** ou **alterar**, o funcionário, sistema de informações ou programa de informática **sem autorização ou solicitação de autoridade competente**: (Incluído pela Lei nº 9.983, de 2000)

Pena - detenção, de 3 (três) meses a 2 (dois) anos, e multa. (Incluído pela Lei nº 9.983, de 2000)

Parágrafo único. As **penas são aumentadas** de um terço até a metade se da modificação ou alteração resulta dano para a Administração Pública ou para o administrado. (Incluído pela Lei nº 9.983, de 2000)

1. **Modificação ou alteração não autorizada de sistema de informações**

- Bem jurídico: *Administração pública em seus aspectos moralidade e preservação do erário.*
- Núcleo do tipo: *modificar – alterar*
- Objeto material: *sistema de informações e programa de informática.*
- Sujeito ativo: *funcionário público (crime próprio)*
- Sujeito passivo: *o Estado, a Administração Pública, e eventual pessoa que seja lesionada com a conduta*
- Elemento subjetivo: *dolo*
- Consumação: *estará consumado no momento em que o agente modifica ou altera sistema de informações ou programa de informática sem autorização ou solicitação.*
- Tentativa: *é possível a tentativa*
- Ação Penal: *pública incondicionada*
- Lei 9.099/95: *é infração de menor potencial ofensivo, admite-se, portanto, a aplicação da Lei 9.099/95.*

**Aplicação em concurso:**

- ***Ano: 2017 Banca: NUCEPE Órgão: SEJUS-PI Prova: NUCEPE – 2017 – SEJUS-PI – Agente Penitenciário (Reaplicação)***

  *Em relação aos crimes contra a administração pública, marque a alternativa CORRETA.*

  *C) Há o crime de modificação ou alteração não autorizada de sistema de informações em modificar ou alterar, o funcionário, sistema de informações ou programa de informática sem autorização ou solicitação de autoridade competente.*

  *Gabarito: c*

  *Resposta em consonância com o texto literal do artigo*

► **CLASSIFICAÇÃO:**

PRÓPRIO → FORMAL → DE FORMA LIVRE → DE DANO → DOLOSO → INSTANTÂNEO → UNISSUBJETIVO → PLURISSUBSISTENTE

2. **Conduta:** o tipo penal em análise também é chamado de peculato eletrônico, pois é o funcionário público que modifica ou altera sistema de informações ou programa de informática sem autorização ou solicitação de autoridade competente. Caso o funcionário tenha autorização ou lhe tenha sido feita solicitação, não responderá pelo crime em comento.

   **2.1. Tipo penal misto alternativo:** o crime prevê mais de uma conduta, e o agente praticando qualquer delas, ou ainda mais de uma no mesmo objeto material, responderá somente por um crime.

3. **Causa de aumento de pena – art. 313-B, parágrafo único:** a pena será aumentada de 1/3 (um terço) até metade se a modificação ou alteração causar dano para a Administração Pública ou administrado. O legislador utilizou a expressão dano de forma ampla, compreendendo, portanto, o dano material e também o dano moral.

**Extravio, sonegação ou inutilização de livro ou documento**

**Art. 314 – Extraviar** livro oficial ou qualquer documento, de que tem a guarda em razão do cargo; **sonegá-lo** ou **inutilizá-lo**, total ou parcialmente:

Pena – reclusão, de um a quatro anos, se o fato não constitui crime mais grave.

1. **Extravio, sonegação ou inutilização de livro ou documento**

   - Bem jurídico: *Administração pública em seus aspectos moralidade e preservação do erário.*

- Núcleo do tipo: *extraviar – sonegar – inutilizar*
- Objeto material: *livro oficial ou documento*
- Sujeito ativo: *funcionário público (crime próprio)*
- Sujeito passivo: *o Estado, a Administração Pública, e eventual pessoa que seja lesionada com a conduta*
- Elemento subjetivo: *dolo*
- Consumação: *estará consumado no momento em que o agente extraviar, sonegar ou inutilizar o livro ou documento.*
- Tentativa: *é possível a tentativa*
- Ação Penal: *pública incondicionada*
- Lei 9.099/95: *não é infração de menor potencial ofensivo, mas admite a suspensão condicional do processo nos termos do art. 89 da Lei 9.099/95.*

► **CLASSIFICAÇÃO:**

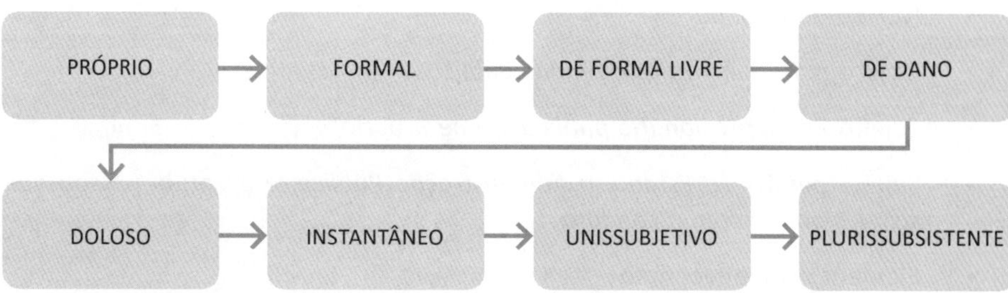


2. **Conduta:** o tipo penal pune o funcionário público que extravia, sonega ou inutiliza livro ou documento. O livro ou documento deve estar guardado com funcionário público por conta da sua função.

**2.1. Livro oficial:** é aquele criado por lei destinado ao registro de anotações referente a Administração Pública.

**2.2. Documento:** escrito, instrumento ou papel que pode ser público ou particular.

**Aplicação em concurso:**

- ***Ano: 2018 Banca: IESES Órgão: TJ-CE Prova: Titular de Serviços de Notas e de Registros***

É certo afirmar:

IV. O objeto material do crime de "extravio, sonegação ou inutilização de livro ou documento" é o livro oficial ou qualquer documento público ou privado. Essa documentação pode ser de qualquer natureza, tais como de valor histórico, contábil, patrimonial, registral e protocolar.

*Gabarito: A assertiva está correta, nos moldes do art. 314 do CP, o caput indica "qualquer documento"*

3. **Norma especial:** se o agente for servidor em exercício na repartição fiscal ou tributária, o extravio de livro oficial, processo fiscal ou qualquer documento por ele causado configura crime especial, e deverá responder pelo disposto no art. 3º, inciso I da Lei 8.137/90.

4. **Crime subsidiário:** o legislador indicou de forma expressa a subsidiariedade do crime, ou seja, só estará configurado caso não se enquadre em crime mais grave.

**Emprego irregular de verbas ou rendas públicas**

**Art. 315 - Dar** às verbas ou rendas públicas aplicação diversa da estabelecida em lei:

Pena - detenção, de um a três meses, ou multa.

1. **Emprego irregular de verbas ou rendas públicas**

- Bem jurídico: *Administração pública em seus aspectos moralidade e preservação do erário.*
- Núcleo do tipo: *dar*
- Objeto material*: verbas e rendas públicas*
- Sujeito ativo: *funcionário público (crime próprio)*
- Sujeito passivo: *o Estado, a Administração Pública, e eventual pessoa que seja lesionada com a conduta*
- Elemento subjetivo: *dolo*
- Consumação: *estará consumado no momento em que aplica renda ou verba pública de forma diversa da prevista em lei.*
- Tentativa: *é possível a tentativa*
- Ação Penal: *pública incondicionada*
- Lei 9.099/95*: é infração de menor potencial ofensivo, admite-se, portanto, a aplicação da Lei 9.099/95.*

▶ **CLASSIFICAÇÃO:**

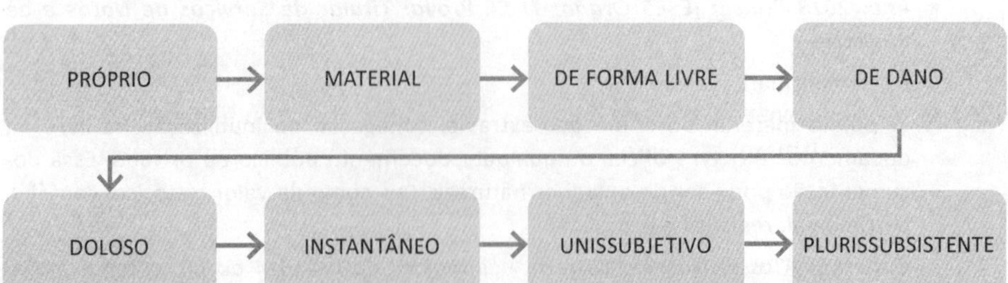

2. **Conduta:** o tipo penal pune a conduta de dar, ou seja, empregar ou utilizar as rendas e verbas públicas com finalidade diversa da determinada em lei.

   **2.1. Sujeito ativo:** o sujeito ativo deve ser funcionário público, trata-se de crime próprio, no entanto, é preciso que ele tenha o poder de gestão das verbas e rendas públicas.

**Aplicação em concurso:**

- ***Ano: 2018 Banca: VUNESP Órgão: TJ-SP Prova: Escrevente Técnico Judiciário***

  A respeito dos crimes praticados por funcionários públicos contra a administração pública, é correto afirmar que

  A) Caio, funcionário público, ao empregar verba própria da educação, destinada por lei, na saúde, em tese, incorre no crime de emprego irregular de verba pública (art. 315 do CP).

  *Gabarito: a*

  *A conduta de Caio corresponde exatamente com o descrito no caput do art. 315 do CP.*

3. **Norma penal em branco:** o tipo descrito é uma norma penal em branco homogênea, pois depende de complemento para indicar aquilo que é estabelecido em lei.

4. **Norma especial:** os prefeitos não são enquadrados neste crime, mas sim, no art. 1º, III do Decreto Lei 201/1967.

► **Aplicação pelo STF:**

**STF:** No caso de desvio de **vultosa quantia de convênio entre Estado-Membro e o Fundo Nacional de Desenvolvimento da Educação – FNDE não configura crime do art. 312, "caput", do CP (peculato desvio), mas sim, o crime do art. 315 do CP** (...) (STF. 2ª Turma. Inq 3731/DF, Rel. Min. Gilmar Mendes, julgado em 2/2/2016) (Info 813).

**Concussão**

**Art. 316 – Exigir**, para si ou para outrem, direta ou indiretamente, ainda que fora da função ou antes de assumi-la, mas em razão dela, vantagem indevida:

Pena – reclusão, de 2 (dois) a 12 (doze) anos, e multa.

**Excesso de exação**

§ 1º – Se o funcionário **exige tributo ou contribuição social** que sabe ou deveria saber indevido, ou, quando devido, emprega na cobrança meio vexatório ou gravoso, que a lei não autoriza: (Redação dada pela Lei nº 8.137, de 27.12.1990)

Pena – reclusão, de 3 (três) a 8 (oito) anos, e multa. (Redação dada pela Lei nº 8.137, de 27.12.1990)

§ 2º – Se o funcionário **desvia**, em proveito próprio ou de outrem, o que recebeu indevidamente para recolher aos cofres públicos:

Pena – reclusão, de dois a doze anos, e multa.

**1. Concussão**

- Bem jurídico: *Administração pública em seus aspectos moralidade e preservação do erário.*
- Núcleo do tipo: *exigir (caput e §1º) – desvia (§2º)*
- Objeto material: *vantagem indevida ou ilícita*
- Sujeito ativo: *funcionário público (crime próprio)*
- Sujeito passivo: *o Estado, a Administração Pública, e eventual pessoa que seja lesionada com a conduta*
- Elemento subjetivo: *dolo*
- Consumação: *estará consumado no momento em que o agente exige a vantagem, independente de recebimento*
- Tentativa: *há divergência se é possível ou não. Para aqueles que entendem ser possível, admitem quando feita por carta, por exemplo, e a mesma não chegou ao destino( extraviou). A doutrina majoritária entende não ser possível tentativa.*
- Ação Penal: *pública incondicionada*
- Lei 9.099/95: *não é infração de menor potencial ofensivo, não se admitindo, portanto, a aplicação da Lei 9.099/95.*

► **CLASSIFICAÇÃO:**

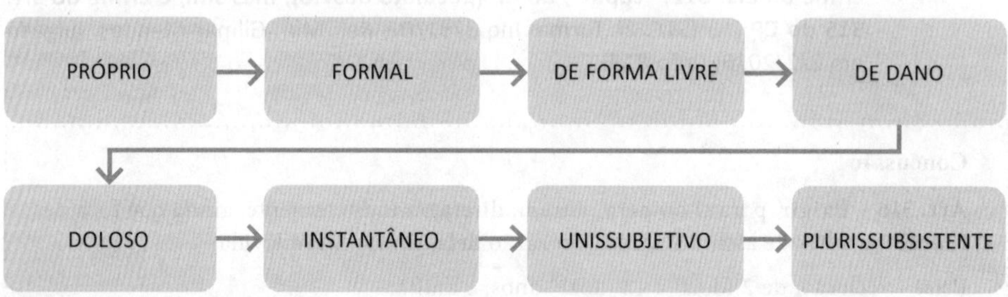


**2. Conduta:** o crime de concussão reúne alguns elementos: (i) exigência de vantagem indevida; (ii) vantagem será destinada para o agente ou terceiro; (iii) exigência seja feita em decorrência da função do agente, ainda que fora dela. A doutrina indica que este crime é uma forma especial de extorsão, que no caso será praticada pelo funcionário público tendo em vista a função em exerce.

**2.1. Vantagem indevida:** a lei não indica especificamente qual tipo de vantagem pode ser obtida, razão pela qual entende-se que pode ser qualquer tipo de vantagem, mesmo que não tenha cunho patrimonial e econômico.

**2.2. Consumação:** o crime é formal, portanto, se consuma com a exigência da vantagem indevida pelo agente no exercício das suas funções ou em razão dela, ainda que não ocorra o recebimento. Se o recebimento ocorrer, teremos apenas o exaurimento do crime.

3. **Quantidade da pena:** fique atendo quanto a pena cominada em abstrato. O pacote anticrime (Lei nº13. 964/19 alterou a pena, deixando-a mais grave. Hoje o crime de concussão é punido com pena de 02 (dois) a 12 (doze) anos e multa. Para as condutas praticadas antes da entrada em vigor desse dispositivo, deverão ser aplicadas a pena anterior, pois trata-se de lei penal mais gravosa, portanto, não retroage.

4. **Excesso da exação – art. 316, §1º do CP:** neste caso o legislador pune aquele que exigiu especificamente tributo ou contribuição social que sabe ou deveria saber não ser devido.

**Aplicação em concurso:**

- ***Ano: 2017 Banca:MPE-SP Órgão: MPE – SP Prova: Promotor de Justiça***

  A conduta do funcionário público que, fora do exercício de sua função, mas em razão dela, exige o pagamento de uma verba indevida, alegando a necessidade de uma "taxa de urgência" para a aprovação de uma obra que sabe irregular, configura o crime de:

  A) estelionato.

  B) excesso de exação.

  C) peculato.

  D) corrupção passiva.

  E) concussão.

  *Gabarito: e*

  *Ainda que possível de confundir, o que faria o candidato acertar é analisar o que foi exigido, no caso, "taxa de urgência", que não foi considerada como tributo pela banca examinadora.*

5. **Figura qualificada – art. 316, §2º do CP:** pune aquele que desvia para si ou para outrem tributo ou contribuição social que recebeu indevidamente, ou seja, o agente não faz o recolhimento para os cofres públicos. Neste caso a pena será de 2 (dois) a 12 (doze) anos.

► **Aplicação pelo STJ:**

**STJ: Não é possível a utilização das elementares inerentes aos tipos penais de concussão e corrupção passiva (obtenção de lucro fácil e cobiça) como motivos dos crimes. A obtenção de lucro fácil e a cobiça constituem elementares dos tipos de concussão e corrupção passiva (arts. 316 e 317 do CP), sendo indevido utilizá-las, para exasperação da pena-base**, no momento em que analisados os motivos do crime – circunstância judicial prevista no art. 59 do CP. **(**STJ. 3ª Seção. EDv nos EREsp 1.196.136-RO, Rel. Min. Reynaldo Soares da Fonseca, julgado em 24/5/2017) (Info 608).

**Corrupção passiva**

**Art. 317** – **Solicitar** ou **receber**, para si ou para outrem, direta ou indiretamente, ainda que fora da função ou antes de assumi-la, mas em razão dela, vantagem indevida, ou **aceitar promessa** de tal vantagem:

Pena – reclusão, de 2 (dois) a 12 (doze) anos, e multa. (Redação dada pela Lei nº 10.763, de 12.11.2003)

§ 1º – A **pena é aumentada** de um terço, se, em consequência da vantagem ou promessa, o funcionário retarda ou deixa de praticar qualquer ato de ofício ou o pratica infringindo dever funcional.

§ 2º – Se o funcionário pratica, **deixa de praticar ou retarda ato de ofício**, com infração de dever funcional, **cedendo a pedido ou influência de outrem**:

Pena – detenção, de três meses a um ano, ou multa.

## 1. Corrupção passiva

- Bem jurídico: *Administração pública em seus aspectos moralidade e preservação do erário.*
- Núcleo do tipo: *solicitar – receber- aceitar promessa*
- Objeto material: *vantagem indevida*
- Sujeito ativo: *funcionário público (crime próprio)*
- Sujeito passivo: *o Estado, a Administração Pública, e eventual pessoa que seja lesionada com a conduta*
- Elemento subjetivo: *dolo*
- Consumação: *estará consumado no momento em que o agente solicita, recebe ou aceita promessa.*
- Tentativa: *há divergência se é possível ou não, aqueles que entendem que sim, alegam possível quando feita por carta, e a mesa se extravia, não chegando ao seu destino. A doutrina majoritária entende não ser possível.*
- Ação Penal: *pública incondicionada*
- Lei 9.099/95*: não é infração de menor potencial ofensivo, não admitindo, portanto, a aplicação da Lei 9.099/95. No caso do §2º é considerado infração de menor potencial ofensivo, e neste caso será a plicada a Lei 9.099/95.*

► **CLASSIFICAÇÃO:**

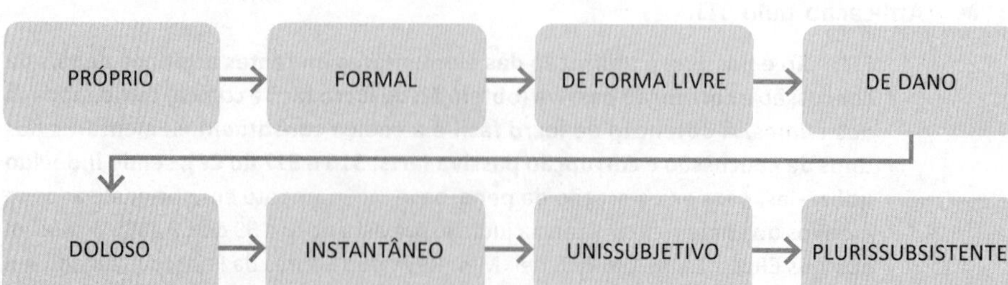

2. **Nomenclatura popular: O** crime em comento é conhecido pela grande parte da população como "suborno", que o agente (funcionário público) realiza no exercício da sua função.

3. **Corrupção passiva e ativa:** A corrupção pode ser ativa (artigo 333 CP), hipótese em que o sujeito ativo será o particular, e passiva (artigo 317 CP), quando o sujeito ativo do crime for funcionário público. Verifica-se, portanto, que são crimes diferentes, configurando exceção a regra prevista no art. 29 do CP, pois neste caso, mesmo havendo concurso de pessoas, cada um dos agentes responderá por uma infração penal distinta, seja a do artigo 333 do CP, seja a do artigo 317 do CP, conforme as características de cada agente criminoso.

**Aplicação em concurso:**

- ***Ano: 2016 Banca: Órgão: TJ – MG Prova: Titular de Serviços de Notas e de Registros***

  Segundo o Código Penal, Decreto-Lei nº 2.848/1940, são crimes praticados por particular contra a administração em geral, **EXCETO**:

  A) Corrupção passiva.

  B) Desobediência.

  C) Desacato.

  D) Resistência.

  *Gabarito: a*

  *A corrupção passiva é crime praticado por funcionário público, diferente dos demais indicados nas alternativas.*

**3.1. Núcleos do tipo:** o crime indica 3 núcleos: (i) **solicitar** – significa pedir algo; (ii) **receber** – neste caso o agente aceita uma entrega feita por alguém; (iii) **aceitar promessa** – concorda com o recebimento da vantagem prometida para terceira pessoa.

4. **Princípio da insignificância**: nos crimes contra a Administração Pública, o entendimento sumulado é no sentido de não ser possível a aplicação do princípio da insignificância, independente do valor.

► **Súmulas relevantes**:

**Súmula 599/STJ** – O princípio da insignificância é inaplicável aos crimes contra a administração pública

5. **Causa de aumento de pena – art. 317, §1º do CP:** a pena será aumentada de um terço, se, em consequência da vantagem ou promessa, o funcionário retarda ou deixa de praticar qualquer ato de ofício ou o pratica infringindo dever funcional.

6. **Corrupção passiva privilegiada – art. 317, §2º do CP:** Neste caso não se trata de vantagem indevida, mas sim de não realização do seu dever funcional cedendo a pedido ou influência de outrem.

**Aplicação em concurso:**

- ***Ano: 2017 Banca: Órgão: PC – AC Prova: Delegado de Polícia***

Setembrino, oficial de Justiça, recebe ligação de um amigo, o qual solicita a protelação do cumprimento de certa decisão judicial. A fim de atender ao pedido do amigo, o funcionário público retarda o ato de ofício. Nesse contexto, é correto dizer que Setembrino cometeu:

D) corrupção passiva privilegiada

*Gabarito: d*

*No caso narrado no enunciado, o agente cede ao pedido, trata-se, portanto de corrupção passiva privilegiada nos moldes do art. 317, §2º do CP.*

► **Aplicação pelo STF:**

**STF: Possível coexistência dos crimes de corrupção passiva majorada (CP, art. 317, § 1º, c/c art. 327, § 2º) e de lavagem de dinheiro (Lei 9.613/1998, art. 1º, "caput" e § 4º),** condutas relacionadas ao suposto recebimento pelo senador, com auxílio direto de dois de seus assessores, de vantagem indevida paga no âmbito de esquema criminoso arquitetado em torno da Diretoria de Abastecimento da estatal. (STF. 2ª Turma. Inq 3982/DF, Rel. Min. Edson Fachin, julgado em 7/3/2017) (Info 856).

**Facilitação de contrabando ou descaminho**

**Art. 318 - Facilitar**, com infração de dever funcional, a prática de contrabando ou descaminho (art. 334):

Pena - reclusão, de 3 (três) a 8 (oito) anos, e multa. (Redação dada pela Lei nº 8.137, de 27.12.1990)

## 1. Facilitação de contrabando ou descaminho

- Bem jurídico: *Administração pública em seus aspectos moralidade e preservação do erário.*
- Núcleo do tipo: *facilitar (seja por ação ou omissão)*
- Objeto material: *mercadoria contrabandeada, ou tributos não recolhidos.*
- Sujeito ativo: *funcionário público (crime próprio)*
- Sujeito passivo: *o Estado, a Administração Pública, e eventual pessoa que seja lesionada com a conduta.*
- Elemento subjetivo: *dolo*
- Consumação: *estará consumado no momento em que o agente facilitar o contrabando ou descaminho estando ciente que está infringindo seu dever funcional, não havendo necessidade de que haja efetivamente a o contrabando ou descaminho.*
- Tentativa: *é possível na forma comissiva*
- Ação Penal: *pública incondicionada*

- Lei 9.099/95: *não é infração de menor potencial ofensivo, não se admite, portanto, a aplicação da Lei 9.099/95.*

► **CLASSIFICAÇÃO:**

PRÓPRIO → FORMAL → DE FORMA LIVRE → DE DANO → DOLOSO → INSTANTÂNEO → UNISSUBJETIVO → PLURISSUBSISTENTE

2. **Conduta:** o legislador não enquadra neste tipo penal aquele que pratica o descaminho e o contrabando, haja vista que estes, são crimes praticados por particular com previsão nos artigos 334 e 334-A do CP, respectivamente. No caso em análise o crime é praticado por funcionário público que facilita a prática desses crimes pelo particular. A facilitação pode ser comissiva ou omissiva.

3. **Sujeito ativo:** o sujeito ativo do crime é o funcionário público, sendo necessário que ele tenha o poder de impedir o contrabando ou descaminho. Em se tratando de qualquer outro funcionário que possui outra função, responde pelo crime de descaminho ou contrabando em concurso de pessoas, como partícipe dos crimes dos artigos 334 ou 334-A do CP.

4. **Competência:** será competente a Justiça Federal nos termos do art. 109, IV da CF.

   ► **Súmulas relevantes:**

   **Súmula 151 STJ:** A competência para o processo e julgamento por crime de contrabando ou descaminho define-se pela prevenção do Juízo Federal do lugar da apreensão dos bens.

5. **Crime remetido:** trata-se de crime remetido, pois indica no seu caput outro crime, no caso o do art. 334 do CP.

6. **Princípio da insignificância**: nos crimes contra a Administração Pública, o entendimento sumulado é no sentido de não ser possível a aplicação do princípio da insignificância, independente do valor.

   ► **Súmulas relevantes**:

   **Súmula 599 STJ:** O princípio da insignificância é inaplicável aos crimes contra a administração pública

   ► **Aplicação pelo STJ:**

   **STJ: O tribunal se manifestou no sentido de que quando o falso se exaure no descaminho, sem mais potencialidade lesiva, é por este absorvido, como**

**crime-fim, condição que não se altera por ser menor a pena a este cominada.** (STJ. 3ª Seção. REsp 1.378.053-PR, Rel. Min. Nefi Cordeiro, julgado em 10/8/2016) (Info 587).

**Prevaricação**

**Art. 319 – Retardar** ou **deixar de praticar**, indevidamente, ato de ofício, ou **praticá-lo** contra disposição expressa de lei, para satisfazer interesse ou sentimento pessoal:

Pena – detenção, de três meses a um ano, e multa.

## 1. Prevaricação

- Bem jurídico: *Administração pública em seus aspectos moralidade e preservação do erário.*
- Núcleo do tipo: *retardar – deixar de praticar – praticar*
- Objeto material*: ato de ofício indevidamente retardado ou omitido pelo agente, ou praticado contra forma expressa em lei*
- Sujeito ativo: *funcionário público (crime próprio)*
- Sujeito passivo: *o Estado, a Administração Pública, e eventual pessoa que seja lesionada com a conduta*
- Elemento subjetivo: *dolo*
- Consumação: *estará consumado no momento em que o agente retarda ou deixa de praticar indevidamente o ato de ofício, ou quando pratica o ato contrário ao disposto na lei*
- Tentativa: *é possível na forma comissiva*
- Ação Penal: *pública incondicionada*
- Lei 9.099/95*: é infração de menor potencial ofensivo, admite-se, portanto, a aplicação da Lei 9.099/95.*

▶ **CLASSIFICAÇÃO:**

PRÓPRIO → FORMAL → DE FORMA LIVRE → DE DANO → DOLOSO → INSTANTÂNEO → UNISSUBJETIVO → PLURISSUBSISTENTE

2. **Conduta:** a conduta descrita neste tipo penal descreve o funcionário público que não se mostra fiel com o seu dever, com a sua função exercida. Ele não cumpre com as obrigações inerentes ao cargo. Os núcleos do tipo são: (i) retardar (ii) deixar de praticar; (iii) praticar.

   2.1. **Elemento subjetivo:** o tipo penal ressalta o interesse pessoal, que pode ser qualquer proveito ou vantagem obtida pelo agente, seja patrimonial ou moral.

**Aplicação em concurso:**

- ***Ano: 2015 Banca: CONSUPLAN Órgão: TJ – MG Prova: Titular de Serviços de Notas e de Registros***

  "Mévio, no exercício de sua função no cartório extrajudicial, não cumpriu o mandado judicial de averbação do divórcio no registro de casamento. Mévio assim agiu porque o divórcio era de sua vizinha Cleofa e não queria vê-la divorciada." A conduta de Mévio configura crime de:

  D) prevaricação.

  *Gabarito: d*

  *Trata-se de questão que exigiu o conhecimento acerca do tipo penal do artigo 319 do CP, mostrando que o agente deixou de cumprir seu dever para satisfazer sentimento pessoal.*

3. **Tipo penal misto alternativo:** o crime prevê várias condutas, praticando qualquer delas, ou ainda mais de uma, o agente responderá somente por um crime.
4. **Crime de mão própria**: somente pode ser praticado pelo funcionário público, diante da sua atuação pessoal, não há possibilidade de delegação da conduta.

**Art. 319-A. Deixar** o Diretor de Penitenciária e/ou agente público, **de cumprir seu dever de vedar ao preso** o acesso a aparelho telefônico, de rádio ou similar, que permita a comunicação com outros presos ou com o ambiente externo: (Incluído pela Lei nº 11.466, de 2007).

Pena: detenção, de 3 (três) meses a 1 (um) ano.

1. **Prevaricação imprópria (nomenclatura doutrinária)**

- Bem jurídico: *Administração Pública sob o aspecto de funcionários que, inobservando seu dever funcional, colocam em risco a segurança dos presídios (interna e externa) deixando de vedar aos presos o acesso a aparelhos de comunicação (telefone, rádio ou similar)*
- Núcleo do tipo: *deixar*
- Objeto material: *aparelho telefônico, de rádio ou similar*
- Sujeito ativo: *funcionário público (crime próprio)*
- Sujeito passivo: *o Estado, a Administração Pública, e a sociedade*

- Elemento subjetivo: *dolo (não admite modalidade culposa)*
- Consumação: *estará consumado no momento em que o Diretor de Penitenciária ou agente público não impede o acesso do preso ao aparelho telefônico, rádio ou similar.*
- Tentativa: *não é cabível*
- Ação Penal: *pública incondicionada*
- Lei 9.099/95*: é infração de menor potencial ofensivo, admite, portanto, a aplicação da Lei 9.099/95.*

**Aplicação em concurso:**

- **Ano: 2017 Banca: IBADE Órgão: PC-AC Prova: IBADE – 2017 – PC-AC – Delegado de Polícia Civil**

  Atendendo ao pedido do marido que se encontra preso, Silmara, durante visita, ingressa no presídio com um aparelho de telefonia móvel, entregando-o ao cônjuge. Saliente-se que o ingresso do aparelho só foi possível porque o agente penitenciário Ferdinando, ao se distrair, esqueceu de revistar a bolsa que Silmara trazia consigo. Dias depois, o detento Josimar pede ao marido de Silmara para usar o aparelho de telefonia, sendo certo que, durante a ligação, Josimar é flagrado pelo diretor da penitenciária, que apreende o aparelho. Considerando que o art. 180 do Código Penal incrimina a receptação; que o art. 319 do CP traz em seu bojo o delito de prevaricação; que o art. 319-A contempla a prevaricação imprópria; e que o art. 349- A do CP prevê a conduta de favorecimento real impróprio, é correto afirmar que:

  B) Silmara praticou o crime do art. 349-A do Código Penal; o agente penitenciário e Josimar não praticaram crime.

  *Gabarito: b*

  *Silmara ao ingressar no estabelecimento prisional com o parelho telefônico praticou o crime previsto no artigo 349- A do CP (texto literal). Já a conduta de Ferdinando (agente penitenciário) é atípica, pois o tipo penal do artigo 319-A do CP não possui previsão na modalidade culposa, punindo somente a omissão dolosa do agente. Restou claro na questão que a conduta do agente penitenciário foi culposa, e por isso, penalmente atípica. Já o comportamento de Josimar (preso) também é penalmente atípico, configurando tão somente falta disciplinar prevista na Lei de Execução penal (artigo 50, VII da Lei nº 7.210/84).*

## ► CLASSIFICAÇÃO:

PRÓPRIO → FORMAL → DE FORMA LIVRE → DE DANO → DOLOSO → INSTANTÂNEO → UNISSUBJETIVO → PLURISSUBSISTENTE

2. **Conduta:** pune o Diretor de Penitenciária ou agente público que deixar o preso ter acesso a aparelhos telefônicos, rádio ou similar. A conduta é omissiva própria, e dolosa, sendo que o verbo deixar é utilizado no sentido de omitir, de não cumprir com o dever de impedir tal acesso.

> **Condescendência criminosa**
>
> **Art. 320 - Deixar** o funcionário, por indulgência, de responsabilizar subordinado que cometeu infração no exercício do cargo ou, quando lhe falte competência, **não levar** o fato ao conhecimento da autoridade competente:
>
> Pena - detenção, de quinze dias a um mês, ou multa.

1. **Condescendência criminosa**

- Bem jurídico: *Administração pública, sob o aspecto do normal andamento das atividades administrativas, com o objetivo de coibir a condescendência ilícita de superior hieráquico em relação a atos realizados por seus subordinados*
- Núcleo do tipo: *deixar*
- Objeto material: *infração não punida por superior hierárquico ou não comunicada à autoridade com competência para punir*
- Sujeito ativo: *funcionário público (crime próprio)*
- Sujeito passivo: *o Estado, a Administração Pública, e a sociedade*
- Elemento subjetivo: *dolo*
- Consumação: *estará consumado quando o funcionário tomar ciência da infração praticada por subordinado e não adotar as devidas providências para responsabilizá-lo*
- Tentativa: *não é cabível*
- Ação Penal: *pública incondicionada*
- Lei 9.099/95: *é infração de menor potencial ofensivo, admitindo-se, portanto, a aplicação da Lei 9.099/95.*

► **CLASSIFICAÇÃO:**

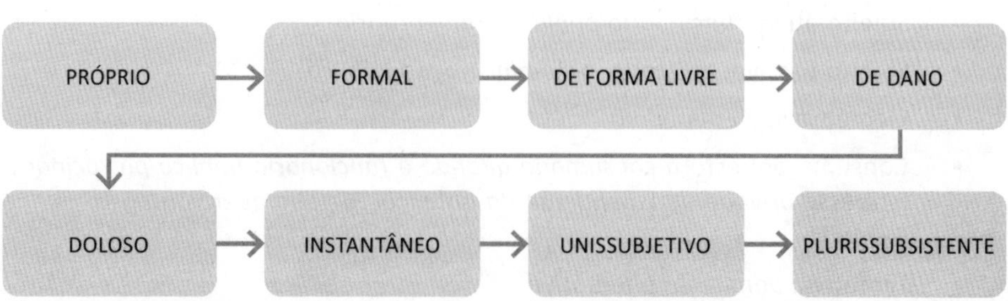

2. **Conduta:** o funcionário público neste caso apesar de tomar ciência que seu subordinado realizou infração administrativa, ou ainda infração penal no exercício do cargo deixa de responsabilizá-lo, sendo assim, condescendente com o mesmo. O crime também estará configurado quando o agente, apesar de não possuir competência para responsabilizar o subordinado, deixa de comunicar quem tenha. Essa omissão deve ser por indulgência, caso fique demonstrado outros sentimentos poderá caracterizar prevaricação, por exemplo.

**Aplicação em concurso:**

- ***Ano: 2016 banca: Órgão: MPE – SC Prova: Promotor de Justiça***

  Na condescendência criminosa do funcionário público, o qual, por indulgência, deixa de responsabilizar subordinado que cometeu infração no exercício do cargo, para a configuração do crime é necessário que o subalterno seja sancionado pela transgressão cometida.

  () Certo () Errado

  *Gabarito: Errado*

  *O crime do art. 320 do CP é formal, portanto, não exige que seja atingido resultado naturalístico, bastando a simples omissão do superior.*

3. **Crime omissivo próprio:** a conduta descrita narra um crime omissivo próprio ou puro.

**Advocacia administrativa**

**Art. 321 – Patrocinar,** direta ou indiretamente, interesse privado perante a administração pública, valendo-se da qualidade de funcionário:

Pena – detenção, de um a três meses, ou multa.

Parágrafo único – Se o interesse é ilegítimo:

Pena – detenção, de três meses a um ano, além da multa.

1. **Advocacia Administrativa**
   - Bem jurídico: *moralidade administrativa*
   - Núcleo do tipo: *patrocinar (defender, pleitear)*
   - Objeto material: *interesse privado patrocinado*
   - Sujeito ativo: *funcionário público (crime próprio)*
   - Sujeito passivo: *o Estado, a Administração Pública*
   - Elemento subjetivo: *dolo*
   - Consumação: *estará consumado quando o funcionário público patrocinar o interesse privado, independente da obtenção de qualquer vantagem (crime formal)*
   - Tentativa: *admite-se a tentativa*

- Ação Penal: *pública incondicionada*
- Lei 9.099/95*: é considerada infração de menor potencial ofensivo, admitindo-se, portanto, a aplicação da Lei 9.099/95.*

2. **Conduta:** para configuração da advocacia administrativa faz-se necessário que o agente (funcionário público) pratique a ação (patrocínio de interesse privado perante a Administração Púbica) direta ou indiretamente, valendo-se das facilidades que a qualidade de funcionário público lhe proporciona.

**Aplicação em concurso:**

- **Ano: 2018 Banca: FCC Órgão: Câmara Legislativa do Distrito Federal Prova: FCC – 2018 – Câmara Legislativa do Distrito Federal – Procurador Legislativo**

  O crime de advocacia administrativa

  B) ocorre com o patrocínio, ainda que indireto, de interesse privado perante a Administração Pública, valendo-se da qualidade de funcionário.

  *Gabarito: b*

  *Questão exigiu conhecimento sobre a figura prevista no artigo312 do CP.*

▶ **Aplicação pelo STF:**

**STF:** O crime previsto no art. 321 do Código Penal é crime formal, portanto não exige a produção de resultado para que seja consumado, basta que o interesse privado entre em confronto com o interesse público, independentemente de efetivo prejuízo para a administração. Vale lembrar que **o patrocínio não exige a obtenção de qualquer ganho ou vantagem econômica, pode se dar por uma simples troca de favores**. (ARE 1028602, Relator(a): Min. ROBERTO BARROSO, julgado em 07/03/2017, publicado em PROCESSO ELETRÔNICO DJe-046 DIVULG 09/03/2017 PUBLIC 10/03/2017).

▶ **CLASSIFICAÇÃO:**

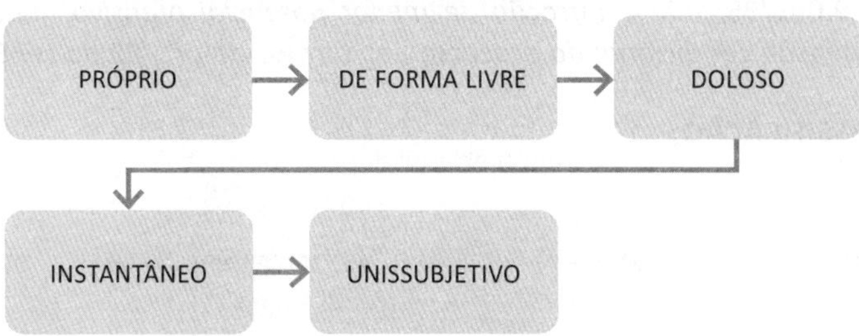


3. **Advocacia administrativa na área tributária:** se a conduta de patrocinar for realizada perante a administração fazendária, valendo-se da qualidade de funcionário, a conduta estará tipificada no artigo 3º, III, da Lei 8.137/90.

4. **Advocacia administrativa na área de licitação pública:** se a conduta de patrocinar for realizada perante a administração pública, dando causa à instauração de licitação ou à celebração de contrato, cuja invalidação vier a ser decretada pelo Poder Judiciário, a conduta estará tipificada no artigo 91 da lei nº 8.666/93.

**Violência arbitrária**

**Art. 322 – Praticar** violência, no exercício de função ou a pretexto de exercê-la:

Pena – detenção, de seis meses a três anos, além da pena correspondente à violência.

A doutrina majoritária entende que o delito em comento foi tacitamente revogado pela Lei de Abuso de autoridade. Entretanto, existem decisões dos Tribunais Superiores reconhecendo que o presente artigo ainda está em pleno vigor.

1. **Violência arbitrária**

- Bem jurídico: *regular desenvolvimento das atividades da Administração Pública, bem como a integridade do particular afetado com a violência.*
- Núcleo do tipo: *praticar*
- Objeto material*: a pessoa contra quem a violência é dirigida*
- Sujeito ativo: *funcionário público (crime próprio)*
- Sujeito passivo: *o Estado, a Administração Pública, e a pessoa que sofreu a violência*
- Elemento subjetivo: *dolo*
- Consumação: *estará consumado quando o funcionário público empregar a violência injustificada*
- Tentativa: *admite-se a tentativa*
- Ação Penal: *pública incondicionada*
- Lei 9.099/95*: não é infração de menor potencial ofensivo, mas admite a suspensão condicional do processo nos termos do art. 89 da Lei 9.099/95.*

► **CLASSIFICAÇÃO:**

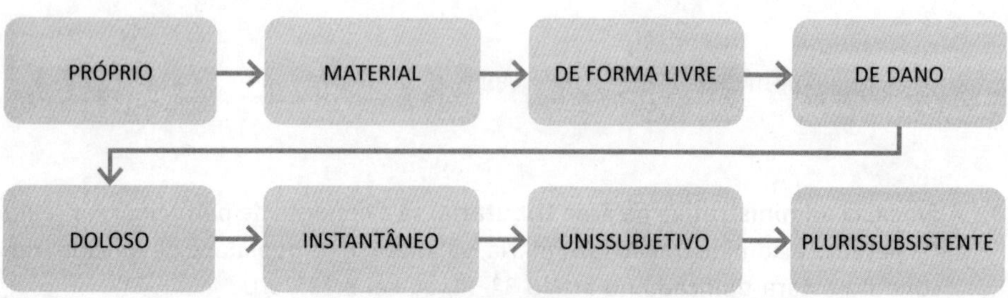

2. **Concurso material obrigatório: após** indicar o parâmetro mínimo e máximo da pena, o legislador determina a aplicação do concurso material de crimes caso a violência arbitrária resulte em violência (homicídio, lesão corporal, etc.).

**Abandono de função**

**Art. 323 – Abandonar** cargo público, fora dos casos permitidos em lei:

Pena – detenção, de quinze dias a um mês, ou multa.

§ 1º – Se do fato resulta prejuízo público:

Pena – detenção, de três meses a um ano, e multa.

§ 2º – Se o fato ocorre em lugar compreendido na faixa de fronteira:

Pena – detenção, de um a três anos, e multa.

1. **Abandono de função**
   - Bem jurídico: *normal funcionamento das atividades administrativas.*
   - Núcleo do tipo: *abandonar*
   - Objeto material: *cargo abandonado pelo funcionário público*
   - Sujeito ativo: *funcionário público (crime próprio)*
   - Sujeito passivo: *o Estado, a Administração Pública*
   - Elemento subjetivo: *dolo*
   - Consumação: *estará consumado quando o funcionário público abandonar o cargo por um tempo juridicamente relevante, capaz de gerar situação de perigo para a Administração pública.*
   - Tentativa: *não se admite tentativa*
   - Ação Penal: *pública incondicionada*
   - Lei 9.099/95: *a figura do caput e a figura qualificada do §1º são consideradas como infrações de menor potencial ofensivo, por outro lado, a figura qualificada do §2º do CP não é infração de menor potencial ofensivo, mas admite a aplicação da suspensão condicional do processo nos termos do art. 89 da Lei 9.099/95.*

► **CLASSIFICAÇÃO:**

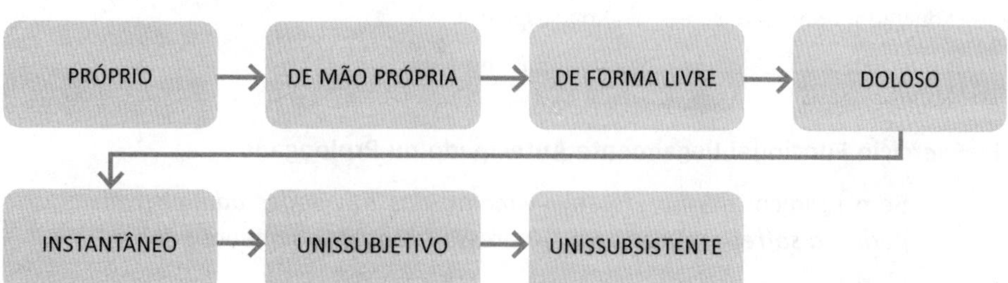

2. **Nomenclatura:** a doutrina indica que o nome correto para o crime seria abandono de cargo público, no entanto, o legislador nomeou o tipo penal como abandono de função, somente podendo praticar o funcionário que ocupa cargo público, não sendo aplicada a regra ampla conceitual do artigo 327 do CP.

3. **Tempo de abandono do cargo**: necessário que tenha um tempo juridicamente relevante para configurar possibilidade concreta de dano para a Administração Pública.

4. **Crime omissivo próprio:** o tipo descreve uma conduta puramente omissiva.

5. **Crime de mão própria:** o tipo penal só pode ser praticado por funcionário público, no entanto, mais do que isso, somente o próprio funcionário detentor do cargo público abandonado poderá praticar, é incompatível com coautoria, mas admite participação.

6. **Figuras qualificadas – art. 323, §1º e §2º do CP:** o legislador coloca duas condutas qualificadas: (i) **caso o crime resulte em prejuízo público**, o agente responde pela pena de 03 meses a 01 ano e multa; (ii) **quando o abandono é de cargo em faixa de fronteira**, neste caso, será a pena de 01 a 03 anos.

► **Aplicação em concurso**

- **Ano: 2017 Banca:** ***VUNESP Órgão: TJ-SP Prova: Escrevente Técnico Judiciário***

  Certos crimes têm suas penas estabelecidas em patamares superiores quando presentes circunstâncias que aumentam o desvalor da conduta. São os denominados "tipos qualificados".

  Assinale a alternativa que indica o crime que tem como qualificadoras "resultar prejuízo público" e "ocorrer em lugar compreendido na faixa de fronteira".

  E) Abandono de função.

  *Gabarito: e*

  *Nos termos do art. 323, §1º e §2º do CP pune-se mais rigorosamente o agente.*

**Exercício funcional ilegalmente antecipado ou prolongado**

**Art. 324** – **Entrar** no exercício de função pública antes de satisfeitas as exigências legais, ou **continuar** a exercê-la, sem autorização, depois de saber oficialmente que foi exonerado, removido, substituído ou suspenso:

Pena – detenção, de quinze dias a um mês, ou multa.

1. **Exercício Funcional Ilegalmente Antecipado ou Prolongado**

   - Bem jurídico: *normal desenvolvimento das atividades administrativas, que poderão sofrer prejuízo com o ingresso irregular do agente público.*
   - Núcleo do tipo: *entrar – continuar*

- Objeto material: *função pública exercida ilegalmente*
- Sujeito ativo: *trata-se do funcionário público que antecipa ou prolonga suas funções – pessoa que direta ou indiretamente está ligada aos quadros da Administração Pública*
- Sujeito passivo: *o Estado, e a pessoa prejudicada pela conduta.*
- Elemento subjetivo: *dolo, vontade consciente de exercer a função pública sabendo de seu impedimento. Não há elementos específico e nem se pune na forma culposa.*
- Consumação: *basta que o agente pratique qualquer ato inerente a função que se encontra impedido de exercer.*
- Tentativa: *é possível.*
- Ação Penal: *pública incondicionada*
- Lei 9.099/95*: trata-se de infração de menor potencial ofensivo, aplicando-se, portanto, a Lei 9.099/95.*

► **CLASSIFICAÇÃO:**

DE MÃO PRÓPRIA → FORMAL → DE DANO → DE FORMA LIVRE

→ COMISSIVO (regra) → INSTANTÂNEO → UNISSUBJETIVO → PLURISSUBSISTENTE

2. **Conduta:** são duas condutas, na primeira o agente se antecipar no exercício da função pública, não observando as exigências legais; em segundo momento, o agente prolonga seu exercício na função pública, mesmo tendo sido exonerado, removido, substituído ou suspenso na órbita administrativa.

**Aplicação em concurso:**

- **Ano: 2007 Banca: FCC Órgão: TRF – 3ª REGIÃO Provas: FCC – 2007 – TRF – 3ª REGIÃO – Técnico Judiciário – Área Administrativa**

  "A" entrou no exercício de função pública antes de satisfeitas as exigências legais. Sua conduta

  C) configura o crime de exercício funcional ilegalmente antecipado ou prolongado.

  *Gabarito: c*

  *Questão cobrando a literalidade do artigo 324 do CP.*

3. **Crime comissivo:** seus verbos implicam em ações e excepcionalmente poderão ser omissivos impróprios ou comissivo por omissão, quando o agente tiver o dever jurídico de evitar o resultado.

4. **Crime militar:** se a conduta consubstanciar-se no exercício ilegal em posto ou função militar o crime será o descrito no art. 329 do Decreto-Lei 1.001/69 do Código Penal Militar, sendo o mesmo praticado nas hipóteses do artigo 9º do referido Diploma castrense. Importante salientar que com o advento da Lei 13.491/2017 houve alteração do art. 9º do CPM, sendo ampliada a competência da Justiça Militar Federal e da Justiça Militar estadual.

**Violação de sigilo funcional**

**Art. 325 – Revelar** fato de que tem ciência em razão do cargo e que deva permanecer em segredo, ou facilitar-lhe a revelação:

Pena – detenção, de seis meses a dois anos, ou multa, se o fato não constitui crime mais grave.

§ 1º **Nas mesmas penas deste artigo incorre quem**: (Incluído pela Lei nº 9.983, de 2000)

I – **permite ou facilita**, mediante atribuição, fornecimento e empréstimo de senha ou qualquer outra forma, o acesso de pessoas não autorizadas a sistemas de informações ou banco de dados da Administração Pública; (Incluído pela Lei nº 9.983, de 2000)

II – se utiliza, indevidamente, do acesso restrito. (Incluído pela Lei nº 9.983, de 2000)

§ 2º Se da ação ou omissão resulta dano à Administração Pública ou a outrem: (Incluído pela Lei nº 9.983, de 2000)

Pena – reclusão, de 2 (dois) a 6 (seis) anos, e multa. (Incluído pela Lei nº 9.983, de 2000)

1. **Violação do Sigilo Profissional**

- ***Bem jurídico:*** *sigilo das informações afetas à Administração Pública*
- ***Núcleo do tipo:*** *revelar – permitir – facilitar*
- ***Objeto material:*** *informação sigilosa*
- ***Sujeito ativo:*** *é o funcionário público (crime de mão própria).*
- ***Sujeito passivo:*** *o Estado, e a pessoa prejudicada pela conduta.*
- ***Elemento subjetivo:*** *dolo. Não há elemento específico e nem se pune na forma culposa.*
- ***Consumação:*** *momento em que terceiro não autorizado passa a conhecer o segredo.*

- ***Tentativa:*** *na modalidade oral não é possível, mas é relativizada quanto a modalidade escrita.*
- ***Ação Penal:*** *pública incondicionada*
- ***Lei 9.099/95****: as condutas do caput e do §1º são consideradas como infrações de menor potencial ofensivo, aplica-se, portanto, a Lei 9.099/95, já a conduta qualificada art. 327, §2º, caberá a suspensão condicional do processo nos termos do art. 89 da Lei.*

**Aplicação em concurso:**

- ***Ano: 2007 Banca: FCC Órgão: TRF-3ª Região Prova – Analista Judiciário***

  Agindo com negligência, João esquece sobre o balcão da repartição onde exerce cargo público documento que contém segredo, de forma que terceira pessoa tem acesso a ele. Assim agindo, João

  A) não pratica crime, porque o Código Penal não prevê a modalidade culposa de violação de sigilo funcional.

  *Gabarito: a*

  *Não há previsão legal para o crime de violação de sigilo funcional culposo, sendo atípico seu comportamento.*

► **CLASSIFICAÇÃO:**

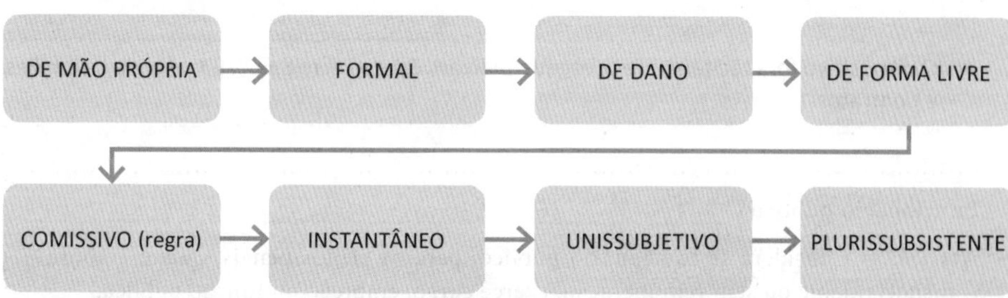


2. **Conduta:** são duas as condutas: a primeira é ação de revelar o segredo de fato da esfera de sigilo da Administração a indevido conhecimento de terceiro. Já a segunda conduta é a de facilitar, de qualquer modo, que terceiro cometa a revelação.

   **2.1. Tipo penal misto alternativo:** o crime prevê várias condutas, praticando qualquer delas, ou ainda mais de uma, o agente responderá somente por um crime.

3. **Crime de mão própria:** o tipo penal só pode ser praticado por funcionário público, no entanto, mais do que isso, somente o próprio funcionário detentor da informação sigilosa em razão do cargo pode praticar, caso contrário poderá incidir o crime do artigo 154 do CP.

4. **Crime comissivo:** seus verbos implicam em ações e excepcionalmente poderão ser omissivos impróprios ou comissivo por omissão, quando o agente tiver o dever jurídico de evitar o resultado.

5. **Figura equiparada – art. 325, §1º do CP:** responde pela mesma pena indicada no caput do artigo quem incorrer nas condutas descritas nos incisos I e II.

6. **Forma qualificada – art. 325,** §2º do CP: o tipo penal prevê uma qualificadora se da ação ou omissão resulta dano à Administração Pública ou a outrem.

7. **Crime militar:** quando o agente revelar fato de que tem ciência em razão do cargo ou função e que deva permanecer em segredo, ou facilitar-lhe a revelação, em prejuízo da administração militar, restará configurado o crime descrito no art. 326 do Decreto-Lei 1.001/69 do Código Penal Militar.

8. **Lei de Organização Criminosa**: quando o agente descumprir determinação de sigilo das investigações que envolvam a ação controlada e a infiltração de agentes a capitulação será a do art. 20 da Lei 12.850/13.

**Violação do sigilo de proposta de concorrência**

**Art. 326** - Devassar o sigilo de proposta de concorrência pública, ou proporcionar a terceiro o ensejo de devassá-lo:

Pena - Detenção, de três meses a um ano, e multa.

- O dispositivo fora tacitamente revogado pelo art. 94 da Lei n. 8.666/93 – Lei de Licitações e Contratos.

**Funcionário público**

**Art. 327** - Considera-se funcionário público, para os efeitos penais, quem, embora transitoriamente ou sem remuneração, exerce cargo, emprego ou função pública.

§ 1º - **Equipara-se** a funcionário público quem exerce cargo, emprego ou função em entidade paraestatal, e quem trabalha para empresa prestadora de serviço contratada ou conveniada para a execução de atividade típica da Administração Pública. (Incluído pela Lei nº 9.983, de 2000)

§ 2º - **A pena será aumentada** da terça parte quando os autores dos crimes previstos neste Capítulo forem ocupantes de cargos em comissão ou de função de direção ou assessoramento de órgão da administração direta, sociedade de economia mista, empresa pública ou fundação instituída pelo poder público. (Incluído pela Lei nº 6.799, de 1980)

1. **Norma penal interpretativa:** o dispositivo do art. 327 do CP não tipifica condutas alguma, apenas explica o conceito de funcionário público para alcance do Direito Penal, bem como, quem são os equiparados aos funcionários públicos.

2. **Breves apontamentos sobre o funcionário público ou agentes públicos**: são estes gêneros, o professor Rogério Sanches Cunha[1] divide-os em algumas espécies, a saber:

> *"a. Os funcionários públicos, titulares de cargo público efetivo, regidos por normas do Direito Administrativo;*
>
> *b. Os empregados públicos, jungidos ao regime da CLT;*
>
> *c. Os servidores ocupantes de cargo em comissão, providos sem concurso e regidos também pelo Direito Administrativo; e, por fim.*
>
> *d. Os servidores temporários, contratados sem concurso, por tempo determinado, para atender a necessidade temporária de excepcional interesse público, nos exatos termos do disposto no art. 37, IX, da CF."*

**Aplicação em concurso:**

- ***Ano: 2018 Banca: VUNESP Órgão: PC-SP Prova: Delegado de Polícia***

  Prescreve o art. 327 do CP: "considera-se funcionário público, para os efeitos penais, quem, embora transitoriamente ou sem remuneração, exerce cargo, emprego ou função pública."

  Tal norma traduz exemplo de interpretação

  B) autêntica.

  *Gabarito: b*

  *A interpretação autêntica ou legislativa é fornecida pela própria lei, como no caso em questão.*

3. **Figuras equiparadas – art. 327§1º do CP:** são figuras equiparadas aos funcionários públicos aqueles que exercem cargo ("posto" criado por lei, com denominação e forma de vencimentos próprios daqueles ocupados por servidores com vínculo estatutário), emprego ("posto" ocupado por aquele que possui vínculo contratual, na regência da CLT) e função pública (envolvendo aquele que preste serviço à Administração Pública).

4. **Causa de aumento de pena – art. 327, §2º do CP:** o artigo 327 nos traz em seu §2º causa de aumento de pena incidente, quando no cometimento de um dos crimes deste capítulo, os sujeitos ativos forem ocupantes de cargos em comissão ou estiverem na função de direção ou assessoramento de órgão da administração direta, sociedade de economia mista, empresa pública ou fundação instituída pelo poder público.

► **Aplicação pelo STF:**

> **STF:** Não é suficiente para fazer incidir a causa de aumento do art.327, §2º, do CP pelo simples fato de o réu exercer mandato popular. (...) (**STF. Plenário. Inq 3983/DF, Rel. Min. Teori Zavascki, julgado em 02 e 03/03/2016) (Info 816)**

---

1. Manual de Direito Penal – Parte Especial.

**CAPÍTULO II**
**DOS CRIMES PRATICADOS POR PARTICULAR CONTRA A ADMINISTRAÇÃO EM GERAL**

**Usurpação de função pública**

**Art. 328 – Usurpar** o exercício de função pública:

Pena – detenção, de três meses a dois anos, e multa.

Parágrafo único – Se do fato o **agente aufere vantagem**:

Pena – reclusão, de dois a cinco anos, e multa.

## 1. Usurpação de Função Pública

- Bem jurídico: *funcionamento regular das atividades administrativas.*
- Núcleo do tipo: *usurpar*
- Objeto material: *função pública.*
- Sujeito ativo: *crime comum. Incluindo o funcionário público que atue fora de suas atribuições.*
- Sujeito passivo: *Estado.*
- Elemento subjetivo: *dolo. Não há elementos específicos e nem se pune na forma culposa.*
- Consumação: *o crime se consuma com a prática de ao menos um ato que seja inerente ao ofício desempenhado de forma indevida.*
- Tentativa: *é possível sua tentativa quando o indivíduo é obstado de executar o ato por circunstâncias alheias.*
- Ação Penal: *pública incondicionada*
- Lei 9.099/95: *a conduta do caput é considerada infração de menor potencial ofensivo, aplicando-se, portanto, a Lei 9.099/95.*

► **CLASSIFICAÇÃO:**

COMUM → FORMAL → DE DANO → DE FORMA LIVRE → COMISSIVO (regra) → INSTANTÂNEO → UNISSUBJETIVO → PLURISSUBSISTENTE

2. **Conduta:** A conduta punida é a de usurpar atividade pública (de qualquer natureza), onde o individuo passa a executar, ou tentar, atos inerentes ao ofício.

3. **Figura qualificada – art. 328, parágrafo único:** nos termos do parágrafo único, aquele que consiga obter qualquer tipo de vantagem, a pena passará de detenção para reclusão, com a pena de 2 a 5 anos e multa.

**Aplicação em concurso:**

- ***Ano: 2015 Órgão: PC – CE Prova: Delegado de Polícia***

  O crime de usurpação de função pública é qualificado se:

  B) do fato o agente aufere vantagem.

  *Gabarito: b*

  *Nos termos do art. 328, parágrafo único, do CP, caso o agente obtenha vantagem, a figura será qualificada.*

4. **Crime militar:** se o abandono for de função militar encontramos o art. 355 do Decreto-Lei n. 1.001/69 (Código Penal Militar) na forma do art. 9º do mesmo diploma.

**Resistência**

**Art. 329 – Opor-se** à execução de ato legal, mediante violência ou ameaça a funcionário competente para executá-lo ou a quem lhe esteja prestando auxílio:

Pena – detenção, de dois meses a dois anos.

§ 1º – Se o ato, em razão da resistência, não se executa:

Pena – reclusão, de um a três anos.

§ 2º – As penas deste artigo são aplicáveis sem prejuízo das correspondentes à violência.

1. **Resistência**

- Bem jurídico: *preservação da autoridade e prestígio inerente à Administração Pública.*
- Núcleo do tipo: *opor – ameaçar*
- Objeto material: *função pública.*
- Sujeito ativo: *crime comum. Incluindo o funcionário público quando equiparado ao particular.*
- Sujeito passivo: *a priori trata-se do Estado, em momento posterior o funcionário ou pessoa que sofrera ameaça ou violência.*
- Elemento subjetivo: *dolo.*

- Consumação: *o crime se consuma com a prática da violência ou ameaça, ainda que o opositor não consiga impedir que se execute o ato. Se o opositor conseguir impedir a execução do ato, teremos configurado o §1.*
- Tentativa: *é passível de tentativa.*
- Ação Penal: *pública incondicionada*
- Lei 9.099/95*: trata-se de infração de menor potencial ofensivo, aplica-se, portanto, a Lei 9.099/95.*

▶ **CLASSIFICAÇÃO:**

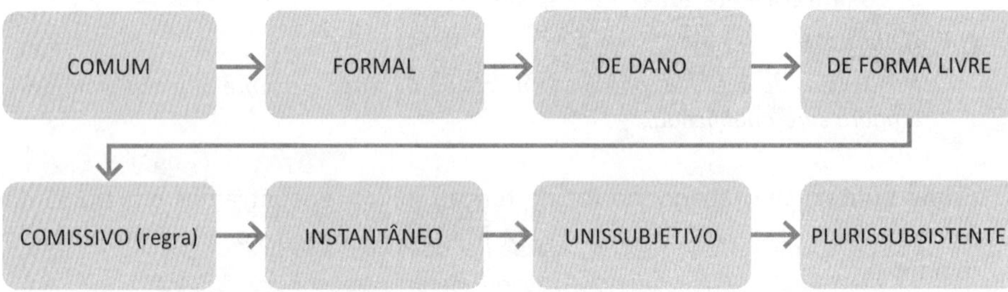


2. **Conduta:** aquele que se opõe, de forma positiva, à execução de ato legal, mediante violência ou ameaça contra funcionário ou terceiro que o auxilie, este último representante da força pública.

   **2.1. Finalidade:** o dolo do agente possui uma finalidade específica de impedir a realização de ato legal.

3. **Crime comissivo:** trata-se de crime comissivo quando o indivíduo se opor a ação e excepcionalmente, comissivo por omissão.
4. **Figura qualificada – art. 329, §1º do CP:** nos termos do parágrafo único. Esta qualificadora incide, visto que, há desmoralização da autoridade ao não executar o ato.
5. **Concurso de crime obrigatório – art. 329,:** há cabimento de cumulação material, por disposição expressa na lei conforme §2º do artigo em comento.
6. **Consunção:** quanto aos crimes de desacato e desobediência aplica-se o princípio da consunção.

**Aplicação em concurso:**

- ***Ano: 2017 Banca: FAUEL Órgão: Prev São José – PR Prova: Advogado***

  Acerca dos crimes praticados contra a Administração Pública, assinale a alternativa INCORRETA.

  C) Pratica o crime de desobediência aquele que se opõe à execução de ato legal, mediante violência ou ameaça a funcionário competente para executá- lo ou a quem lhe esteja prestando auxílio.

*Gabarito: c*

*A assertiva C está errada, pois a conduta descrita configura-se como crime de resistência (art. 329 CP), e não desobediência (art. 330 CP).*

**Desobediência**

**Art. 330** – **Desobedecer** a ordem legal de funcionário público:

Pena – detenção, de quinze dias a seis meses, e multa.

## 1. Desobediência

- Bem jurídico: *preservação da autoridade e prestígio inerente à Administração Pública.*
- Núcleo do tipo: *Desobedecer.*
- Objeto material: *ordem dada.*
- Sujeito ativo: *crime comum. Incluindo o funcionário público quando não se referir as suas funções precípuas, visto que se tiverem a ver com suas funções estará diante do crime de prevaricação.*
- Sujeito passivo: *a priori trata-se do Estado, em momento posterior o funcionário público autor da ordem desobedecida.*
- Elemento subjetivo: *dolo. Não se exige elemento subjetivo e não se pune a forma culposa.*
- Consumação: *no momento em que se desatende a uma ordem legal emanada do funcionário público.*
- Tentativa: *é passível de tentativa quando a desobediência se der por alguma ação.*
- Ação Penal: *pública incondicionada*
- Lei 9.099/95: *trata-se de infração de menor potencial ofensivo, aplica-se, portanto, a Lei 9.099/95*

► **CLASSIFICAÇÃO:**

COMUM → FORMAL → DE DANO → DE FORMA LIVRE → COMISSIVO (regra) → INSTANTÂNEO → UNISSUBJETIVO → PLURISSUBSISTENTE

2. **Conduta:** ocorre a ação quando o agente desobedece, descumpre uma ordem legal emanada do agente púbico competente para cumpri-la. Se a ordem for ilegal, o crime não estará configurado.

**Aplicação em concurso:**

- ***Ano: 2017 Banca: FCC Órgão: TRF – 5ª REGIÃO Prova: Técnico Judiciário – Segurança e Transporte***

  José desatendeu ordem ilegal de funcionário Público e deixou o local em que tal ordem lhe fora dada. A conduta de José

  D) não tipificou os crimes de desobediência, desacato ou resistência.

  *Gabarito: d*

  *Não configurou o crime, pois a ordem desatendida por José era ilegal. Os demais crimes são crimes próprios, praticados por funcionário público.*

3. **Casos diferenciados de capitulação:** o próprio Código Penal traz outra modalidade de desobediência, vide art. 359. O CTB (Lei nº 9.503/97) também faz alusão a uma forma de desobediência, vide art. 307. Lei da Ação Civil Pública (Lei nº 7348/85) faz referência em seu art. 10, bem como, no Código Penal Militar (Decreto-Lei nº 1001/69) em seu art. 301 a luz de seu art. 9º.

► **Aplicação pelo STJ:**

**STJ: Não configura o crime de desobediência (art. 330 do CP) a conduta de Defensor Público Geral que deixa de atender à requisição judicial de nomeação de defensor público para atuar em determinada ação penal.** Nessa moldura, o ato de não atendimento por parte de Defensor Público Geral de requisição emanada de juiz de direito para destacar um defensor para a ação penal que preside não se confunde com crime de desobediência por falta de cumprimento por autoridade pública de decisão legal ou judicial. (STJ. 6ª Turma. HC 310.901-SC, Rel. Min. Nefi Cordeiro, julgado em 16/6/2016) (Info 586)

**STJ:** Não se configura o crime de desobediência na hipótese em que as notificações do responsável pelo cumprimento da ordem foram encaminhadas por via postal, sendo os avisos de recebimento subscritos por terceiros. Para caracterizar o delito de desobediência, **exige-se a notificação pessoal do responsável pelo cumprimento da ordem**, demonstrando a ciência inequívoca da sua existência e, após, a intenção deliberada de não cumpri-la. (HC 226.512-RJ, Rei. Min. Sebastião Reis Júnior, julgado em 9/10/2012) (Info 506). **Desacato**

**Art. 331** – **Desacatar** funcionário público no exercício da função ou em razão dela:

Pena – detenção, de seis meses a dois anos, ou multa.

1. **Desacato**

- Bem jurídico: *resguardar o respeito da função pública e o regular andamento das atividades administrativas.*

- Núcleo do tipo: *desacatar.*
- Objeto material: *funcionário público.*
- Sujeito ativo: *qualquer pessoa pode praticar (crime comum)*
- Sujeito passivo: *a priori trata-se do Estado, em momento posterior o servidor ofendido*
- Elemento subjetivo: *dolo. Não se exige elemento subjetivo e não se pune a forma culposa.*
- Consumação: *trata-se de crime formal, assim sendo, consuma-se no momento que o funcionário público toma conhecimento do ato humilhante e ofensivo. Não importa se o mesmo sentiu-se diminuído ou não.*
- Tentativa: *a doutrina majoritária entende que não é possível a tentativa, exceto quando for praticada verbalmente.*
- Ação Penal: *pública incondicionada*
- Lei 9.099/95: *trata-se de infração de menor potencial ofensivo, aplica-se, portanto, a Lei 9.099/95.*

▶ **CLASSIFICAÇÃO:**

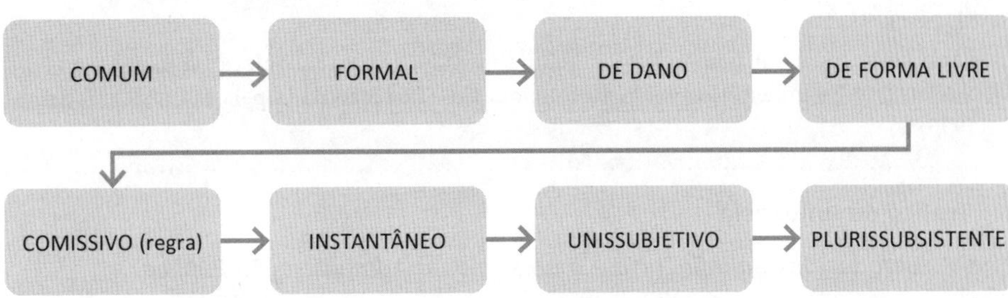


2. **Conduta:** o crime visa proteger o exercício legítimo do cargo público exercido por um agente que representa o Estado e o interesse público. Para que o agente exerça suas funções protegido contra ofensas, o direito penal tipificou a conduta de desacato.

   **2.1. Núcleo do tipo:** desacatar significa realizar uma conduta que possa menosprezar a função pública exercida por uma determinada pessoa.

---

▶ **ATENÇÃO: para que o desacato se configure, faz-se necessário que a conduta ocorra na presença do funcionário público.**

---

3. **Crime comissivo:** o verbo desacatar normalmente é realizado através de ação e excepcionalmente comissivo por omissão;

4. **Sujeito passivo:** a vítima será o servidor ofendido, no entanto, neste caso, somente será considerado funcionário público aqueles constantes no art. 327, caput, não abrangendo a figura do funcionário equiparado.

► **Aplicação pelo STJ**

> **STJ: o tribunal entendeu que o crime de desacato é de natureza comum, portanto, pode ser praticado por qualquer pessoa, inclusive, funcionário público, seja ele superior ou inferior hierárquico à vítima**. Isto porque o bem jurídico a ser tutelado é o prestígio da função pública, portanto, o sujeito passivo principal é o Estado e, secundariamente, o funcionário ofendido. (HC 104.921-SP, Rei. Min. Jane Silva (Desembargadora convocada do TJ-MG}, julgado em 21/5/2009).

5. **Crimes militares:** respeitando o princípio da especialidade temos os artigos 298, 299 e 300 do Código Penal Militar quando praticados na forma do art. 9º do mesmo diploma.

**Tráfico de Influência** (Redação dada pela Lei nº 9.127, de 1995)

**Art. 332 – Solicitar, exigir, cobrar** ou **obter**, para si ou para outrem, vantagem ou promessa de vantagem, a pretexto de influir em ato praticado por funcionário público no exercício da função: (Redação dada pela Lei nº 9.127, de 1995)

Pena – reclusão, de 2 (dois) a 5 (cinco) anos, e multa. (Redação dada pela Lei nº 9.127, de 1995)

Parágrafo único – A pena é aumentada da metade, se o agente alega ou insinua que a vantagem é também destinada ao funcionário. (Redação dada pela Lei nº 9.127, de 1995)

1. **Tráfico de Influência**

- Bem jurídico: *a influência e o prestígio da Administração Pública.*
- Núcleo do tipo: *solicitar – exigir – cobrar – obter.*
- Objeto material: *vantagem.*
- Sujeito ativo: *crime comum.*
- Sujeito passivo: *a priori trata-se do Estado e de modo secundário aquele que paga a "mediação".*
- Elemento subjetivo: *dolo.*
- Consumação: *nos núcleos – solicitar, exigir e cobrar – o crime se consuma com a prática de qualquer uma dessas condutas, independe da obtenção da vantagem. Referente ao núcleo – obter – deve o indivíduo auferir a vantagem.*
- Tentativa: *é admitida a tentativa quando esta se der de forma escrita.*
- Ação Penal: *pública incondicionada.*
- Lei 9.099/95: *não se admite nenhum dos benefícios da referida lei.*

- **CLASSIFICAÇÃO:**

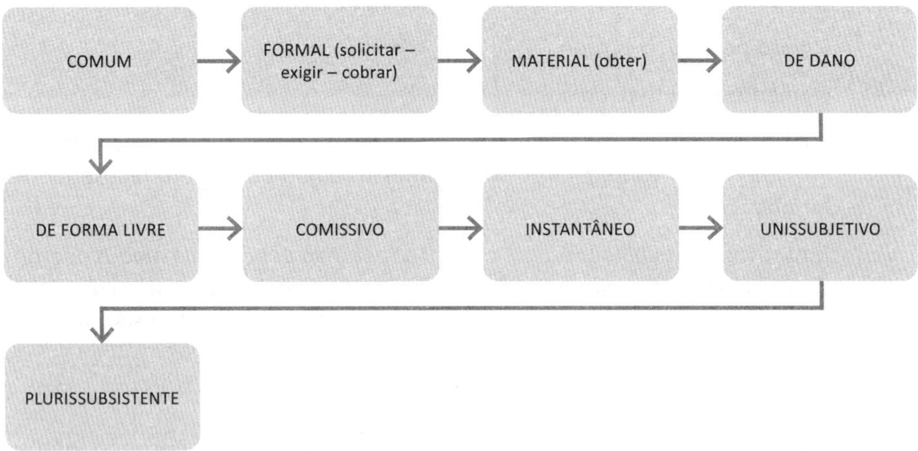


2. **Conduta:** a conduta se perfaz no momento em que o agente, ainda que simulando, prestígio com determinado servidor solicite, exija, cobre ou obtenha para si ou para outrem vantagem ou promessa de vantagem de qualquer natureza a título de que se faça tal mediação.

   **2.1. Finalidade da conduta:** Neste caso se exige elemento subjetivo específico de vantagem para si ou para outrem.

3. **Aumento de pena – art. 322, parágrafo único do CP:** eleva-se a pena na metade quando o agente, ainda que de forma sutil, der a entender que a vantagem será destinada também ao funcionário que irá praticar o ato.

4. **Norma especial:** art. 336, do Código Penal Militar, quando a conduta praticada na forma do art. 9º do mesmo diploma legal.

**Corrupção ativa**

**Art. 333** – **Oferecer** ou **prometer** vantagem indevida a funcionário público, para determiná-lo a praticar, omitir ou retardar ato de ofício:

Pena – reclusão, de 2 (dois) a 12 (doze) anos, e multa. (Redação dada pela Lei nº 10.763, de 12.11.2003)

Parágrafo único – A **pena é aumentada de um terço**, se, em razão da vantagem ou promessa, o funcionário **retarda** ou **omite** ato de ofício, ou o **pratica** infringindo dever funcional.

1. **Corrupção Ativa**
   - Bem jurídico: *probidade da Administração Pública.*
   - Núcleo do tipo: *oferecer – prometer*

- Objeto material: *vantagem.*
- Sujeito ativo: *qualquer pessoa (crime comum)*
- Sujeito passivo: *o Estado.*
- Elemento subjetivo: *dolo.*
- Consumação: *o crime se consuma no momento que o funcionário toma conhecimento da vantagem ou sua promessa, ainda que este o recuse (crime formal)*
- Tentativa: *a possibilidade de se admitir a tentativa depende do modus operandi do corruptor, ou seja, se esta se der por meio verbal ou gestual o crime, não se admitirá a tentativa, no entanto se ocorrer de forma escrita será possível admiti-la.*
- Ação Penal: *pública incondicionada.*
- Lei 9.099/95: *não é infração de menor potencial ofensivo, portanto, não se admite nenhum dos benefícios da Lei 9.099/95.*

► **CLASSIFICAÇÃO:**

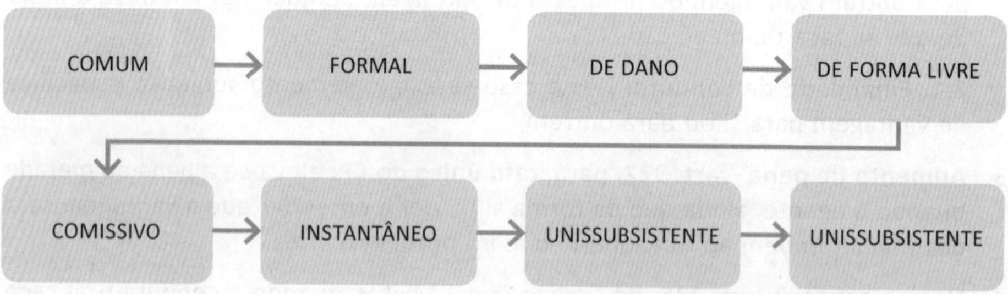


2. **Conduta:** o crime em análise pune o particular que pratica crime contra a administração pública. Trata-se de exceção a teoria monista do art. 29 do CP com relação ao concurso de pessoas. Assim, caso o particular ofereça a vantagem indevida e o funcionário público a aceite teremos configurados, respectivamente os crimes do artigo 333 e 317, ambos do Código Penal, ressaltando-se que a condenação do corrupto passivo não está vinculada a condenação do corrupto ativo.

**Aplicação em concurso:**

- **Ano: 2018 Banca: CESPE Órgão: EMAP Prova: CESPE – 2018 – EMAP – Analista Portuário – Área Jurídica**

  Julgue o item seguinte, a respeito dos crimes contra a administração pública.

  As condutas dos ilícitos de corrupção passiva e de corrupção ativa são bilaterais e, assim, a condenação do corrupto passivo está vinculada à condenação do corruptor ativo.

  ( ) Certo ( ) Errado

*Gabarito: errado*

*A condenação do corrupto passivo não está vinculada a condenação do corrupto ativo, estando, portanto, errada a afirmação da questão.*

**2.1. Núcleos do tipo:** crime de ação múltipla: (i) oferecer que significa propor, ou deixar a vista do funcionário de forma a deixar à sua disposição; (ii) prometer é a conduta daquele que se diz obrigado a fazer ou entregar algo futuramente;

3. **Tipo penal misto alternativo:** o crime prevê várias condutas, praticando qualquer delas, ou ainda mais de uma, o agente responderá somente por um crime.

4. **Causa de aumento de pena – art. 333, parágrafo único:** a pena do agente será aumentada em 1/3 (um terço) se em consequência da conduta do agente, o funcionário violar os seus deveres relativos ao cargo público que possui.

5. **Normas especiais:** respeitando o princípio da especialidade temos o art. 41-D do Estatuto do Torcedor (Lei n. 10.671/03), bem como, art. 309, do Código Penal Militar, quando a conduta praticada na forma do art. 9º do mesmo diploma legal.

**Descaminho**

**Art. 334.** Iludir, no todo ou em parte, o pagamento de direito ou imposto devido pela entrada, pela saída ou pelo consumo de mercadoria (Redação dada pela Lei nº 13.008, de 26.6.2014)

Pena - reclusão, de 1 (um) a 4 (quatro) anos. (Redação dada pela Lei nº 13.008, de 26.6.2014)

§ 1º Incorre na mesma pena quem: (Redação dada pela Lei nº 13.008, de 26.6.2014)

I – pratica navegação de cabotagem, fora dos casos permitidos em lei; (Redação dada pela Lei nº 13.008, de 26.6.2014)

II – pratica fato assimilado, em lei especial, a descaminho; (Redação dada pela Lei nº 13.008, de 26.6.2014)

III – vende, expõe à venda, mantém em depósito ou, de qualquer forma, utiliza em proveito próprio ou alheio, no exercício de atividade comercial ou industrial, mercadoria de procedência estrangeira que introduziu clandestinamente no País ou importou fraudulentamente ou que sabe ser produto de introdução clandestina no território nacional ou de importação fraudulenta por parte de outrem; (Redação dada pela Lei nº 13.008, de 26.6.2014)

IV – adquire, recebe ou oculta, em proveito próprio ou alheio, no exercício de atividade comercial ou industrial, mercadoria de procedência estrangeira, desacompanhada de documentação legal ou acompanhada de documentos que sabe serem falsos. (Redação dada pela Lei nº 13.008, de 26.6.2014)

§ 2º Equipara-se às atividades comerciais, para os efeitos deste artigo, qualquer forma de comércio irregular ou clandestino de mercadorias estrangeiras, inclusive o exercido em residências. (Redação dada pela Lei nº 13.008, de 26.6.2014)

§ 3º A pena aplica-se em dobro se o crime de descaminho é praticado em transporte aéreo, marítimo ou fluvial. (Redação dada pela Lei nº 13.008, de 26.6.2014)

**1. Descaminho**

- Bem jurídico: *erário público.*
- Núcleo do tipo: *iludir (figura do caput) – vender – expor – manter – utilizar – introduziu – importar (praticados pelo comerciante ou industrial).*
- Objeto material: *direito ou imposto devido.*
- Sujeito ativo: *pode ser praticado por qualquer pessoa (crime comum). O funcionário público encarregado de prevenir ou reprimir o descaminho, que auxilie sua ocorrência, não será tratado como concorrente no crime em comento, responderá pelo crime de facilitação de contrabando ou descaminho.*
- Sujeito passivo: *o Estado.*
- Elemento subjetivo: *dolo. Neste caso não se exige elemento subjetivo específico.*
- Consumação: *o crime se aperfeiçoa com a liberação pela alfândega sem que tenha ocorrido o pagamento dos impostos devidos.*
- Tentativa: *é admitida.*
- Ação Penal: *pública incondicionada.*
- Lei 9.099/95*: não é considerado infração de menor potencial ofensivo, podendo, no entanto, ocorrer a suspensão condicional do processo nos termos do art. 89 da Lei 9.099/95, desde que não incida na majorante do §3º.*

► **CLASSIFICAÇÃO:**

COMUM → FORMAL → DE DANO → DE FORMA LIVRE → COMISSIVO → INSTANTÂNEO → UNISSUBJETIVO → UNISSUBSISTENTE

**2. Conduta:** o agente busca iludir, mediante artifício ardil ou outro meio fraudulento, o pagamento do direito ou imposto devido em face de entrada ou saída de mercadoria não proibida, não ilícita.

**3. Majorante de pena – art. 334, §3º do CP:** a pena será aumentada em dobro nas hipóteses em que o crime é praticado através de transporte aéreo, marítimo ou fluvial.

**4. Competência:** juízo federal do lugar da apreensão dos bens – Súmula 151 do STJ. No entanto a doutrina entende que se os tributos, não recolhidos, forem estaduais estaremos diante da competência estadual.

▶ **Súmula relevante:**

**Súmula 151 STJ:** A competência para o processo e julgamento por crime de contrabando ou descaminho define-se pela prevenção do Juízo Federal do lugar da apreensão dos bens.

5. **Princípio da insignificância***:* incide o princípio da insignificância aos crimes tributários federais e de descaminho quando o débito tributário verificado não ultrapassar o limite de R$ 20.000,00 (vinte mil reais), a teor do disposto no art. 20 da Lei n.10.522/2002, com as atualizações efetivadas pelas Portarias n. 75 e 130, ambas do Ministério da Fazenda. Trata-se de posicionamento adotado pelo STF e STJ.

6. **Princípio da insignificância e reiteração criminosa**:Não será aplicado o princípio da insignificância se houver reiteração criminosa.

▶ **Aplicação pelo STJ:**

**STJ: seguindo a posição do STF sobre o tema, o STJ passou a entender pela aplicação do princípio da insignificância quando o débito não exceder R$ 20.000,00 (vinte mil reais). Sendo assim, se buscou adequar os valores, considerando os princípios da segurança jurídica, da proteção da confiança e da isonomia,** revendo o entendimento firmado, o qual tem considerado o parâmetro fixado nas Portarias n. 75 e 130/MF – R$ 20.000,00 (vinte mil reais) para aplicação do princípio da insignificância aos crimes tributários federais e de descaminho, seguindo o mesmo entendimento adotado pelo STF. RECURSO ESPECIAL: REsp 1616320 PR 2016/0194406-2 – DJ – 26.04.2017.

**STJ:** **A reiteração criminosa inviabiliza a aplicação do princípio da insignificância nos crimes de descaminho, ressalvada a possibilidade de, no caso concreto, as instâncias ordinárias verificarem que a medida é socialmente recomendável**. (EREsp 1.217.514-RS, Rel. Min. Reynaldo Soares da Fonseca, julgado em 9/12/2015, DJe 16/12/2015).

**STJ:** O Supremo Tribunal Federal e o Superior Tribunal de Justiça firmaram compreensão no sentido de que **a consumação do crime de descaminho independe da constituição definitiva do crédito tributário, haja vista tratar de crime formal, diversamente dos crimes tributários listados na Súmula Vinculante nº 24 do Pretório** Excelso. **Cuidando-se de crime formal, mostra-se irrelevante o parcelamento e pagamento do tributo, não se inserindo ademais, o crime de descaminho entre as hipóteses de extinção da punibilidade listadas na Lei n.10.684/2993.** De fato, referida lei se aplica apenas aos delitos de sonegação de contribuição previdenciária. Dessa forma, cuidando-se de crime de descaminho, não há que se faalr em extinção de punibilidade pelo pagamento. (HC271.650/PE, DJe 09/03/2016).

**Aplicação em concurso:**

- ***Ano: 2015 Órgão: TRF – 2ª Região Prova: Juiz Federal Substituto***

  Assinale a opção correta:

A) Quando o falso se exaure no descaminho, sem mais potencialidade lesiva, é por este absorvido, como crime-fim, condição que não se altera por ser menor a pena a este cominada.

*Gabarito: a*

*Quando o falso se exaure no descaminho, sem mais potencialidade lesiva, é por este absorvido, como crime-fim, condição que não se altera por ser menor a pena a este cominada. (REsp 1.378.053-PR, Rel. Min. Nefi Cordeiro, Terceira Seção, julgado em 10/8/2016, DJe 15/8/2016)*

**Contrabando**

**Art. 334-A. Importar** ou **exportar** mercadoria proibida: (Incluído pela Lei nº 13.008, de 26.6.2014)

Pena – reclusão, de 2 (dois) a 5 (cinco) anos. (Incluído pela Lei nº 13.008, de 26.6.2014)

§ 1º **Incorre na mesma pena** quem:(Incluído pela Lei nº 13.008, de 26.6.2014)

I – pratica fato assimilado, em lei especial, a contrabando;(Incluído pela Lei nº 13.008, de 26.6.2014)

II – importa ou exporta clandestinamente mercadoria que dependa de registro, análise ou autorização de órgão público competente; (Incluído pela Lei nº 13.008, de 26.6.2014)

III – reinsere no território nacional mercadoria brasileira destinada à exportação; (Incluído pela Lei nº 13.008, de 26.6.2014)

IV – vende, expõe à venda, mantém em depósito ou, de qualquer forma, utiliza em proveito próprio ou alheio, no exercício de atividade comercial ou industrial, mercadoria proibida pela lei brasileira; (Incluído pela Lei nº 13.008, de 26.6.2014)

V – adquire, recebe ou oculta, em proveito próprio ou alheio, no exercício de atividade comercial ou industrial, mercadoria proibida pela lei brasileira. (Incluído pela Lei nº 13.008, de 26.6.2014)

§ 2º – **Equipara-se às atividades comerciais**, para os efeitos deste artigo, qualquer forma de comércio irregular ou clandestino de mercadorias estrangeiras, inclusive o exercido em residências. (Incluído pela Lei nº 4.729, de 14.7.1965)

§ 3º A **pena aplica-se em dobro** se o crime de contrabando é praticado em transporte aéreo, marítimo ou fluvial. (Incluído pela Lei nº 13.008, de 26.6.2014)

## 1. Contrabando

- Bem jurídico: *erário público.*
- Núcleo do tipo: *importar – exportar.*
- Objeto material: *mercadoria proibida.*
- Sujeito ativo: *pode ser praticado por qualquer pessoa (crime comum). O funcionário público encarregado de prevenir ou reprimir o contrabando, que auxilie sua ocorrência responde pelo crime de facilitação de contrabando ou descaminho.*

- Sujeito passivo: *o Estado;*
- Elemento subjetivo: *dolo.*
- Consumação: *o crime se consuma quando a mercadoria proibida passa pelas barreiras fiscais, ainda que a mercadoria não tenha chegado em seu destino final.*
- Tentativa: *é admitida a tentativa.*
- Ação Penal: *pública incondicionada.*
- Lei 9.099/95: *não é infração de menor potencial ofensivo, portanto, não se admite nenhum dos benefícios da Lei 9.099/95.*

► **CLASSIFICAÇÃO:**

COMUM → FORMAL → DE DANO → DE FORMA LIVRE

→ COMISSIVO → INSTANTÂNEO → UNISSUBJETIVO → UNISSUBSISTENTE

2. **Conduta:** trata-se da importação ou a exportação de mercadoria proibida no país, configurando-se, portanto a importação ou exportação clandestina.
3. **Figuras equiparadas – art. 334-A, §1º do CP:** o legislador ampliou a aplicação do crime para as condutas que equiparou ao caput, portanto, a pena será a mesma que ali conta.
4. **Causa de aumento de pena – art. 334- §3º do CP:** A pena aplica-se em dobro se o crime de contrabando é praticado em transporte aéreo, marítimo ou fluvial.

**Aplicação em concurso:**

- **Ano: 2018 Banca: CESPE Órgão: Polícia Federal Prova: CESPE – 2018 – Polícia Federal – Escrivão de Polícia Federal**

  João integra uma organização criminosa que, além de contrabandear e armazenar, vende, clandestinamente, cigarros de origem estrangeira nas ruas de determinada cidade brasileira.

  A partir dessa situação hipotética, julgue o item subsequente.

  Considere que João e sua organização criminosa utilizem transporte marítimo clandestino para fazer ingressarem no território brasileiro os cigarros contrabandeados. Nessa situação, a pena pelo crime de contrabando será aumentada pela metade.

  ( ) Certo ( ) Errado

  *Gabarito: Errado*

*De acordo com o artigo 334-A do CP, a pena será aplicada em DOBRO, não aumentada pela metade.*

5. **Competência:** juízo federal do lugar da apreensão dos bens – Súmula 151 do STJ. No entanto a doutrina entende que se os tributos, não recolhidos, forem estaduais estaremos diante da competência estadual.

► **Súmula relevante:**

**Súmula 151 STJ:** A competência para o processo e julgamento por crime de contrabando ou descaminho define-se pela prevenção do Juízo Federal do lugar da apreensão dos bens.

6. **Princípio da insignificância:** diferente do que ocorre no crime de descaminho, os tribunais não admitem a aplicação do princípio da insignificância ao crime de contrabando.

► **Aplicação pelo STF:**

**STF:** A Turma denegou habeas corpus em que se requeria a aplicação do princípio da insignificância em favor de pacientes surpreendidos ao portarem cigarros de origem estrangeira desacompanhados de regular documentação. (HC 110964/SC, rei. Min. Gilmar Mendes, 7.2.2012) (Info 654)

**STF: É inaplicável o princípio da insignificância ao crime de contrabando, onde o bem juridicamente tutelado vai além do mero valor pecuniário do imposto elidido,** alcançando também o interesse estatal de impedir a entrada e a comercialização de produtos proibidos em território nacional. (STJ: AgRg no AREsp 520289/PR).

► **Aplicação pelo STJ:**

**STJ: Configura crime de contrabando a importação de colete à prova de balas sem prévia autorização do Comando do Exército.** A importação de colete à prova de balas está sujeita à proibição relativa e, por conseguinte, configura crime de contrabando quando realizada fora dos moldes previstos nesse regulamento. (STJ. 6ª Turma. RHC 62.851-PR, Rel. Min. Sebastião Reis Júnior, julgado em 16/2/2016) (Info 577).

**Impedimento, perturbação ou fraude de concorrência**

**Art. 335 – Impedir, perturbar** ou **fraudar** concorrência pública ou venda em hasta pública, promovida pela administração federal, estadual ou municipal, ou por entidade paraestatal; **afastar** ou **procurar afastar** concorrente ou licitante, por meio de violência, grave ameaça, fraude ou oferecimento de vantagem:

Pena – detenção, de seis meses a dois anos, ou multa, além da pena correspondente à violência.

Parágrafo único – **Incorre na mesma pena** quem se abstém de concorrer ou licitar, em razão da vantagem oferecida.

Antes de adentrarmos no estudo deste tipo, nos resta observar que parte da doutrina entende ter sido ele revogado pela Lei de Licitação e Contrato, por seus artigos: 90, 93, 95, 96 e 98. Mas há quem defenda de que a revogação não foi total, mas sim parcial, permanecendo nos termos do Código Penal o impedimento, a perturbação ou a fraude em hasta pública.

**1. Impedimento, perturbação ou fraude de concorrência**

- Bem jurídico: *Moralidade dos atos da Administração Pública.*
- Núcleo do tipo: *impedir – perturbar – fraudar*
- Objeto material: *concorrência pública.*
- Sujeito ativo: *pode ser praticado por qualquer pessoa (crime comum).*
- Sujeito passivo: *a priori é o Estado, e de forma secundária aquele que tem seu interesse lesado pela conduta do agente ativo.*
- Elemento subjetivo: *dolo.*
- Consumação: *o delito se consuma com o impedimento do leilão, ou, pela perturbação/fraude da hasta.*
- Tentativa: *é admitida a tentativa*
- Ação Penal: *pública incondicionada.*
- Lei 9.099/95: *não se trata de infração de menor potencial ofensivo, mas cabe a suspensão condicional do processo.*

► **CLASSIFICAÇÃO:**

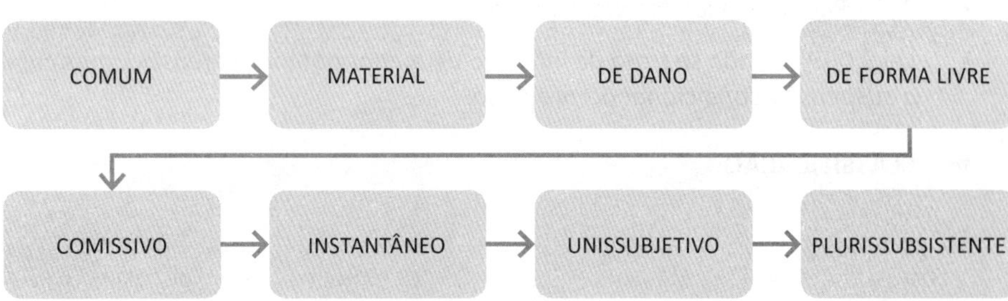


2. **Concurso obrigatório de crimes:** no preceito secundário do crime, o legislador indica de forma expressa o concurso de crimes, quando houver violência. Neste caso será aplicado o concurso formal impróprio de crimes, nos termos do art. 70, segunda parte do CP.

3. **Conduta equiparada – art. 335, parágrafo único**: trata-se de figura equiparada que receberá a aplicação da mesma pena indicada no preceito secundário do caput do dispositivo. Neste caso será a conduta praticada por competidor que se abstém de concorrer ou licitar, em razão da vantagem que lhe é oferecida.

**Inutilização de edital ou de sinal**

**Art. 336** – **Rasgar** ou, de qualquer forma, **inutilizar** ou **conspurcar** edital afixado por ordem de funcionário público; violar ou inutilizar selo ou sinal empregado, por determinação legal ou por ordem de funcionário público, para identificar ou cerrar qualquer objeto:

Pena – detenção, de um mês a um ano, ou multa.

## 1. Inutilização de edital ou de sinal

- Bem jurídico: *regular desenvolvimento das atividades da Administração Pública.*
- Núcleo do tipo: *resgatar – inutilizar – conspurcar – violar.*
- Objeto material: *é o edital afixado (quanto as condutas: rasgar, inutilizar ou conspurcar) e o selo (nas condutas: violar ou inutilizar).*
- Sujeito ativo: *crime comum.*
- Sujeito passivo: *a priori é o Estado, secundariamente o prejudicado pela conduta do agente.*
- Elemento subjetivo: *dolo. Neste caso não se exige elemento subjetivo específico.*
- Consumação: *o crime se consuma com o cometimento de qualquer uma das ações nucleares, ainda que o dano seja parcial.*
- Tentativa: *é admitida.*
- Ação Penal: *pública incondicionada.*
- Lei 9.099/95*: não se trata de infração de menor potencial ofensivo, mas cabe a suspensão condicional do processo.*

► **CLASSIFICAÇÃO:**

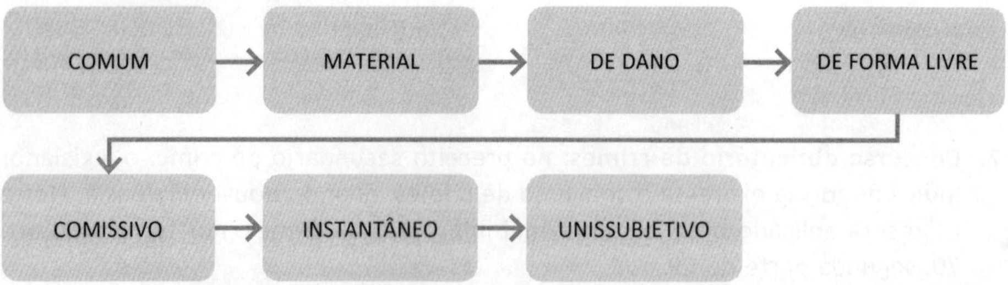


2. **Conduta:** quanto às condutas – rasgar, inutilizar ou conspurcar (sujar ou impossibilitar a leitura) o edital afixado por ordem de funcionário público. Quanto o – violar ou inutilizar – selo ou sinal para identificar ou cerrar qualquer objeto.

3. **Crime comissivo:** *os verbos implicam em ações, admitindo, excepcionalmente a modalidade comissiva por omissão.*

**Subtração ou inutilização de livro ou documento**

**Art. 337** - **Subtrair**, ou **inutilizar**, total ou parcialmente, livro oficial, processo ou documento confiado à custódia de funcionário, em razão de ofício, ou de particular em serviço público:

Pena - reclusão, de dois a cinco anos, se o fato não constitui crime mais grave.

1. **Subtração ou inutilização de livro ou documento**

- Bem jurídico: *proteção de livros oficiais, processos ou documentos em custódia de funcionário.*
- Núcleo do tipo: *subtrair – inutilizar.*
- Objeto material: *livro oficial, processo ou documento.*
- Sujeito ativo: *qualquer pessoa pode praticar (crime comum). Inclui-se o funcionário público, desde que não esteja no dever guarda dos objetos.*
- Sujeito passivo: *a priori o Estado, secundariamente o particular prejudicado.*
- Elemento subjetivo: *dolo.*
- Consumação: *há divergência na doutrina, onde parte sustenta que a consumação ocorre no momento da subtração ou inutilização, independente do dano causado, ao passo que outra corrente entende para que haja a consumação é imprescindível que o dano a regularidade administrativa ocorra.*
- Tentativa: *é admitida.*
- Ação Penal: *pública incondicionada.*
- Lei 9.099/95*: não é infração de menor potencial ofensivo, portanto, não se admite nenhum dos benefícios da Lei 9.099/95.*

► **CLASSIFICAÇÃO:**

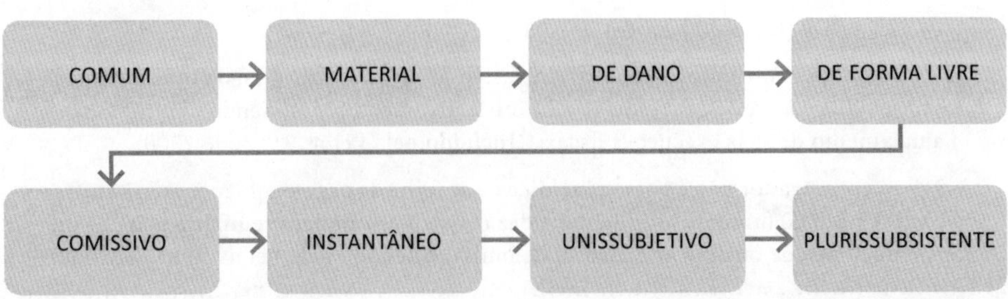

2. **Conduta:** a conduta do tipo penal em comento, na verdade já é punida em vários momentos pelo Código Penal, sendo que com documentos específicos indicados no tipo, ou os sujeitos ativos envolvidos diversos. O crime do art. 337 do CP restará configurado quando a conduta envolver os mesmos documentos do art. 314 do CP, com a diferença de que, quem pratica o crime, é o particular, ou um funcionário que age como particular.

**2.1. Custódia do objeto material:** o objeto material do crime é processo, livro oficial ou documento deve estar sob custódia de funcionário público ou particular em serviço público.

3. **Crime subsidiário:** o crime do art. 337 é subsidiário, visto a expressão colocada pelo legislador no preceito secundário da norma,segundo a qual, a pena será de dois a cinco anos se a conduta não constituir crime mais grave.

**Sonegação de contribuição previdenciária (Incluído pela Lei nº 9.983, de 2000)**

Art. 337-A. **Suprimir** ou **reduzir** contribuição social previdenciária e qualquer acessório, mediante as seguintes condutas: (Incluído pela Lei nº 9.983, de 2000)

I - omitir de folha de pagamento da empresa ou de documento de informações previsto pela legislação previdenciária segurados empregado, empresário, trabalhador avulso ou trabalhador autônomo ou a este equiparado que lhe prestem serviços; (Incluído pela Lei nº 9.983, de 2000)

II - deixar de lançar mensalmente nos títulos próprios da contabilidade da empresa as quantias descontadas dos segurados ou as devidas pelo empregador ou pelo tomador de serviços; (Incluído pela Lei nº 9.983, de 2000)

III - omitir, total ou parcialmente, receitas ou lucros auferidos, remunerações pagas ou creditadas e demais fatos geradores de contribuições sociais previdenciárias:(Incluído pela Lei nº 9.983, de 2000)

Pena - reclusão, de 2 (dois) a 5 (cinco) anos, e multa. (Incluído pela Lei nº 9.983, de 2000)

§ 1º É **extinta a punibilidade** se o agente, espontaneamente, declara e confessa as contribuições, importâncias ou valores e presta as informações devidas à previdência social, na forma definida em lei ou regulamento, antes do início da ação fiscal. (Incluído pela Lei nº 9.983, de 2000)

§ 2º É **facultado ao juiz deixar de aplicar a pena** ou **aplicar somente a de multa** se o agente for primário e de bons antecedentes, desde que: (Incluído pela Lei nº 9.983, de 2000)

I - (VETADO) (Incluído pela Lei nº 9.983, de 2000)

II - o valor das contribuições devidas, inclusive acessórios, seja igual ou inferior àquele estabelecido pela previdência social, administrativamente, como sendo o mínimo para o ajuizamento de suas execuções fiscais. (Incluído pela Lei nº 9.983, de 2000)

§ 3º Se o **empregador não é pessoa jurídica** e sua folha de pagamento mensal não ultrapassa R$ 1.510,00 (um mil, quinhentos e dez reais), o juiz **poderá reduzir a pena** de um terço até a metade ou aplicar apenas a de multa. (Incluído pela Lei nº 9.983, de 2000)

§ 4º O valor a que se refere o parágrafo anterior será reajustado nas mesmas datas e nos mesmos índices do reajuste dos benefícios da previdência social. (Incluído pela Lei nº 9.983, de 2000)

## 1. Sonegação de contribuição previdenciária

- Bem jurídico: *Proteção das fontes de custeio da previdência social.*
- Núcleo do tipo: *suprimir – reduzir*
- Objeto material: *contribuição previdenciária omitida ou não lançada, e os seus acessórios nos termos da lei.*
- Sujeito ativo: *somente pratica o crime quem tenha capacidade especial de lançar informações, onde conste direito e deveres, junto a Previdência Social. O STJ tem sustentado que qualquer pessoa pode figurar como sujeito ativo do crime (STJ HC73.741*
- Sujeito passivo: *a Administração Pública – Previdência Social.*
- Elemento subjetivo: *dolo.*
- Consumação: *o crime se consuma, ainda que de forma parcial, com a supressão ou redução.*
- Tentativa: *não se admite tentativa por ser crime omissivo próprio.*
- Ação Penal: *pública incondicionada.*
- Lei 9.099/95: *não é infração de menor potencial ofensivo, portanto, não se admite nenhum dos benefícios da Lei 9.099/95.*

► **CLASSIFICAÇÃO:**

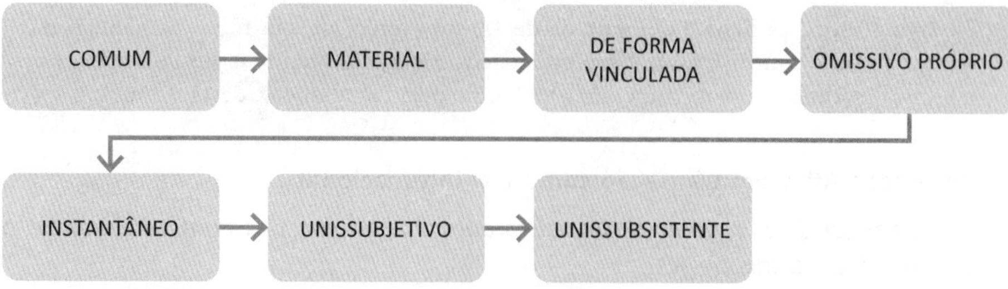


2. **Conduta:** *eliminar ou deixar de pagar, bem como diminuir ou recolher menos que o devido referente as contribuições previdenciárias*

3. **Norma penal em branco:** o inciso I do dispositivo é norma penal em branco heterogênea, visto que precisa ser complementada pelo Decreto 3.048/99.

4. **Extinção da punibilidade – art. 337-A, §1º do CP:** há a possibilidade do agente espontaneamente declarar e confessar as informações e valores devidos antes do início da ação penal. O prazo final para pagamento é o início da ação fiscal. Ver art. 83, §4º da Lei 9.430/96.

5. **Perdão judicial – art. 337-A, §2º do CP:** possibilidade de ser aplicado ao contribuinte o perdão judicial ou a imposição da pena de multa, alternativamente, mas para isso deve-se, de forma cumulativa: (i) réu não reincidente; (ii) bons antecedentes; (iii) dívida de pequeno valor.

6. **Redução de pena – art. 337-A, §3º e 4º do CP:** se a sonegação não tiver sido praticada por pessoa jurídica, e a folha de pagamento não for maior que R$ 1.510,00 (mil quinhentos e dez reais), poderá o juiz reduzir a pena de 1/3 (um terço) até metade. Já o §4º determina o reajuste do valor mencionado no parágrafo seguinte deverá sofrer ajuste nas mesmas datas dos reajustes dos benefícios da previdência social.

7. **Competência:** será a competência para processo e julgamento do crime em comento é da Justiça Federal.

## CAPÍTULO II-A
**(Incluído pela Lei nº 10.467, de 11.6.2002)**

## DOS CRIMES PRATICADOS POR PARTICULAR CONTRA A ADMINISTRAÇÃO PÚBLICA ESTRANGEIRA

### Corrupção ativa em transação comercial internacional

**Art. 337-B. Prometer, oferecer** ou **dar**, direta ou indiretamente, vantagem indevida a funcionário público estrangeiro, ou a terceira pessoa, para determiná-lo a praticar, omitir ou retardar ato de ofício relacionado à transação comercial internacional: (Incluído pela Lei nº 10467, de 11.6.2002)

Pena – reclusão, de 1 (um) a 8 (oito) anos, e multa. (Incluído pela Lei nº 10467, de 11.6.2002)

Parágrafo único. A **pena é aumentada** de 1/3 (um terço), se, em razão da vantagem ou promessa, o funcionário público estrangeiro retarda ou omite o ato de ofício, ou o pratica infringindo dever funcional. (Incluído pela Lei nº 10467, de 11.6.2002)

1. **Corrupção Ativa em transação comercial internacional**

- Bem jurídico: *regular desenvolvimento das transações comerciais entre o Brasil e demais países.*
- Núcleo do tipo: *prometer – oferecer – dar*
- Objeto material: *vantagem prometida, oferecida ou dada.*
- Sujeito ativo: *qualquer pessoa pode praticar (crime comum).*
- Sujeito passivo: *atinge a coletividade internacional, aquela que sofre com os prejuízos.*

- Elemento subjetivo: *dolo.*
- Consumação: *quanto as modalidades – oferecer e prometer – o crime é formal, consumando-se no momento da oferta ou promessa, no entanto, quanto ao – dar -, trata-se de crime material, onde se pressupõe o efetivo recebimento da vantagem.*
- Tentativa: *é admitida, restando salientar que nas modalidades de oferecer ou prometer elas somente admitirão a tentativa se realizadas por escrito.*
- Ação Penal: *pública incondicionada.*
- Lei 9.099/95*: não é infração de menor potencial ofensivo, no entanto, admitirá suspensão condicional do processo nos termos do art. 89 da Lei 9.099/95 caso não incida a majorante do parágrafo único.*

► **CLASSIFICAÇÃO:**

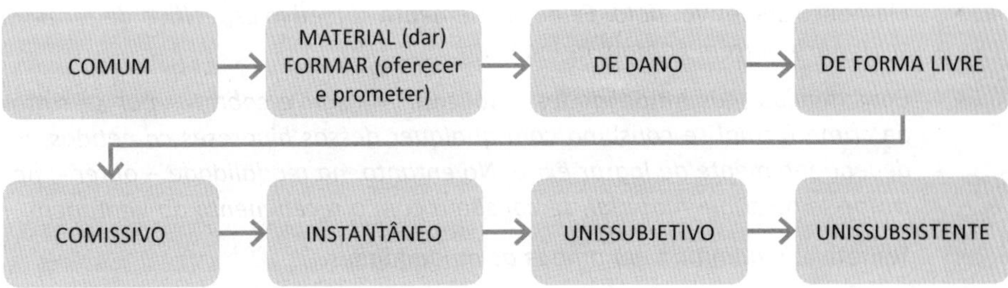


2. **Conduta: oferecer** se caracteriza por se colocar a disposição de outrem algum tipo de vantagem; **prometer** por obrigar-se a dar algo e dar, ou seja, a efetiva entrega da vantagem. **Vantagem** está responsável pela pratica ou retardamento do ato de ofício relacionado a transação penal.

**2.1. Finalidade: o dolo do agente deve ser** específico, para determinar que o funcionário público estrangeiro que pratique, omite ou retarde de oficio.

**Causa de aumento de pena – art. 337-B, parágrafo único do CP:** A presente majorante acarretará o aumento da pena em 1/3 (um terço), se, em razão da vantagem ou promessa, o funcionário público estrangeiro retarda ou omite o ato de ofício, ou pratica o referido ato infringindo dever funcional.

**Tráfico de influência em transação comercial internacional (Incluído pela Lei nº 10467, de 11.6.2002)**

**Art. 337-C. Solicitar, exigir, cobrar** ou **obter**, para si ou para outrem, direta ou indiretamente, vantagem ou promessa de vantagem a **pretexto de** influir em ato praticado por funcionário público estrangeiro no exercício de suas funções, relacionado a transação comercial internacional: (Incluído pela Lei nº 10467, de 11.6.2002)

Pena – reclusão, de 2 (dois) a 5 (cinco) anos, e multa. (Incluído pela Lei nº 10467, de 11.6.2002)

Parágrafo único. A **pena é aumentada da metade**, se o agente alega ou insinua que a vantagem é também destinada a funcionário estrangeiro. (Incluído pela Lei nº 10467, de 11.6.2002)

1. **Tráfico de influência em transação comercial internacional**

- Bem jurídico: *boa-fé das transações comerciais internacionais.*
- Núcleo do tipo: *solicitar – exigir – cobrar – obter.*
- Objeto material: *vantagem ou promessa de vantagem.*
- Sujeito ativo: *qualquer pessoa pode praticar (crime comum).*
- Sujeito passivo: *coletividade internacional e a empresa prejudicada.*
- Elemento subjetivo: *dolo. Exige-se elemento subjetivo específico de ter para si ou para outrem vantagem indevida.*
- Consumação: *nas modalidades – solicitar – exigir e cobrar – por se tratar de crime formal se consuma com qualquer dessas hipóteses cometidas, independentemente de lograr êxito. No entanto, na modalidade – obter -, por tratar-se de crime material, se consuma com o recebimento da vantagem.*
- Tentativa: *é admitida em ambas as modalidades.*
- Ação Penal: *pública incondicionada.*
- Lei 9.099/95*: não é infração de menor potencial ofensivo, portanto, não se admite nenhum dos benefícios da Lei 9.099/95.*

► **CLASSIFICAÇÃO:**

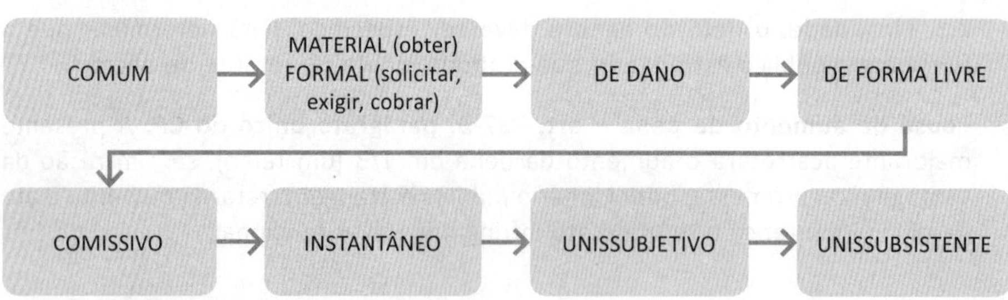


2. **Conduta:** solicitar, exigir, cobrar ou obter para si ou para outrem vantagem ou promessa de vantagem para influir em ato praticado por funcionário público estrangeiro, relacionado com as transações comerciais internacionais.
3. **Causa de aumento de pena – art. 337-C, parágrafo único do CP:** quando o agente insinuar que a vantagem auferida será destinada também a funcionário público estrangeiro, incidirá o aumento de pena pela metade.

COMUM → MATERIAL (dar) FORMAR (oferecer e prometer) → DE DANO → DE FORMA LIVRE → COMISSIVO → INSTANTÂNEO → UNISSUBJETIVO → UNISSUBSISTENTE

4. **Conduta:** solicitar, exigir, cobrar ou obter para si ou para outrem vantagem ou promessa de vantagem para influir em ato praticado por funcionário público estrangeiro, relacionado com as transações comerciais internacionais.

5. **Majorante de pena:** *quando o agente insinuar que a vantagem auferida será destinada também a funcionário público estrangeiro, incidirá o aumento de pena constante no parágrafo único.*

**Funcionário público estrangeiro (Incluído pela Lei nº 10467, de 11.6.2002)**

**Art. 337-D.** Considera-se funcionário público estrangeiro, para os efeitos penais, quem, ainda que transitoriamente ou sem remuneração, exerce cargo, emprego ou função pública em entidades estatais ou em representações diplomáticas de país estrangeiro. (Incluído pela Lei nº 10467, de 11.6.2002)

Parágrafo único. Equipara-se a funcionário público estrangeiro quem exerce cargo, emprego ou função em empresas controladas, diretamente ou indiretamente, pelo Poder Público de país estrangeiro ou em organizações públicas internacionais. (Incluído pela Lei nº 10467, de 11.6.2002)

Assim como o legislador conceituou o funcionário público nos ermos do art. 327 do CP, neste dispositivo o conceito é dado para o funcionário público estrangeiro.

## CAPÍTULO III
## DOS CRIMES CONTRA A ADMINISTRAÇÃO DA JUSTIÇA

**Reingresso de estrangeiro expulso**

**Art. 338** – **Reingressar** no território nacional o estrangeiro que dele foi expulso:

Pena – reclusão, de um a quatro anos, **sem prejuízo de nova expulsão** após o cumprimento da pena.

1. **Reingresso de estrangeiro expulso**
   - Bem jurídico: *eficiência e regular andamento da Administração.*
   - Núcleo do tipo: *reingressar*

- Objeto material: *ato oficial de expulsão pelo governo brasileiro.*
- Sujeito ativo: *crime próprio, somente se imputa o crime a estrangeiro que tenha sido expulso do Brasil.*
- Sujeito passivo: *o Estado.*
- Elemento subjetivo: *dolo.*
- Consumação: *momento que o agente, expulso, para o Brasil retorne.*
- Ação Penal: *pública incondicionada.*
- Lei 9.099/95*: não é infração de menor potencial ofensivo, no entanto, admitirá suspensão condicional do processo, nos termos do art. 89 da Lei 9.099/95*

► **CLASSIFICAÇÃO:**

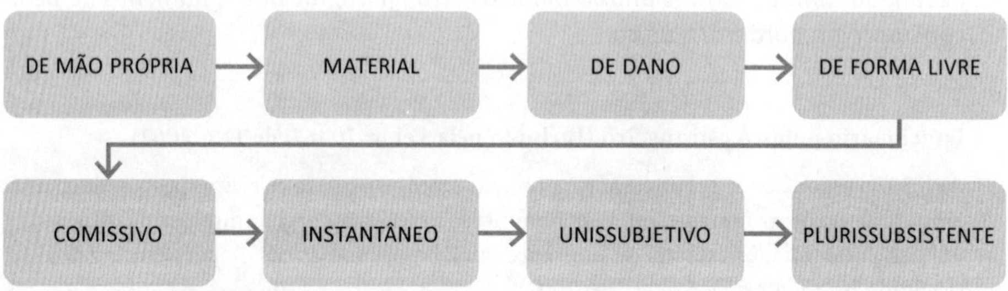


2. **Expulsão de estrangeiro**: a expulsão de estrangeiro é feita por ato de natureza política, exclusivo do Presidente da República, através de decreto. Pode ocorrer nos casos em que o estrangeiro de algum jeito atenta contra a segurança nacional, a ordem política ou social, a tranquilidade ou moralidade pública e também a economia popular. Não se pode confundir a expulsão com a deportação ou extradição.
3. **Conduta**: pune-se a conduta do reingresso (reingressar), ou seja, retornar para o território nacional, ou seja, retonar para solo brasileiro. Para que se configure o crime faz-se necessário que haja anterior ato oficial de expulsão, bem com a saída do estrangeiro do território brasileiro, pois para que se opere o reingresso, é necessário que tenha ocorrido sua saída.

   **3.1. Crime de mão própria:** o crime só pode ser praticado pelo próprio estrangeiro, sendo a atuação pessoal.
4. **Estado de necessidade:** caso fique demonstrado que o estrangeiro estava em estado de necessidade, conforme art. 23, I e 24 do Código Penal, não haverá crime, tendo em vista e incidência da exclusão de ilicitude.
5. **Preceito secundário** – sanção penal: o tipo penal estabelece uma pena privativa de liberdade, mas, indica que após o cumprimento da pena poderá novamente o estrangeiro ser expulso (Lei 13.445/2017 – Institui a Lei de Migração).

**Denunciação caluniosa**

**Art. 339. Dar causa** à instauração de investigação policial, de processo judicial, instauração de investigação administrativa, inquérito civil ou ação de improbidade administrativa contra alguém, imputando-lhe crime de que o sabe inocente: (Redação dada pela Lei nº 10.028, de 2000)

Pena – reclusão, de dois a oito anos, e multa.

§ 1º – A **pena é aumentada** de sexta parte, se o agente se serve de anonimato ou de nome suposto.

§ 2º – A **pena é diminuída** de metade, se a imputação é de prática de contravenção.

## 1. Denunciação caluniosa

- Bem jurídico: *regular andamento da administração da justiça.*
- Núcleo do tipo: *dar causa.*
- Objeto material: *a investigação policial, o processo judicial, a investigação administrativa, o inquérito civil ou a ação de improbidade administrativa indevidamente instaurados.*
- Sujeito ativo: *qualquer pessoa pode praticar o crime (crime comum).*
- Sujeito passivo: *a priori o Estado e de forma secundária o indivíduo que fora indevidamente denunciado.*
- Elemento subjetivo: *dolo direto.*
- Consumação: *o crime se consuma com o início das diligências investigativas ou demais procedimentos elencados no tipo penal.*

### ► Aplicação pelo STJ:

**STJ: Se no curso do inquérito policial, for descoberta da inveracidade da imputação feita contra os agentes**, não acarretando o indiciamento dos mesmos, **não caberá a desclassificação para o crime do art. 340 (Comunicação falsa de crime ou de contravenção)** do mesmo diploma legal.(STJ. 6ª Turma. REsp 1.482.925-MG, Rel. Min. Sebastião Reis, julgado em 6/10/2016) (Info 592).

- Tentativa: *é admitida nos casos de queixa ou denúncia rejeitados, ou, quando a autoridade policial não dá início aos procedimentos de investigação e quando a denunciação é feita por escrito e interceptada por terceiro.*
- Ação Penal: *pública incondicionada.*
- Lei 9.099/95*: a pena do caput não admite nenhum dos benefícios da referida lei, no entanto, se incidir a minorante do §2º a suspensão condicional do processo passa a ser possível.*

► **CLASSIFICAÇÃO:**

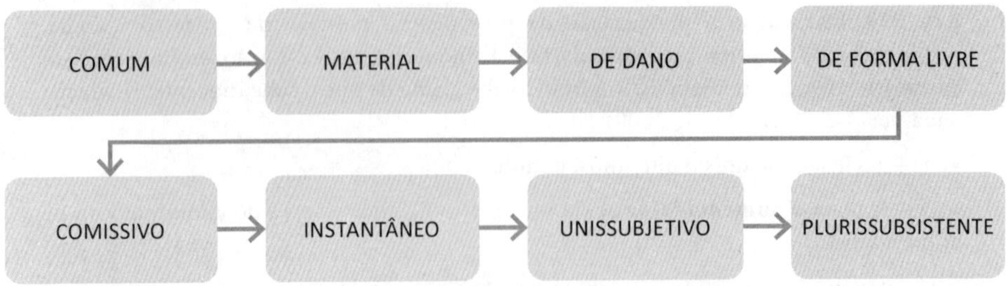


2. **Conduta:** o crime em comento é basicamente a junção do crime de calúnia (art. 138 do CP) com a conduta de noticiar para autoridade pública a prática de crime ou contravenção de que sabe o imputado inocente, indicando a autoria. Assim, responderá por calúnia (artigo 138 do CP) se houver a simples imputação da prática do crime à alguém. Entretanto, caso o agente leve tal informação que sabe ser inverídica, para autoridade, dando causa à instauração de investigação policial, de processo judicial, instauração de investigação administrativa, inquérito civil ou ação de improbidade administrativa, contra pessoa determinada, responderá pelo crime do art. 339 do CP.

**Aplicação em concurso:**

- ***Ano: 2018 Banca: VUNESP Órgão: PC-SP Prova: Delegado de Polícia***

  *Policial Militar que forja situação de flagrância, a fim de increpar indivíduo que sabe inocente e, com isso, dá causa à instauração de inquérito policial, comete crime de*

  D) denunciação caluniosa (CP, art. 339).

  *Gabarito: d*

  *A conduta praticada pelo policial se enquadra perfeitamente na conduta tipificada no art. 339 do CP, visto que imputou falsamente a prática de crime que ensejou em abertura de procedimento investigativo.*

**2.1. Elemento subjetivo:** *o crime possui um elemento subjetivo específico, ou seja, a vontade de dar causa à deflagração dos procedimentos oficiais previsto no artigo, sem causa real à pessoa determinada.*

**Aplicação em concurso:**

- ***Ano: 2016 Órgão: PC – PA Prova: Delegado de Policia***

  Acerca dos crimes contra a Administração pública, assinale a resposta correta.

  A) O crime de denunciação caluniosa (art. 339 do CP), além de outros requisitos de configuração, exige que a imputação sabidamente falsa recaia sobre vítima determinada, ou, ao menos, determinável.

  *Gabarito: a*

  *O crime de denunciação caluniosa possui a necessidade de indicar aquele que teria praticado a conduta imputada.*

► **Aplicação pelo STF:**

**STF: Para a configuração do tipo penal de denunciação caluniosa é necessária a demonstração do dolo direto de imputar-se a outrem,** que efetivamente se sabe inocente, a prática de fato definido como crime. (Inq 3133/AC, rei. Min. Luiz Fux, 5.8.2014) (Info 753).

3. **Causa de aumento de pena – art. 339, §1º do CP:** a pena será aumentada em sexta parte da pena se o indivíduo se serve de anonimato ou nome suposto.

4. **Causa de diminuição da pena – art. 339, §2º do CP:** quando o agente imputar a prática de uma contravenção penal à alguém que saiba ser inocente a pena será diminuída da metade.

5. **Casos de aplicação da especialidade**: Se o agente der causa à instauração de inquérito policial ou processo judicial militar contra alguém, imputando-lhe crime sujeito à jurisdição militar, de que o sabe inocente será aplicada a previsão específica do artigo. 343 do Código Penal Militar (quando praticado na forma do art. 9º do referido dispositivo). Já se o agente imputar falsamente, sob pretexto de colaboração com a Justiça, a prática de infração penal a pessoa que sabe ser inocente, ou revelar informações sobre a estrutura de organização criminosa que sabe inverídicas prevalecerá, em razão da especialidade o previsto no artigo 19 da Lei 12.850/13.

**Aplicação em concurso:**

- ***Ano: 2017 Banca: PGR Órgão: PGR Prova: Procurador da República***

Assinale a alternativa incorreta: aplicável em tese o artigo 339 do código penal (denunciação caluniosa):

A) ao advogado, mesmo no exercício do mandato;

B) se imputado fato determinado que configure crime ou contravenção;

C) ao colaborador que imputar falsamente a prática de infração penal a pessoa que sabe ser inocente;

D) se presente o dolo indireto de dar causa à instauração de investigação policial, de processo judicial, investigação administrativa, inquérito civil ou ação de improbidade administrativa contra alguém.

*Gabarito: c*

*Não responde pelo crime de denunciação caluniosa o colaborador que imputar a outrem, falsamente, a prática de infração penal, pois, há previsão específica no o art. 19 da Lei 12.850/13 de um crime específico, razão pela qual, este será aplicado.*

*Assim, pelo princípio da especialidade, se no bojo da colaboração premiada, o colaborador imputar a outrem, falsamente, a prática de infração penal, não responderá o agente pelo art. 339, CP (denunciação caluniosa), mas sim pelo disposto no art. 19 da Lei 12.850/2013.*

**Comunicação falsa de crime ou de contravenção**

**Art. 340 – Provocar** a ação de autoridade, comunicando-lhe a ocorrência de crime ou de contravenção que sabe não se ter verificado:

Pena – detenção, de um a seis meses, ou multa.

## 1. Comunicação falsa de crime ou de contravenção

- Bem jurídico: *a administração da justiça.*
- Núcleo do tipo: *provocar – comunicar.*
- Objeto material: *ação da autoridade ilegalmente provocada pela conduta ilícita*
- Sujeito ativo: *qualquer pessoa pode praticar (crime comum)*
- Sujeito passivo: *o Estado.*
- Elemento subjetivo: *dolo.*
- Consumação: *o crime se consuma no momento em que a autoridade policial pratica algum ato no intuito de esclarecer o fato criminoso.*
- Tentativa: *é admitida.*
- Ação Penal: *pública incondicionada.*
- Lei 9.099/95: *trata-se de infração de menor potencial ofensivo, aplica-se, portanto, a Lei 9.099/95.*

► **CLASSIFICAÇÃO:**

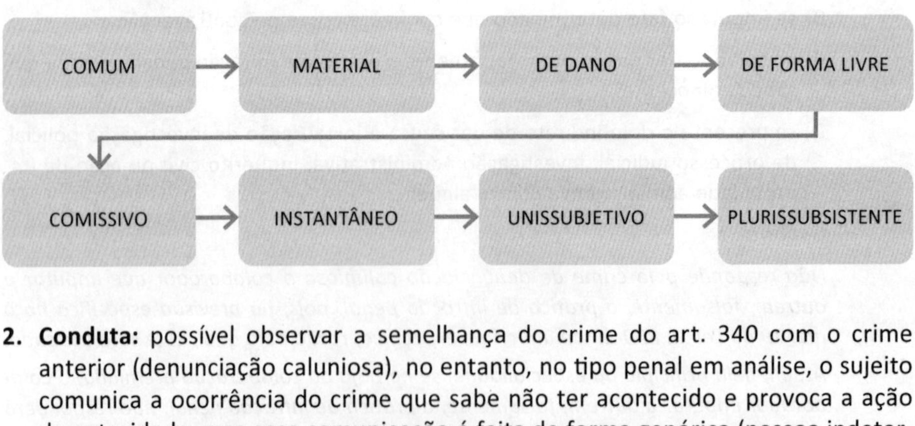


**2. Conduta:** possível observar a semelhança do crime do art. 340 com o crime anterior (denunciação caluniosa), no entanto, no tipo penal em análise, o sujeito comunica a ocorrência do crime que sabe não ter acontecido e provoca a ação da autoridade, mas essa comunicação é feita de forma genérica (pessoa indeterminada), ou seja, não imputa para determinada pessoa a sua prática.

**Aplicação em concurso:**

- **Ano: 2017 Banca: FGV Órgão: TRT – 12ª Região (SC) Prova: FGV – 2017 – TRT – 12ª Região (SC) – Analista Judiciário – Oficial de Justiça Avaliador Federal**

  Caio, oficial de justiça, todos os dias da semana chega em sua residência cansado após um longo dia de trabalho e passa a ficar incomodado com o fato de que Bruno, namorado de sua filha, com 26 anos, recebe um salário alto para a quantidade de serviço que realiza no órgão criminal do Ministério Público em que trabalha. Diante disso, objetivando que Bruno trabalhe mais, afirma para a Promotora de Justiça chefe de Bruno, que era sua conhecida, que sua esposa foi vítima de um crime de estelionato e que o fato deveria ser investigado, informando nada saber sobre a autoria delitiva. Diante disso, foi instaurado procedimento investigatório criminal no órgão. Caio, então, se arrepende e procura seu advogado para saber as consequências de sua conduta, caso seja descoberto que o fato narrado era falso.

  Considerando as informações narradas, o advogado deverá esclarecer que Caio:

  C) praticou crime de comunicação falsa de crime ou contravenção, consumado;

  *Gabarito: c*

  *A questão cobrou o conhecimento acerca do tipo penal previsto no artigo 340 do CP (comunicação falsa de crime ou contravenção).*

3. **Crime X Contravenção:** para este crime, não importa se a comunicação foi de crime ou contravenção, a pena será a mesma.

4. **Normas especiais:** *em respeito ao princípio da especialidade verifica-se o art. 344 do Código Penal Militar na forma praticada do art. 9º da referida lei.*

**Auto-acusação falsa**

**Art. 341** – Acusar-se, perante a autoridade, de crime inexistente ou praticado por outrem:

Pena – detenção, de três meses a dois anos, ou multa.

1. **Auto-acusação falsa**

   - Bem jurídico: *a administração da justiça.*
   - Núcleo do tipo: *acusar-se.*
   - Objeto material: *autoacusação falsa diante de autoridade*
   - Sujeito ativo: *pode ser praticado por qualquer pessoa (crime comum).*
   - Sujeito passivo: *o Estado.*
   - Elemento subjetivo: *dolo*
   - Consumação: *trata-se de crime formal, ou seja, o crime se consuma no momento que a autoridade toma conhecimento da autoacusação falsa.*
   - Tentativa: *não se admite.*

- Ação Penal: *pública incondicionada.*
- Lei 9.099/95*: trata-se de infração de menor potencial ofensivo, aplicando-se, portanto, a Lei 9.099/95.*

▶ **CLASSIFICAÇÃO:**

COMUM → FORMAL → DE DANO → DE FORMA LIVRE

COMISSIVO → INSTANTÂNEO → UNISSUBJETIVO → PLURISSUBSISTENTE ou UNISSUBSISTENTE

2. **Conduta:** a conduta é imputar a si mesmo falsamente a prática de um crime que não tenha cometido ou que não existiu, ou seja, não houve materialidade delitiva.

**2.1. Elemento subjetivo:** é o dolo, mas com a finalidade específica de prejudicar a administração da justiça.

3. **Sujeito ativo:** o crime em comento pode ser praticado por qualquer pessoa, no entanto, não poderá ser praticado pelo autor, coautor ou partícipe do crime noticiado para a autoridade na autoacusação falsa.

**Aplicação em concurso:**

- **Ano: 2015 Órgão: MPE – SC Prova: Promotor de Justiça**

O crime de autoacusação falsa, previsto no art. 341 do Código Penal, é classificado como delito formal, sendo indispensável para sua configuração que assuma, perante a autoridade, a prática de um crime ou contravenção inexistente ou atribuído por outrem e, neste caso, podendo, ou não, ter tomado parte como coautor ou partícipe.

() Certo () Errado

*Gabarito: Errado*

*Primeiramente a atribuição falsa é de crime, não contravenção, ademais não é possível que seja praticado por coautor ou partícipe a conduta falsamente noticiada.*

**Falso testemunho ou falsa perícia**

**Art. 342. Fazer** afirmação falsa, ou **negar** ou **calar** a verdade como testemunha, perito, contador, tradutor ou intérprete em processo judicial, ou administrativo, inquérito policial, ou em juízo arbitral: (Redação dada pela Lei nº 10.268, de 28.8.2001)

Pena – reclusão, de 2 (dois) a 4 (quatro) anos, e multa. (Redação dada pela Lei nº 12.850, de 2013)

§ 1º As **penas aumentam-se** de um sexto a um terço, se o crime é praticado mediante suborno ou se cometido com o fim de obter prova destinada a produzir efeito em processo penal, ou em processo civil em que for parte entidade da administração pública direta ou indireta. (Redação dada pela Lei nº 10.268, de 28.8.2001)

§ 2º O fato **deixa de ser punível** se, antes da sentença no processo em que ocorreu o ilícito, o agente se retrata ou declara a verdade. (Redação dada pela Lei nº 10.268, de 28.8.2001)

## 1. Falso testemunho ou falsa perícia

- Bem jurídico: *administração da justiça e sua probidade.*
- Núcleo do tipo: *afirmar – negar – calar.*
- Objeto material: *podem ser os depoimentos prestados, laudos apresentados, cálculo efetuado ou tradução realizada.*
- Sujeito ativo: *pode ser: (i) testemunha; (ii) perito; (iii) contador; (iv) tradutor; (v) intérprete.*
- Sujeito passivo: *o Estado e eventualmente a pessoa prejudicada pelo fato.*
- Elemento subjetivo: *dolo.*
- Consumação: *o falso testemunho é delito formal, ou seja, consuma-se no momento em que a testemunha termina seu depoimento, assinando-o; na falsa perícia a consumação se dá no momento de entrega do laudo para a autoridade competente.*
- Tentativa: *em regra entende-se ser inadmissível, salvo se, for prestado por escrito e este interceptado antes da sua entrega.*
- Ação Penal: *pública incondicionada.*
- Lei 9.*099/95: não se trata de infração de menor potencial ofensivo, não se aplicando, portanto, a Lei 9.099/95.*

▶ **CLASSIFICAÇÃO:**

**2. Conduta:** trata-se de crime de ação múltipla, quanto a modalidade pode ser praticado das seguintes formas:

(i) **fazer afirmação falsa:** o crime ocorre no momento em que o agente falseia, ou seja, mente sobre a verdade;

(ii) **negar a verdade:** o agente sabe os fatos reais e quando questionado nega-os;

(iii) **calar a verdade**: o agente se omite em dizer aquilo que deveria ser dito.

**Aplicação em concurso:**

- ***Ano: 2015 Órgão: TJ – SP Prova: Juiz Substituto***

  No crime de falso testemunho ou falsa perícia,

  B) incide-se no crime quando a afirmação falsa é feita em juízo arbitral.

  *Gabarito: b*

  *O caput do art. 342 do CP engloba também o juízo arbitral, questão que buscava conhecimento da literalidade da lei.*

3. **Causa de aumento de pena – art. 342, §1º do CP:** a pena será aumentada de 1/6 (um sexto) a 1/3 (um terço) se a prática for por meio de suborno ou com a finalidade de obter prova que terá efeito em processo penal, processo civil ou em processo que entidade da administração pública direta ou indireta for parte.

   3.1. **Suborno:** é popularmente falado de " compra de testemunha" ou também de perito, tradutor ou interprete. Nestes casos a pessoa pratica a conduta mediante paga ou promessa de pagamento de alguma recompensa, ainda que não seja recompensa econômica.

4. **Retratação – art. 342, §2º do CP**: se houver retratação do agente, ou se este declarar a verdade o fato deixará de ser punível, ou seja, se o agente assumir que errou. Trata-se de causa de extinção da punibilidade, nos termos do art. 107, VI do CP. A retratação para surtir os seus efeitos deve acontecer antes da sentença no processo em que se deu o ilícito.

**Aplicação em concurso:**

- ***Ano: 2018 Banca: FCC Órgão: DPE-AM Prova: Defensor Público***

  A retratação do agente torna o fato impunível no crime de

  E) falso testemunho ou falsa perícia, se realizada antes da sentença no processo em que ocorreu o ilícito.

  *Gabarito: e*

  *Nos termos do art. 342, §2º do CP, a retratação se feita antes da sentença do processo em que ocorreu o ilícito, torna impunível, sendo considerada causa de extinção de punibilidade.*

5. **Competência:** via de regra a competência será da Justiça Estadual, no entanto, será da Justiça Federal se for praticado nas situações do art. 109, IV da CF.

► **Súmula relevante:**

**Súmula 165 STJ:** Compete à Justiça Federal processar e julgar crime de falso testemunho cometido no processo trabalhista. (De acordo com a republicação no DJ. de 03/09/96)

**Art. 343. Dar, oferecer** ou **prometer** dinheiro ou qualquer outra vantagem a testemunha, perito, contador, tradutor ou intérprete, para fazer afirmação falsa, negar ou calar a verdade em depoimento, perícia, cálculos, tradução ou interpretação: (Redação dada pela Lei nº 10.268, de 28.8.2001)

Pena - reclusão, de três a quatro anos, e multa. (Redação dada pela Lei nº 10.268, de 28.8.2001)

Parágrafo único. As **penas aumentam-se** de um sexto a um terço, se o crime é cometido com o fim de obter prova destinada a produzir efeito em processo penal ou em processo civil em que for parte entidade da administração pública direta ou indireta. (Redação dada pela Lei nº 10.268, de 28.8.2001)

**1. Corrupção ativa de testemunha, perito, contador, tradutor ou intérprete (nomenclatura doutrinária).**

- Bem jurídico: *a administração da justiça.*
- Núcleo do tipo: *dar – oferecer – prometer.*
- Objeto material: *a testemunha, o perito, o contador, o tradutor ou o intérprete.*
- Sujeito ativo: *pode ser praticado por qualquer pessoa (crime comum).*
- Sujeito passivo: *o sujeito imediato é o Estado e o mediato a pessoa prejudicada diretamente pela conduta criminosa.*
- Elemento subjetivo: *dolo*
- Consumação: *por tratar-se de crime formal ele consuma-se com a realização de qualquer das condutas do caput, não sendo necessário nenhum ato por parte do corrompido.*
- Tentativa: *é admitida quando for realizado de forma escrita, no entanto, não caberá no caso de oferecimento dado de forma oral.*
- Ação Penal: *pública incondicionada.*
- Lei 9.099/95: *não é considerado como infração de menor potencial ofensivo, não se aplicando, portanto, a Lei 9.099/95.*

► **CLASSIFICAÇÃO:**

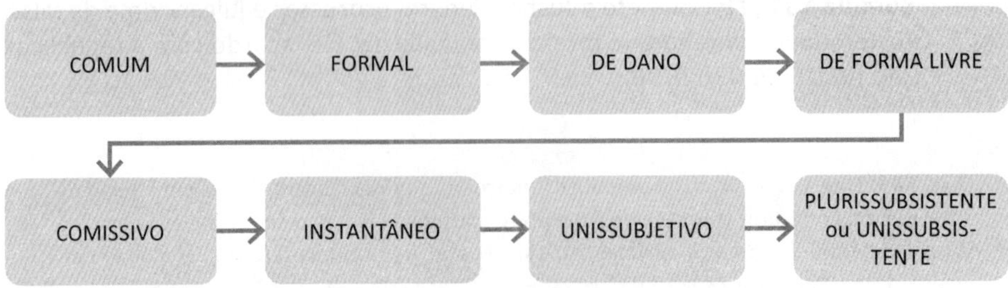


2. **Conduta:** mais uma conduta no Código Penal que perfaz exceção da teoria monista, pois separou o concurso de pessoas (art. 29 do CP). São múltiplas as condutas, o dar, oferecer ou prometer qualquer tipo de vantagem à testemunha, perito, contador, tradutor ou intérprete.

   **2.1. Elemento subjetivo:** o crime é doloso, mas exige-se uma finalidade específica, ou seja, a vontade de conspurcar a administração da justiça.

3. **Causa de aumento de pena – art. 343, parágrafo único:** o parágrafo único do referido artigo prevê um aumento de pena de 1/6 (um sexto) a 1/3 (um terço) se a prática for por meio de suborno ou com a finalidade de obter prova que terá efeito em processo penal, processo civil ou em processo que entidade da administração pública direta ou indireta for parte.

4. **Normas especiais:** em respeito ao princípio da especialidade, temos, como exemplo o art. 347 do Código Penal Militar, quando praticado na forma do art. 9º da referida lei, que será aplicado no lugar do crime em comento.

**Coação no curso do processo**

**Art. 344 – Usar** de violência ou grave ameaça, com o fim de favorecer interesse próprio ou alheio, contra autoridade, parte, ou qualquer outra pessoa que funciona ou é chamada a intervir em processo judicial, policial ou administrativo, ou em juízo arbitral:

Pena – reclusão, de um a quatro anos, e multa, além da pena correspondente à violência.

1. **Coação no curso do processo**

- Bem jurídico: *a administração da justiça.*
- Núcleo do tipo: *usar – favorecer.*
- Objeto material: *a pessoa que sofre coação.*
- Sujeito ativo: *pode ser praticado por qualquer pessoa (crime comum).*
- Sujeito passivo: *primeiramente o Estado e secundariamente o indivíduo que sofreu a coação.*

- Elemento subjetivo: *dolo.*
- Consumação: *o crime consuma-se no momento em que se emprega a coação, não dependendo, portanto, da satisfação do interesse visado.*
- Tentativa: *é admitida.*
- Ação Penal: *pública incondicionada.*
- Lei 9.099/95: *não se trata de infração de menor potencial ofensivo, sendo possível, entretanto, a suspensão condicional do processo, nos termos do art. 89 da Lei 9.099/95.*

► **CLASSIFICAÇÃO:**

COMUM → FORMAL → DE DANO → DE FORMA LIVRE → COMISSIVO → INSTANTÂNEO → UNISSUBJETIVO → PLURISSUBSISTENTE ou UNISSUBSISTENTE

**2. Conduta:** o núcleo do tipo é "usar" que significa empregar, utilizar a violência ou grave ameaça com a finalidade de favorecer interesse próprio ou alheio, contra autoridade, parte, ou qualquer outra pessoa que funciona ou é chamada a intervir em processo judicial, policial ou administrativo, ou em juízo arbitral. São duas formas distintas de se praticar a conduta: por meio de: (i) **violência** – é realizada com emprego de força física; (ii) **grave ameaça** – consiste na promessa de mal grave.

**2.1. Elemento subjetivo:** necessário o dolo específico com a finalidade de favorecer a si ou a outrem em processo ou juízo arbitral.

**3. Concurso de crimes:** o legislador indicou no preceito secundário o concurso de crimes obrigatório quando utilizou a expressão "além da pena correspondente à violência". Será aplicado o concurso material, em que as penas serão somadas.

**Exercício arbitrário das próprias razões**

**Art. 345 – Fazer** justiça pelas próprias mãos, para satisfazer pretensão, embora legítima, **salvo quando a lei o permite**:

Pena – detenção, de quinze dias a um mês, ou multa, além da pena correspondente à violência.

Parágrafo único – Se não há emprego de violência, **somente se procede mediante queixa.**

## 1. Exercício arbitrário das próprias razões

- Bem jurídico: *a administração da justiça.*
- Núcleo do tipo: *fazer*
- Objeto material: *coisa ou pessoa que sofre a conduta do agente.*
- Sujeito ativo: *qualquer pessoa pode praticar (crime comum). Se o agente for funcionário público estaremos diante de crime de abuso de autoridade.*
- Sujeito passivo: *imediato é o Estado e secundariamente aquele que tiver a ação empreendida.*
- Elemento subjetivo: *dolo.*
- Consumação: *há divergência doutrinária. Uma corrente afirma ser crime formal, ou seja, o crime se consuma de forma antecipada, com o emprego dos meios necessários para satisfação de sua pretensão. Já a segunda corrente – majoritária, sustenta trata-se de crime material, se consumando com a efetiva satisfação da pretensão.*
- Tentativa: *é admitida.*
- Ação Penal: *se não houver presença de violência a ação penal será privada, ao passo que se houver emprego de violência, a ção passa a ser pública condicionada.*
- Lei 9.099/95: *trata-se de infração de menor potencial ofensivo, aplicando-se, portanto, a Lei 9.099/95.*

► **CLASSIFICAÇÃO:**

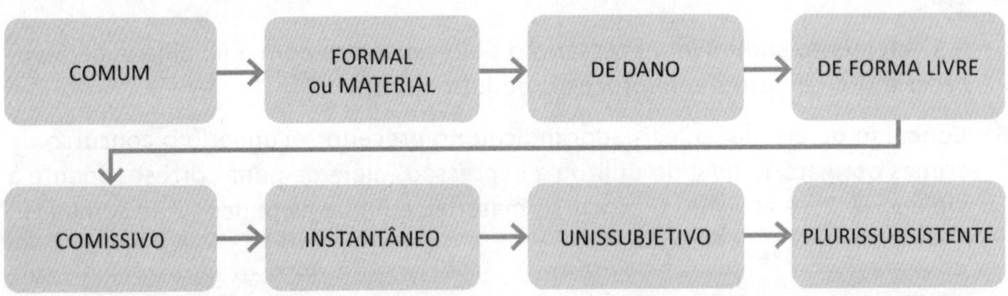


2. **Conduta:** o crime em análise afasta a possibilidade da prática da vingança privada para solucionar os conflitos que surgem na vida em sociedade. Todos os litígios que surgem, quando não solucionados amigavelmente entre as partes, devem ser levados para apreciação pelo Poder Judiciário.

   **2.1. Núcleo do tipo:** a conduta é "fazer" justiça pelas próprias mãos, ou seja, o agente busca satisfazer a sua pretensão sem intervenção do Estado.

**Aplicação em concurso:**

- **Ano: 2018 Banca: NUCEPE Órgão: PC-PI Provas: NUCEPE – 2018 – PC-PI – Perito Criminal – Engenharia Civil**

  Sobre os crimes contra a Administração Pública, assinale a alternativa CORRETA.

  C) O exercício arbitrário das próprias razões é um crime contra a Administração Pública.

  *Gabarito: c*

  *O crime de exercício arbitrário das próprias razões está previsto no TÍTULO XI, que trata dos crimes contra a Administração Pública, mais especificamente no CAPÍTULO III, afeto aos crimes contra a Administração da Justiça.*

2.2. **Elemento subjetivo:** o crime é doloso, mas é específico, o agente pratica a conduta com a finalidade de satisfazer sua pretensão, embora seja legítima.

3. **Concurso de crimes:** o legislador indicou no preceito secundário o concurso de crimes quando utilizou a expressão "além da pena correspondente à violência". Será aplicado o concurso material, em que as penas serão somadas.

► **Aplicação pelo STJ:**

**STJ:** O tribunal entendeu que uma prostituta que "arranca" cordão folheado a ouro do pescoço como forma de pagamento pelo serviço sexual praticado mediante livre disposição de vontade dos participantes e desprovido de violência não consentida ou grave ameaça configura o crime de exercício arbitrário das próprias razões, ante o descumprimento do acordo de pagamento pelos serviços sexuais prestados. (STJ. 6ª Turma. HC 211.888-TO, Rel. Min. Rogerio Schietti Cruz, julgado em 17/5/2016) (Info 584).

**Art. 346 – Tirar, suprimir, destruir** ou **danificar** coisa própria, que se acha em poder de terceiro por determinação judicial ou convenção:

Pena – detenção, de seis meses a dois anos, e multa.

1. **Subtração, supressão ou danificação de coisa própria no legítimo poder de terceiro (nomenclatura doutrinária).**

- Bem jurídico: *a administração da justiça.*
- Núcleo do tipo: *tirar – suprimir – destruir – danificar.*
- Objeto material: *a coisa própria móvel ou imóvel, que se acha em poder de terceiro por determinação judicial ou convenção, tirada, suprimida, destruída ou danificada.*
- Sujeito ativo: *somente cometido pelo proprietário da coisa, sendo possível o concurso de pessoas (crime próprio).*
- Sujeito passivo: *primário é o Estado e secundário o indivíduo possuidor da coisa ou aquele que foi empregada a violência.*

- Elemento subjetivo: *dolo.*
- Consumação: *o crime se consuma com a prática de uma das condutas descritas no caput.*
- Tentativa: *é admitida.*
- Ação Penal: *pública incondicionada.*
- Lei 9.099/95: *trata-se de infração de menor potencial ofensivo, aplicando-se, portanto, a Lei 9.099/95*

▶ **CLASSIFICAÇÃO:**

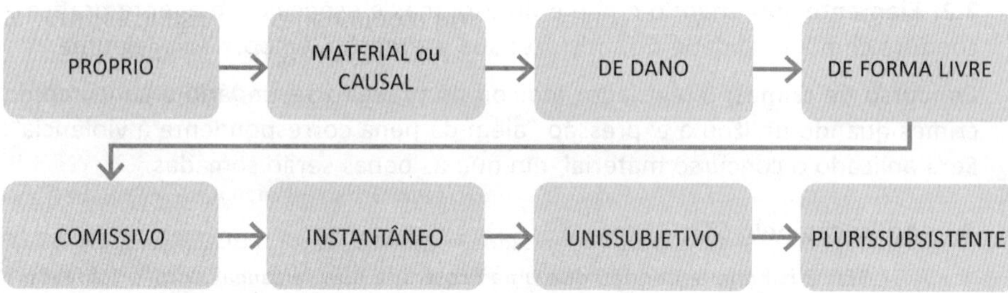


2. **Conduta:** a doutrina explica que se trata de uma conduta específica de exercício arbitrário das próprias razões (art. 345 do CP), mas com as suas peculiaridades. O crime tipifica 4 (quatro) condutas: (i) tirar; (ii) suprimir; (iii) destruir; (iv) danificar *a coisa própria móvel ou imóvel, que se acha em poder de terceiro por determinação judicial ou convenção, tirada, suprimida, destruída ou danificada.*

   **2.1. Condições:** para configuração do crime em comento, faz-se necessária a presença de algumas condições: (i) o objeto material móvel ou imóvel deve ser de propriedade do agente; (ii) o objeto material deve estar na posse de terceiro. As duas condições devem estar presentes ao mesmo tempo, ou seja, apresentam-se como condições cumulativas.

**Fraude processual**

**Art. 347** – **Inovar** artificiosamente, na pendência de processo civil ou administrativo, o estado de lugar, de coisa ou de pessoa, **com o fim de** induzir a erro o juiz ou o perito:

Pena – detenção, de três meses a dois anos, e multa.

Parágrafo único – Se a inovação **se destina a produzir efeito em processo penal**, ainda que não iniciado, as penas aplicam-se em dobro.

1. **Fraude processual**

- Bem jurídico: *o desempenho das funções jurisdicionais.*
- Núcleo do tipo: *inovar – induzir.*

- Objeto material: *as coisas, o lugar ou a pessoa que sofre com a inovação artificiosa.*
- Sujeito ativo: *qualquer um pode praticar (crime comum).*
- Sujeito passivo: *imediato é o Estado, podendo concorrer o indivíduo prejudicado pela inovação.*
- Elemento subjetivo: *dolo.*
- Consumação: *com a prática da conduta idônea para induzir os personagens do processo em erro, não importando que se efetive o engano.*
- Tentativa: *apesar de controvérsia na doutrina, entende-se ser admitida a tentativa nesse tipo penal.*
- Ação Penal: *pública incondicionada.*
- Lei 9.099/95: *trata-se de infração de menor potencial ofensivo, aplicando-se, portanto, a Lei 9.099/95*

► **CLASSIFICAÇÃO:**

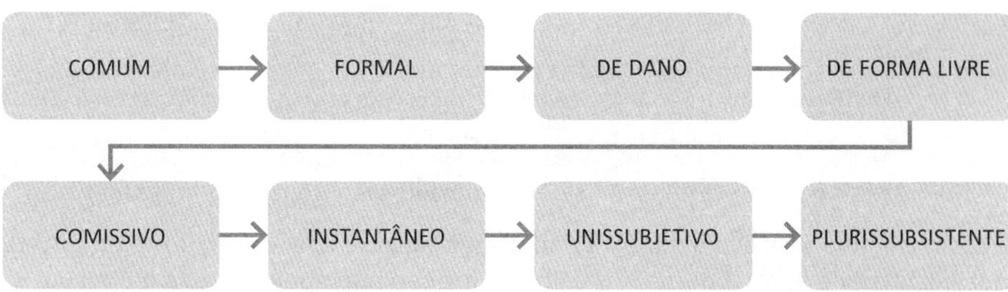


2. **Conduta:** trata-se de conduta que visa inovar de forma artificiosa, modificando ou alterando o estado de lugar, da coisa, ou da pessoa.

   **2.1. Processo Civil ou Administrativo em andamento:** para a configuração do caput, faz-se necessário que haja a deflagração de processo, seja ele civil ou administrativo, não havendo previsão sobre juízo arbitral.

   **2.2. Processo penal**: No caso de fraude no processo penal o parágrafo único do artigo em análise não exige como pressuposto para sua configuração que haja processo em andamento, podendo se configurar o crime antes mesmo de processo penal instaurado.

   **2.3. Elemento subjetivo:** *exige-se o dolo específico em face da vontade de fraudar o processo, levando o juiz ou perito a erro.*

3. **Elemento normativo**: a expressão "artificiosamente" utilizada no tipo penal determina a impossibilidade de um perito ser sujeito ativo do crime de fraude processual, pois caso assim atue, responderá pelo crime do artigo 342 do CP( falso testemunho ou falsa perícia). Artificiosamente significa agir com emprego de ardil ou de fraude material para enganar o juiz ou o perito.

4. **Figura qualificada – art. 347, parágrafo único do CP:** a pena será aplicada em dobro, quando a inovação se destinar a fraudar o processo penal, ainda que não iniciado (parágrafo único).

5. **Crime subsidiário:** a subsidiariedade do delito não é expressa, mas tácita, ou seja, caso a conduta se enquadre em crime mais grave, por ele o agente irá responder, e não pelo crime do art. 347 do CP.

► **Aplicação do STF:**

> **STF: O STF entende pela existência de duas modalidades de fraude processual: a fraude em processo extrapenal** (caput) **e a ocorrente em processo penal, ainda que não iniciado (parágrafo único**), sendo a segunda espécie autônoma e mais grave que a primeira. Sustenta também ser **indevida a imputação ao réu do cometimento, em concurso, dos delitos de ocultação de cadáver e de fraude processual,** sob o risco de bis in idem.**(**HC 88733/SP, rei. orig. Min. Gilmar Mendes, rei. p/ o acórdão Min. Cezar Peluso, 17.10.2006) (Info 445).

**Favorecimento pessoal**

**Art. 348 - Auxiliar** a subtrair-se à ação de autoridade pública autor de crime a que é cominada pena de reclusão:

Pena - detenção, de um a seis meses, e multa.

§ 1º - Se ao crime não é cominada pena de reclusão:

Pena - detenção, de quinze dias a três meses, e multa.

§ 2º - Se quem presta o auxílio é ascendente, descendente, cônjuge ou irmão do criminoso, fica isento de pena.

1. **Favorecimento Pessoal**

- Bem jurídico: *o regular andamento da administração da justiça.*
- Núcleo do tipo: *auxiliar – subtrair.*
- Objeto material: *autoridade pública enganada.*
- Sujeito ativo: *qualquer um pode praticar (crime comum).*
- Sujeito passivo: *o Estado.*
- Elemento subjetivo: *dolo.*
- Consumação: *o crime se consuma no momento em que se presta o efetivo auxílio e o favorecido obtém êxito.*
- Tentativa: *é admitida.*
- Ação Penal: *pública incondicionada.*
- Lei 9.099/95*: trata-se de infração de menor potencial ofensivo, aplicando-se, portanto, a Lei 9.099/95.*

▶ **CLASSIFICAÇÃO:**

COMUM → FORMAL → DE DANO → DE FORMA LIVRE → COMISSIVO → INSTANTÂNEO → UNISSUBJETIVO → PLURISSUBSISTENTE

2. **Conduta:** busca-se a punição daquele que presta assistência (de qualquer natureza) à quem acaba de cometer um crime, com o objetivo de subtraí-lo à ação da autoridade, obstando as atividades judiciárias, devendo preencher os seguintes requisitos:
   a) prática de crime anterior
   b) crime anterior apenado com reclusão.

**Aplicação em concurso:**

- **Ano: 2013 – Banca: VUNESP Órgão: COREN-SP Prova: VUNESP – 2013 – COREN--SP – Advogado**

  Em face dos crimes contra a Administração Pública, assinale a alternativa incorreta. (adaptada)

  B) O crime de favorecimento pessoal consiste na prestação de auxílio a criminoso, destinado a tornar seguro o proveito do crime.

  *Gabarito: b*

  *De acordo com o artigo 348 do CP, o crime de favorecimento pessoal consiste em auxiliar a subtrair-se à ação de autoridade pública autor de crime a que é cominada pena de reclusão. Quando o agente presta auxílio a criminoso destinado a tornar seguro proveito do crime, teremos configurado o favorecimento real, previsto no artigo 349 do CP.*

3. **Figura privilegiada – art. 348, §1º do CP:** se o agente prestar auxílio a autor de crime apenado com a detenção, terá uma pena mais branda, fixada em quinze dias a três meses.
4. **Escusa absolutória – art. 348, §2º do CP:** o próprio tipo penal estabelece que, quando quem auxilia o criminoso for seu ascendente, descendente, cônjuge ou irmão a estes caberá a incidência da escusa absolutória, sendo tal previsão fundada na inexigibilidade de conduta diversa.

**Favorecimento real**

**Art. 349** – **Prestar** a criminoso, fora dos casos de co-autoria ou de receptação, auxílio destinado a tornar seguro o proveito do crime:

Pena – detenção, de um a seis meses, e multa.

### 1. Favorecimento real

- Bem jurídico: *o andamento da administração da justiça.*
- Núcleo do tipo: *prestar*
- Objeto material: *o proveito do crime.*
- Sujeito ativo: *pode ser praticado por qualquer pessoa (crime comum).*
- Sujeito passivo: *imediato o Estado e secundário a vítima do crime anterior.*
- Elemento subjetivo: *dolo. Exige-se elemento subjetivo específico que consiste na vontade de tornar seguro o proveito do crime.*
- Consumação: *o crime se consuma com a efetiva prestação do auxilio ao criminoso, ainda que o criminoso naco logre assegurar o proveito do delito. trata-se de crime formal.*
- Tentativa: *é admitida.*
- Ação Penal: *pública incondicionada.*
- Lei 9.099/95*: é infração de menor potencial ofensivo, aplicando-se, portanto, a Lei 9.099/95.*

**Aplicação em concurso:**

- **Ano: 2016 Banca: FUNCAB Órgão: PC/PA Prova: Delegado de Polícia**

  Assinale, no que concerne aos crimes contra a administração pública e entre as alternativas a seguir consignadas, aquela que realiza a correta subsunção do comportamento à norma penal.

  C) Alceu, imputável, já decidido a praticar crime de roubo, procura seu amigo Laércio. Ao amigo solicita que, uma vez efetivado o crime patrimonial, mantenha o proveito do crime guardado em sua casa, a fim de torná-lo seguro. Laércio aceita a incumbência e age conforme o combinado, unicamente com a intenção de ajudar Alceu, que executa sozinho o roubo. Contudo, a autoria do roubo é descoberta e Alceu acaba condenado por ele. Outrossim, a Polícia Civil consegue recuperar o proveito do crime, que ainda estava com Laércio. Verifica-se, pois, que Laércio cometeu delito de favorecimento real.

  *Gabarito: c*

  *Questão exigiu conhecimento sobre o tipo penal em sua forma literal. Verifica-se que Laércio praticou o crime de favorecimento real.*

### ► CLASSIFICAÇÃO:

COMUM → FORMAL → DE DANO → DE FORMA LIVRE

↓

COMISSIVO → INSTANTÂNEO → UNISSUBJETIVO → PLURISSUBSISTENTE

2. **Conduta:** trata-se de um crime acessório (bem como o favorecimento pessoal), sua tipificação depende da prática de crime antecedente. Pode-se prestar ao criminoso auxílio (sem que se configure coautoria ou receptação) para que se mantenha seguro o proveito do crime.

**2.1. Elemento subjetivo:** o dolo é específico, o agente precisa ter a finalidade de tornar seguro o proveito do crime anteriormente praticado.

**2.2.** O presente crime não prevê a incidência da escusa absolutória como ocorre no caso de favorecimento pessoal, quando o auxílio é prestado por ascendente, descendente, cônjuge ou irmão do criminoso.

**Aplicação em concurso:**

- **Ano: 2018 – Banca: CESPE Órgão: MPE-PI Prova: CESPE – 2018 – MPE-PI – Analista Ministerial – Área Processual**

  Considerando que o crime apresentado nessa situação hipotética venha a ser descoberto, julgue o item que se segue, com fundamento na legislação pertinente.

  A mãe de Vera responderá pelo crime de favorecimento real, não sendo cabível isenção de pena em razão do parentesco.

  ( ) Certo ( ) Errado

  *Gabarito: certo*

  *O crime de favorecimento real não prevê a incidência da escusa absolutória como ocorre no caso de favorecimento pessoal.*

---

▶ **ATENÇÃO: se houver intenção de lucro responderá pelo crime do art. 180 do CP, ou seja, receptação.**

---

3. **Normas especiais:** respeitando o princípio da especialidade, pode-se usar como exemplo o art. 351, do Código Penal Militar praticado na forma do art. 9º do referido diploma.

> Art. 349-A. **Ingressar, promover, intermediar, auxiliar** ou **facilitar** a entrada de aparelho telefônico de comunicação móvel, de rádio ou similar, **sem autorização legal**, em estabelecimento prisional. (Incluído pela Lei nº 12.012, de 2009).
>
> Pena: detenção, de 3 (três) meses a 1 (um) ano. (Incluído pela Lei nº 12.012, de 2009).

1. **Introdução de aparelho de comunicação, sem autorização legal, em estabelecimento prisional (nomenclatura doutrinária)**

- Bem jurídico: *a moralidade da Administração.*
- Núcleo do tipo: *ingressar – promover – intermediar – auxiliar – facilitar.*

- Objeto material: *aparelho telefônico de comunicação móvel, de rádio ou simular.*
- Sujeito ativo: *pode ser praticado por qualquer pessoa (crime comum).*
- Sujeito passivo: *primário é o Estado e secundário a sociedade.*
- Elemento subjetivo: *dolo.*
- Consumação: *trata-se de crime de mera conduta, consuma-se com a prática de qualquer um dos núcleos do tipo penal.*
- Tentativa: *não é admitido.*
- Ação Penal: *pública incondicionada.*
- Lei 9.099/95: *é infração de menor potencial ofensivo, aplicando-se, portanto, a Lei 9.099/95.*

► **CLASSIFICAÇÃO:**

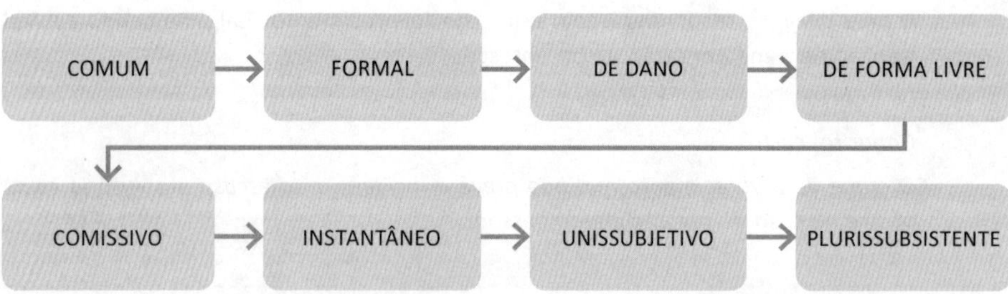


2. **Conduta: o tipo penal indica cinco condutas**: (i) ingressar; (ii) promover, (iii) intermediar; (iv) auxiliar (v) facilitar, todas essas condutas se configuram com o objeto material aparelho telefônico de comunicação móvel, de rádio ou simular. O agente não possui autorização legal e realiza essas condutas em estabelecimento prisional.

   **2.1. Estabelecimento prisional:** é o lugar em que ficam os presos provisórios e definitivos, enquadra-se aqui as penitenciárias, colônias agrícolas e industriais, casas de albergado e cadeias públicas.

3. **Tipo penal misto alternativo:** o crime prevê várias condutas, praticando qualquer delas, ou ainda mais de uma, o agente responderá somente por um crime.

**Fuga de pessoa presa ou submetida a medida de segurança**

**Art. 351** – **Promover** ou **facilitar** a fuga de pessoa legalmente presa ou submetida a medida de segurança detentiva:

Pena – detenção, de seis meses a dois anos.

§ 1º – Se o crime é praticado a mão armada, ou por mais de uma pessoa, ou mediante arrombamento, a pena é de reclusão, de dois a seis anos.

§ 2º – Se há emprego de violência contra pessoa, aplica-se também a pena correspondente à violência.

§ 3º – A pena é de reclusão, de um a quatro anos, se o crime é praticado por pessoa sob cuja custódia ou guarda está o preso ou o internado.

§ 4º – No caso de culpa do funcionário incumbido da custódia ou guarda, aplica-se a pena de detenção, de três meses a um ano, ou multa.

**1. Fuga de pessoa presa ou submetida a medida de segurança**

- Bem jurídico: *a administração da justiça.*
- Núcleo do tipo: *promover – facilitar.*
- Objeto material: *o indivíduo legalmente preso ou submetido a medida de segurança detentiva*
- Sujeito ativo: *qualquer pessoa pode praticar (crime comum)*
- Sujeito passivo: *o Estado.*
- Elemento subjetivo: *dolo. O §4º admite forma culposa.*
- Consumação: *ocorre a consumação no momento em que o preso logra êxito na fuga, ainda que o lapso temporal seja pequeno.*
- Tentativa: *é admitida.*
- Ação Penal: *pública incondicionada.*
- Lei 9.099/95: *serão admitidos os benefícios da referida lei nos parágrafos: §4º admitindo-se a transação penal; §3º a suspensão condicional do processo.*

► **CLASSIFICAÇÃO:**

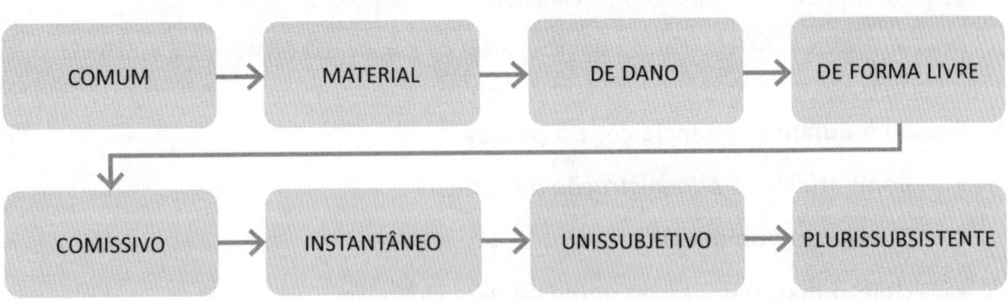


**2. Conduta:** o tipo penal não pune o preso foragido, mas sim, aquele que facilita ou promove a fuga de pessoa que está legalmente presa ou ainda, submetida a medida de segurança.

**2.1. Núcleos do tipo:** são dois núcleos (i) promover – que significa dar causa à fuga, executar a fuga, ou seja, o agente que dá início na fuga do preso; (ii) facilitar – significa

3. **Conduta qualificada – art. 351, §1º do CP:** o agente estará sujeito a uma pena de reclusão de dois a seis anos se o crime for praticado a mão armada ou por mais de uma pessoa. Neste caso, não incidirá nenhum benefício da Lei 9.099/95.

4. **Concurso obrigatório de crimes – art. 351, §2º do CP:** se houver emprego de violência contra a pessoa, será aplicada também a pena referente a violência. O concurso será material.

► **Aplicação pelo STJ:**

> **STJ: O § 2º do art. 351 do CP determina que o juiz imponha, em cúmulo material, junto à pena pelo crime de promoção ou facilitação de fuga de preso (com ou sem emprego de arma), as penas decorrentes da violência contra pessoa, empregada como meio de execução daquele ilícito.** Porém isso não o impede de assim não proceder e considerar a violência como circunstância judicial na individualização da resposta penal, salvo se o concurso for ao réu mais benéfico. (HC 33.515-SP, Rei. Min. Hamilton Carvalhido, julgado em 14/6/2005) (Info 251).

5. **Conduta qualificada – art. 351, §3º do CP:** traz situação onde não estaremos diante de crime comum, mas sim, crime próprio,haja vista que o crime em análise só poderá ser cometido por funcionário na custódia ou guarda do preso.

6. **Modalidade culposa – art. 351, §4º do CP:** a conduta também é punida na modalidade culposa, e a pena será de 3 meses a um ano ou multa. O crime é próprio, pois somente o funcionário que tenha atribuição de custódia ou guarda do preso poderá praticar.

**Evasão mediante violência contra a pessoa**

**Art. 352** – **Evadir-se** ou **tentar evadir-se** o preso ou o indivíduo submetido a medida de segurança detentiva, **usando de violência** contra a pessoa:

Pena – detenção, de três meses a um ano, além da **pena correspondente à violência.**

1. **Evasão mediante violência contra pessoa**

- Bem jurídico: *a administração da justiça.*
- Núcleo do tipo: *evadir.*
- Objeto material: *pessoa agredida pela violência.*
- Sujeito ativo: *somente o preso ou o internado poderá figurar no polo ativo da ação (crime próprio)*
- Sujeito passivo: *imediato o Estado e secundariamente o indivíduo que sofreu a ação.*

- Elemento subjetivo: *dolo.*
- Consumação: *a consumação se dá não só com o êxito na fuga, mas também com a prática dos meios necessários para tal.*
- Tentativa: *é admitida. No entanto, por ser de crime de atentado, pune-se com as mesmas penas do tipo consumado.*

**Aplicação em concurso:**

- ***Ano: 2012 Banca: FCC Órgão: TJ-PE Prova: FCC – 2012 – TJ-PE – Analista Judiciário – Área Judiciária e Administrativa***

  Paulus foi preso em flagrante e recolhido à cadeia pública de uma cidade do interior. No momento da alimentação, mediante violência física, dominou o carcereiro e tentou fugir, mas, na porta da delegacia, foi dominado por policiais que estavam chegando ao local. Paulus responderá por crime de

  B) evasão mediante violência contra pessoa, na forma consumada.

  *Gabarito: b*

  *O crime do artigo 352 do CP se consuma com a fuga ou a simples emprego dos meios para empreender a fuga, com utilização de violência. Trata-se do que chamamos de crime de atentado, punido-se a tentativa com a mesma pena do crime consumado, sem que haja qualquer redução.*

- Ação Penal: *pública incondicionada.*
- Lei 9.099/95*: é infração de menor potencial ofensivo, aplicando-se, portanto, a Lei 9.099/95.*

► **CLASSIFICAÇÃO:**

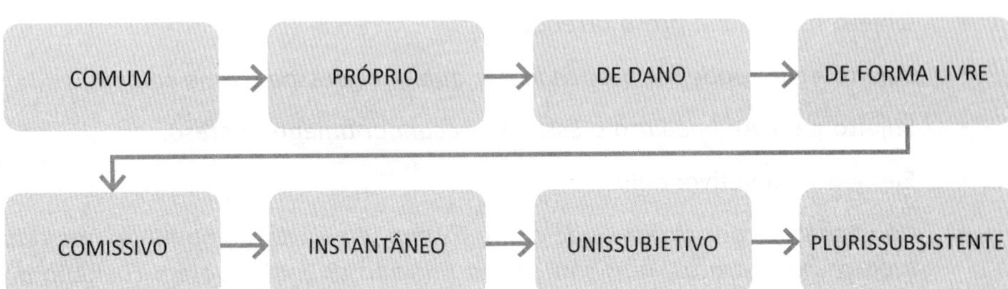


2. **Conduta:** a conduta aqui é praticada pelo próprio detento ou internado, a fuga por si só, quando realizada de forma simples não é punida pelo direito penal, visto que faz parte da essência humana buscar pela sua liberdade. Ocorre que, se na fuga indivíduo empregar violência contra pessoa, de forma que ofenda a sua integridade física, sua saúde, e outros males que podem ser ocasionados, responderá pelo crime do art. 353 do CP.

**2.1. Elemento subjetivo**: a conduta é dolosa, mas é necessário dolo específico, ainda que implícito, que consiste na vontade, direta, em escapar de prisão, legal, utilizando-se de violência.

**2.2. Núcleo do tipo: o núcleo é evadir-se** que significa fugir por conta própria, deve ser pressuposto da evasão que o agente já esteja preso legalmente para evadir-se ou tentar evadir-se.

3. **Concurso obrigatório de crimes:** neste caso, o preceito secundário do tipo penal indicou que a pena relativa a violência será somada a do crime em comento.

Para a maioria da doutrina trata-se de hipótese de concurso material. Entretanto cabe ressaltar entendimento diverso que sustenta não se tratar de concurso material, conforme art. 69 do CP, nem concurso formal próprio (art. 70 do CP), sendo o mais adequado o concurso formal impróprio, nos termos do art. 70, caput, segunda parte do CP, onde o agente, mediante uma só ação ou omissão, age com desígnios autônomos, acarretando dois ou mais resultados, sendo as penas cumuladas.

**Arrebatamento de preso**

**Art. 353 – Arrebatar** preso, a fim de maltratá-lo, do poder de quem o tenha sob custódia ou guarda:

Pena – reclusão, de um a quatro anos, além da pena correspondente à violência.

## 1. Arrebatamento de preso

- Bem jurídico: *a administração da justiça.*
- Núcleo do tipo: *arrebatar*
- Objeto material: *o preso arrebatado.*
- Sujeito ativo: *pode ser praticado por qualquer pessoa (crime comum).*
- Sujeito passivo: *imediato o Estado e secundariamente o preso.*
- Elemento subjetivo: *dolo.*
- Consumação: *por tratar-se de crime formal, ele se consuma ainda que não haja os maus-tratos, mas sim com a retirada do indivíduo em custódia da autoridade. No entanto, se de fato existir a incidência da violência, o agente responderá também pelo crime respectivo da violência.*
- Tentativa: *é admitida.*
- Ação Penal: *pública incondicionada.*
- Lei 9.099/95*: não se trata de infração de menor potencial ofensivo, mas admite-se a suspensão condicional do processo nos termos do art. 89 da Lei 9.099/95.*

► **CLASSIFICAÇÃO:**

COMUM → FORMAL → DE DANO → DE FORMA LIVRE → COMISSIVO → INSTANTÂNEO → UNISSUBJETIVO → PLURISSUBSISTENTE

2. **Conduta:** o núcleo do crime é "arrebatar" que significa subtrair, tirar o preso que tem a custódia ou a guarda com uso de violência.
3. **Legalidade da prisão:** para a caracterização do delito, não é necessário que a prisão seja legal, sendo assim, ainda que o preso estiver ilegalmente detido a conduta será ilícita, pois a finalidade do agente é maltratar o preso, e não o tirar da segregação ilegal.
4. **Concurso obrigatório de crimes:** neste caso, o preceito secundário do tipo penal indicou que também haverá a cumulação da pena correspondente à violência. Será caso concurso material, conforme art. 69 do CP.

**Motim de presos**

**Art. 354 – Amotinarem-se** presos, perturbando a ordem ou disciplina da prisão:

Pena – detenção, de seis meses a dois anos, **além da pena correspondente à violência.**

1. **Motim de presos**
   - Bem jurídico: *a administração da justiça.*
   - Núcleo do tipo: *amotinar*
   - Objeto material: *a disciplina carcerária.*
   - Sujeito ativo: *somente pode ser praticado por presos, ou seja, pluralidade de presos não bastando um único preso (crime próprio e plurissubjetivo)*
   - Sujeito passivo: *imediato será Estado e secundariamente eventual funcionário ou indivíduo que venha ser atingido pela conduta dos motinados.*
   - Elemento subjetivo: *dolo.*
   - Consumação: *o crime se consuma quando há real perturbação da ordem e disciplina carcerária.*

- Tentativa: *é admitida.*
- Ação Penal: *pública incondicionada.*
- Lei 9.099/95: *trata-se de infração de menor potencial ofensivo, aplicando-se, portanto, a Lei 9.099/95.*

▶ **CLASSIFICAÇÃO:**

PRÓPRIO → MATERIAL → DE DANO → DE FORMA LIVRE → COMISSIVO → PERMANENTE → PLURISSUBJETIVO → PLURISSUBSISTENTE

2. **Conduta:** o tipo penal pune a conduta de amotinarem-se, que no contexto significa alvoroçar coletivamente, as pessoas presas. Com isso, provocam a perturbação da ordem carcerária.

3. **Concurso obrigatório de crimes:** neste caso, o preceito secundário do tipo penal indicou que também haverá a incidência da pena da violência. Trata-se de hipótese de concurso material de crimes, conforme disposto no art. 69 do CP, onde as penas serão somadas.

**Patrocínio infiel**

**Art. 355 – Trair**, na qualidade de advogado ou procurador, o dever profissional, prejudicando interesse, cujo patrocínio, em juízo, lhe é confiado:

Pena – detenção, de seis meses a três anos, e multa.

**Patrocínio simultâneo ou tergiversação**

Parágrafo único – Incorre na pena deste artigo o advogado ou procurador judicial que **defende** na mesma causa, simultânea ou sucessivamente, partes contrárias.

1. **Patrocínio infiel**

- Bem jurídico: *a administração da justiça.*
- Núcleo do tipo: *trair – defender*
- Objeto material: *pessoa que sofre com a conduta ou a coisa que materializa tal conduta.*

- Sujeito ativo: *somente pode ser praticado por advogado, seja público ou particular, constituído ou dativo, além do procurador (crime próprio).*
- Sujeito passivo: *imediato o Estado e secundariamente o outorgante do mandato.*
- Elemento subjetivo: *dolo.*
- Consumação: *por se tratar de crime material, sua consumação se dá com o efetivo prejuízo a parte, ainda que este possa ser revertido.*
- Tentativa: *é admitida.*
- Ação Penal: *pública incondicionada.*
- Lei 9.099/95*: não é considerado como infração de menor potencial ofensivo, mas admite-se a suspensão condicional do processo, nos termos do art. 89 da Lei 9.099/95.*

### ► CLASSIFICAÇÃO: PATROCÍNIO INFIEL

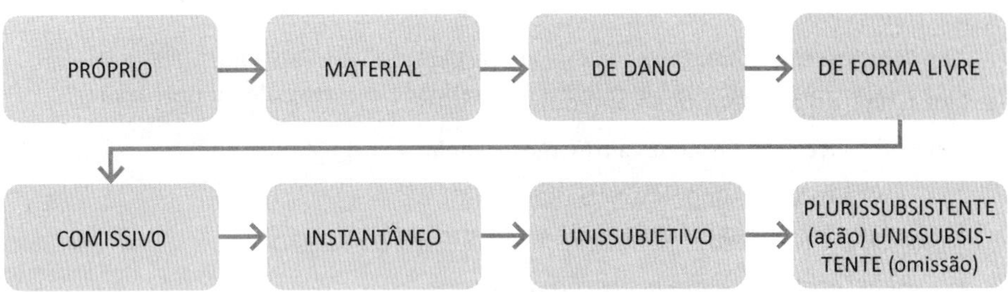


### ► CLASSIFICAÇÃO: PATROCÍNIO SIMULTÂNEO

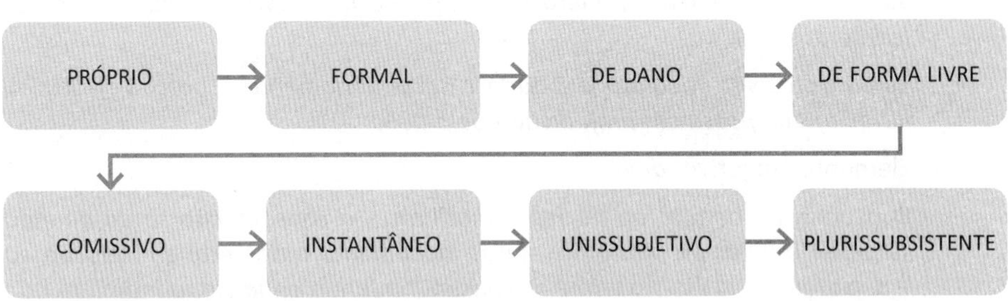


2. **Conduta:** na verdade o tipo penal em análise tipifica dois crimes diferentes, a conduta do caput é o crime de patrocínio infiel, já no parágrafo único, é o crime de patrocínio simultâneo ou tergiversação.

**2.1. Patrocínio infiel – art. 355, *caput*, do CP:** a conduta é "trair", ou seja, ser desleal, enganar, o advogado provoca uma quebra de confiança entre o assistido.

**2.2. Patrocínio simultâneo ou tergiversação – art. 355, parágrafo único:** a conduta é "defender", ou seja, patrocinar os interesses judicialmente. O crime proíbe a atuação simultânea, a também a sucessiva entre as partes. Para que este crime possa ser imputado, necessário que as partes tenham interesses conflitantes.

3. **Crime próprio:** somente pode ser praticado por advogado, seja público ou particular, constituído ou dativo, além do procurador. Importante ressaltar, que o estagiário de direito, regularmente inscrito na Ordem dos Advogados do Brasil pode também praticar o crime, pelo que dispõe o art. 3º, §2º do Estatuto da Advocacia e da Ordem dos Advogados do Brasil (Lei 8.906/94).

**3.1. Outorga de poderes:** necessário que tenha sido dado poderes para o advogado atuar em nome da (s) pessoa(s).

▶ **Aplicação pelo STF:**

> **STF: O crime de patrocínio infiel pressupõe que o profissional da advocacia tenha recebido outorga de poderes para representar seu cliente.**(HC 110196/PA, rei. Min. Marco Aurélio, 14.5.2013) (Info 706). **Sonegação de papel ou objeto de valor probatório**

> **Art. 356** – **Inutilizar**, total ou parcialmente, ou **deixar** de restituir autos, documento ou objeto de valor probatório, que recebeu na **qualidade de advogado ou procurador**:
>
> Pena – detenção, de seis meses a três anos, e multa.

1. **Sonegação de papel ou objeto de valor probatório.**
   - Bem jurídico: *a administração da justiça.*
   - Núcleo do tipo: *inutilizar – deixar.*
   - Objeto material: *autos, documentos ou objetos de valor probante.*
   - Sujeito ativo: *somente poderá ser praticado por advogado ou procurador (crime próprio).*
   - Sujeito passivo: *imediato o Estado e secundariamente a pessoa (física ou jurídica) que possa ser prejudicada pela ação.*
   - Elemento subjetivo: *dolo.*
   - Consumação: *quanto ao núcleo – inutilizar – a consumação se dá quando se perde o valor probante dos autos, documento ou objeto; em relação ao – deixar de restituir -, o crime se consuma quando o indivíduo intimado não devolve o objeto que está em sua posse.*
   - Tentativa: *é admitida apenas quanto o núcleo – inutilizar.*
   - Ação Penal: *pública incondicionada.*
   - Lei 9.099/95*: não é considerado como infração de menor potencial ofensivo, mas admite-se a suspensão condicional do processo, nos termos do art. 89 da Lei 9.099/95.*

► **CLASSIFICAÇÃO:**

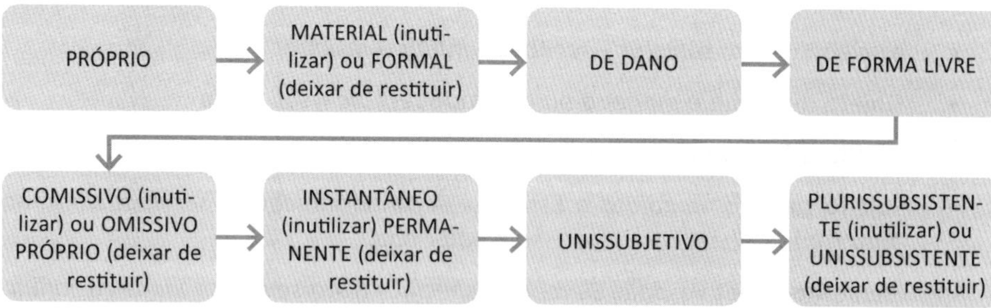


2. **Conduta: são duas as condutas punidas:** (i) inutilizar – que significa destruir total ou parcialmente; (ii) deixar de restituir – que significa não devolver no momento que que deveria. Ambas as condutas são em torno do mesmo objeto material, no caso autos, documentos e objeto de valor probatório.

► **Aplicação pelo STJ:**

> **STJ: A conduta de alterar a petição inicial não se subsume aos tipos descritos nos arts. 298 e 356 do CP.** O Min. Relator registrou que a petição inicial não pode ser considerada documento para aplicação das sanções dos arts. 298 e 356 do CP, pois não atesta nada, nem certifica a ocorrência de fatos ou a existência de qualquer direito. Ela tem caráter propositivo e as afirmações nela contidas poderão ser submetidas ao contraditório para posterior análise pelo Poder Judiciário, que averiguará a procedência ou não dos pedidos. (STJ – TO, rei. Min. Vasco Della Giustina (Desembargador convocado do TJ-RS), julgado em 24/4/2012) (Info 496).

3. **Crime próprio:** só pode ser praticado por advogado, seja público ou particular, constituído ou dativo, além do procurador. Importante ressaltar que o estagiário de direito, regularmente inscrito na Ordem dos Advogados do Brasil, pode também praticar o crime, pelo que dispõe o art. 3º, §2º do Estatuto da Advocacia e da Ordem dos Advogados do Brasil (Lei 8.906/94).

**Exploração de prestígio**

**Art. 357** – **Solicitar** ou **receber** dinheiro ou qualquer outra utilidade, a pretexto de influir em juiz, jurado, órgão do Ministério Público, funcionário de justiça, perito, tradutor, intérprete ou testemunha:

Pena – reclusão, de um a cinco anos, e multa.

Parágrafo único – As **penas aumentam-se** de um terço, se o agente alega ou insinua que o dinheiro ou utilidade também se destina a qualquer das pessoas referidas neste artigo.

**1. Exploração de Prestígio**

- Bem jurídico: *a moralidade da administração da justiça.*
- Núcleo do tipo: *solicitar – receber – influir – insinuar.*
- Objeto material: *o dinheiro ou utilidade recebida/solicitada.*
- Sujeito ativo: *crime comum.*
- Sujeito passivo: *imediato o Estado e secundariamente o servidor utilizado para fraudar, bem como a pessoa ludibriada.*
- Elemento subjetivo: *dolo. Elemento específico trata-se da finalidade em influir.*
- Consumação: *podemos dividir a consumação em dois momentos: 1º quanto ao núcleo – solicitar – o crime se consuma com o simples pedido, não depende de sua aceitação; 2º quanto ao núcleo – receber – que se aperfeiçoa no momento do indevido enriquecimento.*
- Tentativa: *é admitida.*
- Ação Penal: *pública incondicionada.*
- Lei 9.099/95*: não é considerado de infração de menor potencial ofensivo, mas admite –se a suspensão condicional do processo nos termos do art. 89 da Lei 9.099/95, desde que não incida a majorante do parágrafo único.*

► **CLASSIFICAÇÃO:**

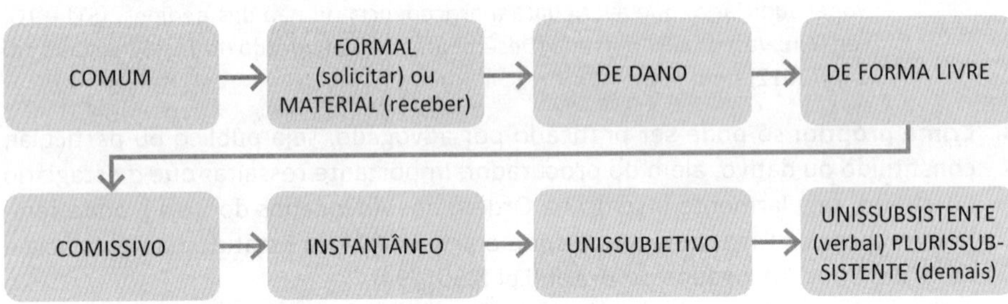


**2. Conduta:** a conduta é descrita com dois núcleos: (i) solicitar; (ii) receber. Os dois núcleos andam juntos com a conduta de influir. O agente solicita ou recebe o dinheiro ou qualquer outra utilidade para influir no comportamento do juiz, jurado, MP, funcionário de justiça, perito, tradutor, intérprete ou testemunha. Ocorre que, tal influência na realidade não existe.

---

► **ATENÇÃO:** se o agente de fato pode influir na conduta daqueles que indica que serão influenciados, responde o agente pelo crime de corrupção ativa, nos termos do art. 333 do CP, e aquele que venha ser influenciado pelo crime de corrupção passiva, conforme art. 317 do CP.

---

3. **Tipo penal misto alternativo:** o crime prevê várias condutas, praticando se o agente praticar qualquer delas, ou ainda mais de uma, o agente responderá somente por um crime.

4. **Causa de aumento de pena – art. 357, parágrafo único do CP:** a pena será aumentada em 1/3 (um terço) se o agente alegar ou insinuar que o dinheiro ou utilidade também se destinará ao juiz, jurado, órgão do Ministério Público, funcionário de justiça, perito, tradutor, intérprete ou testemunha.

**Aplicação em concurso:**

- **Ano: 2017 Órgão: PC/AP Prova: Delegado de Polícia**

  Jomar alega ser capaz de influir na decisão a ser tomada por um Juiz de Direito, solicitando certa quantia em dinheiro a Ovídio para garantir uma sentença favorável aos interesses deste. Jomar insinua, ainda, que parte do dinheiro será direcionada ao Juiz. Considerando que todas as alegações são fraudulentas, majoritariamente se afirma que a conduta de Jomar:

  D) caracteriza exploração de prestigio.

  *Gabarito: d*

  *Jomar praticou o crime de exploração de prestigio, e ainda poderá incidir a causa de aumento de pena descrita no parágrafo único do art. 357 do CP.*

5. **Normas especiais:** o Código Penal Militar (Decreto-lei 1.001/1969) em seu art. 353 prevê a conduta do crime de exploração de prestígio no âmbito militar.

**Violência ou fraude em arrematação judicial**

Art. 358 – **Impedir, perturbar** ou **fraudar** arrematação judicial; **afastar** ou **procurar afastar** concorrente ou licitante, por meio de violência, grave ameaça, fraude ou oferecimento de vantagem:

Pena – detenção, de dois meses a um ano, ou multa, **além da pena correspondente à violência.**

1. **Violência ou fraude em arrematação judicial**

- Bem jurídico: *a administração da justiça.*
- Núcleo do tipo: *impedir – perturbar – fraudar – afastar.*
- Objeto material: *a arrematação judicial ou a pessoa que participe da arrematação.*
- Sujeito ativo: *pode ser praticado por qualquer pessoa (crime comum).*
- Sujeito passivo: *imediato o Estado e secundariamente terceiro prejudicado.*
- Elemento subjetivo: *dolo.*

- Consumação: *a consumação depende do núcleo, vejamos: (i) momento em que a arrematação é impedida, perturbada ou fraudada; (ii) o crime se consuma com o emprego dos meios necessários, não impostando se ele se efetiva.*
- Tentativa: *é admitida.*
- Ação Penal: *pública incondicionada.*
- Lei 9.099/95*: trata-se de infração de menor potencial ofensivo, aplicando-se, portanto, a Lei 9.099/95.*

► **CLASSIFICAÇÃO:**

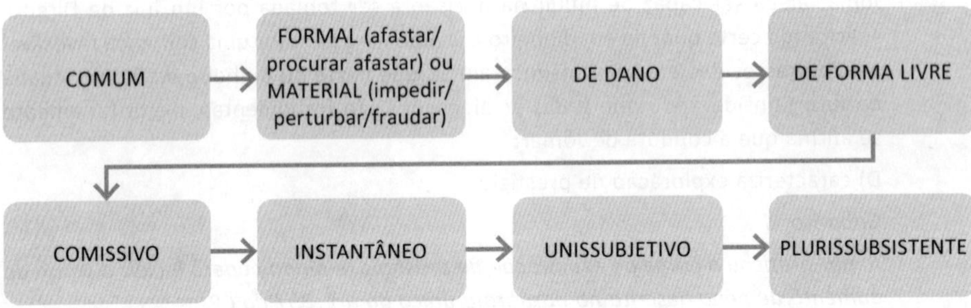


2. **Conduta:** o tipo penal prevê duas condutas, que podem ser praticadas por meio de violência à pessoa; grave ameaça à pessoa; fraude; ou oferecimento de vantagem que não precisa ser pecuniária.

   **2.1. Elemento subjetivo:** o crime é doloso, e há emprego de violência, grave ameaça, fraude ou oferecimento de vantagem com a finalidade de afastar o concorrente.

3. **Arrematação:** o dispositivo cita a "'arrematação", importante ressaltar que se trata da arrematação realizada por particular tendi em vista ordem judicial, se for arrematação do Poder Público o agente responde pelo art. 335 do CP ou 93 e 95 da Lei 8.666/93 (Lei de Licitação).

4. **Concurso obrigatório de crimes:** neste caso, o preceito secundário do tipo penal indicou que também terá a pena da violência. Será caso concurso material, conforme art. 69 do CP.

**Desobediência a decisão judicial sobre perda ou suspensão de direito**

**Art. 359 – Exercer** função, atividade, direito, autoridade ou múnus, de que foi suspenso ou privado por decisão judicial:

Pena – detenção, de três meses a dois anos, ou multa.

**1. Desobediência a decisão judicial sobre perda ou suspensão de direito**

- Bem jurídico: *a administração da justiça.*
- Núcleo do tipo: *exercer.*
- Objeto material: *a função, a atividade, o direito, a autoridade ou o múnus.*
- Sujeito ativo: *há divergência doutrinária, mas parcela majoritária entende ser crime próprio, visto que o agente deve estar privado ou suspenso de exercer sua função, outros entendem que se trata de crime comum.*
- Sujeito passivo: *o Estado.*
- Elemento subjetivo: *dolo.*
- Consumação: *o crime se consuma no momento que o agente contraria decisão judicial.*
- Tentativa: *é admitida.*
- Ação Penal: *pública incondicionada.*
- Lei 9.099/95: *trata-se de infração de menor potencial ofensivo, aplicando-se, portanto, a Lei 9.099/95.*

► **CLASSIFICAÇÃO:**

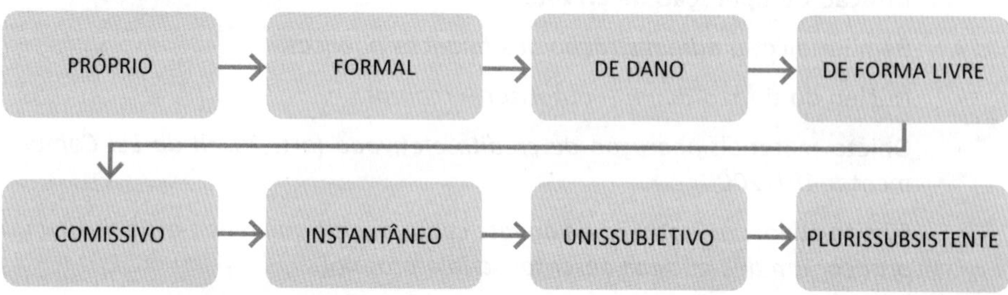


**2. Conduta:** é uma modalidade especial do delito de desobediência (art. 329 do CP), em ambos há descumprimento de ordem legal, ocorre que o crime em comento a ordem legal suspendia ou privava o agente de exercer função, atividade, direito, autoridade ou múnus.

**2.1. Núcleo:** o verbo é "exercer", que significa praticar ou desempenhar o que está descrito no caput, quando estiver suspenso ou impedido por decisão judicial definitiva, com natureza jurídica penal, posicionamento adotado pelo STF.

► **ATENÇÃO:** o tipo penal não abrange, portanto, decisão de natureza administrativa, que em caso de ocorrência, poderá ensejar o enquadramento no crime do art. 324 do CP.

## CAPÍTULO IV
## DOS CRIMES CONTRA AS FINANÇAS PÚBLICAS
## (Incluído pela Lei nº 10.028, de 2000)

▶ Os tipos penais tipificados no presente capítulo, possuem pouca incidência em concurso público, razão pela qual faremos breves comentários acerca dos mesmos.

**Contratação de operação de crédito**

**Art. 359-A. Ordenar**, **autorizar** ou **realizar** operação de crédito, interno ou externo, sem prévia autorização legislativa: (Incluído pela Lei nº 10.028, de 2000)

Pena – reclusão, de 1 (um) a 2 (dois) anos. (Incluído pela Lei nº 10.028, de 2000)

Parágrafo único. **Incide na mesma pena** quem ordena, autoriza ou realiza operação de crédito, interno ou externo: (Incluído pela Lei nº 10.028, de 2000)

I – com inobservância de limite, condição ou montante estabelecido em lei ou em resolução do Senado Federal; (Incluído pela Lei nº 10.028, de 2000)

II – quando o montante da dívida consolidada ultrapassa o limite máximo autorizado por lei. (Incluído pela Lei nº 10.028, de 2000)

### 1. Contratação de operação de crédito

- Bem jurídico: *a administração das finanças públicas.*
- Núcleo do tipo: *ordenar – autorizar – realizar.*
- Objeto material: *operação de crédito efetivada (art. 29, III da Lei Complementar 101/2000).*
- Sujeito ativo: *por tratar-se de agente capaz aquele que tenha atribuição para praticar um dos núcleos descritos (crime próprio).*
- Sujeito passivo: *a União, os Estados, o Distrito Federal e/ou Municípios.*
- Elemento subjetivo: *dolo.*
- Consumação: *há divergência doutrinária quanto o momento da consumação do tipo penal. Parte afirma que os núcleos – ordenar e autorizar – se consumam com sua simples prática; quanto ao núcleo –realizar – depende da efetiva execução; outra corrente afirma que a consumação dependerá da consumação somada com a falta de autorização legislativa necessária.*
- Tentativa: *é admitida nas modalidades ordenar e autorizar.*
- Ação Penal: *pública incondicionada.*
- Lei 9.099/95: *trata-se de infração de menor potencial ofensivo, aplicando-se, portanto, a Lei 9.099/95.*

► **CLASSIFICAÇÃO:**

PRÓPRIO → FORMAL → DE PERIGO ABSTRATO → DE FORMA LIVRE → COMISSIVO → INSTANTÂNEO → UNISSUBJETIVO → PLURISSUBSISTENTE

2. **Tipo penal misto alternativo:** o crime prevê várias condutas, praticando qualquer delas, ou ainda mais de uma, o agente responderá somente por um crime.
3. **Conduta equiparada – art. 359-A, parágrafo único do CP:** o legislador indicou condutas que receberão a aplicação da pena prevista no caput do artigo. A conduta equiparada é para aquele que ordena, autoriza ou realiza operação de crédito, interno ou externo:

   - Inciso I: com inobservância de limite, condição ou montante estabelecido em lei ou em resolução do Senado Federal – neste caso é lei penal em branco homogênea, pois é necessária lei para complementar os limites, condições ou montante.
   - Inciso II: quando o montante da dívida consolidada ultrapassa o limite máximo autorizado por lei – também é norma penal em branco homogênea para indicar os limites legais.

► Trata-se de tipo penal com pouca incidência em concurso público.

**Inscrição de despesas não empenhadas em restos a pagar (Incluído pela Lei nº 10.028, de 2000)**

**Art. 359-B. Ordenar ou autorizar** a inscrição em restos a pagar, de despesa que não tenha sido previamente empenhada ou que exceda limite estabelecido em lei: (Incluído pela Lei nº 10.028, de 2000)

Pena – detenção, de 6 (seis) meses a 2 (dois) anos. (Incluído pela Lei nº 10.028, de 2000)

1. **Inscrição de despesas não empenhadas em restos a pagar**
   - Bem jurídico: *a regularidade da administração quanto suas finanças.*
   - Núcleo do tipo: *ordenar – autorizar.*
   - Objeto material: *as despesas públicas*
   - Sujeito ativo: *só pode ser praticado por quem possa ordenar ou autorizar a inscrição de despesa pública em restos a pagar (crime próprio).*

- Sujeito passivo: *União, Estados, Distrito Federal e/ou Municípios.*
- Elemento subjetivo: *dolo.*
- Consumação: *corrente majoritária na doutrina entende que o crime se trata de mera conduta, ou seja, se perfaz no momento da ordem ou da autorização expedida pelo agente.*
- Tentativa: *é admitida.*
- Ação Penal: *pública incondicionada.*
- Lei 9.099/95: *trata-se de infração de menor potencial ofensivo, aplicando-se, portanto, a Lei 9.099/95.*

► **CLASSIFICAÇÃO:**

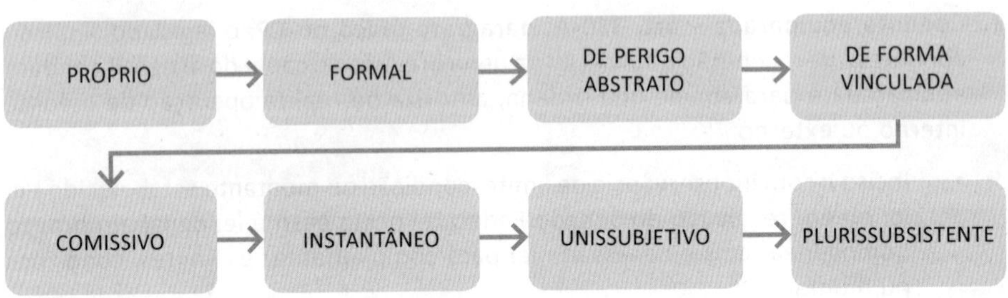


2. **Conduta:** são dois núcleos do tipo (i) ordenar (ii) autorizar. O crime é previsto para efetivar a ordem constitucional que veda a realização de despesa sem inclusão no orçamento, conforme art. 167, II da CF.

   **2.1. Lei penal em branco homogênea:** o tipo penal indica a expressão "que exceda limite estabelecido em lei", demonstrando a necessidade de Lei para que se determine os limites a serem observados, no caso, será a Lei Complementar 101/2000.

---

► Trata-se de tipo penal com pouca incidência em concurso público.

---

**Assunção de obrigação no último ano do mandato ou legislatura** (Incluído pela Lei nº 10.028, de 2000)

**Art. 359-C. Ordenar** ou **autorizar** a assunção de obrigação, nos dois últimos quadrimestres do último ano do mandato ou legislatura, cuja despesa não possa ser paga no mesmo exercício financeiro ou, caso reste parcela a ser paga no exercício seguinte, que não tenha contrapartida suficiente de disponibilidade de caixa: (Incluído pela Lei nº 10.028, de 2000)

Pena – reclusão, de 1 (um) a 4 (quatro) anos. (Incluído pela Lei nº 10.028, de 2000)

### 1. Assunção de obrigação no último ano do mandato ou legislatura

- Bem jurídico: *a regularidade administração quanto suas finanças.*
- Núcleo do tipo: *ordenar – autorizar.*
- Objeto material: *obrigação assumida.*
- Sujeito ativo: *só pode ser praticado por aquele que tem mandato com poder de decisão administrativa (crime próprio).*
- Sujeito passivo: *a União, os Estados, o Distrito Federal e/ou Municípios.*
- Elemento subjetivo: *dolo.*
- Consumação: *para corrente majoritária da doutrina, entende-se que o crime se perfaz no momento da ordem ou autorização do administrador.*
- Tentativa: *é admitida.*
- Ação Penal: *pública incondicionada.*
- Lei 9.099/95: *não se trata de infração de menor potencial ofensivo, no entanto, é possível a suspensão condicional do processo, nos termos do art. 89 da Lei 9.099/95.*

▶ **CLASSIFICAÇÃO:**

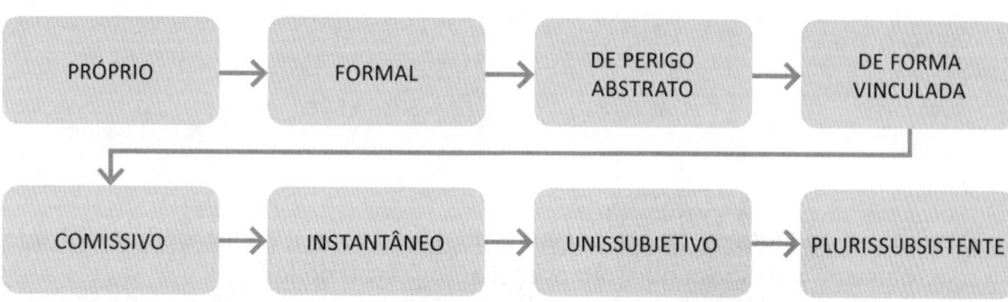


---

▶ Trata-se de tipo penal com pouca incidência em concurso público.

---

**Ordenação de despesa não autorizada** (Incluído pela Lei nº 10.028, de 2000)

**Art. 359-D. Ordenar** despesa não autorizada por lei: (Incluído pela Lei nº 10.028, de 2000)

Pena – reclusão, de 1 (um) a 4 (quatro) anos. (Incluído pela Lei nº 10.028, de 2000)

### 1. Ordenação de despesas não autorizada

- Bem jurídico: *a administração das finanças públicas.*

- Núcleo do tipo: *ordenar.*
- Objeto material: *despesa ordenada.*
- Sujeito ativo: *crime próprio.*
- Sujeito passivo: *União, os Estados, o Distrito Federal e/ou Municípios.*
- Elemento subjetivo: *dolo.*
- Consumação: *o crime se consuma no momento em que se expede a ordem de despesas.*
- Tentativa: *é admitida.*
- Ação Penal: *pública incondicionada.*
- Lei 9.099/95: *não é considerada como infração de menor potencial ofensivo, sendo entretanto, possível a suspensão condicional do processo, nos termos do art. 89 da Lei 9.099/95.*

► **CLASSIFICAÇÃO:**

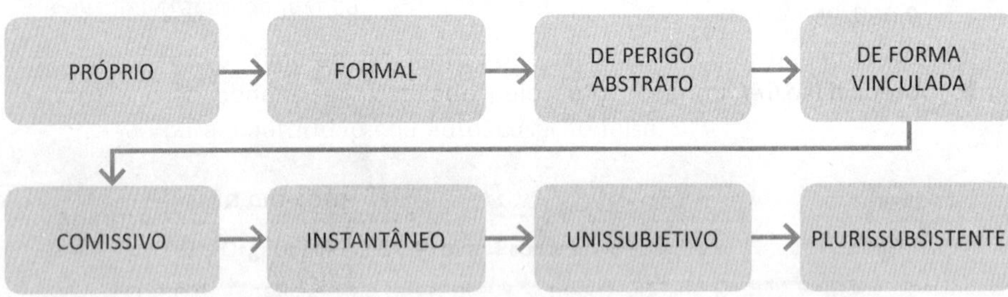


2. **Conduta:** a conduta se faz no núcleo ordenar, ou seja, mandar, determinar que seja realizado a despesa que não possui autorização da lei.
3. **Lei penal em branco homogênea:** o tipo penal indica a expressão "não autorizado em lei", demonstrando a necessidade de Lei para estabelecer quais as despesas públicas não estão autorizadas na lei.

► **Aplicação pelo STF:**

**STF: A "ratio essendi" do art. 359-D do CP seria a geração de uma despesa sem que haja uma lei autorizadora.** Entretanto, se no âmbito da legislação estadual houver arcabouço jurídico que admita interpretação de que as despesas destinadas ao pagamento de precatórios podem ser realocadas mediante decreto, não haverá que se falar em crime do artigo 359-D. (Inq 3393/PB, rei. Min. Luiz Fux, 23.9.2014) (Info 760).

**STF:** Norma penal em branco – despesa legítima – fato atípico: "**O art. 359-D, segundo o qual é crime 'ordenar despesa não autorizada por lei', consiste em**

**norma penal em branco, uma vez que o rol das despesas permitidas e das não autorizadas haverá de constar de outros textos legais, entre os quais, por exemplo, o da Lei de Responsabilidade Fiscal** (Lei Complementar n° 101/00). Se, na peça acusatória, inexiste referência à norma integradora, falha é a denúncia. (STJ: APn 477/PB, rel. Min. Eliana Calmon, Corte Especial, j. 04.03.2009)"

▶ Trata-se de tipo penal com pouca incidência em concurso público.

**Prestação de garantia graciosa (Incluído pela Lei nº 10.028, de 2000)**

**Art. 359-E. Prestar** garantia em operação de crédito sem que tenha sido constituída contragarantia em valor igual ou superior ao valor da garantia prestada, na forma da lei:(Incluído pela Lei nº 10.028, de 2000)

Pena – detenção, de 3 (três) meses a 1 (um) ano. (Incluído pela Lei nº 10.028, de 2000)

## 1. Prestação de Garantia Graciosa

- Bem jurídico: *a regularidade das finanças públicas.*
- Núcleo do tipo: *prestar.*
- Objeto material: *operação de crédito sem garantia.*
- Sujeito ativo: *somente pode ser praticado pelo gestor com competência para realizar tais operações de crédito (crime próprio).*
- Sujeito passivo: *a União, os Estados, o Distrito Federal e/ou Municípios.*
- Elemento subjetivo: *dolo.*
- Consumação: *o crime se consuma no momento em que o gestor presta garantia sem que tenha sido de fato constituída.*
- Tentativa: *é admitida.*
- Ação Penal: *pública incondicionada.*
- Lei 9.099/95*: trata-se de infração de menor potencial ofensivo, aplicando-se, portanto, a Lei 9.099/95.*

▶ **CLASSIFICAÇÃO:**

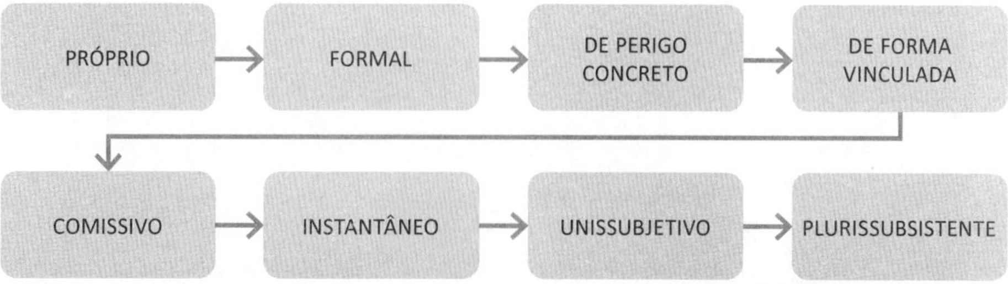

2. **Conduta:** o crime em análise trata de operação de crédito sem garantia, o núcleo "prestar" significa conceder sem contragarantia em valor igual ou superior da garantia prestada, conforme a lei.

---

► Trata-se de tipo penal com pouca incidência em concurso público.

---

**Não cancelamento de restos a pagar** (Incluído pela Lei nº 10.028, de 2000)

**Art. 359-F. Deixar de ordenar**, de **autorizar** ou de **promover** o cancelamento do montante de restos a pagar inscrito em valor superior ao permitido em lei: (Incluído pela Lei nº 10.028, de 2000)

Pena – detenção, de 6 (seis) meses a 2 (dois) anos. (Incluído pela Lei nº 10.028, de 2000)

1. **Não cancelamento de restos a pagar**

- Bem jurídico: *gestão do erário público.*
- Núcleo do tipo: *deixar.*
- Objeto material: *inscrição de restos a pagar.*
- Sujeito ativo: *somente pode ser praticado por funcionário público com competência para ordenar, autorizar ou promover (crime próprio).*
- Sujeito passivo: *poderá ser representado pelos entes ou órgãos representados pelo administrador.*
- Elemento subjetivo: *dolo.*
- Consumação: *o crime se consuma no momento em que se esgota o prazo, para o administrador ordenar, autorizar ou promover o cancelamento dos restos a pagar.*
- Tentativa: *não é admitida tentativa.*
- Ação Penal: *pública incondicionada.*
- Lei 9.099/95*: trata-se de infração de menor potencial ofensivo, aplicando-se, portanto, a Lei 9.099/95.*

► **CLASSIFICAÇÃO:**

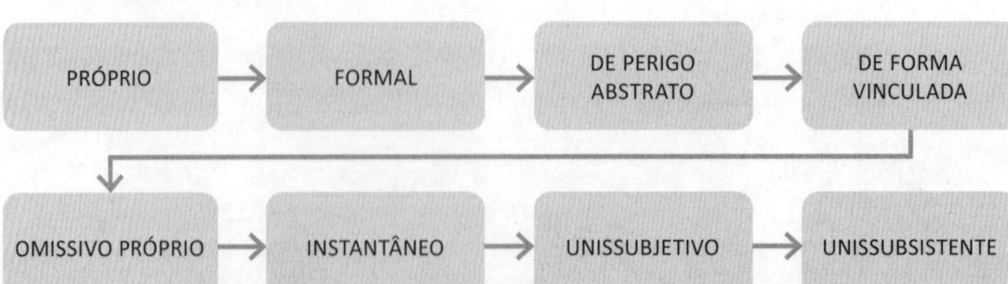

2. **Conduta:** a conduta punida no artigo em comento apresenta-se como omissiva própria, ou também chamada de omissiva pura. O legislador indica um deixar de fazer algo, ou seja, o agente não faz algo que deveria ter feito. São 03 formas de praticar a conduta: (i) deixar de ordenar; (ii) deixar de autorizar; (iii) deixar promover.

**2.1. Lei penal em branco homogênea:** o tipo penal necessita de complementação através de lei.

---

► Trata-se de tipo penal com pouca incidência em concurso público.

---

**Aumento de despesa total com pessoal no último ano do mandato ou legislatura** (Incluído pela Lei nº 10.028, de 2000)

**Art. 359-G. Ordenar, autorizar** ou **executar** ato que acarrete aumento de despesa total com pessoal, nos cento e oitenta dias anteriores ao final do mandato ou da legislatura:(Incluído pela Lei nº 10.028, de 2000))

Pena – reclusão, de 1 (um) a 4 (quatro) anos. (Incluído pela Lei nº 10.028, de 2000)

1. **Aumento de despesa total com pessoal no último ano do mandato ou legislatura**

- Bem jurídico: *gestão das contas públicas.*
- Núcleo do tipo: *ordenar – autorizar – executar.*
- Objeto material: *ato autorizador do aumento de despesas com pessoal.*
- Sujeito ativo: *só pode ser praticado pelo titular do mandato, em um dos três poderes, com atribuição para aumentar gastos (crime próprio).*
- Sujeito passivo: *os entes ou órgãos representados pelos detentores de mandato.*
- Elemento subjetivo: *dolo.*
- Consumação: *há divergência doutrinária sobre o tema: a primeira corrente entende tratar-se de crime formal, ao passo que a segunda corrente, majoritária, entende que o crime inexiste enquanto não cumprido os núcleos – ordenar ou autorizar. No que se refere ao núcleo – executar – tem-se crime material.*
- Tentativa: *é admitida quanto aos núcleos ordenar ou autorizar.*
- Ação Penal: *pública incondicionada.*
- Lei 9.099/95: *não é considerada infração de menor potencial ofensivo, mas é possível a suspensão condicional do processo, nos termos do art. 89 da Lei 9.099/95.*

### ▶ CLASSIFICAÇÃO:

PRÓPRIO → FORMAL → DE PERIGO ABSTRATO → DE FORMA VINCULADA → COMISSIVO → INSTANTÂNEO → UNISSUBJETIVO → PLURISSUBSISTENTE

---

▶ Trata-se de tipo penal com pouca incidência em concurso público.

---

**Oferta pública ou colocação de títulos no mercado** (Incluído pela Lei nº 10.028, de 2000)

**Art. 359-H. Ordenar, autorizar** ou **promover** a oferta pública ou a colocação no mercado financeiro de títulos da dívida pública sem que tenham sido criados por lei ou sem que estejam registrados em sistema centralizado de liquidação e de custódia: (Incluído pela Lei nº 10.028, de 2000)

Pena – reclusão, de 1 (um) a 4 (quatro) anos. (Incluído pela Lei nº 10.028, de 2000)

## 1. Oferta pública ou colocação de títulos no mercado

- Bem jurídico: *regularidade das finanças públicas.*
- Núcleo do tipo: *ordenar – autorizar – promover.*
- Objeto material: *títulos da dívida pública.*
- Sujeito ativo: *só pode ser praticado por quem tenha atribuição para praticar os núcleos do tipo (crime próprio).*
- Sujeito passivo: *os entes da Federação, bem como, eventual terceiro prejudicado.*
- Elemento subjetivo: *dolo.*
- Consumação: *o crime se consuma no momento da determinação pelo agente ou quando este permite a oferta ou colocação, independendo de sua efetiva circulação no mercado financeiro.*
- Tentativa: *é admitida.*
- Ação Penal: *pública incondicionada.*
- Lei 9.099/95: *não é considerado como infração de menor potencial ofensivo, mas é possível a suspensão condicional do processo, nos termos do art. 89 da Lei 9.099/95.*

## ▶ CLASSIFICAÇÃO:

PRÓPRIO → FORMAL → DE PERIGO ABSTRATO → DE FORMA VINCULADA → COMISSIVO → INSTANTÂNEO → UNISSUBJETIVO → PLURISSUBSISTENTE

---

▶ Trata-se de tipo penal com pouca incidência em concurso público.

---

### DISPOSIÇÕES FINAIS

**Art. 360** - Ressalvada a legislação especial sobre os crimes contra a existência, a segurança e a integridade do Estado e contra a guarda e o emprego da economia popular, os crimes de imprensa e os de falência, os de responsabilidade do Presidente da República e dos Governadores ou Interventores, e os crimes militares, revogam-se as disposições em contrário.

---

▶ Trata-se de artigo que revoga as disposições em contrário, ressalvando, entretanto, legislação especial sobre alguns temas.

---

**Art. 361** - Este Código entrará em vigor no dia 1º de janeiro de 1942.

EDITORA
*Jus*PODIVM
www.editorajuspodivm.com.br